YouTube

유튜브 채널 '오일러TV'에서
본 교재의 동영상 강의를 볼 수 있습니다.

코딩 마법서

1권 STONE VERSION

코딩테스트와 인공지능을 위한 파이썬

저자 오일러, 김성은

오일러BOOKS

코딩 마법서

1권 STONE VERSION

코딩테스트와
인공지능을 위한
파이썬

인쇄일 2021년 03월 25일(초판발행)
발행일 2021년 04월 01일

지은이 오일러
발행처 오일러BOOKS
주소 경기도 수원시 영통구 영통동 반달로 40
번호 제2015호-000071호
홈페이지 https://euleroj.io
이메일 eulerlab@naver.com

마케팅 오일러BOOKS
공급처 오일러BOOKS

ISBN 979-11-970084-0-5 03000

코딩마법서

1권 STONE VERSION

코딩테스트와 인공지능을 위한 파이썬

φ 오일러BOOKS

이 책을 집필하며...

4차 산업혁명의 대표 주자는 인공지능(AI), 빅데이터(Big Data), 사물인터넷(IOT) 등일 것이다. 하지만 지금은 4차 산업혁명을 뛰어넘어 5G를 맞이하는 가상현실의 5차 산업혁명이 시작되었다고 해도 과언이 아니다. 대다수의 사람들이 미래를 예측하기 힘들 정도로 컴퓨터 기술은 빠른 속도로 변해가고 있다. 우리들은 이러한 시대에 발맞춰서 코딩 공부를 해야 한다고 생각하고 있지만 도대체 무엇부터 공부해야 하고 언제부터 공부를 시작해야 하는지 모르고 헤매고 있다. 특히 초중고 학생의 경우는 더욱더 심각하다. 왜냐하면 너무나 빠른 속도로 컴퓨터 과학이 변하였기 때문에 우리 부모님의 세대 즉, 40대 이상의 세대에서는 이러한 학습을 경험해본 적이 없어서 그들의 자녀에게 무엇을 지도해야 하는지 적절한 지침을 내릴 수가 없기 때문이다. 그래서 그들의 자녀들에게 할 수 있는 최선의 선택은 집에서 가까운 학원에 등록하여 무조건 컴퓨터 앞에 앉히는 게 지금의 현실인 것이다. 혹, 가령 운이 좋아 무엇을 학습해야 하는지 알아냈다고 하더라도 그것을 지도하는 곳은 거리상으로 너무나 멀어 접근할 수 없고 그것을 지도할 수 있는 선생님도 부족할뿐더러 공부를 시작할 수 있는 적절한 학습서를 찾을 수도 없기 때문이다. 왜냐하면 대부분의 코딩 테스트를 위한 알고리즘 서적들은 너무나도 어려운 수학 기호들로 나열되어 있고, 심지어 컴퓨터를 전공하는 사람들조차도 이해하기 어려운 내용들로 가득 차 있기 때문에 처음 입문하는 Beginner들에게는 너무나도 높은 장벽같이 느껴지기 때문이다.

필자는 2001년도부터 정보 올림피아드(KOI)를 도전하는 초중고 학생들 그리고 과학고, 영재고에 진학하는 학생들과 재학생들, 삼성에 취업을 준비하는 취업 준비생, 그리고 삼성 수원 사업부에서 삼성 Certification 자격검정 시험을 준비중인 S직군등을 교육해 왔다. 지금까지 이들을 지도하면서 느낀점은 대한민국은 우리가 생각지도 못한 뛰어난 인재가 많이 있다는 것이다. 물론 삼성이나 구글같은 글로벌 기업들은 사내에 훌륭한 시스템을 갖춰서 이들을 육성할 수 있지만, 이들의 테두리를 벗어난 곳에서는 대학교, 영재고, 과학고를 제외하고는 조기에 뛰어난 인재를 발견해서 육성할 수 있는 시스템이 없다고 해도 과언이 아니다. 손흥민이라는 축구 선수는 초등학교부터 전지훈련을 다녔고, 박세리라는 골프 선수도 초등학교부터 골프채를 잡았다. 김연아 선수는 7살에 처음으로 스케이트를 신었다고 한다. 우리들이 잘 알고 있는 애플사의 스티브 잡스, 마이크로소프트사의 빌 게이츠, 페이스북 창업자인 마크 저커버그도 초등학교 시절부터 코딩을 접하며 밤낮없이 코딩에 빠져있었다고 한다. 이렇게 일반적인 학생들도 어느 시점부터 코딩 공부를 시작하느냐가 프리미어 리그에서 뛸 수 있는지 아니면 코리안 리그에서 뛸 수 있는지가 결정되기 때문에 코딩에 대한 조기 교육은 너무나도 중요하다고 볼 수 있다.

물론 코딩에 대한 조기 교육이 중요하다고 해서 무조건 어렸을 때부터 컴퓨터의 자판을 두드려야 하는 것은 아니다. 컴퓨터와 친해지기 위해서는 무엇보다도 우선시 되어야 하는 교육은 수학 교육이다. 여기서 수학 교육이 중요하다고 해서 지나치게 많은 선행 학습을 요구하는 것은 아니다. 여기서 말하는 수학 교육이란 최소한 초등수학 정도는 마쳐야 하며 얼마나 많은 컴퓨팅적인 사고력(Computational Thinking)을 접하면서 코딩 수업을 진행했는지가 중요하다. 그래서 필자는 지난 20년간의 경험을 바탕으로 프로그래밍 또는 알고리즘 공부를 처음 접하는 사람들이 공부할 수 있는 Biginner 교재부터 Expert 학습서를 만들기로 결심을 하고 모두 6단계(STONE -> IRON -> BRONZE -> SILVER -> GOLD -> PLATINUM)에 걸쳐서 그들이 학습할 수 있는 학습서를 만들 계획을 세웠다. 그중에 첫 번째 학습서인 STONE VERSION을 지금 선보이고 있는 것이다.

이렇게 공부 하세요.

이 책을 공부해야 하는데 반드시 필요한 사항이 있다. 프로그램을 공부하는 데 있어서 수학적인 이론을 배제한 상태로 공부할 수는 없다. 그래서 초등학교 저학년들이 만일 이 교재로 공부를 한다고 하면 프로그램을 공부하기 전에 반드시 초등수학 정도는 완료가 된 상태에서 접근해 주기를 바란다. 많은 사람들이 필자에게 질문하는 내용 중에 "수학 공부를 못하는데 프로그램을 할 수 있는가?" 또는 "수학 공부가 부족하니 프로그램이라도 배울래요!"라고 말하는 사람들이 있다. 솔직하게 말한다면 필자는 이러한 친구들은 코딩을 하는게 어렵다고 생각하기 때문에 무엇보다도 수학에 대한 학습을 우선시한 후 코딩에 접근하기를 추천한다. 많은 사람들이 코딩을 한다는 것은 무엇을 만드는 것이라 생각하는 경향이 있는데 물론, 그 말도 틀린 말은 아니지만 무엇을 만든다기보다는 무엇을 얼마나 최적화되게 해결할 수 있느냐가 더욱 중요한데, 여기서 최적화된 그리고 효율성이 좋은 프로그램을 작성하기 위해서는 반드시 수학적인 사고력과 지식이 동반되어야 하기 때문이다. 이 책의 구성과 내용만 보더라도 이 책이 코딩에 관련된 책인지 아니면 수학책인지 분간이 안되는 내용들로 구성되어 있는 것을 볼 수 있을 것이다. 따라서 이 책에 구성된 내용들을 이해하고 학습하려면 최소한 초등수학 정도는 마친 상태에서 학습해 주는 것이 이 교재를 공부하는 독자들에게 많은 도움이 될 것이라고 생각한다. 또한 이 책은 개념서와 해법서로 이루어져 있다. 특히 해법서의 solution은 내가 작성한 프로그램과 필자가 작성한 프로그램이 무엇이 다른지 꼭! 참고 자료로 활용하기를 바란다. 하지만 너무 solution에 의지해서 작성한다면 자신만의 창의적인 문제해결력에 방해가 되기 때문에 지나치게 해법서에 의지하는 것도 좋은 방법은 아니다. 하지만 해법서를 잘 활용한다면 나중에 어려운 문제에 부딪혔을 때 많은 도움이 될 수 있기 때문에 부디 잘 활용하여서 본인의 실력을 한 단계 **업Up**그레이드 할 수 있는 자료로 참고하기를 바란다.

끝으로 이 책을 만들기까지 물심양면 도움을 준 사랑하는 아내와 카이스트 전산학부에 재학 중인 아들 그리고 이대 소프트웨어학부에 재학 중인 딸, 유튜브 촬영에 애쓰고 있는 FM2 정성훈 대표님과 FM2 식구들에게도 감사 말씀을 전하며 두 번째 버전인 IRON VER도 최선을 다해서 집필하도록 하겠다.

2021. 03. 01

온라인저지 오일러OJ https://euleroj.io

오일러OJ 바로가기

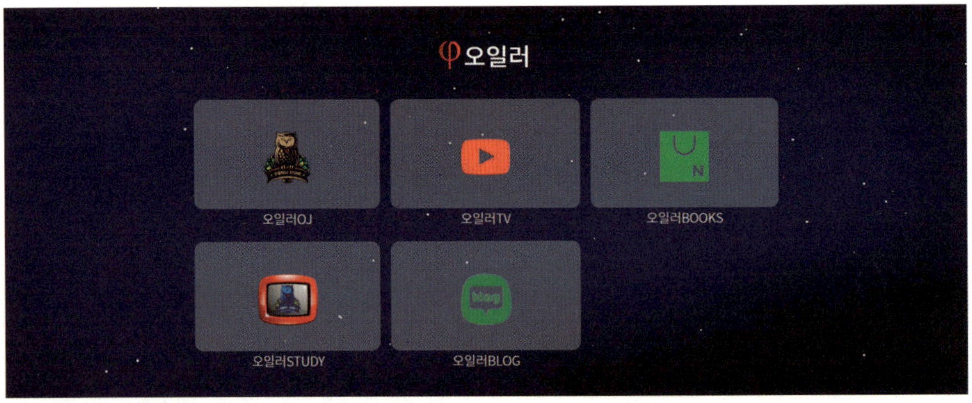

코딩 교육을 위해서는 반드시 갖추고 있어야 할 시스템이 있습니다. 바로 내가 작성한 문제를 채점할 수 있는 온라인저지(Online Judge) 시스템을 가지고 있어야 합니다. 그래야 내가 작성한 프로그램이 제대로 작성한 프로그램인지 채점 및 확인을 할 수 있기 때문입니다. 오일러는 온라인저지(Online Judge) 시스템을 20년 동안 개발하여 교육해 왔습니다.

STONE LEVEL	파이썬 기본문법, 기초수학, 기초자료구조, STONE 100제
IRON LEVEL	파이썬 기본문법, 중급수학, 기초알고리즘1, IRON 100제
BRONZE LEVEL	파이썬 기본문법, 중급자료구조, 기초알고리즘2, BRONZE 100제
SILVER LEVEL	파이썬 기본문법, 고급자료구조, 중급알고리즘, SILVER 100제
GOLD LEVEL	파이썬 기본문법, 고급알고리즘, GOLD 100제
PLATINUM LEVEL	국제대회 문제풀이 - 국제정보올림피아드(IOI), 아시아태평양(APIO) 대학생프로그래밍경시대회(ACM ICPC)문제풀이

YouTube 채널 오일러TV

오일러TV 바로가기

안녕하세요. 코딩의 마법사 오일러입니다. 오일러TV에서는 많은 사람들이 재미있고 더 쉽게 코딩에 다가갈 수 있도록 유튜브 채널과 연결하여 Uncontact 교육을 진행하고 있습니다. 오일러TV에서는 4차 산업혁명의 새로운 세상에서 살아갈 수 있는 코딩 방법을 알려 드리려고 합니다. 이제는 자격증이나 문법 위주의 교육이 아닌 문제 해결력을 키워서 창의적인 인재라는 것을 증명해야 하는 시대입니다. 오일러와 함께 문제 해결력을 키운다면 창의적인 인재가 될 수 있습니다. 이제 코딩은 교양이며 실력입니다. 실력을 갖춘 사람은 세상을 바꿀 수 있습니다. 오일러와 창의적인 인재가 되어보시기 바랍니다. 온라인 교육은 오프라인 교육보다 수업을 하기 위해서 몇 배는 더 준비해야 합니다. 좋은 코딩 교육을 받은 사람은 그렇지 않은 사람보다 4차 산업에 맞는 좋은 인재로 성장할 수 있다는 것을 알기 때문에 힘이 들더라도 즐거운 마음으로 준비하고 있습니다. 코딩마법서와 오일러OJ 그리고 오일러TV 많은 응원과 성원은 커다람 힘이 됩니다.

앞으로 지속적인 관심과 오일러TV 구독 과 좋아요 부탁드립니다.

목차

01. 프로그램 선택 및 설치하기

02. 프로젝트 만들기 Create Project

03. print()문

07. 데이터 입력 Data Input

08. 오일러 온라인 저지(오일러OJ)

09. 여러 개의 데이터 입력

10. 연산자 Operator

11. 조건문 if

12. 조건문 if else

13. 논리 연산자 Logical Operator

14. 복합 if문

15. 순환문 for

16. 가우스 계산법 Gauss

17. 배수와 약수 Multiple and Divisor

22. 순환문 while

23. 완전제곱수 Perfect Square Number

24. 팔린드롬 Palindrome

25. 소수 Prime Number

26. 보조제어문 break & continue & pass

27. 콜라츠 추측 Collatz Conjecture

28. 리스트 list

29. 튜플 tuple

30. 시퀀스 자료형 Sequence Type

31. 최대, 최소, 총합 그리고 최빈

32. 선택 정렬 Selection Sort

36. 에라토스테네스의 체 Sieve Of Erathosthenes

37. 형상수 Figulate Number

38. 누적합 Prefix Sum, Cumulative Sum

39. 집합 set

40. 스캐닝 메소드 Scanning Method

코딩마법서

1권 STONE VERSION

코딩테스트와 인공지능을 위한 파이썬

제01장

프로그램 선택 및 설치하기

오일러BOOKS

01.1

파이썬(Python)의 유래

파이썬은 네덜란드의 귀도 반 로섬(Guido van Rossum)이 1989년 크리스마스 날에 만든 프로그램 언어이다. 이후 1991년에 이 프로그램을 공개하였고 파이썬이라는 이름은 귀도 반 로섬이 즐겨보았던 BBC에서 방영하던 코미디 프로그램 '몬티 파이썬의 날마다 나는 서커스'(Monty Python's Flying Circus)에서 가져왔다고 한다. 참고로 파이썬은 고대 신화에 등장하는 큰 뱀을 말하는데 커다란 의미가 있는 것은 아니다. 아이러니하게도 귀도 반 로섬은 개인적으로는 뱀을 좋아하지 않는다고 한다.

01.2

파이썬(Python)의 특징

파이썬은 단순하고 간결한 언어여서 잘 작성된 파이썬 프로그램은 딱딱하게 쓰인 영어 문장을 읽는 것과 같이 읽을 수 있다는 게 가장 큰 장점이다. 문법 자체가 다른 언어보다는 간소화되어 있고 프로그램 자체가 객체로 구성되어 있는데 C++이나 Java의 객체지향 보다 쉽고 매우 강력한 방법으로 객체를 구성할 수 있다.

또한 파이썬은 리눅스(Linux)나 자바(Java)처럼 FLOSS(Free Open Source Software)로 소스 코드가 공개되어 필요하면 언제든지 필요한 부분을 고쳐서 사용할 수 있다. 그래서 여러 공동체에 의해서 점점 더 발전된 언어로 진화하고 있다.

파이썬은 C/C++처럼 메모리를 관리하던지 하드웨어의 세부적인 상황은 신경 쓸 필요가 없다. 여러 플랫폼을 지원하기 때문에 파이썬 프로그램이 동작할 수 있는 시스템이라면 어떠한 수정 없이도 동작할 수 있다. 특히 파이썬은 약점을 보완할 수 있도록 다른 언어를 포함하여 작성할 수 있는데 C/C++ 언어와 결합하면 놀라운 효율을 보여주기도 한다. 빠른 속도로 동작해야 하거나 소스 코드의 일부를 공개하고 싶지 않은 경우 코드의 일부를 C/C++로 작성하여 파이썬 프로그램으로 불러와 사용하면 더욱더 막강한 기능을 발휘한다.

파이썬은 이렇게 GUI(Graphic User Interface) 프로그램, 웹 프로그램, 수치 연산 프로그램, 데이터베이스 프로그램, 인공지능(AI) 프로그램 등 다양한 분야에서 널리 쓰이고 있는데 지금은 인공지능(AI) 분야에서 절대적인 두각을 나타내고 있다.

단, 한 가지 너무나 아쉬운 점은 기본 또는 중급 코딩테스트 문제를 해결하기에는 부족함이 없으나 정보 올림피아드 고등부 정도의 빠른 실행 시간을 요구하는 고난도 문제를 해결하기에는 실행 속도가 느린 너무 아쉬운 단점을 가지고 있다. 하지만 앞으로는 CPython이나 Pypy로 속도에 대한 문제가 해결이 되어가고 있기 때문에 상당부분이 보완이 될 것 같다.

01.3

컴퓨터(Computer)는 2진수로 구성되어 있다. Binary number

컴퓨터는 전류가 들어오거나 들어오지 않는(On 또는 Off) 2가지 상태를 구분하여 특정 자료를 저장하거나 전달할 수 있다. 아래와 같이 전구로 생각한다면 이해하기 쉽다. (0은 꺼짐, 1은 켜짐)

위에는 8개의 전구가 놓여있고 모두 Off 상태이다. 이것을 컴퓨터가 인식하는 2진수(Binary Number)로 표현하면 00000000이 되고, 인간이 사용하는 10진수(Decimal Number)로 표현하면 0이 된다.

이번에는 8번 전구만 On이고 나머지가 모두 Off 상태이다. 이것을 컴퓨터가 인식하는 2진수로 표현하면 00000001이 되고 인간이 사용하는 10진수로 표현하면 1이 된다.

7번 전구만 On이고 나머지가 모두 Off 상태이다. 이것을 컴퓨터가 인식하는 2진수로 표현하면 00000010이 되고 인간이 사용하는 10진수로 표현하면 2가 된다.

7번, 8번 전구만 On이고 나머지가 Off 상태이다. 이것을 컴퓨터가 인식하는 2진수로 표현하면 00000011이 되고 인간이 사용하는 10진수로 표현하면 3이 된다.

⋮

8개의 전구가 모두 On인 상태이다. 이것을 컴퓨터가 인식하는 2진수로 표현하면 11111111이 되고 인간이 사용하는 10진수로 표현하면 255가 된다. 이러한 방식으로 8개의 전구가 있다면 표현할 수 있는 수의 범위는 0부터 255까지이고 이것을 통해서 모두 256개의 정보를 표현할 수 있다.

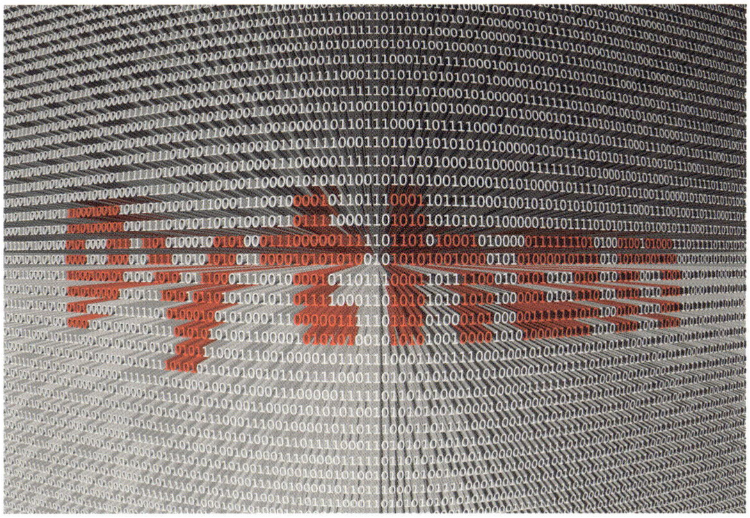

컴퓨터는 하나의 전구만으로 `On(1)`이 되거나 또는 `Off(0)`가 되는 2가지 상황을 표현할 수 있다. 이렇게 `1`과 `0`을 저장하는 정보 표현의 최소 단위를 **비트(bit)**라고 하고 8개의 비트(bit)가 모여서 **1바이트(byte)**라고 한다.

01.4

에디터와 인터프리터 Editor & Interpreter

2진수(Binary Number) 체계로 이루어진 컴퓨터는 인간의 언어를 바로 알아들을 수 없다. 따라서 인간의 언어를 컴퓨터가 알아들을 수 있도록 기계어로 번역하는 과정이 필요하다. **기계어(Machine Language)**란? 컴퓨터가 알아들을 수 있도록 2진수로 구성된 언어를 말한다. 인간의 언어로 프로그램을 작성하기 위해서는 크게 두 가지가 필요한 데, 하나는 한글이나 Word와 같이 인간의 언어로 타이핑하기 위한 **에디터(Editor)**이고 다른 하나는 작성한 내용을 기계어(Machine Language)로 번역하기 위한 **인터프리터(Interpreter)**가 필요하다.

01.5

프로그램 선택하기 Programs

프로그램을 작성하기 위해서는 우선 소프트웨어 설치가 우선되어야 한다. 어떠한 종류들이 있는지 알아보자. 개발자가 쉽게 개발할 수 있도록 에디터(Editor)와 인터프리터(Interpreter)를 모두 포함하고 있는 환경을 **통합개발환경(IDE : Integrated Development Environment)**이라고 한다.

이렇게 통합개발환경(IDE)을 제공하는 프로그램으로는 **파이썬**이 있다. 파이썬은 파이썬을 설치하는 것만으로도 기본적으로 에디터(Editor)와 인터프리터(Interpreter)를 제공한다. 따라서 파이썬 설치만으로도 개발을 시작할 수 있는 상태는 맞지만 여기서 제공되는 툴만으로 개발을 하기에는 많은 불편함이 있다. 그래서 많은 개발자들은 파이썬과 제트 브레인(Jet Brain)사의 **파이참(PyCharm)**을 설치하여 사용한다. 또한 마이크로소프트(Microsoft)사의 **Visual Studio**가 있다. Visual Studio는 여러 가지 버전이 있는데 이 중에서도 비상업 목적시 무료로 제공하는 커뮤니티 에디션(Community Edition) 버전이 있다. 사용자 인터페이스가 뛰어나서 프로그램 작성 시 쉽게 코딩을 할 수 있는 장점이 있으나 설치 파일의 크기가 무려 1.35GB 정도나 되며 프로그램 구동 시 약간 무거운 느낌을 가지고 있다.

다음으로 에디터(Editor)만 제공하는 코드편집기가 있다. 코드편집기는 코드를 타이핑하는데 더 많은 기능을 제공하고 타이핑에 특화되어 있기 때문에 통합개발환경(IDE)보다는 훨씬 가볍고 또한 내가 원하는 소프트웨어(C++, Java, 파이썬 등)를 직접 골라 코딩을 할 수 있는 장점이 있다. 하지만 인터프리터(Interpreter)와 환경설정을 별도로 해줘야 하기 때문에 초보자들이 사용하기에는 상당히 어려움이 있다. 이러한 에디터로는 Sublime Text, Atom, Visual Studio Code, Edit Plus, Vim, Brackets 등이 있다.

다음으로 웹 기반에서 동작하는 온라인 컴파일러가 있다. 프로그램의 설치가 어려운 모바일 환경이나 또는 몇 줄의 소스 코드만을 다른 환경에서 확인해보고 싶을 때 이용한다면 상당히 도움이 된다. 많은 온라인 컴파일러가 있지만 다양한 언어를 지원하는 코딩 그라운드(https://www.tutorialspoint.com/codingground.htm)와 그리고 IDEONE(https://www.ideone.com/) 등이 있다.

01.6 시스템 확인하기 System

파이썬을 설치하기 전에 먼저 설치할 컴퓨터의 운영체제를 확인해야 한다. 만일 설치할 컴퓨터의 운영체제가 윈도우즈(Windows)라면 32bit 운영체제인지 아니면 64bit 운영체제인지를 확인하는 작업이 필요하다. 근래에 나오는 컴퓨터는 모두 64bit 운영체제이지만 그래도 한 번 확인하는 작업을 해보자.

❶ 윈도우즈(Windows)의 검색에서 '내 PC'를 검색한 후 '내 PC'에서 마우스 오른쪽 버튼을 눌러 속성을 선택한다.

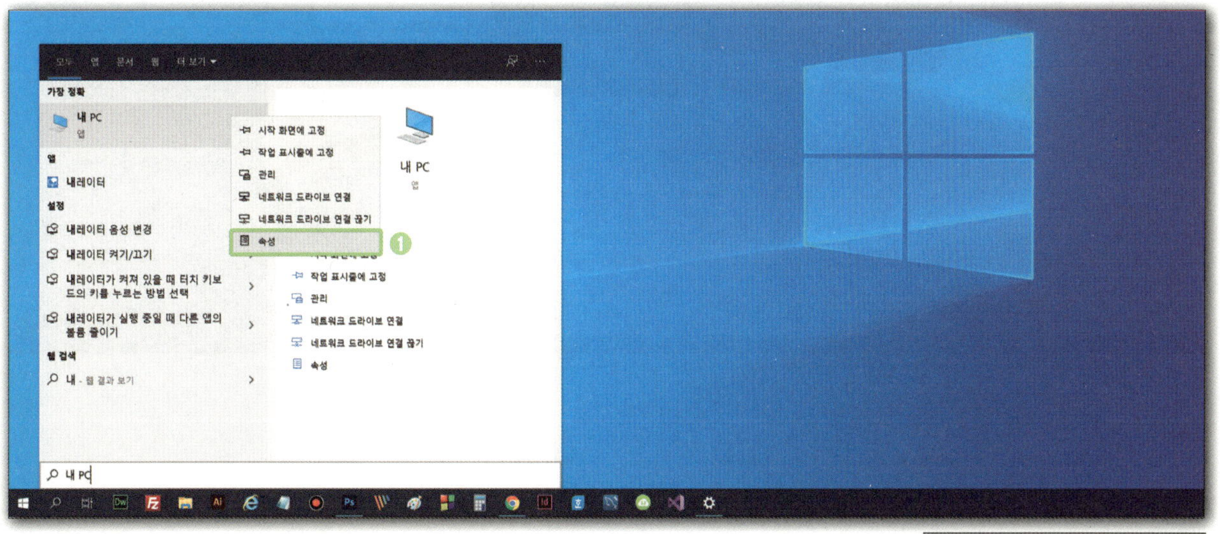

❷ 윈도우즈(Windows)가 32bit 운영체제인지 64bit 운영체제인지를 확인한다.

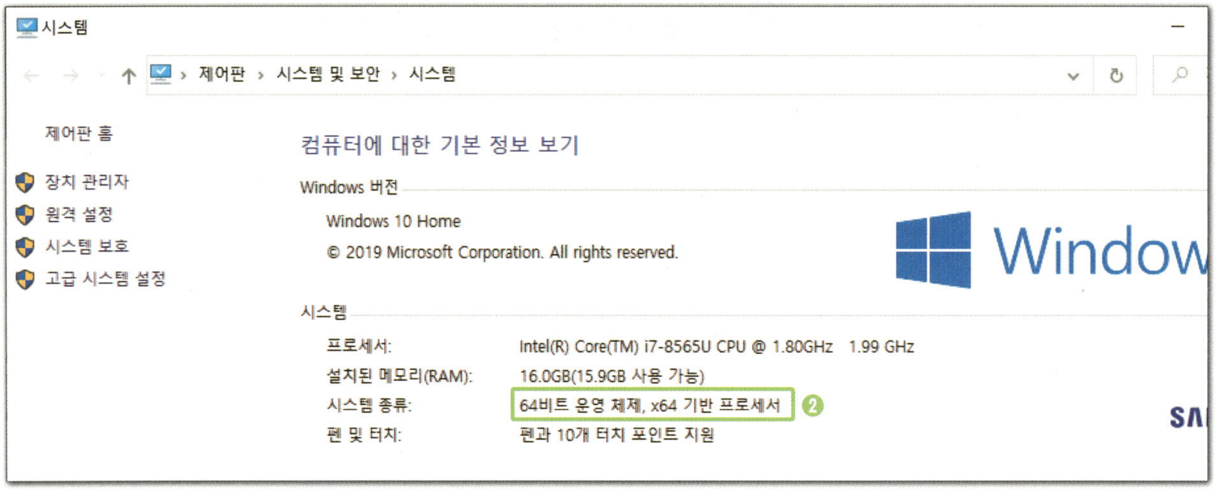

01.7

파이썬(Python) 설치하기 Install

❶ 파이썬 공식 홈페이지(https://www.python.org/)에 접속해서 메뉴의 Downloads를 선택한 후 운영체제를 선택한다. 필자의 컴퓨터는 운영체제가 윈도우즈(Windows)이기 때문에 Windows를 선택하였다.

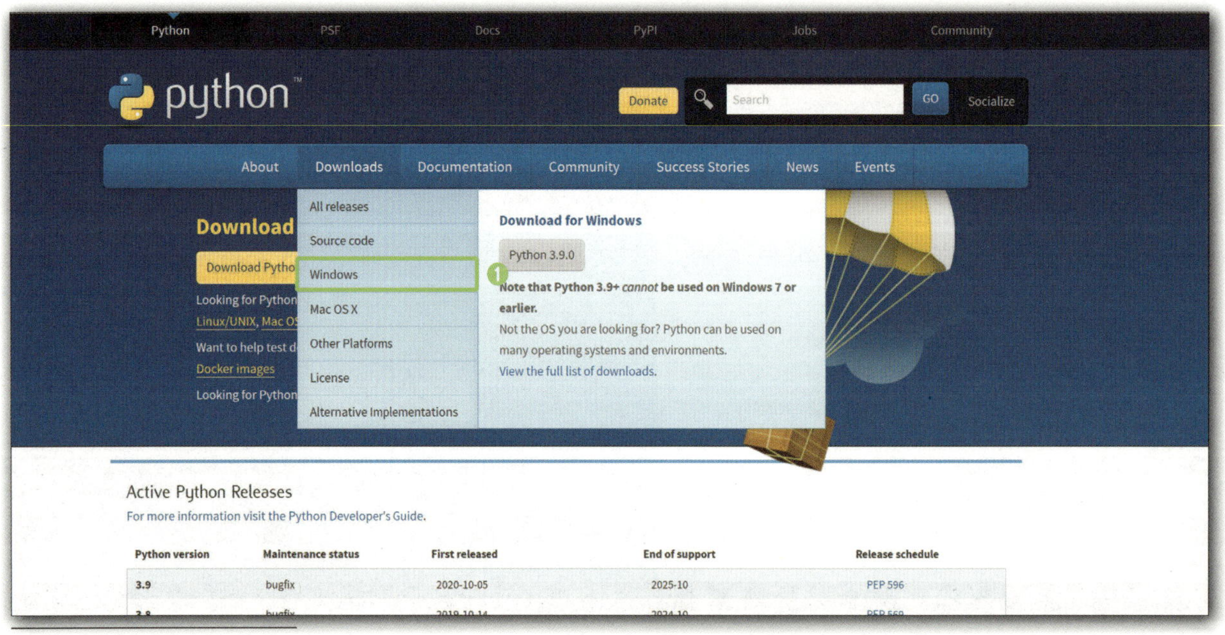

❷ 만일 윈도우즈(Windows)가 64bit 운영체제이면 'Windows x86-64 executable installer'를 선택하고 32bit 운영체제이면 'Windows x86 executable installer'를 선택해서 다운로드를 하도록 한다.

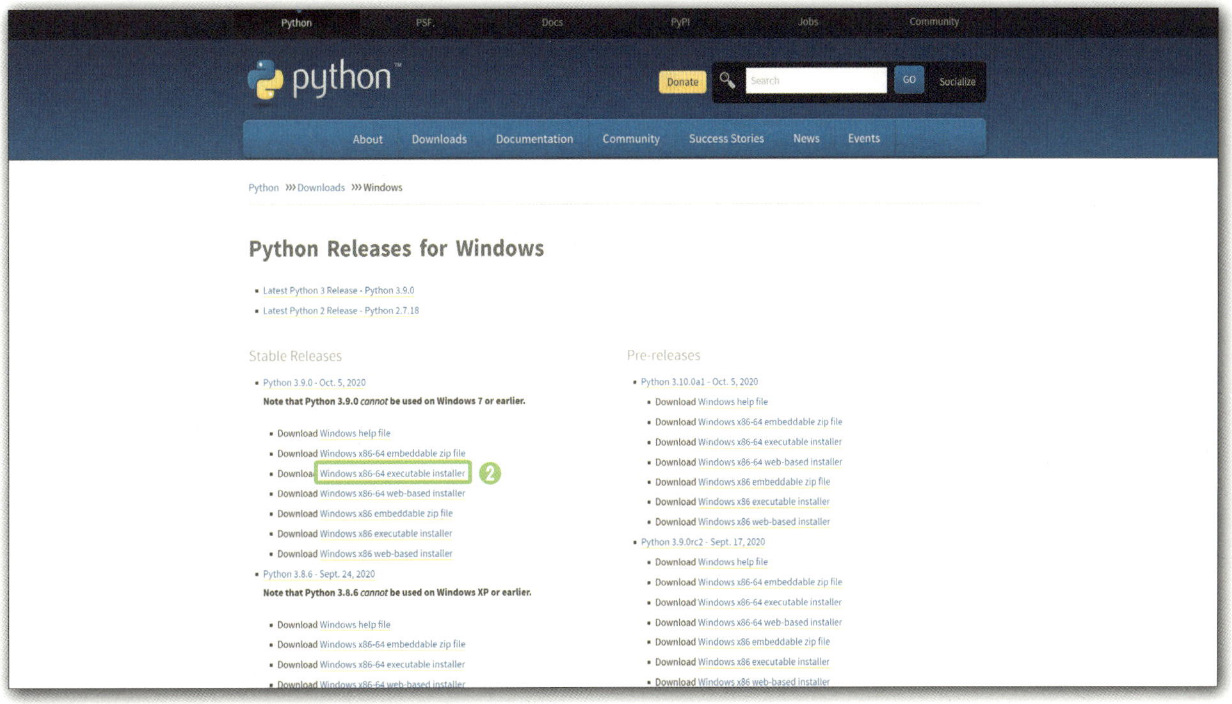

❸ 다운로드가 완료되면 설치를 시작한다.

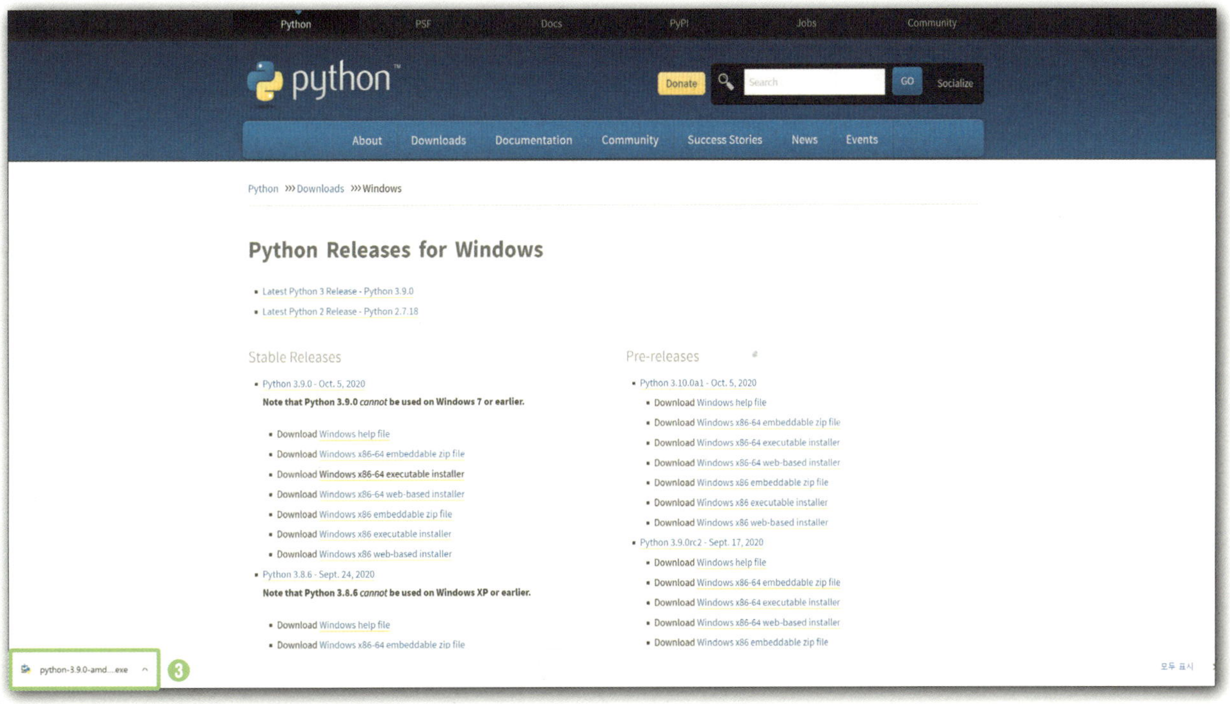

❹ 가장 아래에 있는 'Add Python 3.9 to PATH'의 체크 박스를 체크하도록 하자. 체크 박스를 체크하게 되면 환경변수의 PATH 항목에 파이썬 설치 경로를 자동으로 추가해 주는데 그러면 굳이 찾아가서 파이썬을 실행하지 않아도 어떠한 경로에서도 파이썬을 실행할 수 있다. 또한 'Install Now'를 선택해서 바로 설치할 수도 있지만 이렇게 설치하게 되면 설치 경로가 너무 길어 복잡하기 때문에 직접 찾아가서 실행해야 할 때 불편함이 있을 수 있다. 아래의 'Customize installation'을 선택하도록 한다.

❺ 모든 옵션이 체크되어 있다. Next 버튼을 클릭한다.

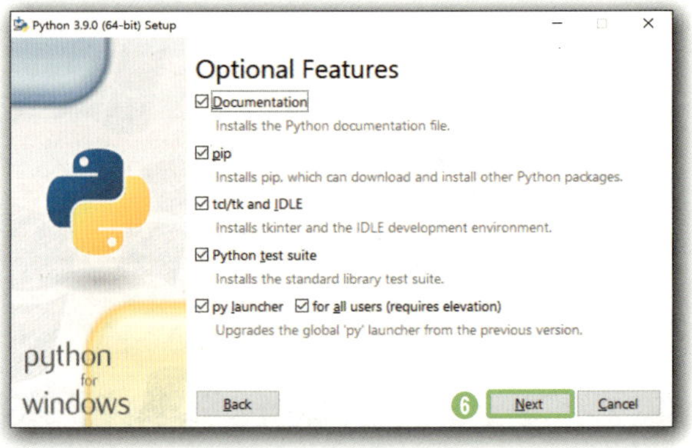

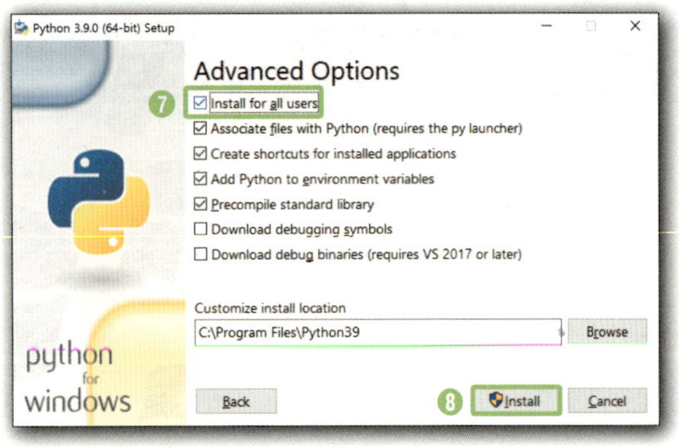

❻ 파이썬의 설치 경로를 알려주는데 설치 경로가 너무 길다. 상단의 체크 박스 'Install for all users'를 체크하면 좀 더 간단한 설치 경로가 설정된다. 그리고 install 버튼을 클릭한다.

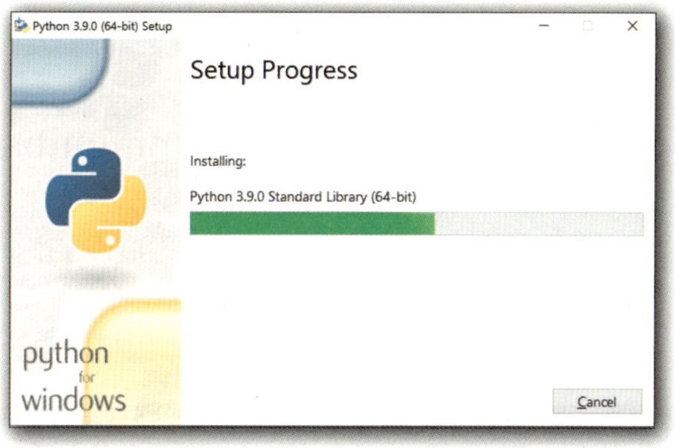

❼ 파이썬 설치가 진행된다.

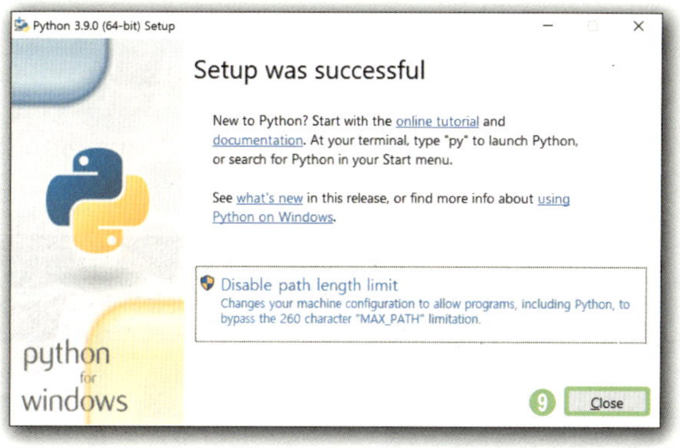

❽ 파이썬 설치가 완료되었다. Close 버튼을 클릭하여 설치를 종료한다.

01.8 마이크로소프트(Microsoft) 계정 설정하기

Visual Studio는 마이크로소프트(Microsoft) 윈도우즈 또는 맥에서 작동하며, 다양한 언어로 프로그래밍을 할 수 있는 통합개발환경(IDE)을 지원한다. Visual Studio는 여러 버전이 있는데 비상업용으로 사용한다면 개인에게는 무료로 제공하는 **커뮤니티 에디션(Community Edition)** 버전을 설치하면 된다. Visual Studio를 설치하기 앞서서 먼저 Microsoft 계정이 있으면 좋다. 계정이 있으면 Visual Studio를 기간의 사용 제한 없이 무료로 사용할 수 있지만, 계정이 없으면 Visual Studio를 설치하여 30일만 무료로 사용할 수 있기 때문이다. Microsoft 계정은 Microsoft 공식 홈페이지(https://www.microsoft.com/ko-kr/)에 접속하여 회원 가입을 하면 계정이 생성된다. 하지만 나이가 만으로 14세 미만이면 별도의 부모님 동의가 필요하다.

01.9

Visual Studio Community 설치하기 Visual Studio Community

❶ 마이크로소프트(Microsoft) 계정을 얻었으면 비주얼 스튜디오 공식 홈페이지(https://visualstudio.microsoft.com/ko/)에 접속해서 Visual Studio Community를 다운로드를 한다.

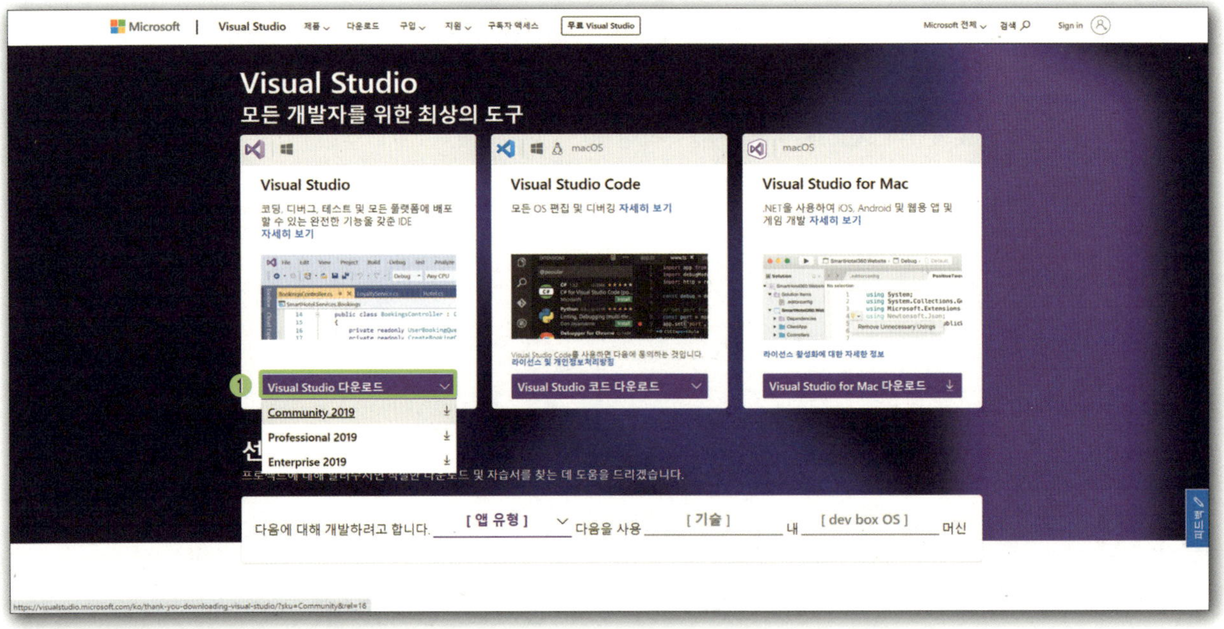

❷ 설치 파일 다운로드가 완료되면 Visual Studio Community 설치를 시작한다.

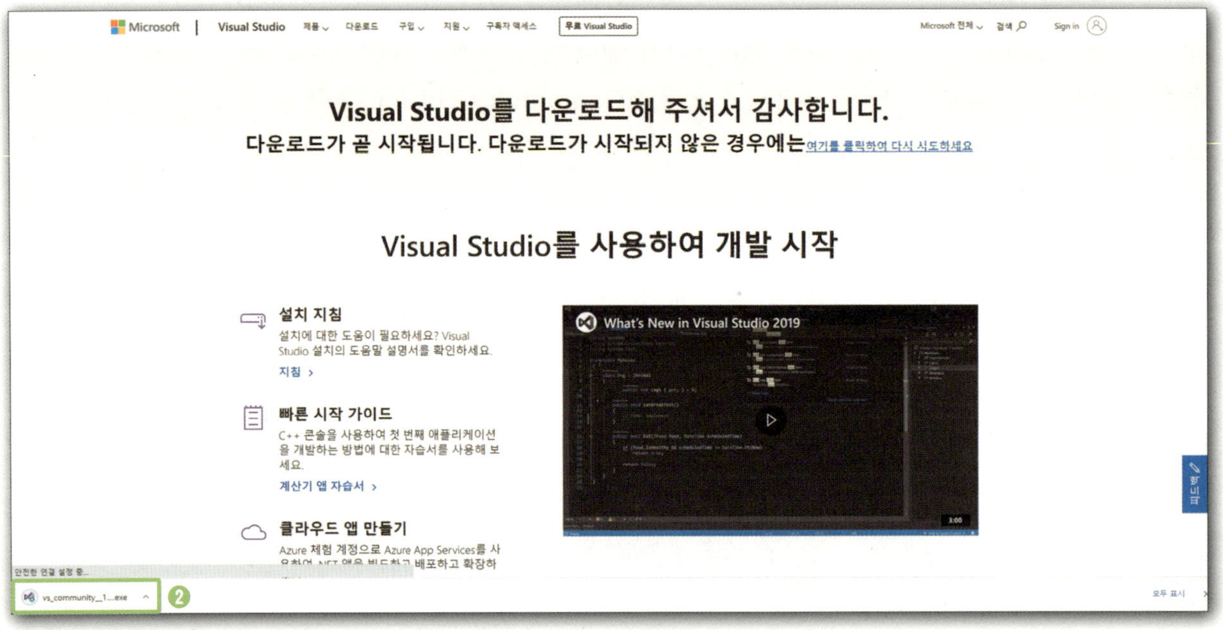

❸ Visual Studio Installer의 계속 버튼을 클릭한다.

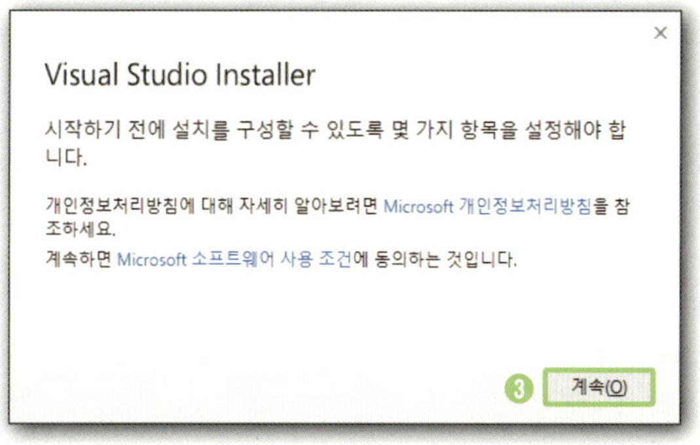

❹ 압축을 풀고 설치하기 위한 준비작업을 한다.

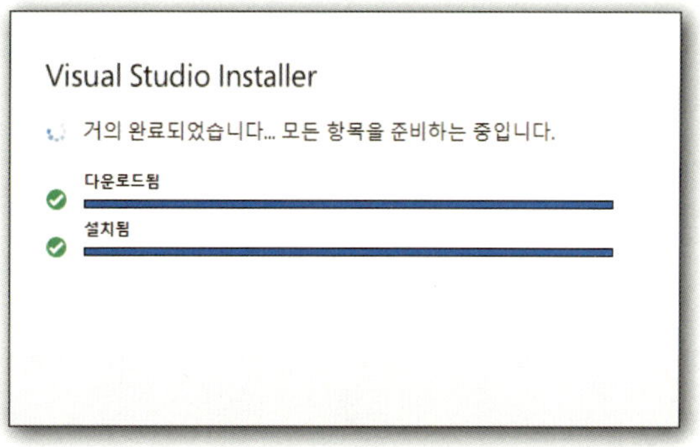

❺ '파이썬 개발' 선택 후 설치 버튼을 클릭한다.

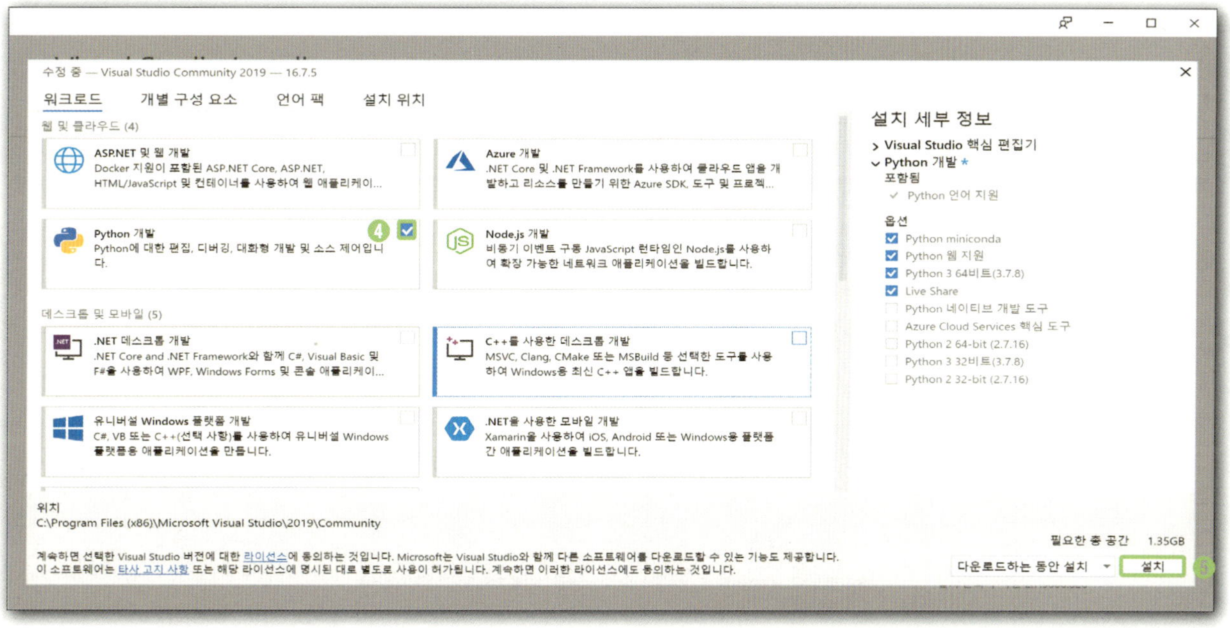

❻ 프로그램 설치가 진행된다.

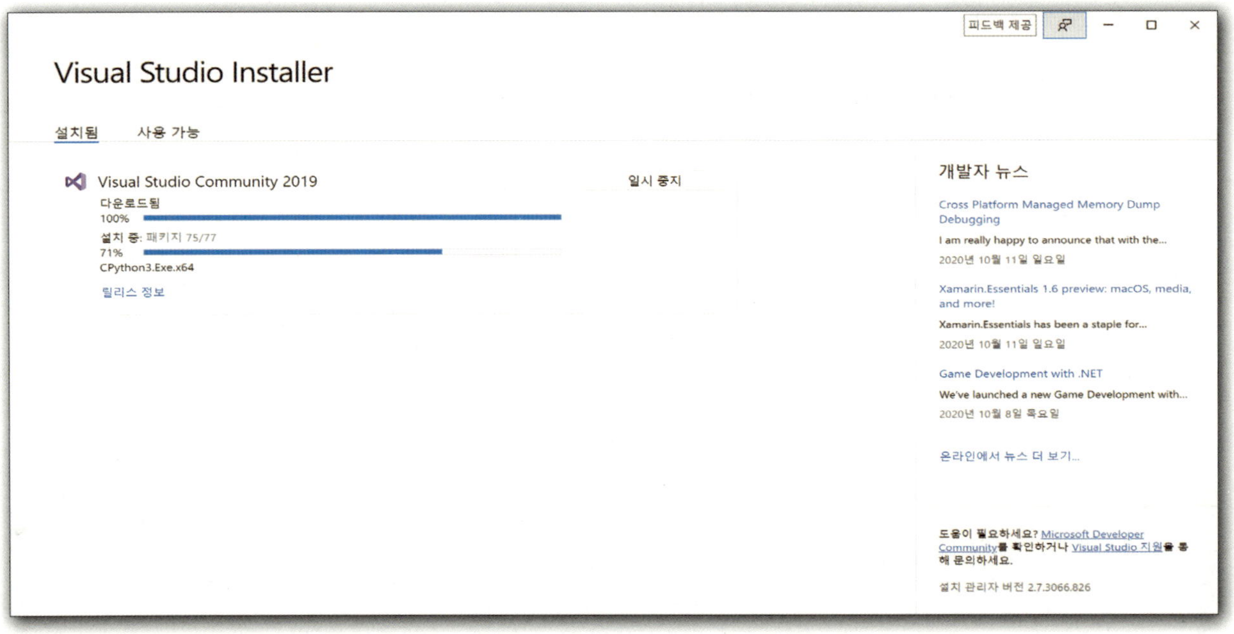

❼ 설치가 완료되면 프로그램을 다시 시작한다.

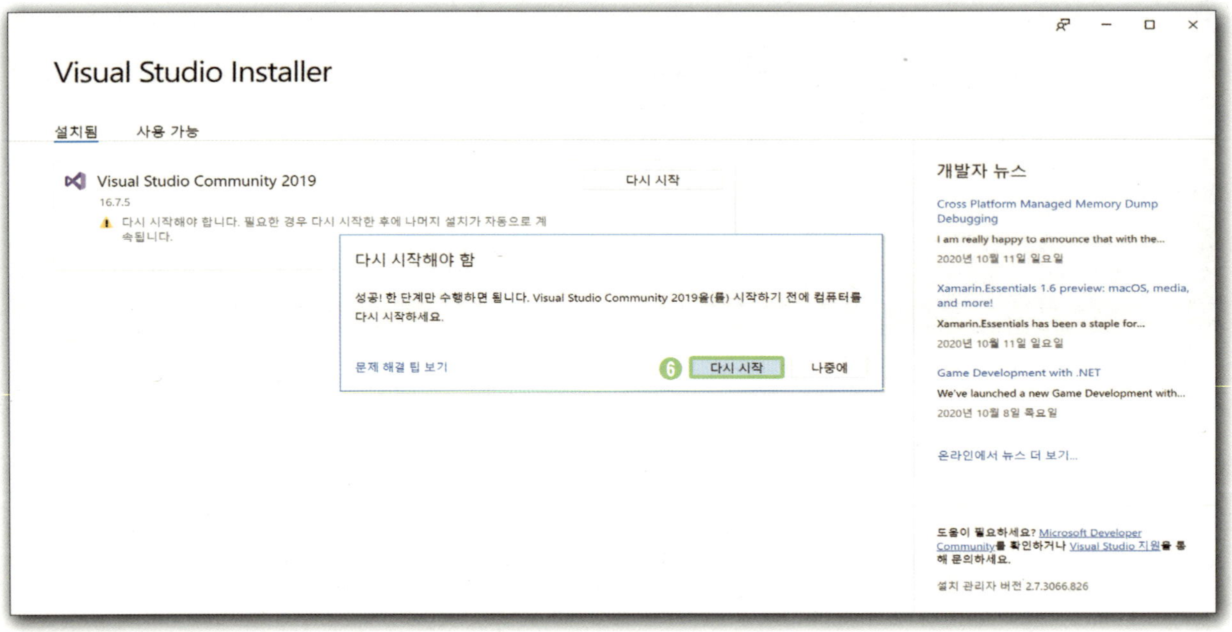

01.10
파이참(PyCharm) 설치하기 PyCharm

❶ 제트 브레인(Jet Brain)사의 PyCharm 공식 홈페이지(https://www.jetbrains.com/ko-kr/pycharm/)에 접속해서 다운로드를 클릭한다.

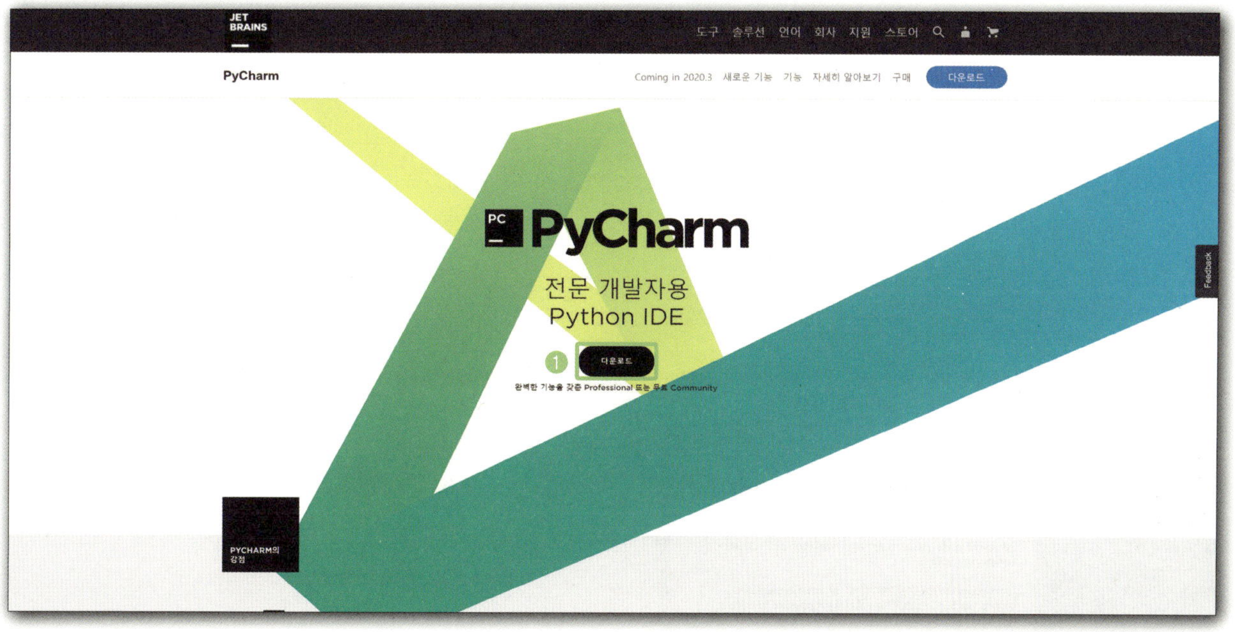

❷ 무료로 제공되는 Community 버전을 다운로드한다. 참고로 Professional 버전은 30일만 무료 사용이 가능하다.

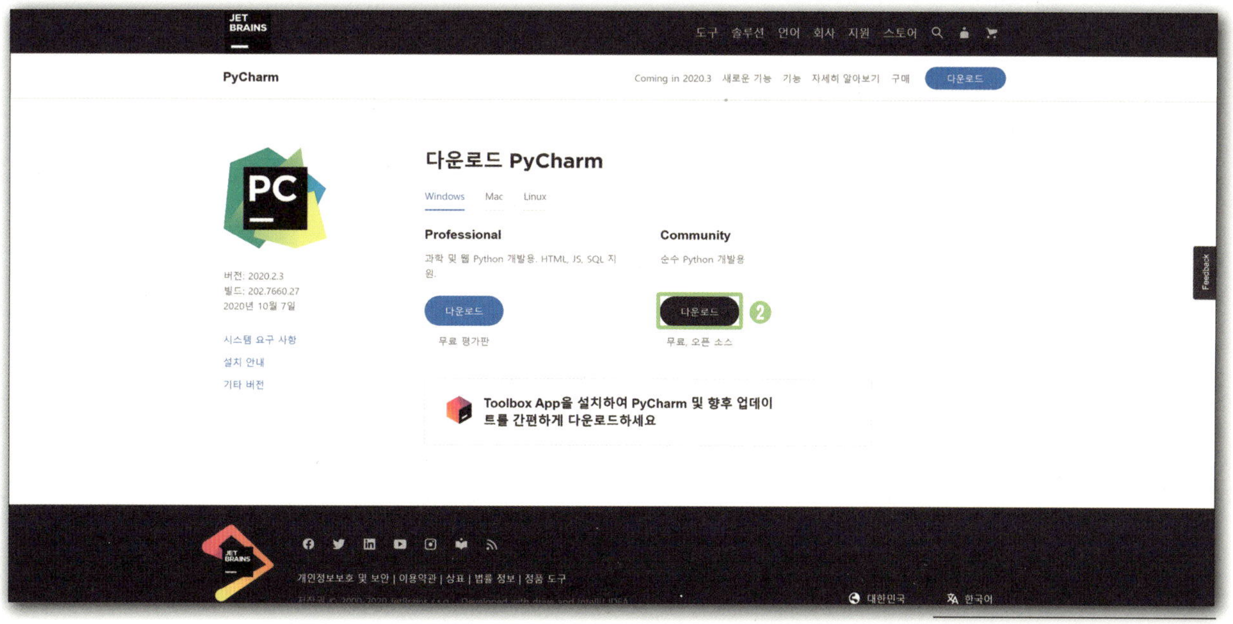

❸ 다운로드가 완료되면 파이참 설치를 시작한다.

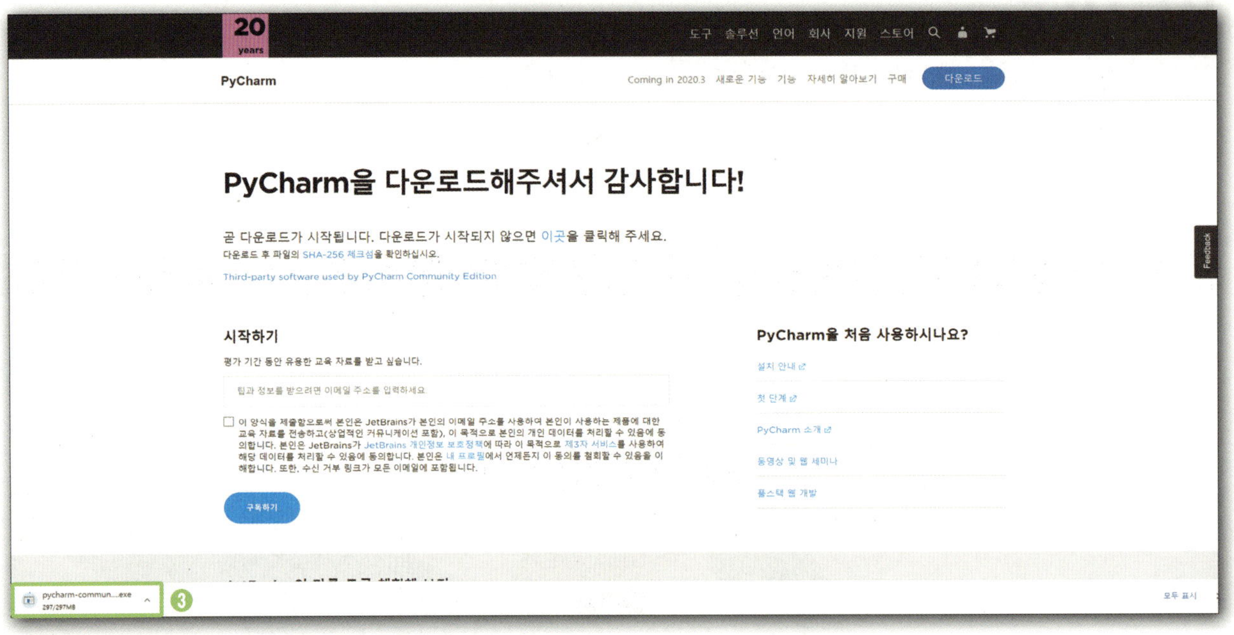

❹ Next 버튼을 클릭한다.

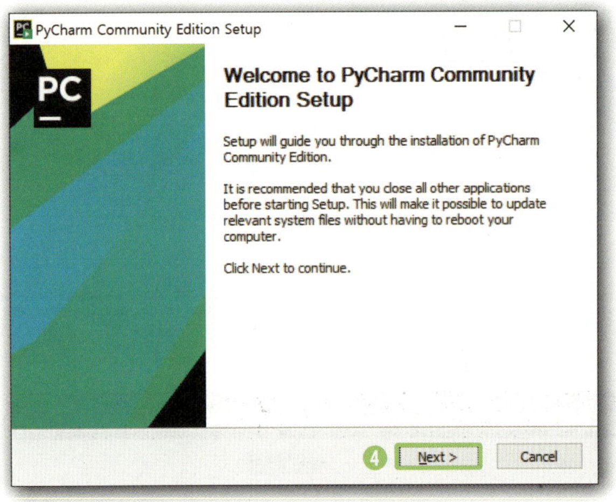

❺ 파이참 설치 경로를 보여준다. Next 버튼을 클릭한다.

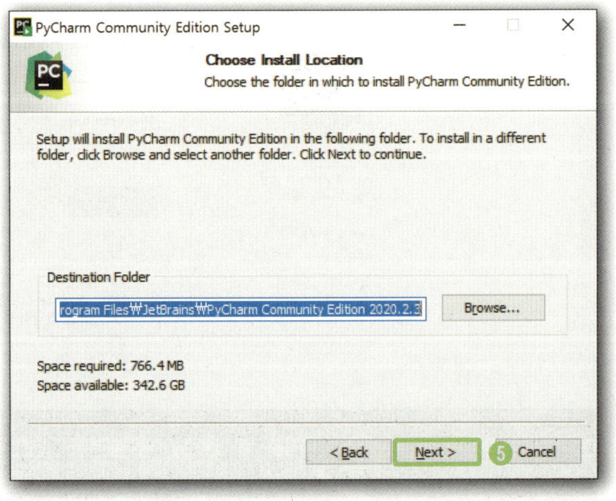

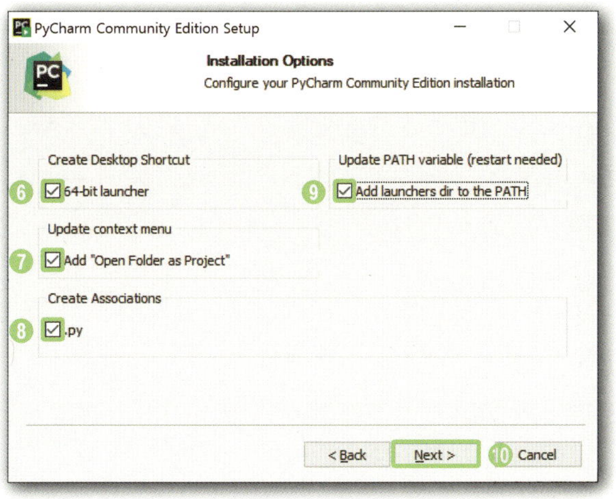

❻ 64bit 운영체제를 사용하고 단축 아이콘을 바탕화면에 생성해준다. 파이참의 실행 경로를 시스템에 등록해준다. 폴더에서 마우스 오른쪽 클릭으로 간편하게 프로젝트를 생성할 수 있게 해주며 파이썬 파일을 파이참에서 열어볼 수 있도록 연결해 준다. 모든 체크 박스를 체크한 후 Next 버튼을 클릭한다.

❼ Install 버튼을 클릭한다.

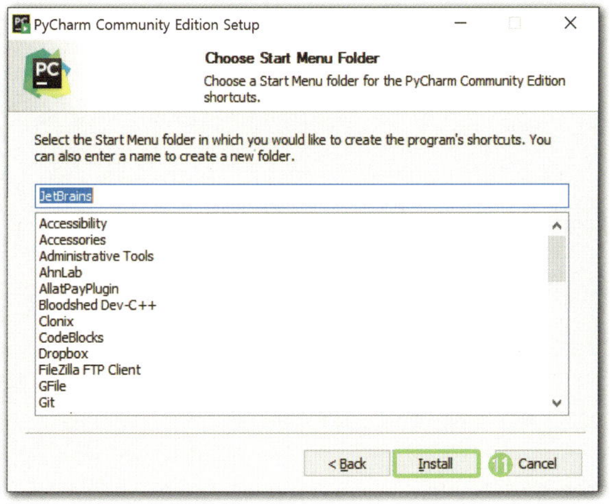

❽ 파이참 설치가 진행된다.

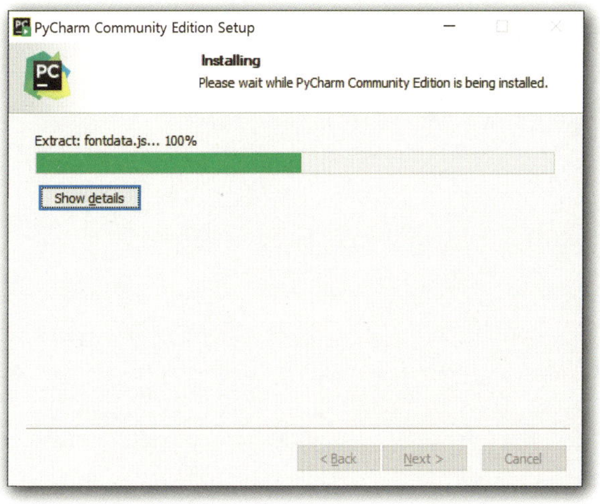

❾ 설치가 완료되면 프로그램을 다시 시작한다.

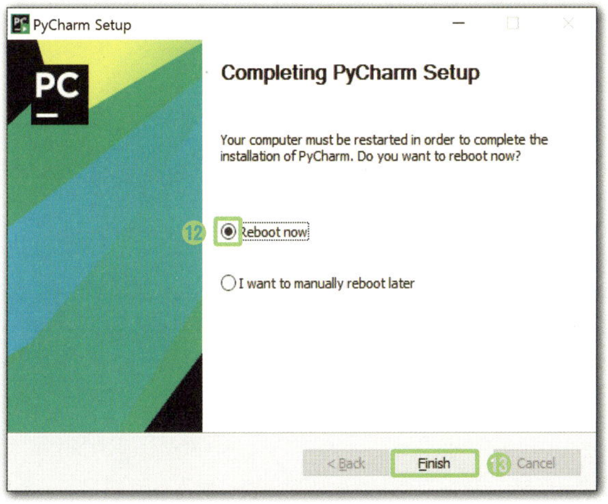

코딩마법서

1권 STONE VERSION

코딩테스트와 인공지능을 위한 파이썬

제02장

프로젝트 만들기
Create Project

φ 오일러BOOKS

02.1

인터프리터 Interpreter

우리가 작성하는 프로그램은 인간이 사용하는 언어이고 이렇게 인간이 사용하는 언어는 컴퓨터에게 직접적으로 전달할 수 없기 때문에 프로그램을 실행하기 위해서는 먼저 작성된 프로그램을 컴퓨터가 알아들을 수 있는 언어인 기계어(Machine Language)로 번역을 해야 한다. 예를 들어서 프랑스 사람과 대화를 해야 한다고 생각해보자. 그러면 둘 중에 하나를 선택해야 할 것이다. 직접 프랑스어를 배우거나 아니면 프랑스어를 할 수 있는 번역가를 고용하는 것이다.

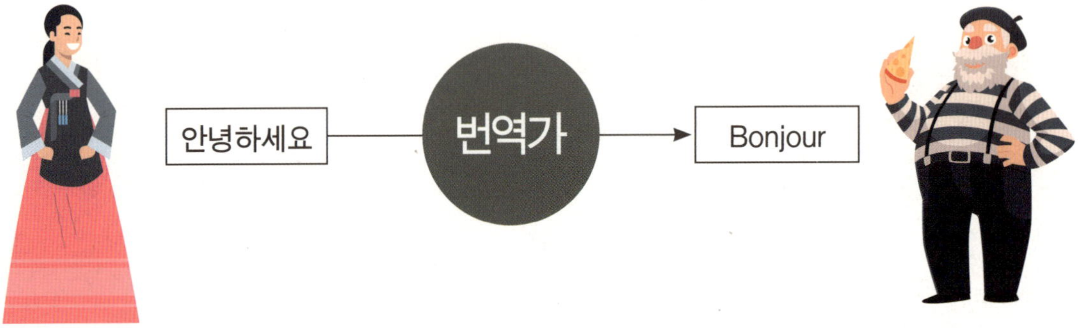

첫 번째 방법인 프랑스어를 배우는 방법은 언어를 배우기까지 많은 시간이 필요하기 때문에 지금 당장 프랑스 사람과 대화하기에는 어려움이 있다. 하지만 프랑스어를 알고 있다면 번역가를 두는 것보다는 좀 더 깊은 대화를 나눌 수 있을 것이다. 두 번째 방법인 번역가를 둔다면 깊은 대화를 나눌 수는 없지만 지금 당장이라도 프랑스 사람과 대화하는데 어려움은 없을 것이다. 컴퓨터 언어도 마찬가지이다. 컴퓨터 언어인 기계어(Machine Language)는 이진수(Binary Number)로 된 숫자로 구성되어 있다. 이진 정수로 된 숫자로 프로그램을 작성한다고 하면 너무나도 많은 어려움이 있을 것이다. 그래서 중간에 인터프리터(Interpreter)라는 기계어로 번역해 주는 번역기를 두고서 프로그램을 작성하게 되는 것이다.

02.2

컴파일러와 인터프리터 Compiler & Interpreter

C/C++은 컴파일러(Compiler)에 의해서 프로그램 전체를 기계어(0과 1)로 번역한 후, 링커에 의해서 프로그램 전체를 메모리로 불러들여 프로그램을 실행하는 컴파일러(Compiler) 언어이다. 프로그램 전체가 통으로 실행되기 때문에 속도가 빠르지만 단 하나의 소스 코드의 수정이 있어도 프로그램 전체의 코드를 다시 컴파일해서 메모리에 로딩해야 하기 때문에 효율적인 개발이 어려운 단점을 가지고 있다.

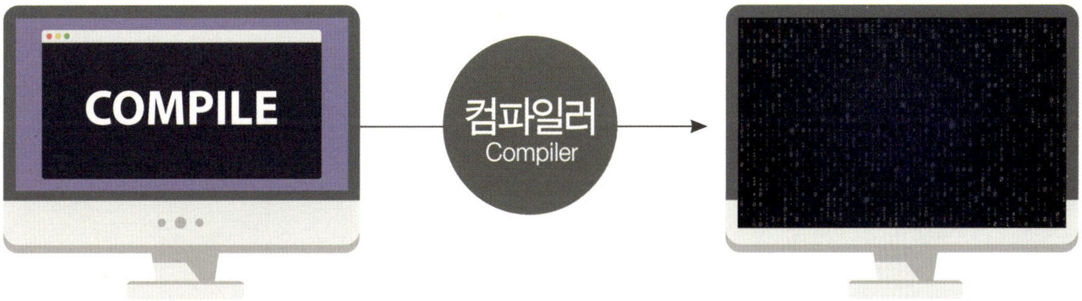

필자가 초등학생 시절에 처음으로 접한 언어가 있는데 그것은 Basic이라는 언어이다. Basic은 마이크로소프트(Microsoft)사의 빌 게이츠가 가장 사랑하는 언어로도 유명하다. Basic은 컴파일러(Compiler) 방식이 아니라 인터프리터(Interpreter) 방식을 따르고 있다. 인터프리터(Interpreter) 언어는 명령문 단위로 해독하고 실행한다. 즉, 하나의 명령문을 가지고 와서 바로 기계어로 번역하고 실행한다는 말이다. 인터프리터(Interpreter) 언어는 하나의 명령문 단위로 처리하기 때문에 실행 속도가 느린 단점을 가지고 있지만 프로그램 작성 중에 에러가 발생되면 잘못된 부분의 코드를 바로 수정할 수 있어서 개발하기에 편리한 장점을 가지고 있다. 파이썬은 먼저 파이썬만의 '바이트 코드'로 변형을 한 후 컴퓨터가 사용하는 이진 코드로 변환하며 실행하게 되는 인터프리터(Interpreter) 방식의 언어이다. 바이트 코드는 소스 코드도 아니고 그렇다고 완전한 기계어도 아니다. 단지 바이트 코드는 소스 코드 보다 기계어로 변환되는 속도를 빠르게 하기 위한 중간 과정의 언어라고 생각하면 된다. 파이썬은 먼저 소스 코드를 바이트 코드로 번역해 놓고 번역해 놓은 바이트 코드를 하나씩 가져다 실행하는 것이다. 따라서 파이썬은 내부적으로 두 개의 파일이 존재하는데 하나는 우리가 작성하는 소스 코드의 파일로 확장자는 py이고 다른 하나는 바이트 코드의 파일로 확장자가 pyc이다. 하지만 바이트 코드는 개발자에게 숨겨져서 보이지 않는다.

Tip 컴파일러(Compiler)에 대한 자세한 설명은 유튜브 채널 오일러TV의 코딩테스트를 위한 코딩마법서 C/C++ STONE 2-1강 에디터와 컴파일러 강의를 참고하기 바란다.

02.3

파이썬(Python)과 IDLE(Integrated DeveLopment Environment) IDLE

파이썬을 설치하면 기본적으로 대화형 쉘 스크립트(Shell Script)가 제공된다. 이것을 IDLE(Integrated DeveLopment Environment : 통합 개발 환경)이라고 부른다. 간단한 프로그램은 쉘 스크립트(Shell Script) 위에서 작성할 수 있으며 바로 확인해 볼 수 있다.

❶ IDLE을 실행한다.

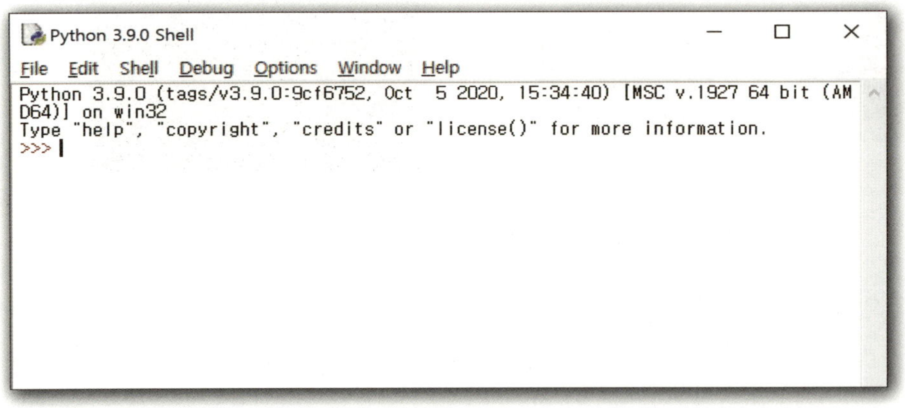

❷ >>>를 쉘 프롬프트(Shell Prompt)라고 부르며 프롬프트를 통해서 명령을 입력할 수 있다. 사용자가 파이썬 문법에 맞는 명령을 프롬프트에 입력하면 인터프리터(Interpreter)는 입력한 줄을 바로 해석하여 처리하게 된다. 프롬프트에 `print("Hello World!")`를 입력한 후 엔터(Enter)키를 눌러보자. 그러면 작성된 프로그램을 바로 번역하여 아랫줄에 `'Hello World!'`를 출력하여 보여준다.

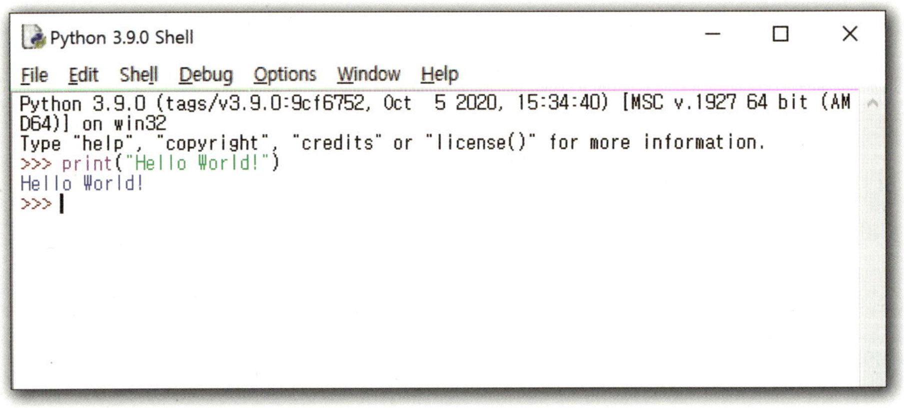

02.4

파이썬(Python) 에디터(Editor)를 이용하여 프로그램 작성하기 Python Editor

❶ 파이썬 Shell의 메뉴에서 File의 New File을 선택한다.

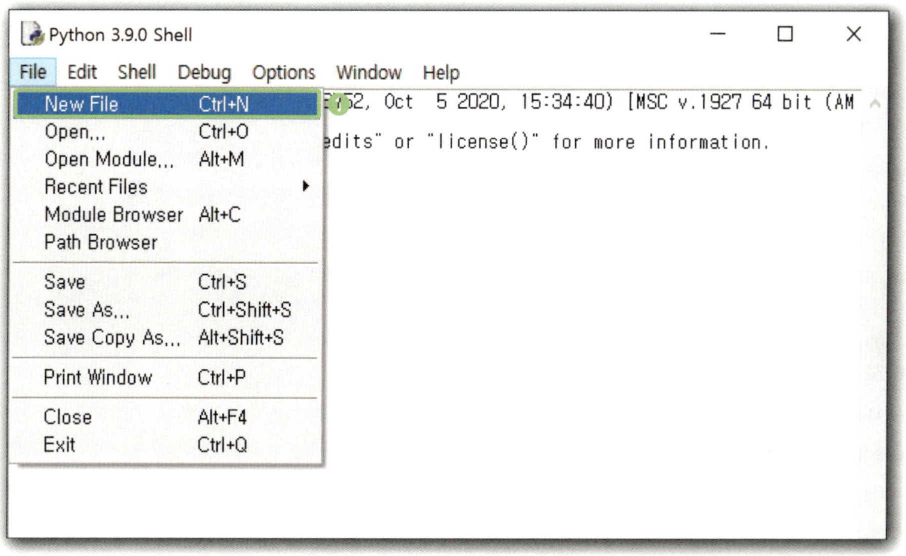

❷ 에디터(Editor)에서 `print("Hello World!")`를 입력한 후 파일을 저장한다.

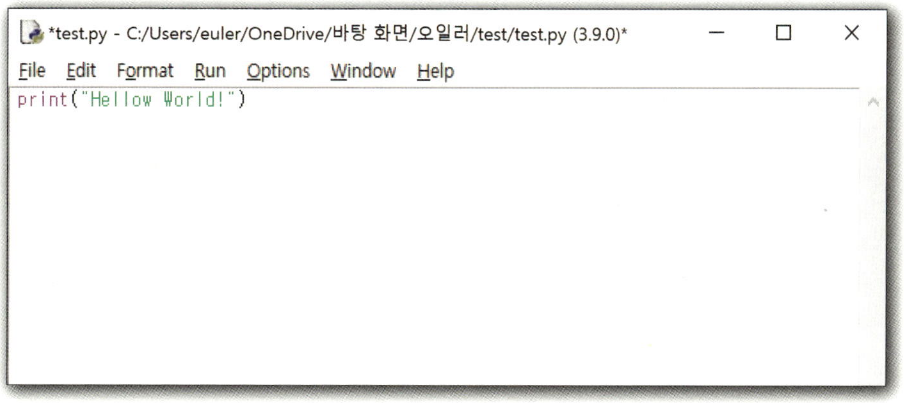

❸ 메뉴에서 Run을 선택한 후 Run Module을 누르거나 또는 단축키 F5 를 눌러서 프로그램을 실행(Running)한다.

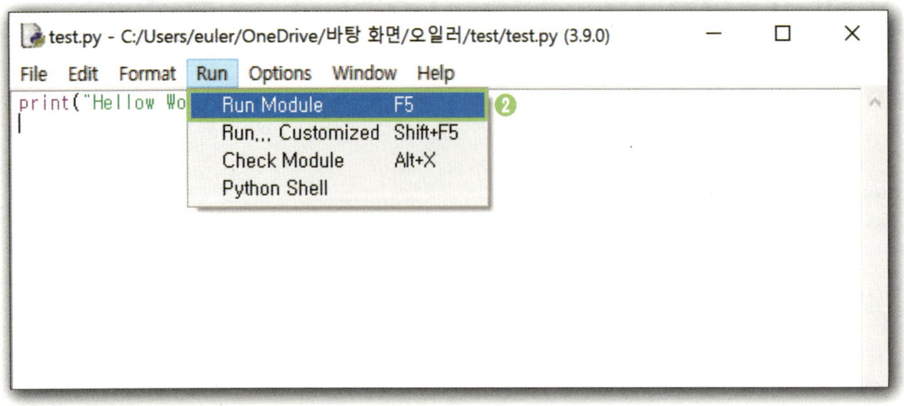

❹ 파이썬 Shell이 실행되면서 프로그램 결과가 출력된다.

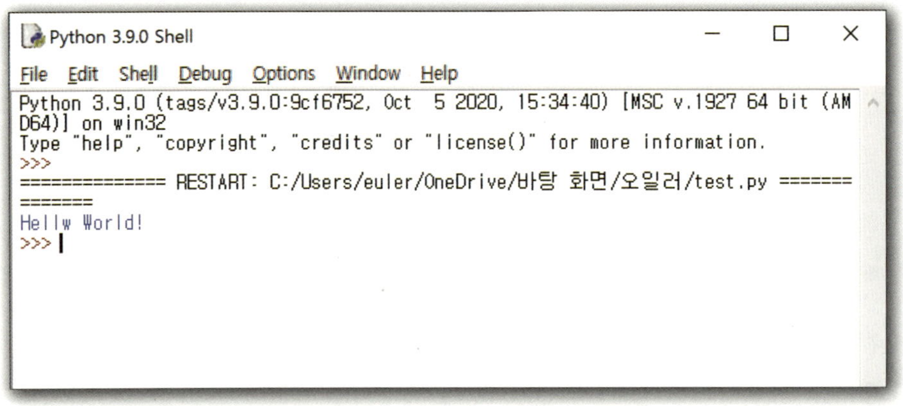

02.5

Visual Studio Community 프로젝트 만들기 Visual Studio

Visual Studio에서 파이썬을 작성하기 위해서는 솔루션과 프로젝트를 만들어야 한다. 솔루션과 프로젝트의 개념을 다음과 같이 생각해보자. 예를 들어서 한 대의 컴퓨터를 만든다고 가정해보자. 컴퓨터 한 대를 만들기 위해서는 CPU와 메인보드, 그래픽카드 그리고 그 밖의 여러 가지 주변기기들이 있어야 한다. 그런데 컴퓨터에 들어갈 부품들과 주변 기기들을 한 사람이 혼자 만들어 생산한 후, 다시 생산된 제품들을 혼자 조립하여 컴퓨터를 완성한다면 이것은 현실적으로 불가능에 가까운 일이다. 따라서 컴퓨터 한 대를 만들기 위해서는 CPU는 인텔에서, 메인보드는 기가바이트에서, 그래픽카드는 NVIDIA라는 회사에서 생산을 하고 다시 생산된 제품들을 특정 장소에 가지고 온 후, 조립한다면 멋진 한 대의 컴퓨터를 완성할 수 있을 것이다. 이것을 프로그램과 비교하자면 각각의 부품들이 모이는 장소를 솔루션이라고 생각하면 되고 각각의 부품들을 프로젝트라고 생각하면 된다. 따라서 하나의 솔루션 안에는 여러 개의 프로젝트들이 놓일 수 있고 프로젝트 각각은 한 개의 프로그램 완성체이며 그런 프로젝트들이 모여서 하나의 솔루션을 완성한다고 생각하면 된다.

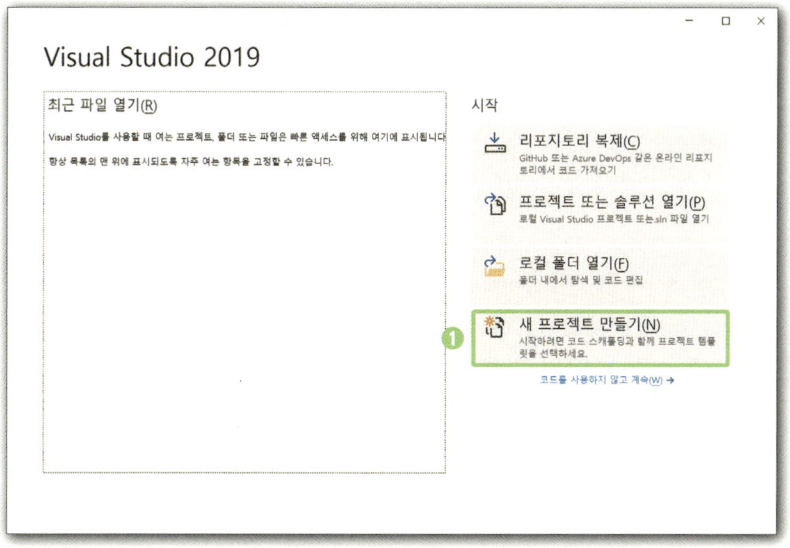

❶ Visual Studio를 실행시킨 후 새 프로젝트 만들기를 클릭한다.

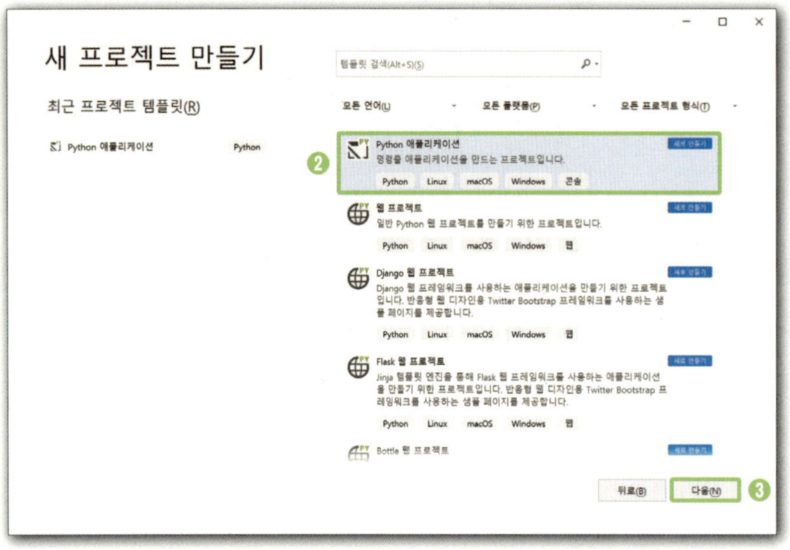

❷ 'Python 애플리케이션'을 선택한 후 다음을 클릭한다.

❸ 프로젝트 이름을 정한 다음에 솔루션 파일이 저장될 위치를 선택한 후 만들기 버튼을 클릭한다.

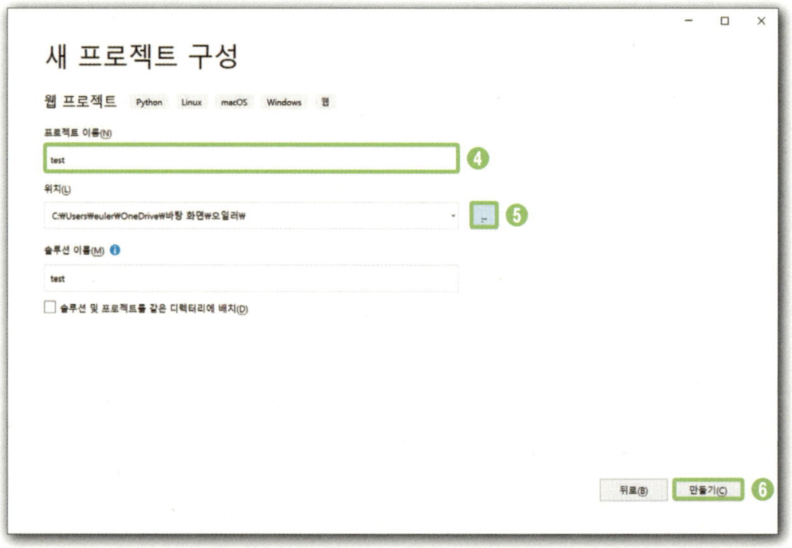

❹ 솔루션과 프로젝트가 완성되면 오른쪽 창에 소스 파일의 이름이 프로젝트명과 같은 이름으로 만들어진 것을 확인할 수 있다. 오른쪽 ❼ 소스 파일이 있는 창을 ❽ 솔루션 탐색기라고 한다. 그리고 아래와 같이 프로그램을 작성해보자.

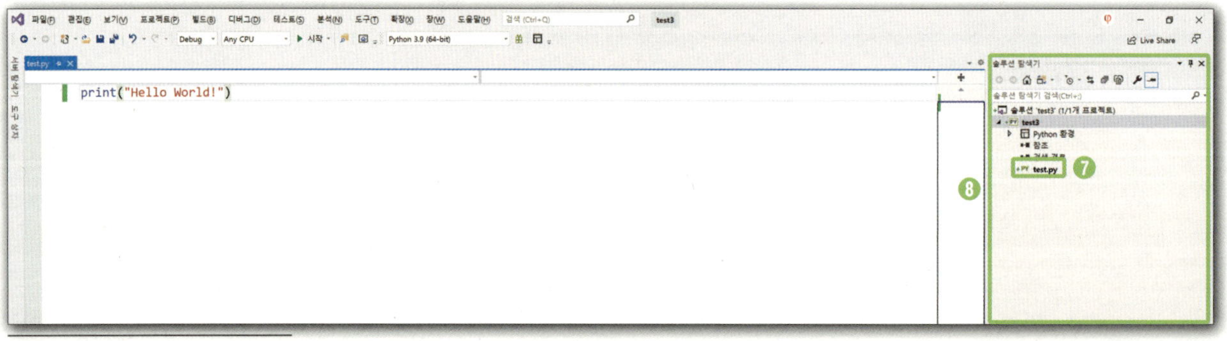

❺ 작성된 프로그램이 문법적인 오류 없이 모두 잘 작성되었다면 ctrl + F5 를 눌러서 프로그램을 실행(Running)한다. 모든 과정에서 이상이 없다면 프로그램의 최종 결과가 텍스트만 표현되는 검은 창에 출력되는데 출력된 검은 창을 콘솔 윈도우(Console Window)라고 한다.

02.6

파이참(PyCharm) 프로젝트 만들기 PyCharm

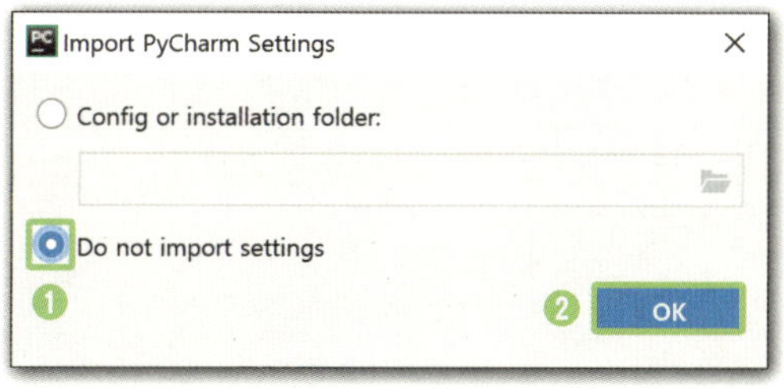

❶ 이전에 파이참을 설치했던 분들은 기존의 세팅 정보를 가지고 와서 간편하게 설정을 완료할 수 있다. 처음 설치를 하시는 분들은 아래의 'Do not import settings'를 선택한 후 OK 버튼을 클릭한다.

❷ 파이참 테마를 설정할 수 있다. Darcula 모드나 Light 모드 중에 하나를 선택한 후 Skip Remaining and Set Defaults 버튼을 클릭한다.

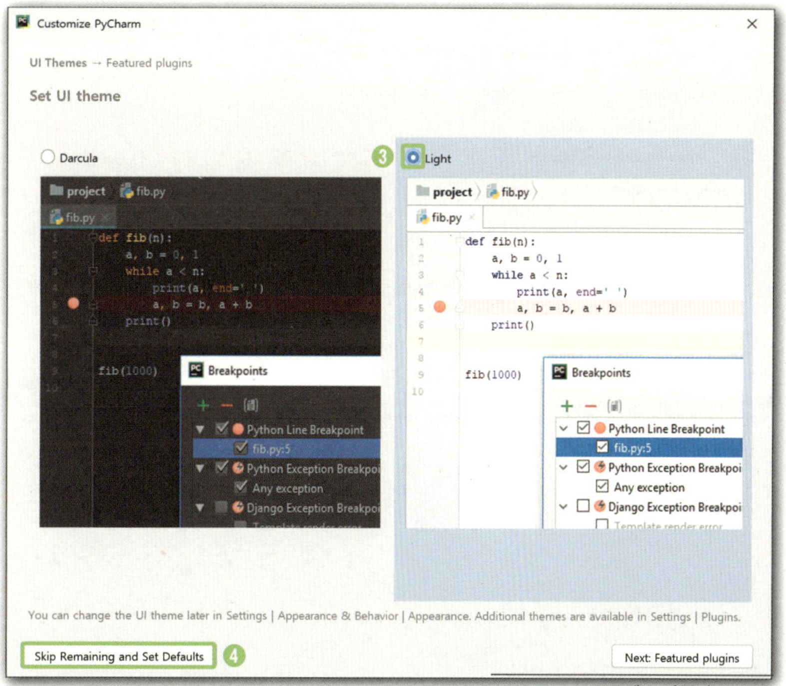

❸ 새로운 프로젝트를 만들기 위해서 New Project를 선택한다.

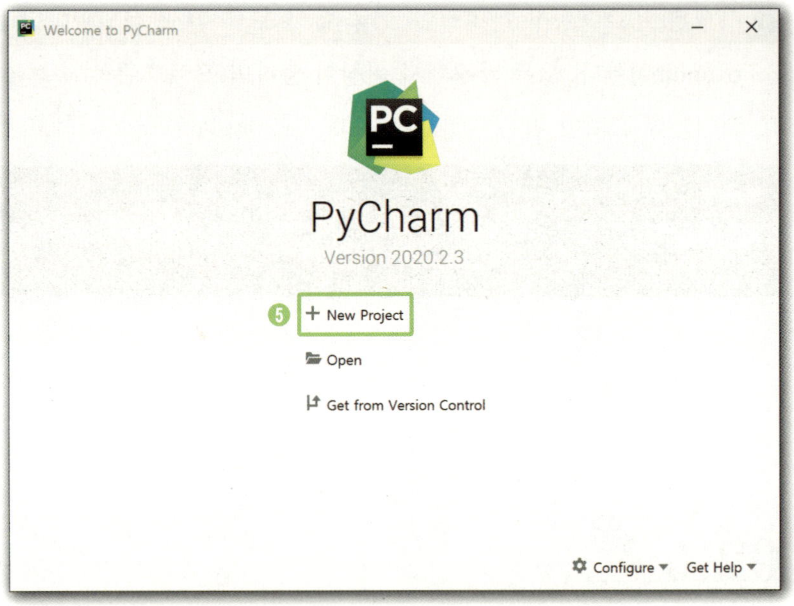

❹ 파이참은 하나의 폴더 단위로 프로젝트가 설정된다. ❻ 프로젝트를 생성할 폴더를 선택한다. 그리고 ❼ Base Interpreter를 설정해주어야 하는데, 자동적으로 앞에서 설치했던 파이썬 경로로 설정되어 있을 것이다. 만일 설정되어 있지 않다면 파이썬 경로를 직접 찾아서 설정한 후 Create 버튼을 클릭한다.

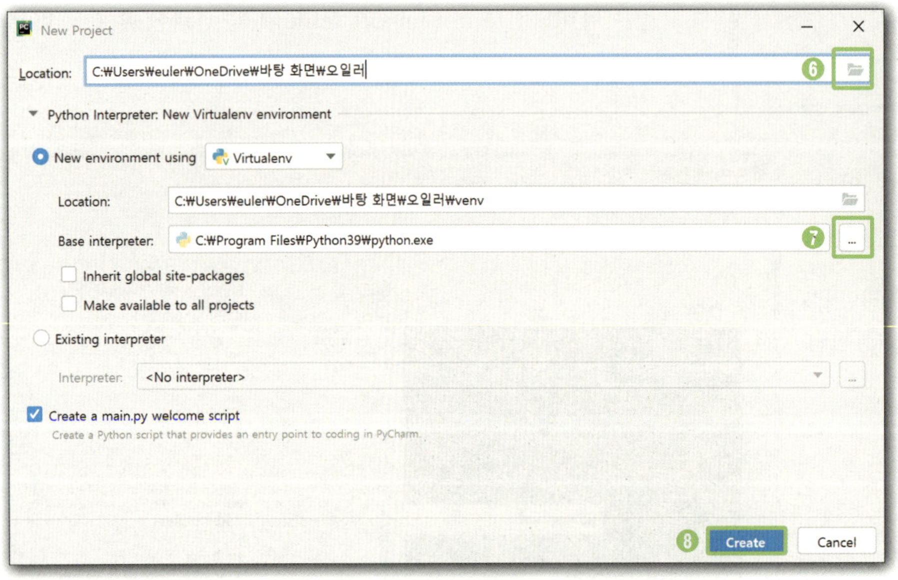

⑤ 프로젝트가 만들어지면 기본적인 샘플 프로그램이 main.py 위에 작성되어 있다. 프로그램을 실행시키는 방법은 3가지가 있는데 첫 번째 방법은 ⑨와 같이 왼쪽 프로젝트 창에 있는 main.py를 마우스 오른쪽 버튼을 눌러 Run 'main'을 선택한다. 두 번째 방법은 ⑩과 같이 오른쪽 상단의 실행 버튼을 눌러서 main.py를 실행시킬 수 있다. 세 번째 방법은 단축키 ctrl + F5 를 눌러서 실행할 수도 있다. 프로그램을 실행시키면 아래의 툴바에 있는 ⑪ 실행 창에서 출력 결과를 확인할 수 있다.

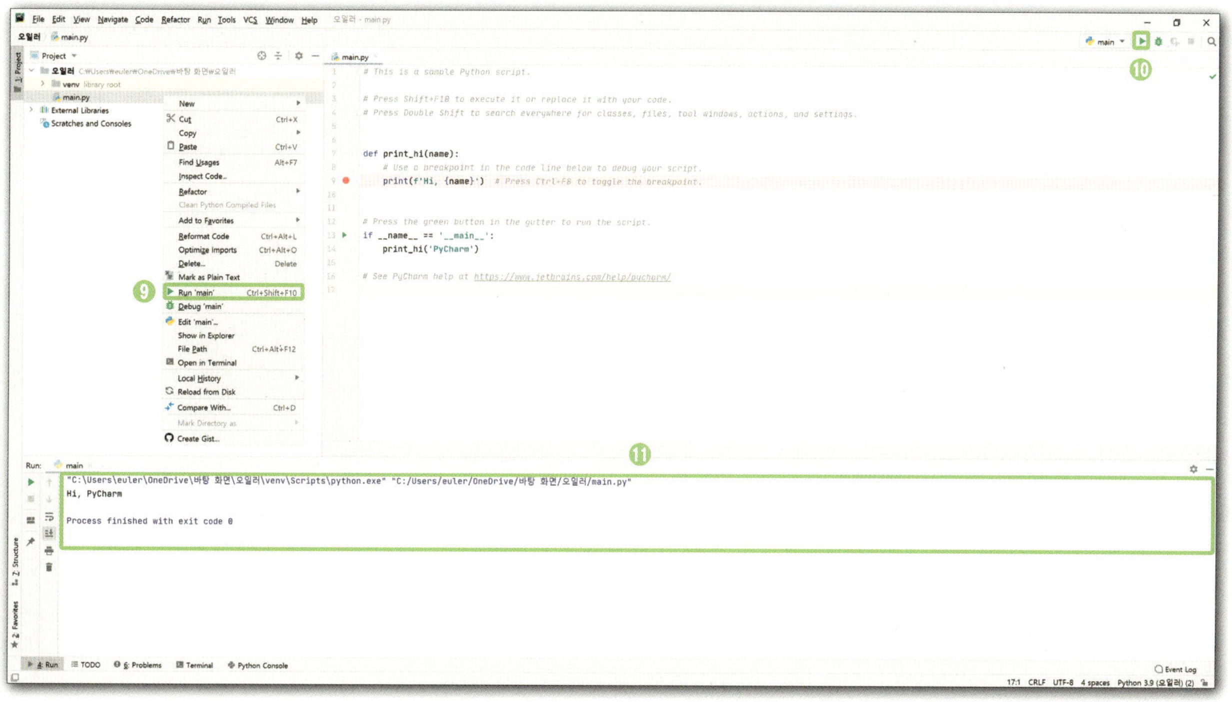

코딩마법서

1권 STONE VERSION

코딩테스트와 인공지능을 위한 파이썬

제03장

print()문

φ 오일러BOOKS

03.1

print()문과 문자열 print()

Core

```
print("ABCDE FGHIJ")
print('ABCDE FGHIJ')
```

print()문은 출력을 하는 명령문이다. 이것을 print() 함수라고 읽는다. print() 함수 괄호 안에는 출력하고자 하는 값을 넣을 수 있는데 문자열을 출력하고자 한다면 따옴표(quotation mark)를 이용해야 한다. 따옴표(quotation mark)는 큰따옴표(")와 작은따옴표(') 둘 다 사용할 수 있는데, 큰따옴표(")로 시작했다면 반드시 큰따옴표(")로 끝나야 하며 작은따옴표(')로 시작했다면 반드시 작은따옴표(')로 끝나야 한다. 프로그램이 실행되면 따옴표(quotation mark) 안의 내용이 출력되며 만일 따옴표(quotation mark)의 짝이 맞지 않을 시에는 SyntaxError가 발생된다. 이렇게 여는 따옴표(Open quotation mark)로 시작해서 닫는 따옴표(Close quotation mark)로 끝이 나는 구간을 문자열이라고 부르며 print()문은 문자열을 출력한 후 마지막에 한 개의 줄 내림을 자동으로 발생시킨다.

Core

```
print("I'm OK!")
print('"ABCDE FGHIJ"')
```

큰따옴표(") 안에 작은따옴표(')를 포함할 수도 있다. 그러면 큰따옴표(") 안에 있는 작은따옴표(')까지도 출력된다. 물론 반대로 작은따옴표(') 안에 큰따옴표(")를 포함할 수도 있다. 그러면 작은따옴표(') 안에 있는 큰따옴표(")까지도 출력된다. 하지만 큰따옴표(") 안에 큰따옴표(")를 작은따옴표(') 안에 작은따옴표(')를 포함하게 된다면 SyntaxError가 발생된다.

Core

```
print("""ABCDE FGHIJ,

KLMNO PQRST""")
print('''ABCDE FGHIJ,\
KLMNO PQRST''')
```

print() 함수에서 문자열의 시작과 끝을 큰따옴표(""") 세 개 또는 작은따옴표(''') 세 개로 묶을 수도 있다. 세 개의 따옴표로 시작과 끝을 묶게 되면 묶여 있는 부분이 줄 내림까지 포함해서 그대로 화면에 출력된다. 만일 세 개의 따옴표로 묶여 있는 줄의 끝에 백 슬래시(Back Slash)(한국식 키보드는 ₩, 미국식 키보드는 \)를 넣게 되면 그 줄은 줄 내림을 포함하지 않고 다음 줄이 같은 줄에 연결되어 출력된다.

Coding

```
1  print("ABCDE FGHIJ")
2  print('ABCDE FGHIJ')
3  print("I'm OK!")
4  print('"ABCDE FGHIJ"')
5  print("""ABCDE FGHIJ,
6
7  KLMNO PQRST""")
8  print('''ABCDE FGHIJ,\
9  KLMNO PQRST''')
```

Interpret

- 출력은 모두 8줄에 걸쳐서 이루어졌다. 1번째 줄부터 4번째 줄은 print()문을 각 줄에 한 개씩 두어 문자열을 출력한다.
- 5번째 줄부터 7번째 줄은 큰따옴표(""") 세 개로 묶여 있는 부분이 줄 내림까지 포함해서 그대로 출력된다.
- 8, 9번째 줄은 작은따옴표(''') 세 개로 묶여 있는 부분이 그대로 출력된다. 하지만 8번째 줄 끝에 백 슬래시(Back Slash) (한국식 키보드는 ₩, 미국식 키보드는 \)는 줄 내림을 포함하지 않기 때문에 9번째 줄이 8번째 줄에 이어서 같은 줄에 출력된다.

Output

```
ABCDE FGHIJ
ABCDE FGHIJ
I'm OK!
"ABCDE FGHIJ"
ABCDE FGHIJ,

KLMNO PQRST
ABCDE FGHIJ,KLMNO PQRST
```

03.2

print()문과 콤마(,) 연산자

Core

```
print('ABCDE', 'FGHIJ")
print(10, 20)
```

출력하고자 하는 문자열이나 값을 콤마(,) 연산자와 결합하여 출력할 수도 있다. 그러면 첫 번째 값의 출력과 두 번째 값의 출력 사이에 한 칸의 공백을 두어서 출력한 후 줄 내림이 발생된다.

03.3

print()문과 덧셈(+) 연산자

Core

```
print('ABCDE' + 'FGHIJ")
print(10 + 20)
```

출력하고자 하는 문자열이나 값을 덧셈(+) 연산자와 결합하여 출력할 수도 있다. 문자열끼리의 덧셈은 첫 번째 문자열을 출력한 후 공백없이 이어서 두 번째 문자열을 출력하고 줄 내림이 발생된다. 두 개의 값에 대한 덧셈은 두 값의 연산 결과를 출력한 후 줄 내림이 발생된다. 하지만 문자열과 숫자를 덧셈 연산자와 결합하면 TypeError가 발생된다.

03.4

print()문과 곱셈(*) 연산자

Core

```
print('ABCDE' *3)
print(10 * 20)
```

출력하고자 하는 문자열이나 값을 곱셈(*) 연산자와 결합하여 출력할 수도 있다. 문자열과 양의 정수를 곱셈 연산자와 결합하면 문자열을 해당 숫자만큼 반복해서 출력한 후 줄 내림이 발생된다. 두 개의 값에 대한 곱셈은 두 값의 연산 결과를 출력한 후 줄 내림이 발생된다. 하지만 문자열과 문자열을 곱셈 연산자와 결합하면 TypeError가 발생된다.

03.5

끝문자와 구분자 end & separation

Core

```
print('ABC,DEF', end = ',')    ——— 줄 내림 대신 ',' 추가
print('GHI', 'JKL', sep = ',') ——— 공백 대신 ',' 추가
```

프로그램이 진행 중에 print()문을 만나면 한 줄의 줄 내림이 발생된다. 하지만 print()문의 마지막 end에 문자열을 지정하게 되면 지정된 문자열이 줄 내림을 대신하여 출력된다. 또한 print()문에 있는 콤마(,) 연산자는 한 칸의 공백을 출력한다. 하지만 print()문의 마지막 sep에 문자열을 지정하게 되면 지정된 문자열이 공백을 대신하여 출력된다.

Coding

```
1  print('ABCDE', 'FGHIJ')
2  print(10, 20);
3
4  print('ABCDE' + 'FGHIJ')
5  print(10 + 20)
6
7  print('ABCDE' * 3)
8  print(10 * 3)
9
10 print('ABCDE', end = ',')
11 print('GHI', 'JKL', sep = ',')
```

Interpret

- 1번째 줄은 문자열 ABCDE와 한 칸의 공백 그리고 FGHIJ를 출력한 후 줄 내림이 발생된다.
- 2번째 줄은 10과 한 칸의 공백 그리고 20을 출력한 후 줄 내림이 발생된다.
- 4번째 줄은 문자열 ABCDE에 이어서 FGHIJ를 출력한 후 줄 내림이 발생된다.
- 5번째 줄은 10 + 20의 결괏값 30을 출력한 후 줄 내림이 발생된다.
- 7번째 줄은 ABCDE를 3번 반복하여 ABCDEABCDEABCDE를 출력한 후 줄 내림이 발생된다.
- 8번째 줄은 10 * 3의 결괏값 30을 출력한 후 줄 내림이 발생된다.
- 10번째 줄은 문자열 ABCDE를 출력한 후 줄 내림이 발생되어야 하지만 마지막 end에 지정된 문자열 콤마(,)가 줄 내림을 대신하여 출력된다.

Core

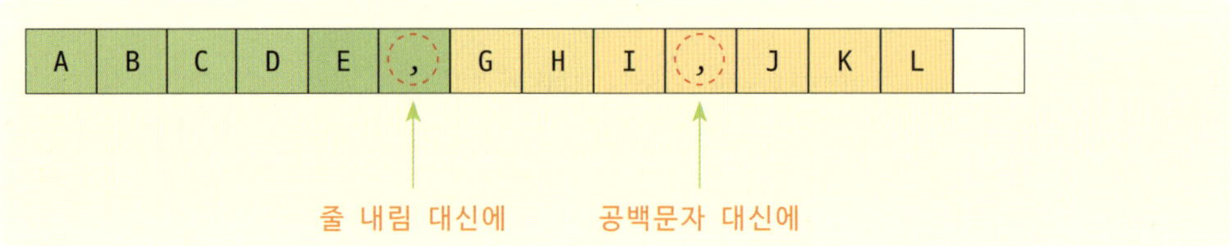

- 11번째 줄은 10번째 줄에서 줄 내림이 발생되지 않았기 때문에 10번째 줄에 이어서 출력된다. 11번째 줄은 GHI를 출력한 후 콤마(,) 연산자에 의해서 공백을 출력해야 하지만 마지막 sep에 지정된 문자열 콤마(,)가 공백을 대신하여 출력된다. 그리고 JKL을 출력한 후 한 줄의 줄 내림이 발생된다.

Output

```
ABCDE FGHIJ
10 20
ABCDEFGHIJ
30
ABCDEABCDEABCDE
30
ABCDE,GHI,JKL
```

Tip

C/C++ 또는 Java에서는 언제나 문장의 끝에는 세미콜론(semicolon)(;)을 기입함으로써 한 개의 명령이 끝났음을 알린다. 그런데 파이썬은 문장의 끝에 세미콜론(semicolon)을 작성하지 않기 때문에 C/C++ 또는 Java를 사용하는 프로그래머들이 습관적으로 종종 문장의 끝에 세미콜론(semicolon)을 붙이는 실수를 하곤 한다. 그러나! 걱정하지 않아도 된다. 파이썬은 그런 사용자들까지도 배려하여 문장의 끝에 세미콜론(semicolon)을 붙여도 잘 작동되도록 설계되어 있다.

03.6

디버깅 Debugging

프로그램을 작성하다 보면 단 한 번의 실수 없이 완벽하게 프로그램을 작성할 수 있는 사람은 거의 없다고 봐야 한다. 그렇다면 이렇게 프로그램이 원하지 않게 작성되었을 때 틀린 부분을 얼마나 빨리 찾아서 수정할 수 있느냐 하는 것이 프로그래머의 실력 전체를 차지한다고 해도 과언이 아니다.

Coding

```
1  print('ABCDE)
```

Interpret

- 1번째 줄에서 문자열의 끝에 작은따옴표(')를 실수로 빼먹고 작성했다면 파이썬의 인터프리터(Interpreter)는 바로 해석하여 문법이 잘못되었다는 것을 아래의 물결 모양의 밑줄로 표시해준다. 그리고 마우스를 밑줄에 가져가면 밑줄이 표시된 이유를 풍선 도움말로 보여준다. 만일 에러가 있어도 프로그램을 강제 실행시키면 아래 다음과 같은 SyntaxError를 발생시킨다.

Output

```
  File "C:\Users\euler\OneDrive\바탕 화면\오일러\main.py", line 1
    print("ABCDE)
                ^
SyntaxError: EOL while scanning string literal
```

프로그램에서 에러(Error)가 발생했을 시에는 에러(Error)가 없는 문장으로 만들어줘야 하는데 작성한 프로그램을 에러(Error)가 없는 문장으로 만드는 과정을 디버깅(Debugging)이라고 한다. 디버깅을 하는 작업은 처음에는 상당히 어렵고 많은 인내력을 필요로 한다. 처음부터 디버깅(Debugging)을 완벽하게 잘 할 수 있는 사람은 존재하지 않는다. 디버깅(Debugging)을 잘하기 위해서는 상당히 많은 시간 투자와 노력이 요구된다.

Tip

아주 오래전 컴퓨터가 집채만 한 시절에 어느 날 컴퓨터가 작동을 멈추는 일이 발생하였다. 그래서 왜 그런가 하고 컴퓨터를 분해하였더니 컴퓨터 안에 나방(Bug)이 들어가 컴퓨터의 작동을 멈추게 만든 것이다. 이후 나방(Bug)을 제거하고 나니 다시 컴퓨터가 잘 작동되었다는 것에서 유래하여 프로그램의 잘못된 부분을 고치는 과정을 디버깅(Debugging)이라고 한다.

03.7

주석 Comment

프로그램을 작성하다 보면 소스 코드(Source Code)에 무언가 설명을 적어줘야 하는 경우가 종종 발생된다. 이런 경우에 인터프리터(Interpreter)에 영향을 받지 않는 공간이 필요하다. 이렇게 프로그램에 영향을 받지 않게 만드는 과정을 **'주석(Comment) 처리를 한다'**라고 한다. 주석을 처리하는 과정은 어느 특정 부분 전체를 주석으로 처리하는 블록 주석과 한 줄만 주석 처리를 하는 한 줄 주석이 있다. 블록 주석은 시작과 끝을 큰따옴표(""") 세 개 또는 작은따옴표(''') 세 개로 묶을 수 있다. 이렇게 세 개의 따옴표로 시작과 끝을 묶게 되면 묶여 있는 부분은 프로그램 진행에 어떠한 영향도 주지 않는다. 한 줄 주석은 샵(#)을 사용하여 작성하며 샵(#)이 시작하는 부분부터 그 줄의 끝나는 부분까지 모두 주석(comment)으로 처리가 된다.

Coding

```python
"""
블록 주석 공간으로 프로그램 실행 시 어떠한 영향도 받지 않는다.
program by 오일러
"""

'''
Block comment space is not affected by any program execution.
program by Euler
'''

print('Hello, Euler')    # 한 줄 주석 공간
print('Hello, Euler')
print('Hello, Euler')
```

Output

```
Hello, Euler
Hello, Euler
Hello, Euler
```

Tip

Visual Studio는 주석 처리에 대해서 단축키를 지원한다. 주석으로 처리하고 싶은 부분을 블록으로 씌운 후 ctrl + K를 누른 후 ctrl + C를 누르면 선택 영역에 대해서 주석 처리가 된다. 주석 처리된 부분을 해제하고 싶다면 주석으로 처리된 부분을 블록으로 씌운 후 ctrl + K를 누른 후 ctrl + U를 누르면 선택 범위의 주석이 해제된다. 파이참도 주석으로 처리하고 싶은 부분을 블록으로 씌운 후 ctrl + /를 누르면 선택 영역에 대해서 주석 처리가 되고 해제하고 싶다면 주석으로 처리된 부분을 블록으로 씌운 후 ctrl + /를 누르면 선택 범위의 주석이 해제된다.

03.8

제어 문자 Escape Sequence

C/C++과 Java에서는 출력을 한 후 마지막에 자동으로 줄 내림이 되는 것이 아니라 프로그래머가 출력 문자열 안에 제어 문자(\n)를 넣음으로써 줄 내림을 발생시킨다. 이와 같이 C/C++과 Java에서는 제어 문자(Escape Sequence)를 출력 문자열 안에 넣어서 특정 기능을 수행할 수 있도록 하고 있는데, 파이썬에서도 C/C++, Java를 사용하는 프로그래머들을 위해서 제어 문자를 사용할 수 있도록 지원해 주고 있다.

Coding

```
1   print('Hello, Euler\n\n')
2   print('Hello, Euler')
3   print('\n')
4   print()
5   print('Hello, Euler')
```

Interpret

- 1번째 줄은 print()문에 의해서 한 줄의 줄 내림이 발생되고 마지막에 두 개의 제어 문자(\n)에 의해서 두 줄의 줄 내림이 추가로 발생된다.
- 2번째 줄은 Hello, Euler를 출력 후 한 줄의 줄 내림이 발생된다.
- 3번째 줄은 한 줄의 줄 내림이 발생되고 제어 문자(\n)에 의해서 한 줄의 줄 내림이 추가로 발생된다.
- 4번째 줄은 한 줄의 줄 내림이 발생된다.
- 5번째 줄은 Hello, Euler를 출력 후 한 줄의 줄 내림이 발생된다.

Output

```
Hello, Euler


Hello, Euler



Hello, Euler
```

이와 같이 줄 내리기 또는 커서 이동을 하고자 할 때는 반드시 printf()문의 출력 문자열 안에 백 슬래시(Back Slash) (한국식 키보드는 ₩, 미국식 키보드는 \)를 입력한 후 제어 문자(Escape Sequence)를 활용하면 줄 내림이나 또는 커서 이동이 가능하다.

Tip

여러 가지 제어 문자(Escape Sequence)

Escape 문자	기능	ASCII
\n	다음 줄의 처음으로 커서 이동(New Line)	10
\r	줄의 처음으로 이동(Carriage Return)	13
\b	왼쪽으로 한 칸 이동(Back Space)	8
\t	탭의 크기만큼 커서 이동(Tab)	9
\a	벨 소리(Alarm)	7
\000	NULL 문자	0

03.9 연습문제 Exercise

1 삼각형 모양을 출력하는 프로그램을 print()문 5개를 각 줄에 사용하여 작성하여라.

Input Form 입력형식 없음.

Output Form '출력의 예'와 같은 형식으로 삼각형 모양을 5줄에 걸쳐서 각 줄에 출력하여라.

Example

출력

```
#
##
###
####
#####
```

② 다이아몬드 모양을 출력하는 프로그램을 print()문 9개를 각 줄에 사용하여 작성하여라.

Input Form 입력형식 없음.

Output Form '출력의 예'와 같은 형식으로 다이아몬드 모양을 9줄에 걸쳐서 각 줄에 출력하여라.

Example

출력

```
    #
   ###
  #####
 #######
#########
 #######
  #####
   ###
    #
```

③ EULER 모양을 출력하는 프로그램을 print()문 5개를 각 줄에 사용하여 작성하여라.

Input Form 입력형식 없음.

Output Form '출력의 예'와 같은 형식으로 EULER 모양을 5줄에 걸쳐서 각 줄에 출력하여라.

Example

출력

```
EEEEEEE  U     U  L        EEEEEEE  RRRRRR
E        U     U  L        E        R     R
EEEEEEE  U     U  L        EEEEEEE  RRRRRRR
E        U     U  L        E        R     R
EEEEEEE  UUUUUUU  LLLLLLL  EEEEEEE  R      R
```

코딩마법서

1권 STONE VERSION

코딩테스트와 인공지능을 위한 파이썬

제04장

사칙연산과 정수형 포맷팅

φ 오일러BOOKS

04.1 사칙 연산

print() 함수를 이용해서 정수를 출력하고자 한다면 어떻게 해야 하는가?

Core

```
print('35 + 10')
```

위의 문장을 실행하면 문자열 안의 내용이 그대로 출력된다. 즉. 35 + 10이 출력된다. 왜냐하면 print() 함수는 따옴표(quotation mark) 안의 내용을 숫자가 아닌 문자열로 인식하기 때문이다.

Core

```
print(35 + 10)
```

위의 문장을 실행하면 35 + 10의 결괏값 45가 출력된다. print() 함수 안의 내용이 숫자로 인식되어 연산 결과 45가 출력되는 것이다.

Core

```
print(35, '+', 10, '=', 35 + 10)
```

위의 문장을 실행하면 먼저 35를 출력한 후 콤마(,) 연산자에 의해서 한 칸의 공백을 출력한다. 이어서 덧셈(+) 기호를 출력하고 다시 콤마(,) 연산자에 의해서 한 칸의 공백을 출력한다. 그리고 숫자 10을 출력한 후 다시 콤마(,) 연산자에 의해서 한 칸의 공백을 출력하고 등호(=)를 출력한다. 다시 콤마(,) 연산자에 의해서 한 칸의 공백을 출력하고 마지막으로 35 + 10의 결괏값 45를 출력한 후 한 줄의 줄 내림이 발생된다.

Coding

```
print('35 + 10')
print(35 + 10)
print(35, '+', 10, '=', 35 + 10)

print('35 - 10')
print(35 - 10)
print(35, '-', 10, '=', 35 - 10)

print('35 * 10')
print(35 * 10)
```

```
11 print(35, '*', 10, '=', 35 * 10)
12
13 print('35 / 10')
14 print(35 / 10)
15 print(35, '/', 10, '=', 35 / 10)
```

Interpret

- 1번째 줄은 문자열 안의 내용이 그대로 출력된다. 따라서 35 + 10이 출력됨을 알 수 있다. 2번째 줄은 35 + 10의 결괏값 45가 출력된다. 3번째 줄은 차례대로 숫자 35, 문자 +, 숫자 10, 문자 =, 35 + 10의 결괏값 45가 콤마(,) 연산자와 결합하여 35 + 10 = 45가 출력된다.
- 5번째 줄은 문자열 안의 내용이 그대로 출력된다. 따라서 35 - 10이 출력됨을 알 수 있다. 6번째 줄은 35 - 10의 결괏값 25가 출력된다. 7번째 줄은 차례대로 숫자 35, 문자 -, 숫자 10, 문자 =, 35 - 10의 결괏값 25가 콤마(,) 연산자와 결합하여 35 - 10 = 25가 출력된다.
- 9번째 줄은 문자열 안의 내용이 그대로 출력된다. 따라서 35 * 10이 출력됨을 알 수 있다. 10번째 줄에서 곱셈 기호(asterisk)(*)는 곱셈 연산자를 나타낸다. 따라서 10번째 줄은 35 * 10의 결괏값 350이 출력된다. 11번째 줄은 차례대로 숫자 35, 문자 *, 숫자 10, 문자 =, 35 * 10의 결괏값 350이 콤마(,) 연산자와 결합하여 35 * 10 = 350이 출력된다.
- 13번째 줄은 문자열 안의 내용이 그대로 출력된다. 따라서 35 / 10이 출력됨을 알 수 있다. 14번째 줄에서 나눗셈 기호(forward slash)(/)는 나눗셈 연산자를 나타낸다. 따라서 14번째 줄은 35 / 10의 결괏값 3.5가 출력된다. 15번째 줄은 차례대로 숫자 35, 문자 /, 숫자 10, 문자 =, 35 / 10의 결괏값 3.5가 콤마(,) 연산자와 결합하여 35 / 10 = 3.5가 출력된다.

Output

```
35 + 10
45
35 + 10 = 45
35 - 10
25
35 - 10 = 25
35 * 10
350
35 * 10 = 350
35 / 10
3.5
35 / 10 = 3.5
```

04.2

나머지 연산자, 몫 연산자, 거듭제곱 연산자

파이썬에서 가장 기본이 되는 연산자는 다음과 같다. 위에서 살펴본 덧셈을 하는 덧셈 연산자 +, 뺄셈을 하는 뺄셈 연산자 -, 곱셈을 하는 곱셈 연산자 *, 나눗셈을 하는 나눗셈 연산자 /, 몫을 구하는 몫 연산자 //, 나머지를 구하는 나머지 연산자 %, 그리고 거듭제곱을 구하는 거듭제곱 연산자 **가 있다.

Coding

```
1 print(10 // 4)
2 print(10 % 4)
3 print(4 // 10)
4 print(4 % 10)
5 print(2 ** 10)
6 print('\\n')
```

Interpret

- 1번째 줄의 10 // 4는 10을 4로 나눴을 때의 몫 2가 출력되고, 2번째 줄의 10 % 4는 10을 4로 나눴을 때의 나머지 2가 출력된다.
- 하나만 더 예를 들어보면 4 // 10과 4 % 10이다. 4를 10으로 나누면 몫이 0이고 나머지가 4가 된다. 따라서 3번째 줄은 4 // 10의 결괏값 0이 출력되고 4번째 줄은 4 % 10의 결괏값 4가 출력된다.

Core

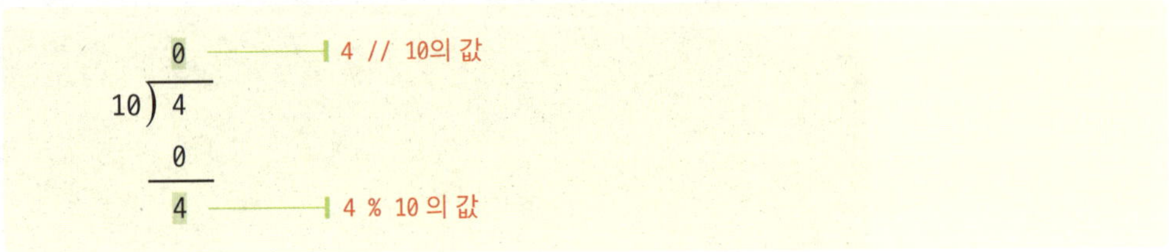

- 5번째 줄에서 2 ** 10은 2를 10번 곱한 2의 10승 1024가 출력된다.
- 6번째 줄에서 Back Slash(\)를 출력하기 위해서는 Back Slash(\)를 출력 문자열 안에 2번을 써야지만 출력된다. 예를 들어 \n을 출력하기 위해서 print('\n')와 같이 프로그램을 작성하게 되면 줄 내림만 두 줄 발생된다. 왜냐하면 출력 문자열 안에서의 \n은 줄 내림을 하기 위한 제어 문자(Escape Sequence)이기 때문이다. 따라서 \n를 출력하기 위해서는 5번째 줄처럼 출력 문자열 안에 Back Slash(\)를 두 번 써서 먼저 Back Slash(\)를 출력한 후, 이어서 n을 출력하면 제어 문자로 인식하지 않고 \n을 출력할 수 있다.

Output

```
2
2
0
4
1024
\n
```

Tip

여러 가지 제어 문자(Escape Sequence) 출력

Escape 문자	기능	ASCII
\\	화면에 \ 출력	92
\'	화면에 ' 출력	39
\"	화면에 " 출력	34

Caution

% 연산자는 짝수와 홀수를 판별하거나 또는 배수를 판별할 때 많이 사용되므로 각별히 주의해서 잘 기억해 두도록 하자.

04.3

정수형 서식 문자 Conversion Specifier

파이썬의 문법만으로도 정수를 출력할 수 있으나, C/C++, Java의 사용자들을 위해서 **서식 문자(Conversion Specifier)** %d를 사용하여 정수를 출력할 수도 있다.

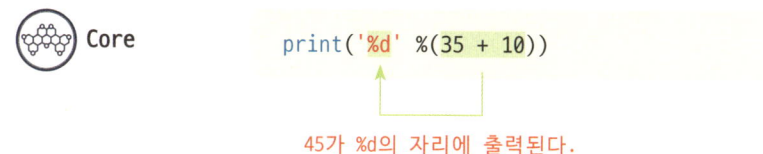

Core

```
print('%d' %(35 + 10))
```

45가 %d의 자리에 출력된다.

서식 문자가 print() 함수 안의 문자열 안에 놓여있으면 서식 문자가 놓여있는 곳에 지정된 숫자 또는 문자가 출력 서식 형태에 맞춰서 출력되는데 %d는 decimal의 약자로써 %d 자리에 10진 정수가 출력된다. 즉, 35 + 10의 결괏값 45가 %d 자리에 출력된다.

Core

```
print('%d + %d = %d' %(35, 10, 35 + 10))
```

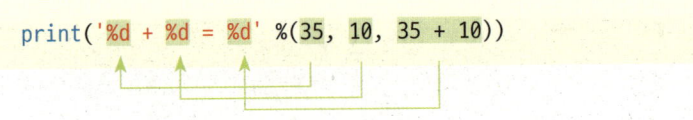

서로 대응하는 개수가 맞아야 한다.

출력 문자열 안에 서식 문자의 개수는 제한이 없으나 반드시 서식 문자의 개수에 맞춰서 문자 또는 숫자가 대응되어야 한다. print() 문자열 안에는 %d 서식 문자가 3개가 있으므로 그에 대응하는 정수도 반드시 3개가 놓여있어야 한다. 첫 번째 %d 자리에는 첫 번째 정수인 35가, 두 번째 %d 자리에는 두 번째 정수인 10이, 그리고 세 번째 %d 자리에는 35 + 10의 결괏값 45가 순서대로 대응되어 35 + 10 = 45가 출력된다.

Coding

```
1  print('%d' %(35 + 10))
2  print('%d + %d = %d' %(35, 10, 35 + 10))
3
4  print('%d' %(35 - 10))
5  print('%d - %d = %d' %(35, 10, 35 - 10))
6
7  print('%d' %(35 * 10))
8  print('%d * %d = %d' %(35, 10, 35 * 10))
9
10 print('%d' %(35 / 10))
11 print('%d / %d = %d' %(35, 10, 35 / 10))
```

Interpret

- 1번째 줄은 35 + 10의 결괏값 45가 %d 자리에 출력된다. 2번째 줄은 첫 번째 %d 자리에는 첫 번째 정수인 35가, 두 번째 %d 자리에는 두 번째 정수인 10이, 그리고 세 번째 %d 자리에는 35 + 10의 결괏값 45가 순서대로 대응되어 35 + 10 = 45가 출력된다.
- 4번째 줄은 35 - 10의 결괏값 25가 %d 자리에 출력된다. 5번째 줄은 첫 번째 %d 자리에는 첫 번째 정수인 35가, 두 번째 %d 자리에는 두 번째 정수인 10이, 그리고 세 번째 %d 자리에는 35 - 10의 결괏값 25가 순서대로 대응되어 35 - 10 = 25가 출력된다.
- 7번째 줄은 35 * 10의 결괏값 350이 %d 자리에 출력된다. 8번째 줄은 첫 번째 %d 자리에는 첫 번째 정수인 35가, 두 번째 %d 자리에는 두 번째 정수인 10이, 그리고 세 번째 %d 자리에는 35 * 10의 결괏값 350이 순서대로 대응되어 35 * 10 = 350이 출력된다.
- 10번째 줄의 35 / 10은 35를 10으로 나누는 나눗셈 연산이지만 %d는 정수를 출력하는 서식 문자이므로 35를 10으로 나눈 몫만 연산 결과로 가지고 온다. 따라서 나눗셈 연산 결과의 몫인 3만 %d 자리에 출력된다. 11번째 줄은 첫 번째 %d 자리에는 첫 번째 정수인 35가, 두 번째 %d 자리에는 두 번째 정수인 10이, 그리고 세 번째 %d 자리에는 35 / 10의 결괏값 3이 순서대로 대응되어 35 / 10 = 3이 출력된다.

Output

```
45
35 + 10 = 45
25
35 - 10 = 25
350
35 * 10 = 350
3
35 / 10 = 3
```

04.4

정수형 포맷팅 formatting

Coding

```
1 print('123', end = ' ')
2 print(' 678',)
3 print('12345678901234')
4 print('ABC%8dDEF' %123)
5 print('ABC%-8dDEF' %123)
6 print('ABC%2dDEF' %123)
```

Core

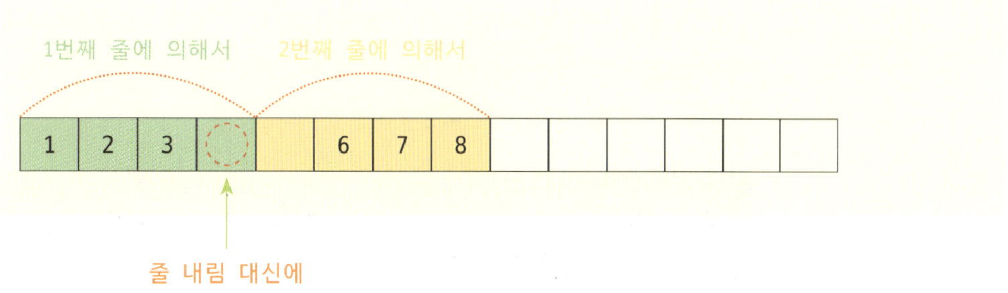

Interpret

- 1번째 줄은 123을 출력하고 줄 내림 대신에 한 칸의 공백을 출력한다. 그리고 이어서 2번째 줄은 한 칸의 공백을 출력한 후 678을 출력하고 줄 내림이 발생된다. 다시 정리하면 123을 출력하고 두 칸의 공백(' ')을 출력한 후 678을 출력하고 줄 내림이 발생된다. 그리고 3번째 줄에 의해서 12345678901234를 출력하고 다시 한 줄의 줄 내림이 발생된다.

Core

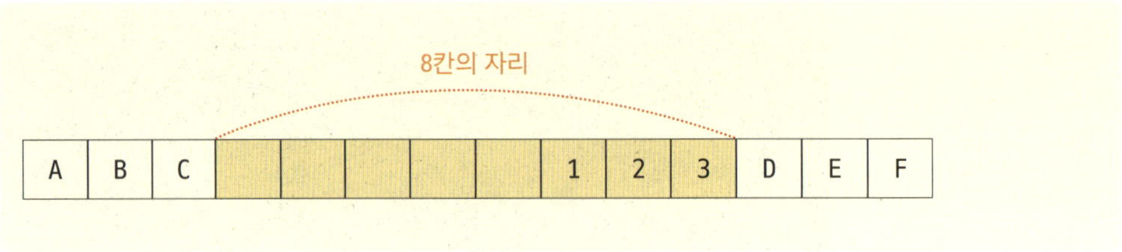

- 4번째 줄은 서식 문자 %d에서 %와 d 사이에 양의 정수 8을 붙여서 작성하였다. 이것은 해당 숫자만큼 자릿수를 확보하라는 것인데 먼저 ABC를 출력한 후 %8d에 의해서 8칸의 자릿수를 확보하고 8칸의 자리에 정수 123을 오른쪽 정렬하여 출력하라는 것이다. 그리고 8칸의 자리 바로 다음에 이어서 DEF를 출력한 후 줄 내림이 발생된다.

Core

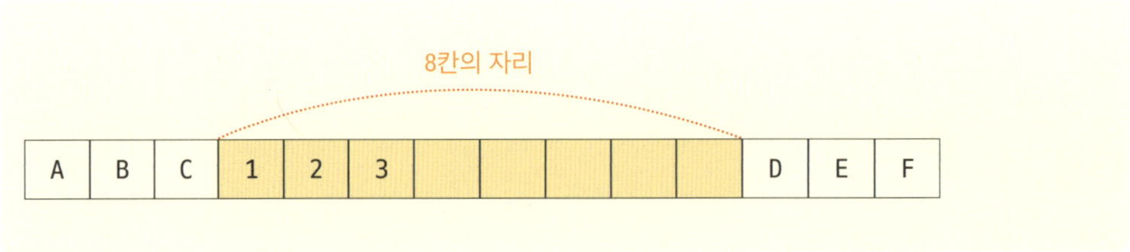

- 5번째 줄처럼 %와 d 사이에 음의 정수를 붙여서 출력할 수도 있다. 이것은 해당 숫자만큼 자리를 확보하고 확보된 자리에 정수 123을 왼쪽 정렬하여 출력하라는 것이다. 그리고 8칸의 자리 바로 다음에 이어서 DEF를 출력한 후 줄 내림이 발생된다.

Core

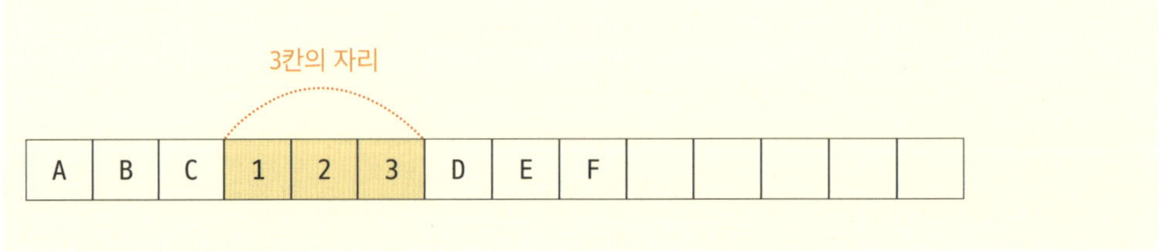

- 6번째 줄을 보면 출력하고자 하는 숫자는 123인 3자리 정수인데 %2d와 같이 자릿수가 더 적은 경우이다. 이런 경우에는 출력하고자 하는 숫자 123의 자릿수에 맞추어 %3d의 형식으로 출력된다. 실제적으로는 %d도 앞에 1이 생략된 %1d인 것이다.

Output

```
123  678
12345678901234
ABC     123DEF
ABC123     DEF
ABC123DEF
```

04.5

연습문제 Exercise

1 콤마(,) 연산자와 정수 10과 8을 사용하여 몫과 나머지 연산 과정을 출력하는 프로그램을 작성하여라.

Input Form 입력형식 없음.

Output Form '출력의 예'와 같은 형식으로 나머지 연산 과정을 출력하여라.

Example

출력
10 // 8 = 1 10 % 8 = 2

2 print()문 7개를 각 줄에 사용하여 정수의 덧셈 과정을 출력하는 프로그램을 작성하여라.

Input Form 입력형식 없음.

Output Form 각 줄에 출력되는 정수는 서식 문자의 자릿수 10자리에 맞춰서 오른쪽 정렬하여 출력하여라. 마지막 줄은 12345 대신에 1 + 11 + 111 + 1111 + 11111의 계산 결과를 서식 문자의 자릿수 10자리에 맞춰서 오른쪽 정렬하여 출력하여라.

Example

출력

```
         1
        11
       111
      1111
     11111
----------
     12345
```

③ print()문 7개를 각 줄에 사용하여 정수의 뺄셈 과정을 출력하는 프로그램을 작성하여라.

Input Form 입력형식 없음.

Output Form 각 줄에 출력되는 정수는 서식 문자의 자릿수 5자리에 맞춰서 오른쪽 정렬하여 출력하여라. 마지막 줄은 19754 대신에 22222 – 2222 – 222 – 22 - 2의 계산 결과를 서식 문자의 자릿수 5자리에 맞춰서 오른쪽 정렬하여 출력하여라.

Example

출력

22222
 2222
  222
   22
    2
----- 	
19754

제05장

실수형 포맷팅

오일러BOOKS

05.1

반올림을 위한 round() 함수 round()

실수형 데이터를 소수점 첫째 자리에서 반올림하여 정수 부분만을 출력하고자 할 때, round() 함수에 반올림하고자 하는 값을 전달하면 소수점 첫째 자리에서 반올림하여 정수 부분만을 반환한다.

Core

```
print(round(0.5))
print(round(1.5))
```

우리가 흔히 알고 있는 반올림은 반올림할 숫자가 5 이상(5, 6, 7, 8, 9)이면 올림이 되고, 5 미만(4, 3, 2, 1, 0)이면 버림이 되는 ROUND HALF UP 방식을 따른다. 하지만 round() 함수는 ROUND HALF EVEN 방식을 따른다. ROUND HALF EVEN 방식은 전달된 값에 가까운 정수를 반환하는데 만일 올림을 하거나 버림을 하거나 전달된 값과 차이가 같다면 그때는 짝수를 선택한다. 예를 들어서 round(0.5)는 올림을 했을 때의 1과 버림을 했을 때의 0과 전달된 값 0.5와의 차이가 0.5로 같으므로 짝수인 0을 반환하고 round(1.5)는 올림을 했을 때의 2와 버림을 했을 때의 1과 전달된 값 1.5와의 차이가 0.5로 같으므로 짝수인 2를 반환한다.

Core

```
print(round(123.4567, 2))
print(round(123456, -2))
```

round() 함수에 두 개의 값을 전달할 수 있는데, 두 번째 전달되는 숫자는 정밀도에 관한 숫자로 소수점 자릿수를 의미한다. 만일 소수점 둘째 자리(셋째 자리에서 반올림)까지만 출력하고 싶다면 두 번째 전달되는 숫자로 2를 전달하면 된다. 따라서 round(123.4567, 2)는 소수점 셋째 자리에서 반올림하여 123.46을 반환한다. 또한 두 번째 전달되는 숫자로 음수를 전달할 수도 있는데, 이 숫자는 반올림하고 싶은 양의 자릿수를 의미한다. 예를 들어서 -1을 전달하면 일의 자리에서 반올림하고, -2이면 십의 자리에서 반올림한다. round(123456, -2)는 십의 자리에서 반올림하여 123500을 반환한다.

Coding

```
print(round(0.5))
print(round(1.5))
print(round(123.4567, 2))
print(round(123456, -2))
```

Interpret

- 출력은 모두 4줄에 걸쳐서 이루어졌다. 1번째 줄부터 4번째 줄은 print()문을 한 개씩 두어 각 줄에 출력한다.

Output

```
0
2
123.46
123500
```

Caution

실수에 대한 round() 함수의 동작은 예상과는 다를 수 있다. 예를 들어서 round(1.255, 2)를 출력해 보면 1.26을 반환하는 것이 아니라 1.25를 반환한다. 이것은 버그가 아니고 컴퓨터에서 실수는 정확히 표현될 수 없기 때문에 발생되는 현상이기 때문에 신경 쓰지 않아도 된다. 이것에 대한 자세한 설명은 다음 IRON 버전에서 자세히 다루도록 하겠다.

05.2

실수형 서식 문자 Conversion Specifier

C/C++, Java의 사용자들을 위해서 **서식 문자(Conversion Specifier)**를 사용하여 실수를 출력할 수도 있다. 실수형 데이터를 출력하기 위해서는 서식 문자 %lf를 사용한다. %lf는 실수형 데이터를 출력하기 위한 서식 문자로 디폴트(default) 값으로 소수점 여섯째 자리까지 출력된다.

Coding

```
1 print('%lf' %123.4567)
2 print('%.2lf' %123.4567)
3 print('%.0lf' %123.4567)
4 print('%.lf' %123.4567)
```

Interpret

- 1번째 줄에서 123.4567을 서식 문자 %lf에 대응하여 출력하면 123.456700과 같이 소수점 여섯째 자리(일곱째 자리에서 반올림)까지 출력한다. 하지만 소수점 특정 자리까지만 출력하고 싶다면 % 문자 다음에 ".소수점 자릿수"로 표현한다.
- 만일 소수점 둘째 자리(셋째 자리에서 반올림)까지만 출력하고 싶다면 2번째 줄같이 %.2lf를 사용하면 된다. 따라서 2번째 줄은 123.46을 출력한다.

- 만일 소수점 첫째 자리에서 반올림하여 정수 부분만 출력하고 싶다면 3번째 줄처럼 %.0lf를 사용하면 된다. 따라서 3번째 줄은 123을 출력한다.
- 마지막으로 4번째 줄의 %.lf는 %.0lf와 같은 표현이다. 따라서 4번째 줄도 마찬가지로 123을 출력한다.

Output

```
123.456700
123.46
123
123
```

05.3

실수형 포맷팅 formatting

Coding

```
1 print('12345678901234')
2 print('ABC%8.2lfDEF' %123.4567)
3 print('ABC%-8.2lfDEF' %123.4567)
4 print('ABC%3.2lfDEF' %123.4567)
```

Interpret

- 1번째 줄은 12345678901234를 출력하고 한 줄의 줄 내림이 발생된다. 그리고 2번째 줄에 나오는 서식 문자 %lf는 전체 자리와 소수점 자리로 나누어진다. % 다음에 나오는 정수는 전체 자릿수를 의미하고 점(.) 다음에 나오는 0 이상의 정수는 소수점 자릿수를 의미한다.

Core

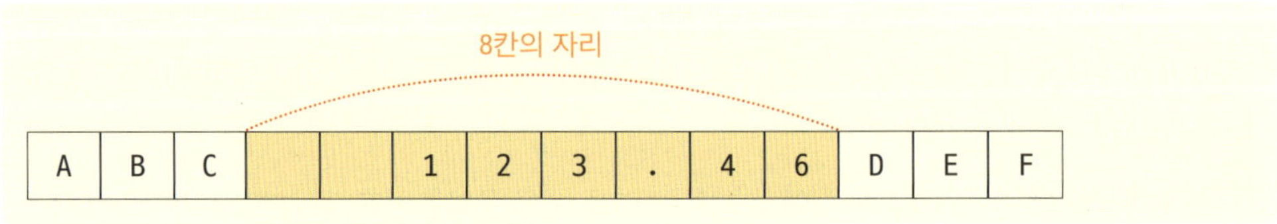

- 2번째 줄에서 ABC를 출력한 후 이어서 %8에 의해서 8칸의 자리를 확보하고 그 자리에 실수 123.46(123.4567을 소수점 셋째 자리에서 반올림)을 오른쪽 정렬하여 출력한다. 그리고 바로 다음에 이어서 DEF를 출력한 후 줄 내림이 발생된다.

Core

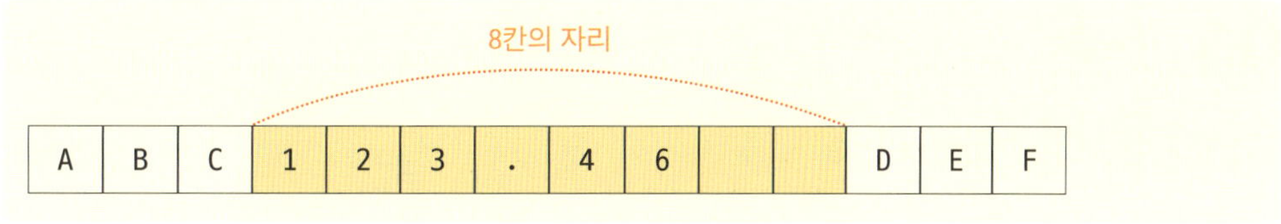

- 3번째 줄은 ABC를 출력한 후 이어서 %-8에 의해서 8칸의 자리를 확보하고 그 자리에 실수 123.46(123.4567을 소수점 셋째 자리에서 반올림)을 왼쪽 정렬하여 출력한다. 그리고 바로 다음에 이어서 DEF를 출력한 후 줄 내림이 발생된다.

Core

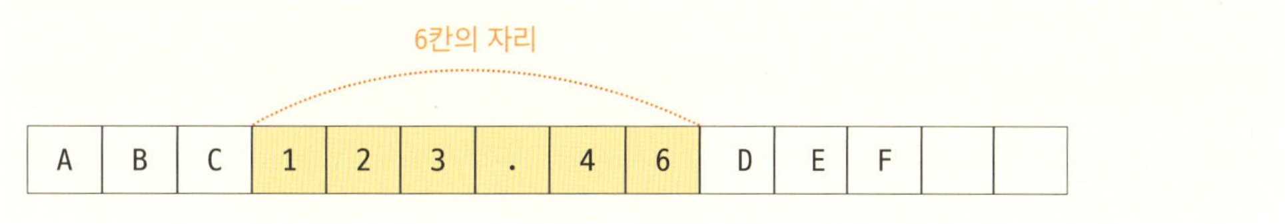

- 마지막 4번째 줄은 ABC를 출력한 후 3칸의 자리를 확보한다. 하지만 123.4567을 소수점 둘째 자리(소수점 셋째 자리에서 반올림)까지 출력하면 123.46이 되고 최소 6칸의 자리가 있어야 한다. 이런 경우는 앞장의 정수형 출력에서와 마찬가지로 %6의 형식에 맞춰서 전체 6칸의 자리를 확보한 후 그 자리에 123.46이 출력된다.

Output

```
12345678901234
ABC  123.46DEF
ABC123.46  DEF
ABC123.46DEF
```

Tip

그 밖의 서식 문자(Conversion Specifier)

서식문자	기능
%s	문자열(string) 출력
%c	단일 문자 출력
%f	실수형 데이터 출력(%lf와 같은 기능)
%o	8진수 출력
%x	16진수 출력
%%	% 문자 출력

05.4

연습문제 Exercise

1. print()문 6개를 각 줄에 사용하여 실수의 덧셈 과정을 출력하는 프로그램을 작성하여라.

Input Form 입력형식 없음.

Output Form 각 줄에 출력되는 실수의 출력은 서식 문자의 자릿수 10자리에 맞춰서 오른쪽 정렬하여 소수점 셋째 자리까지 출력하여라. 마지막 줄은 560.481 대신에 12.345 + 34.567 + 56.789 + 456.780의 계산 결과를 서식 문자의 자릿수 10자리에 맞춰서 오른쪽 정렬하여 소수점 셋째 자리까지 출력하여라.

Example

출력

```
    12.345
    34.567
    56.789
   456.780
----------
   560.481
```

2. 실수 12.5672, 456.7769, 123456.78, 4567.5678, 6712.34523를 소수점 셋째 자리까지 출력하여 주어지는 실수가 반올림이 됨을 증명하여라.

Input Form 입력형식 없음.

Output Form 주어진 실수를 각 줄에 하나씩 순서대로 출력하여라. 각 줄에 출력되는 실수는 자릿수 10자리에 맞춰서 오른쪽 정렬하여 소수점 셋째 자리(소수점 넷째 자리에서 반올림)까지 출력하여라.

Example

출력

```
    12.567
   456.777
123456.780
  4567.568
  6712.345
```

코딩마법서

1권 STONE VERSION

코딩테스트와 인공지능을 위한 파이썬

제06장

변수 Variable

오일러BOOKS

06.1
변수란? Variable

프로그램을 작성하려면 어떤 값(데이터)을 저장할 수 있는 기억공간이 있어야 한다. 그렇게 하려면 그 값을 저장할 수 있는 특정한 장소를 만들고 그 장소에 이름(naming)을 부여해야만 한다. 왜냐하면 이렇게 이름을 부여해야지만 필요로 할 때 그 값을 찾아서 불러오거나, 또는 필요 없어서 다른 값으로 바꿀 필요가 있을 때 쉽게 바꿀 수 있기 때문이다. 이렇게 어떤 데이터를 저장할 수 있는 메모리의 기억공간의 이름을 **변수(Variable)**라고 한다. 즉, 변수(Variable)는 하나의 값을 저장할 수 있는 메모리의 기억공간에 붙여진 이름이다.

06.2
변수의 초기화

Core

```
a = 10
```

일반적으로 수학에서의 등호(=)는 같음을 의미하는 부호지만 프로그래밍에서의 등호는 우측에 있는 값을 좌측에 있는 변수에 저장을 하는 명령이다. 변수에 값을 저장하는 것을 컴퓨터 프로그래밍에서는 **대입**이라고 말한다.

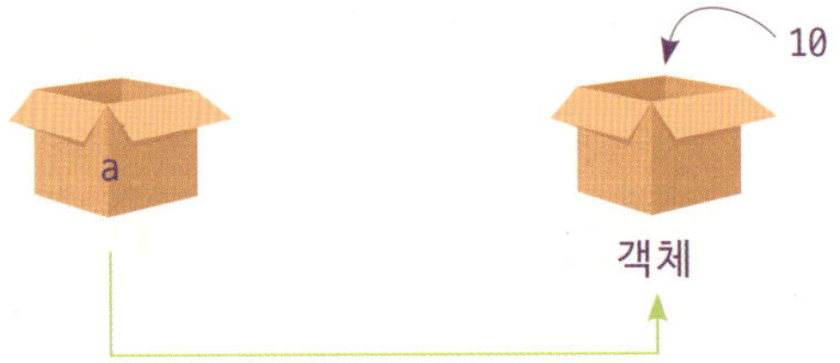

파이썬 프로그래밍에서의 대입은 C/C++, Java에서의 대입과는 약간 다르다. 파이썬에서 `a = 10`이 작성되면 변수 a와 값 10은 둘 다 메모리에 할당되며 초기화되는데, 이때 변수 a는 값 10을 가리키게 된다. 파이썬에서는 값 10을 정수이면서 객체라고도 하는데, 정확히 표현하자면 변수는 객체를 가리키고 객체 안에 정수 10이 들어있다. 따라서 파이썬에서는 변수가 객체들을 가리키기 때문에 변수를 **참조 변수(Reference Variable)**라고도 한다. 이렇게 객체에 값을 넣고 변수가 가리키는 작업까지를 '**변수에 값을 대입한다**'라고 표현하고 변수에 값을 처음으로 대입하는 것을 '**변수를 초기화한다**'라고 말한다.

변수의 값를 출력하려고 한다면 먼저 변수를 초기화한 후 출력해야 한다. 만일 변수를 초기화하지 않은 상태에서 출력하려고 한다면 '변수가 정의되지 않았어요'라는 NameError를 만나게 될 것이다.

Coding

```python
print(a)
```

Output

```
Traceback (most recent call last):
  File "C:\Users\euler\OneDrive\바탕 화면\오일러\main.py", line 1, in <module>
    print(a)
NameError: name 'a' is not defined

Process finished with exit code 1
```

06.3

변수의 자료형 Data Type & type()

객체 안에는 다양한 형태의 값을 담을 수 있다. 만일 객체에 정수형 값을 넣으면 정수형 변수가 되고 실수를 넣으면 실수형 변수가 된다. 마찬가지로 문자열을 넣으면 문자열 변수가 된다. 정수형 변수는 10진수, 2진수, 8진수, 16진수 형태로 값을 넣을 수 있고, 실수형 변수는 부동 소수점, 지수 표기법(Exponential Notation)인 E 표기법 형태로도 값을 넣을 수도 있다. 또한 파이썬은 복소수 형태의 변수도 가능하다. 그리고 만일 변수에 어떠한 값도 초기화시키고 싶지 않다면 변수를 None으로 초기화하면 된다. 이렇게 변수에 저장되는 다양한 형태의 값들을 **자료형(Data Type)**이라고 하는데 변수에 저장된 값이 어떤 자료형인지 확인해보고 싶다면 type() 함수에 변수를 전달하여 출력하면 자료형(Data Type)을 확인해볼 수 있다.

Coding

```
1  a = 123          # 정수
2  b = 0b11         # 2진수, 대문자 B도 가능
3  c = 0o10         # 8진수, 대문자 O도 가능
4  d = 0xA          # 6진수, 대문자 X도 가능
5  e = 12.34        # 부동 소수점
6  f = 12.3e-10     # E 표기법, 대문자 E도 가능
7  g = 'EULER'      # 문자열
8  h = 1 + 2j       # 복소수, 대문자 J도 가능
9  i = None
10
11 print(a, type(a))
12 print(b, type(b))
13 print(c, type(c))
14 print(d, type(d))
15 print(e, type(e))
16 print(f, type(f))
17 print(g, type(g))
18 print(h, type(h))
19 print(i, type(i))
```

Interpret

- 1번째 줄부터 9번째 줄은 객체에 여러 가지 자료형(Data Type)의 값을 담은 후 각각의 변수들이 객체를 가리키고 있다.
- 1번째 줄부터 4번째 줄은 정수형 값을 변수에 대입한다. 1번째 줄은 변수 a에 10진수 123을 대입한다. 2번째 줄은 변수 b에 2진수 111을 대입한다. 여기서 b는 binary의 약자로 대소문자 상관없이 모두 가능하다. 3번째 줄은 변수 c에 8진수 10을 대입한다. 여기서 o는 oxtal의 약자로 대소문자 상관없이 모두 가능하다. 4번째 줄은 변수 d에 16진수 A를 대입한다. 여기서 x는 hexa의 약자로 대소문자 상관없이 모두 가능하다.
- 5번째 줄부터 6번째 줄은 실수형 값을 변수에 대입한다. 5번째 줄은 변수 e에 실수 12.34를 대입한다. 6번째 줄은 변수 f에 E 표기법의 값 $12.3 * 10^{-10}$을 대입한다. 여기서 e는 exponential의 약자로 대소문자 상관없이 모두 가능하다.
- 7번째 줄은 문자열을 변수 g에 대입한다. 문자열은 큰따옴표(")와 작은따옴표(') 둘 다 사용할 수 있는데, 큰따옴표(")로 시작했다면 반드시 큰따옴표(")로 끝나야 하며 작은따옴표(')로 시작했다면 반드시 작은따옴표(')로 끝나야 한다.
- 8번째 줄은 변수 h에 복소수 1 + 2i의 값을 대입한다. (1은 실수부, 2는 허수부) 여기서 j는 대소문자 상관없이 모두 가능하다. (※ 수학에서는 허수를 i로 표현하지만, 공학에서는 허수를 j로 표현한다.)

- 9번째 줄은 변수 i를 선언했지만 어떠한 자료형으로도 초기화하지 않았다.
- 11번째 줄부터 14번째 줄은 변수 a, b, c, d의 값을 print() 함수를 통해서 출력하였다. 여기서 <class, 'int'>는 객체 안에 정수형 데이터가 들어있다는 의미이다.
- 15번째 줄부터 16번째 줄은 변수 e, f의 값을 print() 함수를 통해서 출력하였다. 여기서 <class, 'float'>는 객체 안에 실수형 데이터가 들어있다는 의미이다.
- 17번째 줄은 변수 g의 값을 print() 함수를 통해서 출력하였다. 여기서 <class, 'str'>은 객체 안에 문자열 데이터가 들어있다는 의미이다.
- 18번째 줄은 변수 h의 값을 print() 함수를 통해서 출력하였다. 여기서 <class, 'complex'>은 객체 안에 복소수 데이터가 들어있다는 의미이다.
- 19번째 줄은 변수 i의 값을 print() 함수를 통해서 출력하였다. 어떠한 값도 변수에 저장되어 있지 않기 때문에 None으로 출력된다. 여기서 <class, 'NoneType'>은 어떠한 값도 가지지 않은 객체라는 의미이다.

Output

```
123 <class 'int'>
7 <class 'int'>
8 <class 'int'>
10 <class 'int'>
12.34 <class 'float'>
1.23e-09 <class 'float'>
EULER <class 'str'>
(1+2j) <class 'complex'>
None <class 'NoneType'>
```

Caution

변수는 프로그램이 진행되는 중간 어느 곳에서나 초기화가 가능하다. 하지만 변수를 출력하거나 사용하려면 초기화 이후부터 사용이 가능하기 때문에 변수가 초기화되기 이전에는 해당 변수를 사용할 수 없다는 것에 주의하도록 하자.

06.4
여러 개의 변수 초기화

여러 개의 변수를 동시에 초기화할 수도 있다.

Core

```
a, b = 10, 20
```

지금 위의 문장은 변수 a를 10으로 b를 20으로 초기화하고 있다.

Core

```
del(a)
```

그리고 del() 함수에 변수를 전달하면 메모리에 할당된 변수를 해제할 수 있다. 그러면 할당되었던 메모리 공간은 이때부터 다른 용도의 사용이 가능해지는데, 이러한 작업을 보통 '**변수 a를 삭제했다**'라고 표현한다.

Coding

```
a, b = 10, 20
print(a)
print(b)

a, b = 10.55, 20.77
print(a)
print(b)

a, b = 'Hello', 'Euler'
print(a)
print(b)

del(a)
```

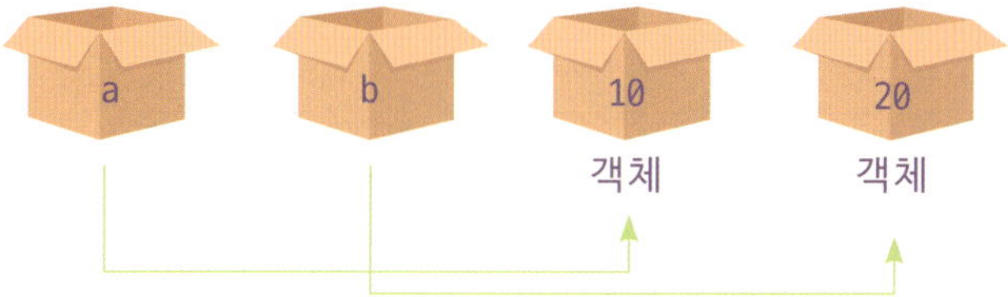

Interpret

- 1번째 줄은 변수 a를 10으로 b를 20으로 초기화하였다.
- 2번째 줄과 3번째 줄은 변수 a와 b가 가리키고 있는 객체의 정수 데이터를 출력한다.

- 5번째 줄은 메모리 위에 실수형 데이터 10.55와 20.77을 담는 객체를 만든 후 변수 a는 10.55를 담고 있는 객체를 가리키고 변수 b는 20.77을 담고 있는 객체를 가리키도록 바꾼 것이다.
- 6번째 줄과 7번째 줄은 변수 a와 b가 가리키고 있는 객체의 실수 데이터를 출력한다.

- 9번째 줄은 메모리 위에 문자열 데이터 'Hello'와 'Euler'를 담는 객체를 만든 후 변수 a는 'Hello'를 담고 있는 객체를 가리키고 변수 b는'Euler'를 담고 있는 객체를 가리키도록 바꾼 것이다.
- 10번째 줄과 11번째 줄은 변수 a와 b가 가리키고 있는 객체의 문자열 데이터를 출력한다.

Output

```
10
20
10.55
20.77
Hello
Euler
```

06.5 변수의 명명 규칙

파이썬을 설치하면 자동으로 지원해주는 print()나 type()과 같은 함수들을 **내장 함수**(Built-in Functions)라고 하고 문법적인 용도로 사용되는 None과 같은 단어들을 **예약어**(reserved word)라고 한다. 파이썬에서 이렇게 고유하게 사용되는 단어들로 변수의 이름으로 작성하게 되면 그 단어에 대한 문법적 기능이 사라져 문제가 발생될 수도 있기 때문에 변수의 이름을 지을 때는 특정 명명 규칙이 있는데 다음과 같다.

❶ 대소문자 구분되며, 변수명의 길이에는 제한이 없다.
(예) 변수명 Aa와 aa는 서로 다른 것으로 간주한다.

❷ 영문자와 숫자를 섞어 쓸 수 있다. 단 숫자로 시작해서는 안 된다.
(예) abc123(○), 123abc(×)

❸ 변수명은 보통 소문자로 시작한다. (일반적인 변수작명법)

❹ 특수문자(공백 포함)는 변수명으로 사용할 수 없다. 예외적으로 언더스코어(underscore, _)는 변수명으로 사용이 가능하다. (예) $$name$(×), _name(○)

❺ **내장 함수**(Built-in Functions)와 **예약어**(reserved word)는 절대로 변수의 이름으로 선언하지 않도록 하자.

내장 함수(Built-in Functions)와 예약어(reserved word)

구분	
내장 함수	print, type, abs, max, min, pow, chr, str, range, float, int, …
예약어	False, None, True, and, break, class, continue, def, elif, else, …

06.6

형 변환 Casting

파이썬에서 사용하는 값들은 메모리에 할당될 때, 자료형(Data Type)이 결정되는데 프로그램을 작성하다 보면 필요에 의해서 자료형을 변경해야 할 때가 있다. 이렇게 자료형을 변경하고자 할 때는 형 변환(Casting) 함수를 사용하면 자료형을 변경할 수 있다.

Core

```
print(int(10.5))
print(int('10'))
print(int(0xA))
print(int('0b1010', 2))
```

int() 함수는 실수형, 문자열 또는 2진수, 8진수, 16진수로 표현된 정수들을 10진 정수로 변환하여 반환한다. 또한 2진법, 8진법, 16진법의 수가 문자열로 되어있다면 int() 함수에 문자열과 진법을 함께 전달하면 10진 정수로 변환하여 반환한다.

Core

```
print(float(11))
print(float('11'))
print(float(0b1011))
```

float() 함수는 정수형, 문자열 또는 2진수, 8진수, 16진수로 표현된 정수들을 실수형 자료형으로 변환하여 반환한다.

Core

```
print(str(12))
print(str(12.0))
print(str(0b1011))
```

str() 함수는 전달된 모든 자료형을 문자열로 변환하여 반환한다.

Coding

```
1   print(int(10.5))
2   print(int('10'))
3   print(int(0xA))
4   print(int('0b1010', 2))
5
6   print(float(11))
7   print(float('11'))
8   print(float(0b1011))
9
10  print(str(12))
11  print(str(12.0))
12  print(str(0b1011))
```

Interpret

- 1번째 줄부터 4번째 줄은 실수 10.5, 문자열 '10', 16진수 A, 문자열 2진수 '1010'을 int() 함수에 전달하여 출력한다. 출력의 첫째 줄부터 넷째 줄까지 모두 정수 10을 출력한다.
- 6번째 줄부터 8번째 줄은 정수 11, 문자열 '11', 2진수 1011을 float() 함수에 전달하여 출력한다. 출력의 다섯째 줄부터 일곱째 줄까지 모두 실수 11.0을 출력한다.
- 10, 11번째 줄은 정수 12와 실수 12.0을 문자열로 변환하여 출력한다. 12번째 줄은 이진수 1100을 10진수로 변환하면 12이므로 12를 문자열로 변환하여 마지막 줄에 출력한다.

Output

```
10
10
10
10
11.0
11.0
11.0
12
12.0
12
```

06.7

bool True & False

프로그램을 작성하다 보면 참(True)과 거짓(False)의 결과를 저장해야 할 때가 있다. 이렇게 참(True)과 거짓(False)만을 저장할 수 있는 자료형을 bool 자료형이라고 한다.

Core

```python
a = True
print(int(a))
```

컴퓨터는 2진 체계인 0 또는 1로 되어있다. 따라서 참(True)을 컴퓨터를 위한 숫자로 표현하면 1이 되고 거짓(False)은 0이 된다. 따라서 bool 자료형의 값인 True를 int() 함수에 전달하여 형 변환하면 참(True)을 의미하는 대푯값 1이 반환되고, False는 거짓(False)을 의미하는 대푯값 0이 반환된다.

Coding

```python
1  a = True
2  print(a, type(a))
3
4  print(int(True))
5  print(int(False))
6  print(float(True))
7  print(float(False))
8  print(str(True))
9  print(str(False))
```

Interpret

- 2번째 줄은 변수 a의 값과 자료형을 print() 함수를 통해서 출력한다. 여기서 <class, 'bool'>은 객체 안에 참(True)과 거짓(False)을 저장할 수 있는 bool 데이터가 들어있다는 의미이다.
- 4, 5번째 줄은 bool 자료형의 값인 True와 False를 int() 함수에 전달하여 정수형으로 형 변환하여 출력한다. True는 1로 False는 0으로 변환되어 출력된다.
- 6, 7번째 줄은 bool 자료형의 값인 True와 False를 float() 함수에 전달하여 실수형으로 형 변환하여 출력한다. True는 1.0으로 False는 0.0으로 변환되어 출력된다.
- 8, 9번째 줄은 bool 자료형의 값인 True와 False를 str() 함수에 전달하여 문자열로 형 변환하여 출력한다. True는 문자열 True로 False는 문자열 False로 변환되어 출력된다.

Output

```
True <class 'bool'>
1
0
1.0
0.0
True
False
```

Tip

참(True)과 거짓(False)에 대한 논리는 영국의 수학자 조지 불(George Boole)이 만들었다. 조지 불은 1815년 영국의 링컨시에서 태어났다. 그의 중요한 저서와 연구로는 "논리와 확률의 수학적 기초를 이루는 사고(思考)의 법칙 연구"가 있으며 논리를 0과 1의 두 수로만 압축하여 나타내려고 하였다. 이러한 불 대수학(Boolean Algebra)은 후세에 전화 교환 시스템이나 컴퓨터의 전자 회로 설계 등에서 중요한 역할을 담당하게 된다.

06.8

bool의 곱셈 연산

파이썬에서 지원되는 모든 자료형에는 bool 자료형을 곱할 수 있다.

Core

```
print(5 * True)
print(5 * False)
```

정수 객체 5에 True를 곱하면 True의 값은 1이므로 원래 자신의 값 5를 반환하고 False를 곱하면 False의 값은 0이므로 0을 반환한다.

Core

```
print(3.14 * True)
print(3.14 * False)
```

실수 객체 3.14에 True를 곱하면 True의 값은 1이므로 원래 자신의 값 3.14를 반환하고 False를 곱하면 False의 값은 0이므로 0.0을 반환한다.

Core

```
print('Euler' * True)
print('Euler' * False)
```

문자열 객체 'Euler'에 True를 곱하면 True의 값은 1이므로 원래 자신의 값 'Euler'를 반환하고 False를 곱하면 False의 값은 0이므로 빈 문자열 ''을 반환한다.

Coding

```
1  print(5 * True)
2  print(5 * False)
3
4  print(3.14 * True)
5  print(3.14 * False)
6
7  print('Euler' * True)
8  print('Euler' * False)
```

Interpret

- 1번째 줄은 정수 객체 5에 True를 곱하여 5를 출력의 첫째 줄에 출력한다.
- 2번째 줄은 정수 객체 5에 False를 곱하여 0을 출력의 둘째 줄에 출력한다.
- 4번째 줄은 실수 객체 3.14에 True를 곱하여 3.14를 출력의 셋째 줄에 출력한다.
- 5번째 줄은 실수 객체 3.14에 False를 곱하여 0.0을 출력의 넷째 줄에 출력한다.
- 7번째 줄은 문자열 객체 'Euler'에 True를 곱하여 Euler를 출력의 다섯째 줄에 출력한다.
- 8번째 줄은 문자열 객체 'Euler'에 False를 곱하여 빈 문자열을 출력의 여섯째 줄에 출력한다.

Output

```
5
0
3.14
0.0
Euler
```

06.9

진법 변환 bin(), oct(), hex()

파이썬은 진법을 변환하기 위한 함수를 제공한다. 한 개의 정수를 bin() 함수에 전달하면 전달된 정수를 2진수로 변환하여 문자열로 반환하다. 한 개의 정수를 oct() 함수에 전달하면 전달된 정수를 8진수로 변환하여 문자열로 반환한다. 한 개의 정수를 hex() 함수에 전달하면 전달된 정수를 16진수로 변환하여 문자열로 반환한다.

Coding

```
1  a = 15
2  print(a)
3  print(bin(a))
4  print(oct(a))
5  print(hex(a))
```

Interpret

- 1, 2번째 줄은 변수 a를 15로 초기화하고 출력의 첫째 줄에 출력한다.
- 2번째 줄은 정수 a를 문자열 2진수로 변환하여 출력의 둘째 줄에 출력한다.
- 3번째 줄은 정수 a를 문자열 8진수로 변환하여 출력의 셋째 줄에 출력한다.
- 4번째 줄은 정수 a를 문자열 16진수로 변환하여 출력의 넷째 줄에 출력한다.

Output

```
15
0b1111
0o17
0xf
```

06.10

연습문제 Exercise

① 두 개의 변수 a와 b에 정수 54, 32를 초기화한 후 두 정수의 사칙 연산을 하는 프로그램을 작성하여라.

Input Form 입력형식 없음.

Output Form 첫째 줄은 두 변수에 대한 덧셈 과정을, 둘째 줄은 뺄셈 과정을, 셋째 줄은 곱셈 과정을, 넷째 줄은 나눗셈 과정을 '출력의 예'와 같은 형식에 맞춰서 각 줄에 출력하여라.

Example

출력

```
54 + 32 = 86
54 - 32 = 22
54 * 32 = 1728
54 / 32 = 1.6875
```

② 두 개의 변수 a와 b에 정수 12.34, 23.12를 초기화한 후 두 실수의 사칙 연산을 하는 프로그램을 작성하여라.

Input Form 입력형식 없음.

Output Form 첫째 줄은 두 변수에 대한 덧셈 과정을, 둘째 줄은 뺄셈 과정을, 셋째 줄은 곱셈 과정을, 넷째 줄은 나눗셈 과정을 '출력의 예'와 같은 형식에 맞춰서 각 줄에 출력하여라. 결괏값은 round() 함수를 이용하여 소수점 둘째 자리까지 출력하여라.

Example

출력

```
12.34 + 23.12 = 35.46
12.34 - 23.12 = -10.78
12.34 * 23.12 = 285.30
12.34 / 23.12 = 0.53
```

제07장

데이터 입력
Data Input

오일러BOOKS

07.1

input()문 input()

프로그램이 실행되었을 때, 키보드로부터 데이터를 입력받아 지정된 변수에 입력된 값을 저장해야 할 때가 있다. 그때 사용하는 명령어가 input()이라는 명령문이다. 프로그램이 진행하는 중에 input() 문을 만나면 프로그램은 더 이상 진행되지 못하고 사용자로부터 데이터를 입력받기 위한 대기 상태로 진입한다. 사용자가 키보드로부터 데이터를 입력 후 엔터키를 누르면 입력된 데이터는 **문자열로 반환**된다.

Core

```
a = input()
```

위의 문장은 키보드로 입력된 데이터를 문자열로 반환받아 변수 a에 대입한다.

Core

```
a = input('a = ? ')
```

위와 같이 input()문 안에 문자열을 넣어 전달할 수도 있다. 그러면 프로그램이 진행하는 중에 input() 문을 만나면 먼저 input()문 안의 문자열을 출력한 후 출력한 문자열 우측에서 사용자로부터 데이터를 입력받기 위한 대기 상태로 진입한다. 사용자가 키보드로부터 데이터를 입력 후 엔터키를 누르면 입력된 데이터는 **문자열로 반환**된다.

07.2

문자열 데이터 입력

Coding

```
a = input()
b = input()
print(a + b)
print(type(a))
print(type(b))
```

Interpret

- 1번째 줄은 사용자로부터 값을 입력받기 위한 문장이다. 프로그램이 실행되어 입력받기 위한 대기 상태에 있을 때, 사용자가 값을 입력하고 엔터(Enter)키를 누르면 입력한 값이 문자열로 반환되어 변수 a에 대입된다. 1번째 줄을 입력의 첫째 줄이라고 한다.
- 2번째 줄이 실행되고 다시 사용자로부터 값을 입력받기 위한 대기 상태에 있을 때, 사용자가 값을 입력하고 엔터(Enter)키를 누르면 입력한 값이 문자열로 반환되어 변수 b에 대입된다. 2번째 줄을 입력의 둘째 줄이라고 한다.
- 2번째 줄에서 입력이 끝나고 3번째 줄이 실행되면 문자열 a와 b에 대한 덧셈 연산 결과가 출력된다. 3번째 줄을 출력의 첫째 줄이라고 한다.
- 4, 5번째 줄은 type() 함수를 통해서 변수 a와 b가 문자열 자료형임을 확인하고 있다. 4번째 줄을 출력의 둘째 줄, 5번째 줄을 출력의 셋째 줄이라고 한다.

Output

```
10
20
1020
<class 'str'>
<class 'str'>
```

07.3
정수형 데이터 입력

input() 함수를 사용하면 사용자로부터 입력받은 값을 문자열로 반환받는데, 정숫값을 입력받고자 한다면 문자열로 입력받은 값을 다시 int() 함수를 통해서 정수로 형 변환해야 한다.

Core

```
a = int(input())
```

위의 문장은 입력된 데이터를 문자열로 반환받아 정수로 형 변환 후 변수 a에 대입한다.

Coding

```
a = int(input())
b = int(input())
print(a + b)
```

```python
4    print(type(a))
5    print(type(b))
```

Interpret

- 1번째 줄은 사용자로부터 값을 입력받기 위한 문장이다. 프로그램이 실행되어 입력받기 위한 대기 상태에 있을 때, 사용자가 값을 입력하고 엔터(Enter)키를 누르면 입력한 값을 문자열로 반환받아 정수로 형 변환하여 변수 a에 대입된다. 1번째 줄을 입력의 첫째 줄이라고 한다.
- 2번째 줄이 실행되고 다시 사용자로부터 값을 입력받기 위한 대기 상태에 있을 때, 사용자가 값을 입력하고 엔터(Enter)키를 누르면 입력한 값을 문자열로 반환받아 정수로 형 변환하여 변수 b에 대입된다. 2번째 줄을 입력의 둘째 줄이라고 한다.
- 2번째 줄에서 입력이 끝나고 3번째 줄이 실행되면 정수 a와 b에 대한 덧셈 연산 결과가 출력된다. 3번째 줄을 출력의 첫째 줄이라고 한다.
- 4, 5번째 줄은 type() 함수를 통해서 변수 a와 b가 정수형 자료형임을 확인하고 있다. 4번째 줄을 출력의 둘째 줄, 5번째 줄을 출력의 셋째 줄이라고 한다.

Output

```
10
20
30
<class 'int'>
<class 'int'>
```

07.4 실수형 데이터 입력

input() 함수를 사용하면 사용자로부터 입력받은 값을 문자열로 반환받는데, 실숫값을 입력받고자 한다면 문자열로 입력받은 값을 다시 float() 함수를 통해서 실숫값으로 변환해 주어야 한다.

Core

```python
a = float(input())
```

위의 문장은 입력된 데이터를 문자열로 반환받아 실수로 형 변환 후 변수 a에 대입한다.

Coding

```python
1  a = float(input())
2  b = float(input())
3  print(a + b)
4  print(type(a))
5  print(type(b))
```

Interpret

- 1번째 줄은 사용자로부터 값을 입력받기 위한 문장이다. 프로그램이 실행되어 입력받기 위한 대기 상태에 있을 때, 사용자가 값을 입력하고 엔터(Enter)키를 누르면 입력한 값을 문자열로 반환받아 실수로 형 변환하여 변수 a에 대입된다. 1번째 줄을 입력의 첫째 줄이라고 한다.
- 2번째 줄이 실행되고 다시 사용자로부터 값을 입력받기 위한 대기 상태에 있을 때, 사용자가 값을 입력하고 엔터(Enter)키를 누르면 입력한 값을 문자열로 반환받아 실수로 형 변환하여 변수 b에 대입된다. 2번째 줄을 입력의 둘째 줄이라고 한다.
- 2번째 줄에서 입력이 끝나고 3번째 줄이 실행되면 실수 a와 b에 대한 덧셈 연산 결과가 출력된다. 3번째 줄을 출력의 첫째 줄이라고 한다.
- 4, 5번째 줄은 type() 함수를 통해서 변수 a와 b가 실수형 자료형임을 확인하고 있다. 4번째 줄을 출력의 둘째 줄, 5번째 줄을 출력의 셋째 줄이라고 한다.

Output

```
12.34
23.12
35.46
<class 'float'>
<class 'float'>
```

07.5
연습문제 Exercise

① 두 개의 변수 a와 b에 정수 데이터를 입력받아 덧셈, 뺄셈, 곱셈, 나눗셈, 몫, 나머지 연산을 하는 프로그램을 작성하여라.

Input Form 첫째 줄에는 변수 a에 한 개의 정수를 입력받는다. 둘째 줄에는 변수 b에 한 개의 정수를 입력받는다. 입력되는 정수는 1 이상 100 이하의 양의 정수이다.

Output Form 첫째 줄에는 입력받은 두 정수에 대한 덧셈 연산을, 둘째 줄에는 뺄셈 연산을, 셋째 줄에는 곱셈 연산을, 넷째 줄에는 나눗셈 연산을, 다섯째 줄에는 몫 연산을 그리고 마지막으로 여섯째 줄에는 나머지 연산을 '입력과 출력의 예'와 같은 형식으로 출력하여라.

Example

입력	출력
54 32	54+32=86 54-32=22 54*32=1728 54/32=1.6875 54//32=1 54%32=22

2 **두 개의 변수 a와 b에 실수 데이터를 입력받아 덧셈, 뺄셈, 곱셈, 나눗셈 연산을 하는 프로그램을 작성하여라.**

Input Form 첫째 줄에는 변수 a에 한 개의 실수를 입력받는다. 둘째 줄에는 변수 b에 한 개의 실수를 입력받는다. 입력되는 실수는 1 이상 100 이하의 양의 실수이다.

Output Form 첫째 줄에는 입력받은 두 실수에 대한 덧셈 연산을, 둘째 줄에는 뺄셈 연산을, 셋째 줄에는 곱셈 연산을, 넷째 줄에는 나눗셈 연산을 '입력과 출력의 예'와 같은 형식으로 출력하여라. 결괏값은 round() 함수를 이용하여 소수점 둘째 자리까지 출력하여라.

Example

입력	출력
12.34 23.12	12.34+23.12=35.46 12.34-23.12=-10.78 12.34*23.12=285.3 12.34/23.12=0.53

코딩마법서

1권 STONE VERSION

코딩테스트와 인공지능을 위한 파이썬

제08장

오일러 온라인 저지 (오일러OJ)

오일러BOOKS

현대 사회는 빨리 변하고 있다. 이렇게 빨리 변하는 사회에 적응하기 위해서는 공부해야 할 내용이 너무나도 많다. 그래서 프로그래밍 언어를 최대한 빨리 학습하기 위해서 공부해야 할 내용을 눈과 귀만으로 확인한 후 그냥 지나간다면 학습한 내용은 그리 오래가지 않아 사라지고 말 것이다. (이건 필자의 경험이다.) 프로그램 언어를 공부하는 방법은 여러 가지가 있겠지만 필자가 생각하기에는 프로그래밍 문법을 공부하였다면 학습한 문법을 적용한 문제들을 직접 풀어보면서 고민해보는 것이 공부한 내용을 장기기억으로 가져가는 가장 좋은 방법이라고 생각한다. 예를 들어서 우리가 수학을 공부할 때 기본적인 이론만 듣고 문제를 풀어보지 않는다고 가정해보자. 지금 당장은 이해를 할 수 있어서 아는 것 같이 느껴지겠지만 어느 날 학습한 내용들을 응용한 문제들이 눈앞에 주어진다면 천재가 아닌 이상 이런 다양한 문제들을 해결하는 것은 상당히 어려움이 있을 것이다. 그래서 필자는 지난 20년의 현장 경험을 살려서 각각의 단원마다 공부한 문법들을 적용한 문제들을 풀어볼 수 있도록 하기 위해서 최선을 다해서 문제를 문제를 집필하였다.

프로그래밍 언어를 공부하는 목적은 여러 가지(진학을 위해서 또는 취직을 위해서 아니면 진급을 위해서 등등)가 있겠지만 이러한 목적을 달성하기 위해서 코딩 테스트(Coding Test)는 필수 관문이 되어가고 있다. 초중고 학생들이 도전해 볼 수 있는 한국 정보올림피아드(KOI), 고등학생들이 도전해 볼 수 있는 대학교 알고리즘 경진대회(한양대, 국민대, 경희대) 그리고 기업체에서 진행하는 넥슨 청소년 프로그래밍 챌린지(NYPC), 대학생들이 참가하는 ACM ICPC, 삼성 자격검정 시험(Samsung Certification), 카카오에서 진행하는 신입 개발자 공채 온라인 코딩 테스트, 구글에서 진행하는 Google CodeJam 등 찾아보면 셀 수 없이 많은 코딩 테스트가 있다. 이러한 코딩 테스트를 연습하기 위해서는 프로그래밍 문법과 자료구조 그리고 알고리즘이 적용된 많은 문제들을 풀어봐야 하는데 이러한 문제들을 제공하고 채점을 할 수 있도록 도와주는 사이트를 **온라인 저지 사이트(Online Judge Site)**라고 한다. 국내에 몇 개의 온라인 저지 사이트가 있지만 20년 동안 오일러에서 개발한 오일러 온라인 저지 사이트(오일러OJ)의 다양한 문제들을 이용해서 폭넓고 깊은 학습을 해보도록 하겠다. 일단 오일러OJ를 이용하기 위해서는 회원가입을 해야 한다.

※ 오일러OJ는 지속적인 리뉴얼이 진행되고 있으므로 이 책을 읽을 시점에서는 책의 내용과 오일러OJ 화면 구성이 다를 수 있다. 하지만 기본적인 이용 방법은 거의 동일하다.

※ 그 밖의 여러 국내 온라인 저지 사이트 (Online Judge, OJ)

삼성첨단기술연구소(첨기연), 카이스트(MPP), 경기과학고(코이스터디-KOISTUDY), 경남과학고(GSHS Judge ON),
코드업(Codeup), 알고스팟(ALGOSPOT), 백준온라인저지(ACMICPC)

08.1

오일러OJ 회원가입 하기 Euler Online Judge

❶ https://euleroj.io/에 접속한 후 오일러OJ를 누른다.

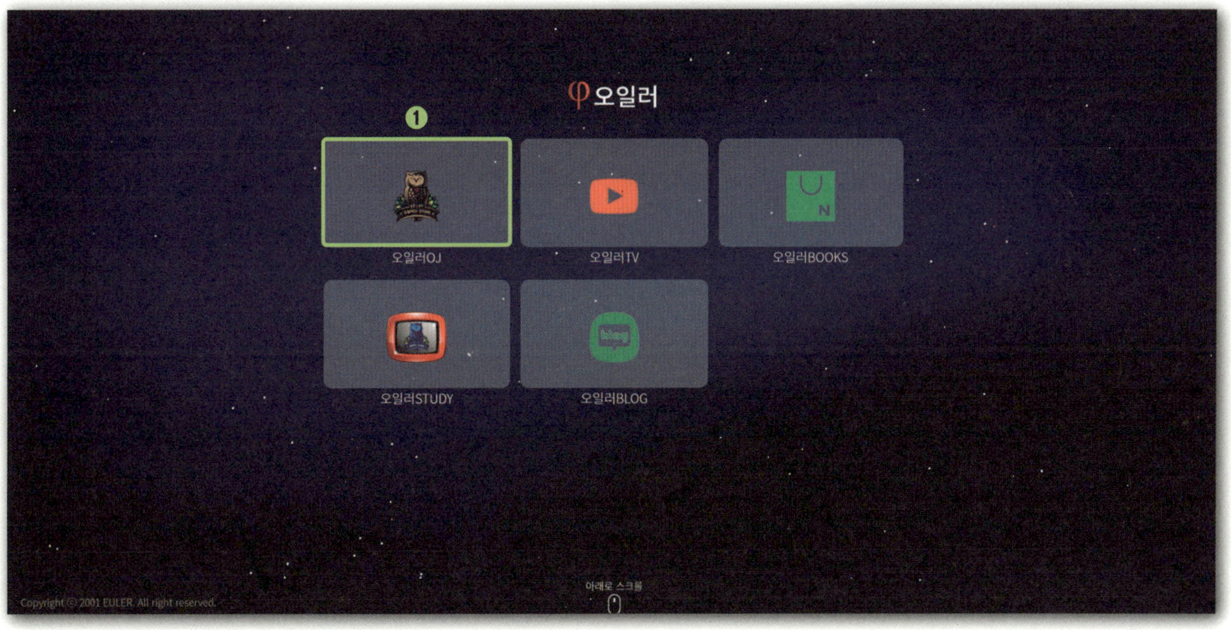

❷ 회원가입을 위해서 로그인을 누른다.

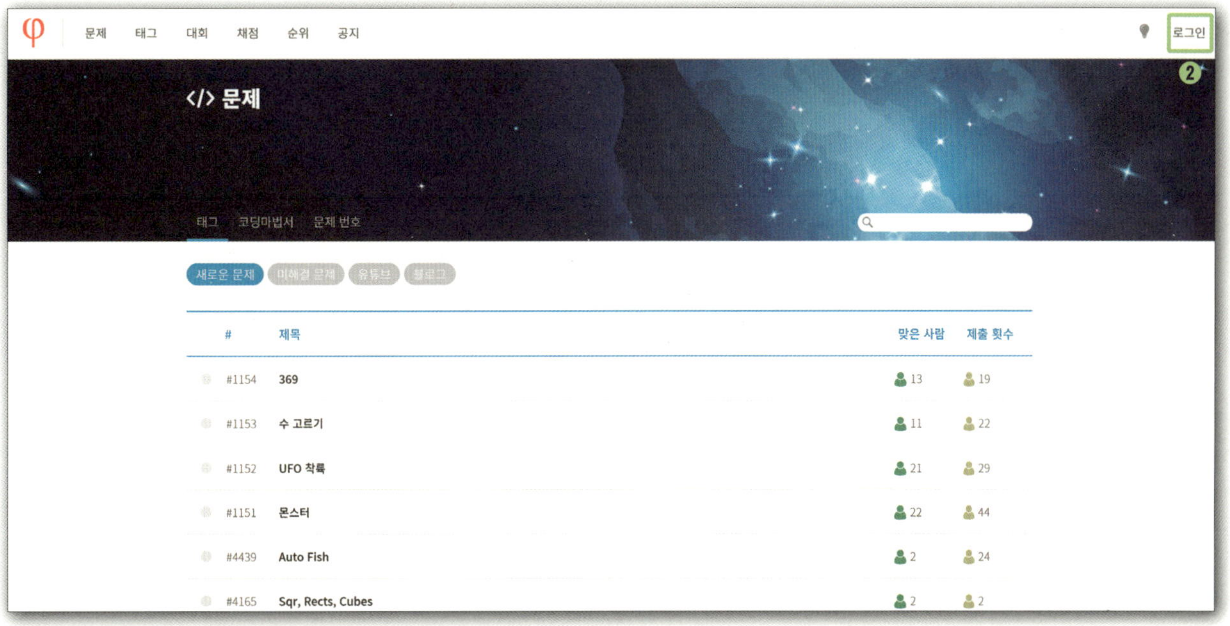

❸ 회원가입 하기를 클릭해서 회원가입을 진행한다.

❹ email 주소를 인증해서 회원가입을 할 수도 있고 또는 소셜(SNS) 계정으로도 회원가입이 가능하다.

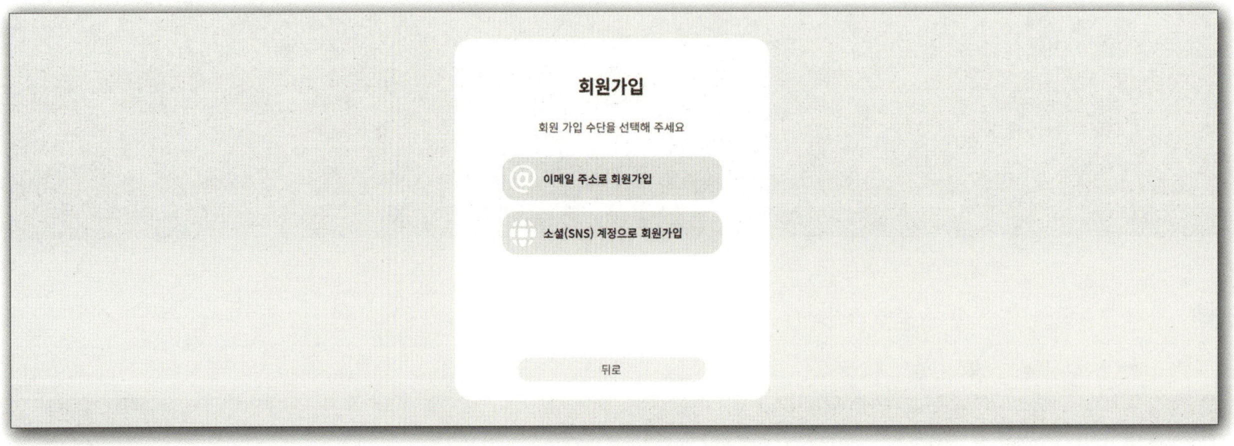

❺ 만일 email 주소로 회원가입을 진행하면 작성한 email 주소로 승인가입 메시지가 전송된다. 인증하기를 클릭하면 회원가입이 완료된다.

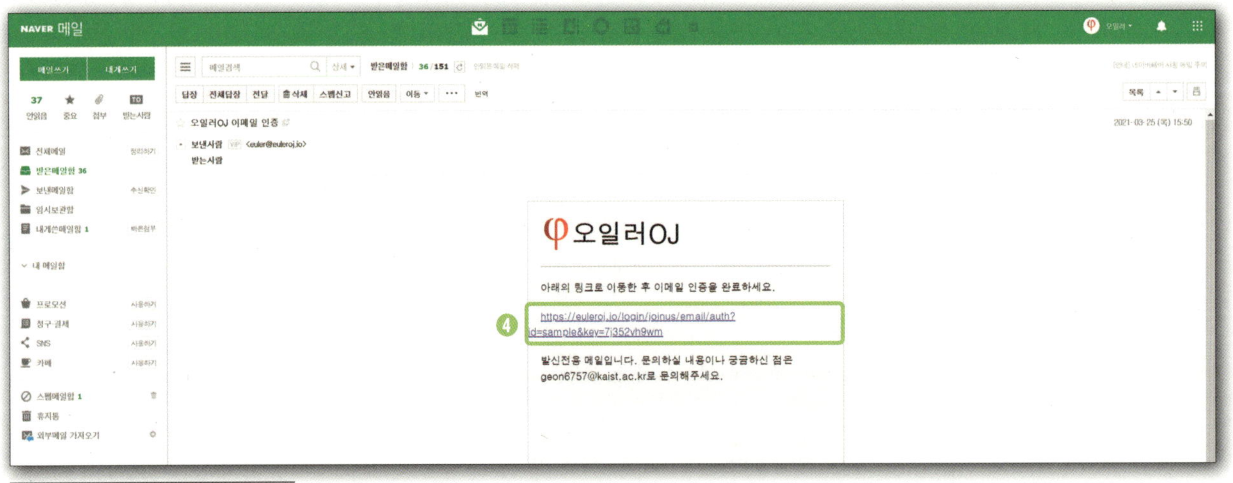

08.2

로그인 후 소스 코드 제출하기

❶ 오일러OJ에 접속하기 위해서 로그인을 누른다.

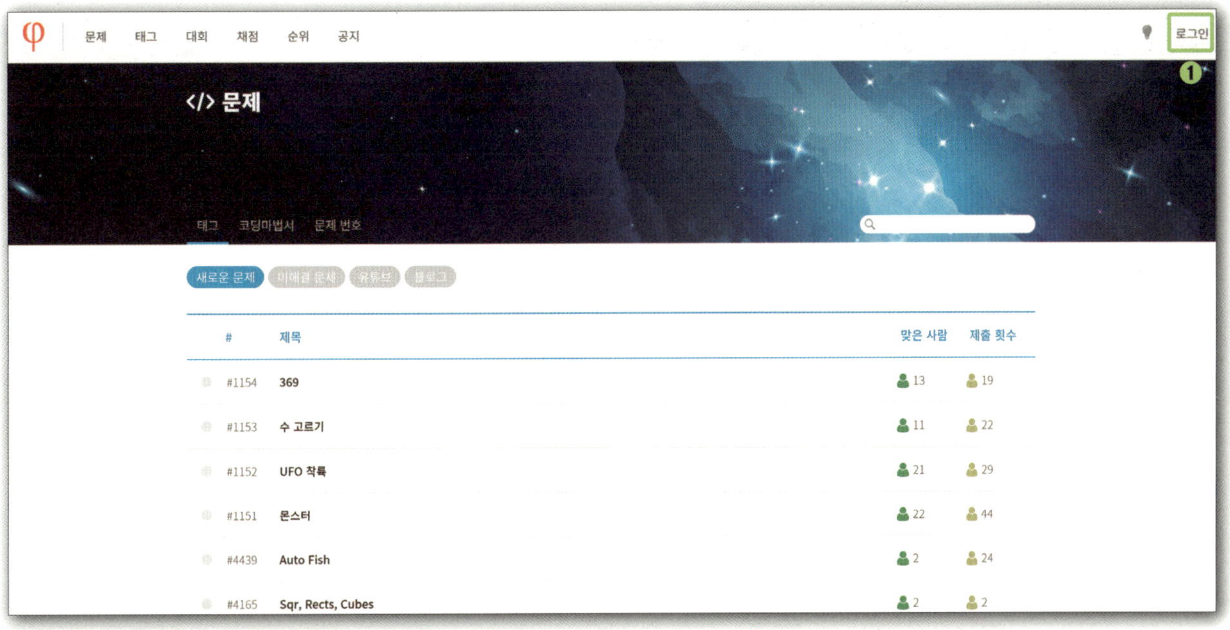

❷ email 계정으로 회원가입을 하였으면 ID와 PASSWORD를 입력한 후 GO 버튼을 클릭하고 소셜(SNS) 계정으로 회원가입을 했으면 소셜 로그인을 클릭한다.

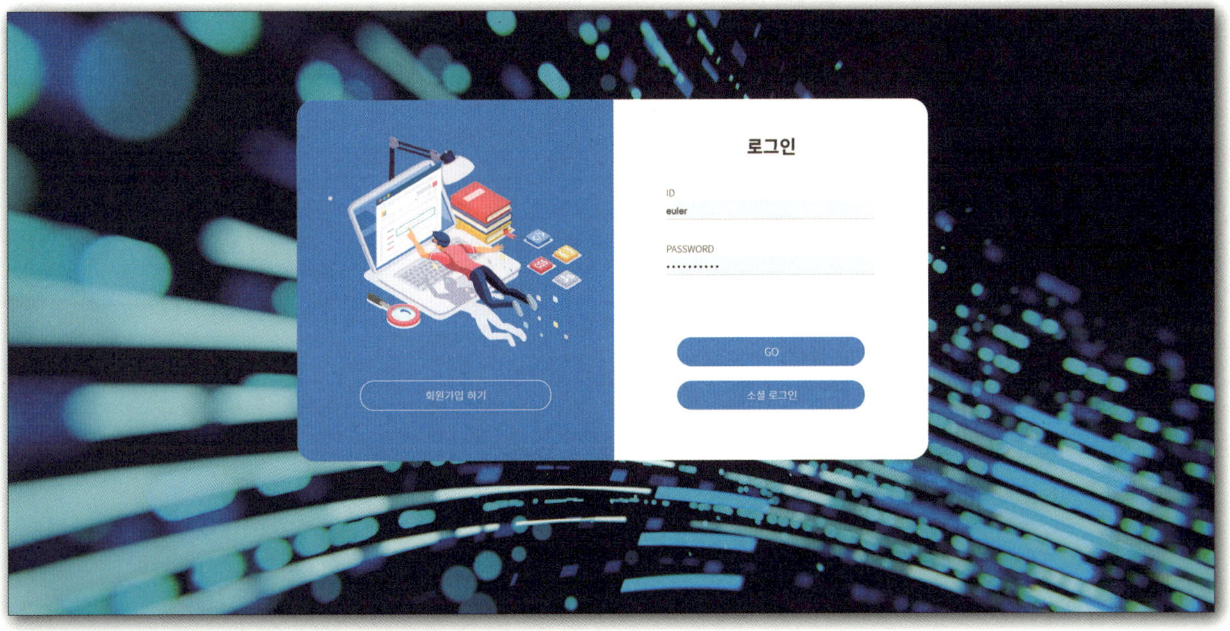

❸ 오일러OJ에 수록된 문제는 상단 메뉴의 문제에 놓여있다.

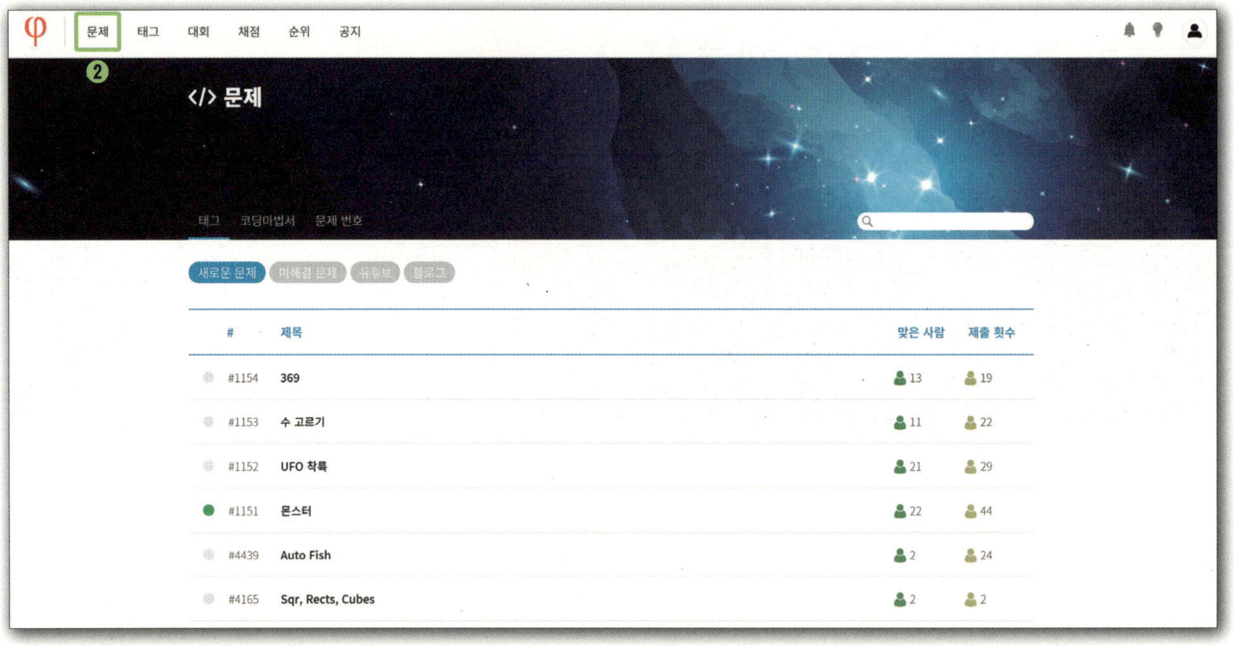

❹ 본 교재를 위한 문제는 코딩마법서 STONE에 놓여있다. 1000번의 A+B Problem을 눌러보자.

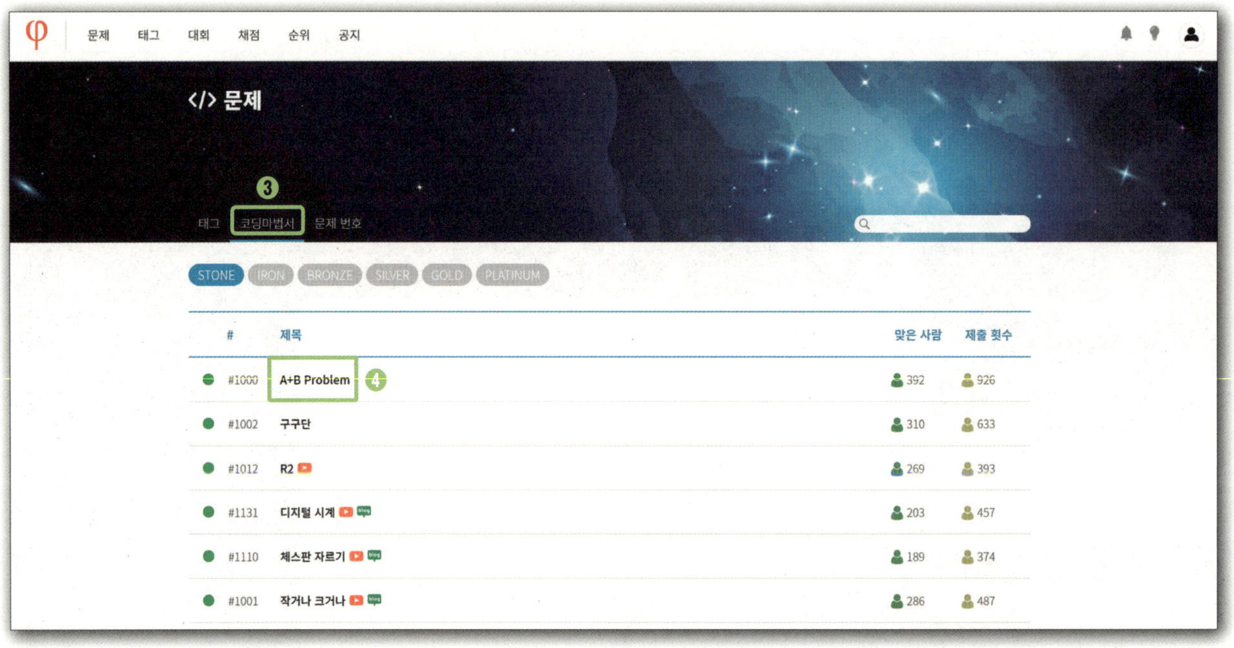

❺ 문제를 읽고 문제에서 요구하는 소스 코드를 완성한다. 소스 코드를 실행시켜서 "입력과 출력의 예"에 해당하는 테스트 케이스를 입력하고 출력 결과가 출력되는지 확인한다. 온라인 저지 시스템에 채점하기 위해서 제출하기 버튼을 클릭한다.

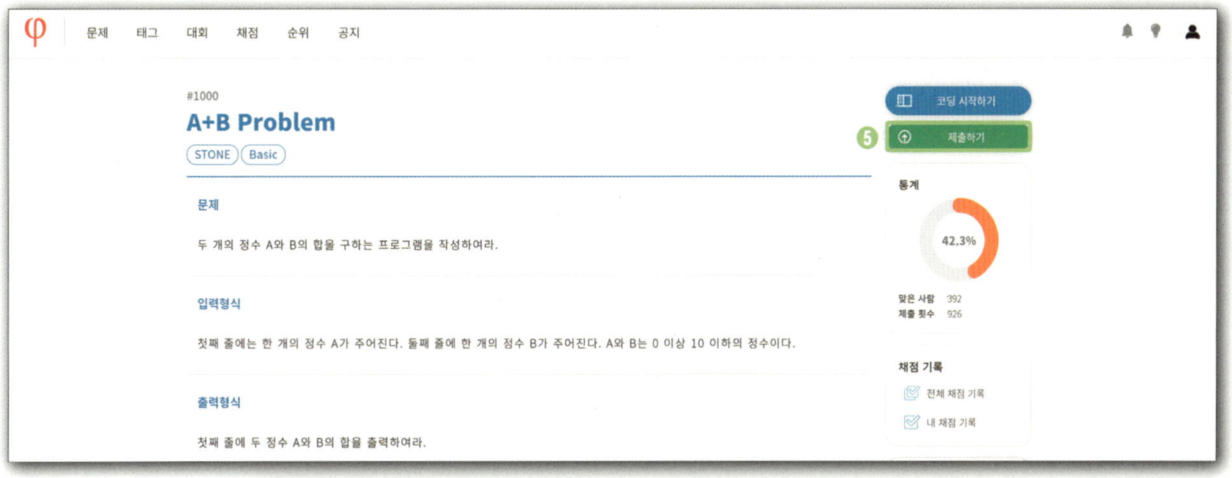

Output

```
1 ←—— 입력의 첫째 줄
2 ←—— 입력의 둘째 줄
3 ←—— 출력의 첫째 줄
```

- 프로그램을 작성하여 실행시킨 후 입력의 첫째 줄에 1을 입력하고 입력의 둘째 줄에 2를 입력하면 출력의 첫째 줄에 3이 출력된다.

❻ 제출 언어를 Python3로 선택한 후 작성된 소스 코드를 복사하여 제출 창에 붙여넣기를 하고 이 소스 코드 제출하기 버튼을 클릭한다.

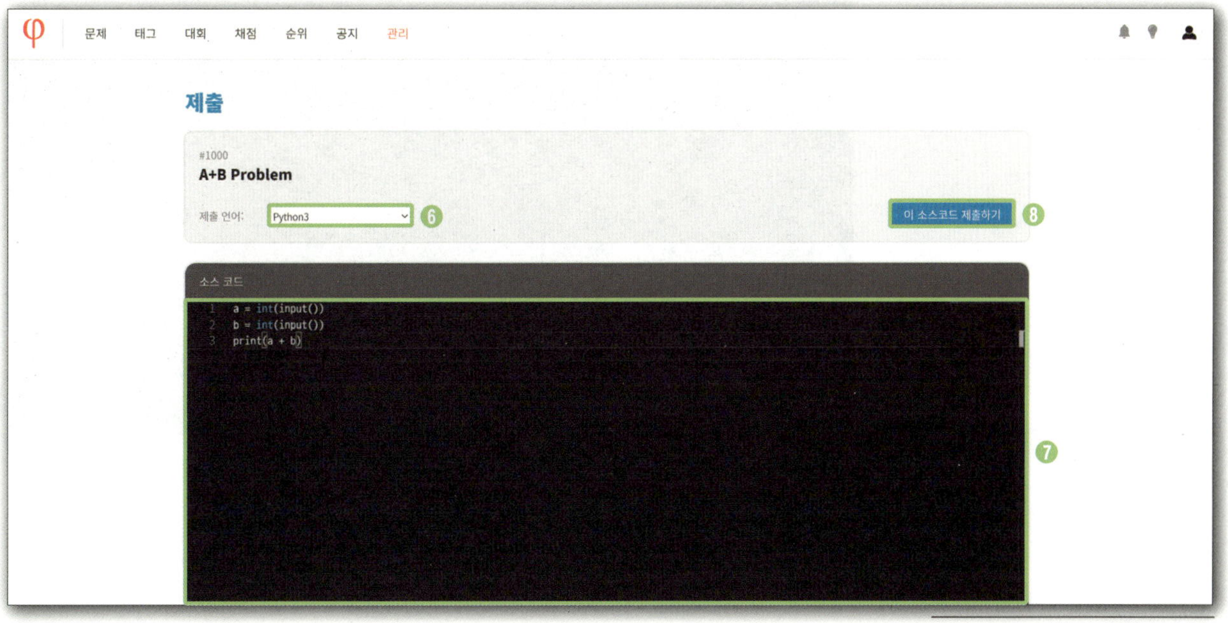

❼ 다른 방법으로도 제출할 수 있는데 다음과 같다. 코딩 시작하기를 클릭하면 웹 에디터 환경에서도 소스 코드를 작성한 후 제출이 가능하다.

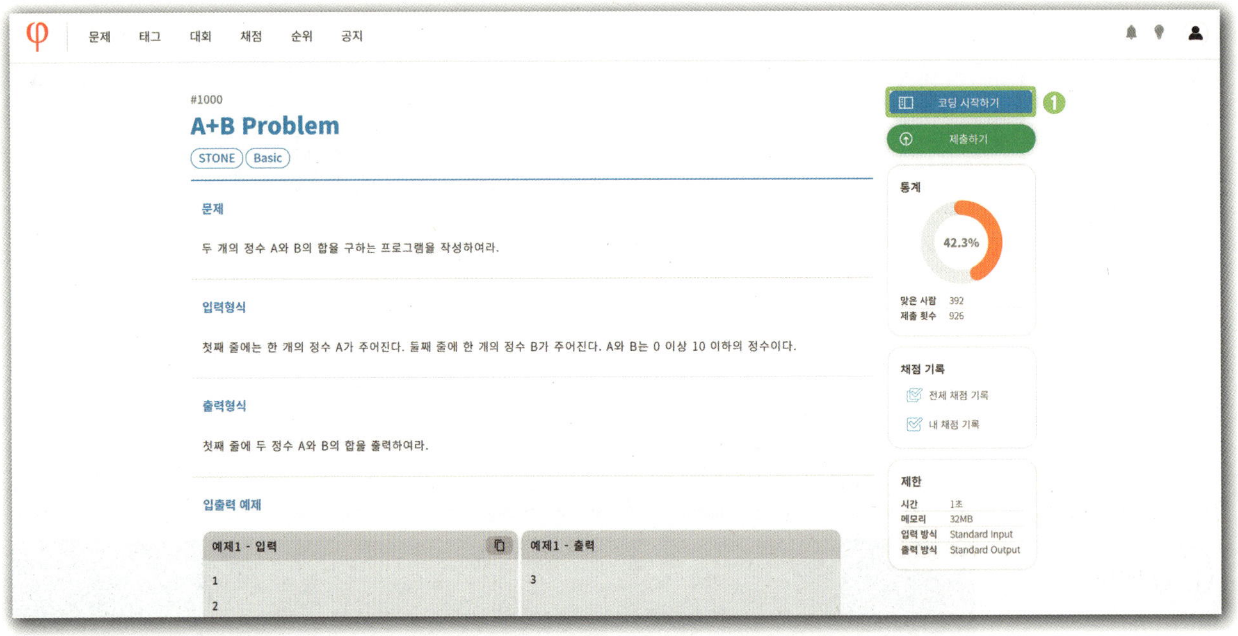

❽ 언어를 Python3로 선택한 후 소스 코드를 작성한다. 정답이 잘 나오는지 확인하기 위해서 "입력의 예"를 복사한 후 실행 버튼을 클릭한다.

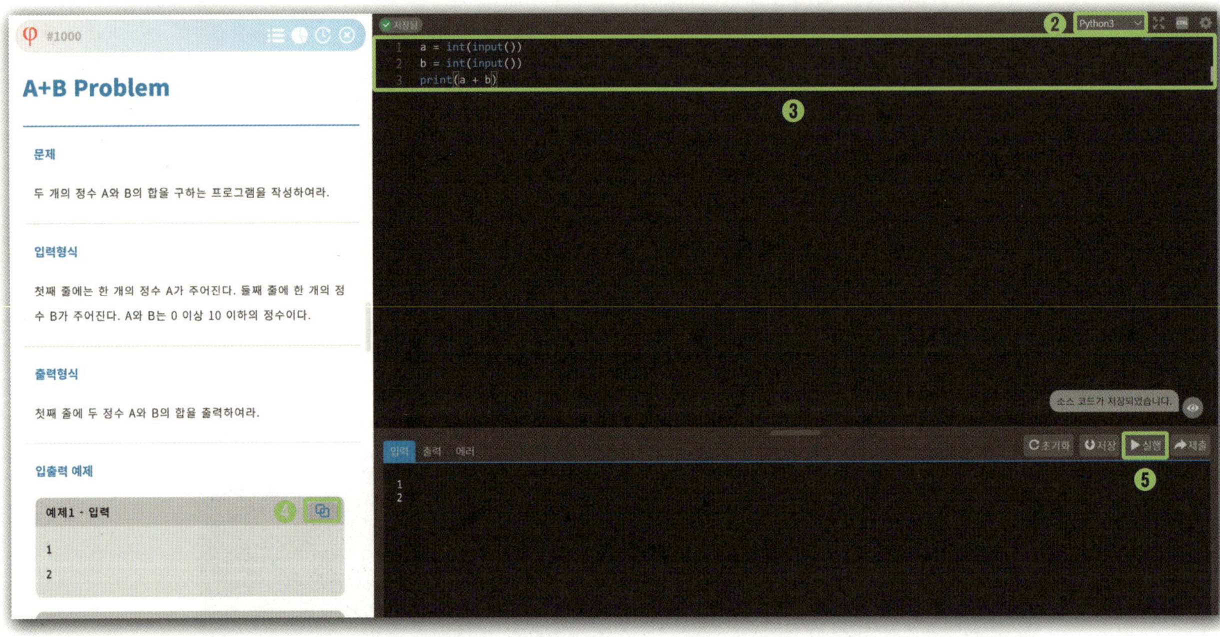

9 출력 결과와 일치하면 제출 버튼을 클릭한다.

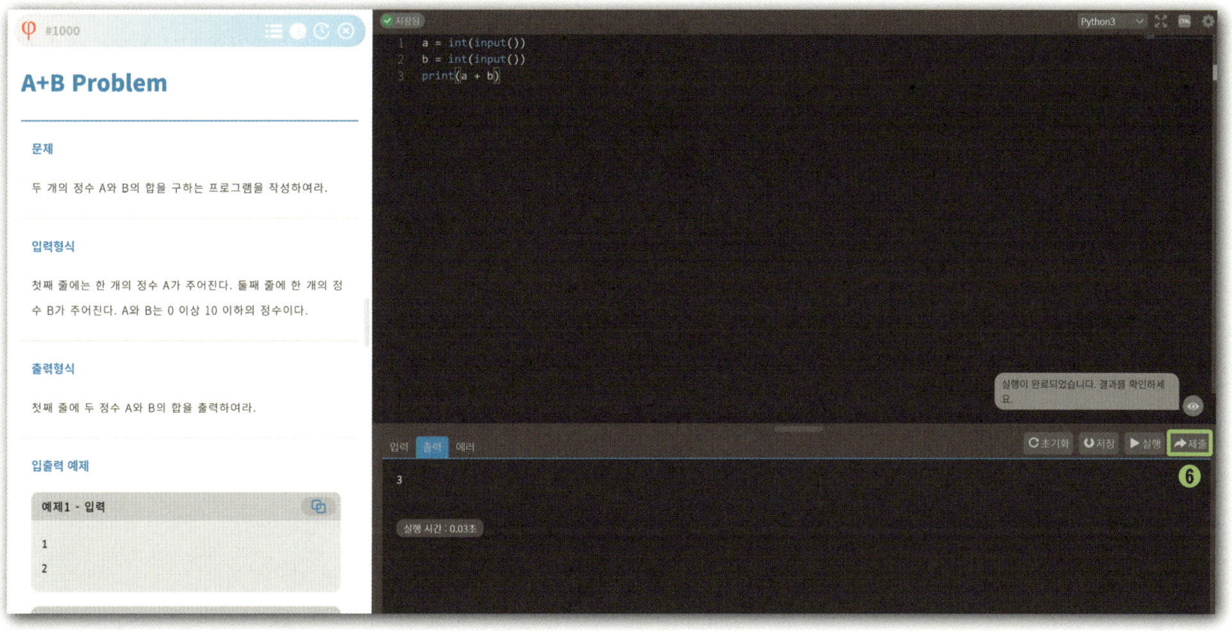

10 채점 결과가 화면에 나타난다.

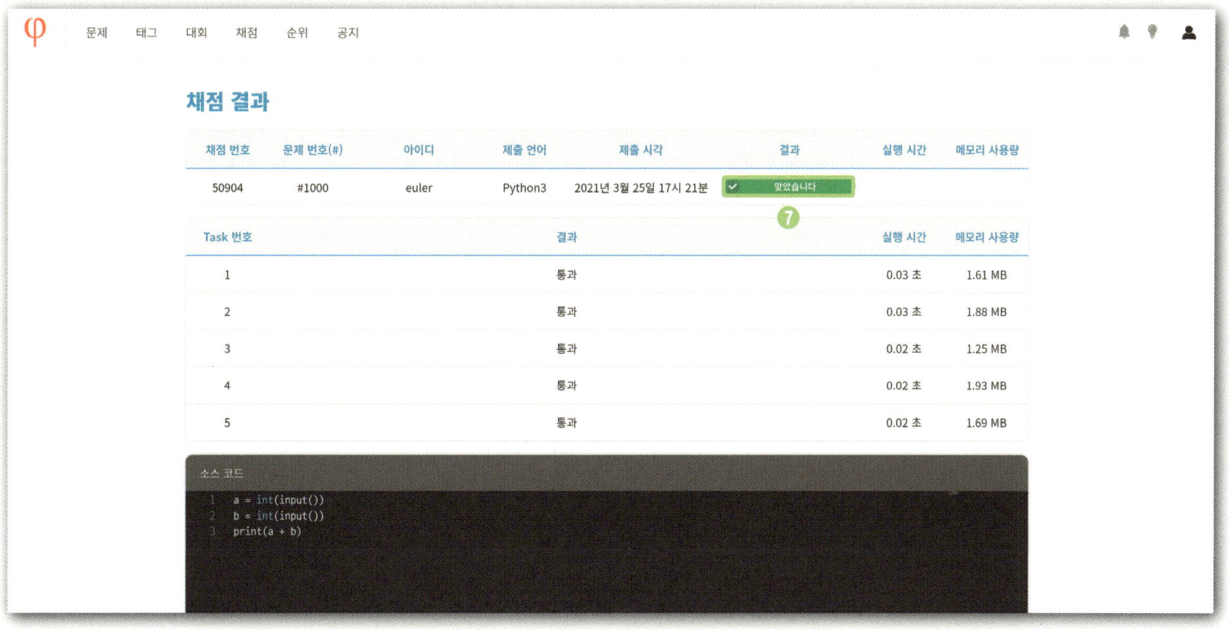

⑪ 채점 결과

■ 채점 대기중	채점이 밀려서 아직 채점이 완료되지 않은 대기 상태를 나타낸다. 일반적으로 예상 채점 대기시간 이내에 채점이 된다.
■ 컴파일링	테스트 케이스를 새로 고쳤을 경우 해당 제출 코드를 다시 채점하게 되어 대기 상태로 들어가는 경우에 발생된다.
■ 컴파일 진행중	채점하기 위해 컴파일을 하는 중에 나타난다.
■ 채점중입니다	채점이 진행되고 있음을 의미한다.
■ 맞았습니다	제출한 프로그램이 모든 테스트 케이스를 통과했음을 의미한다.
■ 출력 에러	출력 결과가 테스트 케이스와 유사하나 공백, 빈 줄과 같은 사소한 문제로 인해서 출력 결과가 일치하지 않는 경우에 발생된다.
■ 부분 점수	출력 결과가 테스트 케이스와 다른 경우가 있을 경우에 발생된다.
■ 시간 초과	제출한 프로그램이 제한된 시간 이내에 끝나지 않은 경우에 발생된다.
■ 메모리 초과	제출한 프로그램이 허용된 메모리보다 많은 메모리를 사용했을 경우에 발생된다.
■ 출력 초과	예상보다 많은 출력이 출력될 경우 발생된다. 일반적으로 프로그램이 무한 루프에 빠졌을 경우에 발생된다. 오일러OJ에서는 출력 제한은 1MB로 제한된다.
■ 런타임 에러	실행 도중에 segmentation fault, floating point exception, used forbidden functions, tried to access forbidden memories등의 에러가 발생하여서 중간에 프로그램이 종료된 경우에 발생된다.
■ 컴파일 에러	인터프리터가 제출한 소스 코드를 번역하지 못한 경우에 발생된다. 물론 경고 메시지(warning message)는 에러 메시지로 간주하지 않지만 채점 결과를 클릭하면 실제 에러 메시지를 볼 수 있다.

08.3

온라인 채점 시 정답으로 인정되지 않는 경우

❶ 출력이 입력 바로 다음 줄에 발생하지 않는 경우, 예를 들어서 1과 2를 입력한 후 출력의 첫째 줄에 3이 출력되어야 하는데 출력의 둘째 줄에 3이 출력되는 경우는 정답으로 인정되지 않는다.

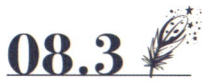

Output

```
1
2

3
```

❷ 출력의 예시에는 공백이 없는데 출력의 앞부분에 공백이 발생한 경우, 예를 들어서 출력의 첫째 줄에 3이 출력되어야 하는데 앞에 공백이 발생한 후 3이 출력되는 경우는 정답으로 인정되지 않는다.

Output

```
1
2
 3
```

❸ 출력의 예시에는 공백이 없는데 출력의 사이에 공백이 발생한 경우, 예를 들어서 출력의 첫째 줄에 1+2=3이 출력되어야 하는데 1 + 2 = 3이 출력되는 경우 또는 반대로 공백이 발생되어 1 + 2 = 3이 출력되어야 하는데 1+2=3이 출력되는 경우

Output

```
1
2
1 + 2 = 3
```

❹ 대문자 YES가 출력되어야 하는데 소문자 yes가 출력되는 경우 또는 반대로 소문자 yes가 출력되어야 하는데 대문자 YES가 출력되는 경우

Output

```
yes
```

08.4
온라인 채점 시 정답으로 인정되는 경우

❶ 출력의 마지막에 공백이 발생하는 경우, 예를 들어서 출력의 첫째 줄에 3이 출력되어야 하는데 3이 출력된 후 뒤에 공백이 출력되는 경우는 정답으로 인정된다.

Output

```
1
2
3□ ◀—— 뒤에 공백 출력 있음
```

❷ 테스트 케이스가 여러 개인 경우에는 모든 테스트 케이스를 입력받고 테스트 케이스에 대한 정답을 마지막에 각 줄에 출력하여도 정답으로 인정되지만 각각의 테스트 케이스에 대해서 테스트 케이스마다 각 줄에 정답을 출력하여도 정답으로 인정된다. 예를 들어서 두 개의 정수를 입력받아 각각의 정수에 대한 약수의 합을 구하는 프로그램을 작성한다고 해보자.

Example

입력	출력
1 6	1 12

Output

```
1
6
1  ◀—— 첫 번째 테스트 케이스에 대한 정답
12 ◀—— 두 번째 테스트 케이스에 대한 정답
```

```
1
1  ◀—— 첫 번째 테스트 케이스에 대한 정답
6
12 ◀—— 두 번째 테스트 케이스에 대한 정답
```

- 1에 대한 약수의 합 1이 출력의 첫째 줄에 출력되고 6에 대한 약수의 합 12가 출력의 둘째 줄에 출력될 때 위의 두 가지 경우 모두 정답으로 인정된다.

08.5

본인이 제출한 소스 코드 확인하기

제출한 소스 코드의 확인은 본인이 작성한 코드만 가능하다.

❶ 상단 메뉴 채점을 누른 후 내 채점 기록을 클릭하거나 문제 번호 또는 결과에 대해서 검색하면 여태까지 제출했던 결과들이 출력되는데 확인해 보고 싶은 결과에 대한 제출 언어를 누르면 채점 당시에 제출했던 소스 코드를 확인해 볼 수 있다.

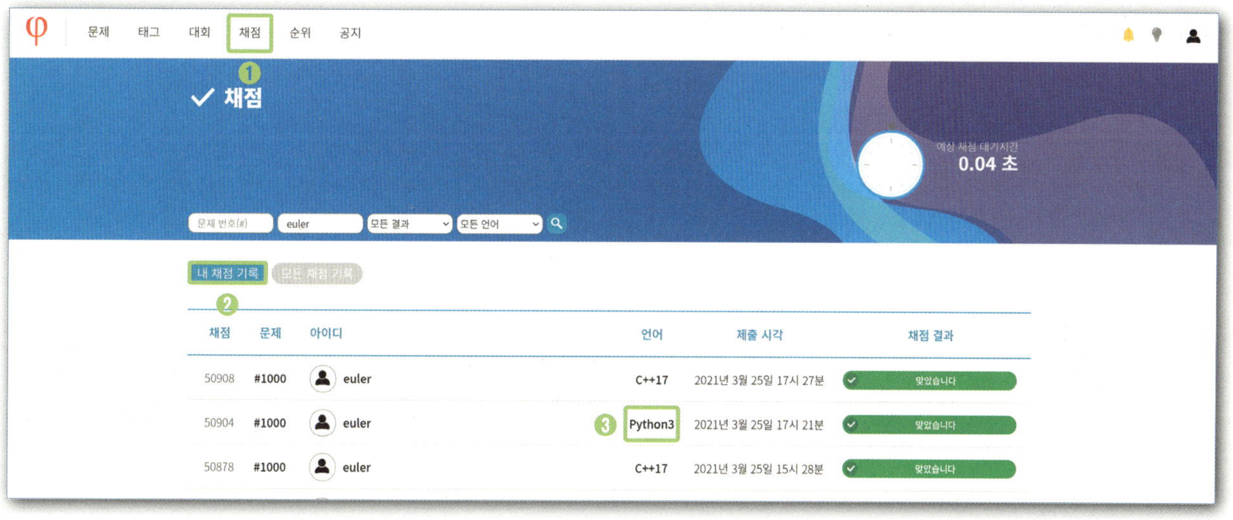

❷ 제출했던 소스 코드 확인

08.6

그 밖의 메뉴 소개하기

❶ 상단 메뉴의 문제는 태그, 코딩마법서, 문제 번호 순으로 정리해 놓았다.

❷ 상단 메뉴의 태그를 통해서 맞춤식 문제를 선택할 수도 있다.

❸ 상단 메뉴의 태그에서 유튜브를 선택하면 오일러TV를 통해서 동영상 강의가 제공되는 문제들의 목록을 보여준다.

❹ 상단 메뉴의 태그에서 블로그를 선택하면 네이버 블로그가 제공되는 문제들의 목록을 보여준다.

❺ 상단 메뉴의 대회는 자신의 현재 실력을 체크해 볼 수 있도록 하기 위해서 구성중에 있다. 현재는 베타 테스트 중이고 문제에 대한 해설을 진행할 예정이다.

❻ 대회 방식은 ACM-ICPC 방식과 동일하다

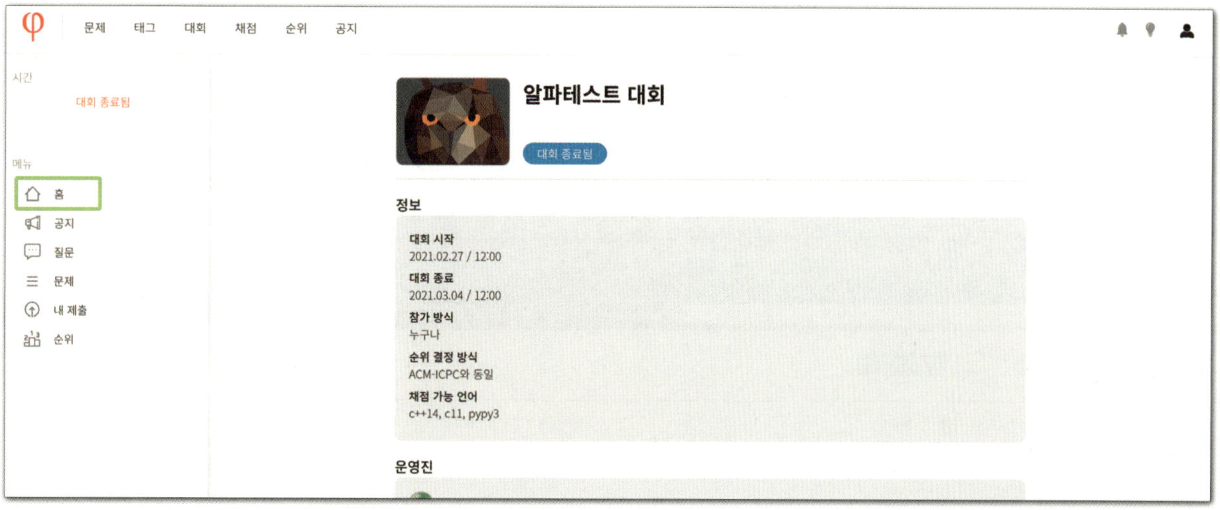

❼ 대회 메뉴에서 문제를 클릭하면 출제된 문제를 확인할 수 있다.

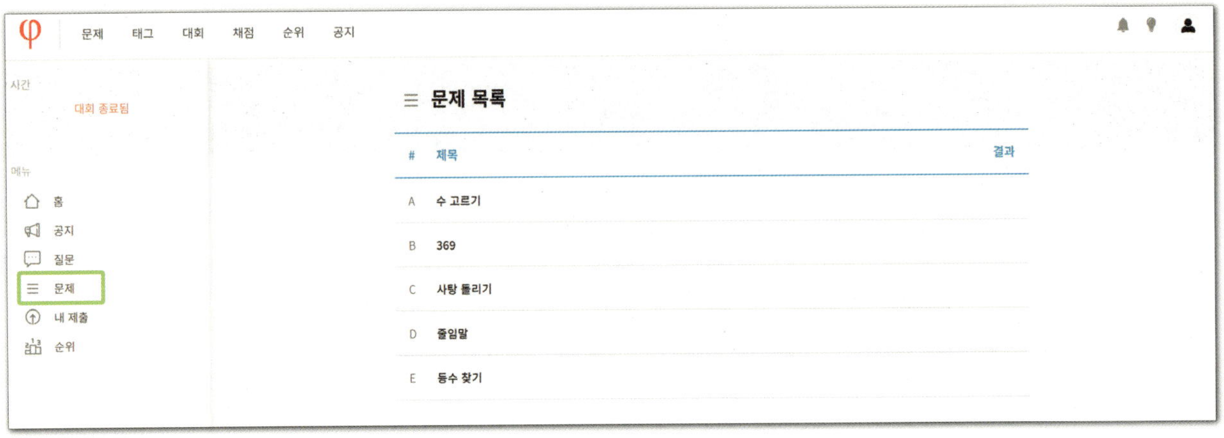

❽ 대회 메뉴에서 순위를 클릭하면 참가한 회원들의 점수를 실시간으로 확인할 수 있다.

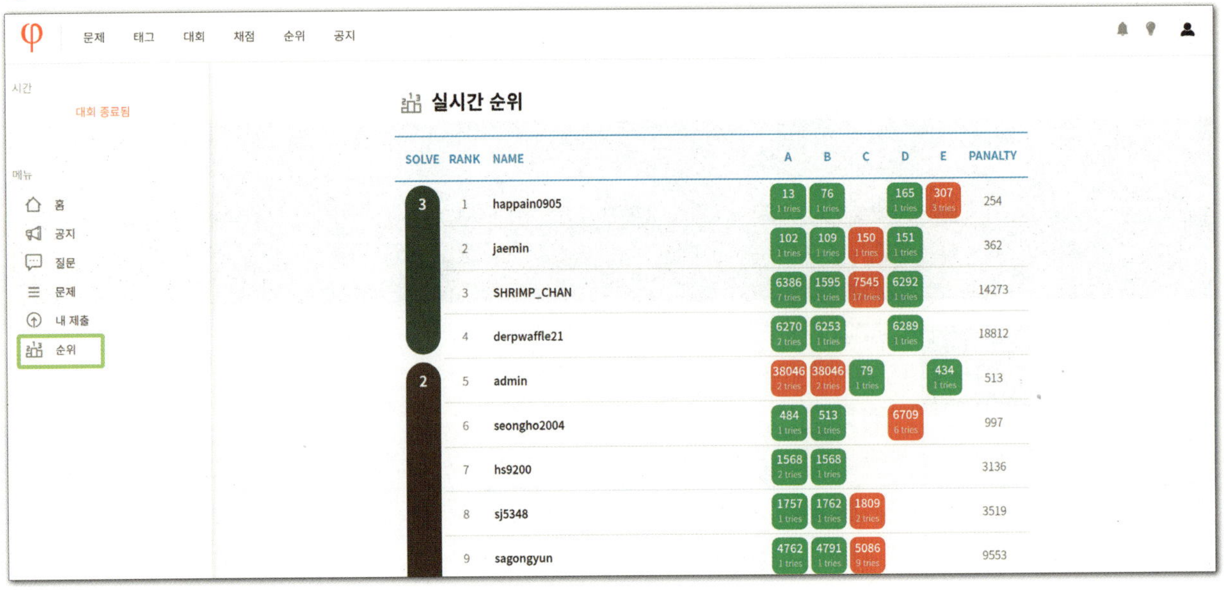

❾ 상단 메뉴의 채점에서 모든 채점 기록은 실시간 채점 현황을 나타낸다.

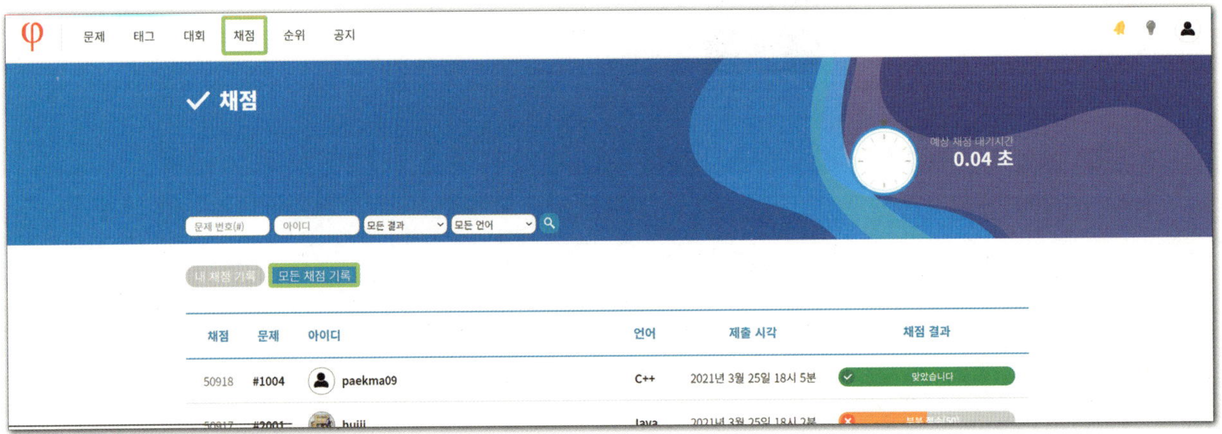

⑩ 상단 메뉴의 순위는 맞은 문제 수가 많은 회원 순으로 순위를 표시해 준다. 만일 맞은 문제 수가 같다면 제출 횟수가 적은 회원이 우선순위가 높다.

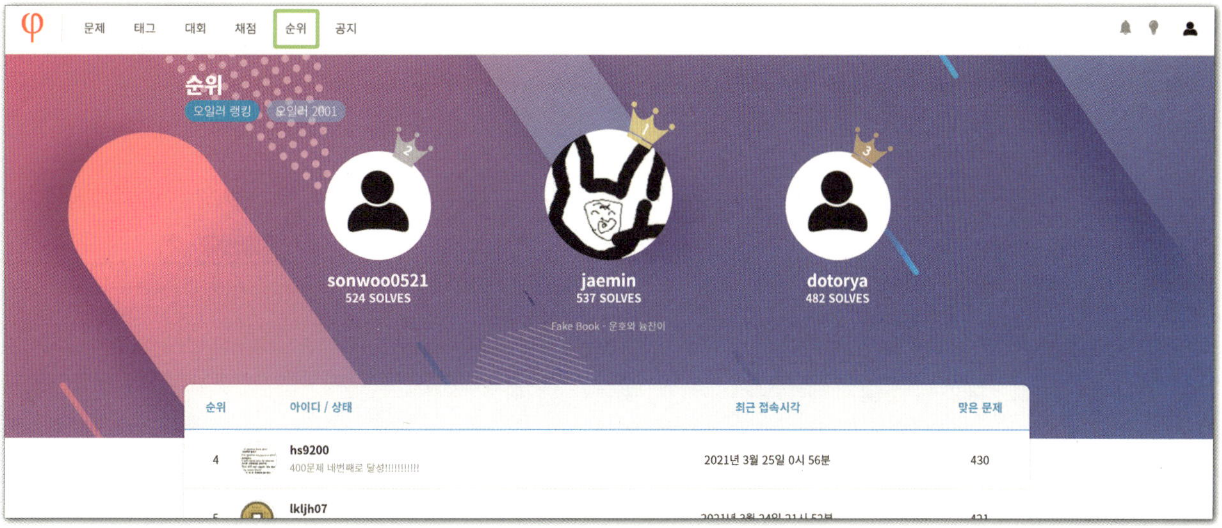

⑪ 상단 오른쪽 메뉴에서 본인 ID를 누르면 내 프로필과 계정 설정을 변경할 수 있다.

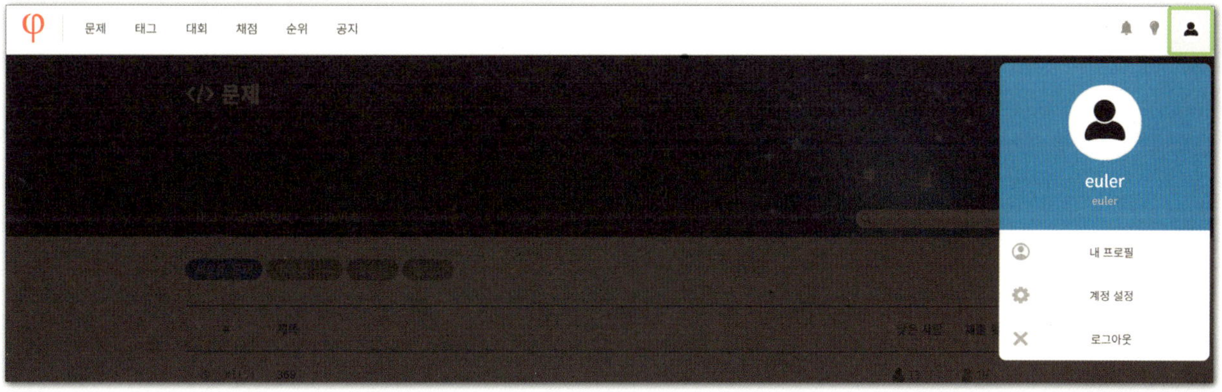

⑫ 내 프로필에서 획득한 뱃지를 확인할 수 있다.

⑬ 내 프로필에서 맞은 문제와 시도한 문제들을 확인할 수 있다.

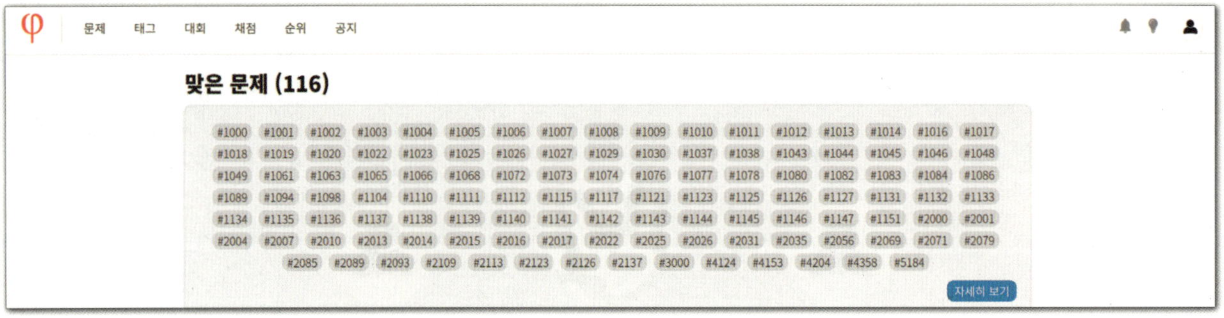

⑭ 계정 설정을 통해서 프로필 사진, 상태 메시지, 언어 및 에디터와 테마를 변경할 수 있다.

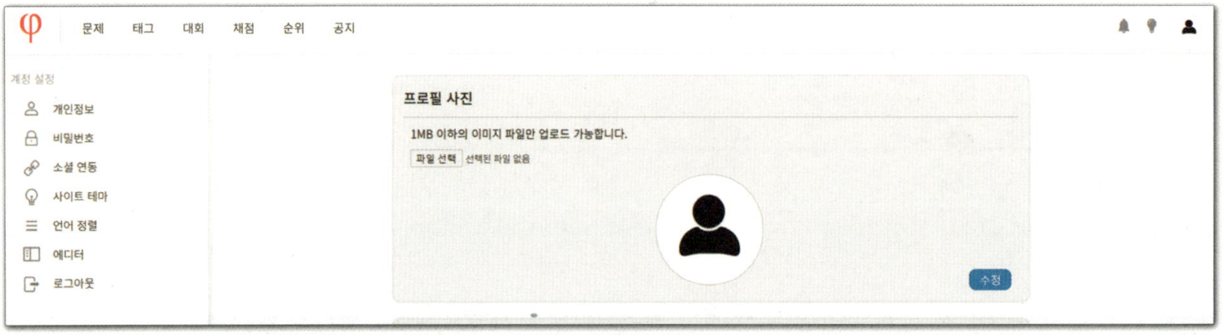

⑮ 오일러OJ에서의 활동을 확인할 수 있다.

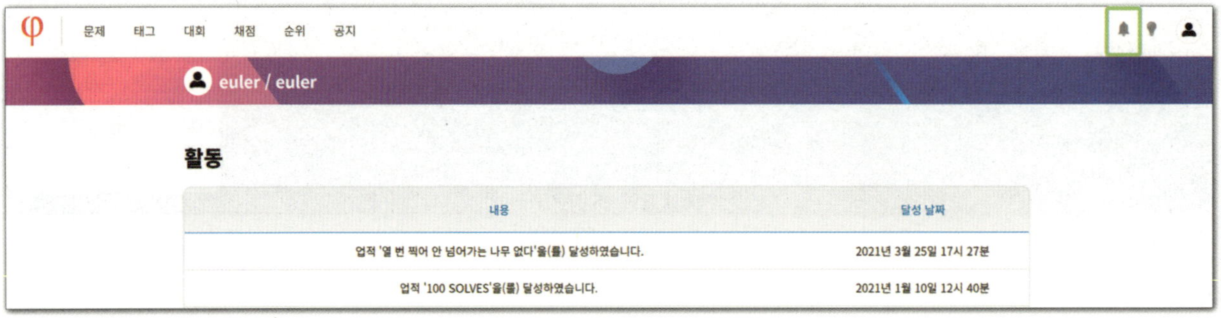

⑯ 오일러OJ의 모드를 다크모드나 화이트모드로 변경할 수 있다.

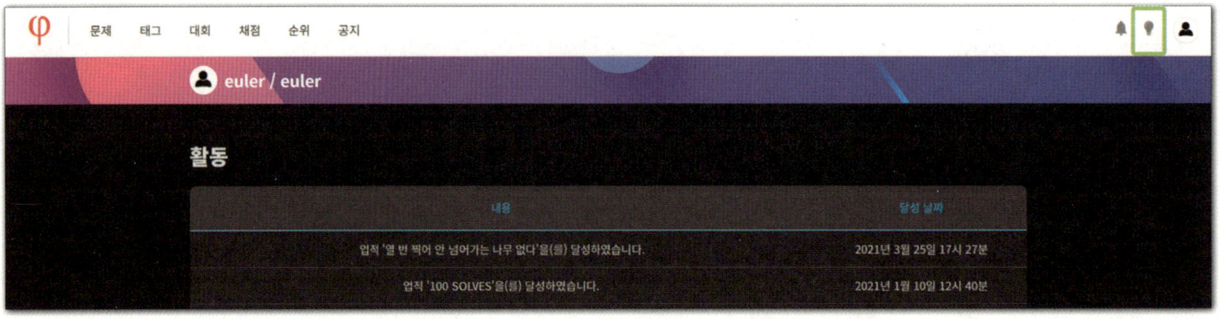

1000
A+B Problem

실행 제한시간	1초
메모리 사용 제한	8MB

두 개의 정수 A와 B의 합을 구하는 프로그램을 작성하여라.

Input Form 첫째 줄에는 한 개의 정수 A가 주어진다. 둘째 줄에 한 개의 정수 B가 주어진다. A와 B는 0 이상 10 이하의 정수이다.

Output Form 첫째 줄에 두 정수 A와 B의 합을 출력하여라.

Example

입력	출력
1 2	3

1002

구구단

실행 제한시간	1초
메모리 사용 제한	32MB

입력으로 주어지는 한 개의 양의 정수 N(2≤N≤100)에 대하여 구구단을 출력하는 프로그램을 작성하여라.

Input Form 첫째 줄에 단수 2 이상 100 이하인 한 개의 양의 정수 N이 주어진다.

Output Form 주어진 N에 대한 구구단을 '출력의 예'와 같은 형식으로 각 줄에 출력하여라.

Example

입력	출력
2	2*1=2 2*2=4 2*3=6 2*4=8 2*5=10 2*6=12 2*7=14 2*8=16 2*9=18

코딩마법서

1권 STONE VERSION

코딩테스트와 인공지능을 위한 파이썬

제09장

여러 개의 데이터 입력

φ 오일러BOOKS

09.1

문자열 데이터 입력

앞장에서는 한 개의 input()문을 가지고서 한 개의 변수에만 입력을 받았다. 이번 장에서는 한 개의 input()문을 가지고서 여러 개의 변수에 입력받는 것에 대해서 알아보자.

Core

```
a, b = input().split()
```

input()문은 사용자가 입력한 데이터를 문자열로 반환한다. 그런데 여러 개의 값을 동시에 입력받고자 한다면 input()문 뒤에 .split()문을 붙여 작성하면 된다. 그러면 입력받은 문자열을 공백을 구분자로 분리하여 여러 개의 문자열로 반환받을 수 있다. 지금 위와 같은 문장은 프로그램이 실행되어 입력을 받기 위한 대기 상태에 놓일 때, 사용자가 두 개의 데이터를 공백으로 분리하여 입력하면 첫 번째 입력한 데이터는 문자열로 반환되어 변수 a에 입력되고 두 번째 데이터도 문자열로 반환되어 변수 b에 입력된다.

Coding

```
1  a, b, c = input().split()
2  print(a + b + c)
```

Interpret

- 1번째 줄은 입력의 첫째 줄이라고 한다. 프로그램이 실행되어 입력받기 위한 대기 상태에 놓일 때, 사용자가 세 개의 데이터를 공백으로 분리하여 입력하면 세 개의 데이터가 문자열로 반환되어 변수 a, b, c에 차례로 입력된다.
- 2번째 줄은 입력받은 문자열에 대한 덧셈 연산을 출력의 첫째 줄에 출력한다.

Output

```
10 20 30
102030
```

Tip

a, b = input().split(',')와 같이 split()문 안에 문자열을 넣을 수도 있다. 프로그램이 실행되어 입력을 받기 위한 대기 상태에 놓일 때, 사용자가 두 개의 데이터를 콤마(,)로 구분하여 입력하면 첫 번째 입력한 데이터는 문자열로 반환되어 변수 a에 입력되고 두 번째 데이터도 문자열로 반환되어 변수 b에 입력된다.

09.2
정수형 데이터 입력

여러 개의 값을 동시에 입력받고자 한다면 input()문 뒤에 .split()문을 작성하여 여러 개의 문자열로 반환받을 수 있었다. 그런데 반환받은 문자열을 다시 정수형의 값으로 바꾸려면 아래 다음과 같은 처리 과정을 거쳐야 한다.

Core

```
a, b = input().split()
a = int(a)
b = int(b)
```

위의 문장은 입력된 데이터를 변수 a와 b에 문자열로 반환받는다. 그리고 정수로 변환한 후 다시 변수 a와 b에 대입한다.

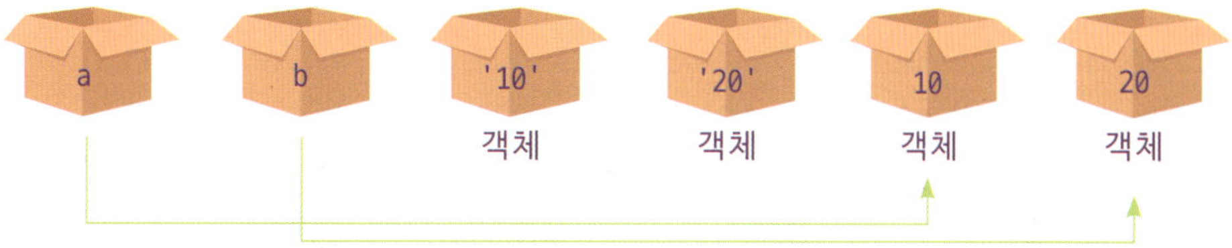

좀 더 자세히 설명하자면 변수 a와 b는 문자열을 담고 있는 객체를 가리키고 있다. 객체 안의 문자열을 정숫값으로 변경한 후 다른 메모리 공간에 객체를 만들고 그곳에 정수를 저장한다. 그리고 변수 a와 b가 정수를 담고 있는 객체를 가리키도록 변경하는 것이다.

Core

```
a, b = map(int, input().split())
```

분리된 문자열을 매번 int() 함수로 변경을 하려고 하니 상당히 번거롭다. map() 함수에 int와 input().split()를 전달하면 분리된 문자열을 모두 정수형으로 반환해 준다.

Coding

```
1  a, b = map(int, input().split())
2  print(a + b)
```

Interpret

- 1번째 줄을 입력의 첫째 줄이라고 한다. 프로그램이 실행되어 입력받기 위한 대기 상태에 놓일 때, 사용자가 두 개의 문자열을 공백으로 분리하여 입력하면 입력한 문자열을 정수형으로 변환하여 차례로 변수 a와 b에 입력된다.
- 2번째 줄은 입력받은 두 개의 정수에 대한 덧셈 연산을 출력의 첫째 줄에 출력한다.

Output

```
10 20
30
```

09.3 실수형 데이터 입력

Core

```
a, b = input().split()
a = float(a)
b = float(b)
```

위의 문장은 입력된 데이터를 변수 a와 b에 문자열로 반환받는다. 그리고 실수로 변환한 후 다시 변수 a와 b에 대입한다.

Core

```
a, b = map(float, input().split())
```

분리된 문자열을 매번 float() 함수로 변경을 하려고 하니 상당히 번거롭다. map() 함수에 float와 input().split()를 전달하면 분리된 문자열을 모두 실수형으로 반환해 준다.

Coding

```
a, b = map(float, input().split())
print(a + b)
```

Interpret

- 1번째 줄을 입력의 첫째 줄이라고 한다. 프로그램이 실행되어 입력받기 위한 대기 상태에 놓일 때, 사용자가 두 개의 문자열을 공백으로 분리하여 입력하면 입력한 문자열을 실수형으로 변환하여 차례로 변수 a와 b에 입력된다.
- 2번째 줄은 입력받은 두 개의 실수에 대한 덧셈 연산을 출력의 첫째 줄에 출력한다.

Output

```
12.34 23.12
35.46
```

09.4

아스키코드 ASCII(American Standard Code for Information Interchange) Code

실제로 컴퓨터의 세계는 문자가 존재하지 않고 모두 숫자(2진수)를 통해서 처리된다. 키보드로부터 입력되는 모든 자판은 약속된 숫자로 CPU에 전달되고 전달받은 숫자를 통해서 CPU는 어떤 자판이 입력되었는지 알 수 있는 것이다. 이렇게 약속된 자판에 대한 숫자를 아스키코드 : **ASCII(American Standard Code for Information Interchange) Code**라고 부른다.

Core

```
a = 'A'
print(ord('A'))
print(chr(65))
```

사용자가 변수 a에 문자열 'A'를 저장하면 컴퓨터의 세계는 문자가 존재하지 않기 때문에 실제적으로는 문자 A에 해당하는 아스키코드(ASCII Code) 값 65(2진수 65)가 변수 a에 저장되고 자료형은 문자열이 된다. 변수에 저장된 값을 print() 함수를 통하면 출력하면 자료형이 문자열이므로 65에 해당하는 대문자 A를 출력한다. 프로그램을 작성하다 보면 아스키코드(ASCII Code) 값을 확인해야 할 때가 있는데 그때 사용하는 함수가 ord() 함수이다. ord() 함수는 전달된 단일 문자에 해당하는 아스키코드(ASCII Code) 값을 반환한다. 반대로 chr() 함수는 전달된 숫자의 아스키코드(ASCII Code) 값에 해당하는 단일 문자를 반환한다.

Coding

```python
print(ord('A'))
print(chr(65))
```

Interpret

- 1번째 줄은 단일 문자 A에 해당하는 아스키코드(ASCII Code) 값 65를 출력의 첫째 줄에 출력한다.
- 2번째 줄은 아스키코드(ASCII Code) 값 65에 해당하는 단일 문자 A를 출력의 둘째 줄에 출력한다. 아스키코드(ASCII Code)는 미국 규격협회 ANSI(American National Standards Institute)에서 0부터 127까지 정해놓았다. 모든 아스키코드(ASCII Code) 값들을 알 필요는 없지만 아래에 자주 사용하는 아스키코드(ASCII Code) 값들은 기억해두는 것이 좋다.

Output

```
65
A
```

Tip

같은 스펠링(예를 들어서 대문자 A와 소문자 a)을 가지는 대문자와 소문자의 아스키코드(ASCII Code) 값의 차이는 32이고, 소문자의 아스키코드 값이 대문자의 아스키코드 값보다 크다는 것이 유용하게 쓰일 때가 많으니 기억해 두도록 하자.

자주 사용하는 아스키코드(ASCII Code)

문자	ASCII	문자	ASCII	문자	ASCII	문자	ASCII
A	65	a	97	0	48	NULL	0
B	66	b	98	1	49	공백(space)	32
C	67	c	99	2	50		
⋮	⋮	⋮	⋮	⋮	⋮		
Z	90	z	122	9	57		

09.5

연습문제 Exercise

① 세 개의 정수 A, B, C가 주어진다. 주어진 세 정수에 대한 사칙 연산을 계산하는 프로그램을 작성하여라.

Input Form 1 이상 100 이하의 정수 A, B, C가 한 개의 공백으로 분리되어 첫째 줄에 주어진다.

Output Form 첫째 줄에는 세 정수에 대한 덧셈 연산을 출력하고, 둘째 줄에는 뺄셈 연산을, 셋째 줄에는 곱셈 연산을, 넷째 줄에는 나눗셈 연산을 '입력과 출력의 예'와 같은 형식으로 각 줄에 출력하여라.

Example

입력	출력
6 3 2	6+3+2=11 6-3-2=1 6*3*2=36 6/3/2=1.0

② 두 개의 단일 문자가 주어진다. 주어진 두 문자의 아스키코드(ASCII Code) 값을 출력하는 프로그램을 작성하여라.

Input Form 영문 알파벳 두 개가 한 개의 공백으로 분리되어 첫째 줄에 주어진다.

Output Form 첫 번째 주어진 문자와 아스키코드(ASCII Code) 값을 콜론(:)으로 구분하여 첫째 줄에 출력하고, 두 번째 주어진 문자와 아스키코드(ASCII Code) 값을 콜론(:)으로 구분하여 둘째 줄에 출력하여라.

Example

입력	출력
A Z	A:65 Z:90

코딩마법서

1권 STONE VERSION

코딩테스트와 인공지능을 위한 파이썬

제10장

연산자 Operator

φ 오일러BOOKS

10.1

산술 연산자 Arithmetic Operator

연산자에는 덧셈 연산자 +, 뺄셈 연산자 -, 곱셈 연산자 *, 나눗셈 연산자 /, 몫 연산자 //, 나머지 연산자 % 그리고 마지막으로 거듭제곱 연산자 **가 있다는 것을 앞장에서 배웠다. 이 연산자들을 통틀어 산술 연산자(Arithmetic Operator)라고 한다. 이 중에서 뺄셈 연산자 -는 단독으로 사용하여 부호를 바꾸는 연산에도 사용할 수 있다.

Coding

```
1  a = 10
2  b = 3
3
4  print(a + b)
5  print(a - b)
6  print(a * b)
7  print(a / b)
8  print(a // b)
9  print(a % b)
10 print(a ** b)
11 print(-b)
```

Interpret

- 1, 2번째 줄은 변수 a와 b를 10과 3으로 초기화하였다.
- 4번째 줄은 a + b의 값인 13을 출력의 첫째 줄에 출력한다. 5번째 줄은 a - b의 값 7을 출력의 둘째 줄에 출력한다. 6번째 줄은 a * b의 값 30을 출력의 셋째 줄에 출력한다. 7번째 줄은 a / b의 값으로 3.3333333333333335가 출력의 넷째 줄에 출력된다. 이것은 컴퓨터에서 실수를 유한개의 비트로 표현하는 데 한계가 있기 때문에 발생하는 현상이다. 따라서 정확하게 일치하지 않는다고 걱정하지 않아도 된다.
- 8번째 줄은 a를 b로 나눈 몫 3을 출력의 다섯째 줄에 출력한다. 9번째 줄은 a를 b로 나눈 나머지 1을 출력의 여섯째 줄에 출력한다. 10번째 줄은 a에 대한 b의 거듭제곱, 즉 10의 3승의 값 1000을 출력의 일곱째 줄에 출력한다.
- 11번째 줄은 변수 b의 반대 부호인 -3을 마지막 줄에 출력한다. 마지막 줄에서 -b를 출력했다고 해서 b의 값이 -3으로 변환되는 것은 아니다.

Output

```
13
7
30
3.3333333333333335
3
1
1000
-3
```

10.2

대입 연산자와 is 연산자 Assignment Operator & is

수학에서 사용하는 등호(=)와 프로그래밍에서 사용하는 등호(=)는 다른 의미를 가지고 있다. 수학에서는 등호의 좌측을 좌변이라 부르고 우측을 우변이라 부르며 등호의 의미는 좌변의 값과 우변의 값이 같다는 의미이다. 하지만 프로그래밍에서의 등호는 다른 의미를 가지고 있다.

Core

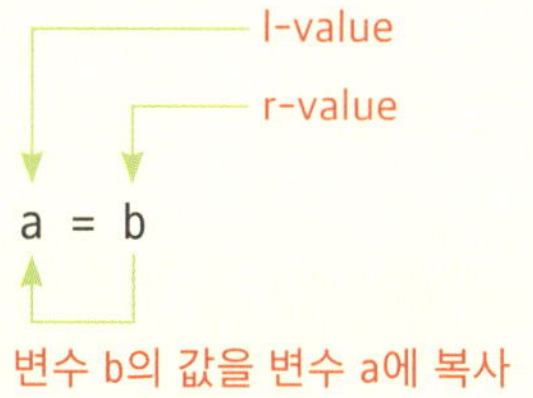

프로그래밍에서는 등호의 좌측에 있는 값을 `l-value(left value)`라고 부르고 우측에 있는 값을 `r-value(right value)`라고 부르는데 등호의 의미는 우측에 있는 `r-value`의 값을 좌측에 있는 `l-value` 값에 대입하라는 의미이다. 즉, 다시 말하면 좌측 변수 a에 저장되어 있던 기존의 값은 지워지고 우측 변수 b의 값으로 대체가 된다는 말이다. 물론 우측에 있는 변수 b의 값은 변함이 없으며 오로지 좌측에 있는 변수 a의 값만 변수 b가 가지고 있던 값으로 복사가 되는 것이다. 이것을 '**b의 값을 a에 대입한다.**'라고 말한다.

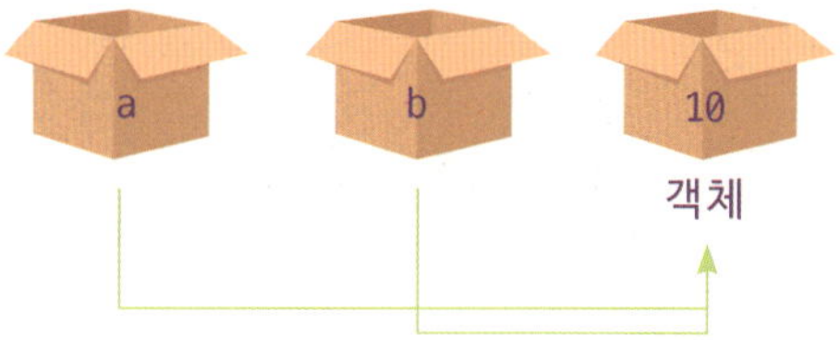

파이썬에서 대입의 의미는 조금 다른데 정확히 표현하자면 다음과 같다. 만일 파이썬에서 a = b가 실행되면 변수 b가 가리키는 객체를 변수 a도 같이 가리키게 된다. 즉, b와 a가 같은 객체를 가리키게 되므로 같은 값을 가질 수밖에 없다. 만일 변수 a와 b가 같은 객체를 가리키고 있는지 확인해보고 싶다면 print() 함수에 a is b를 전달하여 출력해보자. 변수 a와 b가 같은 객체를 가리키고 있다면 True가 반환되어 출력되고, 서로 다른 객체를 가리키고 있다면 False가 반환되어 출력된다.

Coding

```
1   a = None
2   b = None
3   c = 5
4
5   a = b = c    # a = 5, b = 5
6
7   print(a)
8   print(b)
9   print(c)
10  print(a is c)
11  print(b is c)
```

Interpret

- 1, 2 번째 줄은 변수 a와 b에 어떠한 값도 초기화하지 않았다.
- 3번째 줄은 변수 c를 5로 초기화하였다.

Core

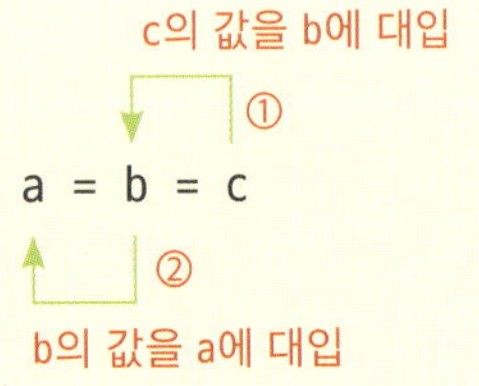

- 5번째 줄은 먼저 c의 값 5를 b에 대입한 후, 다시 b의 값 5를 a에 대입한다.
- 7번째 줄부터 9번째 줄은 a, b, c의 값 5를 각 줄에 출력한다.
- 10번째 줄은 변수 a와 c가 같은 객체를 가리키고 있으므로 출력의 넷째 줄에 True를 출력한다.
- 11번째 줄은 변수 b와 c가 같은 객체를 가리키고 있으므로 출력의 다섯째 줄에 True를 출력한다.

Output

```
5
5
5
True
True
```

10.3 누적시키기

Core

```
a = a + c
```

a + c의 값을 a에 대입

같은 결과

```
a += c
```

a + c의 값을 a에 대입

위에 있는 문장은 a의 값에 c의 값을 더한 후 다시 a에 대입하는 문장이다. 예를 들어 a의 값이 5이고 c의 값이 3이라면 a의 값에 5 + 3이 대입되어 a의 값이 8로 바뀌게 된다. 이렇게 기존에 있던 a의 값이 더 추가되어 늘어나기 때문에 이런 연산을 보고 '**c의 값을 변수 a에 누적한다.**'라고 말한다. 또한 왼쪽에 있는 문장을 오른쪽과 같이 줄여서 표현할 수도 있다. 따라서 왼쪽에 있는 문장의 연산 결과와 오른쪽에 있는 문장의 연산 결과는 같다.

Core

```
a = a - c
```

a - c의 값을 a에 대입

같은 결과

```
a -= c
```

a - c의 값을 a에 대입

Core

```
a = a * c
```

a * c의 값을 a에 대입

같은 결과

```
a *= c
```

a * c의 값을 a에 대입

Core

```
a = a / c
```

a / c의 값을 a에 대입

같은 결과

```
a /= c
```

a / c의 값을 a에 대입

Core

```
a = a // c
```

a // c의 값을 a에 대입

같은 결과

```
a //= c
```

a // c의 값을 a에 대입

Core

```
a = a % c
```

a % c의 값을 a에 대입

같은 결과

```
a %= c
```

a % c의 값을 a에 대입

Core

```
a = a ** c
```

a ** c의 값을 a에 대입

같은 결과

```
a **= c
```

a ** c의 값을 a에 대입

물론 뺄셈, 곱셈, 나눗셈, 나머지, 거듭제곱 연산에 대해서도 오른쪽과 작성할 수 있다. 오른쪽과 같이 작성된 연산자(+=, -=, *=, /=, //=, %=, **=)들을 **복합 대입 연산자**라고 한다. 앞으로 이렇게 복합 대입 연산자를 이용하여 연산하는 경우가 많으니 잘 기억해 두도록 하자.

Caution

a = a + b의 연산을 복합 대입 연산자를 이용하여 a += b와 같이 나타낼 수 있다는 것을 배웠다. 그런데 여기서 주의해야 할 것은 a =+ b는 a += b와 서로 다르다는 것에 주의해야 한다. a =+ b는 a = +b의 의미로 "변수 a에 +b의 값을 대입하라."는 연산과 같다는 것에 주의해야 한다.

Coding

```
1   s = 10
2
3   s += 5        # s = s + 5
4   print(s)
5
6   s *= 5        # s = s * 5
7   print(s)
8
9   s -= 5        # s = s - 5
10  print(s)
11
12  s //= 5       # s = s // 5
13  print(s)
14
15  s %= 5        # s = s % 5
16  print(s)
17
18  s **= 5       # s = s ** 5
19  print(s)
20
21  s /= 5        # s = s / 5
22  print(s)
```

Interpret

- 1번째 줄은 변수 s를 10으로 초기화하였다.
- 3번째 줄은 s의 값에다 5를 더해서 다시 s에 대입하였기 때문에 s에 15가 대입된다. 4번째 줄은 s의 값 15를 출력의 첫째 줄에 출력한다.
- 6번째 줄은 s의 값에다 5를 곱해서 다시 s에 대입하였기 때문에 s에 75가 대입된다. 7번째 줄은 s의 값 75를 출력의 둘째 줄에 출력한다.

- 9번째 줄은 s의 값에서 5를 빼서 다시 s에 대입하였기 때문에 s에 70이 대입된다. 10번째 줄은 s의 값 70을 출력의 셋째 줄에 출력한다.
- 12번째 줄은 s의 값을 5로 나눈 몫을 s에 대입하였기 때문에 s에 14가 대입된다. 13번째 줄은 s의 값 14를 출력의 넷째 줄에 출력한다.
- 15번째 줄은 s의 값을 5로 나눈 나머지를 s에 대입하였기 때문에 s에 4가 대입된다. 16번째 줄은 s의 값 4를 출력의 다섯째 줄에 출력한다.
- 18번째 줄은 s의 값에 대한 5의 거듭제곱을 s에 대입하였기 때문에 s에 1024가 대입된다. 19번째 줄은 s의 값 1024를 출력의 여섯째 줄에 출력한다.
- 21번째 줄은 s의 값을 5로 나누어 s에 대입하였기 때문에 s에 204.8이 대입된다. 22번째 줄은 s의 값 204.8을 출력의 일곱째 줄에 출력한다.

Output

```
15
75
70
14
4
1024
204.8
```

10.4 관계 연산자 Relational Operator

대소 관계를 나타내는 연산자는 >, <, <=, >=가 있고 동등 관계를 나타내는 연산자는 ==, !=가 있다.

Core

```
c = a == b
```

위의 문장에서 두 변수 a와 b 사이에 두 개의 등호가 놓여있다. 두 개의 등호가 있다는 것은 a의 값과 b의 값을 비교하는 **관계 연산자**(Relational Operator)인데 만일 a와 b의 값이 같다면 두 연산의 결과는 참이 되어 True가 변수 c에 대입되고 a와 b의 값이 같지 않다면 두 연산의 결과는 거짓이 되어 False가 변수 c에 대입된다. 이렇게 관계를 비교하는 연산자는 6개가 있는데 아래 다음과 같다.

여섯 개의 관계 연산자

연산자	연산의 예	의미
<	a < b	a가 b의 값보다 작은가?
>	a > b	a가 b의 값보다 큰가?
<=	a <= b	a가 b의 값보다 작거나 같은가?
>=	a >= b	a가 b의 값보다 크거나 같은가?
==	a == b	a와 b의 값이 같은가?
!=	a != b	a와 b의 값이 같지 아니한가?

Caution

컴퓨터는 이진(binary) 체계로 되어있다. 그래서 0 또는 1로만 표현된다. 컴퓨터에서는 거짓(False)를 의미하는 대푯값은 0이고 참(True)를 의미하는 대푯값은 1이다. 따라서 두 값에 대한 관계 연산의 결과를 int()로 변환하여 정수로 표현하면 0 또는 1이 된다. 또한 대소 관계를 나타내는 연산자 <=와 >=에서 항상 부등호(< 또는 >)가 먼저 나온 후 나중에 등호(=)가 나오는 것도 주의하도록 하자.

Coding

```
1  a = 15
2  b = 8
3
4  print(a > b)      # 조건이 참이면 True
5  print(a < b)      # 조건이 거짓이면 False
6  print(a >= b)
7  print(a <= b)
8  print(a == b)
9  print(a != b)
```

Interpret

- 1, 2번째 줄은 변수 a와 b를 15와 8로 초기화하였다.
- 4번째 줄에서 a > b는 참이므로 출력의 첫째 줄에 True를 출력한다.
- 5번째 줄에서 a < b는 거짓이므로 출력의 둘째 줄에 False를 출력한다.
- 6번째 줄에서 a >= b는 참이므로 출력의 셋째 줄에 True를 출력한다.
- 7번째 줄에서 a <= b는 거짓이므로 출력의 넷째 줄에 False를 출력한다.
- 8번째 줄에서 a == b는 거짓이므로 출력의 다섯째 줄에 False를 출력한다.
- 9번째 줄에서 a != b는 참이므로 출력의 여섯째 줄에 True를 출력한다.

Output

```
True
False
True
False
False
True
```

10.5
연산자 우선순위

Core

```
d = 5 + 3 * 9 / 2 - 7
```

수학에서 5 + 3 * 9 / 2 - 7을 계산하기 위해서는 곱셈과 나눗셈의 연산이 덧셈과 뺄셈보다 먼저 계산되듯이 파이썬에서도 곱셈과 나눗셈의 연산이 덧셈과 뺄셈보다 먼저 처리된다. 파이썬에서는 사칙 연산 말고도 많은 연산자가 있기 때문에 여러 개의 연산자가 일렬로 나열되어 있을 때 어떤 연산자를 먼저 처리할지 순서가 정해져 있는데 이것을 **연산자 우선순위**라고 한다. 지금 위의 문장에는 모두 5개의 연산자(=, +, *, /, -)가 놓여있다.

이 중에서 가장 우선순위가 높은 연산자는 곱셈 연산자(*)와 나눗셈 연산자(/)이고 그 다음으로 우선순위가 높은 연산자는 덧셈 연산자(+)와 뺄셈 연산자(-)이며 이 중에서 가장 우선순위가 낮은 연산자는 대입 연산자(=)이다. 따라서 곱셈과 나눗셈 연산을 먼저 처리하는데 곱셈 연산자와 나눗셈 연산자는 동등한 연산자 순위를 가지고 있다.

이렇게 동등한 우선순위를 가지고 있을 때는 어느 방향으로(좌측에서 우측 또는 우측에서 좌측) 연산 처리를 진행할지를 결정하는데 이것을 **결합 방향**이라고 한다. 곱셈과 나눗셈은 좌측에서 우측 방향으로 연산을 처리한다.(→) 따라서 먼저 3 * 9에 대한 연산 27을 계산한 후, 다음으로 27 / 2의 연산이 진행되어 결과값으로 13.5가 된다. 그리고 덧셈과 뺄셈 연산자도 우선순위가 같고 결합 방향이 → 이므로 5 + 13.5를 연산하면 18.5가 되고 다시 18.5 - 7을 연산하면 11.5가 된다. 마지막으로 우선순위가 가장 낮은 대입 연산자(=)를 처리하는데 대입 연산자의 결합 방향은 (←)이므로 우측에 있는 값 11.5가 변수 d에 대입이 되는 것이다.

다음에 주어진 표는 연산자 우선순위를 나타내는 표이다. 자주 사용하는 연산자의 우선순위를 기억하고 있는 것도 좋으나 만일 연산자 우선순위를 모른다고 하더라도 괄호() 처리를 해주어 우선순위를 정해주면 되기 때문에 이렇게 많은 연산자 우선순위를 어떻게 기억할지를 고민할 필요는 전혀 없다.

순위	연산기호	설명
1	(), {}, []	Tuple, List, Set, Dictionary
2	a[idx], a[idx1:idx2], funtion(arg), object.attribute	첨자, 슬라이싱, 함수의 인자, 객체의 속성
3	**	거듭제곱
4	+, -, ~	부호 연산자, 비트 NOT
5	*, /, //, %	곱셈, 나눗셈, 몫, 나머지 연산
6	<<, >>	비트 시프트
7	&	비트 AND
8	^	비트 XOR
9	¦	비트 OR
10	in, not in, is, is not, <, <=, >, >=, !=, ==	포함 연산, 객체 비교, 관계 연산자
11	not	논리 NOT
12	and	논리 AND
13	or	논리 OR
14	if else	조건 표현식
15	lamda	람다 표현식

10.6 연습문제 Exercise

① 다섯 개의 정수가 주어지면 주어진 정수의 누적 결과를 각 줄에 차례대로 출력하는 프로그램을 작성하여라.

Input Form 1 이상 100 이하의 다섯 개의 정수가 각 줄에 주어진다.

Output Form 첫째 줄에는 첫 번째로 입력한 정수의 누적 결과를 출력하여라. 둘째 줄에는 앞에서 누적된 결과에 두 번째로 입력한 정수의 누적 결과를 출력하여라. 셋째 줄에는 앞에서 누적된 결과에 세 번째로 입력한 정수의 누적 결과를 출력하여라. 넷째 줄에는 앞에서 누적된 결과에 네 번째로 입력한 정수의 누적 결과를 출력하여라. 다섯 번째 줄에는 앞에서 누적된 결과에 다섯 번째로 입력한 정수의 누적 결과를 출력하여라.

Example

입력	출력
5 8 7 8 11	5 13 20 28 39

② 세 개의 정수 A, B, C가 주어지면 주어진 세 수의 총합과 평균을 구하는 프로그램을 작성하여라.

Input Form 1 이상 100 이하의 정수 세 개가 한 개의 공백으로 분리되어 첫째 줄에 주어진다.

Output Form 첫째 줄에는 입력으로 주어진 세 정수의 총합을 출력하고 둘째 줄에는 세 정수의 평균을 소수점 둘째 자리(셋째 자리 반올림)까지 출력하여라. 평균은 소수점 셋째 자리에서 반올림하여 둘째 자리까지 출력하여라.

Example

입력	출력
62 38 45	145 48.33

1012

R2

실행 제한시간	1초
메모리 사용 제한	32MB

만일 S가 (R1 + R2) / 2와 같다면 우리는 S를 두 개의 정수 R1과 R2의 평균값이라고 부른다. 이번 오일러의 생일을 맞이하여 오일러는 두 개의 정수 R1과 R2를 선물 받았다. 오일러는 즉시 두 수의 평균을 계산하였지만, 며칠이 지난 후 그만 R2를 잃어버리고 말았다. 오일러가 R2를 찾을 수 있도록 도와주어라.

Input Form 첫째 줄에는 -1,000 이상 1,000 이하인 두 개의 정수 R1과 S가 입력으로 주어진다.

Output Form R2의 값을 첫째 줄에 출력하여라.

Example

입력	출력
11 15	19

입력	출력
4 3	2

1131
디지털 시계

실행 제한시간	1초
메모리 사용 제한	32MB

오일러는 오일러OJ에서 새롭게 추가된 문제 '디지털 시계'를 풀려고 한다. 문제를 풀기 시작한 현재시간은 A(0≤A≤23)시 B(0≤B≤59)분이다. 문제를 풀기 시작해서 최종 통과가 될 때까지 소요된 시간은 정확히 C(0≤C≤1,000)분이 소요되었다.

오일러가 문제를 끝마친 시간은 언제인지 구하는 프로그램을 작성하여라.

Input Form 첫째 줄에는 오일러가 문제를 풀기 시작한 현재시간 A시 B분이 한 개의 공백으로 분리되어 주어진다. 둘째 줄에는 문제를 푸는데 소요된 시간 C분이 주어진다. (A, B, C는 정수)

Output Form 오일러가 문제를 끝마친 시간의 시와 분을 한 개의 공백으로 분리하여 첫째 줄에 출력하여라. (단, 시는 0시부터 23시까지의 정수이고, 분은 0분부터 59분까지의 정수이다. 디지털 시계에서 23시 59분에서 1분이 지나면 0시 0분으로 바뀐다.

Example

입력	출력
6 17 25	6 42

입력	출력
15 30 90	17 0

입력	출력
23 58 22	0 20

1110

체스판 자르기

실행 제한시간	1초
메모리 사용 제한	32MB

체스판의 말들이 부족하여 더 이상 체스를 둘 수 없었던 오일러는 유클리드의 집에 달려가 다락방에 있던 예전의 말들을 찾아내었다. 놀랍게도 유클리드의 다락방에 있던 체스판의 말들은 모두 브라운색이었다. 더 이상 체스를 둘 수 없었던 그들은 체스판을 자르기로 결심하였다.

숙련된 나무 절단 전문가인 오일러는 최대한 많은 조각으로 체스판을 절단하려고 한다. 오일러는 최대 N번의 자르기로 체스판의 가장자리에서 오직 수평으로 자르거나 수직으로만 잘라야 한다. (체스판의 가장자리와 평행하게)

Input Form 첫째 줄에는 오일러가 체스판을 자른 횟수인 한 개의 정수 N(1≤N≤100)이 주어진다.

Output Form N번의 절단으로 체스판을 자르고 나서 오일러가 얻을 수 있는 최대 조각의 수를 첫째 줄에 출력하여라.

Example

입력	출력
1	2

입력	출력
3	6

코딩마법서

1권 STONE VERSION

코딩테스트와 인공지능을 위한 파이썬

제11장

조건문 if

φ 오일러BOOKS

어떤 특별한 조건에 대해서만 만족할 때 명령 또는 연산을 실행해야 할 때가 있는데 이때 사용되는 명령문이 if문이고 특별한 조건에 의해서만 조건적 실행을 하기 때문에 이것을 조건문이라고 한다.

Core

```
if 실행의 조건:  ──── 실행의 조건이 참일 때 if문 실행
    실행하고자 하는 내용1
           ⋮
    실행하고자 하는 내용2
```

실행의 조건에는 6가지의 관계 연산자(Relational Operator)를 사용한 조건문이 올 수 있다. 그리고 조건문 다음에는 항상 시작을 알리는 콜론(:)이 와야 한다. 만일 조건문이 참이면 if문이 실행되어 콜론(:) 이후로 들여쓰기 되어 있는 문장들을 차례로 실행한다. 만일 조건문이 거짓이면 if문 안으로 들여쓰기 되어 있는 모든 문장들을 건너뛴 후 if문 이후의 과정을 진행한다.

Caution

if문의 조건을 만족했을 경우 처리해야 하는 명령들을 if문에 종속시켜야 한다. 이렇게 처리해야 하는 명령들을 종속시키기 위해서는 콜론(:) 다음에 들여쓰기로 종속시키는데, 여기서 주의할 점은 if문에 종속된 문장들은 들여쓰기 깊이는 상관없으나 모두 같은 들여쓰기 깊이를 유지해야 한다. 만일 if문에 종속된 문장들이 다른 들여쓰기 깊이로 되어 있다면 프로그램을 실행했을 경우 들여쓰기 에러(IndentationError)가 발생된다.

Caution

파이썬에서의 들여쓰기 깊이는 얼마가 적당한가? 이것에 대한 논의는 여러 곳에서 논쟁이 되고 있다. 어떤 사람들은 탭(Tab)을 이용하여 들여쓰기 하는게 좋다는 사람들도 있고, 반면에 공백(Space)을 이용하여 들여쓰기 하는게 좋다는 사람들도 있다. 필자가 생각하기에는 만일 탭(Tab)을 이용하여 들여쓰기를 하기로 했다면 프로그램 전체를 탭(Tab)을 이용하여 들여쓰기 해야 하고, 만일 공백(Space)을 이용하여 들여쓰기를 하기로 했다면 프로그램 전체를 공백(Space)만을 이용하여 들여쓰기 할 것을 권장한다. 만일 두 개를 혼합하여 작성하다가 들여쓰기 에러(IndentationError)를 만난다면 디버깅(Debugging)을 하기에 상당히 곤란할 수도 있기 때문이다. 최근 파이썬 커뮤니티에서는 4칸의 공백으로 들여쓰기할 것을 권장하고 있다.

11.1
if문을 이용한 대소 비교 If ①

Coding

```
b = int(input())
```

```
2  if b >= 0:
3      print('b >= 10')
```

Interpret

- 1번째 줄은 입력의 첫째 줄로 변수 b에 한 개의 정수를 입력받는다.
- 2번째 줄부터 3번째 줄까지가 하나의 조건문이다. 만일 입력한 정수 b가 10보다 크거나 같다면 조건문이 실행되어 3번째 줄이 실행되며 출력의 첫째 줄에 'b >= 10'을 출력한다. 만일 입력한 정수가 10보다 작다면 2번째 줄부터 3번째 줄을 건너뛴 후 프로그램을 종료하게 된다. .

Output

```
20
b >= 10
```

11.2 if문을 이용한 동등 비교 If②

Coding

```
1  a, b = map(int, input().split())
2  if a != b:    # a의 값이 b의 값과 다를 때만 실행
3      print(a, '!=', b, sep = '')
```

Interpret

- 1번째 줄은 입력의 첫째 줄이고 한 개의 공백으로 분리하여 두 개의 정수를 입력받는다. 첫 번째 입력한 정수는 변수 a에 입력되고 두 번째 입력한 정수는 변수 b에 입력된다.
- 2번째 줄부터 3번째 줄까지가 하나의 조건문이다. 만일 입력한 두 정수 a와 b가 같지 않다면 조건문이 실행되어 3번째 줄이 실행되며 출력의 첫째 줄에 두 정수가 같지 않다는 메시지를 출력한다. 만일 입력한 두 정수 a와 b가 같다면 2번째 줄부터 3번째 줄을 건너뛴 후 프로그램을 종료한다. 또한 print()문에 있는 콤마(,) 연산자는 한 칸의 공백을 발생시키지만, 마지막 sep에 빈 문자열을 지정하여 공백을 발생시키지 않았다.

Output

```
1 2
1!=2
```

11.3

여러 개의 if문 If ③

한 개의 프로그램에 여러 개의 **if**문이 올 수도 있다.

Coding

```
1  a = int(input())
2  if a > 0:
3      print('Positive Integer')
4  if a < 0:
5      print('Negative Integer')
6  if a == 0:
7      print('Zero')
```

Interpret

- 1번째 줄은 입력의 첫째 줄로 변수 a에 한 개의 정수를 입력받는다.
- 2번째 줄부터 3번째 줄까지가 하나의 조건문이다. 만일 입력한 정수 a가 0보다 크다면 조건문을 만족하여 3번째 줄이 실행되며 'Positive Integer'를 출력한다. 만일 입력한 정수 a가 0보다 크지 않다면 2번째 줄부터 3번째 줄을 건너뛰어 4번째 줄이 실행된다.
- 다시 4번째 줄부터 5번째 줄까지가 하나의 조건문이다. 만일 입력한 정수 a가 0보다 작다면 조건문을 만족하여 5번째 줄이 실행되며 'Negative Integer'를 출력한다. 만일 입력한 정수 a가 0보다 작지 않다면 4번째 줄부터 5번째 줄을 건너뛰어 6번째 줄이 실행된다.
- 다시 6번째 줄부터 7번째 줄까지가 하나의 조건문이다. 만일 입력한 정수 a가 0과 같다면 조건문을 만족하여 7번째 줄이 실행되며 'Zero'를 출력한다. 만일 입력한 정수 a가 0이 아니라면 6번째 줄부터 7번째 줄을 건너뛴 후 프로그램을 종료한다.

Output

```
10
Positive Integer
```

Caution

프로그램을 처음 접하는 초보자들이 많이 하는 실수는 비교 연산을 할 때, if문 안에 등호(=)를 한 개만 사용하는 실수가 종종 있다. 두 값이 같은지 비교하는 비교 연산을 하기 위해서는 if문 안의 등호(=)는 반드시 두 개를 작성해야지만 비교 연산이 된다는 것에 주의해야 한다. 만일 등호(=)를 한 개만 사용하게 되면 우측에 있는 값을 좌측의 변수에 대입하는 대입 연산을 하기 때문이다.

11.4 연습문제 Exercise

① 한 개의 양의 정수가 A가 주어지면 주어진 정수가 짝수인지 또는 홀수인지를 판별하는 프로그램을 작성하여라.

Input Form 첫째 줄에 1 이상 100 이하의 한 개의 양의 정수 A가 주어진다.

Output Form 주어진 정수가 짝수이면 'even'을 홀수이면 'odd'를 첫째 줄에 출력하여라.

Example

입력	출력
7	odd

Note 짝수는 2로 나누었을 때 나머지가 0이고, 홀수는 2로 나누었을 때 나머지가 1이 된다.

② 두 개의 정수가 A와 B가 주어지면 두 정수의 합이 짝수인지 또는 홀수인지를 판별하는 프로그램을 작성하여라.

Input Form 첫째 줄에 한 개의 공백으로 분리되어 1 이상 100 이하의 두 개의 양의 정수 A와 B가 주어진다.

Output Form 두 정수의 합이 짝수이면 'even'을 홀수이면 'odd'를 첫째 줄에 출력하여라.

Example

입력	출력
3 5	even

1001

작거나 크거나

실행 제한시간	**1초**
메모리 사용 제한	**32MB**

오일러는 "작다" 그리고 "크다"를 나타내는 부등호 기호에 대해서 잘 알지 못한다. 하지만 오일러는 어떤 수가 다른 어떤 수보다 그 수가 큰 수인지 작은 수인지에 대해서는 잘 알고 있다. 오일러에게 두 수에 대해 부등호 기호를 나타내는 것을 보여주는 프로그램을 작성하여라. 두 수 A와 B(범위 : 1 이상 1,000,000 이하)를 읽어서 만일 A보다 B가 작으면 부등호 "<"를, A가 B보다 크면 부등호 ">"를, 두 수가 같으면 등호 "="를 출력하여라.

Input Form 첫째 줄에는 두 개의 정수 A와 B가 주어진다.

Output Form 첫째 줄에 두 수의 대소 관계를 나타내는 부등호를 출력하여라.

Example

입력	출력
200009 90	>

코딩마법서

1권 STONE VERSION

코딩테스트와 인공지능을 위한 파이썬

제12장

조건문 if else

φ 오일러BOOKS

if문은 독립된 하나의 문장으로 사용되기도 하지만 if...else...와 같이 쓰여 하나의 문장을 구성하기도 한다.

Core

```
if 조건문: ─────────────── 조건문이 참일 때 if문 실행
    실행하고자 하는 내용1;
            ⋮
    실행하고자 하는 내용2;
else: ─────────────── 조건문이 참이 아닐 때 else문 실행
    실행하고자 하는 내용3;
            ⋮
    실행하고자 하는 내용4;
```

만일 주어진 조건문이 참이면 조건문: 이후로 if문에 종속된 문장들을 차례로 실행한다. 만일 조건문이 거짓이면 else: 이후로 else문에 종속된 문장들을 차례로 실행한다. if...else...문은 하나의 조건문 그룹으로 if문 또는 else문 중에서 반드시 하나는 실행되어야 하는 경우에 사용된다.

12.1
if else문과 대소 비교 If... else...①

Coding

```
1  a = int(input())
2  if a > 10:
3      print('a > 10')
4  else:
5      print('a <= 10')
```

Interpret

- 1번째 줄은 입력의 첫째 줄로 변수 a에 한 개의 정수를 입력받는다.
- 2번째 줄은 입력한 정수 a가 10보다 크면 if문이 실행되어 3번째 줄에서 출력의 첫째 줄에 a > 10을 출력하고 10보다 크지 않다면 else문이 실행되어 5번째 줄에서 출력의 첫째 줄에 a <= 10을 출력한다.

Output

```
10
a <= 10
```

12.2

if else문과 동등 비교 If...else...②

Coding

```
1  a = int(input())
2  if a % 3 == 0:
3      print('Multiples of 3')
4  else:
5      print('Not a Multiples of 3')
```

Interpret

- 1번째 줄은 입력의 첫째 줄로 변수 a에 한 개의 정수를 입력받는다.
- 2번째 줄은 입력한 정수 a가 3의 배수이면 3으로 나눴을 때 나머지가 0이 되므로 if문이 실행되어 3번째 줄에서 출력의 첫째 줄에 Multiples of 3을 출력하고 3의 배수가 아니면 else문이 실행되어 5번째 줄에서 출력의 첫째 줄에 Not a Multiples of 3을 출력한다.

Output

```
12
Multiples of 3
```

12.3 연습문제 Exercise

① 두 개의 양의 정수 A와 B가 주어지면 `if else`문을 이용하여 두 정수의 합이 짝수인지 또는 홀수인지를 판별하는 프로그램을 작성하여라.

Input Form 첫째 줄에 한 개의 공백으로 분리되어 1 이상 100 이하의 두 개의 양의 정수 A와 B가 주어진다.

Output Form 두 정수의 합이 짝수이면 'even'을 홀수이면 'odd'를 첫째 줄에 출력하여라.

Example

입력	출력
3 5	even

② 두 개의 정수 A와 B가 주어지면 `if else`문을 이용하여 두 정수의 합이 자연수인지를 판별하는 프로그램을 작성하여라.

Input Form 첫째 줄에 한 개의 공백으로 분리되어 -100 이상 100 이하의 두 개의 정수 A와 B가 주어진다.

Output Form 두 정수의 합이 자연수이면 'Natural Number'를 자연수가 아니면 '0 or Negative Number'를 첫째 줄에 출력하여라.

Example

입력	출력
5 -4	Natural Number

Note 0보다 큰 양의 정수를 자연수(Natural Number)라고 한다.

1132

햄버거

실행 제한시간	1초
메모리 사용 제한	32MB

오일러는 시간이 없어서 오늘 점심은 햄버거로 하기로 하였다. 햄버거를 사기 위해서 가진 돈이 모자를 경우 은행에서 돈을 찾으려고 한다. 햄버거 한 개의 가격이 K, 사려고 하는 햄버거의 개수가 N개, 현재 가진 돈의 액수가 M원이라고 할 때 여러분은 오일러가 은행에서 찾아야 하는 모자란 돈의 액수를 알려주어야 한다.

예를 들어서, 만일 햄버거 한 개의 가격이 500원이고, 사려고 하는 햄버거의 개수가 5개, 현재 오일러가 가진 돈이 2,000원이라고 할 때, 오일러가 은행에서 찾아야 하는 돈은 500원이다.

햄버거 한 개의 가격, 사려고 하는 햄버거의 개수와 오일러가 가진 돈의 액수가 주어질 때, 오일러가 은행에서 찾아야 하는 돈은 얼마인지 구하는 프로그램을 작성하여라.

Input Form 첫째 줄에는 햄버거 한 개의 가격 K, 사려고 하는 햄버거의 개수 N, 현재 오일러가 가진 돈 M이 각각 한 개의 공백을 사이에 두고 주어진다. 단, K, N은 1,000 이하의 양의 정수이고, M은 10만 이하의 양의 정수이다. (1≤K,N≤1,000, 1≤M≤100,000)

Output Form 첫째 줄에 오일러가 은행에서 찾아야 하는 돈의 액수를 출력한다.

Example

입력	출력
500 5 2000	500

입력	출력
1000 3 5000	0

1037

점수

실행 제한시간	1초
메모리 사용 제한	32MB

호그와트 마법 학교의 학생 오일러와 유클리드는 네 개의 과목을 시험본다. - 정보, 고양이로 변신할 수 있는 변신술, 어둠의 마법 방어술, 약초학

오일러의 네 과목의 총점을 S라고 하고, 유클리드의 네 과목의 총점을 T라고 할 때, S와 T 중에서 더 높은 점수를 구하여라. 만일 S와 T가 같다면 둘 중 어느 것을 선택해도 상관없다.

Input Form 입력은 모두 두 개의 줄로 구성된다. 첫째 줄에는 오일러의 정보, 변신술, 방어술, 약초학의 점수를 나타내는 네 개의 정수가 주어지고, 둘째 줄에는 유클리드의 정보, 변신술, 방어술, 약초학의 점수를 나타내는 네 개의 정수가 주어진다. 주어지는 점수는 모두 0 이상 100 이하의 정수이다.

Output Form 오일러와 유클리드의 총점 중에서 더 높은 점수를 첫째 줄에 출력하여라.

Example

입력	출력
100 80 70 60 80 70 80 90	320

코딩마법서

1권 STONE VERSION
코딩테스트와 인공지능을 위한 파이썬

제13장

논리 연산자
Logical Operator

φ 오일러BOOKS

13.1 들여쓰기 Indentation

콜론(:) 다음 줄에 같은 깊이의 들여쓰기로 종속되어 묶인 문장들의 범위를 **블록 범위(Block Scope)**라고 부른다.

Core

```
if 조건문:
    실행하고자 하는 내용1
         ⋮
    실행하고자 하는 내용2
```

블록 범위(Block Scope)

그런데 아래와 같이 블록 범위(Block Scope)가 한 줄일 경우는 콜론(:)과 같은 줄에 종속된 문장을 작성하는 것이 가능하다.

Core

```
if 조건문: 실행하고자 하는 내용
```

같은 의미

```
if 조건문:
    실행하고자 하는 내용
```

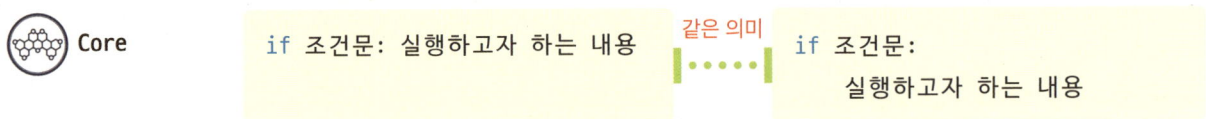

왼쪽과 같이 if문에 종속된 명령이 한 줄일 경우는 콜론(:)과 같은 줄에 '실행하고자 하는 내용'을 작성하여도 if문에 종속된 것으로 처리하기 때문에 프로그램의 실행 결과는 오른쪽과 같다.

Core

```
if 조건문: 실행하고자 하는 내용1
else: 실행하고자 하는 내용2
```

같은 의미

```
if 조건문:
    실행하고자 하는 내용1
else:
    실행하고자 하는 내용2
```

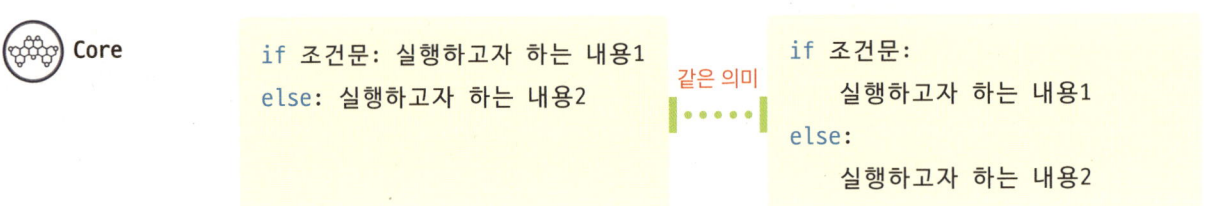

또한 왼쪽과 같이 if문에 종속된 명령이 한 줄이고 else문에 종속된 명령도 한 줄일 경우는 콜론(:)과 같은 줄에 '실행하고자 하는 내용'을 작성하여도 각 줄을 if문과 else문에 종속된 것으로 처리하기 때문에 프로그램의 실행 결과는 오른쪽과 같다.

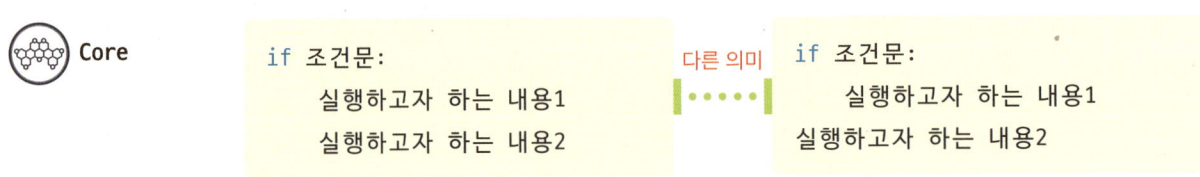

Core

```
if 조건문:
    실행하고자 하는 내용1
    실행하고자 하는 내용2
```

다른 의미

```
if 조건문:
    실행하고자 하는 내용1
실행하고자 하는 내용2
```

만일 두 줄의 명령을 하나의 if문에 같이 종속시키고자 한다면 왼쪽과 같이 같은 깊이의 들여쓰기로 종속시켜야 '실행하고자 하는 내용1'과 '실행하고자 하는 내용2' 둘 다 종속된다. 그런데 만일 오른쪽과 같이 작성한다면 '실행하고자 하는 내용1'만 if문에 종속되고 '실행하고자 하는 내용2'는 종속되지 않는다.

Core

```
if 조건문 A:
    if 조건문 B:
        실행하고자 하는 내용1
        실행하고자 하는 내용2
```

하나의 조건문 블록 전체를 또 다른 조건문에 종속시키고자 할 경우는 종속되는 조건문 전체를 들여쓰기 해야 한다. 다시 종속된 조건문에 대해서도 종속되는 명령 또는 연산이 있을 경우는 이 또한 해당 조건문에 대해서 들여쓰기가 되어야 한다. 따라서 위의 문장은 조건문 A에 조건문 B 전체가 종속되었고 다시 조건문 B에 '실행하고자 하는 내용1'과 '실행하고자 하는 내용2'가 종속되었다.

Core

```
if 조건문 A:
    if 조건문 B:
        실행하고자 하는 내용1
    if 조건문 C:
        실행하고자 하는 내용2
```

하나의 조건문에 두 개의 조건문 블록을 종속하고자 한다면 두 개의 블록 모두 같은 깊이의 들여쓰기가 되어야 한다. 따라서 위의 문장은 조건문 A에 두 개의 조건문 블록인 조건문 B와 조건문 C가 종속되었고 다시 조건문 B에는 '실행하고자 하는 내용1'이 조건문 C에는 '실행하고자 하는 내용2'가 종속되었다.

13.2

AND 연산자 조건이 동시에 성립되면 참

여러 개의 조건문이 주어질 때 주어진 조건이 모두 참(True)일 경우 연산의 결과가 언제나 참(True)인 연산을 논리곱(AND) 연산이라 부르고 and로 나타내며 다음과 같다.

Core

```
c = 조건문 and 조건문
```

만일 두 조건문이 모두 참이면 연산의 결괏값으로 True가 반환되어 변수 c에 대입된다. 물론 위와 같은 대입 연산보다는 아래와 같이 if문과 동반하여 조건 연산에 더 많이 사용된다.

Coding

```
1  a, b = map(int, input().split())
2  if a > 0 and b > 0:
3      print('a > 0 and b > 0')
4  else:
5      print('a <= 0 or b <= 0')
```

Interpret

- 1번째 줄은 입력의 첫째 줄이고 한 개의 공백으로 분리하여 두 개의 정수를 입력받는다. 첫 번째 입력한 정수는 변수 a에 입력되고 두 번째 입력한 정수는 변수 b에 입력된다.
- 2번째 줄은 if문 안에 두 개의 조건문이 and 연산자로 연결되어 있는데 만일 a와 b에 입력한 두 정수가 모두 양의 정수이면 연산의 결과는 True가 되어 if문이 실행되고 출력의 첫째 줄에 'a > 0 and b > 0'을 출력한다. 만일 입력한 두 정수 중에서 한 개라도 0보다 크지 않다면 else문이 실행되어 출력의 첫째 줄에 'a <= 0 or b <= 0'을 출력한다.

Output

```
1 1
a > 0 and b > 0
```

Tip

조건식이 특별한 경우는 and 연산자를 생략하여 작성할 수도 있다. a의 값이 0 이상이고 10 이하를 논리식으로 표현한다면 a >= 0 and a <= 10과 같이 나타낼 수 있지만 이러한 조건식을 and 연산자를 생략하여 일상에서 사용하는 수학식처럼 0 <= a <= 10과 같이 나타낼 수도 있다. 마찬가지로 여러 개의 값이 같은지 비교하는 비교 연산 a == b and b == c는 and 연산자를 생략하여 a == b == c와 같이 나타낼 수도 있다.

13.3

OR 연산자 조건이 하나만 성립되도 참

여러 개의 조건문이 주어질 때 주어진 조건문 중에서 한 개라도 참(True)일 경우 연산의 결과가 언제나 참(True)인 연산을 논리합(OR) 연산이라 부르고 기호로는 or로 나타내며 아래 다음과 같다.

Core

```
c = 조건문 or 조건문
```

만일 두 조건문 중에 한 개라도 참이면 연산의 결괏값으로 True가 반환되어 변수 c에 대입된다. 물론 위와 같은 대입 연산보다는 아래와 같이 if문과 동반하여 조건 연산에 더 많이 사용된다.

Coding

```
1  a, b = map(int, input().split())
2  if a % 2 == 0 or b % 2 == 0:
3      print('a or b is even number')
4  else:
5      print('a and b is odd number')
```

Interpret

- 1번째 줄은 입력의 첫째 줄이고 한 개의 공백으로 분리하여 두 개의 정수를 입력받는다. 첫 번째 입력한 정수는 변수 a에 입력되고 두 번째 입력한 정수는 변수 b에 입력된다.
- 2번째 줄은 if문 안에 두 개의 조건문이 or 연산자로 연결되어 있는데 만일 a와 b에 입력한 두 정수 중에서 단 하나라도 짝수가 있으면 연산의 결과는 True가 되고 if문이 실행되어 출력의 첫째 줄에 'a or b is even number'를 출력한다. 만일 입력한 두 정수가 모두 홀수이면 else문이 실행되어 출력의 첫째 줄에 'a and b is odd number'를 출력한다.

Output

```
1 2
a or b is even number
```

13.4

참(True)과 거짓(False)이란? True & False

앞장에서 참(True)의 대푯값은 1이고 거짓(False)의 대푯값은 0이라는 것을 알아보았다. 이 부분에 대해서 좀 더 자세히 다뤄보자.

Core

```
if a % 2 == 0:
    실행하고자 하는 내용
```

같은 의미

```
if 1:
    실행하고자 하는 내용
```

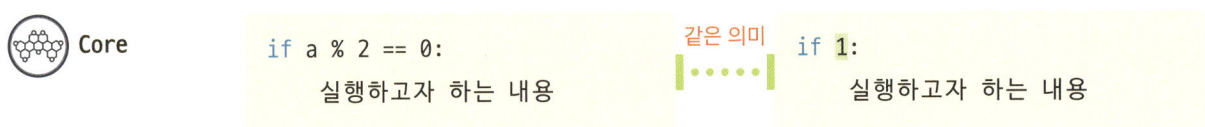

만일 위의 왼쪽의 조건문에서 a의 값이 짝수이면 a % 2 == 0은 참(True)이 되기 때문에 연산 결과는 True가 되고 이것을 컴퓨터가 이해할 수 있는 2진 체계로 나타내면 1이 된다. 따라서 오른쪽과 같이 변형되면서 조건문이 실행되는 것이다.

Core

```
if a % 2 == 0:
    실행하고자 하는 내용
```

같은 의미

```
if 0:
    실행하고자 하는 내용
```

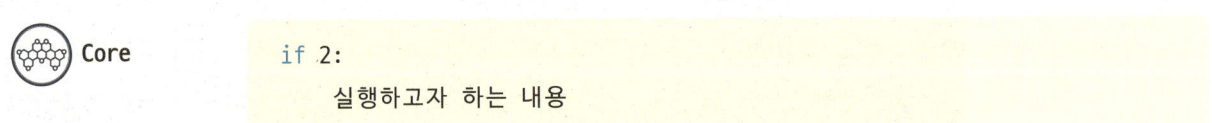

그런데 만일 위의 왼쪽의 조건문에서 a의 값이 홀수이면 a % 2 == 0은 거짓(False)이 되기 때문에 연산의 결과는 False가 되고 이것을 컴퓨터가 이해할 수 있는 2진 체계로 나타내면 0이 된다. 따라서 오른쪽과 같이 변형되면서 조건문이 실행되지 않는 것이다. 그런데 실제로 컴퓨터 프로그래밍에서 거짓(False)은 오직 0 하나이고 나머지 다른 숫자들은 모두 참(True)으로 처리된다. 컴퓨터는 이것은 참이고, 이것은 거짓이다처럼 이분법적으로 참과 거짓을 판단하는 것이 아니고 오직 거짓만을 판단하며 거짓이 아니면 나머지는 모두 참으로 판단한다. 다음 아래 프로그램을 살펴보자.

Core

```
if 2:
    실행하고자 하는 내용
```

만일 위와 같은 문장이 있다면 조건문의 결과는 언제나 참(True)이 되므로 '실행하고자 하는 내용'이 실행된다.

Core

```
if 0:
    실행하고자 하는 내용
```

만일 위와 같은 문장이 있다면 조건문의 결과는 언제나 거짓(False)이 되므로 '실행하고자 하는 내용'이 실행되지 않는다. 따라서 프로그래밍에서 0이 아닌 모든 값은 참(True)으로 처리되고, 0만 거짓(False)으로 처리된다. 마찬가지로 실수도 0.0만 거짓(False)으로 처리되고 0.0이 아닌 다른 모든 값은 참(True)으로 처리된다. 문자열에서도 빈 문자열 ''은 거짓(False)으로 처리되고 나머지 문자열은 모두 참(True)으로 처리된다. 마지막으로 변수에 어떠한 값도 초기화하지 않을 시 대입하는 None은 거짓(False)으로 처리된다.

Coding

```
1  print(bool(0))
2  print(bool(5))
3
4  print(bool(0.0))
5  print(bool(0.01))
6
7  print(bool(''))
8  print(bool('EULER'))
9
10 print(bool(None))
```

Interpret

- bool() 함수는 전달된 값들을 참(True)과 거짓(False)으로 분류하여 bool 자료형으로 변환하여 반환한다.
- 1, 2번째 줄은 정수 0이 전달되면 False를 반환하고 나머지 정수들은 모두 True를 반환한다.
- 4, 5번째 줄은 실수 0.0이 전달되면 False를 반환하고 나머지 실수들은 모두 True를 반환한다.
- 7, 8번째 줄은 빈 문자열 ''이 전달되면 False를 반환하고 나머지 문자열은 모두 True를 반환한다.
- 10번째 줄은 None이 전달되면 False를 반환한다.

Output

```
False
True
False
True
False
True
False
```

13.5 NOT 연산자

True를 False로 바꾸고 False를 True로 바꾸는 연산을 논리 부정(NOT) 연산이라 부르고 not으로 나타내며 다음과 같다.

Core

```
if a % 3 == 0:
    실행하고자 하는 내용
```

같은 의미

```
if not(a % 3):
    실행하고자 하는 내용
```

왼쪽에 있는 조건문은 a의 값이 3의 배수이면 a % 3 == 0의 연산 결과는 True가 되어 '실행하고자 하는 내용'이 실행된다. 오른쪽에 있는 조건문을 살펴보자. 만일 a가 3의 배수이면 (a % 3)의 연산 결과는 0이 되어 False가 된다. 그런데 앞에 not 연산자가 있으므로 False의 반대인 True가 되어 '실행하고자 하는 내용'이 실행된다. 만일 a가 3의 배수가 아니면 (a % 3)의 연산 결과는 1 또는 2가 되어 True가 된다. 앞에 not 연산자가 있으므로 True의 반대인 False가 되어 '실행하고자 하는 내용'이 실행되지 않는다. 따라서 왼쪽에 있는 조건문과 오른쪽에 있는 조건문은 같은 조건을 처리하는 조건문인 것이다.

Coding

```
1  a = int(input())
2  if not(a % 2):    # a % 2 == 0
3      print('a is even')
4  else:
5      print('a is odd')
```

Interpret

- 1번째 줄은 입력의 첫째 줄이고 변수 a에 한 개의 정수를 입력받는다.
- 2번째 줄은 만일 입력한 정수 a가 짝수이면 a % 2의 연산 결과는 False가 되고 다시 not 연산자에 의해서 최종 연산 결과는 True가 되므로 출력의 첫째 줄에 'a is even'을 출력한다. 만일 입력한 정수 a가 홀수이면 a % 2의 연산 결과는 True가 되고 다시 not 연산자에 의해서 최종 연산 결과는 False가 되므로 출력의 첫째 줄에 'a is odd'를 출력한다.

Output

```
10
a is even
```

13.6 연습문제 Exercise

① 한 개의 정수 A가 주어졌을 때, 주어진 정수가 1 이상 10 이하이면 `'1 or more and 10 or less'`를, 만일 그렇지 않으면 `'less than 1 or greater than 10'`을 출력하는 프로그램을 작성하여라.

Input Form 첫째 줄에 -100 이상 100 이하의 한 개의 정수 A가 주어진다.

Output Form 주어진 정수가 1 이상 10 이하이면 '1 or more and 10 or less'를, 그렇지 않으면 'less than 1 or greater than 10'을 첫째 줄에 출력하여라.

Example

입력	출력
5	1 or more and 10 or less

② 두 개의 정수 A와 B가 주어졌을 때, 두 정수 중에서 음수가 있다면 `'One of a or b is negative number'`를, 만일 그렇지 않으면 `'both a and b are zero or more'`를 출력하는 프로그램을 작성하여라.

Input Form 첫째 줄에 한 개의 공백으로 분리되어 -100 이상 100 이하의 두 개의 정수 A와 B가 주어진다.

Output Form 두 정수 중에서 한 개라도 음수가 있다면 'One of a or b is negative number'를, 그렇지 않으면 'both a and b are zero or more'를 첫째 줄에 출력하여라.

Example

입력	출력
5 -4	One of a or b is negative number

1112

수박

실행 제한시간	1초
메모리 사용 제한	32MB

뜨거운 여름날 오일러와 그의 친구 유클리드는 수박을 사기로 결심하였다. 그들의 생각에 가장 크고 아주 잘 익은 수박 하나를 선택하였다. 그리고 수박의 무게를 측정하였고 무게는 W 킬로그램으로 측정되었다. 그들은 곧장 집으로 달려갔고, 갈증으로 수박을 나누기로 결심하였지만 어려운 문제에 직면하였다.

오일러와 유클리드는 짝수를 너무나 좋아하기 때문에 수박을 두 조각으로 나눌 때, 두 개의 무게는 같지 않아도 상관없으나 두 수박의 무게가 모두 짝수가 되도록 나누고 싶어한다. 그들은 너무 피곤해서 가능하면 빨리 저녁 식사를 하기를 원하고 있기 때문에 그들이 원하는 방식으로 수박을 나눌 수 있는지 그들을 도와야한다. 당연히 나누어진 두 개의 수박의 무게는 양의 정수를 갖는다.

Input Form 첫째 줄에는 수박의 무게를 나타내는 한 개의 양의 정수 W가 주어진다. (1≤W≤100)

Output Form 수박의 무게를 두 개의 짝수로 나눌 수 있다면 첫째 줄에 YES를 출력하고 나눌 수 없다면 NO를 출력하도록 한다.

Example

입력	출력
8	YES

Note 예를 들어 오일러와 유클리드는 8킬로의 수박의 무게를 2와 6으로 나눌 수 있다. (또 다른 방법으로는 4와 4로도 나눌 수 있다.)

1016

코딩마법서

실행 제한시간 **1초**
메모리 사용 제한 **32MB**

오일러는 마법의 주문이 적혀있는 코딩마법서를 볼드모트 손에 넘어가지 않도록 금고에 잘 보관해야 한다. 금고는 한 개의 자물쇠로 채워져 있는데 자물쇠의 비밀번호는 0부터 9까지 숫자 4개로 이루어진 비밀번호를 넣으면 열리게 되어있다. 볼드모트가 비밀번호를 맞출 확률은 1 / 10,000로 작지만 반복적인 시도를 한다면 언젠가는 코딩마법서를 훔칠 수 있을지도 모른다.

볼드모트는 첫날에는 0000, 다음 날에는 0001, 그 다음 날에는 0002, …와 같은 식으로 마지막 날에는 9999로 하루에 비밀번호를 하나씩 바꾸어 가면서 코딩마법서를 훔치려 시도한다.

오일러는 볼드모트의 공격을 막기 위해서 새로운 아이디어를 생각해내었다. 비밀번호가 다른 두 개의 자물쇠를 매일 매일 번갈아 가면서 채운다면 볼드모트가 훔쳐가지 못할거라 생각하였다.

자물쇠를 각각 자물쇠1, 자물쇠2로 이름을 붙이자. 볼드모트가 노리는 첫날에는 자물쇠1을 사용했으며, 그 다음 날에는 자물쇠2, 다시 다음 날에는 자물쇠1과 같은 식으로 매일 매일 자물쇠는 바뀐다. 여러분들에게 두 자물쇠의 비밀번호가 주어지면 오일러가 볼드모트에게서 코딩마법서를 지킬 수 있는지 알려주는 프로그램을 작성하여라.

Input Form 비밀번호는 0부터 9까지의 정수 4자리로 이루어지며, 첫째 줄에는 자물쇠1의 비밀번호가 주어지고 둘째 줄에는 자물쇠2의 비밀번호가 주어진다.

Output Form 볼드모트로부터 마법책을 지킬 수 있다면 0을 지킬 수 없다면 1을 첫째 줄에 출력하여라.

Example

입력	출력
0001 0002	0

입력	출력
0002 0001	1

코딩마법서

1권 STONE VERSION

코딩테스트와 인공지능을 위한 파이썬

제14장

복합 if문

φ 오일러BOOKS

14.1

복합 if문 if...elif...

조건문을 작성할 때, 조금 더 많은 조건을 한 번에 확인해야 하는 경우가 있는데, 그때 사용하는 것이 복합 if문이다.

Core

```
if 조건문 A:
    실행하고자 하는 내용1
elif 조건문 B:
    실행하고자 하는 내용2
```

조건문 A가 참(True)일 경우 if문을 실행하고 아래의 elif문은 건너뛴다.

조건문 A가 참(True)이 아닐 경우 조건문 B를 확인하며, 이때 조건문 B가 참이면 elif문이 실행된다.

지금 위에는 두 개의 조건문 A와 조건문 B가 있다. 조건문 A가 참(True)이면 if문이 실행되어 '실행하고자 하는 내용1'이 실행된다. 이후 조건문 B는 참(True)과 거짓(False)에 상관없이 무조건 실행되지 않는다. 하지만 조건문 A가 거짓(False)이면 아래의 조건문 B의 내용을 확인하는데 조건문 B의 내용이 참(True)이면 '실행하고자 하는 내용2'가 실행된다. 만일 조건문 B의 내용도 거짓(False)이면 조건문 B도 실행되지 않는다. 검사해야 할 조건문이 많아진다면 아래와 같이 얼마든지 elif문을 추가할 수 있다.

Coding

```
1   a = int(input())
2   if a % 4 == 0:
3       print('Mod is 0')
4   elif a % 4 == 1:
5       print('Mod is 1')
6   elif a % 4 == 2:
7       print('Mod is 2')
```

Interpret

- 1번째 줄은 입력의 첫째 줄로 변수 a에 한 개의 정수를 입력받는다.
- 2번째 줄은 입력한 정수 a가 4의 배수이면 조건문이 실행되어 출력의 첫째 줄에 'Mod is 0'을 출력하고 모든 조건문을 건너뛴 후 프로그램을 종료한다. 만일 a가 4의 배수가 아니면 4번째 줄에서 다시 조건문을 확인한다.
- 4번째 줄에서 입력한 정수 a가 4로 나눠서 나머지가 1이면 조건문이 실행되어 출력의 첫째 줄에 'Mod is 1'을 출력하고 밑에 나머지 조건문을 건너뛴 후 프로그램을 종료한다. 만일 a가 4로 나눠서 나머지가 1이 아니면 6번째 줄에서 다시 조건문을 확인한다.
- 6번째 줄에서 입력한 정수 a가 4로 나눠서 나머지가 2이면 조건문이 실행되어 출력의 첫째 줄에 'Mod is 2'를 출력한 후 프로그램을 종료한다.

- 하지만 만일 사용자가 4로 나눠서 나머지가 3인 수, 예를 들어 7 또는 11등을 입력했을 경우는 지금 위의 조건문을 만족하는 경우가 하나도 없으므로 어떠한 조건문도 실행되지 않고 프로그램을 종료한다.
- 다시 설명하자면 복합 if문은 위에서부터 차례대로 조건문을 확인하며 해당 조건문을 만족하면 만족하는 조건문만 실행한 후 나머지 조건문은 빠져나오기 때문에 두 가지 조건문을 모두 만족했다고 해서 두 조건문 모두가 실행되는 것이 아니고 처음으로 만족하는 조건문만 처리하고 조건문을 종료하는 것이다. 만일 주어진 조건들을 모두 만족하지 못한다면 어떠한 조건문도 실행되지 않는다.

Output

```
5
Mod is 1
```

14.2 복합 if문과 else if...elif...else...

마지막에 else문과 결합하여 복합 if문을 완성할 수도 있다.

Core

```
if 조건문 A:
    실행하고자 하는 내용1
elif 조건문 B:
    실행하고자 하는 내용2
else:
    실행하고자 하는 내용3
```

- if 조건문 A: — 조건문 A가 참(True)일 경우 if문을 실행하고 아래의 마지막 else문까지 모두 건너뛴다.
- elif 조건문 B: — 조건문 A가 참(True)이 아닐 경우 조건문 B를 확인하며, 이때 조건문 B가 참이면 elif문을 실행하고 마지막 else문까지 모두 건너뛴다.
- else: — 조건문 A와 조건문 B를 모두 만족하지 않으면 실행된다.

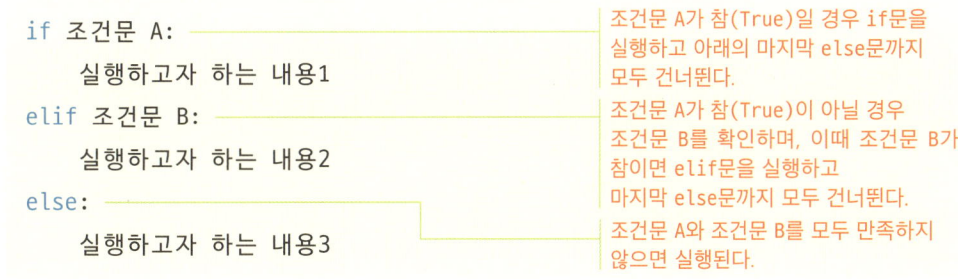

만일 조건문 A가 참(True)이면 if문이 실행되어 '실행하고자 하는 내용1'이 실행되고 조건문 B와 마지막 else문까지 모두 건너뛰어 if문이 종료된다. 하지만 조건문 A가 거짓(False)이면 조건문 B의 내용을 확인하는데 조건문 B의 내용이 참(True)이면 '실행하고자 하는 내용2'가 실행되고 else문은 건너뛰어 if문이 종료된다. 하지만 조건문 B의 내용도 거짓(False)이면 마지막으로 else문이 실행되어 '실행하고자 하는 내용3'이 실행된다. 복합 if문에서 마지막 else에는 어떠한 조건문도 사용하지 않는 것에 주의하여라.

Coding

```
1  a = int(input())
2  if a > 0:
3      print('Positive Number')
4  elif a < 0:
5      print('Negative Number')
6  else:
7      print('Zero')
```

Interpret

- 1번째 줄은 입력의 첫째 줄로 변수 a에 한 개의 정수를 입력받는다.
- 2번째 줄은 입력한 정수 a가 0보다 크면 조건문이 실행되어 출력의 첫째 줄에 'Positive Number'를 출력하고 모든 조건문을 건너뛴 후 프로그램을 종료한다. 만일 a가 0보다 크지 않다면 4번째 줄에서 다시 조건문을 확인한다.
- 4번째 줄에서 a가 0보다 작다면 조건문이 실행되어 출력의 첫째 줄에 'Negative Number'를 출력하고 나머지 else문을 건너뛴 후 프로그램을 종료한다.
- 입력한 정수가 0이면 어떠한 조건문도 만족하지 않으므로 마지막 else문이 실행되어 출력의 첫째 줄에 'Zero'를 출력한 후 프로그램을 종료한다.

Output

```
0
Zero
```

14.3

연습문제 Exercise

1 **점수 S가 주어지면 점수에 해당하는 학점을 구하는 프로그램을 작성하여라. 각 점수에 대한 구간별 학점은 아래 다음과 같다.**

점수(s)	학점
90점 이상 100점 이하	A
80점 이상 90점 미만	B
70점 이상 80점 미만	C
60점 이상 70점 미만	D
60점 미만	F

Input Form 첫째 줄에 0 이상 100 이하의 한 개의 정수 S가 주어진다.

Output Form 입력으로 주어진 점수 S에 해당하는 학점을 영문 알파벳 대문자로 첫째 줄에 출력하여라.

Example

입력	출력
79	C

2 **여러 개의 부족들 중에서 또치족은 숫자 1을 좋아한다. 만일 정글에서 우연히 어떤 부족민을 만났을 때 이 부족민이 또치족인지 아닌지를 판별하는 방법은 좋아하는 숫자를 물어보는 것이다. 오일러는 밀림을 탐험하다가 만난 두 명의 부족민에게 좋아하는 숫자를 물어보았다. 이들이 또치족인지 아닌지를 판별하는 프로그램을 작성하여라.**

Input Form 두 명의 부족민이 각각 대답한 숫자 두 개가 한 개의 공백으로 분리되어 첫째 줄에 주어진다. (부족민들은 오직 두 개의 숫자 0과 1만을 사용한다.)

Output Form 두 명이 모두 또치족이면 'both'를, 둘 중에 한 명만 또치족이면 'either'를, 둘 다 또치족이 아니면 'neither'를 첫째 줄에 출력하여라.

Example

입력	출력
1 0	either

1010

세 수

실행 제한시간	1초
메모리 사용 제한	32MB

오일러는 세 개의 정수 그리고 등호와 네 개의 사칙연산(덧셈, 뺄셈, 곱셈, 나눗셈) 부호를 가지고 그의 수학 노트에 하나의 수학식을 완성하였다. 다른 과목을 공부하는 동안에 그의 친구 유클리드가 완성된 수학식 중에서 연산부호와 등호를 지워버리고 말았다. 남아있는 세 개의 정수 사이에 연산부호를 집어넣어 다시 수학식을 복원할 수 있도록 오일러를 도와주어라.

A ? B ? C

Input Form 100보다 작은 세 개의 정수가 한 개의 공백으로 분리되어 첫째 줄에 주어진다.

Output Form 세 개의 정수(입력과 같은 순서대로), 한 개의 등호 그리고 한 개의 사칙연산 기호를 포함한 유효한 방정식을 첫째 줄에 출력하여라. 만일 여러 가지 답안이 존재한다면 그중에 어느 것을 출력하여도 무방하다.

Example

입력	출력
5 3 8	5+3=8

입력	출력
5 15 3	5=15/3

Note 테스트 케이스에 대한 정답은 유일하지는 않지만 언제나 정답이 존재한다는 것은 보장한다.

1133

마법 상자

실행 제한시간	1초
메모리 사용 제한	32MB

마법 상자 안에는 0부터 9까지 숫자가 적혀 있는 마법의 숫자 카드가 들어있다. 마법의 숫자 카드는 각각의 숫자마다 3장씩 모두 30장의 카드가 들어있다. 오일러가 마법 상자 안에서 3장의 숫자 카드를 뽑으면 아래 다음 규칙에 따라 상자에서 금화가 쏟아진다.

① 같은 숫자가 3개가 나오는 경우는 금화 10,000냥 + (같은 숫자) × 1,000냥의 금화를 받게 된다.
② 같은 숫자가 2개만 나오는 경우는 금화 1,000냥 + (같은 숫자) × 100냥의 금화를 받게 된다.
③ 숫자 카드 3개의 숫자가 모두 다른 경우는 (가장 큰 숫자 카드의 숫자) × 100냥의 금화를 받게 된다.

오일러가 마법 상자로부터 받게 되는 금화는 모두 몇 냥인지를 구하여라.

Input Form 세 개의 숫자 카드의 숫자가 한 개의 공백을 사이에 두고 첫째 줄에 주어진다.

Output Form 오일러가 마법 상자로부터 받게 되는 금화를 첫째 줄에 출력하여라.

Example

입력	출력
3 3 5	1300

입력	출력
8 8 8	18000

입력	출력
3 8 9	900

2004 이지팬갈비

실행 제한시간 **1초**
메모리 사용 제한 **8MB**

훌륭한 프로그램을 작성하기를 원한다면 강한 체력과 고도의 두뇌 훈련이 필요하다. 이런 학생들을 위해서 왕국에서는 N명의 마법학교 학생들에게 이지팬갈비를 제공하기로 하였다. 이지팬갈비는 프라이팬에서 굽는데 한 면을 굽기 위해서는 1분이 필요하고 양면을 모두 다 구워야 먹을 수 있다.

마법학교에 급식을 제공하는 이지팬갈비에서는 이렇게 많은 학생들에게 이지팬갈비를 제공할지 예상하지 못했기 때문에 동시에 K장을 구울 수 있는 프라이팬을 오직 한 개만 가지고 있었다.

이지팬갈비의 수석 셰프인 오일러가 모든 이지팬갈비를 굽는데 걸리는 시간은 몇 분이 걸릴지 예상할 수 있도록 여러분들의 뛰어난 프로그램 실력으로 오일러를 도와주어라.

Input Form 첫째 줄에는 N과 K가 하나의 공백을 사이에 두고 주어진다. (1≤N,K≤1,000)

Output Form 마법학교 N명의 학생들을 위해서 모든 스테이크를 굽는데 걸리는 시간(단위 분)을 첫째 줄에 출력하여라.

Example

입력	출력
3 2	3

코딩마법서

1권 STONE VERSION

코딩테스트와 인공지능을 위한 파이썬

제15장

순환문 for

φ 오일러BOOKS

화면에 'Hello, Euler'를 10,000번 출력해야 한다고 해보자. 지금까지 배운 내용으로만 작성해야 한다면 print()문을 10,000번 사용해서 프로그래밍을 작성해야 할 것이다. 이 얼마나 끔찍한 일인가! for문은 이러한 반복적인 작업을 필요한 만큼 실행해야 할 때 사용된다. for문은 아래와 같이 변수 다음에 in 연산자가 오고 다시 뒤에 range() 함수에 반복할 횟수를 전달하여 for문의 회전수를 결정한다. 그리고 for문의 시작을 알리는 콜론(:)을 입력한 후 for문에 종속될 문장들을 들여쓰기하여 작성한다.

Core

```
        0, 1, 2, … , N - 2, N - 1
for 변수 in range(N):
    실행하고자 하는 내용1
        ⋮
    실행하고자 하는 내용2
```

프로그램이 진행 중에 for문을 만나면 in 연산자 뒤에 있는 range() 함수가 실행된다. range() 함수는 0부터 N 미만의 연속된 정수들을 생성한다. 그리고 정수 0을 꺼내 in 연산자 앞에 있는 변수에 대입한 후 for문에 종속된 문장들을 실행한다. 마찬가지로 다시 정수 1을 꺼내 in 연산자 앞에 있는 변수에 대입한 후 for문에 종속된 문장들을 실행한다. 이와 같은 작업을 정수가 N - 1이 될 때까지 반복하면서 for문에 종속된 문장들을 실행한 후 for문을 빠져나와 이후의 과정을 진행한다.

15.1 N바퀴 회전하기

for문을 N바퀴 회전하기 위해서는 range() 함수에 for문의 회전수를 전달한다.

Coding

```
1   for i in range(10):
2       print(i, end = ' ')
```

Interpret

- 1번째 줄부터 2번째 줄은 for문의 구간이다. 먼저 range() 함수에 10을 전달하여 0부터 9까지 연속된 정수들을 생성한다.
- 1번째 줄은 생성된 정수 0을 꺼내 변수 i에 대입한 후 2번째 줄에서 i의 값 0을 출력한다. 다시 정수 1을 꺼내 변수 i에 대입한 후 2번째 줄에서 i의 값 1을 출력한다. 이와 같은 작업을 i가 9가 될 때까

지 반복하면서 for문에 종속된 문장들을 실행한다.

- 2번째 줄은 end에 한 칸의 공백 문자열을 지정하여 줄 내림을 대신하였다. .

Output

```
0 1 2 3 4 5 6 7 8 9
```

15.2
1씩 증가하면서 회전하기

for문을 이용해서 1부터 1씩 증가하며 N까지 출력하고자 한다면 어떻게 해야 하는가?

Core

```
          1, 2, 3, … , N - 1, N
for 변수 in range(1, N + 1):
    실행하고자 하는 내용1
              ⋮
    실행하고자 하는 내용2
```

프로그램이 진행 중에 for문을 만나면 in 연산자 뒤에 있는 range() 함수가 실행된다. range() 함수에는 두 개의 정수를 전달할 수 있는데 첫 번째 정수는 처음 수를 결정하고, 두 번째 정수는 마지막 수를 결정한다. 따라서 range() 함수에 1과 N + 1의 정수를 전달하면 1부터 N + 1 미만의 연속된 정수들을 생성한다. 그리고 생성된 정수들을 꺼내 in 연산자 앞에 있는 변수에 차례로 대입하면서 그때마다 for문에 종속된 문장들을 실행한다.

Coding

```
1  for i in range(1, 11):
2      print(i, end = ' ')
```

Interpret

- 1번째 줄부터 2번째 줄은 for문의 구간이다. 먼저 range() 함수에 1과 11을 전달하여 1부터 10까지 연속된 정수들을 생성한다.

- 1번째 줄은 생성된 정수 1을 꺼내 변수 i에 대입한 후 2번째 줄에서 i의 값 1을 출력한다. 다시 정수 2를 꺼내 변수 i에 대입한 후 2번째 줄에서 i의 값 2를 출력한다. 이와 같은 작업을 i가 10이 될 때까지 반복하면서 for문에 종속된 문장들을 실행한다.
- 2번째 줄은 end에 한 칸의 공백 문자열을 지정하여 줄 내림을 대신하였다.

Output

```
1 2 3 4 5 6 7 8 9 10
```

15.3 1씩 감소하면서 회전하기

for문을 이용해서 N부터 1씩 감소하며 1까지 출력하고자 한다면 어떻게 해야 하는가?

Core

```
N, N - 1, N - 2, … , 2, 1

for 변수 in range(N, 0, -1):
    실행하고자 하는 내용1
            ⋮
    실행하고자 하는 내용2
```

프로그램이 진행 중에 for문을 만나면 in 연산자 뒤에 있는 range() 함수가 실행된다. range() 함수에는 세 개의 정수를 전달할 수 있는데 첫 번째 정수는 처음 수를 결정하고, 두 번째 정수는 마지막 수를 결정하며 세 번째 정수는 증감 수를 결정한다. 따라서 range() 함수에 N과 0 그리고 -1의 정수를 전달하면 N부터 0 초과의 연속된 정수들을 -1씩 감소하며 생성한다. 그리고 생성된 정수들을 꺼내 in 연산자 앞에 있는 변수에 차례로 한 개씩 대입하면서 그때마다 for문에 종속된 문장들을 실행한다.

Coding

```
1 for i in range(10, 0, -1):
2     print(i, end = ' ')
```

Interpret

- 1번째 줄부터 2번째 줄은 for문의 구간이다. 먼저 range() 함수에 10과 0과 -1을 전달하여 10부

터 1까지 1씩 감소하며 연속된 정수들을 생성한다.

- 1번째 줄은 생성된 정수 10을 꺼내 변수 i에 대입한 후 2번째 줄에서 i의 값 10을 출력한다. 다시 정수 9를 꺼내 변수 i에 대입한 후 2번째 줄에서 i의 값 9를 출력한다. 이와 같은 작업을 i가 1이 될 때까지 반복하면서 for문에 종속된 문장들을 실행한다.
- 2번째 줄은 end에 한 칸의 공백 문자열을 지정하여 줄 내림을 대신하였다.

Output

```
10 9 8 7 6 5 4 3 2 1
```

15.4 특정 범위 회전하기

for문을 이용해서 N부터 M까지 1씩 증가하며 출력하고자 한다면 어떻게 해야 하는가? (단, N≤M)

Core

N, N + 1, N + 2, … , M - 1, M

```
for 변수 in range(N, M + 1):
    실행하고자 하는 내용1
          ⋮
    실행하고자 하는 내용2
```

프로그램이 진행 중에 for문을 만나면 in 연산자 뒤에 있는 range() 함수가 실행된다. range() 함수에 두 개의 정수 N과 M + 1을 전달한다. range() 함수는 N부터 M + 1 미만의 연속된 정수들을 생성한다. 그리고 생성된 정수들을 꺼내 in 연산자 앞에 있는 변수에 한 개씩 차례로 대입하면서 그때마다 for문에 종속된 문장들을 실행한다.

Coding

```
1  for i in range(10, 21):
2      print(i, end = ' ')
```

Interpret

- 1번째 줄부터 2번째 줄은 for문의 구간이다. 먼저 range() 함수에 10과 21을 전달하여 10부터 20

까지의 연속된 정수들을 생성한다.

- 1번째 줄은 생성된 정수 10을 꺼내 변수 i에 대입한 후 2번째 줄에서 i의 값 10을 출력한다. 다시 정수 11을 꺼내 변수 i에 대입한 후 2번째 줄에서 i의 값 11을 출력한다. 이와 같은 작업을 i가 20이 될 때까지 반복하면서 for문에 종속된 문장들을 실행한다.
- 2번째 줄은 end에 한 칸의 공백 문자열을 지정하여 줄 내림을 대신하였다.

Output

```
10 11 12 13 14 15 16 17 18 19 20
```

15.5 구간의 합 구하기

1부터 5까지의 합을 구하려고 한다면 어떻게 해야 하는가?

Core

```
s += 1
s += 2
s += 3
s += 4
s += 5
```

변수 s는 0으로 초기화되어 있다고 하자. 1부터 5까지의 합을 구하려고 한다면 처음에 s의 값에다 1을 누적해서 s의 값은 1이 되고, 다시 s의 값에다 2를 누적해서 s의 값은 3이 되고. 다시 s의 값에다 3을 누적해서 s의 값은 6이 되고, 다시 s의 값에다 4를 누적해서 s의 값은 10이 되고, 마지막으로 s의 값에다 5를 누적해서 s의 값은 15가 되어 모두 5줄에 걸쳐서 작성하면 된다. 그런데 만일 1부터 10,000까지의 합을 구하려고 한다면 위와 같은 문장을 10,000줄을 작성해야 하기 때문에 너무나도 힘든 작업이 되고 만다. 그래서 위와 같은 반복된 작업을 for문을 이용해서 구하려고 한다면 다음과 같다.

Core

```
for i in range(1, 6):
    s += i
```

for문을 만나면 in 연산자 뒤에 있는 range() 함수가 실행된다. range() 함수에 두 개의 정수 1과 6을 전달하여 1부터 6 미만의 연속된 정수들을 생성한다. 먼저 정수 1을 변수 i에 대입한 후 for문에 종속된 문장을 실행하고 여기서 i의 값 1을 s에 누적하여 s의 값은 1이 된다. 다시 정수 2를 변수 i에 대입한 후 for문에 종속된 문장을 실행하고 여기서 i의 값 2를 s에 누적하여 s의 값은 3이 된다. 이와 같은 반복 작업을 i의 값이 5가 될 때까지 5바퀴를 회전하면서 s에 i의 값을 누적하여 1부터 5까지의 합이 s에 구해지게 되는 것이다.

for문도 마찬가지로 블록 범위(Block Scope)가 한 줄일 경우는 콜론(:)과 같은 줄에 종속된 문장을 작성하는 것이 가능하다.

Core

```
for i in range(1, 6): s += i
```

같은 의미

```
for i in range(1, 6):
    s += i
```

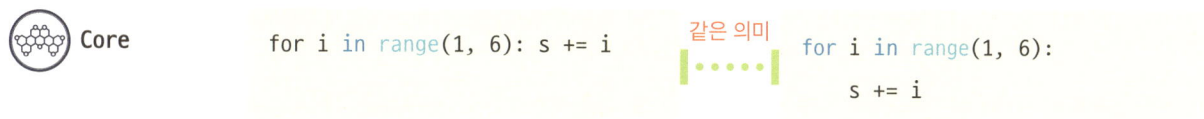

왼쪽과 같이 for문에 종속된 명령이 한 줄일 경우는 콜론(:)과 같은 줄에 '실행하고자 하는 내용'을 작성하여도 for문에 종속된 것으로 처리하기 때문에 프로그램의 실행 결과는 오른쪽과 같다.

Coding

```
1  s = 0
2  for i in range(1, 6):
3      s += i
4  print(s)
```

Interpret

- 1번째 줄은 변수 s를 0으로 초기화하였다.
- 2번째 줄부터 3번째 줄은 for문의 구간이고 3번째 줄은 i의 값 1부터 5까지를 s에 누적하고 있다. for문의 회전이 모두 끝난 후
- 4번째 줄에서 1부터 5까지의 합 s를 출력의 첫째 줄에 출력한다.

Output

```
15
```

15.6
for else문

for문도 if문과 마찬가지로 마지막에 else문을 추가할 수 있다. else문은 for문이 모든 회전을 정상적으로 마치면(뒤에서 배우게 될 break문을 통해서 강제로 회전을 멈추지 않고) 마지막으로 else문을 처리한 후 for문을 종료한다.

Core

```
for i in range(5):
    print(i)
else:
    i += 1
```

for문은 0부터 4까지의 연속된 정수들을 변수 i에 대입하면서 각 줄에 출력한다. for문의 순환이 끝나고 else문이 실행되어 i의 값은 1 증가하여 5가 된다.

Coding

```
1  for i in range(5):
2      print(i)
3  else:
4      i += 1
5  print(i)
```

Interpret

- 1번째 줄부터 2번째 줄은 for문의 구간이다. 먼저 range() 함수에 5를 전달하여 0부터 4까지의 연속된 정수를 각 줄에 출력한다.
- 3, 4번째 줄은 for문의 순환이 정상적 끝났을 경우 실행되는 else문이다. i의 값 4가 1 증가하여 5가 된다.
- 5번째 줄은 i의 값 5를 마지막 줄에 출력한 후 프로그램을 종료한다..

Output

```
0
1
2
3
4
5
```

15.7

연습문제 Exercise

① 한 개의 양의 정수 N이 주어지면 1부터 N까지 출력하는 프로그램을 작성하여라.

Input Form 첫째 줄에 1 이상 100 이하의 양의 정수 N이 주어진다.

Output Form 1부터 N까지의 정수를 작은 수부터 큰 수 순으로 각각 한 개의 공백으로 분리하여 첫째 줄에 출력하여라.

Example

입력
80

출력
1 2 3 4 5 6 7 8 9 10 11 12 13 14 15 16 17 18 19 20 21 22 23 24 25 26 27 28 29 30 31 32 33 34 35 36 37 38 39 40 41 42 43 44 45 46 47 48 49 50 51 52 53 54 55 56 57 58 59 60 61 62 63 64 65 66 67 68 69 70 71 72 73 74 75 76 77 78 79 80

② 한 개의 양의 정수 N이 주어지면 N부터 1까지 출력하는 프로그램을 작성하여라.

Input Form 첫째 줄에 1 이상 100 이하의 양의 정수 N이 주어진다.

Output Form N부터 1까지의 정수를 큰 수부터 작은 수 순으로 각각 한 개의 공백으로 분리하여 첫째 줄에 출력하여라.

Example

입력
50

출력
50 49 48 47 46 45 44 43 42 41 40 39 38 37 36 35 34 33 32 31 30 29 28 27 26 25 24 23 22 21 20 19 18 17 16 15 14 13 12 11 10 9 8 7 6 5 4 3 2 1

③ 두 개의 양의 정수 A와 B가 주어지면 A부터 B까지 출력하는 프로그램을 작성하여라.

Input Form 첫째 줄에 1 이상 100 이하의 양의 정수 A와 B가 한 개의 공백으로 분리되어 주어진다. (1≤A≤B≤100)

Output Form A부터 B까지의 정수를 작은 수부터 큰 수 순으로 각각 한 개의 공백으로 분리하여 첫째 줄에 출력하여라.

Example

입력
1 100

출력
1 2 3 4 5 6 7 8 9 10 11 12 13 14 15 16 17 18 19 20 21 22 23 24 25 26 27 28 29 30 31 32 33 34 35 36 37 38 39 40 41 42 43 44 45 46 47 48 49 50 51 52 53 54 55 56 57 58 59 60 61 62 63 64 65 66 67 68 69 70 71 72 73 74 75 76 77 78 79 80 81 82 83 84 85 86 87 88 89 90 91 92 93 94 95 96 97 98 99 100

④ 두 개의 양의 정수 B와 A가 주어지면 B부터 A까지 출력하는 프로그램을 작성하여라.

Input Form 첫째 줄에 1 이상 100 이하의 양의 정수 B와 A가 한 개의 공백으로 분리되어 주어진다. (1≤A≤B≤100)

Output Form B부터 A까지의 정수를 큰 수부터 작은 수 순으로 각각 한 개의 공백으로 분리하여 첫째 줄에 출력하여라.

Example

입력
100 1

출력
100 99 98 97 96 95 94 93 92 91 90 89 88 87 86 85 84 83 82 81 80 79 78 77 76 75 74 73 72 71 70 69 68 67 66 65 64 63 62 61 60 59 58 57 56 55 54 53 52 51 50 49 48 47 46 45 44 43 42 41 40 39 38 37 36 35 34 33 32 31 30 29 28 27 26 25 24 23 22 21 20 19 18 17 16 15 14 13 12 11 10 9 8 7 6 5 4 3 2 1

⑤ 한 개의 양의 정수 N이 주어지면 1부터 N까지의 총합을 구하는 프로그램을 작성하여라.

Input Form 첫째 줄에 1 이상 100 이하의 양의 정수 N이 주어진다.

Output Form 1부터 N까지의 총합을 첫째 줄에 출력하여라.

Example

입력	출력
100	5050

⑥ 두 개의 양의 정수 A와 B가 주어지면 A부터 B까지의 총합을 구하는 프로그램을 작성하여라.

Input Form 첫째 줄에 1 이상 100 이하의 양의 정수 A와 B가 한 개의 공백으로 분리되어 주어진다. (1≤A≤B≤100)

Output Form A부터 B까지의 총합을 첫째 줄에 출력하여라.

Example

입력	출력
1 100	5050

1005
숫자 계산 I

실행 제한시간	1초
메모리 사용 제한	32MB

양의 정수 N이 주어지면 (N × 1) + (N × 2) + (N × 3) + … + (N × 99) + (N × 100)을 계산하는 프로그램을 작성하여라.

Input Form 첫째 줄에 양의 정수 N이 주어진다. (1≤N≤100)

Output Form N에 대한 결괏값을 첫째 줄에 출력하여라.

Example

입력	출력
2	10100

1006

숫자 계산 II

실행 제한시간	1초
메모리 사용 제한	32MB

양의 정수 N이 주어지면 1 + (2 × 2) + (3 × 3) + … + ((N - 1) × (N - 1)) + (N × N)을 계산하는 프로그램을 작성하여라.

Input Form 첫째 줄에 양의 정수 N이 주어진다. (1≤N≤100)

Output Form N에 대한 결괏값을 첫째 줄에 출력하여라.

Example

입력	출력
10	385

1007

숫자 계산 Ⅲ

실행 제한시간 **1초**
메모리 사용 제한 **32MB**

양의 정수 N이 주어지면 (1 × N) + (2 × (N - 1)) + (3 × (N - 2)) + ⋯ + ((N - 1) × 2) + (N × 1)을 계산하는 프로그램을 작성하여라.

Input Form 첫째 줄에 양의 정수 N이 주어진다. (1≤N≤100)

Output Form N에 대한 결괏값을 첫째 줄에 출력하여라.

Example

입력	출력
10	220

코딩마법서

1권 STONE VERSION

코딩테스트와 인공지능을 위한 파이썬

제16장

가우스 계산법 Gauss

오일러BOOKS

16.1

가우스 계산법 Gauss

카를 프리드리히 가우스
(1777 - 1855)

가우스(1777 - 1855, Carl Friedrich Gauss)의 선생님 뷔트너씨는 수업 시간에 잠시 쉴 생각으로 학생들에게 1부터 100까지 더하는 문제를 냈다. 그런데 그는 곧바로 자리에서 일어나야만 했다. 순식간에 5050이라는 정답을 맞힌 가우스 때문이다. 가우스의 천재성을 알아본 뷔트너 선생님은 그에게 고등학교 수학 교과서를 선물했다고 한다. 독일의 수학자 가우스는 아르키메데스, 뉴턴과 함께 수학의 역사상 가장 위대한 세 명의 수학자 중 한 명이다.

가우스 계산법은 연속된 수 또는 규칙적으로 나열되어 있는 수열등의 합을 쉽게 계산하기 위해서 사용하는 계산법이다.

Core

	1	+	2	+	3	+	…	+	98	+	99	+	100
+	100	+	99	+	98	+	…	+	3	+	2	+	1
	101	+	101	+	101	+	…	+	101	+	101	+	101

항수 100개

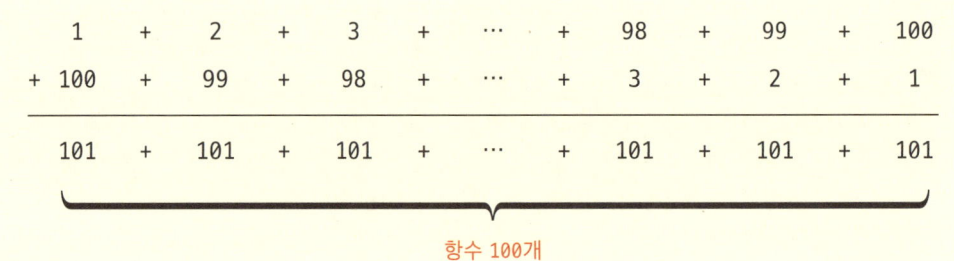

가우스가 계산한 방법은 다음과 같다. 예를 들어서 1부터 100까지의 합을 구하고자 한다면 아랫줄에 100부터 1까지의 합을 다시 한번 나열한 후 1은 100과 대응하여 더하고, 2는 99와 대응하여 더하고, 3은 98과 대응하여 더하고, … , 마지막으로 100은 1과 대응하여 더한다면 100개의 101의 합이 된다. 즉, 101이 100개가 있으므로 101 * 100 = 10100이 되고 1부터 100까지의 합을 2번 했으므로 마지막으로 10100을 2로 나누면 5050이 되는 것이다. 이것을 일반화하면 아래 다음과 같다.

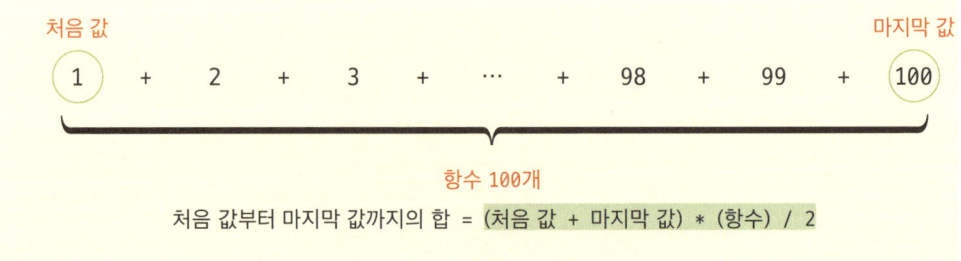

Core

처음 값 ... 마지막 값

1	+	2	+	3	+	…	+	98	+	99	+	100

항수 100개

처음 값부터 마지막 값까지의 합 = (처음 값 + 마지막 값) * (항수) / 2

따라서 1부터 100까지의 합은 (1 + 100) * 100 / 2 = 5050이 된다. 이것을 프로그래밍에 대입해보자. 일반적으로 1부터 100까지의 합을 구하고자 한다면, for문을 1부터 100까지 회전시켜서 100번의 더하기 연산을 하여 구하였다. 하지만 수학적으로 가우스 계산을 이용한다면 단 한 번의 연산만으로도 1부터 100까지의 합을 구할 수 있게 되는 것이다.

Coding

```
print(int((1 + 100) * 100 / 2))
```

Interpret

- 1번째 줄은 1부터 100까지의 총합을 출력의 첫째 줄에 출력한다. 5050.0으로 나온 결과를 int() 함수를 이용해서 정수만 출력한다.

Output

```
5050
```

16.2 총합 sum()

range() 함수를 통해서 생성된 정수들을 sum() 함수에 전달하여 간편하게 총합을 구할 수도 있다.

Coding

```
print(sum(range(1, 101)))
```

Interpret

- 1번째 줄은 range() 함수를 통해서 1부터 100까지 연속된 정수들을 생성한 후 sum() 함수에 전달하면 sum() 함수는 전달된 값의 총합을 반환한다. 1부터 100까지의 총합을 출력의 첫째 줄에 출력한다.

Output

```
5050
```

16.3

연습문제 Exercise

① 한 개의 양의 정수 N이 주어지면 1부터 N까지의 총합을 range()와 sum() 함수를 이용하여 구하는 프로그램을 작성하여라.

Input Form 첫째 줄에 1 이상 100 이하의 양의 정수 N이 주어진다.

Output Form 1부터 N까지의 총합을 첫째 줄에 출력하여라.

Example

입력	출력
100	5050

② 두 개의 양의 정수 A와 B가 주어지면 A부터 B까지의 총합을 range()와 sum() 함수를 이용하여 구하는 프로그램을 작성하여라.

Input Form 첫째 줄에 1 이상 100 이하의 양의 정수 A와 B가 한 개의 공백으로 분리되어 주어진다. $(1 \le A \le B \le 100)$

Output Form A부터 B까지의 총합을 첫째 줄에 출력하여라.

Example

입력	출력
51 100	3775

1145
철사

실행 제한시간	1초
메모리 사용 제한	32MB

오일러는 긴 철사를 아래의 그림과 같이 규칙적으로 6번을 구부려서 29개의 점을 갖는 나선형 모양을 만들었다.

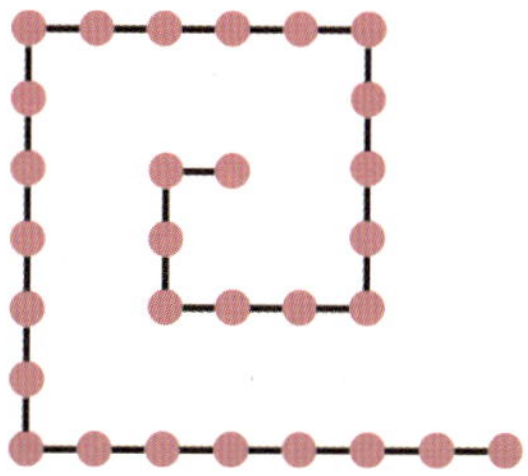

오일러는 위와 같은 방법으로 나선형 철사를 모두 N번을 구부리면 사용된 점의 개수가 몇 개인지 궁금하였다. 오일러의 궁금증을 해결해주자.

Input Form 첫째 줄에는 한 개의 양의 정수 N이 주어진다. (1≤N≤40,000)

Output Form 모든 점의 개수를 첫째 줄에 출력하여라.

Example

입력	출력
6	29

1146

정육각형

실행 제한시간	1초
메모리 사용 제한	32MB

아래 그림과 같이 정육각형 모양으로 점을 놓을 때, 정육각형의 한 변에 4개의 점이 놓일 때까지 계속해서 점을 찍게 되면 모든 점의 개수는 37개이다.

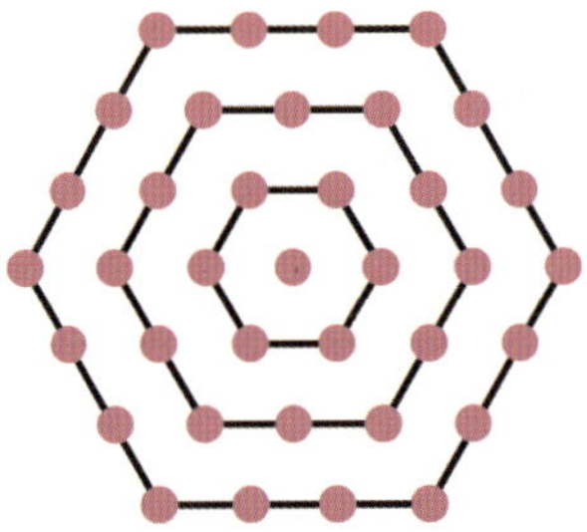

정육각형의 한 변에 N개의 점이 놓일 때까지 계속해서 점을 찍게 되면 모두 몇 개의 점이 놓이게 되는지 구하여라.

Input Form 첫째 줄에는 한 개의 양의 정수 N이 주어진다. (1≤N≤10,000)

Output Form 모든 점의 개수를 첫째 줄에 출력하여라.

Example

입력	출력
2	7

입력	출력
4	37

코딩마법서

1권 STONE VERSION

코딩테스트와 인공지능을 위한 파이썬

제17장

배수와 약수 Multiple and Divisor

φ 오일러BOOKS

17.1

배수 Multiple

어떤 수에다 1배, 2배, 3배, 4배, … 한 수들을 그 수의 **배수(Multiple)**라고 한다. 예를 들어서 3을 1배 한 수는 3이고 3을 2배 한 수는 6, 3을 3배 한 수는 9, 3을 4배 한 수는 12, … 와 같이 3에다가 몇 배를 곱해서 만들어진 수들을 3의 배수라고 한다.

Core

```
for i in range(3, 101, 3):
    print(i, end = ' ')
```

같은 결과

```
for i in range(1, 101):
    if i % 3 == 0:
        print(i, end = ' ')
```

왼쪽에 있는 문장은 i의 값을 3부터 시작해서 for문이 1회전 할 때마다 3씩 증가하므로 1부터 100까지 3의 배수들을 출력한다. 오른쪽에 있는 문장은 i가 1부터 100까지 회전을 하면서 3으로 나누었을 때 나머지가 0인 수들을 출력하므로 오른쪽에 있는 문장도 1부터 100까지의 3의 배수들을 출력하는 문장이다.

Coding

```
1  for i in range(3, 101, 3):
2      print(i, end = ' ')
```

Interpret

- 1, 2번째 줄은 3부터 시작해서 1회전 할 때마다 3씩 증가하는 for문의 구간이다.
- 2번째 줄은 100 이하의 3의 배수들을 출력의 첫째 줄에 출력한다.

Output

```
3 6 9 12 15 18 21 24 27 30 33 36 39 42 45 48 51 54 57 60 63 66 69 72 75 78 81 84
87 90 93 96 99
```

17.2

약수 Divisor

어떤 수를 나누었을 때, 나누어떨어지게 하는 자연수를 어떤 수의 **약수(Divisor)**라고 한다. 예를 들어서

1, 2, 3, 4, 6, 12로 12를 나누게 되면 12는 나누어떨어지므로 1, 2, 3, 4, 6, 12를 12의 약수라고 한다. 또한 모든 수는 1로 나누었을 때, 나누어떨어지므로 1은 모든 수의 약수이다.

Core

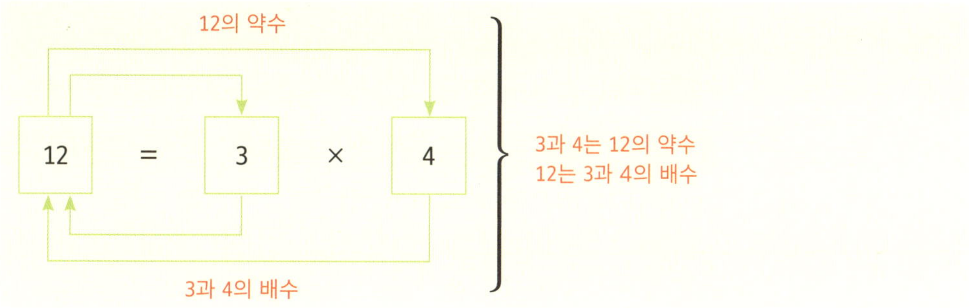

Coding

```
1  for i in range(1, 13):
2      if 12 % i == 0:
3          print(i, end = ' ')
```

Interpret

- 1번째 줄부터 3번째 줄은 for문의 구간이고 if문이 for문에 종속된다.
- 2번째 줄은 12를 나누었을 때 나머지가 0인 수들만 조건을 만족하므로 3번째 줄에서 12의 약수를 출력의 첫째 줄에 출력한다. 12의 약수는 12 이하의 정수로 이루어졌기 때문에 for문의 회전은 1부터 12까지만 회전한다.

Output

```
1 2 3 4 6 12
```

17.3 연습문제 Exercise

① 한 개의 양의 정수 N이 주어지면 1부터 N까지의 홀수를 출력하는 프로그램을 작성하여라.

Input Form 첫째 줄에 1 이상 100 이하의 양의 정수 N이 주어진다.

Output Form 1부터 N까지의 홀수를 작은 수부터 큰 수 순으로 각각 한 개의 공백으로 분리하여 첫째 줄에 출력하여라.

Example

입력
100

출력
1 3 5 7 9 11 13 15 17 19 21 23 25 27 29 31 33 35 37 39 41 43 45 47 49 51 53 55 57 59 61 63 65 67 69 71 73 75 77 79 81 83 85 87 89 91 93 95 97 99

② 두 개의 양의 정수 A와 B가 주어지면 A부터 B까지의 5의 배수의 총합을 구하는 프로그램을 작성하여라.

Input Form 첫째 줄에 1 이상 100 이하의 양의 정수 A와 B가 한 개의 공백으로 분리되어 주어진다. (1≤A≤B≤100)

Output Form A부터 B까지의 5의 배수의 총합을 첫째 줄에 출력하여라.

Example

입력	출력
1 100	1050

③ 한 개의 양의 정수 N이 주어지면 N에 대한 약수의 개수를 구하는 프로그램을 작성하여라.

Input Form 첫째 줄에 1 이상 100 이하의 양의 정수 N이 주어진다.

Output Form N에 대한 약수의 개수를 첫째 줄에 출력하여라.

Example

입력	출력
12	6

Note 1, 2, 3, 4, 6, 12

1003

홀수와 짝수의 합

실행 제한시간	1초
메모리 사용 제한	32MB

1부터 N(1≤N≤1,000)까지의 짝수의 합과 홀수의 합을 출력하는 프로그램을 작성하여라.

Input Form 첫째 줄에 1 이상 1,000 이하의 양의 정수 N이 주어진다.

Output Form 1부터 N까지의 짝수의 합을 첫째 줄에 출력하고 홀수의 합을 둘째 줄에 출력한다.

Example

입력	출력
10	30 25

1013

오일러 프로젝트

실행 제한시간	1초
메모리 사용 제한	32MB

오일러는 왕국의 시민들을 제2의 오일러로 만드는 오일러 프로젝트(Euler Project)를 시작하기로 하였다.

1부터 N(1≤N≤1,000) 미만의 정수 중에서 3의 배수이거나 5의 배수인 정수들의 총합을 구하여라. 만일 N이 10이라면 N 미만의 3 또는 5의 배수인 수들은 3, 5, 6, 9가 있고, 이 수들의 합은 23이 된다.

Input Form 첫째 줄에 한 개의 양의 정수 N이 주어진다.

Output Form N 미만의 3 또는 5의 배수인 모든 정수들의 총합을 첫째 줄에 출력하여라.

Example

입력	출력
10	23

1011

잠자기 전에 독서 I

실행 제한시간	1초
메모리 사용 제한	32MB

오일러의 어머니는 잠자기에 들기 전에 오일러를 위해서 책 읽어주기를 하고 있다. "오, 이건 내 머리를 아프게 만드는군."라고 오일러는 불평을 한다. "하지만 이건 매우 간단한 수 이론이야!"라고 오일러의 어머니는 대답하였다. "다시 한번 생각해보자. 어느 숫자에 대한 시그마 함숫값은 그 수의 약수들의 합이다. 따라서 12에 대한 약수는 1, 2, 3, 4, 6, 12이고 그것들을 다 더하면 28을 얻는다."

"그게 전부에요?"라고 오일러가 물었다.

"그럼", 오일러의 어머니는 대답했다. "아마도 누군가가 정수 N(1≤N≤1,000,000)에 대한 시그마 함숫값을 계산하는 프로그램을 작성해 줄 거야."

Input Form 첫째 줄에는 시그마 함숫값을 구하기 위한 정수 N이 주어진다.

Output Form N에 대한 약수들의 총합을 첫째 줄에 출력하여라.

Example

입력	출력
12	28

1134
두 개의 짝수

실행 제한시간	0.1초
메모리 사용 제한	32MB

오일러는 덤블도어 선생님으로부터 두 개의 짝수의 곱으로 표현되는 N보다 작은 양의 정수는 모두 몇 개가 있는지 찾아오라는 숙제를 받아왔다. 예를 들어서 4는 2 × 2인 두 개의 짝수의 곱으로 표현이 가능하다. 마찬가지로 28도 2 × 14인 두 개의 짝수의 곱으로 표현이 가능하다.

오일러는 제한 시간의 어려움 때문에 여러분들에게 도움을 청하고 있다. 오일러가 숙제를 할 수 있도록 여러분들이 도와주어라.

Input Form 첫째 줄에 한 개의 양의 정수 N이 주어진다. (1≤N≤2,000,000,000)

Output Form 두 개의 짝수의 곱으로 표현되는 N보다 작은 양의 정수의 개수를 첫째 줄에 출력하여라.

Example

입력	출력
10	2

Note 두 개의 짝수의 곱으로 표현되는 10보다 작은 양의 정수는 4(= 2 × 2)와 8(= 2 × 4)이 있다.

제18장

완전수 Perfect Number

φ 오일러BOOKS

18.1

완전수 Perfect Number

그 수 자신을 제외한 모든 약수의 합이 그 수 자신과 같은 수를 **완전수(Perfect Number)**라고 한다. 예를 들어 6의 약수는 1, 2, 3, 6이고 그 수 자신을 제외한 1 + 2 + 3의 합은 6과 같으므로 6은 완전수(Perfect Number)이다.

그 수 자신을 제외한 모든 약수의 합이 그 수 자신보다 작은 수를 **부족수(Deficient Number)**라고 한다. 예를 들어 8의 약수는 1, 2, 4, 8이고 그 수 자신을 제외한 1 + 2 + 4의 합은 8보다 작으므로 8은 부족수(Deficient Number)이다.

그 수 자신을 제외한 모든 약수의 합이 그 수 자신보다 큰 수를 **과잉수(Abundant Number)**라고 한다. 예를 들어 12의 약수는 1, 2, 3, 4, 6, 12이고 그 수 자신을 제외한 1 + 2 + 3 + 4 + 6의 합은 12보다 크므로 12는 과잉수(Abundant Number)이다.

피타고라스
(BC582 - BC497)

고대 그리스 사람들은 숫자 6이 자신을 제외한 약수들의 합(6 = 1 + 2 + 3)으로 표시됨을 알아차리고 이것이야말로 완전한 수의 형태라고 생각했다. 아우구스투스(BC63 - AD14, Augustus)는 "신이 세상을 6일 동안 창조하신 이유는 6이 완전수이기 때문이다."라고 말하기도 하였다. 완전수(Perfect Number)라는 명칭은 **피타고라스(BC582 - BC497, Pythagoras)**를 따르는 피타고라스 학파가 처음으로 사용하였고 홀수인 완전수는 아직 밝혀지지 않았으며, 완전수가 무한히 존재하는지도 아직 밝혀지지 않았다. 홀수인 완전수가 없다는 것은 증명되지는 않았지만, 지금까지 발견된 정수 중에는 홀수인 완전수는 없다는 것은 확인되었다.

2000년이 넘도록 수학자들은 오직 11개의 완전수만을 찾아내었고 1877년에 한 개의 완전수를 더 찾아내었다. 20세기 후반에 들어오면서 컴퓨터의 발달로 새로운 완전수를 찾기 시작하였고 1952년 캘리포니아 대학의 로빈슨이 컴퓨터 SWAC를 이용하여 새로운 완전수를 발견한 이래로 2018년 12월 이전까지 모두 51개의 완전수가 발견되었다.

참고 : https://www.mersenne.org/primes/

Coding

```python
1 sum, num = 0, 28
2 for i in range(1, num):
3     if num % i == 0:
4         sum += i
5
6 if num == sum:
7     print('Perfect Number')
```

Interpret

- 1번째 줄은 총합을 구하기 위해서 sum은 0으로 num은 28로 초기화하였다.
- 2번째 줄부터 4번째 줄은 자기 자신 28을 제외한 약수(1, 2, 4, 7, 14)의 총합을 구하고 있다.
- 6번째 줄에서 num과 sum의 값이 같으므로 출력의 첫째 줄에 'Perfect Number'를 출력한다.

Output

```
Perfect Number
```

18.2
연습문제 Exercise

① **어떤 한 개의 양의 정수에 대해서 그 수 자신을 제외한 모든 약수의 합이 그 수 자신과 같은 수를 완전수라고 하고 그 수 자신을 제외한 모든 약수의 합이 그 수 자신보다 작은 수를 부족수라고 한다. 그리고 그 수 자신을 제외한 모든 약수의 합이 그 수 자신보다 큰 수를 과잉수라고 한다. 한 개의 양의 정수 N이 주어지면 그 수가 완전수인지, 부족수인지, 과잉수인지를 판별하는 프로그램을 작성하여라.**

Input Form 첫째 줄에 1 이상 10,000 이하의 양의 정수 N이 주어진다.

Output Form 주어진 정수 N이 완전수인지이면 'PERFECT'를 부족수이면 'DEFICIENT'를 과잉수이면 'ABUNDANT'를 첫째 줄에 출력하여라.

Example

입력	출력
8128	PERFECT

1098

약수

실행 제한시간	1초
메모리 사용 제한	32MB

1보다 큰 정수는 두 개 이상의 약수를 가진다. 약수는 해당 정수를 정확하게 나머지가 없이 나눌 수 있는 수를 의미한다. 예를 들어 6은 약수로 1, 2, 3, 6을 가진다. 그리고 약수 중에서 자기 자신 6을 제외한 모든 약수를 더해보면 1 + 2 + 3 = 6이 되는 재미있는 사실을 발견할 수 있다. 우리는 이런 수를 완전수라 부른다. 정수 14의 약수는 1, 2, 7, 14이고 여기서 자기 자신의 수 14를 제외하고 더하면 10이 된다.

입력된 정수가 완전수인지 알아보기 위해서 한 개의 정수 N(1≤N≤10,000,000)을 읽어들여 N에 대한 약수의 합을 구하는 프로그램을 작성하여라. (자기 자신 제외)

Input Form 첫째 줄에 한 개의 정수 N이 주어진다.

Output Form 자기 자신 N을 제외한 약수의 총합을 첫째 줄에 출력하여라.

Example

입력	출력
314	160

코딩마법서

1권 STONE VERSION

코딩테스트와 인공지능을 위한 파이썬

제19장

팩토리얼 Factorial

φ 오일러BOOKS

19.1

팩토리얼 Factorial

1부터 N까지 모두 곱한 수를 N 팩토리얼(Factorial)이라 부르며 기호로는 N!로 나타낸다.

Core

```
N! = 1 × 2 × 3 × … × N
```

예를 들어서

0! = 1

1! = 1

2! = 1 × 2 = 2

3! = 1 × 2 × 3 = 6

4! = 1 × 2 × 3 × 4 = 24

5! = 1 × 2 × 3 × 4 × 5 = 120이 된다.

5!을 구하고자 하면 어떻게 해야 하는가?

Core

```
fact *= 1
fact *= 2
fact *= 3
fact *= 4
fact *= 5
```

변수 fact는 1로 초기화되어 있다고 하자. 왜냐하면 fact의 초깃값이 0이면 fact에다 어떤 수를 곱해도 항상 0이 되기 때문에 곱셈 연산을 할 때의 초깃값은 언제나 1 이어야 한다. 5!을 구하고자 한다면 처음에 fact의 값에다 1을 곱해서 fact의 값은 1이 되고, 다시 fact의 값에다 2를 곱해서 fact의 값은 2가 되고, 다시 fact의 값에다 3을 곱해서 fact의 값은 6이 되고, 다시 fact의 값에다 4를 곱해서 fact의 값은 24가 되고, 마지막으로 fact의 값에다 5를 곱해서 fact의 값은 120이 된다. 그래서 위와 같은 반복된 작업을 for문을 이용해서 구하고자 한다면 다음과 같다.

Core

```python
for i in range(1, 6):
    fact *= i
```

i의 값 1이 fact에 곱해져서 fact의 값은 1이 된다. 다시 i의 값은 2가 되고 fact에 i의 값 2가 곱해져서 fact의 값은 2가 된다. 이와 같은 반복 작업을 모두 5바퀴를 회전하며 fact에 1부터 5까지 곱해지게 되어 fact에 5!의 값이 구해지게 되는 것이다.

Coding

```python
1 fact = 1
2 for i in range(1, 6):
3     fact *= i
4 print(fact)
```

Interpret

- 1번째 줄은 fact를 1로 초기화하였다.
- 2, 3번째 줄은 for문의 구간이고 3번째 줄이 for문에 종속된다.
- for문의 회전이 끝난 후, 4번째 줄에서 5!의 값 120을 출력의 첫째 줄에 출력한다.

Output

```
120
```

19.2
연습문제 Exercise

① 한 개의 양의 정수 N이 주어지면 N! 과정을 출력하는 프로그램을 작성하여라.

Input Form 첫째 줄에 1 이상 100 이하의 양의 정수 N이 주어진다.

Output Form '입력과 출력의 예'와 같이 N! 과정을 첫째 줄에 출력하여라.

Example

입력	출력
5	1*2*3*4*5

1014

수학 숙제

실행 제한시간 **1초**
메모리 사용 제한 **32MB**

오일러는 지난 오랜 과제인 몇 개의 문제들을 되돌아보기로 하였고 그 중에서도 "factorial"을 구하는 것에 대해서 고민하고 있다. 오일러는 N의 값이 12 이하면 N factorial의 결괏값은 1,000,000,000보다 크지는 않지만 결괏값을 물어보면 그 어느 누구도 대답해 줄 수 없다는 것을 알고 있다.

여기서 N factorial이란 N * (N - 1) * (N - 2) * … * 3 * 2 * 1의 결괏값을 의미한다. 오일러의 오랜 학교 숙제에 대한 결괏값을 구해주는 프로그램을 작성하여라. 예를 들어 5 factorial의 결괏값은 5 * 4 * 3 * 2 * 1 = 120이다.

Input Form 첫째 줄에는 한 개의 정수 N이 주어진다. (1≤N≤12)

Output Form N factorial의 결괏값을 첫째 줄에 출력하여라.

Example

입력	출력
5	120

1008

팩토리얼(Factorial)

실행 제한시간	1초
메모리 사용 제한	32MB

계승(Factorial)의 계산 과정을 분석적으로 표시하는 프로그램을 작성하여라.

예를 들어 N!은 N × (N - 1) × (N - 2) × ... × 3 × 2 × 1을 나타낸다.

Input Form 첫째 줄에 양의 정수 N이 주어진다. ($1 \le N \le 12$)

Output Form "출력의 예"와 같이 계승(Factorial)의 계산 과정을 분석적으로 표시하여 첫째 줄에 출력하여라.

Example

입력	출력
5	5!=(1*2*3*4*5)=120

코딩마법서

1권 STONE VERSION

코딩테스트와 인공지능을 위한 파이썬

제20장

중첩 순환문 for

φ 오일러BOOKS

20.1
1중 for문과 2중 for문의 비교

'Hello, Euler'를 10,000번 출력하기 위해서 for문을 사용하여 작성한다면 아래 다음과 같다.

Core

```
for i in range(10000):
    print('Hello, Euler')
```

그런데 아래와 같이 중첩된 for문을 이용해서도 'Hello, Euler'를 10,000번 출력할 수 있다.

Coding

```
1  for i in range(100):
2      for j in range(100):
3          print('Hello, Euler')
```

Interpret

- 1번째 줄은 i가 0일 경우 2번째 줄에서 j가 0부터 99까지 100바퀴 회전하면서 'Hello, Euler'를 100번 출력한다. 이후 i는 1이 되고 다시 j가 0부터 99까지 100바퀴 회전하면서 'Hello, Euler'를 100번 출력한다. 이와 같이 각각의 i에 대해서 j의 반복 작업을 100번씩 하게 되므로 모두 100 * 100번의 순환이 발생되어 'Hello, Euler'를 10,000번 출력한다.

Output

```
Hello, Euler
Hello, Euler
Hello, Euler
Hello, Euler
Hello, Euler
Hello, Euler
Hello, Euler
Hello, Euler
Hello, Euler
Hello, Euler
```

Tip

중첩 for 루프(loop)를 회전할 때, 바깥 for문에 대한 변수의 이름으로는 iterator(반복자)의 약자인 i를 사용하고 그 안에 종속된 for문은 j를 사용하는게 일반적이다.

20.2

for문의 활용과 언더스코어 _ underscore

변수명으로 언더스코어(underscore, _)를 사용하는 경우가 있다. 이것은 사용하지 않는 변수라는 것을 강조하기 위해서 사용된다. 물론 의미없는 변수를 만들어서 사용할 수도 있지만 변수명으로 언더스코어(_)를 사용하게 되면 깔끔하면서도 직관적으로 확인할 수 있기 때문에 많은 프로그래머들이 의미없는 변수명으로 언더스코어를 사용한다.

Core

```
for _ in range(□):
    printf('#')
```

for문의 회전수

지금 위에 있는 for문은 몇 바퀴를 회전할 것이라 예상하는가? 초등학생의 관점에서 대답을 한다면 □바퀴를 회전한다. 즉, 0부터 □ 전까지 회전하기 때문에 □ 안에 들어가는 숫자가 for문의 회전수를 결정하는 것이다. 만일 □대신에 숫자 10을 쓴다면 for문은 10바퀴를 회전할 것이고, □ 대신에 100,000,000을 쓴다면 for문은 1억 바퀴를 회전할 것이다.

Coding

```
1  for _ in range(1, 6):
2      print('#' * 5, end = '')
3      print()
```

Interpret

- 1번째 줄은 for문이 1회전일 때 2번째 줄에 의해서 출력의 첫째 줄에 '#'을 5개 출력한다. 그리고 3번째 줄에 의해서 줄을 내린 후, for문이 2회전일 때 2번째 줄에 의해서 다시 출력의 둘째 줄에 '#'을 5개 출력한다. 그리고 3번째 줄에 의해서 줄을 내린다.
- 이와 같은 방법으로 for문은 모두 5바퀴를 회전하고 각각의 회전에 대해서 '#'을 5개씩 출력하므로 출력되는 모양은 아래 다음과 같다.

Output

```
#####
#####
#####
#####
#####
```

20.3

연습문제 Exercise

1 for문을 이용하여 '출력의 예'와 같이 출력하는 프로그램을 작성하여라.

Input Form 입력형식 없음.

Output Form 5줄에 걸쳐서 각 줄에 모양을 출력하여라.

Example

출력
#####

2 for문을 이용하여 '출력의 예'와 같이 출력하는 프로그램을 작성하여라.

Input Form 입력형식 없음.

Output Form 5줄에 걸쳐서 각 줄에 모양을 출력하여라.

Example

출력
#

③ for문을 이용하여 '출력의 예'와 같이 출력하는 프로그램을 작성하여라.

Input Form 입력형식 없음.

Output Form 5줄에 걸쳐서 각 줄에 모양을 출력하여라.

Example

출력

``
    #
   ##
  ###
 ####
#####
``

```
    #
   ##
  ###
 ####
#####
```

④ for문을 이용하여 '출력의 예'와 같이 출력하는 프로그램을 작성하여라.

Input Form 입력형식 없음.

Output Form 5줄에 걸쳐서 각 줄에 모양을 출력하여라.

Example

출력

```
#####
 ####
  ###
   ##
    #
```

5 for문을 이용하여 '출력의 예'와 같이 출력하는 프로그램을 작성하여라.

Input Form 입력형식 없음.

Output Form 5줄에 걸쳐서 각 줄에 모양을 출력하여라.

Example

출력

<pre>   #
   ###
  #####
 #######
#########</pre>

6 for문을 이용하여 '출력의 예'와 같이 출력하는 프로그램을 작성하여라.

Input Form 입력형식 없음.

Output Form 5줄에 걸쳐서 각 줄에 모양을 출력하여라.

Example

출력

<pre>#########
 #######
  #####
   ###
    #</pre>

2013
도미노 게임

실행 제한시간 1초
메모리 사용 제한 32MB

도미노 게임은 여러 가지 숫자가 써 있는 도미노를 가지고 하는 게임이다. 각각의 도미노는 위, 아래 두 부분으로 나누어져 있다. 나누어진 각각은 눈의 수로써 수를 표현하고 값을 결정한다. (0도 가능) 읽는 순서에 상관없이 두 개의 도미노가 같은 눈을 가지고 있다면, 두 개의 도미노는 같은 것으로 간주한다. 예를 들어서, 위, 아래 2와 8을 갖는 도미노와 위, 아래 8과 2를 갖는 도미노는 같은 도미노로 취급한다. 크기가 N(1≤N≤1,000)인 도미노 게임은 눈의 수(위, 아래 각각)가 0 이상 N 이하인 도미노를 가지고 한다. 게임의 크기 N이 주어지면 눈의 수(위, 아래 각각)가 N 이하이고, 같은 도미노를 가지지 않도록 모든 도미노를 적절히 배치하자. 예를 들어 N = 2이면 6개의 도미노를 배치할 수 있다.

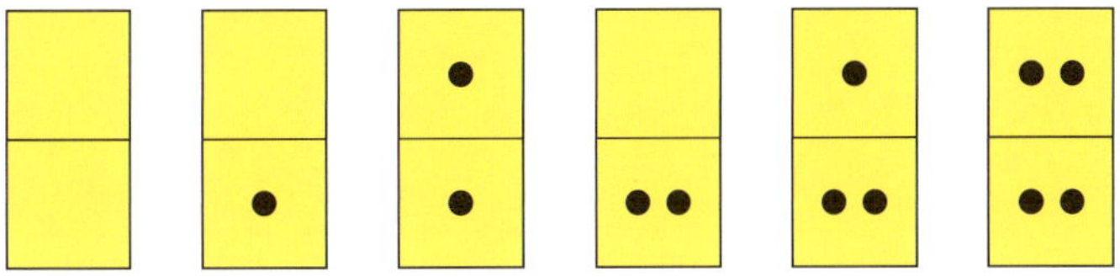

도미노 게임의 크기 N이 주어지면, 눈의 수가 N 이하인 모든 도미노를 중복되지 않게 배치했을 때, 배치된 도미노의 모든 눈의 개수는 얼마인지 구하여라.

Input Form 첫째 줄에는 도미노 게임의 크기를 나타내는 한 개의 양의 정수 N이 주어진다.

Output Form 눈의 수가 N 이하인 모든 도미노를 중복되지 않게 배치했을 때, 배치된 도미노의 모든 눈의 개수를 첫째 줄에 출력하여라.

Example

입력	출력
2	12

코딩마법서

1권 STONE VERSION

코딩테스트와 인공지능을 위한 파이썬

제21장

기초테스트 I
Training

φ 오일러BOOKS

21.1
기초테스트 I

❶ **for문을 이용하여 '출력의 예'와 같이 출력하는 프로그램을 작성하여라.**

Input Form 입력형식 없음.

Output Form 5줄에 걸쳐서 각 줄에 숫자를 출력하여라.

Example

출력
1 12 123 1234 12345

❷ **for문을 이용하여 '출력의 예'와 같이 출력하는 프로그램을 작성하여라.**

Input Form 입력형식 없음.

Output Form 5줄에 걸쳐서 각 줄에 숫자를 출력하여라.

Example

출력
12345 1234 123 12 1

③ for문을 이용하여 '출력의 예'와 같이 출력하는 프로그램을 작성하여라.

Input Form 입력형식 없음.

Output Form 5줄에 걸쳐서 각 줄에 숫자를 출력하여라.

Example

출력
5 45 345 2345 12345

④ for문을 이용하여 '출력의 예'와 같이 출력하는 프로그램을 작성하여라.

Input Form 입력형식 없음.

Output Form 5줄에 걸쳐서 각 줄에 숫자를 출력하여라.

Example

출력
12345 2345 345 45 5

⑤ for문을 이용하여 '출력의 예'와 같이 출력하는 프로그램을 작성하여라.

Input Form 입력형식 없음.

Output Form 5줄에 걸쳐서 각 줄에 숫자를 출력하여라.

Example

출력
1 123 12345 1234567 123456789

⑥ for문을 이용하여 '출력의 예'와 같이 출력하는 프로그램을 작성하여라.

Input Form 입력형식 없음.

Output Form 5줄에 걸쳐서 각 줄에 숫자를 출력하여라.

Example

출력
123456789 1234567 12345 123 1

⑦ for문을 이용하여 '출력의 예'와 같이 출력하는 프로그램을 작성하여라.

Input Form 입력형식 없음.

Output Form 5줄에 걸쳐서 각 줄에 숫자를 출력하여라.

Example

출력
9 789 56789 3456789 123456789

```
    9
   789
  56789
 3456789
123456789
```

⑧ for문을 이용하여 '출력의 예'와 같이 출력하는 프로그램을 작성하여라.

Input Form 입력형식 없음.

Output Form 5줄에 걸쳐서 각 줄에 숫자를 출력하여라.

Example

출력

```
123456789
 3456789
  56789
   789
    9
```

⑨ for문을 이용하여 '출력의 예'와 같이 출력하는 프로그램을 작성하여라.

Input Form 입력형식 없음.

Output Form 5줄에 걸쳐서 각 줄에 문자를 출력하여라.

Example

출력
A B C D E

⑩ for문을 이용하여 '출력의 예'와 같이 출력하는 프로그램을 작성하여라.

Input Form 입력형식 없음.

Output Form 5줄에 걸쳐서 각 줄에 문자를 출력하여라.

Example

출력

``
    A
   BBB
  CCCCC
 DDDDDDD
EEEEEEEEE
``

⑪ for문을 이용하여 '출력의 예'와 같이 출력하는 프로그램을 작성하여라.

Input Form 입력형식 없음.

Output Form 5줄에 걸쳐서 각 줄에 문자를 출력하여라.

Example

출력
A AB ABC ABCD ABCDE

⑫ for문을 이용하여 '출력의 예'와 같이 출력하는 프로그램을 작성하여라.

Input Form 입력형식 없음.

Output Form 5줄에 걸쳐서 각 줄에 문자를 출력하여라.

Example

출력

```
    A
   BCD
  CDEFG
 DEFGHIJ
EFGHIJKLM
```

2000

세 수의 합

실행 제한시간	1초
메모리 사용 제한	64MB

1 이상 10 이하의 정수를 이용하여 세 수의 합이 N(3≤N≤30)이 되는 모든 경우를 찾아내는 프로그램을 작성하여라.

Input Form 첫 줄은 세 수의 합 N(3≤N≤30)이 주어진다.

Output Form 세 수는 달라야 하며, 각각의 세트는 한 번만 출력되어야 한다. 세트에서의 출력 순서는 첫 번째 수, 두 번째 수, 세 번째 수의 작은 것부터 출력해야 한다. 세트의 출력 순서는 각각의 세트 중 첫 번째 숫자가 작은 것이 먼저 출력되어야 한다. 첫 번째 숫자가 같을 경우는 두 번째 숫자를 보고, 두 번째 숫자가 같을 경우는 세 번째 숫자가 작은 것을 우선시한다. 마지막 줄에는 조건에 맞는 경우의 수를 출력하도록 한다.

Example

입력	출력
10	1 2 7 1 3 6 1 4 5 2 3 5 4

2001
추의 합

실행 제한시간	1초
메모리 사용 제한	64MB

2g, 3g, 5g의 추가 각각 10개씩 있다. 각각의 추를 1개 이상 사용하여 무게 G를 측정하려고 한다. 무게 G를 만족하는 모든 경우를 찾아서 각각의 추의 개수를 출력하여라. 만족하는 경우가 없으면 경우의 수는 0이 된다.

Input Form 첫 줄은 측정하기를 원하는 무게 G(그램)가 주어진다. (G는 1 이상 50 이하의 양의 정수)

Output Form 경우를 2g, 3g, 5g의 순서대로 출력하되 2g의 개수가 가장 작은 경우가 먼저 오고 만일 2g의 개수가 같을 경우는 3g의 개수가 가장 작은 경우가 먼저 오고 2g, 3g이 모두 같을 경우는 5g이 가장 작은 경우가 먼저 오도록 출력한 후 마지막 줄에 경우의 수도 출력하도록 한다. 경우의 수가 없을 경우는 출력의 첫째 줄에 0을 출력하도록 한다.

Example

입력	출력
20	1 1 3 2 2 2 3 3 1 6 1 1 4

2007

나비

실행 제한시간	**1초**
메모리 사용 제한	**64MB**

나비의 크기 N(1≤N≤10)이 주어지면 아래와 같이 나비 모양을 출력하는 프로그램을 작성하여라. 아래의 나비 모양은 N의 값으로 5가 주어졌을 경우의 모양이다.

```
1       1
12     21
123   321
1234 4321
123454321
1234 4321
123   321
12     21
1       1
```

Input Form 첫째 줄에는 나비의 크기 N(1≤N≤10)이 주어진다. 나비의 크기 N은 나비의 가운데 숫자를 의미한다.

Output Form 주어진 N에 대한 나비의 모양을 출력하도록 한다. 나비의 크기로 10이 주어졌을 경우 나비의 가운데 숫자 10은 0으로 출력하도록 한다.

Example

입력	출력
5	1 1 12 21 123 321 1234 4321 123454321 1234 4321 123 321 12 21 1 1

코딩마법서

1권 STONE VERSION

코딩테스트와 인공지능을 위한 파이썬

제22장

순환문 while

φ 오일러BOOKS

앞장에서 순환문의 하나인 for문에 대해서 공부하였다. 이번 장에서는 또 다른 순환문인 while문에 대해서 살펴보기로 하자. while문은 아래와 같이 조건부 하나로 이루어져 있다.

Core

```
while 조건부:
    실행하고자 하는 내용1
            ⋮
    실행하고자 하는 내용2
```

프로그램이 진행중에 while문을 만나면 조건부가 실행된다. 조건부를 확인하여 조건이 참(True)이면 조건부: 이후로 while문에 종속된 문장들을 차례로 실행한 후 다시 조건부로 이동한다. 마찬가지로 조건부를 확인하여 조건이 참(True)이면 while문에 종속된 문장들을 차례로 실행한 후 다시 조건부로 이동하여 조건을 확인한다. while문은 이와 같은 작업을 반복하다가 조건부에서 조건이 거짓(False)이 되면 while문을 빠져나와 while문 이후의 과정을 진행한다. 또한 프로그램이 진행중에 while문을 만났을 때 처음부터 조건부가 거짓(False)이면 while문은 단 한 번도 실행되지 않을 수 있다는 것도 기억도록 하자.

22.1 while문

while문을 이용해서 1부터 10까지 출력하고자 한다면 어떻게 해야 하는가?

Core

```
while a < 10:          조건부
    a += 1
    print(a, end = ' ')
```

while문이 실행되기 전에 변수 a의 값은 0으로 초기화되어 있다고 가정하자. 프로그램이 진행중에 while문을 만나면 조건부를 확인하여 조건이 참(True)이면 while문의 블록 구간(Block Scope)이 실행된다. 블록 구간(Block Scope)의 첫째 줄에 변수 a의 값은 1 증가되어 1이 되고 다음 줄에서 a의 값 1을 출력한 후 조건부로 이동한다. 다시 조건이 참(True)이므로 블록 구간(Block Scope)이 실행되어 a의 값은 1 증가되어 2가 되고 a의 값 2를 출력한다. 이와 같은 반복작업을 조건부가 거짓(False)이 될 때까지 10바퀴를 회전하며 1, 2, 3, … , 10까지의 숫자를 화면에 출력한다.

Coding

```
1  a = 0
2  while a < 10:
3      a += 1
4      print(a, end = ' ')
```

Interpret

- 1번째 줄은 변수 a를 0으로 초기화하였다.
- 2번째 줄부터 4번째 줄은 while문의 구간이고 while문이 회전할 때마다 3번째 줄에서 a의 값은 1씩 증가하고 4번째 줄에서 a의 값을 출력한다.
- 4번째 줄은 end에 한 칸의 공백 문자열을 지정하여 줄 내림을 대신하였다.

Output

```
1 2 3 4 5 6 7 8 9 10
```

22.2 while문과 카운팅

Coding

```
1  a, cnt = 0, 0
2  while a < 100:
3      a += 1
4      if a % 2 == 1:
5          print(a, end = ' ')
6          cnt += 1
7          if cnt % 5 == 0:
8              print()
```

Interpret

- 1번째 줄은 변수 a와 cnt를 동시에 0으로 초기화하였다.
- 2번째 줄부터 8번째 줄은 while문의 구간이며 1 회전할 때마다 3번째 줄에서 a의 값은 1씩 증가한

다.

- 4번째 줄부터 8번째 줄까지는 a의 값이 홀수일 때만 조건문이 참(True)이 되어 실행되며 5번째 줄에서 a의 값을 출력한다.
- 6번째 줄에서 a의 값이 홀수일 때만 cnt 값은 1씩 증가하며 7번째 줄에서 cnt 값이 5의 배수가 될 때마다 줄 내림이 발생한다.
- 따라서 프로그램의 실행 결과는 1부터 100까지의 홀수를 한 줄에 5개씩 출력한다.

Output

```
1 3 5 7 9
11 13 15 17 19
21 23 25 27 29
31 33 35 37 39
41 43 45 47 49
51 53 55 57 59
61 63 65 67 69
71 73 75 77 79
81 83 85 87 89
91 93 95 97 99
```

22.3 while else문

while문도 if문과 마찬가지로 마지막에 else문을 추가할 수 있다. else문은 while문이 모든 회전을 정상적으로 마치면(뒤에서 배우게 될 break문을 통해서 강제로 회전을 멈추지 않고) 마지막으로 else문을 처리한 후 while문을 종료한다.

Core

```python
i = 0
while i < 5:
    print(i)
    i += 1
else:
    i += 1
```

while문은 0부터 5까지의 연속된 정수를 각 줄에 출력한 후 i의 값이 5가 될 때 조건을 만족하지 못하기 때문에 순환문을 종료한다. 그리고 마지막으로 else문이 실행되며 i의 값 5를 1 증가시켜 6이 된다.

Coding

```
1  i = 0
2  while i < 5:
3      print(i)
4      i += 1
5  else:
6      i += 1
7  print(i)
```

Interpret

- 2번째 줄부터 6번째 줄은 while문의 구간이다. 3번째 줄에서 먼저 i의 값을 출력 후 4번째 줄에 의해서 i의 값은 1 증가한다. 따라서 0부터 4까지의 정수를 출력한 후 i의 값이 5가 되었을 때 조건문을 만족하지 못하므로 순환을 종료한다.
- 5, 6번째 줄은 while문의 순환이 정상적으로 끝났을 경우 실행되는 else문이다. i의 값 5가 1이 증가하여 6이 된다.
- 7번째 줄은 i의 값 6을 마지막 줄에 출력한 후 프로그램을 종료한다.

Output

```
0
1
2
3
4
6
```

22.4
연습문제 Exercise

1 **1부터 100까지 3의 배수를 출력하는 프로그램을 while문을 이용하여 작성하여라.**

Input Form 입력형식 없음.

Output Form 1부터 100까지의 3의 배수를 작은 수부터 큰 수 순으로 각각 한 개의 공백으로 분리하여 한 줄에 10개씩 출력하여라.

Example

출력
3 6 9 12 15 18 21 24 27 30 33 36 39 42 45 48 51 54 57 60 63 66 69 72 75 78 81 84 87 90 93 96 99

② 왕국의 버스 요금은 한 번 탑승할 때마다 A(1≤A≤10,000)원이 지불된다. 오일러는 충전금이 10,000원인 교통 카드를 가지고 있다. 오일러는 이 교통 카드로 버스를 몇 번 탑승할 수 있는지 알고 싶어 한다. 오일러가 한 번 탑승할 때마다 남아있는 교통 카드 잔액과 교통 카드를 사용한 횟수를 구해주는 프로그램을 작성하여라.

Input Form 첫째 줄에는 1 이상 10,000 이하의 한 개의 정수 A가 주어진다.

Output Form 오일러가 한 번 탑승할 때마다 교통 카드에 남아있는 잔액을 각 줄에 출력한다. 출력의 마지막 줄은 오일러가 교통 카드를 사용한 횟수를 출력하도록 한다.

Example

입력	출력
1250	8750 7500 6250 5000 3750 2500 1250 0 8

1018
골동품

실행 제한시간	1초
메모리 사용 제한	32MB

경매에 굉장히 좋은 골동품이 나왔다. 골동품을 입찰받기 위해서는 흥정을 하게 되는데, 맨 처음 내가 제시한 가격을 a, 판매사가 제시한 가격을 c라고 하자. 만일 a와 c가 같다면 이 가격에 골동품을 입찰받게 되지만 그런 경우는 흔치 않고, 매번 입찰할 때마다 내가 제시한 가격은 b씩 올라가며, 이에 대해 판매사는 d씩 내려간다. 가격이 결정되는 순간은 두 가격이 같거나, 내가 제시한 가격이 입찰자가 제시하는 가격보다 클 두 경우 모두 내가 제시한 가격에 골동품을 입찰받게 된다. (판매사는 내가 제시한 가격보다 적은 가격을 제시하지 않는다.) 골동품의 가격을 결정하는 프로그램을 작성하여라.

Input Form 네 정수 a, b, c, d가 하나의 공백을 사이에 두고 주어진다. (1≤a,b,c,d≤10,000)

Output Form 결정된 골동품의 입찰 가격을 첫째 줄에 출력하여라.

Example

입력	출력
150 50 1000 100	450

2016
콜라

실행 제한시간	0.2초
메모리 사용 제한	64MB

오일러는 N(1≤N≤1,000,000,000)병의 콜라를 가지고 있다. 오일러는 모든 콜라를 하나씩 마신 후 빈 병을 잘 보관한다. 빈 병이 K(K > 1)개가 모아지면 그는 새로운 콜라를 얻을 수 있다.

오일러가 마실 수 있는 콜라는 최대 모두 몇 병인가?

Input Form 첫째 줄에는 두 개의 정수 N과 K가 주어진다.

Output Form 오일러가 마실 수 있는 콜라의 최대 수를 첫째 줄에 출력하여라.

Example

입력	출력
4 3	5

입력	출력
10 3	14

2085

Gold Coins

실행 제한시간	1초
메모리 사용 제한	32MB

왕국의 왕은 그의 충성스러운 기사에게 매일 금화를 나누어주고 있다. 기사는 처음 첫째 날에는 금화 한 개를 받는다. 다음 이틀 동안(둘째 날과 셋째 날)은 매일 금화 두 개씩을 받는다. 다음 삼일 동안(넷째 날, 다섯째 날, 여섯째 날)은 매일 금화 세 개씩을 받는다. 다음 사일 동안(일곱째 날, 여덟째 날, 아홉째 날, 열째 날)은 매일 금화 네 개씩을 받는다. 이와 같은 방식으로 왕은 기사에게 금화를 매일 나누어주고 있다. : 연속적인 N일 동안은 매일 N개의 금화를 받고, 다시 연속적인 N + 1일 동안은 매일 N + 1개의 금화를 받는다. 여기서 N은 양의 정수이다.

기간이 주어지면(첫날부터 시작하여) 기사가 왕으로부터 받은 금화가 모두 얼마나 되는지 구하여라.

Input Form 첫날부터 얼마나 경과하였는지를 나타내는 기간(1 이상 10,000 이하)이 첫째 줄에 주어진다.

Output Form 전체 기간 동안 기사가 왕으로부터 받은 금화가 얼마나 되는지를 첫째 줄에 출력하여라.

Example

입력	출력
10	30

Note

금화 1개 : 첫째 날

금화 2개 : 둘째 날, 셋째 날

금화 3개 : 다섯째 날, 여섯째 날, 일곱째 날

금화 4개 : 일곱째 날, 여덟째 날, 아홉째 날, 열째 날

코딩마법서

1권 STONE VERSION

코딩테스트와 인공지능을 위한 파이썬

제23장

완전제곱수
Perfect Square Number

φ 오일러BOOKS

23.1 정사각수

어떤 자연수의 제곱이 되는 1^2, 2^2, 3^2, 4^2과 같은 수를 **완전제곱수(Perfect Square Number)** 또는 **제곱수(Square Number)** 또는 **정사각수**라고 한다.

$1 = 1^2$

$1 + 3 = 2^2$

$1 + 3 + 5 = 3^2$

$1 + 3 + 5 + 7 = 4^2$

$1 + 3 + 5 + 7 + 9 = 5^2$

그림에서와 같이 1부터 연속된 홀수의 합은 언제나 완전제곱수(Perfect Square Number)임을 알 수 있다.

23.2 약수의 개수를 이용한 완전제곱수 판별

완전제곱수(Perfect Square Number)는 약수의 개수가 언제나 홀수개이므로 약수의 개수를 확인하여 완전제곱수인지 판별할 수 있다. (중학교 수학 1 - 1 참조)

Coding

```
for i in range(1, 101):
    cnt = 0
    for j in range(1, i + 1):    # 각각의 i에 대한 약수의 개수 구하기
        if i % j == 0:
            cnt += 1
    if cnt % 2 == 1:             # 약수의 개수가 홀수개이면 완전제곱수
        print(i)
```

Interpret

- 1번째 줄부터 7번째 줄은 1부터 100까지 약수의 개수를 구하기 위한 순환문이다.
- 2번째 줄은 각각의 i에 대해서 약수의 개수를 카운팅하기 때문에 먼저 cnt를 0으로 초기화한 후 j를 순환해야 한다. i의 약수는 언제나 1 이상 i 이하의 수이기 때문에 3번째 줄에서 j는 1부터 i까지 순환한다. 만일 j가 i의 약수이면 4번째 줄의 조건을 만족하므로 5번째 줄에 의해서 cnt는 1씩 증가한다.
- 3번째 줄부터 5번째 줄까지의 순환이 완료되면 각각의 i에 대한 약수의 개수를 알 수 있다. 예를 들어서 1은 약수의 개수가 한 개이므로 cnt 값은 1이 되고, 2는 약수의 개수가 두 개이므로 cnt 값은 2가 되고, … , 100은 약수의 개수가 아홉 개이므로 cnt 값이 9가 된다.
- 6번째 줄에서 약수의 개수가 홀수개인 수는 완전제곱수이므로 7번째 줄에서 완전제곱수를 각 줄에 출력한다.

Output

```
1
4
9
16
25
36
49
64
81
100
```

Tip

개수를 세기 위한 변수명 cnt는 count의 약자로 '총 수를 세다'와 같은 뜻을 가진다. 많은 프로그래머들이 카운팅을 하기 위한 변수의 이름을 cnt로 명명하는 경우가 많이 있다.

23.3 제곱근을 이용한 완전제곱수 판별

어떤 수의 제곱근을 구하기 위해서 파이썬에서 제공되는 기본 함수가 있다. 아직 함수에 대해서 배우지 않았으므로 이번 장에서는 기본 명령어 정도라고만 이해하고 넘어가도록 하자. 사용법은 다음과 같다. (중학교 수학 3 - 1 참조)

Core

```
import math
k = math.sqrt(2)
print(k)
```

sqrt는 squre root의 약자이다. 즉, $\sqrt{2}$ 는 math.sqrt(2)가 되는 것이다. 만일 math.sqrt()라는 함수 안에 어떤 수(한 개의 정수 또는 실수)를 전달하면 어떤 수의 제곱근이 실수형으로 반환된다. 따라서 위에 있는 문장은 $\sqrt{2}$ 의 값을 출력하는 문장이다. 또한 math.sqrt() 함수를 사용하기 위해서는 사용하기 전에 반드시 math 모듈을 import 해야 한다. 이렇게 수학과 관련된 함수를 사용하기 위해서는 math라는 내장 모듈을 외부에서 불러와야 사용할 수 있는데, 여기서 **모듈(Module)**이란? 자주 사용되거나 필요한 코드를 묶어서 관리하고 사용할 수 있도록 하는 하나의 파일 덩어리를 말한다. 파이썬에서는 수학과 관련된 함수들을 math 모듈에 모아 놓았는데, 이렇게 제공되는 함수들을 사용하기 위해서는 사용하기 전에 메모리로 불러와야 사용할 수 있기 때문에 math.sqrt() 함수를 사용하기 위해서 math 모듈을 import 하는 것이다.

어떤 수가 완전제곱수인지 판별하기 위해서는 어떤 수의 제곱근을 정수 부분만 취한 후 정수 부분을 제곱한 수와 어떤 수가 같으면 완전제곱수임을 판별할 수 있다. 예를 들어서 2의 제곱근은 1.414… 이고 이 중에서 정수 부분인 1의 제곱 1(= 1 * 1)은 2와 같지 않으므로 2는 완전제곱수가 아니다. 3의 제곱근은 1.732… 이고 이 중에서 정수 부분인 1의 제곱 1(= 1 * 1)은 3과 같지 않으므로 3은 완전제곱수가 아니다. 4의 제곱근은 2.0 이고 이 중에서 정수 부분인 2의 제곱 4(= 2 * 2)는 4와 같으므로 4는 완전제곱수이다. 이와 같이 제곱근의 정수 부분을 제곱해서 해당 정수와 비교하면 완전제곱수인지를 판별할 수 있다.

Coding

```python
1  import math
2
3  for i in range(1, 101):
4      k = int(math.sqrt(i))
5      if k * k == i:
6          print(i)
```

Interpret

- 3번째 줄부터 6번째 줄은 1부터 100까지 완전제곱수를 구하기 위한 순환문이다.
- 4번째 줄은 i의 제곱근을 정수 부분만 변수 k에 저장하고 있다. math.sqrt() 함수에서 반환되는 값은 실수형이지만 int형으로 형 변환하여 k에 대입하였다.
- 5번째 줄에서 k의 제곱값과 i의 값이 같으면 완전제곱수이므로 6번째 줄에서 완전제곱수를 각 줄에 출력한다.

Output

```
1
4
9
16
25
36
49
64
81
100
```

Tip

제곱근 함수 math.sqrt() 대신에 거듭제곱 연산자 **를 이용하여 제곱근을 구할 수도 있다. $\sqrt{2}$ 는 $2^{0.5}$이므로 $\sqrt{2}$ 를 구하고자 한다면 2 ** 0.5로 제곱근 함수를 대신 할 수도 있다.

Tip

파이썬을 설치하면 제공되는 내장 모듈은 무엇이 있을까? 파이썬 쉘 스크립트 IDLE 창에서 help('modules')를 입력하거나 또는 파이썬 에디터에서 print(help('modules'))를 작성한 후 출력해보면 파이썬에서 제공되는 기본 내장 모듈을 확인해 볼 수 있다.

23.4
순환문을 이용한 완전제곱수 판별

완전제곱수의 판별을 math.sqrt() 함수를 이용하여 구할 수도 있지만 제곱근을 모르는 초등학생이나 또는 제곱근 함수가 기억이 안난다면 함수를 이용하지 않고 순환문을 이용하여 작성할 수도 있다.

Core

```
i, k = 9, 1
while k * k < i:
    k += 1
if k * k == i:
    print(i)
```

예를 들어서 어떤 수 i가 제곱수인지 판별하기 위해서 k의 값은 1부터 순환을 시작한다. while문의 순환은 k * k의 값이 i의 값보다 작다면 k의 값을 계속 1씩 증가하며 순환한다. while문의 순환이 종료되었을 때는 k * k의 값이 i의 값과 같거나 또는 i의 값보다 클 때이다. 만일 K * k의 값이 i의 값과 같다면 i는 정수의 제곱으로 이루어진 완전제곱수이다.

Coding

```
1   for i in range(1, 101):
2       k = 1
3       while k * k < i:
4           k += 1
5       if k * k == i:
6           print(i)
```

Interpret

- 1번째 줄부터 6번째 줄은 1부터 100까지 완전제곱수를 구하기 위한 순환문이다.
- 3번째 줄은 k의 값이 1부터 순환을 시작한다. 한 번의 순환이 발생할 때마다 k의 값은 1씩 증가하는데 k * k의 값이 i보다 작다면 계속적인 순환이 발생하고 k * k의 값이 i보다 크거나 같다면 while문의 순환이 종료된다.
- 5번째 줄에서 i의 값이 완전제곱수라면 k * k의 값과 i의 값이 같기 때문에 6번째 줄에서 완전제곱수 i의 값을 각 줄에 출력한다.

Output

```
1
4
9
16
25
36
49
64
81
100
```

23.5

연습문제 Exercise

① 한 변의 길이가 양의 정수인 정사각형의 한 변의 길이 N이 주어지면 한 변의 길이가 양의 정수인 크고 작은 정사각형이 모두 몇 개가 있는지 전체 개수를 구하는 프로그램을 작성하여라.

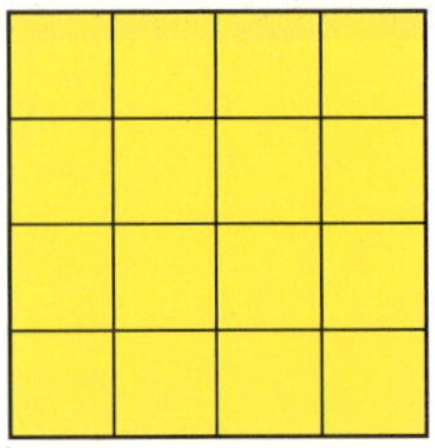

예를 들어서 한 변의 길이가 4인 정사각형에서는 한 변의 길이가 1인 정사각형이 16개, 한 변의 길이가 2인 정사각형이 9개, 한 변의 길이가 3인 정사각형이 4개, 한 변의 길이가 4인 정사각형이 1개가 있으므로 크고 작은 정사각형은 모두 30개가 있음을 알 수 있다.

Input Form 첫째 줄에 1 이상 100 이하의 양의 정수 N이 주어진다.

Output Form 크고 작은 정사각형의 전체 개수를 첫째 줄에 출력하여라.

Example

입력	출력
4	30

1009

홀수의 합

실행 제한시간	**1초**
메모리 사용 제한	**32MB**

구간 [a, b]가 주어지면 이 구간에 존재하는 모든 홀수의 합을 구하여라. 예를 들어 [3, 9] 구간에 존재하는 모든 홀수의 합은 3 + 5 + 7 + 9 = 24이다.

Input Form 첫째 줄에 구간 [a, b]를 나타내는 정수 a가 주어지고 둘째 줄에는 b가 주어진다. (0≤a≤b≤100)

Output Form 구간 [a, b] 범위에 존재하는 홀수의 합을 첫째 줄에 출력하여라.

Example

입력	출력
3 9	24

1004

홀수 제곱과 짝수 제곱

실행 제한시간	1초
메모리 사용 제한	32MB

오일러는 마법학교에서 수학 시간에 제곱수에 대해서 공부하였다. 양의 정수 N(1≤N≤1,000)이 주어지면 1부터 N까지의 모든 홀수는 제곱해서 더하고 짝수는 제곱해서 빼는 프로그램을 작성해오라는 숙제가 주어졌다. 오일러의 공부를 도와주자.

예를 들어 N의 값으로 5가 주어지면 $1^2 - 2^2 + 3^2 - 4^2 + 5^2$ 의 값을 구하면 된다.

Input Form 첫째 줄에 한 개의 양의 정수 N이 주어진다.

Output Form 주어진 N에 대한 결과를 첫째 줄에 출력하여라.

Example

입력	출력
10	-55

1135

홀수 모으기

실행 제한시간	0.1초
메모리 사용 제한	32MB

오일러는 홀수를 좋아한다. 그래서 어느 날부터인가 홀수를 모으기 시작했다. 첫째 날에는 양의 정수 중에서 가장 작은 홀수를 모았고 둘째 날에는 양의 정수 중에서 가장 작은 홀수와 두 번째로 작은 두 개의 홀수를 모았고, 셋째 날에는 양의 정수 중에서 가장 작은 홀수와 두 번째로 작은 홀수, 그리고 세 번째로 작은 세 개의 홀수를 모았고, 마찬가지의 방법으로 꾸준히 홀수를 모아서 N째 날에는 가장 작은 홀수부터 N번째로 작은 N개의 홀수를 모았다. N째 날까지 오일러가 모은 홀수는 다음과 같다.

$$1 + (1 + 3) + (1 + 3 + 5) + \cdots + (1 + 3 + 5 + \cdots + 2 \times N-1)$$

오일러가 N째 날까지 모은 모든 홀수의 총합은 얼마인가?

Input Form 첫째 줄에 한 개의 양의 정수 N이 주어진다. ($1 \le N \le 1{,}000$)

Output Form N째 날까지 오일러가 모은 모든 홀수의 총합을 첫째 줄에 출력하여라.

Example

입력	출력
3	14

1144

타일의 개수

실행 제한시간	1초
메모리 사용 제한	32MB

아래 다음과 같은 규칙으로 타일을 붙여 나갈 때, N번째 타일의 개수는 모두 몇 개인지 구하여라.

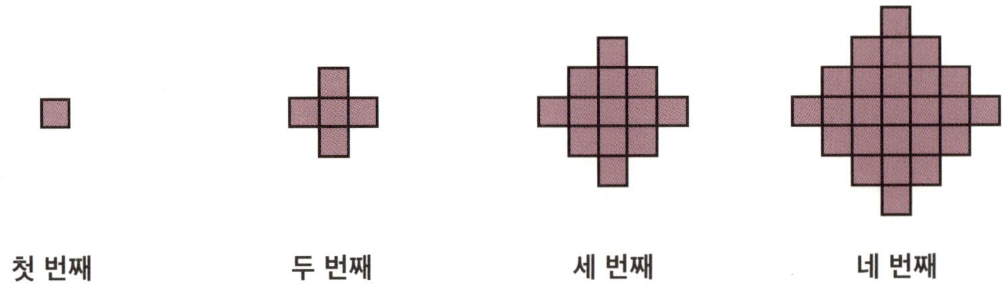

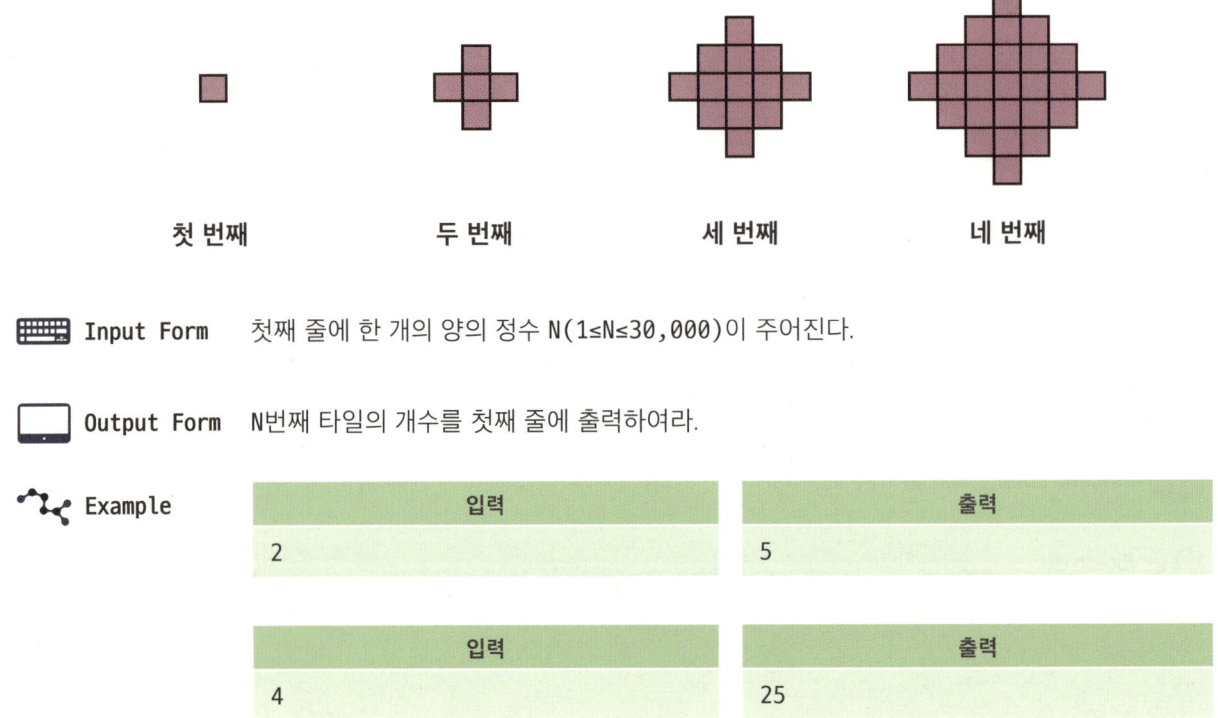

Input Form 첫째 줄에 한 개의 양의 정수 N(1≤N≤30,000)이 주어진다.

Output Form N번째 타일의 개수를 첫째 줄에 출력하여라.

Example

입력	출력
2	5

입력	출력
4	25

1138
정사각수

실행 제한시간 1초
메모리 사용 제한 32MB

어떤 자연수의 제곱이 되는 수를 제곱수(Square Number) 또는 정사각수 또는 완전제곱수(Perfect Square Number)라고 한다. 두 개의 정수 A와 B가 주어지면 A 이상이고 B 이하인 정수 중에서 정사각수인 수를 모두 골라 그 합을 구하고 A 이상 B 이하의 정수중에서 가장 작은 정사각수를 찾는 프로그램을 작성하여라.

예를 들어서 A의 값이 1이고 B의 값이 100인 정사각수는 1, 4, 9, 16, 25, 36, 49, 64, 81, 100이므로 정사각수의 총합은 385이고 가장 작은 정사각수는 1이다.

Input Form 첫째 줄에 두 개의 정수 A와 B가 한 개의 공백으로 분리되어 주어진다. (1≤A≤B≤10,000)

Output Form A 이상 B 이하의 정사각수의 총합을 첫째 줄에 출력하고 그중에서 가장 작은 정사각수를 둘째 줄에 출력한다. 만일 정사각수가 없을 경우에는 첫째 줄에 -1을 출력하도록 한다.

Example

입력	출력
1 100	385 1

입력	출력
50 60	-1

2015

술 취한 교도관

실행 제한시간	1초
메모리 사용 제한	8MB

우측으로 길게 나열된 복도의 N(5≤N≤100)개의 감옥에 각각 한 명씩의 죄수들이 있고 각 방은 잠겨있다. 어느 날 밤, 교도관은 지루했고 그래서 게임을 하기로 결심하였다. 첫 번째 라운드에서 그는 위스키를 마셨고 잠겨있던 감옥의 문을 모두 열었다. 두 번째 라운드에서 그는 또다시 위스키를 마셨고 (2, 4, 6, 8, …)번째 감옥을 모두 잠갔다. 세 번째 라운드에서 그는 또다시 위스키를 마셨고 (3, 6, 9, 12, …)번째 모든 감옥을 방문하면서 만일 감옥이 잠겨 있다면 다시 열어 놓고 열려 있다면 다시 잠가 놓았다. 그는 다음과 같은 작업을 N라운드까지 반복한 후, 마침내 너무 취해서 쓰러지고 말았다. 몇 명의 죄수들은 그들의 감옥이 잠겨있지 않다는 것을 알아차렸고 그들은 즉시 도망가 버렸다. 교도소의 방의 수가 주어지면 얼마나 많은 죄수가 탈출했는지 구하여라.

Input Form 첫째 줄에는 한 개의 양의 정수 N이 주어진다.

Output Form 감옥을 탈출한 죄수의 수를 첫째 줄에 출력하여라.

Example

입력	출력
5	2

1143
타일 붙이기

실행 제한시간	1초
메모리 사용 제한	32MB

오일러는 색깔이 다른 파란색 타일과 붉은색 타일을 벽면에 붙이려고 한다.

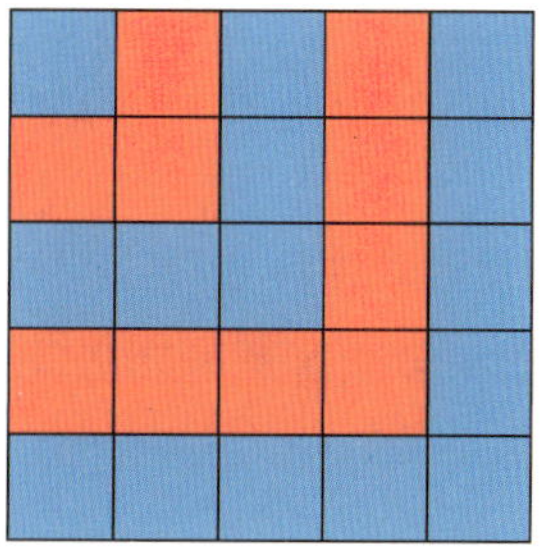

만일 벽면에 모두 25개의 타일이 들어간다면 파란색 타일은 1 + 5 + 9 = 15개가 필요하고, 붉은색 타일은 3 + 7 = 10개가 필요하다. 덤블도어 선생님으로부터 파란색 타일과 붉은색 타일의 차이가 얼마나 나는지 알아 오라는 명령을 받았다. 오일러를 도와주어라.

Input Form 첫째 줄에는 벽면에 붙인 타일의 개수를 나타내는 한 개의 양의 정수인 제곱수 N이 주어진다. (1≤N≤2,000,000,000)

Output Form 파란색 타일과 붉은색 타일의 차이를 첫째 줄에 출력하여라.

Example

입력	출력
25	5

2071

완전제곱수

실행 제한시간	1초
메모리 사용 제한	64MB

오일러와 유클리드는 게임을 하고 있다. 유클리드는 양의 정수 A와 B(1≤B≤A≤500)의 범위에서 다음 아래에 해당하는 숫자 조합은 어떤 것이 있는지 오일러에게 문제를 내었다.

완전제곱수 A는 완전제곱수 B보다 N(1≤N≤1,000)이 큰 숫자 조합 A와 B는 어떤 것이 있는가? ($A^2 = B^2 + N$)

오일러는 위의 힌트로 가능한 A와 B에 대한 조합의 개수가 얼마나 되는지 모두 구해야 한다. 지금 오일러는 여러분들이 정확한 해법을 구할 수 있는 프로그램을 작성해 주기를 원하고 있다.

Input Form 첫째 줄에는 한 개의 양의 정수 N이 주어진다.

Output Form 가능한 숫자 조합의 개수를 첫째 줄에 출력하여라.

Example

입력	출력
15	2

Note (A, B) = (4, 1), (8, 7)

코딩마법서

1권 STONE VERSION

코딩테스트와 인공지능을 위한 파이썬

제24장

팔린드롬 Palindrome

φ 오일러BOOKS

보통 낱말 사이에 있는 띄어쓰기나 문장 부호는 무시하고 앞으로 읽으나 거꾸로 읽으나 같은 문장 또는 낱말을 한문으로는 회문(回文), 영어로는 **팔린드롬(Palindrome)**이라고 한다. 예를 들어서 "소주 만 병만 주소", "다시 합창 합시다", "여보 안경 안보여"등이 있다.

수학에서도 111, 12321과 같이 똑바로 읽으나 거꾸로 읽으나 같은 수를 **팔린드롬 수**(Palindrome Nubmer) 또는 **대칭수**라고 한다.

24.1 숫자 뒤집기

숫자 k = 123, r = 0으로 초기화되어 있다고 하자. 지금 아래의 순환문을 완료하면 k의 값은 0이 되고 r의 값은 k의 값이 거꾸로 뒤집어진 321이 된다.

Core

```python
while k != 0:
    p = k % 10
    r = r * 10 + p
    k //= 10
```

같은 결과

```python
while k != 0:
    r = r * 10 + k % 10
    k //= 10
```

while문은 k의 값이 0이 아니면 회전을 한다. 1회전 할 때, p의 값은 k의 일의 자리인 3이 된다. 그리고 r의 값은 10배하여 자릿수를 한 자리 올린 후 일의 자리에 p의 값 3을 더하면 3이 된다. 이후 k를 10으로 나눈 몫을 구하면 k의 값은 12가 된다. 2회전 할 때, k의 값은 12이기 때문에 p의 값은 k의 일의 자리인 2가 되고 r의 값은 10배한 후 p의 값 2를 더하기 때문에 32가 된다. k의 값은 12를 10으로 나눈 몫이기 때문에 1이 된다. 3회전 할 때, k의 값은 1이기 때문에 p의 값은 k의 일의 자리인 1이 된다. 그리고 r의 값은 10배하여 자릿수를 올린 후 p의 값 1을 더하기 때문에 321이 된다. k의 값 1을 10으로 나눈 몫은 0이 되고 while문의 회전은 멈추게 된다. 회전이 멈추면 r의 값은 k의 값이 거꾸로 뒤집어진 321이 된다. 왼쪽에 있는 문장에서 변수 p를 생략하여 작성하면 오른쪽 문장과 같이 작성할 수 있다.

Coding

```
1  k, r = 123, 0
2  while k != 0:
3      r = r * 10 + k % 10
4      k //= 10
5  print(r)
```

Interpret

- 1번째 줄은 k는 123, r은 0으로 초기화하였다.
- 3번째 줄은 r에 10을 곱해서 자릿수를 한 자리 올린 후 k의 일의 자리를 r에 추가한다.
- while문을 종료하면 r의 값은 k의 값이 거꾸로 뒤집어진 321이 된다.

Output

```
321
```

Tip

숫자를 문자열로 형 변환 후 거꾸로 뒤집어서 처음 문자열과 비교하면 조금 더 쉽게 팰린드롬 수인지를 확인 할 수 있다. 하지만 아직 우리는 문자열에 대해서 자세히 다루지 않았기 때문에 지금까지 배운 내용만을 가지고 팰린드롬 수인지를 확인하고자 한다.

24.2

연습문제 Exercise

1 **121과 같이 앞으로 읽으나 거꾸로 읽으나 같은 수를 팰린드롬 수(Palindrome Number)라고 한다. 1 이상 1,000 이하의 한 개의 정수 N이 주어지면 주어진 정수가 팰린드롬 수인지 판별하는 프로그램을 작성하여라.**

Input Form 첫째 줄에 한 개의 정수 N이 주어진다.

Output Form 주어진 N이 팰린드롬 수이면 'Palindrome Number'를 팰린드롬 수가 아니면 'Normal Number'를 첫째 줄에 출력하여라.

Example

입력	출력
121	Palindrome Number

2 **두 개의 양의 정수 A와 B가 주어지면 A부터 B까지 일의 자리의 숫자가 7인 정수의 총합을 구하는 프로그램을 작성하여라.**

Input Form 첫째 줄에 1 이상 10,000 이하의 양의 정수 A와 B가 한 개의 공백으로 분리되어 주어진다. (1 ≤A≤B≤10,000)

Output Form A부터 B까지 일의 자리의 숫자가 7인 정수의 총합을 첫째 줄에 출력하여라.

Example

입력	출력
1 10000	5002000

③ 두 개의 양의 정수 A와 B가 주어지면 A부터 B까지 십의 자리의 숫자가 7인 정수의 총합을 구하는 프로그램을 작성하여라.

Input Form 첫째 줄에 10 이상 10,000 이하의 양의 정수 A와 B가 한 개의 공백으로 분리되어 주어진다. (10≤A≤B≤10,000)

Output Form A부터 B까지 일의 자리의 숫자가 7인 정수의 총합을 첫째 줄에 출력하여라.

Example

입력	출력
10 10000	5024500

1043

숫자 뒤집기

실행 제한시간	1초
메모리 사용 제한	32MB

오일러에게는 이제 막 학교에 들어간 남동생이 한 명 있는데, 그는 숫자를 읽는데 약간 문제가 있다. 선생님이 오일러의 동생을 돕기 위해서 세 자리 양의 정수 두 개를 칠판에 적었다. 그리고 어느 숫자가 더 커다란 수인지 오일러의 동생에게 물었다. 하지만 그는 가장 왼쪽 자리의 자릿수부터 수를 읽는 것이 아니고, 가장 오른쪽 자리에 있는 자릿수부터 왼쪽으로 수를 읽어 나갔다. 그리고 그는 당당하게 선생님에게 둘 중에 가장 큰 수를 말하였다. 오일러의 동생이 말한 수가 무엇인지 구하여라.

Input Form 첫째 줄에 선생님이 칠판에 적은 세 자리 양의 정수 A와 B가 주어진다. A와 B는 같은 수는 아니며 또한 각 자리에 절대로 0을 포함하지 않는다.

Output Form 오일러의 동생이 생각한 큰 수를 첫째 줄에 출력하여라. 오일러의 동생은 숫자를 거꾸로 읽기 때문에 오일러의 동생의 관점에서 생각한 최댓값을 출력해야만 한다.

Example

입력	출력
734 893	437

입력	출력
221 231	132

1048

수의 덧셈

실행 제한시간	1초
메모리 사용 제한	32MB

오일러는 때때로 그의 친구들과 함께 깊은 수학적 수수께끼에 빠지곤 한다.

오일러는 어느 날 어떤 특정 숫자 N(1≤N≤999,999)을 거꾸로 뒤집어서 원래 숫자와 덧셈을 하면은 아주 재미있는 결과가 발생될거라 생각하였다. 오일러가 이와 같은 덧셈을 할 수 있도록 도와주어라.

예를 들면

```
  23 + 32 = 55
 123 + 321 = 444
9730 + 379 = 10109
```

Input Form 첫째 줄에는 특정 숫자 N이 주어진다.

Output Form 덧셈한 결과를 첫째 줄에 출력하여라.

Example

입력	출력
9730	10109

1136

팔린드롬 수(Palindrome Number)

실행 제한시간	1초
메모리 사용 제한	32MB

앞에서 읽으나 뒤에서 읽으나 같은 수를 팔린드롬 수(Palindrome Number)라고 한다. 예를 들어서 두 자리로 이루어진 팔린드롬 수(Palindrome Number)는 11, 22, 33, 44, 55, 66, 77, 88, 99로 모두 9개가 있다.

오일러는 마법학교의 덤블도어 선생님으로부터 A 이상 B 이하의 정수 중에서 팔린드롬 수(Palindrome Number)는 모두 몇 개가 있는지 구해오라는 숙제를 받아왔다.

오일러는 그의 동생과 고민에 빠져있다. 여러분들이 나서서 오일러를 도와주어라.

Input Form 첫째 줄에 두 개의 정수 A와 B가 한 개의 공백으로 분리되어 주어진다. (1≤A≤B≤100,000)

Output Form A 이상 B 이하의 팔린드롬 수(Palindrome Number)의 개수를 첫째 줄에 출력하여라.

Example

입력	출력
1 9	9

입력	출력
10 99	9

코딩마법서

1권 STONE VERSION

코딩테스트와 인공지능을 위한 파이썬

제25장

소수
Prime Number

φ 오일러BOOKS

25.1

약수의 개수를 이용한 소수 판별

1보다 큰 자연수 중에서 1과 자기 자신 이외에는 약수를 가지지 않는 수, 즉 약수의 개수가 두 개인 자연수를 **소수(Prime Number)**라고 한다.

Core

```
2의 약수 : 1, 2
3의 약수 : 1, 3
4의 약수 : 1, 2, 4
5의 약수 : 1, 5
6의 약수 : 1, 2, 3, 6
7의 약수 : 1, 7
```

2, 3, 5, 7, … 등은 약수의 개수가 2개이므로 **소수(Prime Number)**이다.

Coding

```python
1  for i in range(2, 11):
2      cnt = 0
3      for j in(1, i + 1):   # 각각의 i에 대한 약수의 개수 구하기
4          if i % j == 0:
5              cnt += 1
6      if cnt == 2:          # 약수의 개수가 2개이면 소수
7          print(i)
```

Interpret

- 1번째 줄부터 7번째 줄은 2부터 10까지 약수의 개수를 구하기 위한 순환문이다. (1은 소수가 아니기 때문에 제외)
- 2번째 줄은 각각의 i에 대해서 약수의 개수를 카운팅하기 때문에 모든 i에 대해서 먼저 cnt를 0으로 초기화한 후 j를 순환해야 한다. i의 약수는 언제나 1 이상 i 이하의 수이기 때문에 3번째 줄에서 j는 1부터 i까지 순환한다. 만일 j가 i의 약수이면 4번째 줄의 조건을 만족하므로 5번째 줄에서 cnt를 1씩 증가한다. 예를 들어서 i의 값이 2일 경우에 j는 1과 2, i의 값이 3일 경우에 j는 1과 3, i의 값이 4일 경우에 j는 1, 2, 4의 값들이 i % j의 값을 0으로 만든다.
- 3번째 줄부터 5번째 줄까지의 순환이 완료되면 각각의 i에 대한 약수의 개수를 알 수 있다. 예를 들어서 2는 약수의 개수가 2개이기 때문에 cnt 값은 2가 되고, 3은 약수의 개수가 2개이기 때문에 cnt 값은 2가 되고, … , 10은 약수의 개수가 4개이기 때문에 cnt 값이 4가 된다.
- 6번째 줄에서 약수의 개수가 2개인 수는 소수(prime)이므로 7번째 줄에서 소수를 각 줄에 출력한다.

Output

```
2
3
5
7
```

25.2

쌍둥이 소수 Twin Primes

소수들 중에서 3과 5, 11과 13, 17과 19처럼 두 수의 차가 2인 수들이 있다. 이렇게 두 수의 차가 2인 수들을 **쌍둥이 소수(Twin Primes)**라고 한다. 두 수의 차가 1인 소수는 2와 3을 제외하고는 없다. 만일 두 수의 차가 1이라면 두 수는 연달아 있을 것이고 그렇다면 둘 중에 하나는 짝수이기 때문이다. 쌍둥이 소수(Twin Primes)는 도대체 몇 개나 될까? 3과 5, 5와 7, 11과 13, … , 71과 73, 101과 103, 107과 109, … 와 같이 무수히 많을 것 같지만, 사실 이 문제는 아직까지 아무도 해결하지 못한 아주 어려운 문제이다. 가장 큰 쌍둥이 소수(Twin Primes)는 2016년에 발견된 $2996863034895 \times 2^{1290000} + 1$과 $2996863034895 \times 2^{1290000} - 1$이다.

1994년 미국의 수학자 토마스 나이슬리(Thomas R.Nicely)는 쌍둥이 소수의 역수의 합을 계산하던 중 인텔 펜티엄 마이크로프로세서 칩이 오류를 일으킴을 발견하였다. 윈도우즈 95 또는 윈도우즈 98의 계산기나 마이크로소프트 엑셀에서 4195835 × 3145727 ÷ 3145727을 계산했을 때, 4195579가 나온다면 결함이 있는 칩이었다고 한다. 이로 인해서 인텔은 모든 칩을 전량 회수해야만 했다.

25.3

메르센 소수 Mersenne Primes

마린 메르센
(1588 - 1684)

프랑스의 수도사였던 **메르센(1588 – 1684, Marin Mersenne)**은 페르마(Fermat), 갈릴레오(Galileo), 파스칼(Pascal)과 함께 정수론을 발전시켰다. 이때 당시에는 "모든 소수 p에 대해서 2^p - 1은 소수이다."라는 가설이 사실로 받아들여졌다. 물론 p에 2를 대입하면 2^2 - 1 = 3, p에 3을 대입하면 2^3 - 1 = 7, p에 5를 대입하면 2^5 - 1 = 31, p에 7을 대입하면 2^7 - 1 = 127과 같이 모든 소수 p에 대해서 성립하는 것처럼 보인다. 이렇게 사실로 받아들여졌던 가설은 1536년 후댈리쿠스 레기우스(Hudalricus Regius)라는 수학자에 의해 참이 아니라는 사실이 밝혀졌다. p에 11을 대입하면 2^{11} - 1 = 2047이라는 값을 얻는데 2047은 23과 89의 곱으로 표현될 수 있기 때문에 잘못된 가설임을 밝혀낸 것이다. 1603년에 피에트로 캐댈리(Pietro Cataldi)는 p가 17과 19일 때 2^p - 1이 소수이고 p가 23, 29, 31, 37일 때도 소수가 된다고 주장했으나 1640년 페르마(Fermat)는 p가 23과 27인 경우에는 소수가 되지 않는다는 것을 알아내었고, 오일러(Euler)가 p가 29인 경우도 소수가 되지 않는다는 것을 밝혀내었다. 그래서 메르센(Mersenne)은 p가 어느 값일 때 소수가 되고, 어느 값일 때 소수가 안되는지 밝히고 싶었는데 1644년에 "만약 p가 2, 3, 5, 7, 13, 17, 19, 31, 67, 127, 257중의 하나이면 2^p - 1은 소수이다." 라고 논문을 발표하였다. 하지만 시간이 흘러 후배 수학자들에 의해서 p의 값이 67과 257일 경우에는 소수가 되지 않음을 밝혀내었고 대신에 61, 89, 107은 포함되어야 함을 알아내었다. 메르센(Mersenne)은 이 세상의 모든 소수를 2^p - 1과 같이 간결한 수식으로 표현하고 싶어했다. 후세에 와서 사람들은 평생을 공부와 기도에 바친 메르센(Mersenne)에게 다음과 같은 알고리즘을 헌사하였다. "2^p - 1(여기서 p는 소수)의 형태의 수를 메르센 수(Mersenne Number)라고 부르며, p가 소수일 때 2^p - 1이 소수이면, 그것은 메르센 소수(Mersenne Prime)라고 한다." 현재 발견한 것 중 자릿수가 큰 소수들 대부분은 메르센 소수(Mersenne Prime)가 차지하고 있는데 메르센 수(Mersenne Number) 중에서 소수가 무한개인지는 아무도 모르기 때문에 당분간 큰 소수를 찾기 위한 경쟁은 메르센 소수(Mersenne Prime)에 국한될 것 같다. 메르센 소수(Mersenne Prime)는 2018년 12월 21일부로 51개가 발견되었다.

참고 : https://www.mersenne.org/

25.4
골드바흐의 추측 Goldbach's Conjecture

크리스찬 골드바흐
(1690 - 1764)

독일의 수학자 **골드바흐(1690 – 1764, Christian Goldbach)**가 당대 최고의 수학자 오일러(1707 - 1783)에게 보낸 편지에 다음과 같은 명제가 참인지 거짓인지 증명할 수 있겠느냐고 질문한데서 비롯된 문제이다.

"5보다 큰 모든 자연수는 3개의 소수의 합으로 나타낼 수 있다." 예를 들어서 6 = 2 + 2 + 2, 7 = 2 + 2 + 3, 10 = 2 + 3 + 5, 20 = 2 + 5 + 13과 같이 나타낼 수 있다는 것이다.

하지만 오일러는 위의 명제를 다음과 같이 바꿔놓았다. "2보다 큰 모든 짝수는 두 개의 소수의 합으로 나타낼 수 있다." 예를 들면 4 = 2 + 2, 6 = 3 + 3, 8 = 3 + 5, 10 = 3 + 7, 20 = 7 + 13과 같이 나타낼 수 있다는 것이다.

하지만 아직까지도 2보다 큰 모든 짝수에 대해서 성립하는지는 250년이 지난 지금에도 해결하지 못하고 있다.

25.5
소수(Prime Number)의 개수

1 이상 100 이하의 소수는 몇 개가 있을까? 하나씩 세어보면 25개가 있다. 25%가 소수이다. 1 이상 1,000 이하에는 모두 168개의 소수가 있다. 16.8%가 소수이다. 1 이상 10,000 이하에는 1,229개가 있고 약 12.3%가 소수이다. 1 이상 100,000 이하에는 9,552개의 소수가 있다. 약 9.6%가 소수이다. 1 이상 1,000,000 이하에는 78,498개의 소수가 있고 약 7.8%가 소수이다. 그렇다면 지금까지 발견된 소수들 중에서 가장 큰 소수는 얼마인가? 이것은 정수론과 컴퓨터 공학의 문제이기도 하다. 지금까지 알려진 소수보다 더 큰 소수를 찾아내는 일은 수학 실력도 좋아야 하지만 컴퓨터 성능과 컴퓨터 실력도 좋아야 하기 때문이다.

지금까지 많은 수학자, 공학자, 과학자들이 더 큰 소수를 찾아내는데 몰두해 오고 있다. 가장 큰 소수 발견의 역사는 다음과 같다. 2003년 10월 2일에 미국 미시간주립대 화학공학과 대학원생인 마이클 세이퍼(Michael Shafer, 26세)는 새로운 소수 $2^{20996011}$ - 1를 발견하였다. 그는 이 수가 소수임을 증명하기 위해서 2GHZ의 펜티엄 4 컴퓨터를 19일 동안 돌렸다고 한다. 자릿수는 632만 자리이고 보통 사람이 노트에 쓴다면 꼬박 5주가 걸린다고 한다. 2004년 6월 8일에 미국립해양대기청 고문인 핀들리 조지(Findley Josh)가 새로운 소수 $2^{24036583}$ - 1를 발견하였다. 이 소수는 약 723만 자리이고 공식적으로 41번째 메르센 소수(Mersenne Prime)가 되었다. 이 소수는 풀어쓰는 데만 6주가 걸리고 그 길이는 25km나 된다. 핀들리는 2.4GHZ 펜티엄 4 윈도우즈 XP로 이 소수를 찾아내었다. 그는 24만대의 개인용 컴퓨터를 인터넷으로 병렬 연결해 5년 동안 이 프로젝트에 참가해 왔으며 이 계산을 마치기까지 꼬박 14일 동안 쉬지 않고 컴퓨터를 가동하였다. 다음 2005년 2월 18일에 독일인 안과 의사인 마틴 노박 박사(Dr. Marttin Nowak)가 $2^{25964951}$ - 1를 발견하였다. 이 소수는 약 781만 자리의 숫자이고 공식적으로 42번째 메르센 소수(Mersenne Prime)가 되었다. 이 소수를 찾는데 2.4GHZ 펜티엄 4 컴퓨터를 가지고 계산 시간만 50일 이상 걸렸다고 한다. 다음은 2005년 12월 25일 크리스마스 날, 커티스 쿠퍼(Dr. Curtis Cooper) 박사와 스티븐 부네(Dr. Steven Boone) 박사가 주도하는 미국 센트럴 주립대학 팀(CMSU)이 새로운 소수 $2^{30402457}$ - 1를 발견하였다. 이 소수는 약 915만 자리이다. 2006년 9월 11일 커티스 쿠퍼(Dr. Curtis Cooper) 박사와 스티븐 부네(Dr. Steven Boone) 박사가 주도하는 미국 센트럴 주립대학 팀(CMSU)이 또 다른 소수인 $2^{32582657}$ - 1를 발견하였다. 1,000만 자리가 넘는 소수를 발견하는 사람에게 미 전기프론티어재단(EFF Electronic Frontier Foundation)에서 10만 달러의 상금이 걸려 있었다. 아쉽게도 이 소수는 약 980만 자리의 숫자이고 44번째 메르센 소수(Mersenne Prime)가 되었다. 이 소수의 길이는 보통 사람이 손으로 쓰면 꼬박 9주가 걸리고 그 길이가 34km에 달한다고 한다. 대학의 700개의 컴퓨터를 PrimeNet에 연결하여 이 소수를 발견하였다. 2008년 8월 23일 미국 로스엔젤레스 캘리포니아 대학(UCLA)의 수학팀의 리더인 에드손 스미스(Edson Smith)가 드디어 1,000만 자리가 넘는 소수 $2^{43112609}$ - 1를 발견하였다. 이 소수는 무려 약 1,297만 자리의 숫자이고 공식적으로 46번째 메르센 소수(Mersenne Prime)가 되었다. 에드손 스미스(Edson Smith)는 윈도우즈 XP를 탑재한 75대의 컴퓨터 네트워크를 통해 이 메르센 소수(Mersenne Prime)를 발견했으며, 다른 컴퓨터 시스템의 다른 연산법에 의해서 이 소수의 존재가 검증되었다. EFF는 또다시 1억 자리가 넘는 소수에 15만 달러의 상금을 걸었다. 2013년 2월 5일 미국 센트럴 미주리대의 커티스 쿠퍼(Dr. Curtis Cooper) 교수가 새로운 소수 $2^{57885161}$ - 1를 발견하였다. 이 소수는 무려 1,742만 자리의 숫자이고 공식적으로 48번째 메르센 소수(Mersenne Prime)가 되었다. 2016년 1월 20일 미국 센트럴 미주립대의 컴퓨터사이언스학과 커티스 교수는 새로운 소수 $2^{74207281}$ - 1를 발견하였다. 이 수는 무려 약 2,233만 자리의 숫자이고 1초에 숫자를 두 개씩 셀 수 있다고 할 때 아무것도 안하고 넉 달 동안 세어야 하는 숫자이다. 텍스트 파일로 저장하더라도 용량이 21.7MB에 달할 정도라고 한다. 현재까지 가장 큰 소수는 2018년에 발견된 $2^{82589933} - 1$이고 자릿수가 약 2,486만 자리이다.

참고사이트 : https://primes.utm.edu/largest.html#intro

25.6 제곱근을 이용한 소수 판별

100의 약수는 1, 2, 4, 5, 10, 20, 25, 50, 100이 있다. 그런데 100의 약수를 살펴보면 10(100의 제곱근)을 기준으로 서로 대칭됨을 알 수 있다.

Core

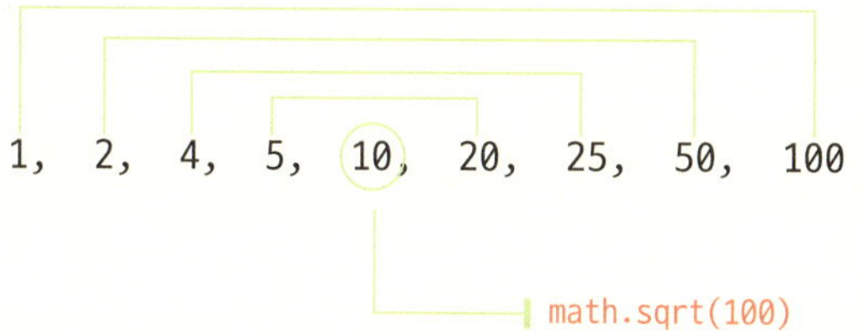

즉, math.sqrt(100)을 기준으로 100이 1로 나누어떨어지면 100 ÷ 1의 몫인 100으로도 나누어떨어지고, 2로 나누어떨어지면 100 ÷ 2의 몫인 50으로도 나누어떨어지고, 4로 나누어떨어지면 100 ÷ 4의 몫인 25로도 나누어떨어지고, 5로 나누어떨어지면 100 ÷ 5의 몫인 20으로도 나누어떨어지고, 10으로 나누어떨어지면 100 ÷ 10의 몫인 10으로도 나누어떨어진다. 즉, 어떤 수 n이 소수인지 판별하고자 할 때, 1은 모든 수의 약수이므로 제외하고 2부터 math.sqrt(n)까지의 정수들로 n을 나누어 봤을 때 나누어떨어지는 수가 없다면 당연히 오른쪽에 대칭되는 수도 존재하지 않기 때문에 n을 소수라고 판별할 수 있다.

Coding

```python
1  import math
2
3  for i in range(2, 11):
4      cnt = 0
5      k = int(math.sqrt(i))
6      for j in range(2, k + 1):
7          if i % j == 0:
8              cnt += 1
9      if cnt == 0:
10         print(i)
```

Interpret

- 1번째 줄은 제곱근 함수 math.sqrt()를 사용하기 위해서 모듈 math를 import 하였다.
- 3번째 줄부터 10번째 줄은 2부터 10까지 소수를 판별하기 위한 순환문이다.
- 4번째 줄은 각각의 i에 대해서 약수의 개수를 카운팅하기 위해서 cnt를 0으로 초기화한 후 j를 순환한다.
- 6번째 줄부터 8번째 줄에서 2부터 제곱근 i(= k)까지 순환하면서 i를 나눌 수 있는 j를 찾아서 cnt를 1씩 증가한다. 예를 들어서 i의 값이 2일 경우에는 k의 값은 1(2의 제곱근은 1.414…)이기 때문에 어떠한 회전도 없다. 따라서 cnt 값은 0이므로 2는 소수이다. i의 값이 3일 경우에는 k의 값은 1(3의 제곱근은 1.732…)이기 때문에 어떠한 회전도 없다. 따라서 cnt 값은 0이므로 3은 소수이다. i의 값이 4일 경우에는 k의 값은 2(4의 제곱근은 2)이기 때문에 j가 2일 경우 cnt 값이 1 증가한다. 따라서 4를 나눌 수 있는 수가 존재하므로 4는 소수가 아니다.
- 이와 같은 방법으로 제곱근을 이용해서 10번째 줄에서 소수를 각 줄에 출력한다.

Output

```
2
3
5
7
```

25.7

연습문제 Exercise

① 1 이상 100 이하의 소수를 모두 구하여라.

Input Form 입력형식 없음.

Output Form 1 이상 100 이하의 소수를 작은 수에서 큰 수 순으로 한 개의 공백으로 분리하여 한 줄에 5개씩 출력하여라.

Example

출력
2 3 5 7 11 13 17 19 23 29 31 37 41 43 47 53 59 61 67 71 73 79 83 89 97

1140

소수 찾기

실행 제한시간	1초
메모리 사용 제한	32MB

약수가 1과 자기 자신밖에 없는 수를 소수(Prime Number)라고 부른다. 왕국의 유명한 수학자인 가우스(Gauss)로부터 1,000 이하인 소수의 개수는 모두 168개가 있다고 전해 내려오고 있다. 오일러는 덤블도어 선생님으로부터 A 이상 B 이하의 양의 정수 중에서 K번째로 작은 소수를 찾아오라는 숙제를 받아왔다. 언제나 늘 그랬듯이 여러분들의 뛰어난 프로그램 실력으로 오일러의 숙제를 도와주어라.

예를 들어서 A = 1, B = 10, K = 3이면 1 이상 10 이하의 소수는 2, 3, 5, 7이고 이 중에서 3번째로 작은 소수는 5이므로 K번째로 작은 소수는 5가 된다.

Input Form 첫째 줄에는 세 개의 정수 A, B, K가 각각 한 개의 공백으로 분리되어 주어진다. (1≤A≤B≤1,000, 1≤K≤200)

Output Form 첫째 줄에 A 이상 B 이하인 소수의 합을 출력하고 둘째 줄에 K번째로 작은 소수를 출력한다. 만일 K번째로 작은 소수가 존재하지 않는다면 둘째 줄에 K번째로 작은 소수 대신에 -1을 출력하도록 한다.

Example

입력	출력
1 10 3	17 5

입력	출력
1 1000 169	76127 -1

1141

쌍둥이 소수(Twin Primes)

실행 제한시간	1초
메모리 사용 제한	32MB

소수들 중에는 3과 5, 11과 13, 17과 19처럼 두 수의 차가 2인 수들이 있다. 이렇게 두 수의 차가 2인 수들을 쌍둥이 소수(Twin Primes)라고 한다. 2와 3을 제외하고는 두 수의 차가 1인 두 소수는 없다. 만일 두 수의 차가 1이라면 두 수는 연달아 있을 것이고 그렇다면 둘 중에 하나는 짝수이기 때문이다. 그렇다면 쌍둥이 소수(Twin Primes)는 도대체 몇 개나 될까? 3과 5, 5와 7, 11과 13, … , 71과 73, 101과 103, 107과 109, … 와 같이 쌍둥이 소수(Twin Primes)가 무수히 많을 것 같지만, 사실 이 문제는 아직까지 아무도 해결하지 못한 아주 어려운 문제이다.

2	3	5	7	11	13	17	19	23	29	31	37	41	43	47	53	59	61	67
71	73	79	83	89	97	101	103	107	109	113	127	131	137	139	149	151	157	163
167	173	179	181	191	193	197	199	211	223	227	229	233	239	241	251	257	263	269
271	277	281	283	293	307	311	313	317	331	337	347	349	353	359	367	373	379	383
389	397	401	409	419	421	431	433	439	443	449	457	461	463	467	479	487	491	499

한 개의 양의 정수 N이 주어지면 N 이하의 쌍둥이 소수(Twin Primes)를 모두 구하여라.

Input Form 첫째 줄에 한 개의 양의 정수 N이 주어진다. (5≤N≤1,000)

Output Form N 이하의 쌍둥이 소수(Twin Primes)의 쌍을 각 줄에 출력한다. 한 쌍의 쌍둥이 소수는 작은 수를 왼쪽에 출력하고 한 개의 공백으로 분리한 후 큰 수를 오른쪽에 출력한다. 모든 쌍둥이 소수들은 큰 수에서 작은 수 순서로 각 줄에 출력한다. 마지막 줄에는 쌍둥이 소수의 전체 쌍의 개수를 출력한다.

Example

입력	출력
10	3 5 5 7 2

1142

메르센 소수(Mersenne Prime)

실행 제한시간 **1초**
메모리 사용 제한 **32MB**

Marin Mersenne
(1588 - 1684)

프랑스의 수도사였던 메르센(1588-1684)은 $2^2 - 1 = 3$, $2^3 - 1 = 7$, $2^5 - 1 = 31$, $2^7 - 1 = 127$처럼 $2^n - 1$의 형태의 많은 수가 소수가 됨을 발견했는데, 그 후 사람들은 $2^n - 1$(여기서 n은 소수) 형태의 수를 '메르센 수'라 불렀으며 메르센 수 중에서 소수가 되는 수를 메르센 소수(Mersenne Prime)라고 부르게 되었다. 현재 발견한 소수들 중에서 자릿수가 큰 소수들은 대부분 메르센 소수가 차지하고 있는데 메르센 수 중에서 소수가 무한개인지는 아무도 모르기 때문에 당분간 큰 소수를 찾기 위한 경쟁은 메르센 소수에 국한될 것 같다.

한 개의 양의 정수 N이 주어지면 N 이하의 메르센 소수(Mersenne Prime)를 모두 구하여라.

Input Form 첫째 줄에 한 개의 양의 정수 N이 주어진다. (3≤N≤10,000,000)

Output Form N 이하의 메르센 소수(Mersenne Prime)를 작은 수에서 큰 수의 순서로 각 줄에 출력한다.

Example

입력	출력
10	3 7

제26장

보조제어문 break & continue & pass

φ 오일러BOOKS

26.1
break문

break문은 순환문 안에서 더 이상 순환을 진행하지 않고 강제적으로 순환문을 빠져나가고자 할 때 사용한다. 일반적으로 조건문(if문)과 동반하여 사용한다.

Core

```
for i in range(1, 11):
    if i >= 5:
        break          조건을 만족하면 순환문 탈출
```

i의 값이 5 이상이 될 때 for문의 순환을 강제 종료한다.

Coding

```
1  for i in range(1, 11):
2      print(i)
3      if i >= 5:
4          break
```

Interpret

- 1번째 줄부터 4번째 줄은 i의 값이 1부터 10까지 1씩 증가하며 10바퀴를 회전하는 for문의 구간이다.
- 2번째 줄은 for문이 회전할 때마다 각 줄에 i의 값을 출력한다. i의 값은 1부터 5까지 각 줄에 차례대로 출력한 후 i의 값이 5일 때 3번째 줄의 조건문을 만족하므로 더 이상 순환문을 진행하지 못하고 빠져나와 프로그램을 종료한다.

Output

```
1
2
3
4
5
```

26.2 중첩 순환문에서의 break문

중첩 순환문에서 break문을 만나면 가장 가까이 인접한 순환문만 빠져나오고 바깥쪽 순환문은 break문의 영향을 받지 않는다.

Core

```
for i in range(1, 6):
    for j in range(1, 6):
        if i == j:
            break
```

인접한 순환문만 빠져나옴

바깥쪽에서 회전하는 순환문 i와 안쪽에서 회전하는 순환문 j가 있을 때, 안쪽에서 회전하는 순환문 j 안에서 break문을 만나면 가장 가까이 인접한 순환문 j만 빠져나오고 바깥쪽에서 회전하는 순환문 i에는 어떠한 영향도 미치지 않는다.

Coding

```
1 for i in range(1, 6):
2     for j in range(1, 6):
3         print(i, j)
4         if j == 1:
5             break
```

Interpret

- 1번째 줄부터 5번째 줄은 i의 값이 1부터 5까지 1씩 증가하며 5바퀴를 회전하는 for문의 구간이다.
- 2번째 줄부터 5번째 줄은 각각의 i에 대해서 j의 값이 1부터 5까지 1씩 증가하며 5바퀴를 회전하는 for문의 구간이다. i의 값이 1이고 j의 값이 1일 때, 3번째 줄은 i의 값과 j의 값 1 1을 출력의 첫째 줄에 출력하고 4번째 줄에 의해서 순환문 j를 종료한다. 마찬가지 방법으로 i의 값이 2일 때 2 1, i의 값이 3일 때 3 1, i의 값이 4일 때 4 1, i의 값이 5일 때 5 1을 각 줄에 출력한 후 순환문을 종료한다.

Output

```
1 1
2 1
3 1
4 1
5 1
```

26.3
중첩 순환문 빠져나오기

그러면 중첩 순환문을 빠져나오기 위해서는 어떻게 해야 하는가?

Core

```
for i in range(1, 6):
    for j in range(1, 6):
        print(i, j)
        if i + j == 4:
            ok = True
            break                          순환문 j 종료
    if ok == True:
        break                              순환문 i 종료
```

중첩 순환문을 회전하기 전에 ok 값은 False으로 초기화되어 있다고 가정하자. 중첩 순환문을 회전하다가 i + j의 값이 4가 된다면 ok 값을 True로 변경하여 모든 순환문을 빠져나오기 위한 준비 작업을 한다. 이후 break문에 의해서 가장 인접한 순환문 j를 빠져나온다. 순환문 j를 빠져나오자마자 바로 또 다른 순환문 i를 빠져나오기 위한 조건문을 만들어서 가장 바깥쪽에 순환하는 순환문 i를 빠져나온다.

Coding

```
1  ok = False
2  for i in range(1, 6):
3      for j in range(1, 6):
4          print(i, j)
5          if i + j == 4:
6              ok = True
7              break
8      if ok == True:
9          break
```

Interpret

- 1번째 줄은 for문을 회전하기 전에 ok 값을 False로 초기화하였다.
- 2번째 줄부터 9번째 줄은 i의 값이 1부터 5까지 1씩 증가하며 5바퀴를 회전하는 for문의 구간이고
- 3번째 줄부터 7번째 줄은 각각의 i에 대해서 j의 값이 1부터 5까지 1씩 증가하며 5바퀴를 회전하는 for문의 구간이다. i의 값이 1이고 j의 값이 1일 때, 4번째 줄에 의해서 i의 값과 j의 값 1 1을 출

력의 첫째 줄에 출력한다. 다시 j의 값이 2일 때 1 2를 출력의 둘째 줄에 출력하고, j의 값이 3일 때 1 3을 출력의 셋째 줄에 출력한다.

- 이때 5번째 줄에서 i + j의 값 4를 만족하므로 ok 값을 True로 변경한 후 인접한 순환문 j를 빠져나온다.
- 8번째 줄에서도 조건문을 만족하므로 인접한 순환문 i를 빠져나온 후 프로그램을 종료한다.

Output

```
1 1
1 2
1 3
```

26.4 무한루프

순환문의 하나인 while문에서 조건부에 있는 조건이 언제나 참(True)이 된다면 프로그램이 종료되지 않고 계속 진행 중인 상태에 놓이게 된다. 이렇게 프로그램이 종료되지 않고 계속 진행 중인 상태에 놓이게 되는 경우를 "**무한루프에 빠졌다**"라고 말한다.

Core

```
while True:
    실행하고자 하는 내용1
        ⋮
    실행하고자 하는 내용2
```

같은 결과

```
while 1:
    실행하고자 하는 내용1
        ⋮
    실행하고자 하는 내용2
```

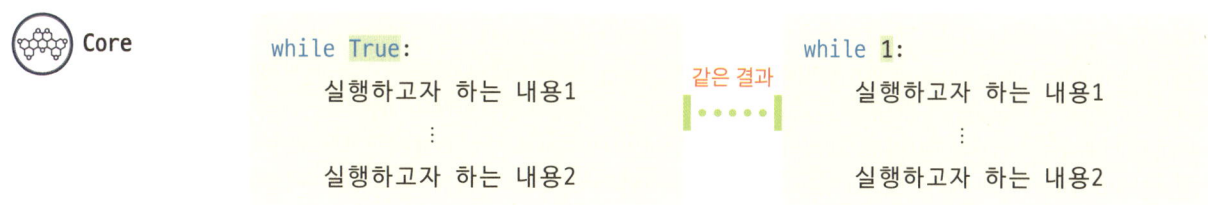

while문의 조건부에 True를 적어주거나 참(True)의 대푯값 1(또는 0 이외의 수)을 적어준다면 조건부는 언제나 참(True)이 되기 때문에 무한루프에 빠지게 된다. 이렇게 무한루프에 빠지게 되면 프로그램은 종료되지 않기 때문에 반드시 무한루프를 빠져나올 수 있는 조건문을 동반해야 한다.

Coding

```
1  maxv = 0
2  while True:
3      a = int(input())
4      if a == 0:
5          break
6      if maxv < a:
7          maxv = a
8  print(maxv)
```

Interpret

- 1번째 줄은 maxv 변수를 0으로 초기화하였다.
- 2번째 줄부터 7번째 줄은 조건문이 항상 참(True)인 무한루프이고 while문이 한 바퀴 회전할 때마다 a의 값을 입력받는다. 만일 입력받은 a의 값이 0이면 5번째 줄에 의해서 순환문을 강제 종료하고 그렇지 않으면 다음 문장을 진행한다.
- 6번째 줄에서 입력받은 a의 값이 maxv보다 크다면 maxv의 값을 a의 값으로 변경한다.
- 입력받은 값이 0일 때 순환문을 종료하며 8번째 줄에 의해서 사용자로부터 입력받은 정수 중에서 가장 큰 값을 출력의 첫째 줄에 출력한다.

Output

```
5
8
10
3
9
0
10
```

26.5 continue문

continue문도 순환문에서 사용된다. for문이 진행 중에 continue문을 만나면 처음으로 돌아가 in 연산자 앞의 변수에 다음 값을 대입한 후 다시 for문을 진행하고, while문이 진행 중에 continue문을 만나면 처음의 조건부로 돌아가 조건이 참(True)이면 다시 while문을 진행한다.

Core

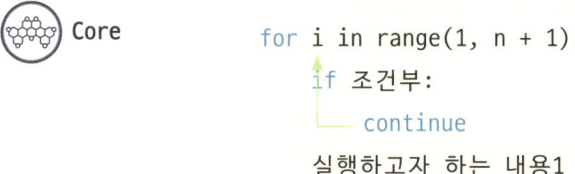

```
for i in range(1, n + 1):
    if 조건부:
        continue
    실행하고자 하는 내용1
```

for문을 회전하다가 if문의 조건을 만족하여 continue문을 만나면 continue문 이후의 명령은 실행하지 못하고 처음으로 돌아가 in 연산자 앞의 변수에 다음 값을 대입한 후 다시 for문의 과정을 진행한다.

Core

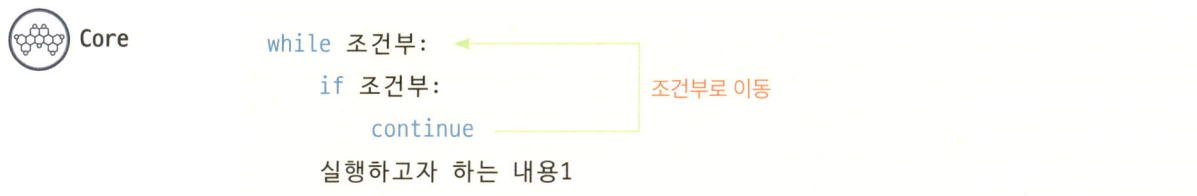

```
while 조건부:
    if 조건부:
        continue
    실행하고자 하는 내용1
```

조건부로 이동

while문을 회전하다가 if문의 조건을 만족하여 continue문을 만나면 continue문 이후의 명령은 실행하지 못하고 조건부로 이동한 후 조건이 참(True)이면 다시 while문의 과정을 진행한다.

Coding

```
1  for i in range(1, 11):
2      if i <= 5:
3          continue
4      print(i)
```

Interpret

- 1번째 줄부터 4번째 줄은 i의 값이 1부터 10까지 진행하는 for문의 구간이다.
- i의 값이 1부터 5일 때까지는 2번째 줄의 조건문에 의해서 continue문이 실행되어 이후의 과정을 진행하지 못하고 for문의 처음으로 돌아가 다음 값을 변수 i에 대입한 후 다시 진행하기 때문에 4번째 줄이 실행되지 못하며 i의 값이 6일 때부터는 4번째 줄이 실행되어 6부터 10까지의 정수를 각 줄에 출력한다.

Output

```
6
7
8
9
10
```

26.6

pass문

pass문은 조건문이나 순환문에서 실행할 코드가 없을 때 사용된다. 조건문이나 순환문에 어떠한 구문도 넣지 않으면 IndentationError가 발생되기 때문에 pass문을 넣어 작성하는 것이다.

Core

```
for _ in range(100):
    pass
```

순환문에 pass문만 넣었다. for문은 단지 아무 작업 없이 100바퀴를 회전한다.

Coding

```
1  for i in range(1, 11):
2      if i % 2 == 0:
3          pass
4      print(i, end = ' ')
5  print()
6  for i in range(1, 11):
7      if i % 2 == 0:
8          continue
9      break(i, end = ' ')
```

Interpret

- 1번째 줄부터 4번째 줄에서 i의 값이 짝수일 경우에만 3번째 줄의 pass문이 실행된다. 하지만 pass문은 아무런 작업도 하지 않고 4번째 줄이 실행되기 때문에 출력되는 값은 1부터 10까지의 정수를

출력의 첫째 줄에 출력한다.

- 6번째 줄부터 9번째 줄은 i의 값이 짝수일 경우에만 8번째 줄의 continue문이 실행된다. pass문과 달리 continue문은 for문의 처음으로 돌아가 다음 값을 변수 i에 대입한 후 다시 진행하기 때문에 4번째 줄에서 출력되는 값은 1부터 10까지의 홀수인 정수를 출력의 둘째 줄에 출력한다.

Output

```
1 2 3 4 5 6 7 8 9 10
1 3 5 7 9
```

26.7

연습문제 Exercise

① 1부터 100까지의 짝수를 출력하고 누적하면서 지금까지 누적된 합이 50보다 크면 순환문을 강제 종료한 후 지금까지 누적된 수의 총합을 출력하는 프로그램을 break문을 이용하여 작성하여라.

Input Form 입력형식 없음.

Output Form 지금까지 누적된 짝수를 작은 수에서 큰 수의 순으로 한 개의 공백으로 분리하여 첫째 줄에 출력하고 총합을 둘째 줄에 출력하여라.

Example

출력
2 4 6 8 10 12 14 56

② 한 번의 명령이 실행될 때마다 사용자로부터 두 개의 정수 A와 B를 입력받는다. 입력받은 두 정수 A와 B가 둘 다 0이면 더 이상의 입력이 주어지지 않는다. 프로그램을 종료하기 전에 지금까지 입력된 두 정수 A와 B의 합 중에서 가장 큰 두 정수의 합을 출력하여라.

Input Form 한 번의 명령이 실행될 때마다 두 개의 정수 A와 B가 한 개의 공백으로 분리되어 각 줄에 주어진다. 주어진 두 개의 정수 A와 B가 동시에 0이면 더 이상의 입력이 주어지지 않는다. (A와 B는 0 이상 100 이하의 정수)

Output Form 지금까지 주어진 두 정수 A와 B의 합 중에서 최댓값을 첫째 줄에 출력하여라.

Example

입력	출력
1 2 2 3 3 4 4 5 0 0	9

③ 1부터 100까지 2의 배수이거나 3의 배수인 수를 제외한 정수를 출력하는 프로그램을 continue문을 이용하여 작성하여라.

Input Form 입력형식 없음.

Output Form 1부터 100까지 2의 배수이거나 3의 배수인 수를 제외한 정수를 작은 수부터 큰 수 순으로 각각 한 개의 공백으로 분리하여 한 줄에 10개씩 출력하여라.

Example

출력
1 5 7 11 13 17 19 23 25 29 31 35 37 41 43 47 49 53 55 59 61 65 67 71 73 77 79 83 85 89 91 95 97

1046
행복한 오일러

실행 제한시간	1초
메모리 사용 제한	32MB

오일러는 농구를 아주 좋아한다. 오일러는 전반전과 후반전을 합쳐서 8골보다 더 많은 골을 넣는다면, 그날은 행복한 날로 여긴다. 오일러는 골을 더욱더 많이 넣으면 넣을수록 행복지수가 올라간다. 우리는 최근 오일러가 시합한 농구 결과를 알고 있을 때, 이러한 날들 중에서 오일러가 행복해한 날은 언제인지 찾는 것이 우리의 문제이다.

Input Form 오일러가 그동안 시합한 농구 결과가 첫째 날부터 차례대로 날짜순으로 주어진다. 각 줄은 각각의 날에 대한 농구 결과로 첫 번째 정수는 오일러가 전반전에 넣은 골의 수이고 두 번째 정수는 후반전에 넣은 골의 수이다. 전반전에 넣은 골의 수가 0이고 후반전에 넣은 골의 수가 0이면 더 이상의 입력이 주어지지 않는다. 입력되는 정수는 10보다 작은 음이 아닌 정수이다.

Output Form 만일 오일러가 행복한 날이 하나도 없다면, 첫째 줄에 0을 출력하고, 그렇지 않으면 오일러가 행복한 날은 몇 번째 날인지 첫째 줄에 출력한다. 만일 행복한 날이 유일하지 않다면, 그중에서 가장 빠른 날을 선택하도록 한다.

Example

입력	출력
5 3 6 2 7 2 5 3 5 4 0 4 0 6 0 0	3

제27장

콜라츠 추측
Collatz Conjecture

φ 오일러BOOKS

27.1

콜라츠 추측 Collatz Conjecture

로타르 콜라츠
(1910 - 1990)

콜라츠 추측(Collatz Conjecture)은 1937년에 처음으로 이 추측을 제기한 독일의 수학자 **로타르 콜라츠**(1910 - 1990, Lothar Collatz)의 이름을 딴 법칙으로 처음 시작은 임의의 양의 정수 N에서 시작한다.

- 만일 N이 짝수이면, N을 2로 나눈다.
- 만일 N이 홀수이면, N에 3을 곱한 후 1을 더한다.

위와 같은 과정을 1이 될 때까지 반복한다. 예를 들어 8에서 시작하면 8 → 4 → 2 → 1이 되고, 3에서 시작하면 3 → 10 → 5 → 16 → 8 → 4 → 2 → 1이 된다.

이것을 콜라츠 추측(Collatz Conjecture)이라 하고 이러한 수들을 마치 우박이 구름 속에서 오르내리며 자라다가 지상으로 떨어지는 것과 비슷하다 하여 사람들은 "**우박수(Hailstone Sequence)**" 또는 "**3N + 1 Problem**"라고 부르기도 한다. 아직까지 증명되지 않았지만 어떤 양의 정수 N이 주어졌을 때 위와 같은 과정을 반복하다 보면 언제나 마지막에는 1로 끝나리라 추측이 된다. 현재까지 이 추측은 컴퓨터로 20^{58}까지 모두 성립함이 확인되었다고 한다. 그러나 아직 모든 자연수에 대해 성립하는지는 발견되지 않고 있다.

Coding

```
1  n = 3
2  while n != 1:
3      print(n)
4      if n % 2 == 0:
5          n //= 2
6      else:
7          n = 3 * n + 1
```

Interpret

- 1번째 줄은 n을 3으로 초기화하였다.
- 2번째 줄부터 7번째 줄은 n의 값이 1이 아니면 순환하는 while문의 구간이다.
- 3번째 줄에서 n의 값을 출력한 후 만일 n이 짝수이면 5번째 줄에 의해서 2로 나누고 n이 홀수이면 7번째 줄에 의해서 n을 3배 한 후 1을 더한다.
- 따라서 n의 값은 3에서 시작해서 1이 될 때까지 3 → 10 → 5 → 16 → 8 → 4 → 2 → 1의 과정이 진행된다.

Output

```
3
10
5
16
8
4
2
```

27.2 연습문제 Exercise

1 자연수 N에 대하여 N이 짝수이면 반으로 나누고, 홀수이면 N + 1을 반으로 나누는 연산을 생각해보자. 어떤 자연수에 대해서도 이 연산을 반복하여 적용하면 결국 1이 된다. 예를 들어 N = 10인 경우는 다음과 같이 이 연산을 4번만 적용하면 1이 된다.

10 ⋯→ 5 ⋯→ 3 ⋯→ 2 ⋯→ 1

주어진 N에 대해서 1을 만드는데 몇 번이 연산이 필요한지 구하는 프로그램을 작성하여라.

Input Form 첫째 줄에 한 개의 정수 N이 주어진다. (1≤N≤1,000)

Output Form 주어진 N을 1로 만드는데 필요한 연산 횟수를 첫째 줄에 출력하여라.

Example

입력	출력
10	4

1027

우박수

실행 제한시간	1초
메모리 사용 제한	32MB

우박수(Hailstone Sequence)는 다음과 같은 계산 과정을 반복한다.

- 만일 N이 짝수이면, N을 2로 나눈다.
- 만일 N이 홀수이면, N에 3을 곱한 후 1을 더한다.

어떤 양의 정수 N이 주어졌을 때, 아직 증명은 되지 않았지만 위와 같은 과정을 반복한다면 언제나 마지막에는 1로 끝나리라 추측이 된다. 이것을 콜라츠 추측(Collatz Conjecture)이라고 하며, 이러한 수들을 우박수(Hailstone Sequence)라 부르기도 한다.

Input Form 첫째 줄에 한 개의 양의 정수 N(1≤N≤100,000)이 주어진다.

Output Form 양의 정수 N을 포함하여 수열이 끝날 때까지 수열에 포함되었던 가장 큰 양의 정수가 어떤 수인지 구하여 첫째 줄에 출력하여라.

Example

입력	출력
1	1

입력	출력
3	16

코딩마법서

1권 STONE VERSION

코딩테스트와 인공지능을 위한 파이썬

제28장

리스트 list

φ 오일러BOOKS

28.1 리스트(list)의 초기화

변수 5개가 필요하다고 하자. 그러면 아래와 같이 변수의 이름을 5개 만들어서 사용하면 된다.

Core

```
a1, a2, a3, a4, a5 = 1, 2, 3.0, 4.0, 'A'
```

그런데 5개의 변수가 아니고 100개 또는 그 이상으로 필요하다고 한다면, 어떻게 해야 하는가? 변수의 이름을 하나하나 만들어서 사용하고자 한다면 너무나도 비효율적이고 또한 한꺼번에 많은 양의 데이터를 처리하고자 할 때도 상당히 어려운 문제에 부딪히게 될 것이다. **리스트(list)**란? 이렇게 많은 양의 데이터를 한꺼번에 일괄적으로 처리하고자 할 때, 유용하게 사용될 수 있는 변수들의 모임이라고 생각하면 된다. 리스트의 선언 방법은 다음과 같다.

Core

```
a = [1, 2, 3.0, 4.0, 'A']
```

a: 리스트의 이름

a는 리스트의 이름을 나타내고 리스트에 담길 값들을 콤마(,)로 구분하여 대괄호 [] 안에 차례로 작성한다. 리스트에 담기는 값들을 **요소(Element)**라고 하는데 요소들은 서로 다른 자료형이어도 상관없으며 심지어 리스트 안에 리스트도 담을 수 있다.

1	2	3.0	4.0	'A'
a[0]	a[1]	a[2]	a[3]	a[4]

리스트 안에 있는 각각의 요소들은 대괄호([])안의 숫자로 나타내는데 이 숫자를 리스트의 **인덱스(index)** 또는 **첨자**라고 한다. 리스트의 첫 번째 요소 1은 a[0], 두 번째 요소 2는 a[1], 세 번째 요소 3.0은 a[2]와 같이 나타내며 a[0]에서 숫자 0은 리스트 a의 0번 인덱스, a[1]에서 1은 리스트 a의 1번 인덱스라고 부른다.

Coding

```
a = [1, 2, 3.0, 4.0, 'A']
print(a[0])
print(a)
```

Interpret

- 1번째 줄은 리스트 a를 초기화하였다.
- 2번째 줄은 리스트 a의 첫 번째 요소를 출력의 첫째 줄에 출력한다.
- 3번째 줄은 리스트 a 전체를 둘째 줄에 출력한다.

Output

```
1
[1, 2, 3.0, 4.0, 'A']
```

Caution

리스트에 요소가 5개 있다면 초보자들은 각각의 요소들이 a[1], a[2], … , a[5]로 나타낼 수 있다고 착각하기 쉽다. 하지만 리스트에서 요소들은 0번 인덱스부터 채워지므로 요소가 5개 있다면 각각의 요소들은 a[0], a[1], … , a[4]로 나타내는 것에 주의하도록 하자

28.2

리스트(list)의 생성 및 요소 추가 append & insert

빈 리스트를 만들기 위해서는 []만 지정하거나 또는 list() 함수를 호출하면 빈 리스트를 만들 수 있다. 또한 range() 함수를 통해 연속된 정수들을 생성한 후, 이 정수들을 list() 함수에 전달하여 리스트를 생성할 수도 있다. 그리고 이렇게 생성된 리스트에 요소를 추가하기 위해서는 리스트.append() 함수나 리스트.insert() 함수를 사용한다.

Core

```
a = []
b = list()
c = list(range(10))
```

빈 리스트를 만들어 변수 a와 b에 대입하였다. range() 함수에 정수 10을 전달하여 0부터 9까지의 연속된 정수를 생성한 후 리스트로 변형하여 [0, 1, 2, 3, 4, 5, 6, 7, 8, 9]를 변수 c에 대입하였다.

Core

```
a.append(6)
a.append(5)
a.append(7)
```

리스트.append() 함수에는 한 개의 값을 전달할 수 있는데, 이렇게 전달되는 값은 리스트의 마지막 요소로 추가된다. 만일 빈 리스트 a가 있고 a.append() 함수에 6을 전달하면 리스트 a는 정수 6이 추가되어 [6]이 되고 다시 a.append() 함수에 5를 전달하면 리스트의 마지막에 정수 5가 추가되어 a는 [6, 5]가 된다. 다시 a.append() 함수에 7을 전달하면 리스트의 마지막에 정수 7이 추가되어 a는 [6, 5, 7]이 된다.

Core

```
a.insert(1, 7)
```

리스트.insert() 함수에는 두 개의 값을 전달할 수 있는데, 첫 번째 값은 리스트의 인덱스를 의미하고 두 번째 값은 요소를 의미한다. 따라서 a.insert() 함수에 1과 7을 전달하면 리스트의 1번 인덱스에 요소 7을 삽입하여 a는 [6, 7, 5, 7]이 된다.

Coding

```
1   a = []
2   b = list()
3   c = list(range(10))
4
5   a.append(6)
6   a.append(5)
7   a.append(7)
8   a.append(1, 7)
9
10  print(a)
11  print(b)
12  print(c)
```

Interpret

- 1, 2번째 번째 줄은 빈 리스트 a와 b를 생성하였다.
- 3번째 줄은 range() 함수에 10을 전달하여 0부터 9까지의 연속된 정수를 리스트로 변환하여 리스트 c를 초기화하였다.
- 5번째 줄부터 7번째 줄은 리스트 a의 요소로 6, 5, 7을 차례로 추가한다. a는 [6, 5, 7]이 되었다.
- 8번째 줄은 리스트 a의 1번 인덱스에 요소 7을 삽입한다. a는 [6, 7, 5, 7]이 되었다.
- 10번째 줄부터 12번째 줄은 리스트 a, b, c를 각 줄에 출력한다.

Output

```
[6, 7, 5, 7]
[]
[0, 1, 2, 3, 4, 5, 6, 7, 8, 9]
```

28.3

요소 제거 및 추출 remove & pop & clear

리스트.remove() 함수에는 한 개의 값을 전달할 수 있는데, 이 함수는 전달되는 값을 리스트에서 찾아서 제거시키는 역할을 한다. 만일 전달되는 값이 리스트에 여러 개 존재하면 첫 번째 값을 찾아서 제거하고 존재하지 않으면 ValueError가 발생된다. 또한 리스트.pop() 함수에는 값을 전달하지 않거나 한 개의 값을 전달할 수 있는데, 값을 전달하지 않으면 리스트의 마지막 요소를 꺼내 반환 후 리스트에서 제거하고 만일 리스트.pop() 함수에 한 개의 값 i를 전달하면 i번째 인덱스의 요소를 꺼내 반환 후 리스트에서 제거한다. 리스트.pop() 함수를 호출했을 때 어떠한 요소도 꺼낼 수 없다면 IndexError가 발생된다. 마지막으로 리스트.clear() 함수를 호출하면 리스트 전체의 요소를 삭제한 후 빈 리스트가 된다.

Core

```
a = [6, 7, 5, 7]
a.remove(7)
```

a.remove() 함수에 7을 전달하여 리스트 a의 두 번째 요소 7을 제거한 후 a는 [6, 5, 7]이 되었다.

Core

```
v1 = a.pop()
v2 = a.pop(0)
a.clear()
```

a.pop() 함수에 어떠한 값도 전달하지 않으면 리스트의 마지막 요소 7을 반환 후 제거하여 a는 [6, 5]가 된다. a.pop() 함수에는 한 개의 값을 전달할 수도 있는데, 전달되는 값은 인덱스로써 a.pop() 함수에 0이 전달되면 리스트의 첫 번째 요소를 반환 후 리스트에서 제거하여 a는 [5]가 된다. 마지막으로 a.clear()

함수를 호출하면 리스트 전체의 요소를 삭제한 후 a는 빈 리스트가 되어 []가 된다.

Coding

```python
1  a = [6, 7, 5, 7]
2  a.remove(7)
3  print(a, end = '\n\n')
4
5  v1 = a.pop()
6  v2 = a.pop(0)
7  print(v1)
8  print(v2)
9  print(a, end = '\n\n')
10
11 a.clear()
12 print(a)
```

Interpret

- 1번째 줄은 리스트 a를 [6, 7, 5, 7]로 초기화하였다.
- 2번째 줄은 리스트 a에서 요소 7을 찾아 제거하여 a는 [6, 5, 7]이 되었다.
- 5번째 줄은 리스트 a의 마지막 요소 7을 v1에 반환 후 제거하여 v1은 7, a는 [6, 5]가 되었다.
- 6번째 줄은 리스트 a의 첫 번째 요소 6을 v2에 반환 후 제거하여 v2는 6, a는 [5]가 되었다.
- 11번째 줄은 리스트 a의 모두 요소를 삭제 후 빈 리스트 []이 되었다.

Output

```
[6, 5, 7]

7
6
[5]

[]
```

28.4

요소의 개수와 위치 반환 및 리스트의 확장 count & index & extend

리스트.count() 함수에는 한 개의 값을 전달할 수 있는데, 전달되는 값과 같은 값이 리스트에서 몇 개가 있는지 개수를 세어 반환한다. 또한 리스트.index() 함수에도 한 개의 값을 전달할 수 있는데, 전달되는 값은 리스트의 요소이고 이 값이 리스트에서 몇 번째에 위치하는지를 찾아서 인덱스를 반환한다. 만일 전달되는 값이 리스트에 여러 개가 존재한다면 첫 번째 값의 인덱스를 찾아서 반환하고, 존재하지 않으면 ValueError가 발생된다. 마지막으로 리스트.extend() 함수에는 리스트를 전달할 수 있는데, 전달되는 리스트와 지금의 리스트가 합쳐져 리스트의 확장이 발생된다.

Core

```
a = [6, 7, 5, 7]
cnt = a.count(7)
idx = a.index(7)
a.extend([1, 2, 3, 4])
```

a.count() 함수에 7을 전달하여 리스트에서 7이 몇 개가 있는지 개수를 세어 반환한다. 2개가 있으므로 cnt는 반환된 값 2가 된다. a.index() 함수에 7을 전달하면 리스트에서 첫 번째 요소 7을 찾아 인덱스를 반환한다. 첫 번째 요소 7은 1번 인덱스에 위치하고 있으므로 idx는 반환된 값 1이 된다. 마지막으로 a.extend() 함수에는 리스트를 전달할 수 있는데, 리스트 [1, 2, 3, 4]를 전달하면 기존의 요소 뒤에 전달된 리스트의 요소를 추가하여 리스트의 확장이 발생된다. 리스트 a는 확장되어 [6, 7, 5, 7, 1, 2, 3, 4]가 된다.

Coding

```
1 a = [6, 7, 5, 7]
2 cnt = a.count(7)
3 idx = a.index(7)
4 a.extend([1, 2, 3, 4])
5
6 print(cnt)
7 print(idx)
8 print(a)
```

Interpret

- 1번째 줄은 리스트 a를 [6, 7, 5, 7]로 초기화하였다.

- 2번째 줄은 리스트 a에서 7이 몇 개 있는지 개수를 세어 cnt에 반환한다. 7이 2개 있으므로 cnt 값은 2가 되었다.
- 3번째 줄은 리스트 a에서 첫 번째 7을 찾아 그때의 인덱스를 idx에 반환한다. idx의 값은 1이 되었다.
- 4번째 줄은 리스트 a에 또 다른 리스트의 요소를 추가하여 리스트의 확장이 발생된다. 리스트 a는 [6, 7, 5, 7, 1, 2, 3, 4]가 되었다.
- 6번째 줄부터 8번째 줄은 cnt, idx, a를 각 줄에 출력한다.

Output

```
2
1
[6, 7, 5, 7, 1, 2, 3, 4]
```

28.5 리스트의 정렬과 뒤집기 sort & reverse

리스트.sort() 함수를 호출하면 리스트의 요소를 작은 값에서 큰 값 순으로 정렬하여 재배열한다. 만일 요소를 큰 값에서 작은 값 순으로 재배열하고 싶다면 리스트.sort() 함수에 reverse = True를 전달하면 된다. 따라서 리스트.sort() 함수에 아무 값도 전달하지 않으면 디폴트 값으로 reverse = False가 되는 것이다. 그리고 리스트.reverse() 함수를 호출하면 리스트의 요소를 처음부터 끝까지 거꾸로 뒤집어서 재배열한다. 따라서 리스트.sort() 함수를 호출하고 리스트.reverse() 함수를 호출하여도 리스트의 요소를 큰 값에서 작은 값 순으로 재배열하는 결과를 얻을 수 있다.

Core

```
a = [6, 7, 5, 7]
a.sort()
a.reverse()
```

a.sort() 함수를 호출하여 리스트의 요소를 작은 값에서 큰 값 순으로 재배열하여 리스트 a는 [5, 6, 7, 7]이 되었다. 그리고 a.reverse() 함수를 호출하여 리스트의 요소를 처음부터 끝까지 뒤집어서 재배열하

여 a는 [7, 7, 6, 5]가 되었다.

Coding

```
1  a = [6, 7, 5, 7]
2  a.sort()
3  print(a)
4  a.sort(reverse = True)
5  print(a)
6
7  a = [6, 7, 5, 7]
8  a.sort()
9  a.reverse()
10 print(a)
```

Interpret

- 1번째 줄은 리스트 a를 [6, 7, 5, 7]로 초기화하였다.
- 2, 3번째 줄은 리스트 a를 작은 값에서 큰 값 순으로 재배열하여 [5, 6, 7, 7]이 되었고 출력의 첫째 줄에 출력한다.
- 4, 5번째 줄은 리스트 a를 큰 값에서 작은 값 순으로 재배열하여 [7, 7, 6, 5]가 되었고 출력의 둘째 줄에 출력한다.
- 7번째 줄은 리스트 a를 [6, 7, 5, 7]로 다시 초기화하였다.
- 8번째 줄은 리스트 a를 작은 값에서 큰 값 순으로 재배열하여 [5, 6, 7, 7]이 되었다.
- 9, 10번째 줄은 리스트 a를 처음부터 마지막까지 뒤집어 [7, 7, 6, 5]가 되었고 출력의 셋째 줄에 출력한다.

Output

```
[5, 6, 7, 7]
[7, 7, 6, 5]
[7, 7, 6, 5]
```

28.6

is 연산자와 레퍼런스 is & reference

Core

```
a = [6, 7, 5, 7]
```

변수 a에 리스트 [6, 7, 5, 7]을 대입하였다.

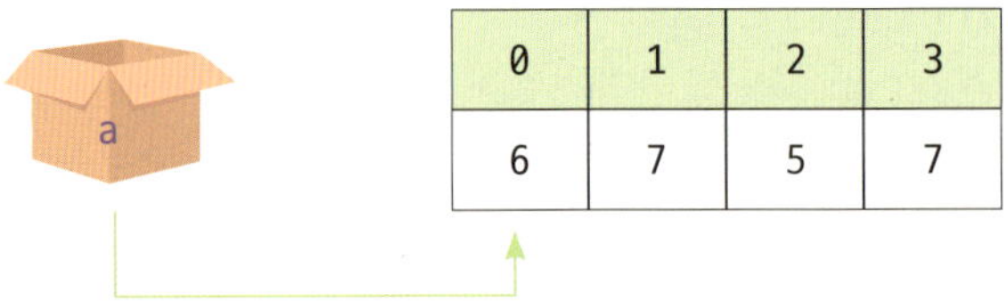

변수 a에 리스트 [6, 7, 5, 7]을 대입하면 a은 첫 번째 정수 6을 가리킨다. a에서 첫 번째 정수 6이 위치한 곳을 0번째라 하고 a[0]로 표현한다. 그리고 두 번째 정수 7이 위치한 곳을 1번째라 하고 a[1]로 표현한다.

Core

```
a[1] = 'A'
```

리스트에 있는 요소를 다른 값을 변경하기 위해서는 리스트[인덱스]에 변경하기 위한 값을 대입하면 리스트의 인덱스 번째의 요소는 대입하는 값으로 변경된다. 리스트 1번째 위치의 값을 문자열 'A'로 변경하였다. 리스트 a는 [6, 'A', 5, 7]이 되었다.

Core

```
b = a
```

변수 b에 리스트 a를 대입하였다.

그러면 변수 b도 리스트 a가 가리키고 있던 첫 번째 정수 6을 가리키게 되고 b에서 첫 번째 정수 6이 위치

한 곳을 0번째라 하고 b[0]로 표현한다. 두 번째 문자열 'A'가 위치한 곳을 1번째라 하고 b[1]로 표현한다.

Core

```
a[1] = 7
```

a[1]에 7을 대입하면 두 개의 변수 a와 b는 모두 같은 곳을 가리키고 있으므로 a[1]과 b[1]의 값은 7이 된다.

Core

```
print(a is b)
```

is 연산자는 변수 a와 b가 같은 위치의 객체를 가리키고 있으면 True를 반환하고, 다른 위치의 객체를 가리키고 있으면 False를 반환하는 연산자이다. 변수 a와 b는 같은 객체를 가리키고 있으므로 True를 반환한다. 그렇다면 리스트 a를 복사하여 또 다른 리스트 b를 생성하려면 어떻게 해야 하는가?

Core

```
b = a.copy()
```

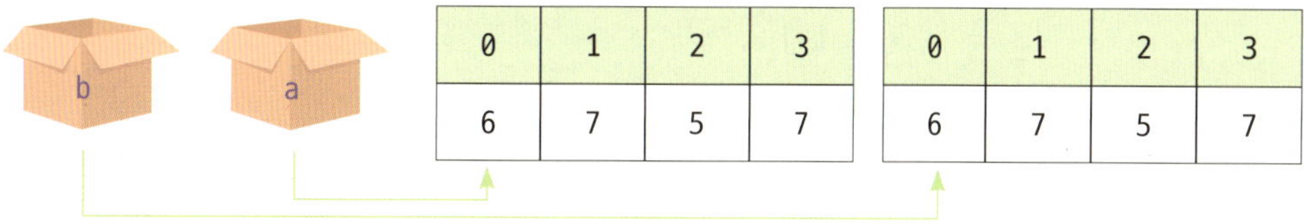

리스트.copy()함수는 리스트 자신을 복사하여 반환한다. 여기서 복사하여 반환한다고 하는 것은 다른 메모리 공간을 할당하여 자신과 같은 리스트를 복사하여 올려놓고 복사한 리스트의 첫 번째 주소를 반환한다. 따라서 a.copy() 함수를 호출하여 변수 b에 반환하면 리스트 a와 똑같은 리스트를 다른 메모리 공간에 복사하여 올려놓고 변수 b는 복사한 리스트의 첫 번째 요소를 가리키게 된다.

Core

```
a[1] = 'A'
```

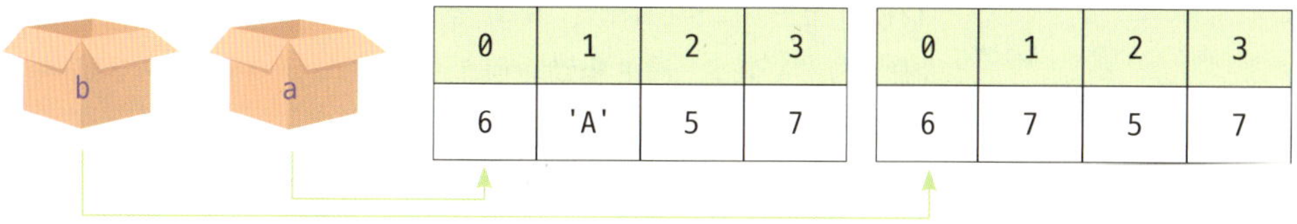

다시 a[1]에 문자열 'A'를 대입하면 리스트 a는 [6, 'A', 5, 7]과 같이 변경되지만 리스트 b는 [6, 7,

5, 7]로 변경되지 않는다.

Core

```
print(a is b)
```

변수 a와 b는 다른 위치의 객체를 가리키고 있으므로 False가 반환된다.

Coding

```
1   a = [6, 7, 5, 7]
2   a[1] = 'A'
3   print(a, end = '\n\n')
4
5   b = a
6   a[1] = 7
7   print(a)
8   print(b)
9   print(a is b, end = '\n\n')
10
11  b = a.copy()
12  a[1] = 'A'
13  print(a)
14  print(b)
15  print(a is b)
```

Interpret

- 1번째 줄은 리스트 a를 [6, 7, 5, 7]로 초기화하였다.
- 2, 3번째 줄은 a[1]에 문자열 'A'를 대입 후 출력한다. 리스트 a는 [6, 'A', 5, 7]이 되었다.
- 5번째 줄은 변수 b에 리스트 a를 대입한다. 변수 b도 a와 같은 객체를 가리킨다.
- 6번째 줄은 a[1]의 요소를 7로 변경한다. 변수 a와 b는 같은 객체를 가리키고 있으므로 b[1]의 요소도 7로 변경된다. 리스트 a와 b는 [6, 7, 5, 7]이 되었다.
- 9번째 줄에서 a와 b는 같은 객체를 가리키고 있으므로 True를 출력한다.
- 11번째 줄은 리스트 a를 복사하여 또 다른 리스트 b를 생성하였다.
- 12번째 줄은 a[1]의 요소를 'A'로 변경한다. 변수 a와 b는 다른 객체를 가리키고 있으므로 리스트 a는 [6, 'A', 5, 7]이 되었고 리스트 b는 [6, 7, 5, 7]이 되었다.
- 15번째 줄에서 a와 b는 다른 객체를 가리키고 있으므로 False를 출력한다.

Output

```
[6, 'A', 5, 7]

[6, 7, 5, 7]
[6, 7, 5, 7]
True

[6, 'A', 5, 7]
[6, 7, 5, 7]
False
```

Tip

변수 a에 100을 대입하고 다시 b에도 100을 대입한 후 is 연산자를 이용하여 a와 b를 확인하면 True가 반환된다. 이는 변수 a와 b 둘 다 같은 객체를 가리키고 있기 때문에 나타나는 현상이다. 변수 a에 100을 대입하면 메모리 공간에 객체를 만든 후 객체에 정수 100을 넣고 변수 a는 정수 객체를 가리킨다. 다시 변수 b에 100을 대입하면 a와 마찬가지 작업을 하는 것이 아니라 a가 가리키고 있던 같은 객체를 변수 b가 가리키게 한다. 물론 다시 변수 b에 50을 대입하면 a와 b의 값이 둘 다 변경되는 것은 아니고 메모리 공간에 다시 객체를 만든 후 정수 50을 넣고 변수 b는 50이 담긴 객체를 가리키게 된다. 이렇게 값이 같을 때, 같은 객체를 가리키게 하면 메모리 공간의 절약과 속도의 향상을 가져올 수 있으므로 Java나 파이썬 엔진은 이러한 방식으로 변수에 값을 대입한다. 또한 자주 사용하는 정수는 속도의 효율을 높이기 위해 이미 프로그램이 진행되기 전에 메모리 공간에 미리 할당해 놓는다고 한다.

Tip

파이썬의 내장 함수 id()에 객체 변수를 전달하면 해당 변수가 가리키고 있는 객체의 레퍼런스 주소를 반환받을 수 있다. (이 값이 실제의 메모리 주소는 아님, C/C++은 실제 메모리 주소를 알려주지만, Java나 파이썬은 해킹의 위험 때문에 암호화하여 알려준다.) 물론 이 값은 프로그램이 실행되는 동안은 유지되지만 고정된 값은 아니기 때문에 다시 실행되면 달라질 수 있다.

28.7
리스트 출력

리스트 전체를 print() 함수를 통해서 한 번에 출력할 수도 있으나 for문을 이용하여 각각의 요소를 출력할 수도 있다.

Coding

```python
a = [10, 20, 30, 40, 50, 60, 70, 80, 90, 100]
for i in range(10):
    print(a[i], end = ' ')
```

Interpret

- 1번째 줄은 리스트 a를 [10, 20, 30, 40, 50, 60, 70, 80, 90, 100]로 초기화하였다.
- 2, 3번째 줄은 순환문이 0부터 9까지 회전하면서 리스트 a의 첫 번째 요소 a[0]부터 마지막 요소 a[9]까지의 값을 한 개의 공백으로 분리하여 첫째 줄에 출력한다.
- 3번째 줄은 end에 한 칸의 공백 문자열을 지정하여 줄 내림을 대신하였다.

Output

```
10 20 30 40 50 60 70 80 90 100
```

28.8
여러 줄에 걸쳐 주어지는 데이터 입력

데이터의 개수를 나타내는 한 개의 양의 정수 N과 그리고 N(1≤N≤100)개의 데이터가 각 줄에 주어진다. 주어진 데이터를 리스트에 입력받아 입력받은 N개의 데이터를 한 개의 공백으로 분리하여 첫째 줄에 출력하는 프로그램을 작성해보자. 입력의 첫째 줄에는 입력받을 데이터의 개수 N이 주어진다. 둘째 줄부터는 1 이상 100 이하의 정수가 각 줄에 한 개씩 모두 N개의 줄에 걸쳐서 주어진다.

Example

입력	출력
5 10 20 30 40 50	10 20 30 40 50

Coding

```
1  n = int(input())
2  a = []
3  for _ in range(n):
4      a.append(int(input()))
5  for i in range(n):
6      print(a[i], end = ' ')
```

Interpret

- 1번째 줄은 데이터의 개수를 입력받아 정수형으로 형 변환하여 변수 n에 대입한다.
- 2번째 줄은 입력에서 주어지는 데이터를 저장할 리스트를 생성한다.
- 3, 4번째 줄은 각 줄에서 입력받은 데이터를 정수형으로 형 변환하여 리스트의 요소로 추가한다.
- 5, 6번째 줄은 순환문이 0부터 n - 1까지 회전하면서 리스트 a의 첫 번째 요소 a[0]부터 마지막 요소 a[n - 1]까지의 값을 한 개의 공백으로 분리하여 출력의 첫째 줄에 출력한다.
- 6번째 줄은 end에 한 칸의 공백 문자열을 지정하여 줄 내림을 대신하였다.

Output

```
5
10
20
30
40
50
10 20 30 40 50
```

28.9

한 줄에 걸쳐 주어지는 데이터 입력

만일 입력이 각 줄에 주어지지 않고 아래와 같이 한 개의 공백으로 분리되어 한 줄로 주어진다면 어떻게 해야 하는가?

Example

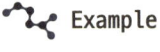

입력	출력
5 10 20 30 40 50	10 20 30 40 50

Coding

```
1  n = int(input())
2  a = list(map(int, input().split()))
3  for i in range(n):
4      print(a[i], end = ' ')
```

Interpret

- 1번째 줄은 데이터의 개수를 입력받아 정수형으로 형 변환하여 변수 n에 대입한다.
- 2번째 줄은 입력받은 문자열을 공백을 구분자로 하여 각각의 문자열로 분리한다. 그리고 분리된 문자열을 다시 정수형으로 형 변환하여 리스트 a에 담는다.
- 3, 4번째 줄은 순환문이 0부터 n - 1까지 회전하면서 리스트 a의 첫 번째 요소 a[0]부터 마지막 요소 a[n - 1]까지의 값을 한 개의 공백으로 분리하여 출력의 첫째 줄에 출력한다.
- 4번째 줄은 end에 한 칸의 공백 문자열을 지정하여 줄 내림을 대신하였다.

Output

```
5
10 20 30 40 50
10 20 30 40 50
```

Tip

문제에서는 데이터의 개수가 대문자 N으로 주어졌지만 프로그램 작성 시 변수명은 소문자로 작성하는 것이 관례이기 때문에 변수명은 소문자로 작성하는 습관을 가지는 것이 바람직하다.

28.10

연습문제 Exercise

① 10개의 데이터 4, 7, 6, 8, 11, -3, 8, 11, 5, 13을 리스트에 초기화시킨 후 모든 요소의 합을 구하는 프로그램을 작성하여라.

Input Form 입력형식 없음.

Output Form 리스트의 모든 요소의 합을 첫째 줄에 출력하여라.

Example

출력
70

② 10개의 데이터 5, 7, 13, 11, 6, 10, 45, 11, 4, 9를 리스트에 초기화시킨 후 짝수의 합을 구하는 프로그램을 작성하여라.

Input Form 입력형식 없음.

Output Form 리스트에서 짝수인 요소의 합을 첫째 줄에 출력하여라.

Example

출력
20

1019

홀수와 짝수의 개수

실행 제한시간	1초
메모리 사용 제한	32MB

1 이상 1,000 이하를 갖는 N(1≤N≤100)개의 양의 정수가 주어지면 홀수와 짝수의 개수를 출력하는 프로그램을 작성하여라.

Input Form 첫째 줄은 양의 정수 N이 주어지고 둘째 줄에는 1 이상 1,000 이하를 갖는 N개의 양의 정수들이 한 개의 공백으로 분리되어 주어진다.

Output Form 첫째 줄은 짝수의 개수를 출력하고 둘째 줄은 홀수의 개수를 출력하도록 한다.

Example

입력	출력
10 7 15 33 999 455 464 899 566 10 5	3 7

1020

짝수와 홀수

실행 제한시간	1초
메모리 사용 제한	32MB

오일러는 N(1≤N≤10,000)개의 음이 아닌 정수들을 나열해 놓고 나열된 정수들의 짝수의 합과 홀수의 합 중에서 어느 숫자가 더 큰 수인지 궁금해하고 있다.

N개의 음이 아닌 정수들을 읽어 들여 짝수의 합과 홀수의 합을 구하는 프로그램을 작성하여라. 짝수의 합과 홀수의 합은 2^{31}보다 작다는 것을 보장한다.

Input Form 첫째 줄에는 한 개의 정수 N이 주어진다. 둘째 줄부터는 각 줄에 한 개의 정수가 총 N개의 줄에 걸쳐서 주어진다.

Output Form 짝수의 합과 홀수의 합을 한 개의 공백으로 분리하여 첫째 줄에 출력하여라.

Example

입력	출력
4 5 3 6 10	16 8

Note

짝수의 합 : 10 + 6 = 16

홀수의 합 : 5 + 3 = 8

1030
Graphing

실행 제한시간	1초
메모리 사용 제한	32MB

왕국의 드래곤들은 매일 최소 1파운드에서 최대 70파운드 범위의 불을 생산하는데 오일러는 드래곤들에 대한 불의 생산량을 N(1≤N≤20)일 동안 매일 기록하려고 한다.

그래서 오일러는 아래와 같이 불의 생산량을 나타내는 그래프를 작성하기로 하였고 그래프는 두 자리의 정수와 한 개의 공백 그리고 생산량을 정수 길이를 가지는 '*'로 표현하기로 결정하였다.

```
 5 *****
15 ***************
40 ****************************************
25 *************************
```

오일러가 위와 같은 그래프를 만들 수 있도록 프로그램을 작성하여 도와주도록 하자.

Input Form 첫째 줄에는 한 개의 정수 N이 주어진다. 둘째 줄부터는 N줄에 걸쳐서 각각의 날에 대한 드래곤들의 불의 생산량이 정수 단위로 N줄에 걸쳐서 주어진다.

Output Form 오일러가 만들고자 하는 그래프를 출력하여라.

Example

입력	출력
4 5 15 40 25	5 ***** 15 *************** 40 ** 25 *************************

1026
Black

실행 제한시간	1초
메모리 사용 제한	32MB

오일러는 다락방에서 오래된 체스판과 말들을 발견하였다. 그런데, 불행하게도 체스판의 말들은 오직 검은색 밖에 없었으며, 몇 개의 말들은 개수가 맞지 않았다. 체스판에 있어야 하는 말들의 개수는 다음과 같다. :

- One king(한 개의 킹)
- One queen(한 개의 퀸)
- Two rooks(두 개의 룩)
- Two bishops(두 개의 비숍)
- Two knights(두 개의 나이트)
- Eight pawns(여덟 개의 폰)

오일러는 체스판의 말들의 개수를 맞추기 위해서, 어떤 말들을 추가하거나 또는 제거할지 알아내야만 한다.

Input Form

첫째 줄에 0 이상 10 이하의 정수 6개가 주어진다. 각각의 수는 순서대로 오일러가 다락방에서 발견한 킹(kings), 퀸(queens), 룩(rooks), 비숍(bishops), 나이트(knights), 폰(pawns)의 개수를 나타낸다.

Output Form

첫째 줄은 각각의 말에 대해서 입력의 순서대로 추가하거나 또는 제거해야 하는 말의 개수를 6개의 정수로 출력하여라. 만일 말이 모자라서 더 추가해야 한다면 추가해야 하는 말의 개수를 양의 정수로 출력하고, 더 많아서 몇 개의 말을 제거해야 한다면 제거해야 하는 말의 개수를 음의 정수로 출력하여라.

Example

입력	출력
0 1 2 2 2 7	1 0 0 0 0 1

입력	출력
2 1 2 1 2 1	-1 0 0 1 0 7

1094

파티

실행 제한시간	1초
메모리 사용 제한	32MB

커다란 파티가 있었던 날에 얼마나 많은 사람들이 파티에 있었는지 알기를 원하고 있다. 왜냐하면 파티의 규모가 워낙 커서 그 파티에 정확히 몇 명의 사람들이 있었는지 알고 있는 사람은 어느 누구도 없었다. 여러분의 친구 오일러는 지난 토요일에 파티에 있었고, $1m^2$의 면적당 몇 명의 사람들이 있었는지는 알고 있다.

파티에 관한 내용이 5개의 신문에 실렸다. 각각의 신문에는 파티에 참석한 인원수가 나와 있다. 여러분들은 오일러의 정보를 믿고 각각의 기사들이 얼마나 정확한지 알아내어야 한다.

Input Form 첫째 줄에는 $1m^2$당 몇 명의 사람이 있는지를 나타내는 양의 정수 L(1≤L≤10)과 파티 장소의 면적을 나타내는 양의 정수 P(1≤P≤1,000)가 주어진다. 둘째 줄에는 각각의 신문에 실린 파티 참석 인원을 나타내는 10^6보다 작은 5개의 양의 정수가 차례로 주어진다.

Output Form 오일러가 알려준 방법으로 계산할 때, 파티를 참석한 사람 수와 각각의 신문에 실린 파티 참석 인원 수의 차이가 얼마나 되는지 입력의 순서대로 첫째 줄에 출력하여라.

Example

입력	출력
1 10 10 10 10 10 10	0 0 0 0 0

입력	출력
5 20 99 101 1000 0 97	-1 1 900 -100 -3

1139

숫자 슬라이스

실행 제한시간 **1초**
메모리 사용 제한 **32MB**

세 자리 양의 정수 A, B, C가 주어지면 A × B × C의 계산 결과에서 0부터 9까지의 숫자가 각각 몇 번씩 쓰였는지 구하여라.

예를 들어 A = 123 이고 B = 234 그리고 C = 345이면 A × B × C의 계산 결과는 9,929,790이다. 여기에는 1, 3, 4, 5, 6, 8은 0번, 0, 2, 7은 1번, 9는 4번이 쓰이고 있다.

Input Form 세 자리 양의 정수 A, B, C가 한 개의 공백으로 분리되어 첫째 줄에 주어진다.

Output Form A × B × C의 계산 결과에서 0이 쓰인 횟수부터 9가 쓰인 횟수까지 차례대로 각 줄에 출력하여라.

Example

입력	출력
123 234 345	1 0 1 0 0 0 0 1 0 4

코딩마법서

1권 STONE VERSION

코딩테스트와 인공지능을 위한 파이썬

제29장

튜플 tuple

φ 오일러BOOKS

29.1 튜플(tuple)의 초기화

튜플도 리스트처럼 많은 양의 데이터를 담아서 처리할 수 있지만, 튜플은 리스트와 달리 요소의 삽입, 삭제, 변경이 불가하다. (immutable) 따라서 튜플은 요소의 값이 절대 변경되지 않고 유지되어야 할 때 사용된다. 만일 튜플의 요소를 강제로 변경하려 한다면 TypeError가 발생하기 때문에 요소의 값을 실수로 변경하는 상황을 사전에 방지할 수 있다.

Core

```
a = (1, 2, 3.0, 4.0, 'A')
b = 1, 2, 3.0, 4.0, 'A'
```

a와 b는 튜플의 이름을 나타내고 튜플에 담길 값들을 콤마(,)로 구분하여 소괄호 () 안에 작성한다. 아니면 괄호로 묶지 않고 콤마(,)로만 구분하여 작성할 수도 있다. 튜플에 담기는 값들을 **요소(Element)**라고 하고, 튜플 안에 있는 각각의 요소들은 대괄호([])안의 숫자로 나타낸다..

Coding

```
1  a = (1, 2, 3.0, 4.0, 'A')
2  b = 1, 2, 3.0, 4.0, 'A'
3
4  print(a[0])
5  print(b[0])
6  print(a)
7  print(b)
```

Interpret

- 1, 2번째 줄은 튜플 a와 b를 초기화하였다.
- 4, 5번째 줄은 튜플 a와 b의 첫 번째 요소를 출력한다.
- 6, 7번째 줄은 튜플 a와 b 전체를 출력한다.

Output

```
1
1
(1, 2, 3.0, 4.0, 'A')
(1, 2, 3.0, 4.0, 'A')
```

29.2

튜플(tuple) 만들기

요소가 한 개인 튜플을 만드는 방법은 조금 다르다.

Core

```
a = (1,)
b = 1,
```

만일 한 개의 요소가 들어 있는 튜플을 만들기 위해서 (1)와 같이 작성하면 이것은 튜플이 아니라 연산 순서를 미리 처리하기 위한 괄호라고 생각하기 때문에 튜플로 인식하지 않는다. 따라서 하나의 요소를 튜플로 만들기 위해서는 요소를 입력 후 뒤에 콤마를 붙여야 한다.

Core

```
c = tuple(range(10))
d = tuple([1, 2, 3, 4, 5])
e = tuple('ABCDE')
```

range() 함수에 정수 10을 전달하여 0부터 9까지의 연속된 정수를 만든 후 튜플로 변형하여 (0, 1, 2, 3, 4, 5, 6, 7, 8, 9)를 변수 c에 대입하였다. 리스트 [1, 2, 3, 4, 5]를 튜플로 형 변환하면 (1, 2, 3, 4, 5)가 되고 문자열 'ABCDE'를 튜플로 형 변환하면 ('A', 'B', 'C', 'D', 'E')가 된다.

Coding

```
1   a = (1,)
2   b = 1,
3   print(a)
4   print(b)
5
6   c = tuple(range(10))
7   d = tuple([1, 2, 3, 4, 5])
8   e = tuple('ABCDE')
9   print(c)
10  print(d)
11  print(e)
```

Interpret

- 1, 2번째 줄은 한 개의 요소가 들어 있는 튜플을 초기화하고 있다.

- 3, 4번째 줄은 튜플 a와 b를 출력의 첫째 줄과 둘째 줄에 출력한다.
- 6번째 줄은 range() 함수를 통해서 0부터 9까지의 연속된 정수를 만든 후 튜플로 형 변환하였다.
- 7번째 줄은 리스트 [1, 2, 3, 4, 5]를 튜플로 형 변환하였다.
- 8번째 줄은 문자열 'ABCDE'를 튜플로 형 변환하였다.
- 9번째 줄부터 11번째 줄은 튜플 c, d, e를 각 줄에 출력한다.

Output

```
(1,)
(1,)
(0, 1, 2, 3, 4, 5, 6, 7, 8, 9)
(1, 2, 3, 4, 5)
('A', 'B', 'C', 'D', 'E')
```

Tip

tuple() 함수를 통해서 리스트와 문자열을 튜플로 형 변환하였지만 마찬가지로 list() 함수를 통해서도 튜플과 문자열을 리스트로 형 변환할 수 있다.

29.3

리스트와 튜플의 언패킹 unpacking

리스트와 튜플을 이용한다면 여러 개의 변수에 값을 동시에 대입할 수 있다.

Core

```
a, b = [1, 2]
c, d = ('A', 'B')
```

리스트의 첫 번째 요소 1은 a에 대입하고 두 번째 요소 2는 b에 대입하였다. 튜플의 첫 번째 요소 'A'는 c에 대입하고 두 번째 요소 'B'는 d에 대입하였다.

Core

```
e = input().split()
```

input().split() 함수는 입력받은 문자열을 공백을 구분자로 분리한다. 위의 값을 변수 e에 담아 출력해 보면 공백을 구분자로 분리된 문자열들을 리스트에 담아서 반환됨을 알 수 있다.

Coding

```
1  a, b = [1, 2]
2  c, d = ('A', 'B')
3  print(a)
4  print(b)
5  print(c)
6  print(d)
7
8  e = input().split()
9  print(e)
```

Interpret

- 1번째 줄은 리스트의 첫 번째 요소 1은 a에 두 번째 요소 2는 b에 대입한다.
- 2번째 줄은 튜플의 첫 번째 요소 'A'는 c에 두 번째 요소 'B'는 d에 대입한다.
- 3번째 줄부터 6번째 줄은 변수 a, b, c, d의 값을 각 줄에 출력한다.
- 8번째 줄은 입력받은 문자열을 공백을 구분자로 각각의 문자열로 분리하여 리스트에 담아 반환한다.
- 9번째 줄은 리스트 e의 값을 마지막 줄에 출력한다.

Output

```
1
2
A
B
10 20 30
['10', '20', '30']
```

29.4

요소의 개수와 위치 반환 count & index

튜플.count() 함수에는 한 개의 값을 전달 할 수 있는데, 전달되는 값과 같은 값이 튜플에서 몇 개가 있는지 개수를 세어 반환한다. 또한 튜플.index() 함수에도 한 개의 값을 전달할 수 있는데, 전달되는 값은 튜플의 요소이고 이 값이 튜플에서 몇 번째에 위치하는지를 찾아서 인덱스를 반환한다. 만일 전달되는 값이 튜플에 여러 개가 존재한다면 첫 번째 값의 인덱스를 찾아서 반환하고, 존재하지 않으면 ValueError가 발생된다.

Core

```
a = (6, 7, 5, 7)
cnt = a.count(7)
idx = a.index(7)
```

a.count() 함수에 7을 전달하여 튜플에서 7이 몇 개가 있는지 개수를 세어 반환한다. 2개가 있으므로 cnt는 반환 값 2가 된다. a.index() 함수에 7을 전달하면 튜플에서 첫 번째 요소 7을 찾아 인덱스를 반환한다. 첫 번째 요소 7은 1번 인덱스에 위치하고 있으므로 idx는 반환 값 1이 된다.

Coding

```
1  a = (6, 7, 5, 7)
2  cnt = a.count(7)
3  idx = a.index(7)
4
5  print(cnt)
6  print(idx)
7  print(a)
```

Interpret

- 1번째 줄은 튜플 a를 (6, 7, 5, 7)로 초기화하였다.
- 2번째 줄은 튜플 a에서 7이 몇 개 있는지 개수를 세어 cnt에 반환한다. 7이 2개가 있으므로 cnt 값은 2가 되었다.
- 3번째 줄은 튜플 a에서 첫 번째 7을 찾아 그때의 인덱스를 idx에 반환한다. idx의 값은 1이 되었다.
- 5번째 줄부터 7번째 줄은 cnt, idx, a를 각 줄에 출력한다.

Output

```
2
1
(6, 7, 5, 7)
```

29.5
연습문제 Exercise

1 **50개의 데이터** 1, 3, 5, … , 97, 99**를** range() **함수를 이용하여 튜플에 초기화시킨 후 모든 요소의 합을 구하는 프로그램을 작성하여라.**

Input Form 입력형식 없음.

Output Form 튜플의 모든 요소의 합을 첫째 줄에 출력하여라.

Example

출력
2500

2 **50개의 데이터** 1, 3, 5, … , 97, 99**를** range() **함수를 이용하여 튜플에 초기화시킨 후 제곱수의 합만 구하는 프로그램을 작성하여라.**

Input Form 입력형식 없음.

Output Form 튜플에서 제곱수인 요소의 합을 첫째 줄에 출력하여라.

Example

출력
165

Note

```
>>> 1 + 9 + 25 + 49 + 81
165
```

코딩마법서

1권 STONE VERSION

코딩테스트와 인공지능을 위한 파이썬

제30장

시퀀스 자료형
Sequence Type

φ 오일러BOOKS

문자열, 리스트(list), 튜플(tuple), range와 같이 여러 개의 값들을 하나의 변수에 모아서 만들 수 있는 자료형을 **시퀀스 자료형(Sequence Type)**이라고 부르며 시퀀스 자료형으로 만든 변수를 **시퀀스 객체**라고 한다. 이러한 시퀀스 객체에만 제공되는 기본적인 기능들이 있는데 다음과 같다.

30.1 인덱싱 indexing

Core

```
str = 'Hello Euler'
a = ['H', 'e', 'l', 'l', 'o', ' ', 'E', 'u', 'l', 'e', 'r']
t = ('H', 'e', 'l', 'l', 'o', ' ', 'E', 'u', 'l', 'e', 'r')
r = range(11)
```

str에는 문자열을, a에는 리스트를, t에는 튜플을, r에는 range() 함수를 대입하였다.

0(-11)	1(-10)	2(-9)	3(-8)	4(-7)	5(-6)	6(-5)	7(-4)	8(-3)	9(-2)	10(-1)
'H'	'e'	'l'	'l'	'o'	' '	'E'	'u'	'l'	'e'	'r'

str에 문자열 'Hello Euler'를 대입하면 str은 첫 번째 문자열 'H'를 가리킨다. str에서 첫 번째 문자열 'H'가 위치한 곳을 0번째라고 하고 str[0]으로 표현한다. 그리고 두 번째 문자열 'e'가 위치한 곳을 1번째라고 하고 str[1]로 표현한다.

0(-11)	1(-10)	2(-9)	3(-8)	4(-7)	5(-6)	6(-5)	7(-4)	8(-3)	9(-2)	10(-1)
'H'	'e'	'l'	'l'	'o'	' '	'E'	'u'	'l'	'e'	'r'

a에 리스트 ['H', 'e', 'l', 'l', 'o', ' ', 'E', 'u', 'l', 'e', 'r']를 대입하면 a는 첫 번째 문

자열 'H'를 가리킨다. 리스트 a에서 첫 번째 문자열 'H''가 위치한 곳을 0번째라고 하고 a[0]으로 표현한다. 그리고 두 번째 문자열 'e'가 위치한 곳을 1번째라고 하고 a[1]로 표현한다.

0(-11)	1(-10)	2(-9)	3(-8)	4(-7)	5(-6)	6(-5)	7(-4)	8(-3)	9(-2)	10(-1)
'H'	'e'	'l'	'l'	'o'	' '	'E'	'u'	'l'	'e'	'r'

t에 튜플 ('H', 'e', 'l', 'l', 'o', ' ', 'E', 'u', 'l', 'e', 'r')를 대입하면 t는 첫 번째 문자열 'H'를 가리킨다. 튜플 t에서 첫 번째 문자열 'H'가 위치한 곳을 0번째라고 하고 t[0]으로 표현한다. 그리고 두 번째 문자열 'e'가 위치한 곳을 1번째라고 하고 t[1]로 표현한다.

0(-11)	1(-10)	2(-9)	3(-8)	4(-7)	5(-6)	6(-5)	7(-4)	8(-3)	9(-2)	10(-1)
0	1	2	3	4	5	6	7	8	9	10

r에 range(11) 함수를 대입하면 0부터 10까지의 연속된 정수를 생성한 후 r은 첫 번째 정수 0을 가리킨다. 첫 번째 정수 0이 위치한 곳을 0번째라고 하고 r[0]으로 표현한다. 그리고 두 번째 정수 1이 위치한 곳을 1번째라고 하고 r[1]로 표현한다.

이렇게 시퀀스 객체에 들어 있는 각각의 값들을 **요소(Element)**라고 하고 대괄호([])안의 숫자를 **인덱스(index)** 또는 **첨자**라고 한다.

시퀀스 객체는 두 개의 인덱스(index)를 가지고 있다. 첫 번째 요소는 인덱스 0, 두 번째 요소는 인덱스 1을 갖지만 마지막 요소부터 거꾸로 -1, -2, -3, …의 인덱스를 가질 수도 있다. 따라서 위의 문자열 str에서 'H'는 str[0]으로 표현될 수 있지만 음의 인덱스 str[-11]로도 표현될 수 있다. 또한 시퀀스 객체의 마지막 요소는 반드시 -1의 인덱스를 갖는 것도 기억하도록 하자.

Coding

```
str = 'Hello Euler'
print(str)
print(str[0], str[-1])
print(type(str), end = '\n\n')

```

```
6  a = ['H', 'e', 'l', 'l', 'o', ' ', 'E', 'u', 'l', 'e', 'r']
7  print(a)
8  print(a[0], a[-1])
9  print(type(a), end = '\n\n')
10
11 t = ('H', 'e', 'l', 'l', 'o', ' ', 'E', 'u', 'l', 'e', 'r')
12 print(t)
13 print(t[0], t[-1])
14 print(type(t), end = '\n\n')
15
16 r = range(11)
17 print(r)
18 print(r[0], r[-1])
19 print(type(r))
```

Interpret

- 1, 2번째 줄은 str에 문자열을 대입한 후 2번째 줄에서 문자열 str를 출력한다.
- 3번째 줄에서 문자열의 첫 번째 요소 str[0]의 값 'H'와 마지막 요소 str[-1]의 값 'r'을 출력한다.
- 4번째 줄에서 type() 함수를 통해서 문자열 자료형을 출력한다.
- 6, 7번째 줄은 a에 리스트를 대입한 후 7번째 줄에서 리스트 a를 출력한다.
- 8번째 줄에서 리스트의 첫 번째 요소 a[0]의 값 'H'와 마지막 요소 a[-1]의 값 'r'을 출력한다.
- 9번째 줄에서 type() 함수를 통해서 리스트 자료형을 출력한다.
- 11, 12번째 줄은 t에 튜플을 대입한 후 12번째 줄에서 튜플 t를 출력한다.
- 13번째 줄에서 튜플의 첫 번째 요소 t[0]의 값 'H'와 마지막 요소 t[-1]의 값 'r'을 출력한다.
- 14번째 줄에서 type() 함수를 통해서 튜플 자료형을 출력한다.
- 16, 17번째 줄은 r에 range() 함수를 통해서 값을 발생시켜 대입한 후 17번째 줄에서 레인지 r을 출력한다. 레인지 객체는 리스트, 튜플과는 달리 요소가 모두 표시되지 않고 생성 범위만 표시된다.
- 18번째 줄에서 레인지의 첫 번째 요소 r[0]의 값 0과 마지막 요소 r[-1]의 값 10을 출력한다.
- 19번째 줄에서 type() 함수를 통해서 레인지 자료형을 출력한다.

Output

```
Hello Euler
H r
<class 'str'>

['H', 'e', 'l', 'l', 'o', ' ', 'E', 'u', 'l', 'e', 'r']
H r
<class 'list'>

('H', 'e', 'l', 'l', 'o', ' ', 'E', 'u', 'l', 'e', 'r')
H r
<class 'tuple'>

range(0, 11)
0 10
<class 'range'>
```

30.2 슬라이싱 slicing

Core

```
시퀀스 객체[시작인덱스:마지막인덱스]
```

시퀀스 객체에서 특정 부분만 잘라내어 복사하고 싶을 때 []안에 시작과 마지막 인덱스를 적어주면 시작 인덱스부터 마지막 인덱스 전까지 복사할 수 있는데 이것을 **슬라이싱(Slicing)**이라고 한다. 여기서 조심해야 할 것은 마지막 인덱스는 포함되지 않고 마지막 인덱스 전까지 슬라이싱 된다는 것에 주의해야 한다.

Core

```
str = 'Hello Euler'
a = ['H', 'e', 'l', 'l', 'o', ' ', 'E', 'u', 'l', 'e', 'r']
```

예를 들어서 시퀀스 객체 str에는 문자열 'Hello Euler'를 a에는 리스트 ['H', 'e', 'l', 'l', 'o', ' ', 'E', 'e', 'l', 'e', 'r']가 초기화되어 있다고 할 때,

0(-11)	1(-10)	2(-9)	3(-8)	4(-7)	5(-6)	6(-5)	7(-4)	8(-3)	9(-2)	10(-1)
'H'	'e'	'l'	'l'	'o'	' '	'E'	'u'	'l'	'e'	'r'

Core

```
str1 = str[0:5]
str2 = str[-11:-6]
a1 = a[0:5]
a2 = a[-11:-6]
```

str1에는 문자열 str의 0번 인덱스부터 4번 인덱스까지 슬라이싱한 문자열 'Hello'를 복사하여 대입한다. 물론 음의 인덱스를 이용한 슬라이싱도 가능하다. str2에는 문자열 str의 -11번 인덱스부터 -5번 인덱스까지 슬라이싱한 문자열 'Hello'를 복사하여 대입한다. a1에는 리스트 a의 0번 인덱스부터 4번 인덱스까지 슬라이싱한 리스트 ['H', 'e', 'l', 'l', 'o']를 복사하여 대입한다. 마찬가지로 음의 인덱스를 이용한 슬라이싱도 가능하다. a2에는 리스트 a의 -11번 인덱스부터 -5번 인덱스까지 슬라이싱한 리스트 ['H', 'e', 'l', 'l', 'o']를 복사하여 대입한다.

만일 시작 인덱스를 적어주지 않으면 처음부터 마지막 인덱스 전까지 슬라이싱하여 복사하고, 마지막 인덱스를 적어주지 않으면 시작 인덱스부터 끝까지 슬라이싱하여 복사한다. 또한 시작 인덱스와 마지막 인덱스를 둘 다 적어주지 않으면 처음부터 끝까지 전체를 슬라이싱하여 복사한다.

Core

```
str3 = str[:5]
str4 = str[6:]
str5 = str[:]
a3 = a[:5]
a4 = a[6:]
a5 = a[:]
```

str3에는 문자열 str을 처음부터 인덱스 4까지 슬라이싱한 'Hello'가 대입되고 str4에는 6번 인덱스부터 끝까지 슬라이싱한 'Euler'가 대입된다. str5에는 문자열 전체를 슬라이싱한 'Hello Euler'가 대입된다. 마찬가지로 a3에는 리스트 a를 처음부터 인덱스 4까지 슬라이싱한 ['H', 'e', 'l', 'l', 'o']가 대입되고 a4에는 6번 인덱스부터 끝까지 슬라이싱한 ['E', 'u', 'l', 'e', 'r']가 대입된다. a5에는 리스트 전체를 슬라이싱한 ['H', 'e', 'l', 'l', 'o', ' ', 'E', 'u', 'l', 'e', 'r']가 대입된다.

Coding

```python
1  str = 'Hello Euler'
2  a = ['H', 'e', 'l', 'l', 'o', ' ', 'E', 'u', 'l', 'e', 'r']
3
4  print(str[0:5])
5  print(str[-11:-6])
6  print(str[:5])
7  print(str[6:])
8  print(str[:])
9  print()
10 print(a[0:5])
11 print(a[-11:-6])
12 print(a[:5])
13 print(a[6:])
14 print(a[:])
```

Interpret

- 1, 2번째 줄에서 str은 문자열로 a는 리스트로 초기화하였다.
- 4번째 줄부터 8번째 줄은 문자열 str를 슬라이싱한 결과를 각 줄에 출력한다.
- 10번째 줄부터 14번째 줄은 리스트 a를 슬라이싱한 결과를 각 줄에 출력한다.

Output

```
Hello
Hello
Hello
Euler
Hello Euler

['H', 'e', 'l', 'l', 'o']
['H', 'e', 'l', 'l', 'o']
['H', 'e', 'l', 'l', 'o']
['E', 'e', 'l', 'e', 'r']
['H', 'e', 'l', 'l', 'o', ' ', 'E', 'e', 'l', 'e', 'r']
```

30.3

슬라이싱과 증감폭 slicing

Core

```
시퀀스 객체[시작인덱스:마지막인덱스:증감폭]
```

시퀀스 객체를 슬라이싱할 때 증감폭을 지정하여 슬라이싱할 수도 있다. 그러면 시작 인덱스부터 마지막 인덱스 전까지 증감폭 만큼씩 건너뛰면서 슬라이싱한 시퀀스 객체를 가지고 온다.

Core

```
str = 'Hello Euler'
a = ['H', 'e', 'l', 'l', 'o', ' ', 'E', 'u', 'l', 'e', 'r']
```

예를 들어서 str에는 문자열 'Hello Euler'를 a에는 리스트 ['H', 'e', 'l', 'l', 'o', ' ', 'E', 'e', 'l', 'e', 'r']가 초기화되어 있다고 할 때,

Core

```
str1 = str[::2]
a1 = a[::2]
```

0(-11)	1(-10)	2(-9)	3(-8)	4(-7)	5(-6)	6(-5)	7(-4)	8(-3)	9(-2)	10(-1)
'H'	'e'	'l'	'l'	'o'	' '	'E'	'u'	'l'	'e'	'r'

str1에는 문자열 str를 처음부터 끝까지 2칸씩 건너뛰면서 슬라이싱한 문자열 'HloElr'를 복사하여 대입하고 a1에는 리스트 a를 처음부터 끝까지 2칸씩 건너뛰면서 슬라이싱한 리스트 ['H', 'l', 'o', 'E', 'l', 'r']를 복사하여 대입한다.

슬라이싱할 때 증감폭에 음수를 지정할 수도 있다. 그러면 요소를 뒤에서부터 거꾸로 슬라이싱하여 가져올 수 있다. 다만 여기서 주의할 점은 증감폭이 음수이므로 시작 인덱스가 마지막 인덱스보다 크다는 것에 주의해야 하겠다. 또한 마지막 인덱스는 범위에 포함되지 않는 것도 주의해야 한다.

Core

```
str2 = str[4:0:-1]
str3 = str[4::-1]
a2 = a[4:0:-1]
a3 = a[4::-1]
```

str2에는 문자열 str를 4번 인덱스부터 1번 인덱스까지 슬라이싱한 문자열 'olle'를 대입한다. str3에는 4번 인덱스부터 처음까지 슬라이싱한 문자열 'olleH'를 대입한다. a2에는 리스트 a를 4번 인덱스부터 1번 인덱스까지 슬라이싱한 리스트 ['o', 'l', 'l', 'e']를 대입한다. a3에는 4번 인덱스부터 처음까지 슬라이싱한 리스트 ['o', 'l', 'l', 'e', 'H']를 대입한다.

Core

```
str4 = str[::-1]
a4 = a[::-1]
```

str[::-1]은 문자열 str를 마지막부터 처음까지 1씩 감소하며 슬라이싱하기 때문에 str를 거꾸로 뒤집은 'reluE olleH'로 슬라이싱한다. a[::-1]도 리스트 a를 마지막부터 처음까지 1씩 감소하며 ['r', 'e', 'l', 'u', 'E', ' ', 'o', 'l', 'l', 'e', 'H']로 슬라이싱한다.

Coding

```
1   str = 'Hello Euler'
2   a = ['H', 'e', 'l', 'l', 'o', ' ', 'E', 'u', 'l', 'e', 'r']
3
4   print(str[::2])
5   print(str[4:0:-1])
6   print(str[4::-1])
7   print(str[::-1])
8   print()
9   print(a[::2])
10  print(a[4:0:-1])
11  print(a[4::-1])
12  print(a[::-1])
```

Interpret

- 1, 2번째 줄에서 str은 문자열로 a는 리스트로 초기화하였다.
- 4번째 줄부터 7번째 줄은 문자열 str를 슬라이싱한 결과를 출력한다.
- 9번째 줄부터 12번째 줄은 리스트 a를 슬라이싱한 결과를 출력한다.

Output

```
HloElr
olle
olleH
reluE olleH

['H', 'l', 'o', 'E', 'l', 'r']
['o', 'l', 'l', 'e']
['o', 'l', 'l', 'e', 'H']
['r', 'e', 'l', 'e', 'E', ' ', 'o', 'l', 'l', 'e', 'H']
```

30.4 시퀀스 객체의 덧셈과 곱셈

시퀀스 자료형에서 레인지(range) 자료형을 제외한 문자열, 리스트, 튜플 자료형은 덧셈과 곱셈 연산이 가능하다.

Core

```
str = 'AB' + 'CDE'
a = [1, 2] + [3, 4, 5]
```

같은 시퀀스 객체끼리의 덧셈은 두 자료를 합쳐서 반환한다. 예를 들어 문자열 'AB'와 'CDE'를 덧셈 연산하면 두 문자열이 합쳐진 문자열 'ABCDE'가 반환된다. 리스트도 마찬가지로 두 리스트 [1, 2]와 [3, 4, 5]를 덧셈 연산하면 두 리스트가 합쳐진 리스트 [1, 2, 3, 4, 5]가 반환된다.

Core

```
str *= 2
a *= 2
```

또한 곱셈 연산도 가능한데 만일 문자열, 리스트, 튜플 자료형을 정수와 곱셈 연산하면 해당 자료형을 정수 배만큼 합쳐서 반환한다. 예를 들어 리스트 a에 [1, 2, 3, 4, 5]가 있고 여기에 2를 곱하면 리스트 a를 2개 합친 리스트 [1, 2, 3, 4, 5, 1, 2, 3, 4, 5]가 반환된다. (0 또는 음수를 곱하면 빈 객체를 반환하며 실수를 곱하면 TypeError가 발행된다.)

Coding

```
1 str = 'AB' + 'CDE'
2 a = [1, 2] + [3, 4, 5]
3 print(str)
4 print(a, end = '\n\n')
5
6 str *= 2
7 a *= 2
8 print(str)
9 print(a)
```

Interpret

- 1번째 줄부터 4번째 줄은 문자열과 리스트를 덧셈 연산하여 출력한다.
- 6번째 줄부터 9번째 줄은 문자열과 리스트를 곱셈 연산하여 출력한다.

Output

```
ABCDE
[1, 2, 3, 4, 5]

ABCDEABCDE
[1, 2, 3, 4, 5, 1, 2, 3, 4, 5]
```

30.5 in과 not in

시퀀스 객체 안에서 찾고자 하는 값이 존재하는지 확인하고자 할 때, in과 not in 연산자를 이용한다. in 연산자는 시퀀스 객체 안에서 찾고자 하는 값이 존재하면 True를 반환하고 존재하지 않으면 False를 반환한다. 반대로 not in 연산자는 찾고자 하는 값이 존재하지 않으면 True를 반환하고 존재하면 False를 반환한다.

Core

```
값 in 시퀀스 객체
```

시퀀스 객체에 값이 있는지 확인한다. 만일 있으면 True를 반환하고 없으면 False를 반환한다.

Core

값 not in 시퀀스 객체

시퀀스 객체에 값이 없는지 확인한다. 만일 없으면 True를 반환하고 있으면 False를 반환한다.

Coding

```
1   str = 'Euler'
2   a = [1, 2, 3, 4, 5]
3
4   if 'E' in str:
5       print('E is in str')
6   if 'A' not in str:
7       print('A is not in str')
8
9   if 1 in a:
10      print('1 is in list')
11  if 0 not in a:
12      print('0 is not in list')
```

Interpret

- 1, 2번째 줄에서 str은 문자열로 a는 리스트로 초기화하였다.
- 4, 5번째 줄은 문자열 str에서 문자열 'E'가 존재하면 'E is in str'를 출력한다. 문자열 'E'가 존재하지 않으면 4, 5번째 줄을 건너뛰어 6번째 줄이 실행된다.
- 6, 7번째 줄은 문자열 str에서 문자열 'A'가 존재하지 않으면 'A in not in str'를 출력한다. 문자열 'A'가 존재하면 6, 7번째 줄을 건너뛰어 9번째 줄이 실행된다.
- 9, 10번째 줄은 리스트 a에서 정수 1이 존재하면 '1 is in list'를 출력한다. 정수 1이 존재하지 않으면 9, 10번째 줄을 건너뛰어 11번째 줄이 실행된다.
- 11, 12번째 줄은 리스트 a에서 정수 0이 존재하지 않으면 '0 in not in list'를 출력한다. 정수 0이 존재하면 11, 12번째 줄을 건너뛴 후 프로그램을 종료한다.

Output

```
E is in str
A is not in str
1 is in list
0 is not in list
```

30.6 요소의 삭제 및 길이 구하기 del & len

시퀀스 객체의 길이를 구하기 위해서는 파이썬 내장 함수인 len()에 시퀀스 객체를 전달하면 객체의 길이가 반환된다.

Core

```
n1 = len('Euler')
n2 = len([1, 2, 3, 4, 5, 6, 7, 8, 9, 10])
```

n1에는 문자열 'Euler'의 길이 5가 반환되고 n2에는 리스트 [1, 2, 3, 4, 5, 6, 7, 8, 9, 10]의 길이 10이 반환된다.

Core

```
del a[0]
del a[::2]
del a
```

del 명령어 뒤에 변수나 리스트의 요소를 놓으면 변수나 리스트의 요소를 삭제할 수 있다. del a[0]은 리스트의 0번째 요소를 삭제하고, del a[::2]는 0번 인덱스부터 끝까지 2씩 증가하며 슬라이싱한 0번째, 2번째, 4번째, …의 요소를 삭제한다. 마지막으로 del a는 리스트 자체를 삭제하는 것이다. 여기서 삭제라고 하는 것은 메모리 할당을 해제하여 할당되었던 메모리 공간을 다른 용도로 사용이 가능하게 만드는 것을 의미한다. 하지만 튜플이나 문자열 또는 range의 요소는 삭제 및 변경이 불가하므로 del 명령어를 통해서 요소를 삭제하려고 한다면 TypeError가 발생된다. 그렇지만 요소의 삭제가 아닌 튜플이나 문자열 전체를 삭제하고자 한다면 이때는 del 명령어의 사용이 가능하다.

Coding

```
str = 'Euler'
a = [1, 2, 3, 4, 5, 6, 7, 8, 9, 10]
r = range(10)
print(len(str))
print(len(a))
print(len(r))

del a[0]
print(a)
```

```
10  del a[::2]
11  print(a)
12
13  del str        # 문자열 전체 메모리 할당 해제
14  del a          # 리스트 전체 메모리 할당 해제
15  del r          # 레인지 전체 메모리 할당 해제
```

Interpret

- 1번째 줄부터 3번째 줄에서 str은 문자열로 a는 리스트로 r은 레인지로 초기화하였다.
- 4번째 줄에는 문자열 str의 길이 5를, 5번째 줄에는 리스트 a의 길이 10을, 6번째 줄에는 레인지 r의 길이 10을 출력의 첫째, 둘째, 셋째 줄에 출력한다.
- 8, 9번째 줄에서 리스트 a의 첫 번째 요소를 삭제한 후 리스트 a를 출력의 넷째 줄에 출력한다. 리스트 a는 [2, 3, 4, 5, 6, 7, 8, 9, 10]이 되었다.
- 10, 11번째 줄에서 리스트 a의 0번째 요소 2부터 2씩 건너뛰며 2, 4, 6, 8, 10의 요소를 삭제한 후 리스트 a를 출력의 다섯째 줄에 출력한다. 리스트 a는 [3, 5, 7, 9]가 되었다.
- 13번째 줄부터 15번째 줄은 문자열, 리스트, 레인지 전체를 삭제한다.

Output

```
5
10
10
[2, 3, 4, 5, 6, 7, 8, 9, 10]
[3, 5, 7, 9]
```

Tip

시퀀스 객체 전체를 삭제하는 방법은 여러 가지가 있다. 대표로 리스트를 살펴보자. 리스트 전체를 삭제하기 위해서는 새로운 빈 리스트를 [] 생성하여 객체 변수에 대입하거나 또는 list() 함수를 호출하여 객체 변수에 대입하면 리스트 전체를 삭제하는 효과를 볼 수 있다.

30.7 슬라이싱된 인덱스에 요소 대입

슬라이싱된 인덱스에 요소들을 대입할 수도 있다. 물론 요소를 변경할 수 있는 리스트에서만 가능하다.

Core

```
a = [1, 2, 3, 4, 5, 6, 7, 8, 9, 10]
a[1:6] = [0, 0, 0, 0, 0]
```

리스트의 1번 인덱스부터 5번 인덱스까지 a[1:6]에 5개의 요소 [0, 0, 0, 0, 0]을 대입하면 1번째 요소부터 5번째의 요소가 모두 0으로 대입되어 리스트 a는 [1, 0, 0, 0, 0, 0, 7, 8, 9, 10]이 된다. 오른쪽 값을 튜플 (0, 0, 0, 0, 0)로 대신하여도 결과는 같다.

Core

```
a = [1, 2, 3, 4, 5, 6, 7, 8, 9, 10]
a[1:3] = [0, 0, 0, 0, 0]
```

리스트의 1번 인덱스부터 2번 인덱스까지 a[1:3]에 5개의 요소 [0, 0, 0, 0, 0]을 대입하면 요소의 개수가 늘어나 리스트 a는 [1, 0, 0, 0, 0, 0, 4, 5, 6, 7, 8, 9, 10]이 된다. 오른쪽 값을 튜플 (0, 0, 0, 0, 0)로 대신하여도 결과는 같다.

Core

```
a = [1, 2, 3, 4, 5, 6, 7, 8, 9, 10]
a[1:] = [0, 0, 0, 0, 0]
```

리스트의 1번 인덱스부터 끝까지 a[1:]에 5개의 요소 [0, 0, 0, 0, 0]을 대입하면 요소의 개수가 줄어들어 리스트 a는 [1, 0, 0, 0, 0, 0]이 된다. 오른쪽 값을 튜플 (0, 0, 0, 0, 0)로 대신하여도 결과는 같다.

Core

```
a = [1, 2, 3, 4, 5, 6, 7, 8, 9, 10]
a[1::2] = [0, 0, 0, 0, 0]
```

리스트의 1번 인덱스부터 끝까지 2칸씩 건너뛰며 a[1::2]에 5개의 요소 [0, 0, 0, 0, 0]을 대입하면 리스트 a는 [1, 0, 3, 0, 5, 0, 7, 0, 9, 0]이 된다. 오른쪽 값을 튜플 (0, 0, 0, 0, 0)로 대신하여도 결과는 같다. 여기서 주의할 점은 증감폭이 있을 경우 대입하는 요소의 개수와 대입되는 요소의 개수는 정확히 일치해야 한다. 만일 일치하지 않으면 ValueError가 발생된다.

Coding

```
1   a = [1, 2, 3, 4, 5, 6, 7, 8, 9, 10]
2   a[1:6] = [0, 0, 0, 0, 0]
3   print(a)
4
5   a = [1, 2, 3, 4, 5, 6, 7, 8, 9, 10]
6   a[1:3] = [0, 0, 0, 0, 0]
7   print(a)
8
9   a = [1, 2, 3, 4, 5, 6, 7, 8, 9, 10]
10  a[1:] = [0, 0, 0, 0, 0]
11  print(a)
12
13  a = [1, 2, 3, 4, 5, 6, 7, 8, 9, 10]
14  a[1::2] = [0, 0, 0, 0, 0]
15  print(a)
```

Interpret

- 1번째 줄부터 3번째 줄은 리스트 a의 1번 인덱스부터 5번 인덱스까지 5개의 요소 [0, 0, 0, 0, 0]을 대입한 후 리스트 [1, 0, 0, 0, 0, 0, 7, 8, 9, 10]을 출력의 첫째 줄에 출력한다.
- 5번째 줄부터 7번째 줄은 리스트 a의 1번 인덱스부터 2번 인덱스까지 5개의 요소 [0, 0, 0, 0, 0]을 대입한 후 리스트 [1, 0, 0, 0, 0, 0, 4, 5, 6, 7, 8, 9, 10]을 출력의 둘째 줄에 출력한다.
- 9번째 줄부터 11번째 줄은 리스트 a의 1번 인덱스부터 끝까지 5개의 요소 [0, 0, 0, 0, 0]을 대입한 후 리스트 [1, 0, 0, 0, 0, 0]을 출력의 셋째 줄에 출력한다.
- 13번째 줄부터 15번째 줄은 리스트 a의 1번 인덱스부터 2칸씩 건너뛰며 마지막까지 5개의 요소 [0, 0, 0, 0, 0]을 대입한 후 리스트 [1, 0, 3, 0, 5, 0, 7, 0, 9, 0]을 출력의 넷째 줄에 출력한다.

Output

```
[1, 0, 0, 0, 0, 0, 7, 8, 9, 10]
[1, 0, 0, 0, 0, 0, 4, 5, 6, 7, 8, 9, 10]
[1, 0, 0, 0, 0, 0]
[1, 0, 3, 0, 5, 0, 7, 0, 9, 0]
```

30.8
문자열 교체방법

리스트는 요소의 값을 변경할 수 있지만 튜플이나 문자열은 요소의 값을 변경할 수 없다. 하지만 슬라이싱을 이용한다면 요소의 값을 변경한 결과를 만들 수는 있다.

Core

```
str = 'ABCDE'
```

str에 문자열 'ABCDE'가 대입되어 있을 때, 만일 str의 1번째 요소 'B'를 'F'로 변경하기 위해서 str[1] = 'F'를 실행하게 되면 TypeError가 발생된다. 하지만 슬라이싱을 이용한 문자열 덧셈 연산을 한다면 값은 변경할 수는 없으나 다른 메모리 공간에 슬라이싱한 값을 복사해서 원하는 결과를 만들어 낼 수는 있다.

Core

```
str = str[0] + 'F' + str[2:]
```

str의 0번째 요소 'A'와 문자열 'F' 그리고 2번째 요소부터 슬라이싱한 'CDE'를 덧셈 연산을 하면 또 다른 메모리 공간에 문자열 'AFCDE'를 만들어 str이 가리키므로 요소의 값을 변경하지는 않았지만 원하는 결과를 만들어 낼 수 있다.

Coding

```
1  str = 'ABCDE'
2  print(str)
3  str = str[0] + 'F' + str[2:]
4  print(str)
```

Interpret

- 1, 2번째 줄은 str를 문자열 'ABCDE'로 초기화한 후 출력의 첫째 줄에 출력한다.
- 3, 4번째 줄은 str의 0번째 요소 'A'와 문자열 'F' 그리고 2번째 요소부터 슬라이싱한 'CDE'를 덧셈 연산을 하여 str이 'AFCDE'가 되었고 출력의 둘째 줄에 출력한다.

Output

```
ABCDE
AFCDE
```

Caution

변수 str에 문자열 'ABCDE'를 대입하면 str과 'ABCDE'를 메모리에 할당한 후 str은 문자열 'ABCDE'를 가리킨다. 여기서 str은 변수이기 때문에 가리키는 대상을 얼마든지 바꿀 수 있지만 메모리에 할당된 'ABCDE'는 상수로 취급되기 때문에 문자열 'B'를 'F'로 변경하고자 한다면 TypeError가 발생된다.

30.9 for문과 시퀀스 객체

시퀀스 객체의 요소를 for문을 이용하여 하나씩 출력하려면 range() 함수에 시퀀스 객체의 길이를 전달하여 0부터 시퀀스 객체의 길이 전까지의 정수를 갖는 레인지 객체를 생성한다. 그리고 레인지 객체의 요소인 정수를 in 연산자 앞의 변수에 하나씩 전달하면 전달한 값이 시퀀스 객체의 인덱스가 되어 시퀀스 객체의 요소를 하나씩 출력할 수 있었다. 그런데 다음과 같은 방법으로도 출력이 가능하다.

Core

```
for c in 시퀀스 객체:
        print(c)
```

range() 함수도 시퀀스 객체이므로 range() 함수가 위치한 자리에 시퀀스 객체(문자열, 리스트, 튜플등)를 위치시키면 for문이 순환할 때마다 in 연산자 앞의 변수에 시퀀스 객체의 요소를 하나씩 전달하여 요소를 출력할 수 있다.

Core

```
for c in reversed(시퀀스 객체):
        print(c)
```

시퀀스 객체(문자열, 리스트, 튜플등)를 reversed() 함수에 전달하여 위치시키면 for문이 순환할 때마다 in 연산자 앞의 변수에 시퀀스 객체의 요소를 거꾸로 하나씩 전달하여 요소를 출력할 수도 있다. (원본 객체는 변함이 없으며 단지 뒤집어서 꺼내어 준다.)

Core

```
for c in 'Euler':
    print(c)
```

예를 들어서 for문의 in 연산자 뒤에 문자열 'Euler'가 놓여 있다면, for문이 1회전 할 때 문자열의 첫 번째 요소 'E'를 변수 c에 대입한 후 for문의 순환이 발생되고, 다시 2회전 할 때 두 번째 요소 'u'를 변수 c에 대입한 후 for문의 순환이 발생되고, 마찬가지로 3회전 할 때 세 번째 요소 'l'을, 4회전 할 때 네 번째 요소 'e'를, 5회전 할 때 마지막 요소 'r'를 변수 c에 대입하여 회전한 후 for문의 순환을 마치게 된다.

Coding

```
1  str = 'Euler'
2  a = [1, 2, 3, 4, 5]
3
4  for c in str:
5      print(c, end = ' ')
6  print()
7
8  for x in reversed(a):
9      print(x, end = ' ')
```

Interpret

- 1, 2번째 줄에서 str은 문자열로 a는 리스트로 초기화하였다.
- 4, 5번째 줄은 문자열 str의 요소를 한 개의 공백으로 분리하여 출력의 첫째 줄에 출력한다.
- 8, 9번째 줄은 리스트 a의 요소를 마지막부터 처음까지 한 개의 공백으로 분리하여 출력의 둘째 줄에 출력한다.

Output

```
E u l e r
5 4 3 2 1
```

30.10 리스트의 1번 인덱스부터 사용하기

5개의 데이터를 리스트에 저장하기 위해서 아래와 같이 리스트를 초기화한다면 리스트의 요소로 a[0], a[1], a[2], a[3], a[4]까지 5개의 저장 공간을 사용할 수 있다.

Core

```
a = [0] * 5
```

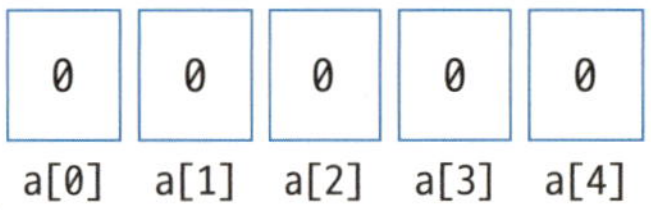

개발을 한다거나 또는 과거와 같이 메모리의 절약을 위해서는 리스트의 0번 인덱스부터 사용하는 것이 일반화되어 있다. 하지만 코딩 테스트를 위해서 수학적인 계산을 한다거나 또는 알고리즘(Algorithm)을 활용하여 문제를 해결하기 위해서는 오래된 경험을 놓고 봤을 때 0번 인덱스를 비워두고 1번 인덱스부터 사용하는 것이 문제를 계산하기에 조금 더 편리할 때가 많이 있다.

Core

```
a = [0, 1, 2, 3, 4, 5]
```

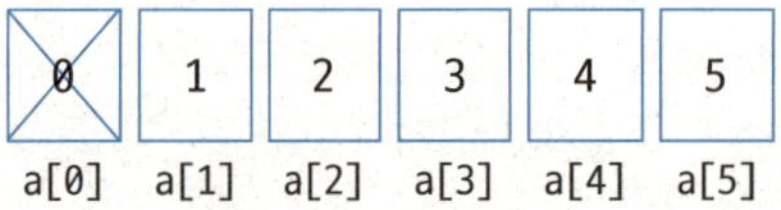

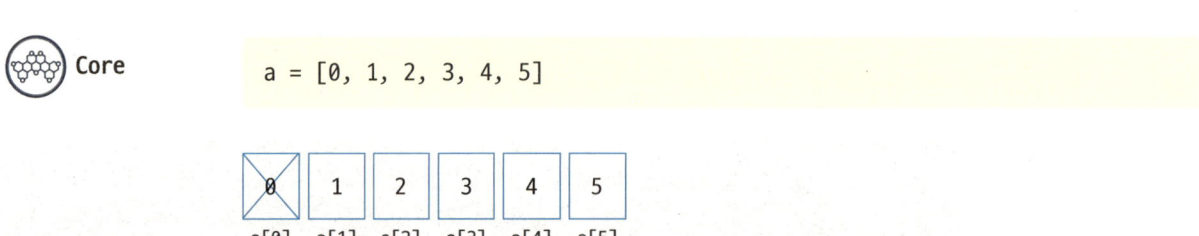

리스트를 0번 인덱스부터 사용하는 개발자거나 또는 오래된 프로그램의 경험자들은 리스트를 1번 인덱스부터 사용하는 것이 처음에는 다소 불편할 수 있다. 하지만 코딩 테스트에서는 이렇게 1번 인덱스부터 사용하여 작성하는 것이 초보자들은 실수를 줄일 수 있고 숙련자들은 조금 더 효율적으로 프로그래밍을 작성하여 문제를 해결하는데 유리할 수 있기 때문에 앞으로 코딩 마법서에서는 0번 인덱스는 비워두고 1번 인덱스부터 사용하는 방법으로 코딩을 해나갈 것이다. 0번 인덱스부터 사용하는 숙련자들도 1번 인덱스부터 사용하는 것을 경험해본다면 나쁘지 않다는 것을 나중에 알게 될 것이다.

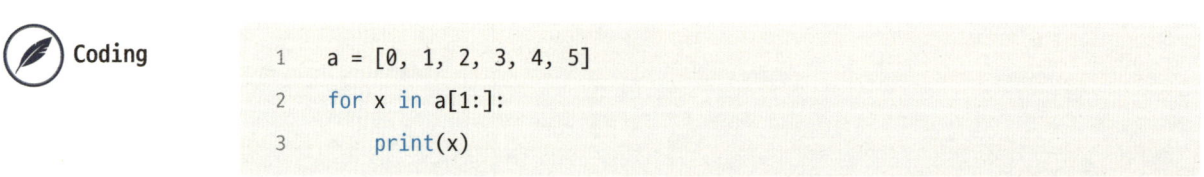

Coding

```
a = [0, 1, 2, 3, 4, 5]
for x in a[1:]:
    print(x)
```

Interpret

- 1번째 줄은 리스트 a를 초기화하였다. 리스트에 사용될 데이터는 1, 2, 3, 4, 5로 모두 5개지만 리스트의 1번 인덱스부터 사용하기 위해서는 초기화 과정에서 0번 인덱스에 초기화될 데이터를 지정해 놓아야지만 다음에 주어지는 수들이 1번 인덱스부터 차례로 초기화되기 때문에 0번 인덱스의 값을 임의의 값 0으로 초기화하였다.
- 2, 3번째 줄은 리스트 a의 1번 인덱스의 요소부터 마지막 인덱스까지의 요소를 각 줄에 출력한다.

Output

```
1
2
3
4
5
```

Caution

리스트의 1번 인덱스부터 사용하고자 할 때, 0번 인덱스의 공간을 만들지 않고 1번 인덱스의 공간부터 만들어 사용할 수는 없다. 따라서 리스트를 초기화할 때 0번 인덱스의 위치에는 항상 임의의 값으로 초기화를 해야지만 1번 인덱스부터 사용할 수 있다.

30.11 인덱스와 함께 요소 출력 enumerate()

for 반복문을 이용하여 in 연산자 뒤에서 시퀀스 객체를 꺼내올 때 요소 뿐만 아니라 인덱스도 같이 꺼내오고 싶다면 enumerate() 함수를 이용하면 된다. enumerate() 함수는 인덱스와 요소의 값을 튜플 자료형으로 반환한다.

Core

```
for i, x in enumerate(시퀀스 객체):
    print(i, x)
```

for문이 1회전할 때, i의 값은 0이 되고 x의 값은 시퀀스 객체의 0번째 요소가 된다. 그리고 for문이 2회전할 때 i의 값은 1이 되고 x의 값은 시퀀스 객체의 1번째 요소가 된다. 이와 같은 방법으로 시퀀스 객체의 마지막 인덱스와 요소까지 출력한다.

Core

```
for i, x in enumerate(시퀀스 객체[1:], start = 1):
    print(i, x)
```

그런데 시퀀스 객체의 1번째 요소부터 인덱스와 요소를 꺼내오려고 한다면 어떻게 해야 하는가? 위와 같이 enumerate() 함수에 1번 인덱스부터 슬라이싱한 시퀀스 객체와 start의 값을 1로 지정하여 start 값을 전달하면 시퀀스 객체의 첫 번째 요소부터 마지막 요소까지의 인덱스와 요소를 차례로 꺼내올 수 있다. enumerate() 함수에서 start = 1 대신에 1만 전달하여도 결과는 동일하다.

Coding

```
1  a = [1, 2, 3, 4, 5]
2  for i, x in enumerate(a):
3      print(i, x)
4  print()
5  a = [0, 1, 2, 3, 4, 5]
6  for i, x in enumerate(a[1:], 1):
7      print(i, x)
```

Interpret

- 1번째 줄부터 3번째 줄은 리스트 a의 0번째 요소부터 마지막 요소까지 인덱스와 요소를 각 줄에 출력한다.
- 5번째 줄부터 7번째 줄은 리스트 a의 1번째 요소부터 마지막 요소까지 인덱스와 요소를 각 줄에 출력한다.

Output

```
0 1
1 2
2 3
3 4
4 5

1 1
2 2
3 3
4 4
5 5
```

30.12 리스트 컴프리헨션 comprehension

리스트 안에 for문과 if문 그리고 시퀀스 객체들을 이용해서 하나의 식을 만들어 리스트의 요소를 생성하는 것을 **리스트 컴프리헨션(list comprehension)**이라고 한다.

Core

```
a = [i * 2 for i in range(5)]
```

같은 결과

```
a = list(i * 2 for i in range(5))
```

먼저 range() 함수를 통해서 생성된 첫 번째 값 0을 꺼내서 in 연산자 앞의 변수 i에 대입한 후 리스트 a의 첫 번째 요소로는 i * 2의 값 0을 추가한다. 다시 range() 함수를 통해서 생성된 두 번째 값 1을 꺼내서 변수 i에 대입한 후 리스트 a의 두 번째 요소로는 i * 2의 값 2를 추가한다. 이와 같은 작업을 i의 값이 4일 때까지 반복하여 짝수의 요소를 가지는 [0, 2, 4, 6, 8]의 리스트를 생성할 수 있다. 짝수의 요소를 아래와 같이 if문을 이용하여 생성할 수도 있다.

Core

```
a = [i for i in range(10) if i % 2 == 0]
```

range() 함수를 통해서 생성되는 0부터 9까지의 정수들 중에서 짝수들만 for문 앞의 식 i를 리스트에 삽입하면 짝수의 요소를 가지는 [0, 2, 4, 6, 8]의 리스트를 생성할 수 있다.

Core

```
a = [x * 2 for x in (0, 1, 2, 3, 4)]
```

또는 레인지 객체 대신에 다른 시퀀스 객체를 넣어서도 리스트를 생성할 수 있다. 튜플의 첫 번째 요소부터 마지막 요소까지 변수 x에 꺼내면서 x * 2의 값을 요소로 가지는 [0, 2, 4, 6, 8]의 리스트를 생성할 수 있다.

Core

```
a = [i * j for i in range(1, 3) for j in range(1, 6)]
```

중첩 for문을 이용해서 리스트의 요소를 생성할 수도 있다. 먼저 i의 값이 1일 때, j의 값이 1부터 5까지 회전하며 i * j의 값을 리스트의 요소로 추가하고 다시 i의 값이 2일 때, j의 값이 1부터 5까지 회전하며 i * j의 값을 요소로 추가하여 [1, 2, 3, 4, 5, 2, 4, 6, 8, 10]의 리스트를 생성할 수 있다.

Coding

```
1  a = [i * 2 for i in range(5)]
2  print(a)
3
4  a = [i for i in range(10) if i % 2 == 0]
5  print(a)
6
7  a = [x * 2 for x in (0, 1, 2, 3, 4)]
8  print(a)
9
10 a = [i * j for i in range(1, 3) for j in range(1, 6)]
11 print(a)
```

Interpret

- 1, 2번째 줄은 [0, 2, 4, 6, 8]의 리스트를 생성하여 출력의 첫째 줄에 출력한다.
- 4, 5번째 줄은 [0, 2, 4, 6, 8]의 리스트를 생성하여 출력의 둘째 줄에 출력한다.
- 7, 8번째 줄은 [0, 2, 4, 6, 8]의 리스트를 생성하여 출력의 셋째 줄에 출력한다.
- 10, 11번째 줄은 [1, 2, 3, 4, 5, 2, 4, 6, 8, 10]의 리스트를 생성하여 출력의 넷째 줄에 출력한다.

Output

```
[0, 2, 4, 6, 8]
[0, 2, 4, 6, 8]
[0, 2, 4, 6, 8]
[1, 2, 3, 4, 5, 2, 4, 6, 8, 10]
```

30.13
시퀀스 객체와 map 함수 map()

세 개의 정수 10, 20, 30이 한 개의 공백으로 분리되어 10 20 30으로 주어질 때 주어진 정수를 입력받기 위해서는 input()문 뒤에 .split()문을 작성하면 공백을 구분자로 하여 문자열을 가진 리스트 ['10' '20' '30']으로 반환받았다. 다시 리스트를 map() 함수에 int와 같이 전달하면 분리된 문자열을 모두 정수형으로 형 변환하여 반환받는다. 지금부터 input()과 map() 함수가 어떻게 동작했는지 살펴보도록 하자.

Core

```
a = input().split()
print(a)
```

세 개의 정수를 한 개의 공백으로 분리하여 10 20 30으로 입력 후 변수 a에 저장하여 출력해보자. 그러면 ['10' '20' '30']이 출력된다. 이것은 입력받은 문자열을 split() 함수를 통해서 공백을 구분자로 하여 분리한 후 리스트에 담아서 반환됨을 알 수 있다.

Core

```
b = map(int, a)
print(b)
print(type(b))
```

다시 입력받은 리스트 ['10' '20' '30']을 map() 함수에 int와 전달하여 출력해보자. 그러면 첫 번째 출력은 <map object at 0x0000023381084FA0>와 같은 메시지를 출력한다. 이것은 map() 함수에서 반환되어 b에 담긴 값은 맵 객체라는 뜻이고 type() 함수로 확인해보면 <class 'map'>이 출력됨을 알 수 있다. map() 함수에는 두 개의 전달값이 있는데 첫 번째 값은 함수의 이름이고 두 번째 값은 시퀀스 객체의 이름이다. map() 함수가 호출되면 함수에 전달된 시퀀스 객체의 모든 요소를 전달된 함수에 전달하여 실행한 후 다시 맵 객체의 형태로 반환하는 것이다. 즉, map(int, a)가 호출되면 리스트 a의 모든 요소의 값들을 int() 함수에 전달하여 정수형으로 변환한 후 맵 객체의 자료형으로 반환하는 것이다.

Core

```
x, y, z = map(int, a)
```

그런데 변수 x, y, z에 맵 객체를 반환받으면 세 개의 정수 10, 20, 30이 각각 x, y, z에 대입된다. 왜냐하면 맵 객체는 요소의 값들을 한 번에 하나씩 돌려줄 수 있는 이터레이터(iterator) 객체이기 때문에 세 개의 값을 언패킹(unpacking)하여 변수 x, y, z에 전달할 수 있기 때문이다.

Core

```
a = list(map(int, a))
```

따라서 맵 객체로 전달되는 여러 개의 값을 한 개의 변수에 저장하여 확인하거나 접근해보고 싶다면 리스트로 형 변환 후 저장해야지만 접근 및 변환이 가능하게 되는 것이다. (참고로 더 설명하자면 리스트 a의 모든 요소들을 int() 함수에 전달하여 정수형으로 형 변환하여 새로운 메모리 공간에 맵 객체로 만든 후, 다시 맵 객체를 새로운 메모리 공간에 리스트로 변환하여 저장한 후 리스트의 첫 번째 주소를 변수 a에 전달한다.)

Coding

```
1   a = input().split()
2   print(a)
3   print()
4
5   b = map(int, a)
6   print(b)
7   print(type(b))
8   print()
9
10  x, y, z = map(int, a)
11  print(x, y, z)
12  print()
13
14  a = list(map(int, a))
15  print(a)
```

Interpret

- 1번째 줄은 입력의 첫째 줄로 10 20 30을 입력했다고 가정해보자. 입력받은 문자열을 공백을 구분자로 분리하여 리스트 ['10', '20', '30']에 담아 변수 a에 대입한다.
- 2번째 줄에서 리스트 a의 값 ['10', '20', '30']을 출력한다.
- 5번째 줄은 리스트 a와 int() 함수를 map() 함수에 전달하여 리스트 a의 모든 요소를 int() 함수에 전달하여 정수형으로 이루어진 맵 객체를 변수 b에 반환한다.
- 6, 7번째 줄에서 맵 객체를 출력하였고 맵 객체의 자료형 <class 'map'>을 출력한다.
- 10, 11번째 줄은 맵 객체는 요소들의 값은 한 번에 하나씩 돌려줄 수 있는 이터레이터(iterator) 객체이기 때문에 세 개의 값 10, 20, 30을 언팩킹(unpacking)하여 변수 x, y, z에 대입한 후 출력한다.
- 14, 15번째 줄은 맵 객체를 리스트로 형 변환하여 변수 a에 대입한다. 15번째 줄에서 리스트 a의 값 [10, 20, 30]을 출력한다.

Output

```
10 20 30
['10', '20', '30']

<map object at 0x0000023381084FA0>
<class 'map'>

10 20 30

[10, 20, 30]
```

30.14 연습문제 Exercise

1 **리스트 첫 번째 요소의 값을 마지막 요소의 값으로 보내고 나머지 요소들의 값은 자기 자신의 왼쪽 인덱스의 값으로 하나씩 이동하는 작업을 왼쪽 시프트(Left Shift)라고 한다. 10개의 데이터 1, 2, 3, 4, 5, 6, 7, 8, 9, 10을 리스트에 초기화시킨 후 왼쪽으로 한 칸씩 시프트(Shift)를 하는 프로그램을 작성하여라.**

Input Form 입력형식 없음.

Output Form 왼쪽으로 한 칸씩 시프트(Shift)된 결과를 첫째 줄에 출력하여라.

Example

출력
[2, 3, 4, 5, 6, 7, 8, 9, 10, 1]

2 **리스트의 마지막 요소의 값을 첫 번째 요소의 값으로 보내고 나머지 요소들의 값은 자기 자신의 오른쪽 인덱스의 값으로 하나씩 이동하는 작업을 오른쪽 시프트(Right Shift)라고 한다. 10개의 데이터 1, 2, 3, 4, 5, 6, 7, 8, 9, 10을 리스트에 초기화시킨 후 오른쪽으로 한 칸씩 시프트(Shift)를 하는 프로그램을 작성하여라.**

Input Form 입력형식 없음.

Output Form 오른쪽으로 한 칸씩 시프트(Shift)된 결과를 첫째 줄에 출력하여라.

Example

출력
[10, 1, 2, 3, 4, 5, 6, 7, 8, 9]

③ 50 이하의 소수를 리트스의 첫 번째 인덱스부터 담아서 출력하는 프로그램을 작성하여라.

Input Form 입력형식 없음.

Output Form 리스트에 담긴 50 이하의 소수를 작은 수부터 큰 수 순으로 각 줄에 한 개씩 차례로 출력하여라.

Example

출력
2 3 5 7 11 13 17 19 23 29 31 37 41 43 47

④ 날짜를 입력받아 년도, 월, 일로 분리하는 프로그램을 작성하여라.

Input Form 첫째 줄에 8자리의 정수가 주어지는데 앞의 4자리는 년도를 나타내고, 다음의 2자리는 월을 나타내며, 다음의 2자리는 일을 나타낸다. (여기서 월, 일이 만일 한 자리 정수일 경우에는 앞에 0을 붙여 두 자리로 주어진다.)

Output Form 년도를 출력한 후 이어서 대문자 Y를 출력하고 한 칸의 공백을 띄운다. 그리고 월을 출력한 후 이어서 대문자 M을 출력하고 다시 한 칸의 공백을 띄운다. 마찬가지로 일을 출력한 후 이어서 대문자 D를 출력한다.

Example

입력	출력
20211209	2021Y 12M 09D

1115

다음 라운드

실행 제한시간	1초
메모리 사용 제한	32MB

이번 라운드의 콘테스트 규칙은 0점이 아니면서 K번째 참가자의 점수보다 크거나 같으면 다음 라운드에 진출할 수 있다.

N명의 참가자에 대한 점수가 주어지고, 이미 여러분들은 그들의 점수를 알고 있다. (N≥K) 다음 라운드에 진출할 수 있는 참가자의 수는 얼마나 되는지 구하여라.

Input Form

첫째 줄에는 두 개의 정수 N과 K(1≤K≤N≤50)가 한 개의 공백으로 분리되어 주어진다. 둘째 줄에는 i번째 참가자가 획득한 점수 A_1, A_2, … , A_N($0 \le A_i \le 100$)을 나타내는 N개의 정수 A_i가 한 개의 공백으로 분리되어 주어진다. 입력으로 주어지는 수열은 감소수열이다. (따라서 1부터 N - 1번째까지의 모든 i번째 수열에 대해서 $A_i \ge A_{i+1}$이 성립한다.)

Output Form

다음 라운드에 진출하는 참가자의 수를 첫째 줄에 출력하여라.

Example

입력	출력
8 5 10 9 8 7 7 7 5 5	6

입력	출력
4 2 0 0 0 0	0

Note

첫 번째 테스트 케이스에서 5번째 참가자가 획득한 점수는 7점이다. 따라서 6번째 참가자의 점수까지가 7점이기 때문에 6명의 참가자가 다음 라운드에 진출한다.

두 번째 테스트 케이스에서 어느 누구도 점수를 획득하지 못하였기 때문에 다음 라운드에 진출할 수 있는 참가자는 없다.

1117

데이터 박스

실행 제한시간	1초
메모리 사용 제한	64MB

오일러는 olleh kt로부터 매달 X MB의 데이터를 공급받는다. 만일 그달에 사용하고 남은 데이터가 있다면 다음 달로 이월하여 사용할 수 있다. 물론 오일러가 가지고 있는 데이터의 용량을 넘어서는 사용할 수 없다.

오일러가 N개월 동안 사용한 데이터의 용량이 여러분들에게 주어지면 오일러가 N + 1번째 되는 달에 사용할 수 있는 데이터의 용량은 얼마나 되는지 구하여라.

Input Form 첫째 줄에 한 개의 정수 X(1≤X≤100)가 주어진다. 둘째 줄에는 한 개의 정수 N(1≤N≤100)이 주어진다. 셋째 줄부터 오일러가 각 달에 사용한 데이터의 용량 P_i를 나타내는 정수가 순서대로 N개의 줄에 주어진다. 오일러가 가지고 있는 데이터의 용량보다 더 많은 데이터를 사용할 수 없기 때문에 P_i는 오일러가 가진 데이터의 용량을 넘어가지는 않는다.

Output Form 문제에서 요구하는 정답을 첫째 줄에 출력하여라.

Example

입력	출력
10 3 4 6 2	28

Note 첫 번째 달에 10MB를 제공받고 4MB를 사용하고 6MB를 다음 달로 이월시킨다. 두 번째 달에 다시 10MB를 제공받아 16(10 + 6)MB의 데이터에서 6MB를 사용하고 남은 10MB의 데이터를 다음 달로 이월시킨다. 세 번째 달에 다시 10MB를 제공받아 20(10 + 10)MB의 데이터가 되고 이 중에서 2MB를 사용하고 나머지 18MB를 다음 달로 이월시킨다. 네 번째 달에는 제공받은 10MB와 이월된 18MB를 합쳐서 오일러는 모두 28MB의 데이터를 사용할 수 있다.

2010
블록 쌓기

실행 제한시간	1초
메모리 사용 제한	8MB

오일러는 블록 쌓는 것을 좋아한다. 그는 크기가 같은 여러 개의 블록들을 서로 다른 블록 위에 쌓아서 다른 높이를 가지는 여러 개의 블록 더미를 만들었다. "자!, 멋지게 쌓여진 블록 더미들을 봐라!" 오일러는 그의 누나에게 자랑하였다. 하지만 그의 누나는 "모든 블록 더미들의 높이가 같아야만 제대로 쌓았다고 할 수 있지"라고 말하였다. 오일러는 곰곰이 생각하더니, 그녀의 말이 맞는 것 같아서 놓여있는 블록들을 다시 하나하나 재배열하여 모든 블록 더미들의 높이가 같도록 하고자 하였다. 하지만 그는 게을러서 최소한의 블록들을 움직여서 같은 높이가 되도록 하기를 원한다. 그를 도와줄 수 있겠는가?

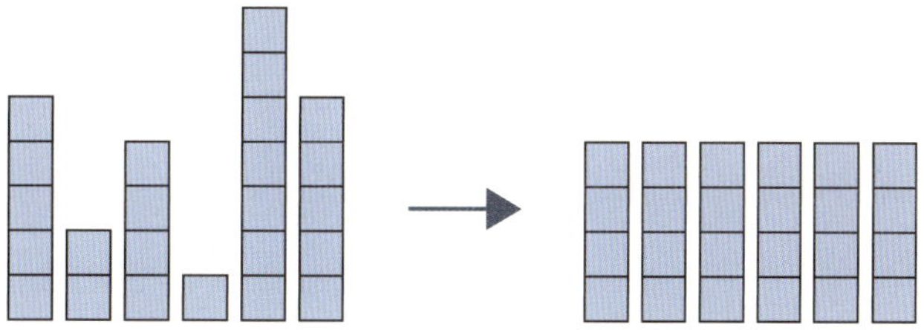

Input Form 첫째 줄에 블록 더미의 수 N이 주어진다. 둘째 줄에는 각각의 블록 더미에 대한 높이 H_i가 한 개의 공백으로 분리되어 N개가 주어진다. ($1 \le N \le 50$, $1 \le H_i \le 100$)

블록의 총 개수는 반드시 블록 더미의 개수로 나누어진다. 따라서, 블록을 재배열하여 모든 블록 더미의 높이를 같게 만드는 것은 언제나 가능하다.

Output Form 모든 블록 더미의 높이를 같게 만들기 위해서 움직여야 할 최소 블록의 개수 K를 첫째 줄에 출력하여라.

Example

입력	출력
6 5 2 4 1 7 5	5

2137

평균 수열

실행 제한시간 **1초**
메모리 사용 제한 **32MB**

오일러는 수학 수업 시간에 배운 새로운 산술 연산에 대해서 흥미로워하고 있다. 먼저 정수로 구성된 수열 A를 만든다. 첫 번째 수열 A를 통해서 수열 A의 평균값으로 구성된 또 다른 수열 B를 만든다.

예를 들어서, 정수로 구성된 수열 A가 다음과 같다면,

1, 5, 3, 7, 9

정수로 구성된 다른 수열 B는 다음과 같다.

$$\frac{1}{1}, \frac{1+5}{2}, \frac{1+5+3}{3}, \frac{1+5+3+7}{4}, \frac{1+5+3+7+9}{5}$$

이것을 계산하면 다음과 같다.

1, 3, 3, 4, 5

여러분들에게는 수열 B가 주어질 것이다. 첫 번째 수열 A를 구하여라.

Input Form 첫째 줄에는 수열 B의 길이를 나타내는 한 개의 정수 N(1≤N≤100)이 주어진다. 둘째 줄에는 수열 B에 해당하는 정수 $B_i(1 \le B_i \le 10^9)$가 한 개의 공백으로 분리되어 차례대로 N개가 주어진다.

Output Form 수열 A에 해당하는 정수 A_i를 한 개의 공백으로 분리하여 차례대로 첫째 줄에 출력하여라. $(1 \le A_i \le 10^9)$

Example

입력	출력
5 1 3 3 4 5	1 5 3 7 9

1121

참치

실행 제한시간 **1초**
메모리 사용 제한 **64MB**

오일러는 지난밤에 N마리의 참치를 잡았다. 오일러는 특별한 앱의 도움을 받아 일본의 유명한 참치 회사에 지난 밤에 잡은 참치를 모두 팔려고 한다. 이 앱은 특별한 방식으로 참치의 값어치 또는 가격을 측정한다. 참치의 사진을 앱에 올리면 두 개의 값 P_1과 P_2를 측정한다. 만일 두 값의 차이가 X보다 작거나 같다면 두 개의 값 중 큰 값이 참치의 값어치가 된다. 만일 두 값의 차이가 X보다 크다면 앱에서 측정한 새로운 값 P_3가 참치의 값어치가 된다. N마리의 참치에 대한 측정값(경우에 따라서 어떤 참치는 두 개, 어떤 참치는 세 개)이 주어지면 모든 참치의 값어치는 얼마가 되는지 구하는 프로그램을 작성하여라.

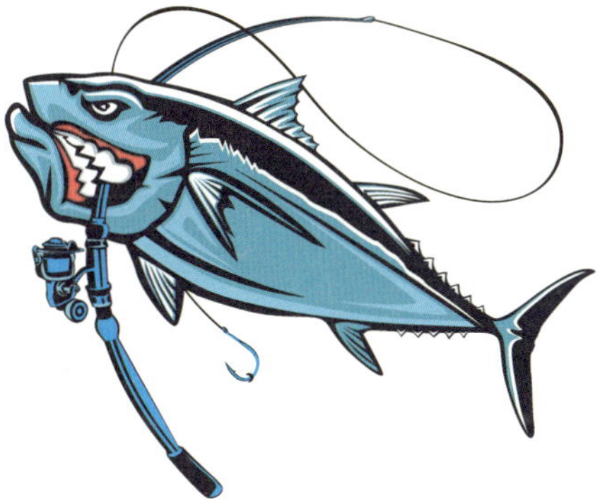

Input Form 첫째 줄에 참치의 마리 수를 나타내는 한 개의 정수 N(1≤N≤20)이 주어진다. 둘째 줄에는 한 개의 정수 X(1≤X≤10)가 주어진다. 셋째 줄부터는 N마리의 참치에 대한 측정값이 경우에 따라서 아래 두 개의 경우로 나누어서 주어진다.

- 두 개의 정수 P_1, P_2가 주어진다. ($1 \le P_1, P_2 \le 100$)
- 두 개의 정수 P_1, P_2가 주어진 후 바로 아래 줄에 P_3($1 \le P_3 \le 100$)가 주어진다. ($1 \le P_1, P_2 \le 100$)

Output Form 오일러가 잡은 모든 참치의 값어치를 첫째 줄에 출력하여라.

Example

입력	출력
4 2 3 5 2 8 4 6 5 6 3 7	22

Note

오일러는 모두 4마리의 참치를 잡았다. 첫 번째 참치를 앱으로 측정했을 때 측정값으로 3과 5가 나온다. 측정값의 차이는 2보다 작거나 같으므로 첫 번째 참치의 값어치는 5가 된다. 두 번째 참치를 측정했을 때 측정값으로 2와 8이 나오는데 이 값의 차이는 2보다 크다. 따라서 앱에서 측정해 준 값 4가 참치의 값어치가 된다. 세 번째 참치의 값어치는 6(6 - 5 ≤ 2)이고 네 번째 참치의 측정값 6과 3의 차이는 2보다 크기 때문에 참치의 값어치는 앱에서 측정해 준 값 7이 된다.

1084

Doubles

실행 제한시간	1초
메모리 사용 제한	8MB

여러분들의 산술적 능력을 테스트하기 위해서 2개 이상 15개 이하의 중복되지 않는 양의 정수 리스트가 주어질 것이다. 주어지는 정수들의 리스트 안에서 각 정수의 2의 배수가 리스트 안에 몇 개나 있는지 구해야 한다. 예를 들어 아래의 리스트에서

1 4 3 2 9 7 18 22

1의 2의 배수는 2이고, 2의 2의 배수는 4이고 9의 2의 배수는 18이므로 정답은 3이 된다.

Input Form 첫째 줄에 2개 이상 15개 이하의 중복되지 않는 리스트가 주어진다. 주어지는 리스트의 요소는 99보다 크지 않는 양의 정수이다. 그리고 마지막으로 입력의 마지막을 의미하는 정수 0이 주어진다. 마지막으로 주어지는 0은 리스트에 포함되지 않는다.

Output Form 주어지는 정수들의 리스트 안에서 각 정수의 2의 배수가 리스트 안에 몇 개나 있는지 첫째 줄에 출력하여라.

Example

입력	출력
1 4 3 2 9 7 18 22 0	3

1104
토끼 사냥

실행 제한시간	1초
메모리 사용 제한	32MB

왕국의 토끼들은 상당히 영리하기 때문에 특별한 장소에서만 서식한다. 오일러에게 그들이 서식하는 장소를 공급하였다. 토끼들이 서식하는 장소는 다음과 같다. 두 개의 양의 정수 P(1≤P≤6,000)와 Q(1≤Q≤6,000)가 주어진다면, 그들은 평면상에 P의 약수를 가지는 x좌표와 Q의 약수를 가지는 y좌표에 서식한다. 토끼가 서식하는 좌표(x, y)를 모두 구하여라.

예를 들어서 P = 24와 Q = 2가 주어진다면,

P = 24의 약수는 1, 2, 3, 4, 6, 8, 12, 24이고
Q = 2의 약수는 1, 2이다.

따라서 토끼가 서식하는 장소의 좌표는 (1, 1), (1, 2), (2, 1), (2, 2), (3, 1), … 이 될 수 있다.

Input Form 첫째 줄에는 두 개의 정수 P와 Q가 주어진다.

Output Form 토끼가 서식하는 x좌표와 y좌표를 오름차순으로 정렬하여 각 줄에 출력한다. x좌표가 작은 좌표를 우선순위를 두고, 만일 x좌표가 같다면 y좌표가 작은 좌표를 우선순위를 둔다.

Example

입력	출력
24 2	1 1 1 2 2 1 2 2 3 1 3 2 4 1 4 2 6 1 6 2 8 1 8 2 12 1 12 2 24 1 24 2

2022

왕국 곱셈

실행 제한시간	1초
메모리 사용 제한	64MB

오일러는 일반적인 곱셈 방식에 싫증을 느껴 오일러만의 독특한 곱셈 방식을 만들었다. 독특한 곱셈 방식은 두 수 A * B는 A의 각 자릿수의 숫자와 B의 각 자릿수의 숫자들의 쌍을 만들어 서로 곱한 후 모두 합한 값이다. 예를 들어 123 * 45는 (1 * 4) + (1 * 5) + (2 * 4) + (2 * 5) + (3 * 4) + (3 * 5) = 54이다. 두 수 A와 B(1≤A,B≤ 1,000,000,000)가 주어지면 오일러만의 방식으로 두 수 A와 B의 곱을 구하여라.

Input Form 첫째 줄에는 두 개의 정수 A와 B가 주어진다.

Output Form 오일러만의 방식으로 두 수 A와 B의 곱을 계산하여 첫째 줄에 출력하여라.

Example

입력	출력
123 45	54

코딩마법서

1권 STONE VERSION

코딩테스트와 인공지능을 위한 파이썬

제31장

최대, 최소, 총합 그리고 최빈

φ 오일러BOOKS

31.1
최댓값, 최솟값, 총합 max(), min(), sum()

파이썬은 시퀀스 객체의 최댓값과 최솟값을 구하는 내장 함수를 제공한다. max() 함수에 시퀀스 객체를 전달하면 최댓값을 반환하고 min() 함수는 최솟값을 반환한다.

5개의 데이터 33, 67, 23, 87, 95가 리스트 a에 [0, 33, 67, 23, 87, 95]와 같이 초기화되어 있다고 하자.

	33	67	23	87	95
a[0]	a[1]	a[2]	a[3]	a[4]	a[5]

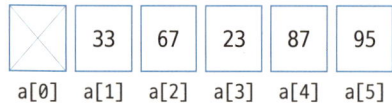

주어진 리스트에서 최댓값과 최솟값을 찾는 문제이다. 리스트의 첫 번째 a[1]의 값을 최댓값이라 가정하고 maxv에 대입하자. 또한 a[1]의 값을 최솟값이라 가정하고 minv에 대입하자.

Core

```
for x in a[2:]:
    if maxv < x:
        maxv = x
    if minv > x:
        minv = x
```

같은 의미

```
for x in a[2:]:
    maxv = max(maxv, x)
    minv = min(minv, x)
```

리스트의 두 번째 요소부터 검색해서 maxv보다 큰 값을 갖는 요소 x가 있다면 maxv를 x로 변경해준다. 마찬가지로 minv보다 작은 값을 갖는 요소 x가 있다면 minv를 x로 변경해준다. 만일 리스트를 검색해서 maxv보다 큰 값이 없다면 처음에 가정으로 세운 maxv 값이 최댓값이 되고 minv보다 작은 값이 없다면 처음에 가정으로 세운 minv 값이 최솟값이 된다.

Core

```
maxv = max(a[1:])
minv = min(a[1:])
```

max() 함수와 min() 함수에 시퀀스 객체를 전달하여 최댓값과 최솟값을 한 번에 구할 수도 있다.

Core

```
s = sum(a[1:])
```

sum() 함수에 시퀀스 객체를 전달하여 전체 총합을 구할 수도 있다.

Coding

```
1  a = [0, 33, 67, 23, 87, 95]
2
3  maxv = minv = a[1]
4  for x in a[2:]:
5      maxv = max(maxv, x)
6      minv = min(minv, x)
7  print(maxv)
8  print(minv)
9
10 print(max(a[1:]))
11 print(min(a[1:]))
12 print(sum(a[1:]))
```

Interpret

- 1번째 줄은 리스트 a를 초기화하였다.
- 3번째 줄은 maxv와 minv의 초깃값을 a[1]의 값 33으로 초기화하였다.
- 4번째 줄부터 6번째 줄은 리스트 a의 2번 인덱스부터 5번 인덱스까지 검색하여 maxv보다 큰 값을 찾아서 maxv 값을 변경한다. 또한 minv보다 작은 값을 찾아서 minv 값을 변경한다.
- 7, 8번째 줄은 리스트 a에서의 최댓값과 최솟값을 출력의 첫째, 둘째 줄에 출력한다.
- 10번째 줄은 max() 함수에 시퀀스 객체 a를 전달하여 최댓값을 출력의 셋째 줄에 출력한다.
- 11번째 줄은 min() 함수에 시퀀스 객체 a를 전달하여 최솟값을 출력의 넷째 줄에 출력한다.
- 12번째 줄은 sum() 함수에 시퀀스 객체 a를 전달하여 전체 총합을 출력의 다섯째 줄에 출력한다.

Output

```
95
23
95
23
305
```

31.2 최빈값 mode

5개의 데이터 1, 2, 2, 2, 10이 리스트 a에 다음과 같이 초기화되어 있다.

a[0]	a[1]	a[2]	a[3]	a[4]	a[5]
	1	2	2	2	10

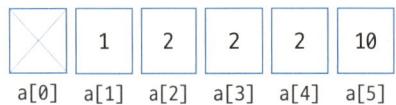

주어진 리스트에서 빈도수가 가장 높은 최빈값 2를 찾는 문제이다. 최빈값을 찾기 위해서는 한 개의 리스트가 더 필요하다. 리스트 b는 모두 0으로 초기화되어 있다.

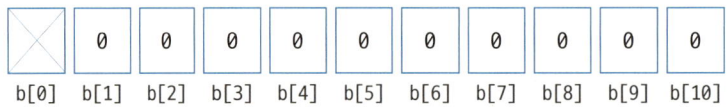

b[0]	b[1]	b[2]	b[3]	b[4]	b[5]	b[6]	b[7]	b[8]	b[9]	b[10]
	0	0	0	0	0	0	0	0	0	0

Core

```python
for x in a[1:]:
    b[x] += 1
```

b[0]	b[1]	b[2]	b[3]	b[4]	b[5]	b[6]	b[7]	b[8]	b[9]	b[10]
	1	3	0	0	0	0	0	0	0	1

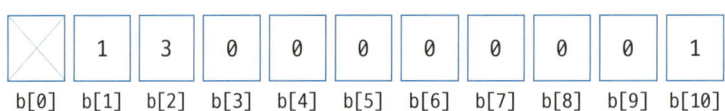

x의 값이 a[1]일 때 x의 값은 1이므로 b[1]의 값이 1 증가되어 1이 된다. x의 값이 a[2]일 때 x의 값은 2이므로 b[2]의 값이 1 증가되어 1이 된다. x의 값이 a[3]일 때 x의 값은 2이므로 b[2]의 값이 1 증가되어 2가 된다. x의 값이 a[4]일 때 x의 값은 2이므로 b[2]의 값이 1 증가되어 3이 된다. x의 값이 a[5]일 때 x의 값은 10이므로 b[10]의 값이 1 증가되어 1이 된다. 최빈값을 찾는 문제를 최댓값을 찾는 문제로 변경하였다. 즉, 리스트 b에서 최댓값을 찾으면 3이 되고 그때의 인덱스(index)의 값은 2가 된다. 2가 모두 3번 발생이 되었기 때문에 b[2]의 값이 3이 된 것이다.

Core

```python
maxv = 0
for i, x in enumerate(b[1:], 1):
    if maxv < x:
        maxv = x
        idx = i
```

같은 결과

```python
maxv = max(b[1:])
idx = b.index(maxv)
```

왼쪽의 for문은 한 번의 순환이 발생할 때마다 리스트 b에서 인덱스와 요소값을 튜플 자료형으로 반환한다. for문의 순환이 끝나면 최댓값은 maxv에 저당되고, 그때의 인덱스는 idx에 저장된다. 오른쪽도 리스트 b에서의 최댓값을 maxv에 저장한다. 다시 리스트 b에서 maxv가 위치한 인덱스를 찾아서 idx에 반환한다. 결국 리스트 b에서의 최댓값은 빈도수를 의미하고 그때의 인덱스는 최빈값이 된다.

Coding

```
1  a = [0, 1, 2, 2, 2, 10]
2  b = [0] * (max(a) + 1)
3
4  for x in a[1:]:
5      b[x] += 1
6
7  maxv = max(b[1:])
8  idx = b.index(maxv)
9  print(idx)
```

Interpret

- 1번째 줄은 리스트 a를 초기화하였다.
- 2번째 줄은 리스트 a에서의 최댓값 10보다 1이 큰, 길이가 11인 리스트를 만들어서 요소의 값을 모두 0으로 초기화하였다. 리스트 b는 리스트 a의 빈도수를 나타내기 위한 리스트이다.
- 4, 5번째 줄은 리스트 a의 값에 따라서 리스트 b의 값을 증가하고 있다. 즉, 리스트 a에서 2가 3번 발생했기 때문에 리스트 b의 요소 b[2]의 값은 3이 된다.
- 7번째 줄에서 리스트 b의 최댓값을 maxv에 반환한다.
- 8번째 줄에서 리스트 b에서 요소의 값이 maxv와 같은 값을 찾아서 그때의 인덱스를 idx에 반환한다.
- 9번째 줄에서 최빈값 idx를 출력의 첫째 줄에 출력한다.

Output

```
2
```

31.3 연습문제 Exercise

1 **10개의 데이터 7, -5, 4, -99, 45, 11, 0, 8, 50, 77을 리스트에 초기화시킨 후 최댓값과 최솟값 그리고 총합을 구하는 프로그램을 작성하여라.**

Input Form 입력형식 없음.

Output Form 첫째 줄은 최댓값을 출력하고 둘째 줄은 최솟값을 출력하고 셋째 줄은 총합을 출력하여라.

Example

출력
77 -99 98

1023

최댓값과 최솟값

실행 제한시간	1초
메모리 사용 제한	32MB

N개의 정수가 주어진다. 최댓값과 최솟값을 찾는 프로그램을 작성하여라. 입력으로 주어지는 N의 개수는 최대 100개이고 주어지는 값들은 -10,000부터 10,000 이하의 정수이다.

Input Form 첫째 줄은 데이터의 개수 N(1≤N≤100)이 주어진다. 둘째 줄에는 -10,000 이상 10,000 이하의 N개의 정수가 한 개의 공백으로 분리되어 주어진다.

Output Form 첫째 줄은 최댓값을 출력하고 둘째 줄은 최솟값을 출력하여라.

Example

입력

```
12
567 455 333 678 245 333 15 444 333 678 879 321
```

출력

```
879
15
```

1137
가장 큰 수

실행 제한시간	1초
메모리 사용 제한	32MB

서로 다른 9개의 양의 정수가 오일러에게 주어졌다. 주어진 양의 정수 중에서 가장 큰 수가 어떤 수이고 그 수는 몇 번째 위치에 놓여있는지 찾아야 한다.

예를 들어서 서로 다른 9개의 양의 정수 10, 20, 30, 40, 50, 60, 70, 80, 90이 주어지면 이 중에서 가장 큰 수는 9번째 위치한 90이다.

Input Form 첫째 줄부터 아홉 번째 줄까지 한 줄에 한 개씩 하나의 양의 정수가 주어진다. 주어지는 양의 정수 100보다 작다.

Output Form 첫째 줄은 가장 큰 수를 출력하고 둘째 줄은 가장 큰 수가 몇 번째에 위치하는지 위치를 출력하여라.

Example

입력	출력
10 20 30 40 50 60 70 80 90	90 9

1068
최고의 저녁 식사

실행 제한시간	1초
메모리 사용 제한	32MB

왕국에는 최고의 다섯 명의 요리사가 나와서 요리의 실력을 겨루는 "최고의 저녁 식사"라는 유명한 요리 프로그램이 있다. 요리 대회에 참가한 다섯 명은 그들이 만든 요리에 대해서 1점부터 5점까지의 점수를 네 명의 심사위원으로부터 받을 수 있다. 그리고 네 명의 심사위원으로부터 받은 점수의 합이 가장 많은 요리사가 대회의 우승자가 된다. 여러분들은 가장 많은 점수를 받은 요리사는 누구이며 우승자의 점수는 얼마인지 구하여라.

Input Form 입력은 모두 다섯 줄로 이루어져 있다. 입력의 각 줄은 각각의 요리사들이 네 명의 심사위원으로부터 받은 1 이상 5 이하의 네 개의 정수가 주어진다. 모든 입력에 대한 정답은 언제나 유일하다.

Output Form 가장 높은 점수를 받은 요리사는 몇 번째 요리사이고 점수가 얼마인지 첫째 줄에 출력하여라.

Example

입력	출력
5 4 4 5 5 4 4 4 5 5 4 4 5 5 5 4 4 4 4 5	4 19

입력	출력
4 4 3 3 5 4 3 5 5 5 2 4 5 5 5 1 4 4 4 4	2 17

1086

iRobot

실행 제한시간	1초
메모리 사용 제한	32MB

오일러는 아이로봇(iRobot)이라는 로봇들을 개발하고 있다. 이 로봇은 어떤 수들의 집합이 주어질 때, 특정 구역의 최솟값, 최댓값, 총합을 구하는데 쓰려고 한다.

명령의 수가 적을 때는 간단하게 구할 수 있지만, 명령의 수가 많고 집합의 크기도 커진다면 느려질게 뻔하다. 요즘 오일러는 이 로봇의 속도 개선을 위해서 열심히 노력하고 있지만, 아직 성공하지 못했다. 이런 오일러를 도와서 아이로봇을 만들자.

Input Form

첫째 줄에는 집합의 크기 N이 주어진다. 둘째 줄에는 집합의 원소 A_i(-2,000≤A_i≤2,000)가 주어진다. 셋째 줄에는 명령의 개수 M이 주어진다. 넷째 줄부터는 M개의 명령이 주어진다. (1≤N,M≤300) 명령의 종류는 3가지이다. (a≤b)

1 a b : a번째부터 b번째 원소까지 중에서 최솟값 구하기 (a, b 포함)

2 a b : a번째부터 b번째 원소까지 중에서 최댓값 구하기 (a, b 포함)

3 a b : a번째부터 b번째 원소까지의 합 구하기 (a, b 포함)

Output Form

각 명령에 대한 답을 입력순으로 각 줄에 출력하여라.

Example

입력	출력
5 1 2 3 4 5 3 2 2 4 1 3 5 3 1 4	4 3 10

1045

유행

실행 제한시간	1초
메모리 사용 제한	32MB

오일러는 유행에 상당히 민감하다.

오일러는 왕국의 N(1≤N≤20,000)명의 시민들에게 그들이 가장 좋아하는 숫자(1≤숫자≤10,000)를 조사하여 오름차순으로 정렬하여 표를 만들었다. 왕국에서 가장 유행하는 숫자는 시민들이 가장 좋아하는 숫자의 빈도수가 높은 숫자를 말한다. 따라서 오일러는 왕국에서 가장 유행하는 숫자가 어떤 숫자인지 알기를 원하고 있다. 또한 정답이 될 수 있는 숫자는 오직 하나밖에 없다는 것을 보장한다.

Input Form 첫째 줄에는 한 개의 정수 N이 주어진다. 둘째 줄부터는 N줄에 걸쳐서 시민들이 좋아하는 숫자가 오름차순으로 주어진다.

Output Form 왕국에서 가장 유행하는 숫자를 첫째 줄에 출력하여라.

Example

입력	출력
5 512 532 532 585 599	532

Note 입력에서 532는 빈도수가 2이고 나머지 숫자들은 모두 빈도수가 1이다.

1061
슈퍼마리오

실행 제한시간	1초
메모리 사용 제한	32MB

슈퍼마리오 앞에 10개의 버섯이 일렬로 나열되어 있다. 슈퍼마리오는 버섯을 주울 때마다 각각의 버섯에 해당하는 버섯의 점수를 획득할 수 있다. 슈퍼마리오는 첫 번째 버섯부터 차례대로 버섯을 주워야 하지만, 모든 버섯을 반드시 전부 주어야 하는 것은 아니다.

- 최대한 100점에 가깝게 버섯을 줍는 것이 슈퍼마리오의 최종 목표이다.

100점에 가까운 최종 점수가 두 가지 경우가 있다면(예를 들어 98과 102), 점수가 더 높은 쪽을 선택하도록 한다. (예를 들어 102)

슈퍼마리오가 획득할 수 있는 점수는 최대 얼마인가?

Input Form 슈퍼마리오 앞에 놓여진 버섯의 점수가 순서대로 10개의 줄에 걸쳐서 각 줄에 주어진다. 버섯의 점수는 100 이하의 양의 정수를 갖는다.

Output Form 슈퍼마리오가 획득할 수 있는 가장 좋은 점수를 첫째 줄에 출력하여라.

Example

입력	출력
10 20 30 40 50 60 70 80 90 100	100

입력	출력
1 2 3 5 8 13 21 34 55 89	87

Note

첫 번째 테스트 케이스에서 10 + 20 + 30 + 40

두 번째 테스트 케이스에서 1 + 2 + 3 + 5 + 8 + 13 + 21 + 34

1082

The King

실행 제한시간 **1초**
메모리 사용 제한 **8MB**

아주 먼 오랜 옛날 왕국은 오일러 왕이 다스리고 있었다. 그는 매우 현명했지만 한 가지 약점을 가지고 있었다. 그는 숫자를 오직 3까지만 셀 수 있었다. (-3, -2, -1, 0, 1, 2, 3)

그럼에도 불구하고, 그는 커다랗게 불편함을 느끼지 못했다. 왜냐하면 그는 100까지 셀 수 있는 무수히 많은 코딩 마법사들을 데리고 있었기 때문이다. (혹자는 심지어 그 마법사들은 1,000까지도 셀 수 있다고 말하는 사람들도 있다.) 그러던 어느 날 모든 국경지대로부터 무수히 많은 야만인들의 침략으로 인하여 슬픔이 밀려왔다. 그리고 어느 날 왕은 그의 인생에 있어서 중대한 결정을 내려야만 했다. 그는 군대를 이끌고 국경지대로 보내기 위해 그의 아들 중 몇 명을 장군으로 선발해야만 해야 했다.

하지만, 오일러 왕은 그의 아들 중 몇 명은 영리했지만, 또한 몇 명은 그렇지 않을 뿐만 아니라 어리석은 아들들의 잘못된 결정으로 인하여 군대의 사기를 떨어뜨릴 수 있다는 것을 알고 있었다. 좀 더 정확히 말하자면, 오일러 왕은 그의 아들들의 지능 지수를 알고 있었다. (-3 에서 3을 포함한 정수범위, 왜냐하면 오일러 왕은 오직 3까지밖에 셀 수 없으므로) 또한 왕은 야만인들을 물리치기 위해서는 장군으로 있는 그의 아들들의 지능 지수의 거듭제곱의 합에 달려 있다는 것을 알고 있었다. (거듭제곱의 지수는 양의 정수이고, 결코 3을 초과하지는 않는다) 어떻든 간에 왕은 가능한 한 장군으로 있는 그의 아들들의 지능 지수의 합이 최대한 최대가 되도록 적절하게 아들들을 선발해야만 한다.

왕은 모든 계산을 스스로 할 수 없기 때문에 (예를 들면, 어떤 수의 제곱은 이미 3을 넘어가기 때문에) 당신과 현명한 코딩 마법사들에게 도움을 요청하고 있다.

Input Form 첫째 줄에 주어지는 정수는 왕의 자식의 수이고 최대 100을 넘어가지 않는다. 둘째 줄에는 양의 정수로 이루어진 3을 넘어가지 않는 지수가 주어진다. 이 지수는 야만인들을 물리치기 위한 그의 아들들의 지능 지수에 거듭제곱을 하기 위한 지수이다. 셋째 줄에는 왕의 아들들의 지능 지수가 주어진다. 아들들의 지능 지수의 절댓값은 3보다 크지 않다.

Output Form 야만인들을 물리치기 위해서 장군으로 선발된 그의 아들들의 지능 지수의 최대 합을 첫째 줄에 출력하여라.

Example

입력	출력
3 3 2 -1 1	9

Note 위의 예제에서 왕은 첫 번째 아들과 세 번째 아들을 장군으로 임명한다. 이 아들들의 지능 지수의 합은 $2^3 + 1^3 = 9$가 된다.

1123

블랙잭

실행 제한시간	1초
메모리 사용 제한	64MB

오일러는 카드게임을 좋아한다. 언제나 그는 호그와트에 올 때마다 그의 친구들과 유명한 카드게임의 하나인 블랙잭을 한다.

이 게임은 플레이어의 손에 든 카드의 총합이 21 이하 이거나 또는 플레이어가 "STOP"이라고 외칠 때까지 플레이어에게 카드를 나누어준다. 52장의 각각의 카드들은 한 개의 모양과 한 개의 숫자를 가지고 있는데 모양은 스페이드, 다이아몬드, 하트, 클로버 모양 중에서 한 개의 모양을 갖고 숫자는 Ace, 2, 3, 4, 5, 6, 7, 8, 9, 10, Jack, Queen, King 중에서 한 개의 숫자를 갖는다.

카드는 값어치는 2, 3, … , 9, 10, Jack, Queen, King, Ace의 순서로 올라간다. 카드의 값어치는 다음과 같다 : 숫자(2, 3, … , 9, 10)가 적혀있는 카드는 적혀있는 숫자만큼의 점수를 얻는다. (예를 들어 9가 적혀있는 카드는 9점을 얻는다) 그림이 그려 있는 카드는 Ace를 제외하고 10점의 점수를 얻는다. (Jack, Queen, King) 마지막으로 Ace는 11점의 점수를 얻는다.

오일러는 지금 결정을 어떻게 해야 하는지 어려움에 놓여있다. 게임을 하는 동안 오일러는 모든 카드의 총합이 21 이하인 N장의 카드를 받았고 다음 마지막 한 장의 카드를 받아야 할지 말아야 할지를 고민하고 있다. 그래서 21과 받은 카드의 총합의 차이 X를 구하였다. 그리고 남아있는 카드 중에서 값어치가 X보다 큰 카드의 개수가 그렇지 않은 카드보다 더 많다면 오일러가 더 이상 카드를 받지 않도록 알려주어야 한다.

오일러는 다음 마지막 카드를 받아야 하는지에 대해서 어려움에 놓여있기 때문에 여러분들에게 도움을 요구하고 있다.

Input Form 첫째 줄에는 오일러에게 나누어준 카드의 수를 나타내는 양의 정수 N(1≤N≤52)이 주어진다. 둘째 줄부터는 오일러에게 나누어준 i번째 카드의 값어치를 나타내는 양의 정수가 N개의 줄에 걸쳐서 주어진다.

Output Form 오일러가 다음의 카드를 받아야 한다면 첫째 줄에 "DRAW"를 출력하고, 반면에 더 이상 받을 필요가 없다면 "STOP"을 출력하여라.

Example

입력	출력
6 2 3 2 3 2 3	STOP

Note 오일러에게 나누어준 카드의 총합은 15이고, 21과 총합의 차이 X는 6이다. 남은 카드 중에서 6보다 큰 값어치를 갖는 카드의 수는 32개(Ace 4개, King 4개, Queen 4개, Jack 4개, 10 카드 4개, 9 카드 4개, 8 카드 4개, 7 카드 4개)이고, 반면에 6보다 작거나 같은 카드의 수는 14개(2 카드 1개, 3 카드 1개, 4 카드 4개, 5 카드 4개, 6 카드 4개)이다.

2093

주차하기 가장 좋은 곳

실행 제한시간	1초
메모리 사용 제한	64MB

일직선으로 길게 뻗어있는 쇼핑 거리가 있다. 오일러는 쇼핑을 하기 위해서 어떤 정수 위치에 그의 자동차를 주차하고자 한다. 그리고 그가 쇼핑할 N(1≤N≤20)개의 가게들을 걸어서 방문한다. 그는 쇼핑하고자 하는 모든 가게들을 방문하고 다시 자동차로 돌아오기까지 가장 최단 거리로 쇼핑을 하기 위해서 가장 최적의 장소에 자동차를 주차하기를 원하고 있다. 쇼핑 거리는 일직선이고, 모든 쇼핑몰은 정수 좌표 i(0≤i≤99)에 위치하고 있다. 일직선으로 된 거리에는 정수 좌표에 자동 주차요금 기계가 놓여있다. 따라서 오일러는 주차요금을 아끼기 위해서 오직 한 장소에 주차한 후, 모든 쇼핑은 걸어서 해야만 한다. 오일러는 모든 쇼핑 가방을 들고 돌아다닐 수 있을 만큼 힘이 세기 때문에 여러분들은 오일러가 힘이 드는 거에 대해서는 걱정을 하지 않아도 된다. 여러분들이 가장 좋은 장소에 주차할 수 있도록 도와주어라.

Input Form 첫째 줄에는 한 개의 정수 N이 주어진다. 둘째 줄에는 N개의 쇼핑몰의 위치 i가 한 개의 공백을 사이에 두고 주어진다.

Output Form 최적의 장소에 주차한 후 쇼핑을 마치고 주차되어있는 자동차로 돌아올 때까지 오일러가 걸어야만 하는 최단 거리를 첫째 줄에 출력하여라.

Example

입력	출력
4 24 13 89 37	152

Note

오일러가 만일 좌표 50에 주차한다면 세 번째 상점(37)까지 걸어가는데 이동한 거리는 50 - 37 = 13이고, 다시 세 번째 상점(37)에서 두 번째 상점(24)까지 걸어가는데 이동한 거리는 37 - 24 = 13, 그리고 두 번째 상점(24)에서 첫 번째 상점(13)까지 걸어가는데 이동한 거리는 24 - 13 = 11이다. 그리고 다시 첫 번째 상점(13)에서 자동차까지 오는데 이동한 거리는 50 - 13 = 37이다. 다시 자동차(50)에서 네 번째 상점(89)까지 걸어가는데 이동한 거리는 89 - 50 = 39이다. 네 번째 상점(89)에서 자동차(50)까지 오는데 이동한 거리는 89 - 50 = 39이므로 오일러가 총 이동한 거리는 13 + 13 + 11 + 37 + 39 + 39 = 152가 된다.

2089

주사위 게임

실행 제한시간	1초
메모리 사용 제한	64MB

오일러는 보드게임을 좋아한다. 그래서 오일러는 게임을 하기 위해 상점에 가서 세 개의 주사위를 구입하였다. 세 개의 주사위는 각각 S_1, S_2, S_3의 면을 가지고 있다. ($2 \le S_1 \le 20$, $2 \le S_2 \le 20$, $2 \le S_3 \le 40$) S_i의 면을 가진 주사위는 1부터 S_i 이하의 서로 다른 주사위 눈을 가지고 있다.

오일러는 세 개의 주사위에서 나올 수 있는 세 개의 주사위의 눈의 합의 모든 경우를 구하고자 한다.

세 개의 주사위의 면의 수가 주어지면, 가장 많이 발생되는 세 개의 주사위의 눈의 합은 얼마인지 구하여라. 만일 발생되는 빈도수가 같다면 세 개의 주사위 눈의 합이 최소인 것을 선택하도록 한다.

Input Form 첫째 줄에는 세 개의 정수 S_1, S_2, S_3가 주어진다.

Output Form 가장 많이 발생되는 세 개의 주사위의 눈의 합을 첫째 줄에 출력하여라. 만일 발생되는 빈도수가 같다면 세 개의 주사위 눈의 합이 최소인 것을 선택하도록 한다.

Example

입력	출력
3 2 3	5

Note

(1 1 1) -> 3, (1 2 1) -> 4, (2 1 1) -> 4, (2 2 1) -> 5, (3 1 1) -> 5, (3 2 1) -> 6, (1 1 2) -> 4, (1 2 2) -> 5, (2 1 2) -> 5, (2 2 2) -> 6, (3 1 2) -> 6, (3 2 2) -> 7, (1 1 3) -> 5, (1 2 3) -> 6, (2 1 3) -> 6, (2 2 3) -> 7, (3 1 3) -> 7, (3 2 3) -> 8

5와 6이 각각 5번씩 발생되었다. 따라서 5가 정답이다.

코딩마법서

1권 STONE VERSION

코딩테스트와 인공지능을 위한 파이썬

제32장

선택 정렬 Selection Sort

φ 오일러BOOKS

32.1 데이터의 교환 Swap

두 변수의 값을 서로 교환하는 작업을 **스왑(Swap)**이라고 한다. 예를 들어서 변수 a에 10이 저장되어 있고 변수 b에 20이 저장되어 있다고 하자. 두 변수에 저장되어 있는 데이터를 서로 교환(Swap)하는 작업을 하기 위해서는 아래와 같은 연산이 필요하다.

Core

```
temp = a
a = b
b = temp
```

같은 의미

```
a, b = b, a
```

먼저 a의 값 10을 임시 정수형 변수 temp에 저장한다. b에 저장되어 있던 값 20을 a에 저장한다. 마지막으로 temp에 저장되어 있던 값 10을 b에 저장한다. 그러면 a는 b가 가지고 있던 값 20이 되고, b는 a가 가지고 있던 값 10이 된다. 왼쪽과 같이 각 줄에 처리하는 연산을 오른쪽과 같이 한 줄에 처리할 수도 있다.

32.2 오름차순 정렬 Ascending Sort

순서 없이 나열된 자료를 작은 순에서 큰 순으로 다시 재배열하는 작업을 오름차순 정렬(Ascending Sort)이라고 한다. 예를 들어서 왼쪽 그림과 같이 리스트 a의 1번 인덱스부터 5번 인덱스까지 값 7, 6, 9, 5, 8이 초기화되어 있고 리스트 a를 오름차순으로 정렬하면 리스트 a의 1번 인덱스부터 5번 인덱스까지의 값은 작은 순에서 큰 순으로 5, 6, 7, 8, 9와 같이 재배치 된다.

32.3
내림차순 정렬 Descending Sort

순서 없이 나열된 자료를 큰 순에서 작은 순으로 다시 재배열하는 작업을 내림차순 정렬(Descending Sort)이라고 한다. 예를 들어서 왼쪽 그림과 같이 리스트 a의 1번 인덱스부터 5번 인덱스까지 값 7, 6, 9, 5, 8이 초기화되어 있고 리스트 a를 내림차순으로 정렬하면 리스트 a의 1번 인덱스부터 5번 인덱스까지의 값은 큰 순에서 작은 순으로 9, 8, 7, 6, 5와 같이 재배치 된다.

32.4
선택 정렬 Selection Sort

리스트에서 가장 작은 값을 찾아서 리스트의 첫 번째에 배치시키고, 다음으로 작은 값을 찾아서 두 번째에 배치시키고, 마찬가지로 다음으로 작은 값을 찾아서 세 번째에 배치하며 정렬해 나가는 방식을 **선택 정렬(Selection Sort)**이라고 한다.

리스트 a에 아래 다음과 같이 5개의 데이터가 초기화되어 있다.

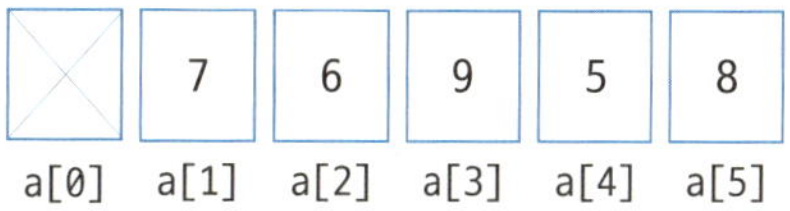

❶ 1회전

처음 1회전 할 때, 리스트의 첫 번째 요소를 두 번째 요소부터 마지막 요소까지 비교하여 가장 작은 값을 찾아서 리스트의 첫 번째 요소에 놓는다.

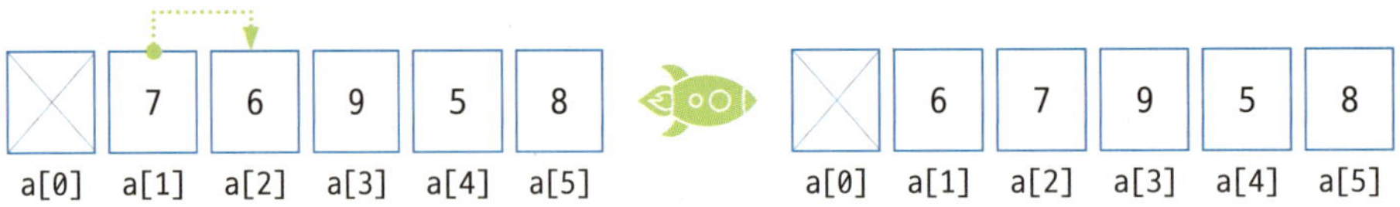

첫 번째 요소 7이 두 번째 요소 6보다 크기 때문에 두 개의 요소를 서로 교환(Swap)한다.

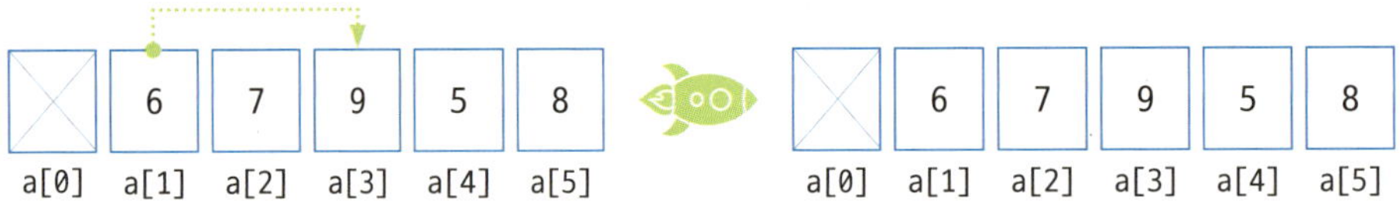

첫 번째 요소 6이 세 번째 요소 9보다 작기 때문에 교환(Swap)이 발생되지 않는다.

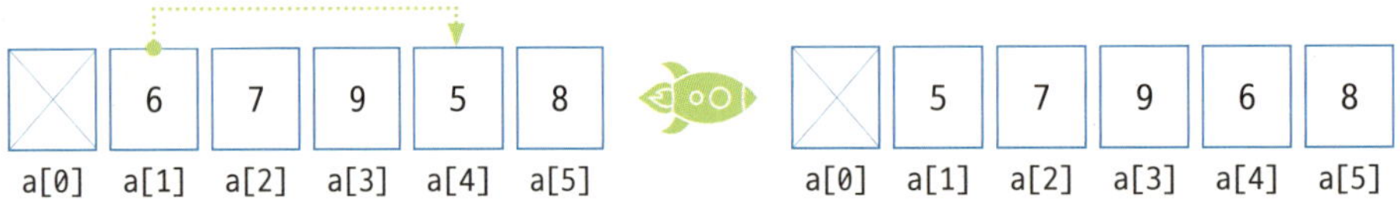

첫 번째 요소 6이 네 번째 요소 5보다 크기 때문에 두 개의 요소를 서로 교환(Swap)한다.

마지막으로 첫 번째 요소 5와 마지막 요소 8을 비교하여 5가 작기 때문에 교환(Swap)이 발생되지 않는다. 결국 리스트 a에 저장되어 있던 값 중에서 가장 작은 값 5가 첫 번째 요소가 되었다.

❷ 2회전

다음 2회전 할 때, 리스트의 두 번째 요소를 세 번째 요소부터 마지막 요소까지 비교하여 가장 작은 값을 찾아서 리스트의 두 번째 요소에 놓는다.

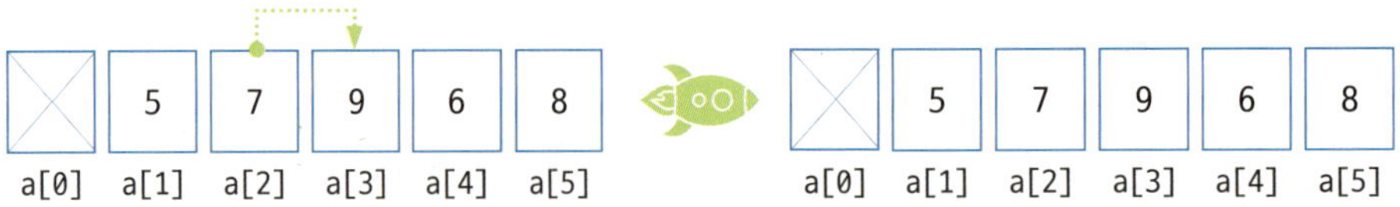

두 번째 요소 7이 세 번째 요소 9보다 작기 때문에 교환(Swap)이 발생되지 않는다.

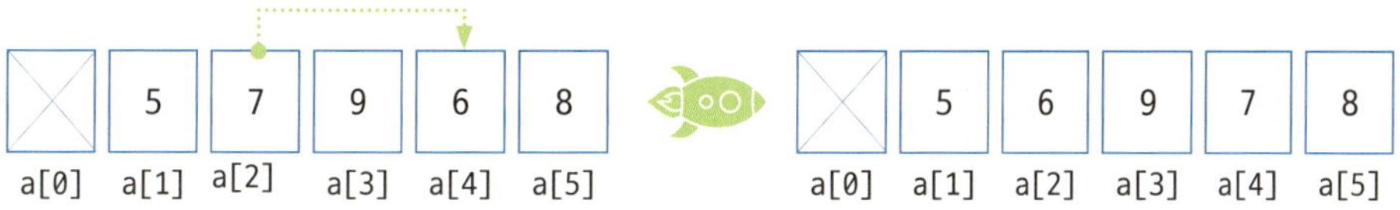

두 번째 요소 7이 네 번째 요소 6보다 크기 때문에 두 개의 요소를 서로 교환(Swap)한다.

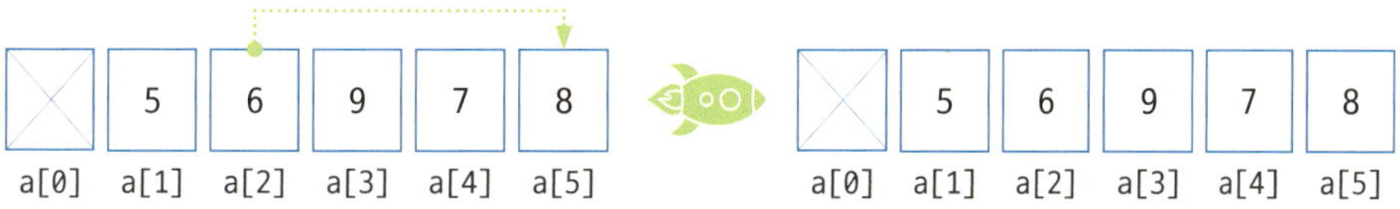

마지막으로 두 번째 요소 6과 마지막 요소 8을 비교하여 6이 작기 때문에 교환(Swap)이 발생되지 않는다. 결국 리스트 a에 저장되어 있던 값 중에서 두 번째로 작은 값이 두 번째 요소가 되었다.

❸ 3회전

다음 3회전 할 때, 리스트의 세 번째 요소를 네 번째 요소부터 마지막 요소까지 비교하여 가장 작은 값을 찾아서 리스트의 세 번째 요소에 놓는다.

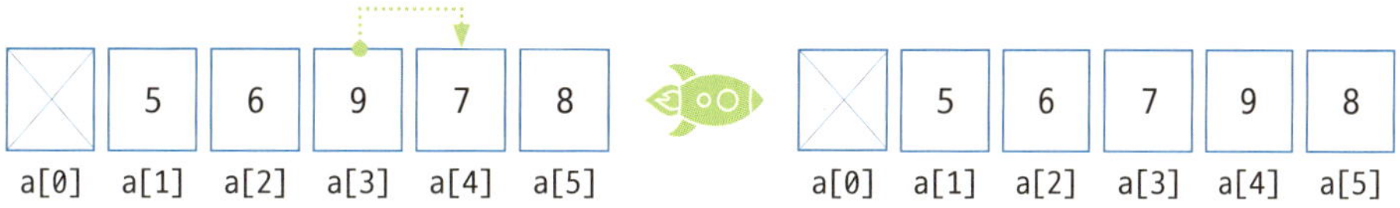

세 번째 요소 9가 네 번째 요소 7보다 크기 때문에 두 개의 요소를 서로 교환(Swap)한다.

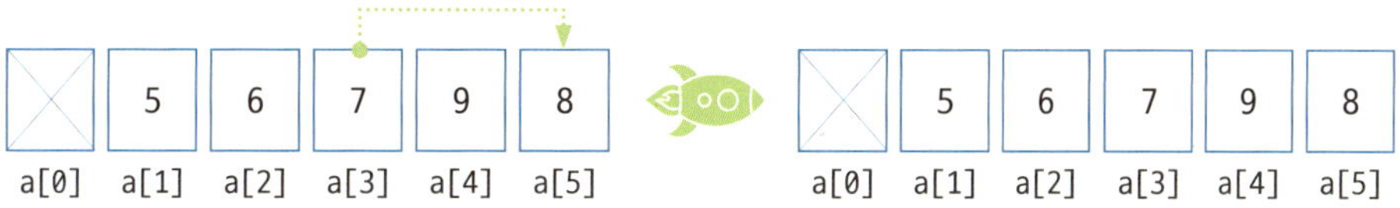

마지막으로 세 번째 요소 7과 마지막 요소 8을 비교하여 7이 작기 때문에 교환(Swap)이 발생되지 않는다. 결국 리스트 a에 저장되어 있던 값 중에서 세 번째로 작은 값이 세 번째 요소가 되었다.

❹ 4회전

다음 4회전 할 때, 리스트의 네 번째 요소를 마지막 요소와 비교하여 작은 값을 찾아서 리스트의 네 번째 요소에 놓는다.

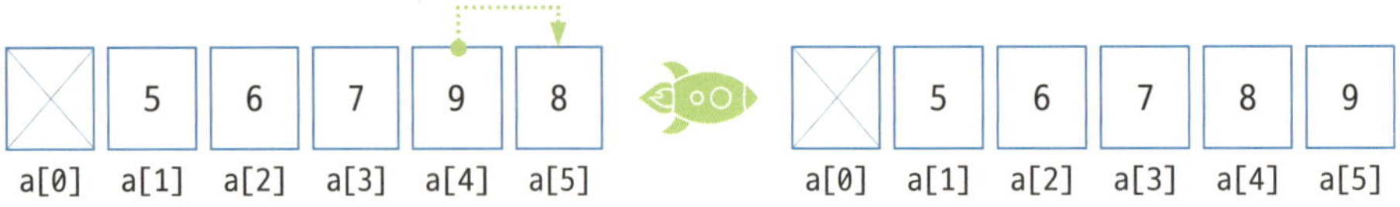

네 번째 요소 9가 다섯 번째 요소 8보다 크기 때문에 두 개의 요소를 서로 교환(Swap)한다.

위와 같이 리스트의 첫 번째 요소부터 마지막 요소까지 가장 작은 값을 찾아서 첫 번째 요소에 놓고 다시 두 번째 요소부터 마지막 요소까지 가장 작은 값을 찾아서 두 번째 요소에 놓고, 다시 세 번째 요소부터 마지막 요소까지 가장 작은 값을 찾아서 세 번째 요소에 놓고, 마지막으로 네 번째 요소와 마지막 요소를 비교하여 작은 값을 네 번째 요소에 놓으며 정렬하는 방식을 선택 정렬(Selection Sort)이라고 한다. 위의 그림에서 (●)를 i라고 생각하고 (▼)를 j라고 생각하며 코드를 구축하면 아래 다음과 같다.

Coding

```
1  a = [0, 7, 6, 9, 5, 8]
2
3  for i in range(1, 5):
4      for j in range(i + 1, 6):
5          if a[i] > a[j]:
6              a[i], a[j] = a[j], a[i]
7
8  print(a[1:])
```

Interpret

- 1번째 줄은 리스트 a를 초기화하였다.
- 3번째 줄부터 6번째 줄은 리스트 a를 선택 정렬(Selection Sort)을 이용하여 오름차순으로 정렬하고 있다. i의 값이 1일 때 j는 2부터 5까지 회전하고, i의 값이 2일 때 j는 3부터 5까지 회전하고, i의 값이 3일 때 j는 4부터 5까지 회전하며, i의 값이 4일 때 j는 5가 된다.
- 8번째 줄은 정렬된 리스트 a의 1번 인덱스부터 5번 인덱스까지의 요소를 출력의 첫째 줄에 출력한다.

Output

```
[5, 6, 7, 8, 9]
```

32.5

정렬 함수 sorted()

시퀀스 객체를 오름차순으로 정렬하고 싶다면 sorted() 내장 함수에 시퀀스 객체를 전달하면 파이썬은 시퀀스 객체를 다른 메모리 공간에 복사한 후 복사된 시퀀스 객체를 오름차순으로 정렬하여 반환한다. 또한 시퀀스 객체를 내림차순으로 정렬하고 싶다면 sorted() 내장 함수에 시퀀스 객체와 reverse 플래그를 True로 만들어 전달하면 파이썬은 시퀀스 객체를 다른 메모리 공간에 복사한 후 복사된 시퀀스 객체를 내림차순으로 정렬하여 반환한다.

리스트 a에 아래 다음과 같이 5개의 데이터가 초기화되어 있다.

	7	6	9	5	8
a[0]	a[1]	a[2]	a[3]	a[4]	a[5]

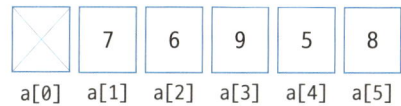

a.sort() 함수와 sorted() 내장 함수와의 차이점은 a.sort() 함수는 반환되는 값이 없이 리스트 a 자체가 정렬되는 것이고 sorted() 함수는 리스트 객체를 다른 메모리 공간에 복사하여 정렬한 후 정렬된 리스트를 반환하기 때문에 원본 리스트 객체의 변화는 발생하지 않는다. 따라서 원본 리스트를 변화시키기 위해서는 sorted() 함수에서 반환되는 리스트를 다시 원본 리스트에 대입해야 한다.

Core

```
a[1:] = sorted(a[1:])
```

리스트 a를 오름차순으로 정렬한다.

Core

```
a[1:] = sorted(a[1:], reverse = True)
```

리스트 a를 내림차순으로 정렬한다.

Coding

```
a = [0, 7, 6, 9, 5, 8]
a[1:] = sorted(a[1:])
print(a[1:])

a[1:] = sorted(a[1:], reverse = True)
print(a[1:])
```

Interpret

- 1번째 줄은 리스트 a를 초기화하였다.
- 2, 3번째 줄은 리스트 a를 오름차순으로 정렬하여 출력의 첫째 줄에 출력한다.
- 5, 6번째 줄은 리스트 a를 내림차순으로 정렬하여 출력의 첫째 줄에 출력한다.

Output

```
[5, 6, 7, 8, 9]
[9, 8, 7, 6, 5]
```

32.6

연습문제 Exercise

1 10개의 데이터 1, 2, 3, 4, 5, 6, 7, 8, 9, 10을 리스트에 초기화시킨 후 선택 정렬(Selection Sort)을 이용하여 내림차순으로 정렬하는 프로그램을 작성하여라.

Input Form 입력형식 없음.

Output Form 내림차순으로 정렬된 리스트의 전체 요소들을 첫째 줄에 출력하여라.

Example

출력
[10, 9, 8, 7, 6, 5, 4, 3, 2, 1]

1022

정렬(Sorting)

실행 제한시간	1초
메모리 사용 제한	32MB

오름차순으로 정렬을 하는 프로그램을 작성하시오. 오름차순 정렬(Ascending Sort)이라는 것은 작은 것에서 큰 순서대로 나열하는 것이고 내림차순 정렬(Descending sort)이라는 것은 큰 것에서 작은 순서대로 나열하는 것이다.

예를 들어 3, 5, 1, 4, 2를 오름차순으로 정렬하면 1, 2, 3, 4, 5가 된다.

Input Form 첫째 줄은 데이터의 개수 N(1≤N≤100)이 주어지고 둘째 줄은 -100 이상 100 이하의 N개의 정수가 한 개의 공백으로 분리되어 주어진다.

Output Form 첫째 줄은 정렬하기 전의 데이터를 출력하고 둘째 줄은 정렬한 후의 데이터를 한 개의 공백으로 분리하여 출력하여라.

Example

입력	출력
10 9 6 5 4 3 0 2 1 1 7	9 6 5 4 3 0 2 1 1 7 0 1 1 2 3 4 5 6 7 9

1025

세 번째로 가장 큰 값

실행 제한시간	1초
메모리 사용 제한	32MB

여러분들에게 서로 다른 10개의 양의 정수가 주어지면 주어진 정수 중에서 세 번째로 큰 값을 찾아 출력하여라.

Input Form 1 이상 1,000 이하의 범위를 갖는 10개의 양의 정수가 한 개의 공백으로 분리되어 첫째 줄에 주어진다.

Output Form 입력된 10개의 정수 중에서 세 번째로 큰 값을 찾아서 첫째 줄에 출력하여라.

Example

입력	출력
1 2 3 4 5 6 7 8 9 1000	8

1127

마법 지팡이

실행 제한시간 **1초**
메모리 사용 제한 **64MB**

해리포터는 볼드모트 경과 싸우다 마법 지팡이가 손상되었다. 그래서 해리포터는 오일러와 함께 올리밴더 지팡이 샵에서 새로운 지팡이를 구입하기로 하였다. 올리밴더 지팡이 샵은 N개의 마법 지팡이와 N개의 지팡이 상자를 가지고 있다. 지팡이의 길이는 각각 X_1, X_2, … , X_n의 길이를 갖고 상자는 Y_1, Y_2, … , Y_n의 크기를 갖는다. 길이가 X인 마법 지팡이는 상자의 크기가 X≤Y인 상자의 크기 Y에 담을 수 있다. 한 개의 상자에는 오직 한 개의 지팡이만 담을 수 있기 때문에 해리는 각각의 상자에 모든 지팡이를 담을 수 있는지 알기를 원하고 있다. 이 어려운 문제를 해결할 수 있도록 해리를 도와주어라.

Input Form 첫째 줄에는 지팡이와 상자의 개수를 나타내는 한 개의 양의 정수 N(1≤N≤100)이 주어진다. 둘째 줄에는 지팡이의 길이를 나타내는 양의 정수 X_i($1 \le X_i \le 10^9$)가 N개 주어진다. 셋째 줄에는 상자의 크기를 나타내는 양의 정수 Y_i($1 \le Y_i \le 10^9$)가 N개 주어진다.

Output Form 해리가 만일 모든 지팡이를 상자에 담을 수 있다면 첫째 줄에 "YES"를 출력하고, 담을 수 없다면 첫째 줄에 "NO"를 출력하여라.

Example

입력	출력
3 7 9 5 6 13 10	YES

입력	출력
4 5 3 3 5 10 2 10 10	NO

Note 첫 번째 테스트 케이스에서 해리는 각각의 상자에 모든 지팡이를 담을 수 있다. 예를 들어서 크기가 6인 상자에 길이 5인 지팡이를 담고, 크기가 13인 상자에 길이가 7인 지팡이를 담고, 크기가 10인 상자에 길이가 9인 지팡이를 담는다.
두 번째 테스트 케이스에서 해리는 각각의 상자에 모든 지팡이를 담을 수 없다. 크기가 2인 상자에는 어떠한 지팡이도 들어갈 수 없다.

2017
캥거루

실행 제한시간 **1초**
메모리 사용 제한 **32MB**

세 마리의 캥거루가 초원에서 놀고 있다. 그들은 일직선의 서로 다른 정수 좌표 A(0<A<100)와 그리고 B(0<B<100), C(0<C<100)에 놓여 있다. 한 번에 바깥에 서 있는 오직 한 마리의 캥거루만이 두 마리의 캥거루 사이로 점프해서 들어올 수 있다. 두 마리의 캥거루가 동시에 같은 좌표에 놓일 수는 없다. 그들이 될 수 있으면 아주 오랜 시간을 놀 수 있도록 도와주어라.

Input Form 첫째 줄에는 세 마리의 캥거루가 놓여있는 정수 좌표 A, B, C가 주어진다.

Output Form 캥거루가 점프할 수 있는 최대 횟수를 첫째 줄에 출력하여라.

Example

입력	출력
2 3 5	1

입력	출력
3 5 9	3

2123
네 개의 정수

실행 제한시간	1초
메모리 사용 제한	32MB

오일러는 왕국의 미래를 위해서 학술적 연구를 진행하는 중에 중요한 네 개의 정수를 발견하였다. 더욱 놀라운 것은 네 개의 정수를 정렬하였을 때, 서로 이웃한 정수들의 차가 모두 같다는 것이다. 어느 날 오일러는 네 개의 정수 중 한 개의 정수를 잃어버렸고, 또한 남아있는 세 정수들조차 정렬되어 있지 않았다.

나머지 세 개의 정수가 주어질 때, 오일러가 잃어버린 한 개의 정수를 찾아라.

Input Form 첫째 줄에는 -100 이상이고 100 이하인 세 개의 정수가 한 개의 공백으로 분리되어 주어진다.

Output Form 오일러가 잃어버린 한 개의 정수를 첫째 줄에 출력하여라. 만일 가능한 정답이 여러 개가 존재한다면, 가장 최댓값을 선택해서 출력하도록 한다.

Example

입력	출력
4 6 8	10

입력	출력
10 1 4	7

2113

상점

실행 제한시간	1초
메모리 사용 제한	64MB

오일러는 금액 C를 가지고 있고, 왕국의 상점으로부터 두 개의 물품을 구입하려고 한다. 그래서 우리는 왕국에 있는 모든 상점의 가격을 조사하였다. 조사한 상점의 목록을 가지고 두 개의 물품의 가격이 정확히 C인 두 개의 상점은 어떤 상점인지를 찾아야 한다. (정답은 언제나 유일하며 상점의 번호가 작은 것을 우선으로 한다.)

Input Form 첫째 줄에는 오일러가 가지고 있는 금액인 한 개의 양의 정수 C(5≤C≤1,000)가 주어진다. 둘째 줄에는 상점의 개수를 나타내는 한 개의 양의 정수 N(3≤N≤2,000)이 주어진다. 셋째 줄에는 각각의 상점에서 판매하는 물품의 가격이 상점의 번호순으로 주어진다.

Output Form 물품의 가격이 정확히 C인 두 개의 상점의 번호를 한 개의 공백으로 분리하여 상점의 번호가 작은 것을 우선시하여 첫째 줄에 출력하여라.

Example

입력	출력
100 3 5 75 25	2 3

입력	출력
200 7 150 24 79 50 88 345 3	1 4

코딩마법서

1권 STONE VERSION

코딩테스트와 인공지능을 위한 파이썬

제33장

버블 정렬 Bubble Sort

φ 오일러BOOKS

33.1 버블 정렬 Bubble Sort

리스트에서 가장 큰 값을 찾아서 마지막에 배치시키고, 다음으로 큰 값을 찾아서 끝에서 두 번째에 배치시키고, 마찬가지로 다음으로 큰 값을 찾아서 끝에서 세 번째에 배치시키면서 정렬해 나가는 방식을 거품 모양과 같아서 **버블 정렬(Bubble Sort)**이라고 한다.

리스트 a에 아래 다음과 같이 5개의 데이터가 초기화되어 있다.

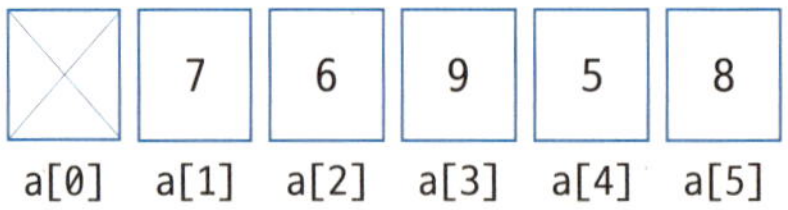

❶ 1회전

처음 1회전 할 때, 첫 번째 요소와 두 번째 요소를, 그리고 두 번째 요소와 세 번째 요소를, 그리고 세 번째 요소와 네 번째 요소를 마지막으로 네 번째 요소와 마지막 요소를 차례대로 비교하여 가장 큰 값을 찾아서 마지막 요소에 놓는다.

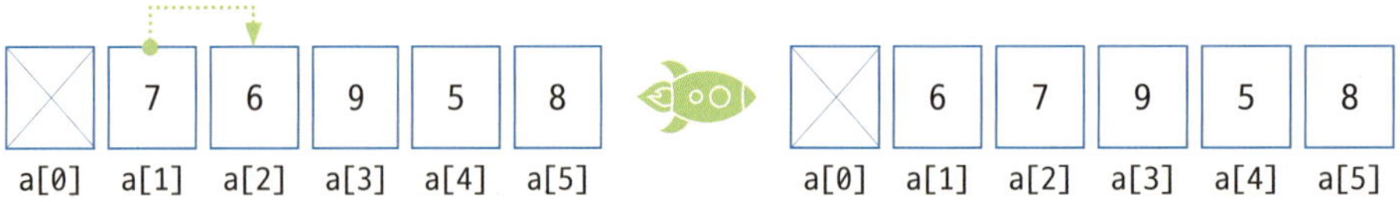

첫 번째 요소 7이 두 번째 요소 6보다 크기 때문에 두 개의 요소를 서로 교환(Swap)한다.

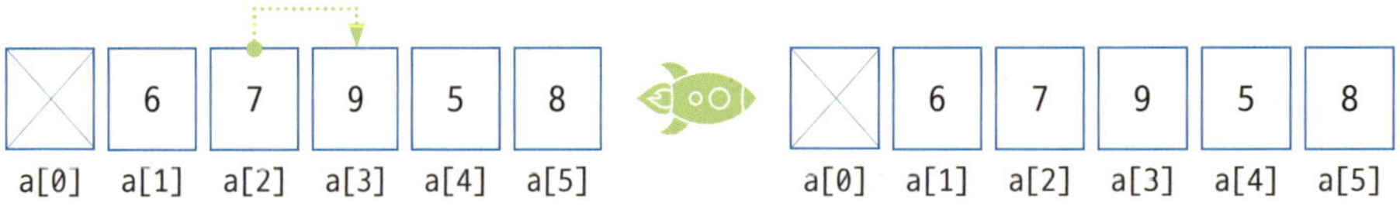

두 번째 요소 7이 세 번째 요소 9보다 작기 때문에 교환(Swap)이 발생되지 않는다.

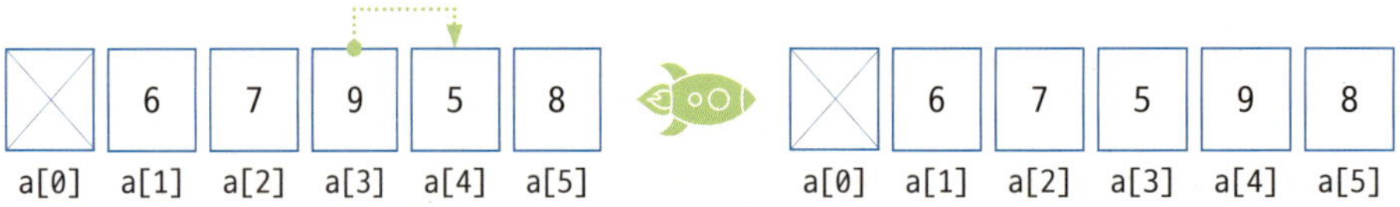

세 번째 요소 9가 네 번째 요소 5보다 크기 때문에 두 개의 요소를 서로 교환(Swap)한다.

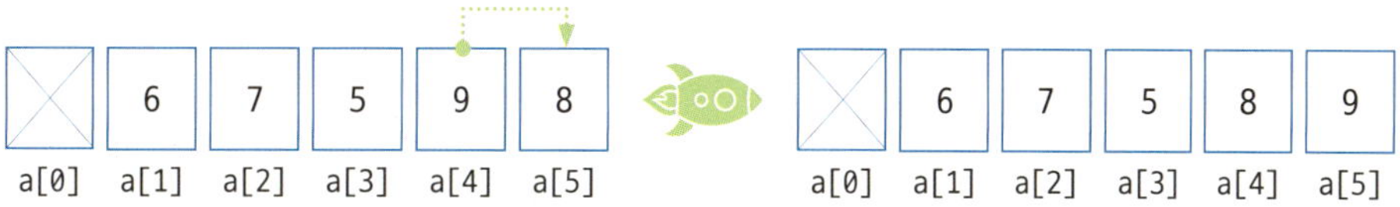

마지막으로 네 번째 요소 9와 마지막 요소 8을 비교하여 9가 크기 때문에 두 개의 요소를 서로 교환(Swap)한다. 결국 리스트 a에 저장되어 있던 값 중에서 가장 큰 값 9가 마지막 요소가 되었다.

❷ 2회전

다음 2회전 할 때, 첫 번째 요소와 두 번째 요소를, 그리고 두 번째 요소와 세 번째 요소를, 그리고 세 번째 요소와 네 번째 요소를 차례대로 비교하여 네 개의 값 중 큰 값을 찾아서 네 번째 요소에 놓는다.

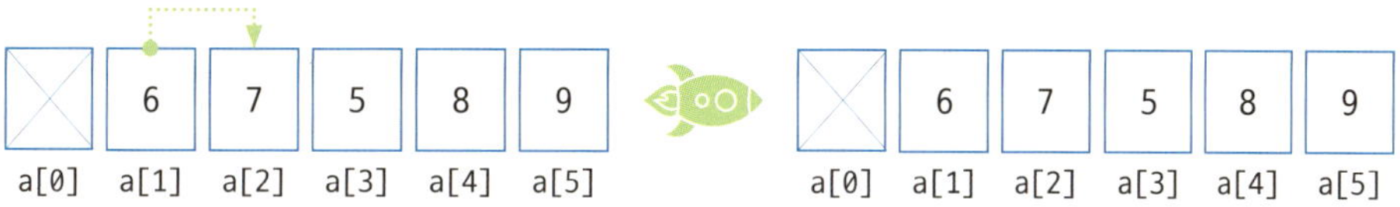

첫 번째 요소 6이 두 번째 요소 7보다 작기 때문에 교환(Swap)이 발생되지 않는다.

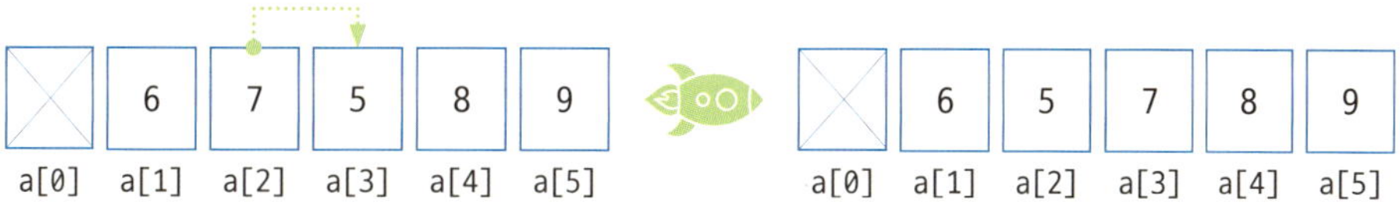

두 번째 요소 7이 세 번째 요소 5보다 크기 때문에 두 개의 요소를 서로 교환(Swap)한다.

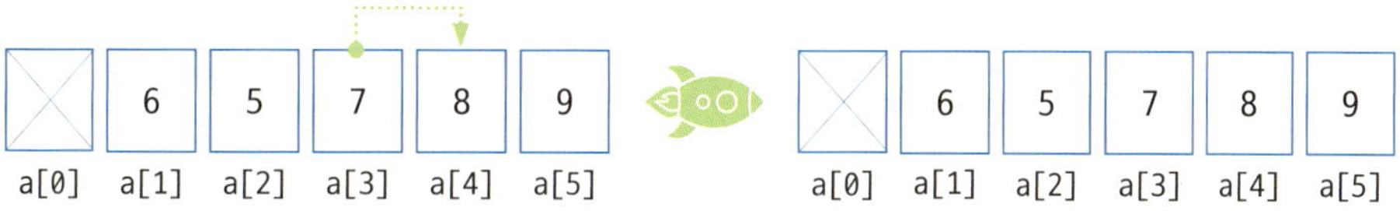

마지막으로 세 번째 요소 7과 네 번째 요소 8을 비교하여 7이 작기 때문에 교환(Swap)이 발생되지 않는다. 결국 리스트 a에 저장되어 있던 값 중에서 두 번째로 큰 값이 네 번째 요소가 되었다.

❸ 3회전

다음 3회전 할 때, 첫 번째 요소와 두 번째 요소를, 그리고 두 번째 요소와 세 번째 요소를 차례대로 비교하여 세 개의 값 중 큰 값을 찾아서 세 번째 요소에 놓는다.

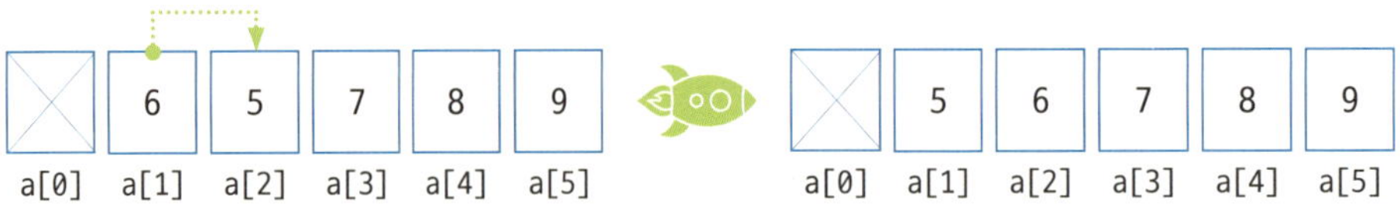

첫 번째 요소 6이 두 번째 요소 5보다 크기 때문에 두 개의 요소를 서로 교환(Swap)한다.

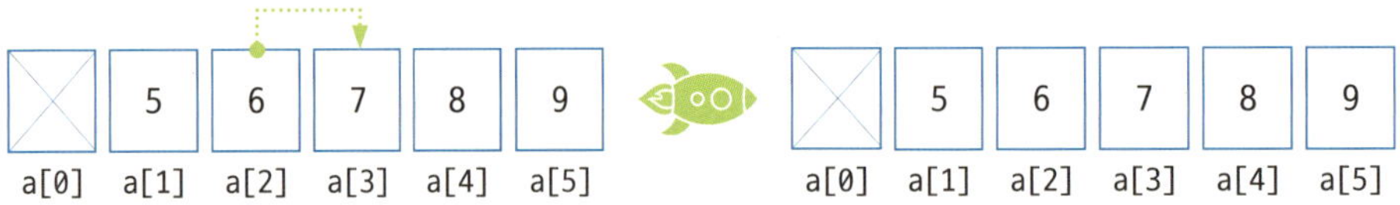

마지막으로 두 번째 요소 6과 세 번째 요소 7을 비교하여 6이 작기 때문에 교환(Swap)이 발생되지 않는다. 결국 리스트 a에 저장되어 있던 값 중에서 세 번째로 큰 값이 세 번째 요소가 되었다.

❹ 4회전

다음 4회전 할 때, 첫 번째 요소와 두 번째 요소를 비교하여 두 개의 값 중 큰 값을 찾아서 두 번째 요소에 놓는다.

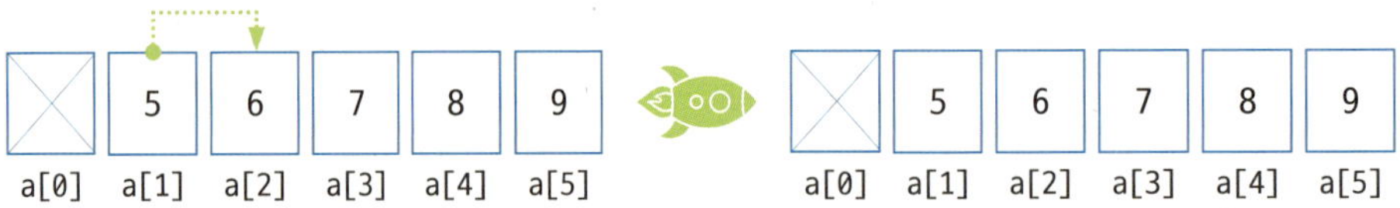

첫 번째 요소 5와 두 번째 요소 6을 비교하여 5가 작기 때문에 교환(Swap)이 발생되지 않는다. 결국 리스트 a에 저장되어 있던 값 중에서 네 번째로 큰 값이 두 번째 요소가 되었다.

위와 같이 리스트의 첫 번째 요소부터 마지막 요소까지 가장 큰 값을 찾아서 마지막 요소에 놓고, 다시 첫 번째 요소부터 네 번째 요소까지 가장 큰 값을 찾아서 네 번째 요소에 놓고, 다시 첫 번째 요소부터 세 번째 요소까지 가장 큰 값을 찾아서 세 번째 요소에 놓고, 마지막으로 첫 번째 요소와 두 번째 요소를 비교하여 큰 값을 두 번째 요소에 놓으며 정렬하는 방식을 버블 정렬(Bubble Sort)이라고 한다. 위의 그림에서 (●)를 j라고 생각하고 (▼)를 j + 1라고 생각하며 코드를 구축하면 아래 다음과 같다.

Coding

```
1  a = [0, 7, 6, 9, 5, 8]
2
3  for i in range(1, 5):
4      for j in range(1, 6 - i):
5          if a[j] > a[j + 1]:
6              a[j], a[j + 1] = a[j + 1], a[j]
7
8  print(a[1:])
```

Interpret

- 1번째 줄은 리스트 a를 초기화하였다.
- 3번째 줄부터 6번째 줄은 리스트 a를 버블 정렬(Bubble Sort)을 이용하여 오름차순으로 정렬하고 있다. i의 값이 1일 때는 1회전일 때를 나타내고, i의 값이 2일 때는 2회전일 때를, i의 값이 3일 때는 3회전일 때를, i의 값이 4일 때는 4회전일 때를 나타낸다.
- 8번째 줄은 정렬된 리스트 a의 1번 인덱스부터 5번 인덱스까지의 요소를 출력의 첫째 줄에 출력한다.

Output

```
[5, 6, 7, 8, 9]
```

33.2 연습문제 Exercise

① 10개의 데이터 1, 2, 3, 4, 5, 6, 7, 8, 9, 10을 리스트에 초기화시킨 후 버블 정렬(Bubble Sort)을 이용하여 내림차순으로 정렬하는 프로그램을 작성하여라.

Input Form 입력형식 없음.

Output Form 내림차순으로 정렬된 리스트의 전체 요소를 첫째 줄에 출력하여라.

Example

출력
[10, 9, 8, 7, 6, 5, 4, 3, 2, 1]

제34장

삽입 정렬 Insertion Sort

오일러BOOKS

34.1 삽입 정렬 Insertion Sort

리스트에서 특정 key 값이 정해지고 그 key 값 앞에 있는 리스트의 요소들이 오름차순으로 정렬되어 있을 때, key 값이 삽입될 위치를 찾아서 그 위치에 key 값을 삽입하면서 정렬해 나가는 방식을 **삽입 정렬(Insertion Sort)**이라고 한다.

리스트 a에 아래 다음과 같이 5개의 데이터가 초기화되어 있다.

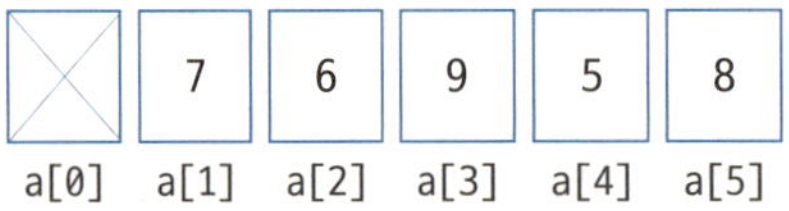

❶ 1회전

두 번째 요소 6을 key 값이라고 하고, 첫 번째 요소와 key 값을 비교하여 삽입될 위치를 찾아서 key 값을 삽입한다.

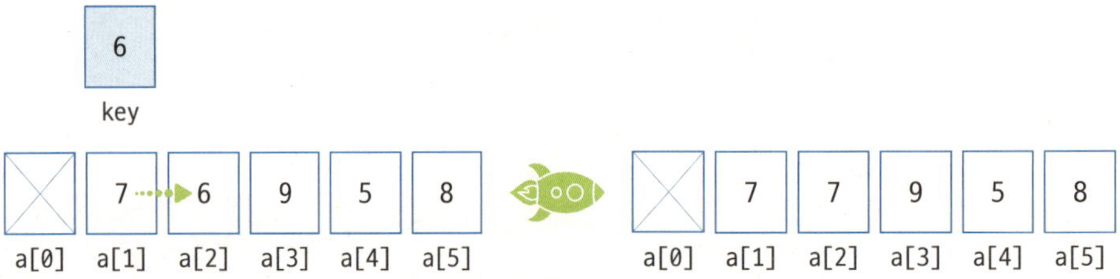

첫 번째 요소 7이 key 값 6보다 크기 때문에 첫 번째 요소 7을 우측으로 한 칸 시프트(Shift) 시킨다.

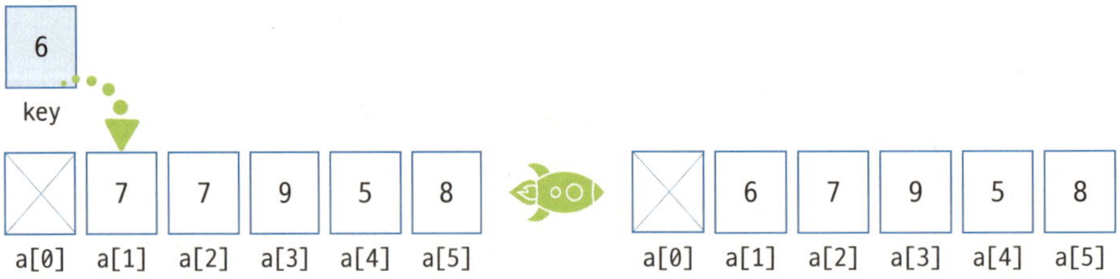

key 값 6은 더 이상 비교할 값이 없으므로 첫 번째 인덱스에 key 값 6을 삽입한다. 첫 번째 요소부터 두 번째 요소까지 오름차순으로 정렬되었다.

❷ 2회전

세 번째 요소 9를 key 값이라고 하고, 두 번째 요소부터 첫 번째 요소까지 key 값과 비교하여 삽입될 위치를 찾아서 key 값을 삽입한다.

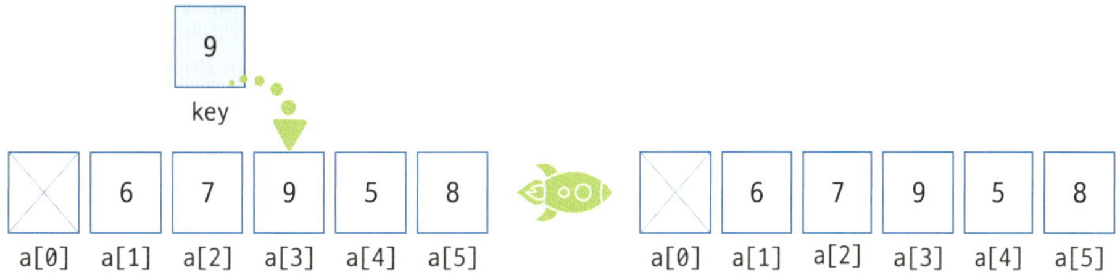

두 번째 요소 7이 key 값 9보다 작기 때문에 어떠한 시프트(Shift)도 발생되지 않고 key 값 9를 세 번째 인덱스에 삽입한다. 그러면 첫 번째 요소부터 세 번째 요소까지 오름차순으로 정렬되었다.

❸ 3회전

네 번째 요소 5를 key 값이라고 하고, 세 번째 요소부터 첫 번째 요소까지 key 값과 비교하여 삽입될 위치를 찾아서 key 값을 삽입한다.

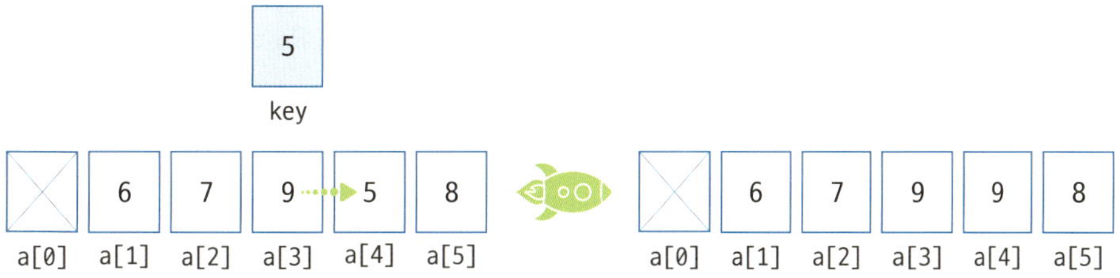

세 번째 요소 9가 key 값 5보다 크기 때문에 세 번째 요소 9를 우측으로 한 칸 시프트(Shift) 시킨다.

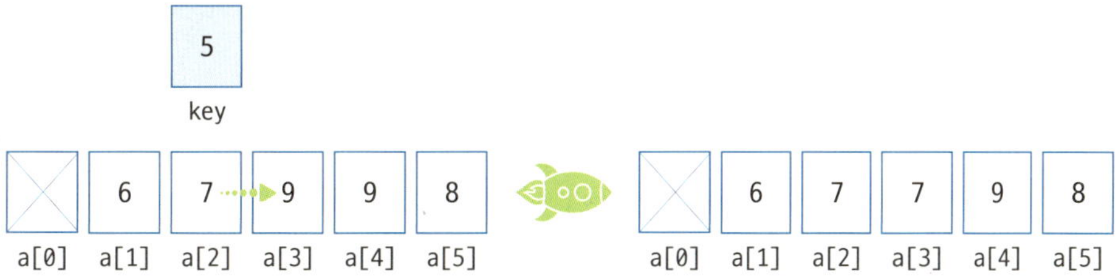

두 번째 요소 7이 key 값 5보다 크기 때문에 두 번째 요소 7을 우측으로 한 칸 시프트(Shift) 시킨다.

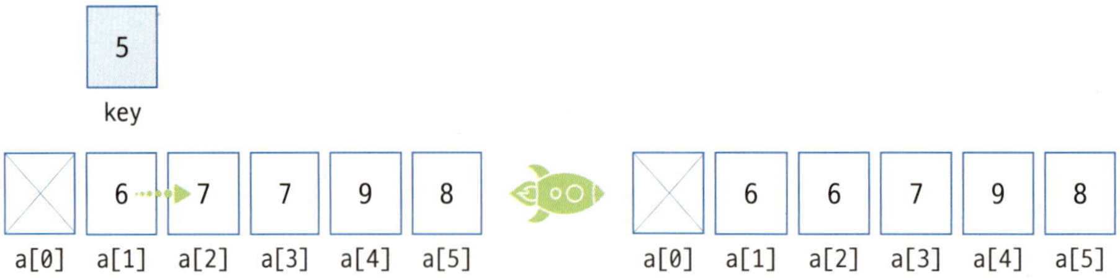

첫 번째 요소 6이 key 값 5보다 크기 때문에 첫 번째 요소 6을 우측으로 한 칸 시프트(Shift) 시킨다.

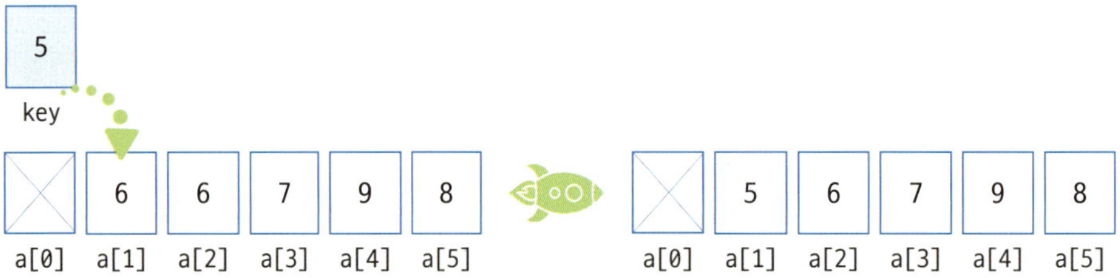

key 값 5는 더 이상 비교할 값이 없으므로 첫 번째 인덱스에 key 값 5를 삽입한다. 첫 번째 요소부터 네 번째 요소까지 오름차순으로 정렬되었다.

❹ 4회전

마지막 요소 8을 key 값이라고 하고, 네 번째 요소부터 첫 번째 요소까지 key 값과 비교하여 삽입될 위치를 찾아서 key 값을 삽입한다.

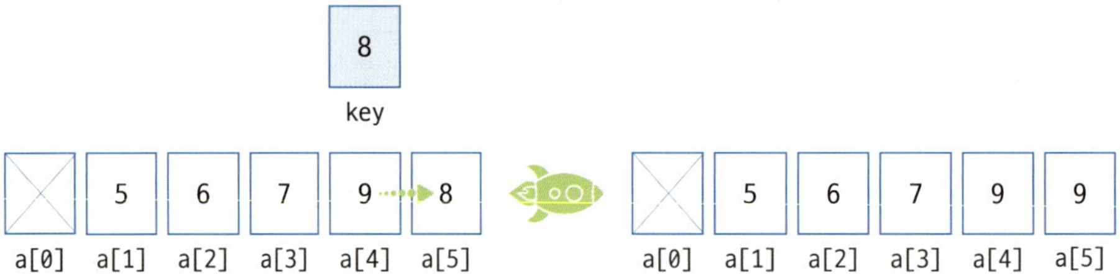

네 번째 요소 9가 key 값 8보다 크기 때문에 네 번째 요소 9를 우측으로 한 칸 시프트(Shift) 시킨다.

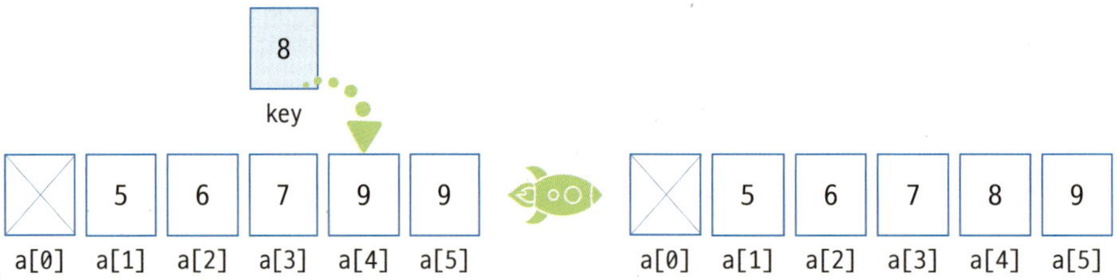

세 번째 요소 7이 key 값 8보다 작기 때문에 어떠한 시프트(Shift)도 발생되지 않고 key 값 8를 네 번째 인덱스에 삽입한다. 그러면 첫 번째 요소부터 마지막 요소까지 오름차순으로 정렬되었다.

위와 같이 두 번째 요소를 key값으로 정해서 두 번째 요소가 삽입될 위치를 찾아서 첫 번째 요소부터 두 번째 요소까지 정렬시키고 다시 세 번째 요소를 key값으로 정해서 세 번째 요소가 삽입될 위치를 찾아서 첫 번째 요소부터 세 번째 요소까지 정렬시키고 다시 네 번째 요소를 key값으로 정해서 네 번째 요소가 삽입될 위치를 찾아서 첫 번째 요소부터 네 번째 요소까지 정렬시키고 마지막으로 다섯 번째 요소를 key값으로 정해서 다섯 번째 요소가 삽입될 위치를 찾아서 첫 번째 요소부터 다섯 번째 요소까지 정렬하는 방식을 삽입 정렬(Insertion Sort)이라고 한다. 코드를 구축하면 아래 다음과 같다.

Coding

```
1   a = [0, 7, 6, 9, 5, 8]
2
3   for i in range(2, 6):
4       key = a[i]
5       for j in range(i - 1, 0, -1):
6           if a[j] <= key:
7               break
8           a[j + 1] = a[j]
9       else:
10          j -= 1
11      a[j + 1] = key
12
13  print(a[1:])
```

Interpret

- 1번째 줄은 리스트 a를 초기화하였다.
- 3번째 줄부터 11번째 줄은 리스트 a를 삽입 정렬(Insertion Sort)을 이용하여 오름차순으로 정렬하고 있다. i의 값이 2일 때는 1회전일 때를 나타내고, i의 값이 3일 때에는 2회전일 때를, i의 값이 4일 때에는 3회전일 때를, i의 값이 5일 때에는 4회전일 때의 코드를 나타낸다.
- 13번째 줄은 정렬된 리스트 a의 1번 인덱스부터 5번 인덱스까지의 요소를 출력의 첫째 줄에 출력한다.

Output

```
[5, 6, 7, 8, 9]
```

34.2

연습문제 Exercise

① 10개의 데이터 1, 2, 3, 4, 5, 6, 7, 8, 9, 10을 리스트에 초기화시킨 후 삽입 정렬(Insertion Sort)을 이용하여 내림차순으로 정렬하는 프로그램을 작성하여라.

Input Form 입력형식 없음.

Output Form 내림차순으로 정렬된 리스트의 전체 요소를 첫째 줄에 출력하여라.

Example

출력
[10, 9, 8, 7, 6, 5, 4, 3, 2, 1]

코딩마법서

1권 STONE VERSION

코딩테스트와 인공지능을 위한 파이썬

제35장

피보나치 수열 Fibonacci Sequence

φ 오일러BOOKS

35.1

레오나르도 피보나치 Leonardo Fibonacci

레오나르도 피보나치
(1170 - 1250)

레오나르도 피보나치(1170 - 1250, Leonardo Fibonacci)는 1170년 상업 도시인 이탈리아의 피사에서 태어났다. 그의 아버지는 피사에서 탁월한 상인으로 지중해에서 강력한 권력을 가진 사람의 한 명이었다. 아버지가 북부 아프리카의 통상 무역 대표로 임명받자 북부 아프리카로 아들을 데려가 최신 이슬람 수학을 배울 수 있도록 하였다. 피보나치는 이집트, 시리아, 그리스, 시칠리아와 프로방스에서 다양한 공부를 하였고, 그곳에서 인도의 기수법과 아라비아 숫자를 사용하여 10진법으로 계산하는 것을 알게 되었다. 피보나치는 이런 다양한 경험을 살려서 피사에 돌아와 그의 위대한 저서 『산반서』를 1202년에 완성하였다. 당시의 사람들은 주판을 사용하여 계산하고 로마 숫자로 기록하는 주산파와 새로운 숫자를 사용하는 알고리즈미(Algorismi) 기수법 파로 나뉘어 있었다. 대중들은 친숙하지 않은 숫자에 반대하였고 공무원들의 저항도 있었다. 알고리즈미 기수법은 14세기가 되어서야 널리 쓰이게 되었다. 피보나치는 그리스 수학자인 디오판토스 유클리드와 같은 고대 수학자들의 업적을 향상시켰고 정수론, 상업 수학의 실용문제, 대수학에서의 응용문제 등을 저술하였다.

사실 피보나치 수가 처음 언급된 문헌은 기원전 5세기 인도의 수학자 핑갈라(Pingala)가 쓴 책이다. 유럽에서 피보나치 수가 처음 등장한 것은 12세기 말 『산반서』의 3부에서 우리가 알고 있는 유명한 피보나치 문제가 실려있다.

- **1월 1일에 태어난 암수 한 쌍의 토끼가 있다.**
- **모든 달의 길이는 동일하다고 가정한다.**
- **한 쌍의 토끼는 태어난 지 두 달이 지나면 매달 두 마리의 새끼(암수 한 쌍)를 낳는다. 즉, 첫 번째 쌍은 3월 1일에 처음으로 두 마리의 새끼를 낳는다.**
- **그들에게서 태어난 새끼들도 두 달이 지나면서 짝을 이루어 매달 두 마리(암수 한 쌍)의 새끼를 낳는다.**
- **어떠한 토끼도 중간에 죽지 않는다.**
- **일 년 후에 전체 토끼는 모두 몇 쌍일까?**

1월	2월	3월	4월	5월	6월	7월	8월	9월	10월	11월	12월
1	1	2	3	5	8	13	21	34	55	89	144

1월에 1쌍의 토끼가 있고, 2월에도 새로 태어나는 토끼가 없으므로 1쌍의 토끼가 있다. 3월에는 1월에 의해서 새로 태어나는 토끼 1쌍과 기존에 있던 토끼 1쌍을 더해서 모두 2쌍의 토끼가 있고, 4월에는 2월에 있던 토끼들이 새끼를 낳기 때문에 새로 태어나는 토끼 1쌍과 기존에 있던 토끼 2쌍을 더해서 모두 3쌍의 토끼가 된다. 5월은 3월에 있던 토끼가 2쌍을 낳고 기존에 있던 토끼 3쌍을 합쳐서 모두 5쌍의 토끼가 된다. 이와 같이 열의 앞의 두 수를 합한 것이 현재 열의 수가 되는 규칙이 있는데 이와 같은 수열을 루카스라는 수학자가 **피보나치 수열**(**Fibonacci Sequence**)이라고 이름을 붙였다.

Coding

```
1  a = [0, 1]
2  for i in range(2, 13):
3      a.append(a[i - 1] + a[i - 2])
4  print(a[1:])
```

Interpret

- 1번째 줄에서 a[0]은 0으로 그리고 a[1]의 값은 1로 리스트를 초기화하였다. 여기서 a[1]의 값은 첫 번째 피보나치 수이다.
- 2, 3번째 줄은 리스트 a의 2번 인덱스부터 12번 인덱스까지 i번째 피보나치 수를 구하고 있다.
- 4번째 줄은 첫 번째 피보나치 수부터 12번째 피보나치 수를 출력의 첫째 줄에 출력한다.

Output

```
[1, 1, 2, 3, 5, 8, 13, 21, 34, 55, 89, 144]
```

35.2

자연속의 피보나치 수열 Fibonacci Sequence

자연속에는 많은 수학적인 사실들이 있는데 그 중에서도 가장 대표적인 것이 피보나치 수열이다. 몇몇 꽃잎을 제외하고 대부분의 꽃잎의 수는 피보나치 수로 이루어져 있다. 분꽃과 백합은 3장이고, 채송화와 벚꽃은 5장, 코스모스와 모란은 8장, 금잔화는 13장, 치커리는 21장, 데이지는 34장, 들국화는 55장 또는 89장의 꽃잎이 달려 있다. 식물들이 이렇게 피보나치 수열을 이루고 있는 까닭은 햇빛을 받을 때 유리하고, 이렇게 피보나치 수열을 이룰 때 꽃잎이 활짝 피기 전까지 암술과 수술을 잘 보호할 수 있다고 한다. 또한 번식을 위해 벌들이나 나비들을 유인할 때도 피보나치 수로 이루어져 있어야 더 잘 유인할 수 있다는 사실이 밝혀졌다.

해바라기 씨에도 피보나치 수열이 숨어져 있는데 해바라기 씨가 오른쪽과 왼쪽으로 도는 두 가지 나선이 있는데, 이때 좌우 나선의 수를 살펴보면 하나가 21이면 다른 하나는 34이다. 또는 다른 하나가 34라면 다른 하나는 55라는 식으로 피보나치 수로 구성되어 있다는 것을 볼 수 있다.

35.3

피보나치 수열과 황금비 Golden Ratio

우리를 둘러싸고 있는 자연이나 우리가 생활하는 일상에서 사용하는 물건에는 일정한 비율이 존재한다. 황금비율이란 인간의 눈에 가장 안정적으로 보이는 비율을 말한다. 황금비는 그리스의 수학자 유클리드(Euclid)가 구체화 시키면서 널리 알려지게 되었다. 유클리드(Euclid)의 황금비는 **"한 선분을 전체 직선과 긴 선분의 비가 긴 선분과 짧은 선분의 비와 같도록 나누는 것"**이라 정의하였다.

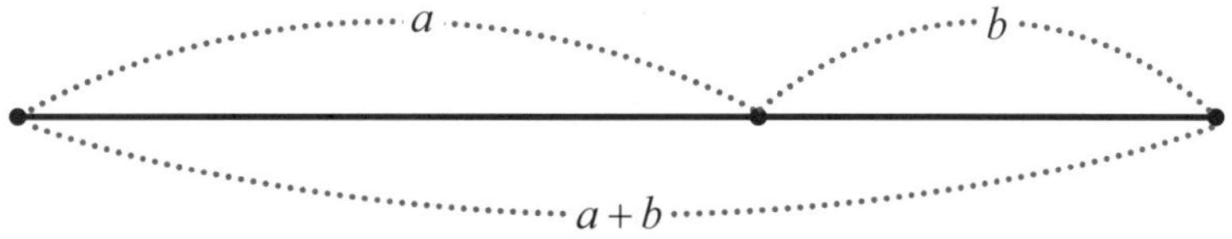

$$(a+b):a=a:b$$

이 정해진 비율을 소수점으로 나타내면 1.61803398… 과 같고 소수점 셋째 자리까지 나타내면 1.618인데 이 1.618을 황금비라고 말한다. 황금비는 고대 건축물 파르테논 신전에서도 찾아볼 수 있다. 신전의 높이와 폭의 비가 약 1 : 1.618이고 기둥과 지붕의 비 역시 약 1 : 1.618의 황금비로 이루어져 있다. 피보나치 수열은 황금비율과도 관계가 있다. 피보나치 수열의 앞의 수로 바로 이웃한 수를 나누어 보면 1 ÷ 1 = 1, 2 ÷ 1 = 2, 3 ÷ 2 = 1.5, 5 ÷ 3 = 1.666, 8 ÷ 5 = 1.6, 13 ÷ 8 = 1.625가 된다. 이 값은 점점 황금비율인 1.61803398…에 근접하게 된다.

35.4

연습문제 Exercise

1 **1월 1일에 태어난 암수 한 쌍의 토끼가 있다. 모든 달의 길이는 동일하다고 가정한다. 한 쌍의 토끼는 태어난 지 두 달이 지나면 매달 두 마리의 새끼(암수)를 낳는다. 즉, 첫 번째 쌍은 3월 1일에 처음으로 두 마리의 새끼를 낳는다. 그들에게서 태어난 새끼들도 두 달이 지나면서 짝을 이루어 매달 두 마리(암수 한 쌍)의 새끼를 낳는다. 어떠한 토끼도 중간에 죽지 않는다. N(1≤N≤20)번째 달이 되었을 때, 전체 토끼가 모두 몇 쌍인지 구하는 프로그램을 작성하여라.**

Input Form 첫째 줄에 한 개의 양의 정수 N이 주어진다. N의 값은 1 이상 20 이하의 양의 정수이다.

Output Form N번째 달이 되었을 때, 전체 토끼는 모두 몇 쌍인지를 구하여 첫째 줄에 출력하여라.

Example

입력	출력
20	6765

1017

금화

실행 제한시간	1초
메모리 사용 제한	32MB

마법학교에 새로운 신기한 마법상자가 들어왔다. 마법상자 안에는 언제나 금화가 들어있는데 상자 안의 금화는 항상 일정한게 아니라 다음과 같은 규칙에 따라서 매일 매일 금화의 양이 변한다.

① 첫날에는 금화 1개가 들어있다.
② 둘째 날에도 금화 1개가 들어있다.
③ (2 × i)번째 날의 금화는 (i)번째 날의 금화 개수와 같다.
④ (2 × i + 1)번째 날의 금화는 (i)번째 날의 금화 개수와 (i + 1)번째 날의 금화 개수의 합과 같다.

오일러는 첫째 날부터 N번째 날 중에서 단 한 번만 마법상자를 열 수 있다. 그리고 그때 오일러는 상자 안에 들어있는 모든 금화를 가질 수 있다. 오일러가 가질 수 있는 금화의 최대 개수는 몇 개인지 구하는 프로그램을 작성하여라.

Input Form 첫째 줄에는 한 개의 정수 N(1≤N≤99,999)이 주어진다.

Output Form 오일러가 가질 수 있는 금화의 최대 개수를 첫째 줄에 출력하여라.

Example

입력	출력
5	3

입력	출력
10	4

1072

Speed Limit

실행 제한시간	1초
메모리 사용 제한	32MB

오일러와 유클리드는 여행을 하고 있다. 하지만 그들의 자동차 속도 측정기는 고장이 났고, 그들은 얼마나 멀리 왔는지 알지 못한다. 다행히도 오일러는 스톱워치를 가지고 있었고, 자동차의 속도를 시간별로 모두 N(1≤N≤10)번을 측정하여 기록할 수 있었다. 불행하게도 그들의 측정 시간은 일정하지는 않았다. 그래서 그들은 얼마나 멀리 왔는지 여러분들이 계산해 주기를 원하고 있다. 예를 들어서 그들의 시간별 속도 측정은 다음과 같다.

속력 (km/hours)	총 경과 시간
20	2
30	6
10	7

그들은 시간당 20km의 속도로 총 2시간 동안 운전했고, 그 후 6 - 2 = 4시간 동안 시간당 30km의 속도로 운전했으며, 다시 7 - 6 = 1시간 동안 시간당 10km의 속도로 운전했다. 따라서 그들이 이동한 총 거리는 2 * 20 + 4 * 30 + 1 * 10 = 40 + 120 + 10 = 170km이다. 총 경과 시간은 그들이 여행한 시간순서 순으로 기록되었기 때문에 이전에 기록된 시간이 나중에 주어지는 경우는 없다.

Input Form 첫째 줄에는 한 개의 양의 정수 N이 주어진다. 둘째 줄부터는 시간당 속력을 나타내는 정수 S(1≤S≤90)와 총 경과 시간을 나타내는 정수 T(1≤T≤12)가 N개의 줄에 걸쳐서 주어진다. 총 경과 시간을 나타내는 T는 언제나 오름차순으로 주어진다.

Output Form 오일러와 유클리드가 이동한 총 거리를 첫째 줄에 출력하여라. (단위 Km)

Example

입력	출력
3 20 2 30 6 10 7	170

입력	출력
2 60 1 30 5	180

제36장

에라토스테네스의 체 Sieve Of Erathosthenes

φ 오일러BOOKS

36.1

에라토스테네스의 체 Sieve Of Erathosthenes

에라토스테네스
(BC273 - BC192)

지구의 둘레를 처음으로 계산한 고대 그리스 수학자 **에라토스테네스**(BC273 - BC192, **Eratosthenes**)가 기원전 200년에 고안한 방법으로 아래 다음과 같은 방법을 이용하여 소수를 구한다.

~~1~~	2	3	~~4~~	5	~~6~~	7	~~8~~	~~9~~	~~10~~
11	~~12~~	13	~~14~~	~~15~~	~~16~~	17	~~18~~	19	~~20~~

1은 소수가 아니라고 했으므로 우선 지워버린다. 다음으로 맨 처음에 나오는 수(= 2)는 무조건 소수이다. 왜냐하면 약수가 1과 자기 자신밖에 없으므로 동그라미를 한다. 그리고 2의 배수는 소수가 아니므로 모두 지워버린다. 다음으로 지워지지 않은 수들 중에서 가장 작은 수(= 3)를 찾는다. 이렇게 지워지지 않고 남은 수는 소수이다. 왜냐하면 1이 아니면서 3보다 작은 약수가 있었다면 이미 지워졌기 때문이다. 3에 동그라미를 하고 나머지 3의 배수는 3 × 3부터 모두 지워버린다. 3의 배수 6(= 3 × 2)은 이미 2의 배수일 때 지워졌기 때문에 3 × 3부터 3의 배수를 제거하면 된다. 다음으로 4는 이미 제거되었기 때문에 통과된다. 그리고 4의 배수도 2의 배수일 때 제거되었기 때문에 4의 배수를 제거하는 작업은 할 필요가 없다. 다음으로 지워지지 않은 수들 중에서 가장 작은 수(= 5)를 찾는다. 조금 전과 같은 이유로 5도 소수이다. 5에 동그라미를 한다. 그리고 5의 배수들을 5 × 5부터 모두 지워버린다. 왜냐하면 10(= 5 × 2)은 2의 배수일 때 제거되었고, 15(= 5 × 3)는 3의 배수일 때 제거되었고, 20(= 5 × 4 = 10 × 2)은 2의 배수일 때 제거되었기 때문이다. 이런 과정을 구하고자 하는 범위까지 반복한다면 지워지지 않고 동그라미가 쳐진 채 남아있는 수들은 소수이다.

마치 체로 불순물을 걸러내는 거와 같다고 해서 **'에라토스테네스의 체(Sieve Of Erathosthenes)'**라고 부른다. 지금은 컴퓨터를 이용해서 빠르게 소수를 구할 수 있다. 하지만 숫자가 커진다면 소수를 구하는데 컴퓨터도 아주 오랜 시간이 걸린다. 지금까지 소수를 구하는 많은 방법이 나왔지만 비교적 작은 소수(약 100만 이하)를 찾는 데는 에라토스테네스의 체보다 빠른 방법은 없다고 한다.

Coding

```python
1 check = [0] * 101
2 for i in range(2, 101):
3     if check[i] == 0:
4         print(i, end = ' ')
5         for j in range(i * i, 101, i):
6             check[j] = 1
```

Interpret

- 1번째 줄에서 리스트 check의 모든 값을 0으로 초기화하였다.
- 2번째 줄부터 6번째 줄은 에라토스테네스의 체를 이용하여 소수를 구한다. check[i]의 값에 0이 들어있으면 위의 설명에서와 같이 인덱스 i는 소수가 확정되었으므로 동그라미가 쳐진 것이고, check[i]의 값에 1이 들어간다면 인덱스 i는 소수가 아니므로 제거되었음을 나타낸다.
- 먼저 i가 2일 때는 check[2]의 값은 0이므로 소수가 확정되었다. 그리고 2의 배수들은 소수가 아니므로 5번째 줄에서 for문을 이용하여 check[4], check[6], … , check[100]의 값을 1로 만든다.
- 그리고 다시 i가 3일 때는 check[3]의 값은 0이므로 소수가 확정되었다. 그리고 3의 배수들은 소수가 아니므로 5번째 줄에서 for문을 이용하여 check[9], check[12], check[15], … , check[99]의 값을 1로 만든다. 5번째 줄에서 j의 값이 i * 2가 아니라 i * i부터 출발하는 이유는 3 * 2의 값은 i의 값이 2일 때 이미 2의 배수에서 제거되었기 때문에 i * i부터 제거해 나간 것이다.
- i 값이 4일 때는 이미 소수가 아니므로 건너뛰고 4의 배수들은 이미 2의 배수에서 제거되었기 때문에 4의 배수는 제거할 필요가 없다. 이와 같은 방법으로 모든 소수가 구해질 때까지 처리하게 된다면 리스트 check의 2번 인덱스의 값부터 100번 인덱스의 값까지 확인했을 때 리스트의 요소의 값이 0인 인덱스는 모두 소수가 된다.

Output

```
2 3 5 7 11 13 17 19 23 29 31 37 41 43 47 53 59 61 67 71 73 79 83 89 97
```

36.2 이미 구해진 소수를 이용하여 소수 구하기

앞장에서 어떤 수 n이 소수인지 판별하고자 할 때, 2부터 math.sqrt(n) 이하의 정수들로 n을 나누었을 때, 나눌 수 있는 수가 없다면 n을 소수라고 판별할 수 있다고 배웠다. 예를 들어서 100이 소수인지 판별하고자 할 때 2부터 math.sqrt(100) 이하의 정수 2, 3, 4, 5, 6, 7, 8, 9, 10으로 나누어봐서 만일 100을 어떠한 수로도 나눌 수 없다면 100을 소수라고 판별할 수 있다는 말이다. 그런데 여기서 한 단계 더 생각해보면 4(= 2 × 2)로 나누어떨어지는 수는 2로도 나누어떨어질 것이고, 6(= 2 × 3)으로 나누어떨어지는 수는 2 또는 3으로도 나누어떨어질 것이고, 8(= 2 × 2 × 2)로 나누어떨어지는 수는 2로도 나누어떨어질 것이며 9(= 3 × 3)로 나누어떨어지는 수는 3으로도 나누어떨어질 것이고, 10(= 2 × 5)으로 나누어떨어지는 수는 2 또는 5로도 나누어떨어지게 된다. 다시 말하면 어차피 합성수(Composite Number)들은 소수들의 곱으로 이루어져 있으므로 합성수를 제외한 소수들만으로 나누어봐서 나누어떨어지지 않는다면 소수라고 할 수 있다는 말이다. 즉, 어떤 수 n이 소수인지 판별하고자 할 때, 2부터 math.sqrt(n) 이하의 소수들로 나누어떨어지지 않는다면 n을 소수라고 판별할 수 있다는 말이다.

Coding

```python
import math

a = [0]
for i in range(2, 1001):
    isPrime = True
    for x in a[1:]:
        if x < int(math.sqrt(i)):
            break
        if i % x == 0:
            isPrime = False
            break
    if isPrime:
        a.append(i)

for x in a[1:]:
    print(x, end = ' ')
```

Interpret

- 1번째 줄은 제곱근 함수 math.sqrt()를 사용하기 위해서 math를 import 한다.
- 3번째 줄은 앞으로 구해질 소수를 담기 위한 리스트 a를 초기화하였다.
- 4번째 줄부터 13번째 줄은 2부터 1,000까지 소수를 판별하기 위한 순환문이다.
- 5번째 줄은 각각의 i마다 isPrime이란 변수를 True로 초기화하였는데 만일 6번째 줄부터 10번째 줄에 있는 순환문을 순환하면서 소수가 아니라 확정되면 isPrime 변수에 False를 대입하고 순환문을 종료한다.
- 6번째 줄은 리스트 a에는 소수가 담겨있다. 따라서 순환문 x에는 리스트 a에 담긴 소수를 꺼내와 제곱근 i와 비교하는 것이다.
- 7번째 줄은 리스트에 담긴 소수 x가 제곱근 i보다 크면 제곱근 i보다 작거나 같은 소수로 나누어떨어지지 않았다는 말이므로 i는 소수가 확정됨과 동시에 더 이상 순환의 의미가 없으므로 순환문 x를 종료한다.
- 9번째 줄은 i의 값을 나눌 수 있는 소수가 존재한다면 i는 소수가 아닌 합성수이므로 isPrime에 False를 대입한 후 순환문을 종료한다.
- 12번째 줄은 소수가 확정된 i를 리스트 a에 추가한다.
- 15, 16번째 줄은 1 이상 1,000 이하의 168개의 소수를 출력의 첫째 줄에 출력한다.

Output

```
2 3 5 7 11 13 17 19 23 29 31 37 41 43 47 53 59 61 67 71 73 79 83 89 97 101 103
107 109 113 127 131 137 139 149 151 157 163 167 173 179 181 191 193 197 199 211
223 227 229 233 239 241 251 257 263 269 271 277 281 283 293 307 311 313 317 331
337 347 349 353 359 367 373 379 383 389 397 401 409 419 421 431 433 439 443 449
457 461 463 467 479 487 491 499 503 509 521 523 541 547 557 563 569 571 577 587
593 599 601 607 613 617 619 631 641 643 647 653 659 661 673 677 683 691 701 709
719 727 733 739 743 751 757 761 769 773 787 797 809 811 821 823 827 829 839 853
857 859 863 877 881 883 887 907 911 919 929 937 941 947 953 967 971 977 983 991
997
```

36.3
연습문제 Exercise

① **1 이상 100 이하의 소수를 에라토스테네스의 체(Sieve Of Erathosthenes)를 이용하여 구하여라.**

Input Form 입력형식 없음.

Output Form 1 이상 100 이하의 소수를 작은 수에서 큰 수 순으로 한 개의 공백으로 분리하여 한 줄에 5개씩 출력하여라.

Example

출력
2 3 5 7 11 13 17 19 23 29 31 37 41 43 47 53 59 61 67 71 73 79 83 89 97

② 소수들 중에서 3과 5, 11과 13, 17과 19처럼 두 수의 차가 2인 수들이 있다. 이렇게 두 수의 차가 2인 수들을 쌍둥이 소수(Twin Primes)라고 한다. 1 이상 100 이하의 쌍둥이 소수(Twin Primes)를 에라토스테네스의 체(Sieve Of Erathosthenes)를 이용하여 구하여라.

Input Form 입력형식 없음.

Output Form 1 이상 100 이하의 쌍둥이 소수(Twin Primes)의 쌍을 각 줄에 출력하여라. 한 쌍의 쌍둥이 소수에서 작은 수를 왼쪽에 출력하고 한 개의 공백으로 분리한 후 큰 수를 오른쪽에 출력하여라. 모든 쌍둥이 소수들은 큰 수에서 작은 수 순서로 각 줄에 출력하여라.

Example

출력
3 5 5 7 11 13 17 19 29 31 41 43 59 61 71 73

1066

숙제를 안 해온 사람은 누구

실행 제한시간	1초
메모리 사용 제한	32MB

호그와트 마법학교의 덤블도어 교수님은 컴퓨터 프로그래밍 과정을 지도하고 있다. 1부터 30까지 차례로 번호가 부여된 30명의 학생들에게 숙제를 냈는데, 28명의 학생은 숙제를 했지만, 나머지 두 명의 학생은 아직 숙제를 하지 못했다. 숙제를 모두 끝낸 학생들의 번호가 주어지면 숙제를 아직 끝마치지 못한 학생의 번호는 몇 번인지 찾아서 학생의 번호를 각 줄에 출력하여라.

Input Form 입력은 모두 28개의 줄로 구성되어 있다. 각 줄에는 숙제를 끝마친 1 이상 30 이하의 양의 정수를 갖는 학생의 번호가 각 줄에 주어진다. 입력으로 주어지는 학생의 번호는 작은 번호에서 큰 번호의 순서대로 주어지지는 않는다.

Output Form 출력은 모두 두 개의 줄로 구성된다. 첫째 줄과 둘째 줄은 숙제를 끝마치지 못한 각각의 학생의 번호를 출력한다. 첫째 줄에 출력하는 학생의 번호는 둘째 줄에 출력하는 학생의 번호보다 반드시 작아야 한다.

Example

입력	출력
3 1 4 5 7 9 6 10 11 12 13 14 15 16 17 18 19 20 21 22 23 24 25 26 27 28 29 30	2 8

1038
나머지

실행 제한시간	1초
메모리 사용 제한	32MB

두 개의 정수 A와 B가 주어졌을 때, A Modulo B는 A를 B로 나누었을 때의 나머지를 의미한다. 예를 들어서 7, 14, 27, 38을 3으로 나누었을 때의 나머지는 1, 2, 0, 2가 된다. 10개의 정수가 주어지면, 42로 나누었을 때, 서로 다른 나머지를 갖는 수는 몇 개나 되는지 구하여라.

Input Form 1,000보다 작은 음이 아닌 정수가 10개의 줄에 걸쳐서 각 줄에 주어진다.

Output Form 입력으로 주어진 정수들을 42로 나누었을 때, 서로 다른 나머지를 갖는 정수는 몇 개나 되는지 첫째 줄에 출력하여라.

Example

입력	출력
1 2 3 4 5 6 7 8 9 10	10

입력	출력
42 84 252 420 840 126 42 84 420 126	1

1044

꽃 축제

실행 제한시간 **1초**
메모리 사용 제한 **32MB**

오일러는 지금 왕국의 꽃 축제를 하기 위해서 온실에서 아름다운 꽃을 재배하고 있다. 시민들은 아름답고 화려한 꽃이 전시될 것에 벌써부터 마음이 설레고 있다.

"나는 일렬로 길게 울타리를 따라서 S(7≤S≤10,000)개의 빈 슬롯(slot)에 꽃을 심을 생각이다." 그리고 그는 "연속적으로 3칸의 간격으로 장미를 심고, 다시 7칸의 간격으로 베고니아를 심고, 또한 4칸의 간격으로 데이지를 심을 것이다."라고 생각하였다. 즉, 각각의 꽃마다 처음 시작하는 슬롯에서부터 꽃을 심기 시작해서 일정한 간격으로 빈 슬롯이 존재한다면 그 슬롯에 꽃을 심어나간다. 그리고 오일러는 모든 꽃을 다 심은 후에 빈 슬롯이 얼마나 많이 남을지 궁금하였다.

오일러가 꽃을 다 심은 후 빈 슬롯이 얼마나 남는지 알 수 있도록 도와주어라. 오일러는 N(1≤N≤100)개의 꽃을 심을 계획이고 각각의 꽃들은 A(1≤A≤S)의 슬롯부터 꽃을 심기 시작해서 B(1≤B≤S)의 간격으로 꽃을 심어 나갈 것이다. 모든 꽃을 다 심은 후에 빈 슬롯이 얼마나 남는지 알아내어야 한다.

만일 오일러가 다음과 같은 방법으로 꽃을 심는다면

30 3 [총 30개의 슬롯이 있고 3가지 종류의 꽃이 있다.]

1 3 [장미는 1번 슬롯부터 심기 시작해서 3칸의 간격으로 꽃을 심는다.]

3 7 [베고니아는 3번 슬롯부터 심기 시작해서 7칸의 간격으로 꽃을 심는다.]

1 4 [데이지는 1번 슬롯부터 심기 시작해서 4칸의 간격으로 꽃을 심는다.]

따라서 화원의 형태는 다음과 같이 된다. 화원의 초기 상태

. . . .

다음으로 장미를 심고 난 후의 상태

R . . R . . R . . R . . R . . R . . R . . R . . R . . R . .

다음으로 베고니아를 심고 난 후의 상태

R . B R . . R . . R . . R . . R B . R . . R . B R . . R . .

다음으로 데이지를 심고 난 후의 상태

R . B R D . R . D R . . R . . R B . R . D R . B R . . R D .

꽃을 전부 심고 난 후에는 13개의 빈 슬롯이 존재한다.

Input Form 첫째 줄에는 두 개의 정수 S와 N이 주어진다. 둘째 줄부터는 각각의 i번째 꽃들에 대한 정보가 N줄에 걸쳐서 주어진다. 따라서 i번째 꽃들에 대한 정보는 i + 1번째 줄에 주어진다. 각각의 꽃들에 대한 정보는 두 개의 정수 A_i와 B_i로 주어진다.

Output Form 모든 꽃들을 다 심은 후 남게 되는 빈 슬롯의 개수를 첫째 줄에 출력하여라.

Example

입력	출력
30 3 1 3 3 7 1 4	13

2031

크리스마스 전등 축제 I

실행 제한시간	**1초**
메모리 사용 제한	**64MB**

1부터 N까지 번호가 붙은 N(2≤N≤500)개의 크리스마스 전등이 왕국의 도시를 밝힐 예정이다.

초저녁에 모든 전등은 꺼져 있다. 오일러는 전등을 토글(꼈다, 켰다) 할 수 있는 N개의 푸시 버튼으로 모든 크리스마스 전등을 조정한다. : 버튼 i를 누르게 되면 전등 i가 꺼져 있다면 켜지게 되고 반대로 켜져 있다면 꺼지게 된다.

오일러는 M(1≤M≤2,000)번의 조작 명령을 가지고 버튼을 조작하게 된다. 한 번의 명령은 세 개의 정수로 이루어져 있는데 첫 번째 정수 Op는 버튼의 조작 상태를 나타내는 정수이다. (0≤Op≤1)

만일 첫 번째 정수 Op의 값으로 0이 주어지고 두 개의 정수 S_i와 E_i가 주어진다면 S_i는 시작 버튼을 의미하고 E_i는 마지막 버튼을 의미한다. 오일러는 S_i부터 E_i까지의 모든 버튼들을 정확하게 한 번씩 누른다. (1≤S_i≤E_i≤N)

만일 첫 번째 정수 Op의 값으로 1이 주어지고 두 개의 정수 S_i와 E_i가 주어진다면 S_i는 시작 전등을 의미하고 E_i는 마지막 전등을 의미한다. 오일러는 S_i부터 E_i까지의 전등 중에서 켜져 있는 전등의 개수를 파악해야 한다. (1≤S_i≤E_i≤N)

오일러가 모든 작업들을 정확하게 처리할 수 있도록 여러분들이 도와주어라.

Input Form 첫째 줄에는 두 개의 정수 N과 M이 주어진다. 둘째 줄부터는 세 개의 정수 Op, S_i, E_i가 각각 한 개의 공백으로 분리되어 M줄이 주어진다.

Output Form 각 질문에 해당되는 켜져 있는 전등의 개수를 입력 순서대로 각 줄에 출력하여라.

Example

입력	출력
4 5 0 1 2 0 2 4 1 2 3 0 2 4 1 1 4	1 2

Note 모두 네 개의 전등과 다섯 개의 명령이 있고 처리 과정은 다음과 같다. (0 = off, * = on)

```
           전 등
           1 2 3 4
start -> 0 0 0 0
0 1 2 -> * * 0 0
0 2 4 -> * 0 * *
1 2 3 -> 1
0 2 4 -> * * 0 0
1 1 4 -> 2
```

1126

가로등

실행 제한시간	1초
메모리 사용 제한	64MB

크리스마스 시즌이다. N미터의 긴 거리에 M개의 가로등이 놓여있다. (거리는 1미터 간격으로 1부터 N까지 지점의 번호를 부여하였다.) 각각의 가로등은 도로의 특정 지점에 위치하며 가로등이 위치한 곳에서 왼쪽으로 K미터 그리고 오른쪽으로 K미터까지 환하게 만들 수 있다. 다시 말해서 만일 어떤 가로등이 도로의 X지점에 놓여있다면 그 도로의 X - K지점부터 X + K지점까지 환하게 비출 수 있다는 말이다. 물론 도로의 어느 한 지점을 밝히기 위해서 여러 개의 가로등이 필요하지 않다. 또한 같은 위치에 놓이는 가로등은 없다.

문제는 모든 조명이 도로의 1부터 N까지의 모든 지점을 비추지 않을 가능성이 있다. 여러분이 할 일은 도로(1부터 N까지 지점)의 모든 지점을 환하게 비추기 위해서 더 추가해야 하는 최소 가로등의 수를 구하는 것이다.

Input Form 첫째 줄에는 한 개의 정수 N(1≤N≤1,000)이 주어진다. 둘째 줄에는 한 개의 정수 M(1≤M≤N)이 주어진다. 셋째 줄에는 한 개의 정수 K(0≤K≤N)가 주어진다. 넷째 줄부터 M개의 줄에 걸쳐서 정수가 주어진다. 각각의 정수는 오름차순으로 정렬되어 차례로 주어지며 M개의 가로등의 위치를 나타낸다. 가로등의 위치가 같은 경우는 주어지지 않고 다음 가로등과의 거리는 1 이상 N 이하의 간격을 두고 주어진다.

Output Form 문제에서 요구하는 정답을 첫째 줄에 출력하여라.

Example

입력	출력
5 2 2 1 5	0

입력	출력
13 2 10 1 2	1

Note

첫 번째 테스트 케이스에서 주어진 가로등으로 모든 도로를 환하게 비출 수 있으므로 더 이상의 가로등의 추가는 필요하지 않다. 두 번째 테스트 케이스에서 위치 13에 한 개의 가로등이 추가되면 모든 도로를 환하게 비출 수 있다.

2079

Trees

실행 제한시간	1초
메모리 사용 제한	64MB

왕국의 동쪽문에서 시작하는 도로는 많은 나무들이 심어있다. 하지만, 지하철을 건설하면서 많은 나무들이 잘려나가거나 옮겨졌다. 지금은 얼마나 많은 나무가 남아 있는지 구할 수 있도록 오일러를 도와주어라.

오직 도로의 한쪽 변만 생각하기로 하자. 나무는 도로의 시작부터 1M 간격으로 심어져 있다. 지하철역, 육교, 빌딩들이 건설되면서 이 구간에 있는 나무들은 잘려나가거나 또는 옮겨질 것이다. 우리들이 할 일은 모든 나무들이 잘려나가고 남아 있는 나무들은 모두 몇 그루가 되는지 구하는 것이다.

예를 들어 도로의 길이는 300M이고 0M부터 시작하여 1M 간격으로 나무가 심어져 있다면 도로에는 총 301그루의 나무가 심어있다고 말할 수 있다. 그리고 100M 구간부터 200M 구간 사이에 지하철역을 건설하기로 하였다면, 101그루의 나무가 잘려나가고 도로에는 오직 200그루의 나무만 남아 있을 것이다.

Input Form 첫째 줄에는 도로의 길이를 나타내는 L(1≤L≤2,000,000,000)과 건설하기 위해서 할당된 구간의 개수 M(1≤M≤5,000)이 주어진다. 둘째 줄부터는 M줄에 걸쳐서 각 줄에 구간이 주어진다. 구간은 시작 지점과 끝 지점을 나타내는 두 개의 음이 아닌 정수 Start와 End가 주어진다. (0≤Start≤End≤L) 입력으로 주어지는 구간이 겹치는 경우는 주어지지 않는다.

Output Form 도로에 남아 있는 나무의 개수를 첫째 줄에 출력하여라.

Example

입력	출력
300 1 100 200	200

2126
주차요금

실행 제한시간 **1초**
메모리 사용 제한 **32MB**

오일러는 세 대의 자동차를 가지고 있다. 오늘 저녁에 오일러는 세 대의 자동차를 주차해야만 한다. 자동차를 주차하기 위해서는 주차요금을 지불해야 한다. 주차요금은 다음과 같다.

한 대의 자동차만을 주차할 경우는 주차요금으로 1시간에 A원을 지불해야 한다. 두 대의 자동차를 동시에 주차할 경우는 각각의 자동차마다 1시간에 B원을 지불해야 한다. 세 대의 자동차를 동시에 주차할 경우는 각각의 자동차는 1시간에 C원을 지불해야 한다.

세 개의 양의 정수 A, B, C가 주어지면 오일러가 세 대의 자동차를 주차하기 위해서 지불해야 하는 총 주차비용을 구하여라.

Input Form 첫째 줄에는 주차하기 위해서 지불해야 하는 금액을 나타내는 세 개의 양의 정수 A, B, C가 주어진다. (1≤C≤B≤A≤100) 둘째 줄부터 넷째 줄까지는 각각의 자동차가 주차장에 들어온 시간과 주차장에서 나간 시간을 나타내는 두 개의 정수가 각 줄에 주어진다. 주차장에 들어오고 주차장에서 나간 시간은 정각에 이루어졌으며 각각의 정수는 1 이상 100 이하의 양의 정수로 주어진다.

Output Form 세 대의 자동차를 주차하기 위한 총 주차비용을 구하여 첫째 줄에 출력하여라.

Example

입력	출력
5 3 1 1 6 3 5 2 8	33

입력	출력
10 8 6 15 30 25 50 70 80	480

4124

골드바흐의 추측

실행 제한시간	1초
메모리 사용 제한	64MB

크리스찬 골드바흐
(1690 - 1764)

현재의 수학계에는 아직도 해결되지 않은 여러 가지의 난제들이 남아있다. 이 중의 하나가 골드바흐의 추측(Goldbach's Conjecture)이라는 것이다. 수학자 오일러에게 보낸 편지에 써 있었다는 골드바흐의 추측이란 이런 것이다. "2보다 큰 모든 짝수는 두 소수의 합으로 나타낼 수 있다."

이것을 증명하는 것은 여태까지 수많은 수학자들이 해내지 못했듯이 상당히 어려운 일이다. 하지만 이를 증명하지는 못하더라도, 경이로운 계산 속도를 제공하는 컴퓨터를 이용하는 우리들은 주어진 예에 대해서는 직접 답을 찾아냄으로써 판명해 보일 수 있다. 즉, 14라는 짝수를 두 소수의 합으로 나타낼 수 있냐고 누군가가 물어봐 온다면, 우리는 곧바로 3 + 11이라는 답을 제시해 버리면 그만이라는 뜻이다. 2보다 큰 짝수가 주어질 때, 이 수를 이룰 수 있는 두 소수를 출력하는 프로그램을 작성해보자.

Input Form 첫째 줄에는 우리가 판명할 한 개의 정수 N(2<N≤30,000, 단, N은 짝수)이 주어진다.

Output Form 합이 N이 되는 두 개의 소수 a, b를 차례로 출력한다. a는 항상 b보다 작거나 같은 수이며, 여러 가지 답이 존재하면 이를 모두 출력한다. a가 작은 경우를 먼저 출력하며, 한 줄에 하나씩 출력한다. 마지막 줄에는 개수를 출력한다.

Example

입력	출력
14	3 11 7 7 2

코딩마법서

1권 STONE VERSION

코딩테스트와 인공지능을 위한 파이썬

제37장

형상수
Figulate Number

오일러BOOKS

고대 그리스 시대의 피타고라스학파는 우주의 만물이 수로 이루어져 있다고 믿었다. 그래서 도형을 이용하여 숫자를 표현하였고, 수와 도형의 관계를 연구하였다. 이렇게 도형으로 묘사된 자연수를 **형상수**(Figulate Number)라고 한다.

37.1 삼각수 Triangular Number

삼각형 모양으로 어떤 점을 놓았을 때,
삼각형을 이루기 위해 사용된 점의 개수를 **삼각수**(Triangular Number)라고 한다.

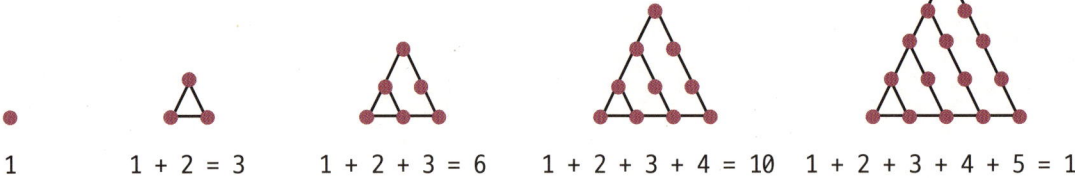

1　　1 + 2 = 3　　1 + 2 + 3 = 6　　1 + 2 + 3 + 4 = 10　　1 + 2 + 3 + 4 + 5 = 15

Coding

```
1  a = [0]
2  for i in range(1, 6):
3      a.append(sum(range(1, i + 1)))
4
5  for x in a[1:]:
6      print(x)
```

Interpret

- 1번째 줄은 다섯 개의 삼각수를 구하기 위한 리스트를 선언하였다.
- 2, 3번째 줄은 첫 번째부터 다섯 번째 삼각수를 구하기 위한 순환문이다. range()와 sum() 함수를 이용하여 구하였다.
- i의 값이 1일 때, 첫 번째 삼각수 a[1]은 1부터 1까지의 합 1이 된다.
- i의 값이 2일 때, 두 번째 삼각수 a[2]는 1부터 2까지의 합 3이 된다.
- i의 값이 3일 때, 세 번째 삼각수 a[3]은 1부터 3까지의 합 6이 된다.

- i의 값이 4일 때, 네 번째 삼각수 a[4]는 1부터 4까지의 합 10이 된다.
- i의 값이 5일 때, 다섯 번째 삼각수 a[5]는 1부터 5까지의 합 15가 된다.
- 5, 6번째 줄은 첫 번째부터 다섯 번째 삼각수를 각 줄에 출력한다.

Output

```
1
3
6
10
15
```

37.2
사각수 Square Number

사각형 모양으로 어떤 점을 놓았을 때,
사각형을 이루기 위해 사용된 점의 개수를 **사각수(Square Number)**라고 한다.

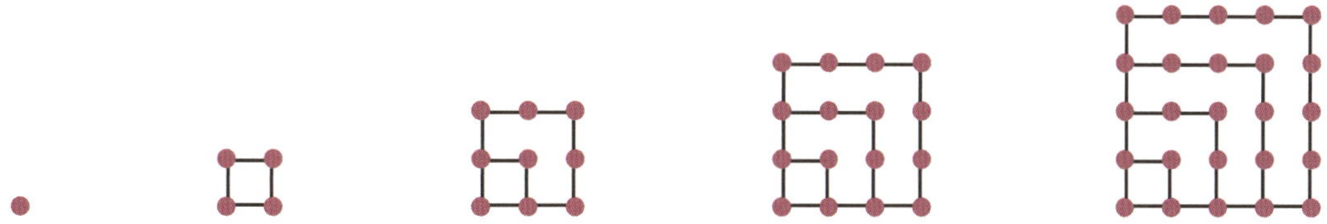

$1^2 = 1$ $2^2 = 4$ $3^2 = 9$ $4^2 = 16$ $5^2 = 25$

Coding

```python
a = [0]
for i in range(1, 6):
    a.append(i * i)

for x in a[1:]:
    print(x)
```

Interpret

- 1번째 줄은 다섯 개의 사각수를 구하기 위한 리스트를 선언하였다.
- 2, 3번째 줄은 첫 번째부터 다섯 번째 사각수를 구하기 위한 순환문이다.
- i의 값이 1일 때, 첫 번째 사각수 a[1]은 1(= 1 × 1)이 된다.
- i의 값이 2일 때, 두 번째 사각수 a[2]는 4(= 2 × 2)가 된다.
- i의 값이 3일 때, 세 번째 사각수 a[3]은 9(= 3 × 3)가 된다.
- i의 값이 4일 때, 네 번째 사각수 a[4]는 16(= 4 × 4)이 된다.
- i의 값이 5일 때, 다섯 번째 사각수 a[5]는 25(= 5 × 5)가 된다.
- 5, 6번째 줄은 첫 번째부터 다섯 번째 사각수를 각 줄에 출력한다.

Output

```
1
4
9
16
25
```

37.3 오각수 Pentagonal Number

오각형 모양으로 어떤 점을 놓았을 때,

오각형을 이루기 위해 사용된 점의 개수를 **오각수(Pentagonal Number)**라고 한다.

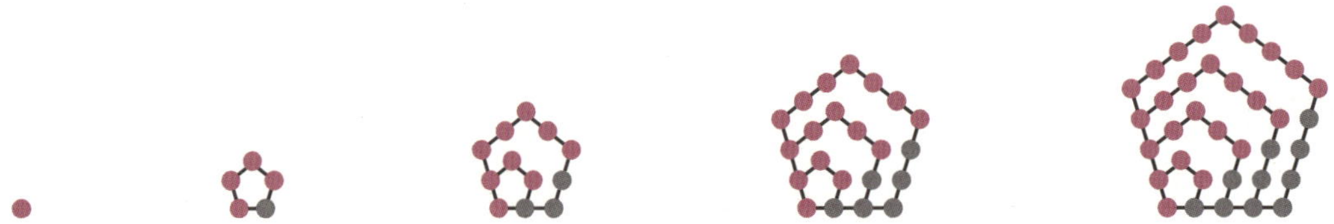

$1^2 = 1$ $2^2 + 1 = 5$ $3^2 + 1 + 2 = 12$ $4^2 + 1 + 2 + 3 = 22$ $5^2 + 1 + 2 + 3 + 4 = 35$

Coding

```
1 a = [0]
2 for i in range(1, 6):
3     a.append((i * i) + sum(range(1, i)))
4 
5 for x in a[1:]:
6     print(x)
```

Interpret

- 1번째 줄은 다섯 개의 오각수를 구하기 위한 리스트를 선언하였다.
- 2, 3번째 줄은 첫 번째부터 다섯 번째 오각수를 구하기 위한 순환문이다. i번째의 오각수는 i * i의 제곱수에다가 1부터 i – 1까지의 합을 더해서 구하면 된다. 여기서 1부터 i – 1까지의 합은 range()와 sum() 함수를 이용하여 구하였다.
- i의 값이 1일 때, 두 번째 오각수 a[1]는 1(= 1 × 1)과 0의 합 1이 된다.
- i의 값이 2일 때, 두 번째 오각수 a[2]는 4(= 2 × 2)와 1(= 1)의 합 5가 된다.
- i의 값이 3일 때, 세 번째 오각수 a[3]은 9(= 3 × 3)와 3(= 1 + 2)의 합 12가 된다.
- i의 값이 4일 때, 네 번째 오각수 a[4]는 16(= 4 × 4)과 6(= 1 + 2 + 3)의 합 22가 된다.
- i의 값이 5일 때, 다섯 번째 오각수 a[5]는 25(= 5 × 5)와 10(= 1 + 2 + 3 + 4)의 합 35가 된다.
- 5, 6번째 줄은 첫 번째부터 다섯 번째 오각수를 각 줄에 출력한다.

Output

```
1
5
12
22
35
```

37.4 연습문제 Exercise

① 삼각형을 이루기 위해 사용된 점의 개수를 삼각수(Triangular Number), 사각형을 이루기 위해 사용된 점의 개수를 사각수(Square Number), 오각형을 이루기 위해 사용된 점의 개수를 오각수(Pentagonal Number)라고 한다. 그러면 N번째의 삼각수, 사각수, 오각수는 도형을 이루기 위해서 몇 개의 점이 사용되었는지 모든 점의 개수의 합을 구하는 프로그램을 작성하여라.

Input Form 첫째 줄에 한 개의 양의 정수 N(1≤N≤100)이 주어진다.

Output Form N번째 삼각수, 사각수, 오각수를 만들기 위해서 사용된 모든 점의 개수의 합을 첫째 줄에 출력하여라.

Example

입력	출력
10	300

Note 삼각수 55개, 사각수 100개, 오각수 145개

1147

육각수

실행 제한시간	1초
메모리 사용 제한	32MB

고대 그리스 시대의 피타고라스학파는 우주의 만물이 수로 이루어져 있다고 믿었다. 그래서 도형을 이용하여 숫자를 표현하였고, 수와 도형의 관계를 연구하였다. 이렇게 도형으로 묘사된 자연수를 형상수(Figulate Number)라고 한다.

이러한 형상수(Figulate Number) 중에서 육각형 모양으로 어떤 점을 놓았을 때, 육각형을 이루기 위해 사용된 점의 개수를 육각수(Hexagonal Number)라고 한다.

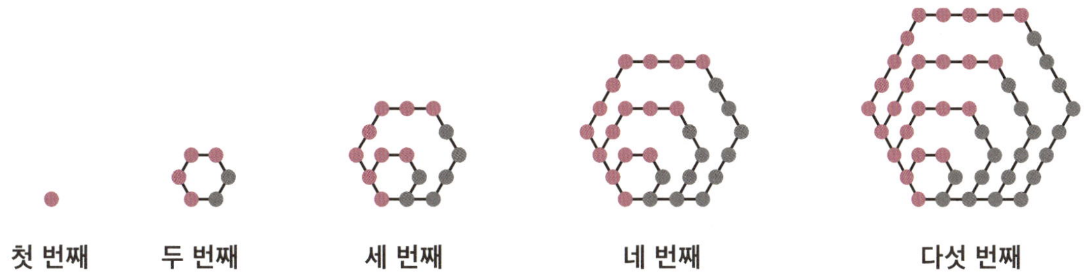

N번째 육각수를 만들기 위해서 사용된 점의 개수를 구하여라.

Input Form 첫째 줄에는 한 개의 양의 정수 N이 주어진다. (1≤N≤10,000)

Output Form N번째 육각수를 만들기 위해서 사용된 점의 개수를 첫째 줄에 출력하여라.

Example

입력	출력
1	1

입력	출력
5	45

1073

오각수

실행 제한시간	1초
메모리 사용 제한	32MB

고대 그리스 시대의 피타고라스학파는 우주의 만물이 수로 이루어져 있다고 믿었다. 그래서 도형을 이용하여 숫자를 표현하였고, 수와 도형의 관계를 연구하였다. 이렇게 도형으로 묘사된 자연수를 형상수(Figulate Number)라고 한다.

이러한 형상수(Figulate Number) 중에서 오각형 모양으로 어떤 점을 놓았을 때, 오각형을 이루기 위해 사용된 점의 개수를 오각수(Pentagonal Number)라고 한다.

$1^2 = 1$ $2^2 + 1 = 5$ $3^2 + 1 + 2 = 12$ $4^2 + 1 + 2 + 3 = 22$ $5^2 + 1 + 2 + 3 + 4 = 35$

여러분들에게 여러 개의 숫자가 주어지면 주어진 숫자가 오각수인지 아닌지를 판별하는 프로그램을 작성하여라.

Input Form 첫째 줄에 숫자 N은 입력할 자연수의 개수를 나타낸다.(1<N≤50) 둘째 줄부터 마지막 줄까지는 오각수인지 아닌지를 판별할 숫자들이다. 검사할 숫자는 10,000을 넘지 않는다. (오각수를 살펴보면 1, 5, 12, 22, 35, … 와 같은 수들이 오각수이다.)

Output Form 입력으로 주어진 값을 순서대로 출력하고 한 칸 공백으로 분리하여 주어진 수가 오각수인지 아닌지를 'Y', 'N'으로 출력하여라. (단, 영문자는 대문자로 출력한다.)

Example

입력	출력
5 5 8 22 174 590	5 Y 8 N 22 Y 174 N 590 Y

1077
곱셈 테이블

실행 제한시간 **1초**
메모리 사용 제한 **32MB**

오일러는 곱셈 테이블을 만들고 싶어 한다. 곱셈 테이블은 정확하게 아래와 같은 형식으로만 만들어야 한다. 예를 들어서 N = 11이라면 다음과 같다.

```
 *   1   2   3   4   5   6   7   8   9  10  11
 1   1   2   3   4   5   6   7   8   9  10  11
 2   2   4   6   8  10  12  14  16  18  20  22
 3   3   6   9  12  15  18  21  24  27  30  33
 4   4   8  12  16  20  24  28  32  36  40  44
 5   5  10  15  20  25  30  35  40  45  50  55
 6   6  12  18  24  30  36  42  48  54  60  66
 7   7  14  21  28  35  42  49  56  63  70  77
 8   8  16  24  32  40  48  56  64  72  80  88
 9   9  18  27  36  45  54  63  72  81  90  99
10  10  20  30  40  50  60  70  80  90 100 110
11  11  22  33  44  55  66  77  88  99 110 121
```

* 첫 번째 열은 자릿수의 너비가 두 자리를 차지한다.
* 첫 번째 열을 제외한 나머지 열은 자릿수의 너비가 네 자리를 차지한다.
* 첫 번째 행과 첫 번째 열은 제목 표시줄이다.
* 곱셈 테이블의 '*'은 곱셈 기호를 의미한다.

주어지는 N(4≤N≤40)에 대한 곱셈 테이블을 만드는 프로그램을 작성하여라.

Input Form 첫째 줄에는 한 개의 정수 N이 주어진다.

Output Form 위의 문제에서 주어진 방식에 의한 곱셈 테이블을 출력하여라.

Example

입력
4

출력
* 1 2 3 4
1 1 2 3 4
2 2 4 6 8
3 3 6 9 12
4 4 8 12 16

1111

조약돌

실행 제한시간	1초
메모리 사용 제한	32MB

오일러는 수집한 N개의 조약돌을 가지고 있다. 그는 N개의 조약돌을 세로의 크기가 R이고 가로의 크기가 C인 형태로 나열하려고 한다. 예를 들어서 조약돌 5개가 있다면

① 가로의 크기가 5인 경우

② 가로의 크기가 4인 경우

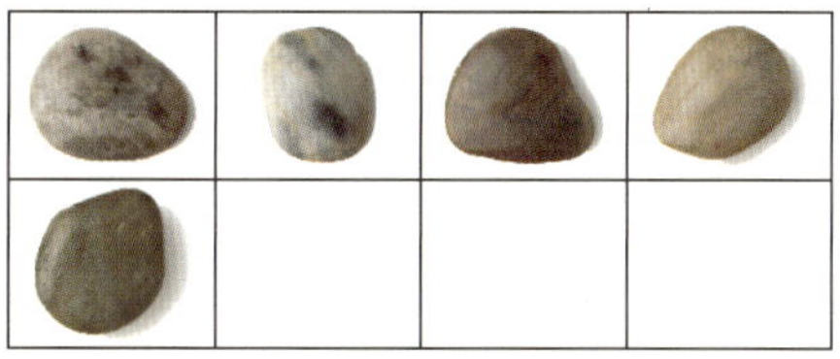

③ 가로의 크기가 3인 경우

④ 가로의 크기가 2인 경우

⑤ 가로의 크기가 1인 경우

오일러는 가능하면 세로의 크기 R과 가로의 크기 C의 합이 최소가 되게 하려고 한다. 오일러가 원하는 수를 찾을 수 있도록 오일러를 도와주도록 하여라.

Input Form 오일러가 나열하고자 하는 조약돌의 개수를 나타내는 한 개의 자연수 N(1≤N≤100)이 첫째 줄에 주어진다.

Output Form 세로의 크기 R과 가로의 크기의 C의 합이 최소가 되는 R과 C의 값을 한 개의 공백으로 분리하여 첫째 줄에 출력하여라. 정답이 언제나 유일한 것은 아니다. 따라서 여러 가지 경우가 가능하다면 될 수 있으면 세로의 크기가 최소인 것을 선택하도록 한다.

Example

입력	출력
2	1 2

입력	출력
5	2 3

입력	출력
14	3 5

Note 언제나 모든 R개의 행에 C개의 조약돌이 가득 채워지는 것은 아니다. 어떤 행에서 C개의 조약돌이 없을 수도 있다.

제38장

누적합 Prefix Sum, Cumulative Sum

오일러BOOKS

38.1

누적합 Prefix Sum, Cumulative Sum

리스트 a가 아래 다음과 같이 초기화되어 있다.

a[0]	a[1]	a[2]	a[3]	a[4]	a[5]	a[6]	a[7]	a[8]	a[9]	a[10]
╳	10	20	30	40	50	60	70	80	90	100

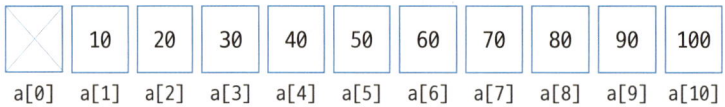

리스트 a에서 연속된 구간 start부터 end까지의 합을 a[start] + a[start + 1] + … + a[end - 1] + a[end]로 정의한다면(start≤end), 구간 5부터 9까지의 합은 a[5] + a[6] + a[7] + a[8] + a[9] = 50 + 60 + 70 + 80 + 90 = 350이 된다.

Core

```
x = sum(a[start:end + 1])
```

연속된 구간의 합을 한 번만 구하고자 한다면 위와 같이 코드를 작성하여도 전혀 무리는 없을 것이다. 하지만 필요에 따라서 연속된 구간의 합을 여러 번 구해야 할 때가 있는데, 그럴 때마다 매번 sum() 함수의 호출이 발생된다면 시간적인 효율성이 상당히 떨어지는 코드가 될 것이다. 이러한 경우에 누적합(Prefix Sum, Cumulative Sum)을 이용한다면 연속된 구간의 합을 빠르고 쉽게 구할 수 있다.

s[0]	s[1]	s[2]	s[3]	s[4]	s[5]	s[6]	s[7]	s[8]	s[9]	s[10]
╳	10	30	60	100	150	210	280	360	450	550

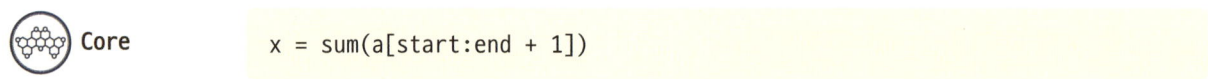

우선 또 다른 리스트 s를 선언하고 s[1]에는 a[1]을, s[2]에는 a[1] + a[2]를, s[3]에는 a[1] + a[2] + a[3]을, … , 마지막으로 s[10]에는 a[1] + a[2] + … + a[10]을 구한다. 즉, s[*n*]번째는 a[1] + a[2] + a[3] + … + a[*n*]을 구한다.

Core

```
for i in range(1, 11):
    s.append(s[i] + a[i])
```

s[0]의 값이 0으로 초기화되어 있다. s[1]은 s[0]과 a[1]를 더해서 s[0] + a[1] = 0 + 10 = 10이 된다. s[2]는 s[1]과 a[2]를 더해서 s[1] + a[2] = 10 + 20 = 30이 된다. s[3]은 s[2]와 a[3]를 더해서 s[2]

+ a[3] = 30 + 30 = 60이 된다. 이것을 정리해서 다시 설명하자면 처음부터 구간 i까지의 합 s[i]를 구하기 위해서는 처음부터 구간 i - 1까지의 합 s[i - 1]에다 a[i]를 더하면 구할 수 있다는 말이다. 이와 같은 방법으로 처음부터 구간 *n*까지의 합 s[*n*]을 한 번의 순환으로 모두 구할 수 있다.

Core

```
print(s[end] - s[start - 1])
```

연속된 구간 start부터 end까지의 합을 구하기 위해서는 처음부터 구간 end까지의 합에서 처음부터 구간 start - 1까지의 합을 빼면 구할 수 있다.

```
  a[1] + a[2] + a[3] + … + a[start - 1] + a[start] + … + a[end - 1] + a[end]
- a[1] + a[2] + a[3] + … + a[start - 2] + a[start - 1]
--------------------------------------------------------------------------------
= a[start] + a[start + 1] + … + a[end - 1] + a[end]
```

예를 들어서 구간 5부터 9까지의 합을 구하고자 한다면 처음부터 구간 9까지의 합 s[9](= 450)에서 처음부터 구간 4까지의 합 s[4](= 100)를 빼면 a[5] + a[6] + a[7] + a[8] + a[9] = s[9] - s[4] = 450 - 100 = 350을 한 번의 연산으로 구할 수 있다.

Coding

```
1  a = [0, 10, 20, 30, 40, 50, 60, 70, 80, 90, 100]
2  s = [0]
3  for i in range(1, 11):
4      s.append(s[i - 1] + a[i])
5
6  start, end = 5, 9
7  print(s[end] - s[start - 1])
```

Interpret

- 1, 2번째 줄은 리스트 a와 누적합(Prefix Sum, Cumulative Sum)을 구하기 위한 리스트 s를 초기화하였다.
- 3, 4번째 줄은 처음부터 i까지의 누적합(Prefix Sum, Cumulative Sum)을 구하기 위한 순환문이다.
- 7번째 줄은 구간 5부터 9까지의 합 a[5] + a[6] + a[7] + a[8] + a[9]를 출력의 첫째 줄에 출력한다.

Output

```
350
```

38.2 연습문제 Exercise

1 **10개의 데이터 10, 20, 30, 40, 50, 60, 70, 80, 90, 100을 리스트 a에 초기화시킨 후 시작 구간 A와 마지막 구간 B가 주어지면 리스트 a에서의 구간의 합 $\sum_{k=A}^{B} a[k]$를 구하여라. (A≤B)**

$$\sum_{k=A}^{B} a[k] = a[A] + a[A+1] + \cdots + a[B-1] + a[B] \quad (A \le B)$$

여러분들에게 모두 T개의 질문을 할 것이다. T개의 질문에 대해서 각각의 정답을 알려주는 프로그램을 작성하여라.

Input Form 첫째 줄에는 테스트 케이스의 개수를 나타내는 한 개의 양의 정수 T(1≤T≤5)가 주어진다. 둘째 줄부터 구하고자 하는 구간의 범위 A_i와 B_i가 T개의 줄에 걸쳐서 주어진다. ($1 \le A_i \le B_i \le 10$)

Output Form 각각의 질문에 대한 정답을 모두 T개의 줄에 걸쳐서 입력의 순서대로 각 줄에 출력하여라.

Example

입력	출력
3 5 9 1 10 3 8	350 550 330

2025
식량 공급

실행 제한시간 0.5초
메모리 사용 제한 32MB

왕국의 시민들에게 오일러는 매일 아주 맛있는 식량을 아낌없이 공급한다. 그리고 그는 지출 경비를 매일 노트북에 기록하였다.

세금을 걷어야 하는 시간이 다가왔다. 오일러는 특정 기간에 시민들이 먹은 식량의 합을 계산하기 위해서 다음과 같은 퍼즐을 만들었다.

오일러는 시민들에게 모두 N(4≤N≤50,000)일 동안 매일 식량 H_i(1≤H_i≤1,000)를 제공하였다. 그리고 오일러는 Q(1≤Q≤50,000)개의 퍼즐을 만들었다. 각각의 퍼즐은 S_j와 E_j(1≤S_j≤E_j≤N)의 쌍으로 구성되어 있다. S_j는 식량을 처음으로 공급한 날짜이고 E_j는 식량을 마지막으로 공급한 날짜이다. 여러분들이 할 일은 S_j부터 E_j까지의 모든 식량의 합을 구해서 각각의 질문에 대한 답변을 해야 한다.

Input Form 첫째 줄에는 두 개의 정수 N과 Q가 주어진다. 둘째 줄부터는 식량 H_i가 날짜의 순서대로 차례로 N줄에 걸쳐서 주어진다. N + 2줄부터는 질문 S_j와 E_j가 쌍을 이루어 Q개의 줄에 걸쳐서 주어진다.

Output Form 각각의 질문에 대한 S_j부터 E_j까지의 식량의 합을 입력의 순서대로 Q개의 줄에 걸쳐서 출력하여라.

Example

입력	출력
4 2 5 8 12 6 1 3 2 4	25 26

Note

질문 1 : 5 + 8 + 12 = 25

질문 2 : 8 + 12 + 6 = 26

2109

The Largest Sum

실행 제한시간	1초
메모리 사용 제한	64MB

여러분들에게 N(1≤N≤100,000)개의 수열 a_1, a_2, … , a_N이 주어지고, 양의 정수 K(1≤K≤N)가 주어진다. 주어지는 수열에서 연속된 K개의 정수들의 합 중에서 최댓값 S_i를 구하여라. $S_i = a_i + a_{i+1} + \cdots + a_{i+k-1}$ $(1 \le i \le N-K+1)$

예를 들어서 아래 다음과 같은 수열이 주어졌을 때, K의 값이 3일 경우에는

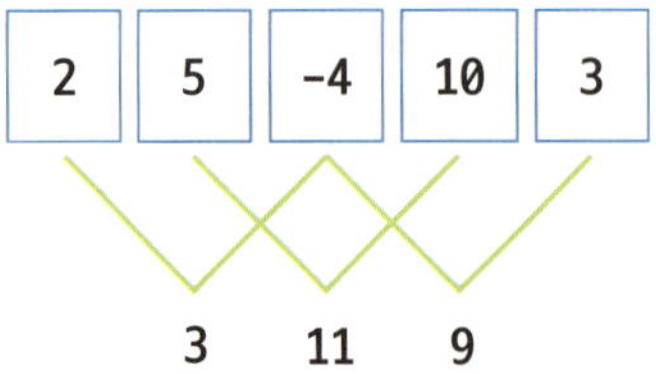

연속된 K개의 합 중에서 최댓값 S_i는 11이 된다.

Input Form 첫째 줄에는 두 개의 정수 N과 K가 주어진다. 그리고 둘째 줄부터는 N개의 수열 a_i(-10,000≤a_i≤10,000)가 각 줄에 차례로 주어진다.

Output Form S_i의 최댓값을 첫째 줄에 출력하여라.

Example

입력	출력
5 3 2 5 -4 10 3	11

코딩마법서

1권 STONE VERSION

코딩테스트와 인공지능을 위한 파이썬

제39장

집합 set

φ 오일러BOOKS

39.1
집합(set)의 초기화

집합(set)은 리스트, 튜플과 달리 요소의 중복과 순서를 허용하지 않는다. (unordered) 집합은 요소의 중복을 허용하지 않기 때문에 중복을 제거하는 필터로도 사용될 수 있다. 또한 순서를 허용하지 않기 때문에 인덱스가 없으며 매번 출력할 때마다 순서가 다르게 나온다. 따라서 집합에 저장된 값이 있는지 확인해보기 위해서는 in 연산자를 이용해야 하며 인덱싱으로 접근하기 위해서는 리스트나 튜플로 변환해야 한다.

Core

```
a = {1, 2, 3.0, 4.0, 'A'}
b = {1, 1, 1, 2, 3.0, 4.0, 'A'}
```

a는 집합의 이름을 나타내고 집합에 담길 값들을 콤마(,)로 구분하여 중괄호 {} 안에 작성한다. 집합은 요소가 중복될 수 없기 때문에 실제로 1을 세 개를 넣어도 한 개만 들어간다. 따라서 집합 a에 담기는 요소들과 집합 b에 담기는 요소들은 같다.

Coding

```
1  a = {1, 2, 3.0, 4.0, 'A'}
2  b = {1, 1, 1, 2, 3.0, 4.0, 'A'}
3
4  print(a)
5  print(b)
6  print(type(a))
7  print(type(b))
```

Interpret

- 1, 2번째 줄은 집합 a와 b를 초기화하였다. 집합 b에는 요소 1을 세 개 포함했지만 중복을 허용하지 않기 때문에 한 개의 1만 초기화된다.
- 4, 5번째 줄은 집합 a와 b를 출력의 첫째, 둘째 줄에 출력한다.
- 6, 7번째 줄은 집합 a와 b의 자료형을 출력의 셋째, 넷째 줄에 출력한다.

Output

```
{'A', 1, 2, 3.0, 4.0}
{'A', 1, 2, 3.0, 4.0}
<class 'set'>
<class 'set'>
```

39.2 집합(set) 만들기

요소가 없는 리스트나 튜플을 만들기 위해서는 [] 또는 ()를 대입하여 만들 수 있지만, 요소가 없는 집합을 만들기 위해 {}를 대입하게 되면 딕셔너리가 만들어진다. (딕셔너리는 다음 버전에서 공부하게 될 또 다른 반복 가능한 객체이다.)

Core

```
a = set()
```

따라서 만약에 요소가 없는 공집합을 만들기 위해서는 set() 함수를 호출하여 만들어야 한다.

Core

```
b = set([1, 1, 1, 2, 3])
c = set((1, 1, 1, 2, 3))
d = set('AAABC')
```

리스트 [1, 1, 1, 2, 3]을 집합으로 형 변환하면 중복되는 1이 한 개의 요소로 바뀌며 집합 {1, 2, 3}이 만들어진다. 튜플 (1, 1, 1, 2, 3)도 집합으로 형 변환하면 중복되는 1이 한 개의 요소로 바뀌며 집합 {1, 2, 3}이 만들어진다. 문자열 'AAADE'도 집합으로 형 변환하면 중복되는 문자열 'A'가 한 개의 요소로 바뀌며 집합 {'A', 'B', 'C'}가 만들어진다. 집합은 순서를 허용하지 않기 때문에 요소의 순서와 출력의 순서는 다를 수 있다. 또한 리스트, 튜플과 달리 집합 안에는 집합을 넣을 수 없다는 것도 주의하도록 하자.

Coding

```
a = set()
b = set([1, 1, 1, 2, 3])
c = set((1, 1, 1, 2, 3))
d = set('AAABC')

print(a)
print(b)
print(c)
print(d)
```

Interpret

- 1번째 줄부터 4번째 줄은 집합 a, b, c, d를 초기화하고 있다.
- 6번째 줄은 공집합 a를 출력의 첫째 줄에 출력한다. {}은 요소가 없는 빈 딕셔너리를 나타내기 때문에 요소가 없는 집합은 set()으로 출력된다.
- 7번째 줄부터 9번째 줄은 문자열, 리스트, 튜플을 집합으로 형 변환하여 각 줄에 출력한다.

Output

```
set()
{1, 2, 3}
{1, 2, 3}
{'C', 'A', 'B'}
```

Tip

문자열, 레인지, 리스트, 튜플, 집합, 딕셔너리등은 반복이 가능하기 때문에 반복 가능한 객체(iterable)라고 한다. 이 중에서도 문자열, 레인지, 리스트, 튜플등은 인덱싱을 지원하기 때문에 시퀀스 객체(sequence)라고 한다.

39.3 요소의 추가 및 집합의 복사 add & update & copy

집합에 요소를 추가하기 위해서는 집합.add() 함수나 집합.update() 함수를 이용한다. 집합.add() 함수에는 정수나 실수 또는 문자열과 같은 객체를 전달할 수는 있지만 반복 가능한 객체(iterable)는 전달하지 못하며 전달된 객체는 집합의 요소로 삽입된다. 집합.update() 함수에는 반복 가능한 객체(iterable)만 전달하며 반복 가능한 객체(iterable)의 모든 요소들을 집합의 요소에 포함시킨다. 집합 a = {1, 2}라고 할 때,

Core

```
a.add('AB')
a.update('ABC')
```

a.add() 함수에 문자열 'AB'을 전달하면 a에 요소 'AB'을 추가하여 a는 {1, 2, 'AB'}이 된다. 그리고 a.update() 함수에 문자열 'ABC'를 전달하면 a의 요소에 문자열의 요소를 추가하여 a는 {1, 2, 'AB', 'A', 'B', 'C'}가 된다.

Core

```
b = a.copy()
```

a.copy() 함수를 호출하면 a와 똑같은 집합을 복사하여 집합 b를 다른 메모리 공간에 만든다.

Coding

```
1  a = {1, 2}
2  a.add('AB')
3  print(a)
4
5  a.update('ABC')
6  print(a)
7
8  b = a.copy()
9  print(b)
```

Interpret

- 1번째 줄은 집합 a를 {1, 2}로 초기화하였다.
- 2, 3번째 줄은 집합 a에 요소 'AB'를 추가한다. 집합 a는 {1, 2, 'AB'}이 되었고 출력의 첫째 줄에 출력한다.
- 5, 6번째 줄은 문자열의 요소 'A', 'B', 'C'를 집합 a의 요소로 추가한다. 집합 a는 {1, 2, 'AB', 'A', 'B', 'C'}가 되었고 출력의 둘째 줄에 출력한다.
- 8, 9번째 줄은 집합 a를 복사하여 또 다른 집합 b를 생성한다. 집합 b를 출력의 셋째 줄에 출력한다.

Output

```
{'AB', 1, 2}
{'A', 1, 2, 'C', 'AB', 'B'}
{'A', 1, 2, 'AB', 'B', 'C'}
```

39.4
요소의 제거 및 추출 remove & discard & pop & clear

집합.remove() 함수와 집합.discard() 함수에는 한 개의 값을 전달할 수 있는데, 둘 다 전달되는 값을 집합에서 찾아 제거시키는 역할을 한다. 집합.remove() 함수와 집합.discard() 함수의 차이점은 전달되는 값이 집합에 존재하지 않으면 집합.remove() 함수는 KeyError가 발생되지만 집합.discard() 함수는 에러를 발생시키지 않는다. 또한 집합.pop() 함수를 호출하면 집합의 임의의 요소를 반환 후 삭제한다. 마지막으로 집합.clear() 함수를 호출하면 집합 전체의 요소를 삭제한 후 공집합이 된다. 집합 a = {1, 2, 3, 4, 5}라고 할 때,

Core

```
a.remove(4)
a.discard(6)
```

a.remove() 함수에 4를 전달하여 집합 a의 요소 4를 제거한 후 a는 {1, 2, 3, 5}가 된다. a.discard() 함수에 6을 전달하면 집합 a는 요소 6이 없으므로 어떠한 요소도 제거되지 않고 a는 {1, 2, 3, 5}가 된다.

Core

```
s1 = a.pop()
a.clear()
```

a.pop() 함수를 호출하면 집합 a에서 임의의 값을 반환 후 삭제한다. 마지막으로 a.clear() 함수를 호출하면 집합 전체의 요소를 삭제 후 a는 공집합이 된다.

Coding

```
a = {1, 2, 3, 4, 5}
a.remove(4)
print(a)

a.discard(6)
print(a)

s1 = a.pop()
print(s1)
print(a)

```

```python
12  a.clear()
13  print(a)
```

Interpret

- 1번째 줄은 집합 a를 {1, 2, 3, 4, 5}로 초기화하였다.
- 2, 3번째 줄은 a.romove() 함수에 4를 전달하여 집합 a에서 요소 4를 제거한 후 집합 a는 {1, 2, 3, 5}가 되었고 출력의 첫째 줄에 출력한다.
- 5, 6번째 줄은 a.discard() 함수에 6을 전달하여 집합 a에서 요소 6을 제거하려고 하였으나 a에는 요소 6이 없으므로 어떠한 요소도 제거 없이 6번째 줄에서 {1, 2, 3, 5}를 출력의 둘째 줄에 출력한다.
- 8번째 줄은 집합 a에서 임의의 요소를 s1에 반환 후 삭제한다.
- 9, 10번째 줄에서 집합 a에서 삭제된 값과 집합 a를 출력의 셋째, 넷째 줄에 출력한다.
- 12, 13번째 줄에서 집합 a의 모두 요소를 삭제 후 공집합 set()이 되었고 집합 a를 출력의 다섯째 줄에 출력한다.

Output

```
{1, 2, 3, 5}
{1, 2, 3, 5}
1
{2, 3, 5}
set()
```

Tip

집합은 요소의 추가, 삽입, 삭제가 가능하다. 만일 튜플처럼 요소의 추가, 삽입, 삭제를 할 수 없게 하려면 frozenset() 함수에 반복 가능한 객체(iterable)를 전달하면 전달된 객체의 요소는 집합의 요소로 만들어지고 해당 집합은 요소의 추가, 삽입, 삭제를 할 수 없는 집합이 된다. 또한 집합은 집합을 요소로 가질 수 없지만 frozenset()을 이용하여 생성된 집합에는 집합을 요소로 가질 수 있다. 하지만 이 집합 또한 요소를 변경할 수 없는 frozenset 집합이어야만 한다.

39.5

합집합과 교집합 union & intersection

집합 a = {1, 2, 3}이고 b = {2, 3, 4, 5}라고 할 때,

Core

```
print(a | b)
```

같은 결과

```
print(a.union(b))
```

집합 a와 b에 있는 모든 요소로 만들어진 새로운 집합 {1, 2, 3, 4, 5}를 a와 b의 합집합이라고 하고, a | b 또는 a.union(b)로 나타낸다.

Core

```
print(a & b)
```

같은 결과

```
print(a.intersection(b))
```

집합 a와 b에 공통으로 있는 요소로 만들어진 새로운 집합 {2, 3}을 a와 b의 교집합이라고 하고, a & b 또는 a.intersection(b)로 나타낸다.

Core

```
print(a.isdisjoint(b))
```

집합.isdisjoint() 함수에 집합을 전달하면 두 집합에서 서로 겹치는 요소가 없는지 확인한다. 겹치는 요소가 없으면 True를 반환하고 있으면 False를 반환한다. a.isdisjoint() 함수에 집합 b를 전달하였다. 겹치는 요소 {2, 3}이 존재하므로 False를 반환한다.

Coding

```
1  a, b = {1, 2, 3}, {2, 3, 4, 5}
2
3  print(a | b)
4  print(a.union(b))
5  print(a & b)
6  print(a.intersection(b))
7  print(a.isdisjoint(b))
```

Interpret

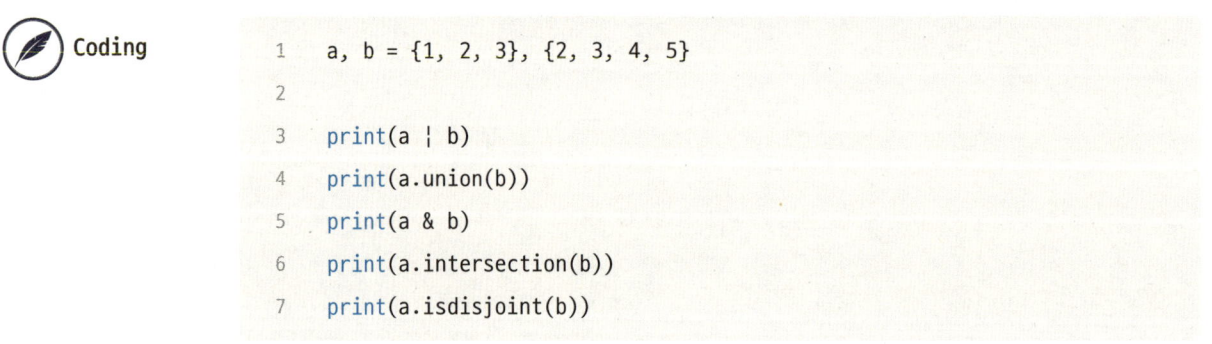

- 1번째 줄은 집합 a를 {1, 2, 3}으로 b를 {2, 3, 4, 5}로 초기화하였다.
- 3, 4번째 줄은 집합 a와 b의 합집합 {1, 2, 3, 4, 5}를 출력의 첫째, 둘째 줄에 출력한다.
- 5, 6번째 줄은 집합 a와 b의 교집합 {2, 3}을 출력의 셋째, 넷째 줄에 출력한다.

- 7번째 줄은 집합 a와 b에서 겹치는 요소 {2, 3}이 존재하므로 False를 출력의 다섯째 줄에 출력한다.

Output

```
{1, 2, 3, 4, 5}
{1, 2, 3, 4, 5}
{2, 3}
{2, 3}
False
```

39.6 차집합과 대칭차집합 difference & symmetric_difference

집합 a = {1, 2, 3}이고 b = {2, 3, 4, 5}라고 할 때,

Core

```
print(a - b)
```

같은 결과

```
print(a.difference(b))
```

집합 a에서 a & b의 교집합의 요소를 제거하여 만들어진 새로운 집합 {1}을 a와 b의 차집합이라고 하고, a - b 또는 a.difference(b)로 나타낸다.

Core

```
print(a ^ b)
```

같은 결과

```
print(a.symmetric_difference(b))
```

a ¦ b의 합집합에서 a & b의 교집합의 요소를 제거하여 만들어진 새로운 집합 {1, 4, 5}를 a와 b의 대칭차집합이라고 하고, a ^ b 또는 a.symmetric_difference(b)로 나타낸다.

Coding

```
a, b = {1, 2, 3}, {2, 3, 4, 5}

print(a - b)
print(a.difference(b))
print(a ^ b)
```

```
6   print(a.symmetric_difference(b))
```

Interpret

- 1번째 줄은 집합 a를 {1, 2, 3}으로 b를 {2, 3, 4, 5}로 초기화하였다.
- 3, 4번째 줄은 집합 a와 b의 차집합 {1}을 출력의 첫째, 둘째 줄에 출력한다.
- 5, 6번째 줄은 집합 a와 b의 대칭차집합 {1, 4, 5}를 출력의 셋째, 넷째 줄에 출력한다.

Output

```
{1}
{1}
{1, 4, 5}
{1, 4, 5}
```

39.7 집합의 연산

두 개의 집합에 대해서 합집합, 교집합, 차집합, 대칭차집합의 연산을 하면 다른 메모리 공간에 두 집합의 연산 결과를 만들어 반환한다. 그런데 다음과 같이 연산을 하면 다른 메모리 공간을 만드는 것이 아니라 참조(reference)의 연산을 하기 때문에 연산을 주관하는 집합이 변환된다. 집합 a = {1, 2, 3}이고 b = {2, 3, 4, 5}라고 할 때,

Core

```
a, b = {1, 2, 3}, {2, 3, 4, 5}
a |= b
```

같은 결과

```
a, b = {1, 2, 3}, {2, 3, 4, 5}
a.update(b)
```

집합 a가 a와 b의 합집합의 결과 {1, 2, 3, 4, 5}로 변환된다.

Core

```
a, b = {1, 2, 3}, {2, 3, 4, 5}
a &= b
```

같은 결과

```
a, b = {1, 2, 3}, {2, 3, 4, 5}
a.intersection_update(b)
```

집합 a가 a와 b의 교집합의 결과 {2, 3}으로 변환된다.

Core

```
a, b = {1, 2, 3}, {2, 3, 4, 5}
a -= b
```

같은 결과

```
a, b = {1, 2, 3}, {2, 3, 4, 5}
a.difference_update(b)
```

집합 a가 a와 b의 차집합의 결과 {1}로 변환된다.

Core

```
a, b = {1, 2, 3}, {2, 3, 4, 5}
a ^= b
```

같은 결과

```
a, b = {1, 2, 3}, {2, 3, 4, 5}
a.symmetric_difference_update(b)
```

집합 a가 a와 b의 대칭차합의 결과 {1, 4, 5}로 변환된다.

Coding

```
1   a, b = {1, 2, 3}, {2, 3, 4, 5}
2   a |= b        # a.update(b)와 같음
3   print(a)
4
5   a, b = {1, 2, 3}, {2, 3, 4, 5}
6   a &= b        # a.intersection_update(b)와 같음
7   print(a)
8
9   a, b = {1, 2, 3}, {2, 3, 4, 5}
10  a -= b        # a.difference_update(b)와 같음
11  print(a)
12
13  a, b = {1, 2, 3}, {2, 3, 4, 5}
14  a ^= b        # a.symmetric_difference_update(b)와 같음
15  print(a)
```

Interpret

- 2, 3번째 줄은 집합 a가 a와 b의 합집합의 결과 {1, 2, 3, 4, 5}로 변환되고 집합 a를 출력의 첫째 줄에 출력한다. a.update(b)를 호출하여도 결과는 같다.
- 6, 7번째 줄은 집합 a가 a와 b의 교집합의 결과 {2, 3}으로 변환되고 집합 a를 출력의 둘째 줄에 출력한다. a.intersection_update(b)를 호출하여도 결과는 같다.
- 10, 11번째 줄은 집합 a가 a와 b의 차집합의 결과 {1}로 변환되고 집합 a를 출력의 셋째 줄에 출력한다. a.difference_update(b)를 호출하여도 결과는 같다.
- 14, 15번째 줄은 집합 a가 a와 b의 대칭차집합의 결과 {1, 4, 5}로 변환되고 집합 a를 출력의 넷째 줄에 출력한다. a.symmetric_difference_update(b)를 호출하여도 결과는 같다.

Output

```
{1, 2, 3, 4, 5}
{2, 3}
{1}
{1, 4, 5}
```

Tip

연산을 하기 전에 id() 함수에 a를 전달하여 주소를 출력해보고 연산을 마친 후 다시 id() 함수에 a를 전달하여 주소를 출력해보면 두 개의 주소가 같음을 알 수 있다. 이것은 연산의 결과를 복사해서 새로운 주소로 할당한 것이 아니라 집합 a의 자체에서 연산이 발생되어 a의 값이 변경되었음을 알 수 있다.

39.8

부분집합과 상위집합 issubset & issuperset

집합 a를 {1, 2, 3}이라고 할 때, 집합 a의 요소들로 만들 수 있는 새로운 집합 set(), {1}, {2}, {3}, {1, 2}, {1, 3}, {2, 3}, {1, 2, 3}을 집합 a의 부분집합이라고 한다. 부분집합 중에서 자기 자신 {1, 2, 3}을 제외한 set(), {1}, {2}, {3}, {1, 2}, {1, 3}, {2, 3}을 집합 a의 진부분집합이라고 한다. 이때 반대로 부분집합에 대해서 집합 a를 상위집합이라고 하고 진부분집합에 대해서 집합 a를 진상위집합이라고 한다. 집합 a = {1, 2, 3}이고 b = {1, 2}라고 할 때,

Core

```
a, b = {1, 2, 3}, {1, 2}
print(a <= b)
```

같은 결과

```
a, b = {1, 2, 3}, {1, 2}
print(a.issubset(b))
```

집합 a가 집합 b의 부분집합이면 True를 반환하고 그렇지 않으면 False를 반환한다. 집합 a는 집합 b의 부분집합이아니므로 False를 반환한다.

Core

```
print(a < b)
```

집합 a가 집합 b의 진부분집합이면 True를 반환하고 그렇지 않으면 False를 반환한다. 집합 a는 집합 b의 진부분집합이 아니므로 False를 반환한다.

Core

```
a, b = {1, 2, 3}, {1, 2}
print(a >= b)
```

같은 결과

```
a, b = {1, 2, 3}, {1, 2}
print(a.issuperset(b))
```

집합 a가 집합 b의 상위집합이면 True를 반환하고 그렇지 않으면 False를 반환한다. 집합 a는 집합 b의 상위집합이므로 True를 반환한다.

Core

```
print(a > b)
```

집합 a가 집합 b의 진상위집합이면 True를 반환하고 그렇지 않으면 False를 반환한다. 집합 a는 집합 b의 진상위집합이므로 True를 반환한다.

Coding

```
1  a, b = {1, 2, 3}, {1, 2}
2  print(a <= b)
3  print(a.issubset(b))
4  print(a < b)
5
6  print(a >= b)
7  print(a.issuperset(b))
8  print(a > b)
```

Interpret

- 1번째 줄은 집합 a를 {1, 2, 3}으로 b를 {1, 2}로 초기화하였다.
- 2, 3번째 줄은 집합 a가 집합 b의 부분집합인지 확인하여 부분집합이면 True를 반환하고 부분집합이 아니면 False를 반환한다. 집합 a는 집합 b의 부분집합이 아니므로 출력의 첫째, 둘째 줄에 False를 출력한다.
- 4번째 줄은 집합 a가 집합 b의 진부분집합인지 확인하여 진부분집합이면 True를 반환하고 진부분집합이 아니면 False를 반환한다. 집합 a는 집합 b의 진부분집합이 아니므로 출력의 셋째 줄에 False를 출력한다.
- 6, 7번째 줄은 집합 a가 집합 b의 상위집합인지 확인하여 상위집합이면 True를 반환하고 상위집합이 아니면 False를 반환한다. 집합 a는 집합 b의 상위집합이므로 출력의 넷째, 다섯째 줄에 True를 출력한다.
- 8번째 줄은 집합 a가 집합 b의 진상위집합인지 확인하여 진상위집합이면 True를 반환하고 진상위집합이 아니면 False를 반환한다. 집합 a는 집합 b의 진상위집합이므로 출력의 여섯째 줄에 True를 출력한다.

Output

```
False
False
False
True
True
True
```

39.9 연습문제 Exercise

① 두 개의 문자열 A와 B를 입력받아 두 문자열의 합집합, 교집합, 차집합, 대칭차집합을 구하는 프로그램을 작성하여라.

Input Form 첫째 줄에는 문자열 A가 주어지고 두 번째 줄에는 문자열 B가 주어진다. 문자열의 길이는 최대 100자를 넘어가지 않고 중간에 공백이 주어질 수도 있다.

Output Form 첫째 줄에는 문자열 A와 B의 합집합을, 둘째 줄에는 교집합을, 셋째 줄에는 차집합을, 넷째 줄에는 대칭차집합을 출력의 예와 같이 집합의 형태로 각 줄에 출력하여라. 출력은 집합의 형태이기 때문에 출력되는 요소는 순서에 상관없이 출력하여도 된다.

Example

입력

```
good morning
good evening
```

출력

```
{'g', 'n', 'e', 'r', ' ', 'v', 'o', 'm', 'i', 'd'}
{'g', 'n', ' ', 'o', 'i', 'd'}
{'r', 'm'}
{'e', 'r', 'v', 'm'}
```

② 1 이상 1000 이하의 두 개의 정수 A와 B를 입력받아 두 정수의 공약수의 합을 구하여라.

Input Form 1 이상 1000 이하의 두 개의 정수가 한 개의 공백으로 분리되어 입력의 첫째 줄에 주어진다.

Output Form 주어진 두 정수의 공약수의 합을 출력의 첫째 줄에 출력하여라.

Example

입력	출력
10 20	18

입력	출력
100 200	217

Note 첫 번째 테스트 케이스에서 A의 약수는 {1, 2, 5, 10}이고 B의 약수는 {1, 2, 4, 5, 10, 20}이다. A와 B의 공약수는 {1, 2, 5, 10}이다.

두 번째 테스트 케이스에서 A의 약수는 {1, 2, 4, 5, 10, 20, 25, 50, 100}이고 B의 약수는 {1, 2, 4, 5, 8, 10, 20, 25, 40, 50, 100, 200}이다. A와 B의 공약수는 {1, 2, 4, 5, 10, 20, 25, 50, 100}이다.

1049

사칙연산

실행 제한시간 **1초**
메모리 사용 제한 **32MB**

오일러는 수학을 너무 좋아한다. 오일러는 사칙연산의 계산 결과에 대한 채점을 필요로 한다. 그러나 덤블도어 선생님이 너무나 바쁘다. 오일러에게 주어진 수학 문제에는 세 개의 정수 A, B, C가 주어진다. (A, B, C 범위 : 1 이상 1,000 이하) 그리고 덧셈, 뺄셈, 곱셈, 나눗셈을 수행한다. 연산자 우선순위에 상관없이 차례대로 첫 번째 연산을 수행한 후 다음으로 두 번째 연산을 수행한다. (예 : 4 + 5 × 9 = 9 × 9 = 81) 또한 나눗셈 연산은 나머지 없이 몫만 계산한다. (예 : 7 ÷ 3 = 2)

Input Form 첫째, 셋째, 다섯째 줄에는 정수 A, B, C가 차례로 주어지고 둘째 줄과 넷째 줄에는 연산기호 '+', '-', '*', '/' 중 하나가 주어진다.

Output Form 세 개의 정수에 대한 사칙연산 결과를 첫째 줄에 출력하여라.

Example

입력	출력
4 + 5 * 9	81

2035

장거리 달리기

실행 제한시간	1초
메모리 사용 제한	64MB

오일러는 왕국의 달리기 경주를 위해서 열심히 훈련 중이다. 오일러는 되도록 아주 멀리 갔다 오기를 원한다. 하지만 오일러는 반드시 M(1≤M≤10,000,000)초 이내에 다시 출발 지점으로 돌아와야만 한다.

달리기를 하는 코스는 언덕길, 평지길, 내리막길로 구분된 총 T(1≤T≤100,000)개 지형으로 나누어져 있고 각각의 지형 i의 거리는 서로 같다. 입력에서 지형 i를 나타내는 S_i에서 언덕길은 u, 평지길은 f, 내리막길은 d로 표현하기로 한다.

오일러가 언덕길을 달릴 때는 U(1≤U≤100)초가 소요되고, 평지길을 달릴 때는 F(1≤F≤100)초가 소요되고, 그리고 내리막길을 달릴 때는 D(1≤D≤100)초가 소요된다. 오일러는 반드시 출발점으로 되돌아와야 하고 출발점으로 되돌아올 때는 언덕길은 내리막길이 되고, 내리막길은 다시 언덕길이 된다는 것에 주의하여라.

Input Form

첫째 줄에는 다섯 개의 정수 M, T, U, F, D가 주어진다. 둘째 줄부터는 각각의 i번째 지형을 나타내는 S_i가 T줄에 걸쳐서 주어진다.

Output Form

오일러가 주어진 시간 안에 갔다 올 수 있는 가장 먼 거리(지형의 개수)를 첫째 줄에 출력하여라.

Example

입력	출력
13 5 3 2 1 u f u d f	3

Note

오일러가 주어진 시간 안에 되돌아오기 위해서는 3 + 2 + 3 + 1 + 2 + 1 = 12와 같은 코스를 선택해야만 할 것이다. 만일 더 멀리 가려고 시도한다면, 주어진 시간 안에 출발점에 돌아올 수 없을 것이다.

제40장

스캐닝 메소드 Scanning Method

φ 오일러BOOKS

일렬로 나열된 데이터가 주어질 때, 문제에서 요구하는 어떤 특정 구간과 그 구간의 길이를 구하고자 할 때가 있다. 아래와 같이 배열 a에 0 또는 1의 데이터가 주어질 때, 연속적으로 1이 발생되는 최대 구간의 길이와 그때의 위치를 구하는 것이 이번에 주어진 문제이다.

a[0]	a[1]	a[2]	a[3]	a[4]	a[5]	a[6]	a[7]	a[8]	a[9]	a[10]
╳	1	0	1	1	0	1	1	1	1	0

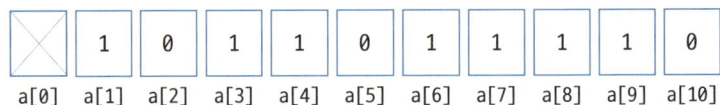

구간 [1, 1]에는 연속된 1이 한 개 발생되었고, 구간 [3, 4]에는 연속된 1이 2개 발생되었고 구간 [6, 9]에는 연속된 1이 4개 발생되었다. 여기서 연속적으로 1이 발생되는 최대 구간은 [6, 9]이고 구간의 길이는 4가 된다.

40.1

2중 for문과 sum() 함수

최대 구간의 길이를 구하기 위해서는 다소 무식한 방법이기는 하지만 2중 for문과 sum() 함수를 이용하여 모든 구간을 일일이 검사하는 방법이 있다. 즉 구간 [1, 1], [1, 2], [1, 3], … , [1, 10], [2, 2], [2, 3], … , [2, 10], [3, 3], … , [9, 10], [10, 10]과 같이 두 개의 구간을 결정한 다음에 다시 결정된 구간을 sum() 함수를 이용하여 1의 개수를 파악하는 방법이 있다.

Core

```
for i in range(1, 11):
    for j in range(i, 11):
```

시작 구간을 나타내는 for문 i는 1부터 10까지 회전하고, 도착 구간을 나타내는 for문 j는 시작 구간 이전에 올 수 없으므로 i부터 10까지 회전한다.

Core

```
cnt = sum(a[start:end + 1])
```

구간의 범위 i와 j가 결정되면 구간 사이에 연속된 1이 존재하는지 확인을 하기 위한 sum() 함수가 필요하다. 따라서 구간 [i, j]를 검사하기 위해서 sum() 함수를 통해서 1의 개수를 카운팅한다.

Core

```python
if j - i + 1 == cnt and maxv < cnt:
    maxv, lef, rig = cnt, i, j
```

1의 개수 카운팅이 완료된 다음에는 카운팅된 1의 개수와 구간의 길이가 같다면 구간 i부터 j까지는 모두 1로 채워졌다고 할 수 있다. 예를 들어서 구간 [3, 5]는 3, 4, 5로 구간의 길이는 5 - 3 + 1 = 3이 되고 카운팅된 1의 개수는 2개이기 때문에 구간 [3, 5]는 모두 1로 채워졌다고 할 수 없다. 하지만 구간 [6, 9]는 6, 7, 8, 9로 구간의 길이는 9 - 6 + 1 = 4가 되고 카운팅이 된 1의 개수는 4개이기 때문에 구간 [6, 9]는 모두 1로 채워졌다고 할 수 있다. 다시 정리하면 구간 [i, j]의 길이는 j - i + 1이 되고 구간의 범위에서 카운팅한 1의 개수와 구간의 길이가 같다면 구간 [i, j]는 0이 없이 모두 1로 채워져 있다고 판단할 수 있다. 그리고 cnt 값이 구간의 최대 길이 maxv 값을 갱신할 수 있으면 maxv 값과 구간의 시작 위치 i와 마지막 위치 j를 변경해준다. 모든 순환이 완료되면 maxv 값은 연속적으로 1이 발생된 구간의 최대 길이가 되고 lef는 시작 위치, rig는 마지막 위치가 된다.

Coding

```python
1   a = [-1, 1, 0, 1, 1, 0, 1, 1, 1, 1, 0]
2   maxv = 0
3   for i in range(1, 11):
4       for j in range(i, 11):
5           cnt = sum(a[i:j + 1])
6           if j - i + 1 == cnt and maxv < cnt:
7               maxv, lef, rig = cnt, i, j
8
9   print(lef, rig)
10  print(maxv)
```

Interpret

- 1번째 줄은 리스트 a를 초기화하였다. 리스트의 첫 번째 요소는 사용하지 않기 때문에 의미 없는 임의의 값 -1로 초기화하였고, 나머지 리스트의 요소는 1번 인덱스부터 10번 인덱스까지 차례로 1, 0, 1, 1, 0, 1, 1, 1, 1, 0의 값으로 초기화하였다.
- 2번째 줄에서 maxv는 최대 구간의 길이를 저장하기 위한 변수이므로 0으로 초기화하였다.
- 3, 4번째 줄은 구간을 결정하기 위한 순환문 i와 j이고 i는 시작 구간을 j는 도착 구간을 나타낸다. j는 시작 구간 i 이전에는 올 수 없으므로 i부터 순환한다.
- 5번째 줄은 구간 [i, j]에 대한 1의 개수를 카운팅한다.
- 6번째 줄에서 구간 [i, j]의 길이는 j - i + 1이므로 만일 j - i + 1과 카운팅 된 1의 개수가 같다면 구간 [i, j]는 모두 1로 채워졌다고 할 수 있기 때문에 가장 긴 구간의 길이 maxv보다 카운팅 된 cnt 값이 더 크다면 maxv 값을 갱신하고 구간의 시작 위치 i 값을 lef에 마지막 위치 j값을

rig에 저장한다.

- 모든 순환이 완료된 후 9번째 줄에서 가장 긴 구간의 시작 위치와 마지막 위치를 출력의 첫째 줄에 출력하고 10번째 줄에서 연속된 최대 구간의 길이를 둘째 줄에 출력한다.

Output

```
6 9
4
```

40.2

2중 for문과 누적합(Prefix Sum, Cumulative Sum)

구간 [i, j]에 몇 개의 1이 들어있는지 확인하기 위해서 sum() 함수를 호출하여 1의 개수를 매번 카운팅하게 된다면 많은 시간이 발생하게 된다. 물론 이렇게 sum() 함수를 이용하여 문제에서 요구하는 값을 구하는 것도 괜찮으나 데이터의 개수가 많아지게 된다면 상당히 많은 연산과 시간을 필요하게 된다. 그런데 앞장에서 배운 누적합(Prefix Sum, Cumulative Sum)을 이용한다면 sum() 함수의 호출 없이 구간 [i, j]에 들어있는 1의 개수를 바로 카운팅할 수 있다.

☒	1	1	2	3	3	4	5	6	7	7
s[0]	s[1]	s[2]	s[3]	s[4]	s[5]	s[6]	s[7]	s[8]	s[9]	s[10]

Core

```
for i in range(1, 11):
    s.append(s[i - 1] + a[i])
```

s[1]에는 구간 [1, 1]의 1의 개수를, s[2]에는 구간 [1, 2]의 1의 개수를, s[3]에는 구간 [1, 3]의 1의 개수를, … , s[i]에는 구간 1부터 i까지의 1의 개수를 s[1]부터 s[10]까지 미리 구해 놓는다.

Core

```
cnt = s[j] - s[i - 1];
```

구간 [i, j]에 있는 1의 개수를 카운팅하기 위해서 sum() 함수를 호출하는 것이 아니라 s[j] - s[i - 1] 값을 확인한다면 구간 i부터 j까지에 있는 1의 개수를 함수의 호출 없이 한 번의 연산으로 카운팅할 수 있다.

Coding

```
1  a = [-1, 1, 0, 1, 1, 0, 1, 1, 1, 1, 0]
2  s = [0]
3  maxv = 0
4
5  for i in range(1, 11):
6      s.append(s[i - 1] + a[i])
7
8  for i in range(1, 11):
9      for j in range(i, 11):
10         cnt = s[j] - s[i - 1]
11         if j - i + 1 == cnt and maxv < cnt:
12             maxv, lef, rig = cnt, i, j
13
14 print(lef, rig)
15 print(maxv)
```

Interpret

- 5, 6번째 줄은 구간 1부터 i까지의 누적합(Prefix Sum, Cumulative Sum)을 구하기 위한 순환문이다.
- 10번째 줄은 구간 [i, j]의 1의 개수를 카운팅하기 위해서 누적합(Prefix Sum, Cumulative Sum)을 이용하고 있다. 즉, 구간 1부터 j까지의 1의 개수 s[j]에서 구간 1부터 i - 1까지의 1의 개수 s[i - 1]를 빼면 구간 [i, j]의 1의 개수를 한 번의 연산으로 카운팅할 수 있다.

Output

```
6 9
4
```

40.3 1중 for문과 스캐닝 메소드 Scanning Method

지금 소개할 스캐닝 메소드(Scannig Method)를 이용한다면 한 번의 순환으로 위에서 제시한 문제를 해결할 수 있다. 마치 스캐너가 시작점에서 도착점으로 전체 내용을 스캔하듯이 한 번의 순환으로 구하고자 하는 문제를 해결할 수 있다고 해서 **스캐닝 메소드(Scanning Method)**라고 부른다.

처음에 구간의 시작 위치를 결정해야 하는데, 구간의 시작 위치는 깃발을 꽂아서 표시하도록 하자. 구간의 처음 시작 위치는 1이 된다.

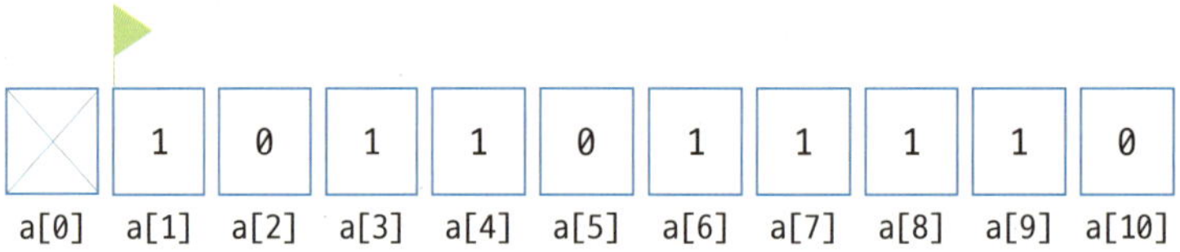

❶ i 값이 1일 때 : a[1] 값이 1이므로 cnt 값을 1 증가시킨다. cnt 값은 1이 되었다. 그리고 cnt 값이 maxv 값을 갱신할 수 있는지 확인한다. cnt 값이 maxv보다 크므로 maxv 값은 1이 되고 구간의 시작 위치는 깃발의 위치가 되고 마지막 위치는 현재의 위치 i가 된다. (maxv = 1, lef = 1, rig = 1)

❷ i 값이 2일 때 : a[2] 값이 0이므로 지금까지 계산되었던 좌측 구간 [1, 1]은 의미가 없어지게 된다. 새롭게 출발하기 위해서 cnt 값을 0으로 초기화한 후, 다음을 위해서 깃발의 위치를 3으로 옮겨놓는다.

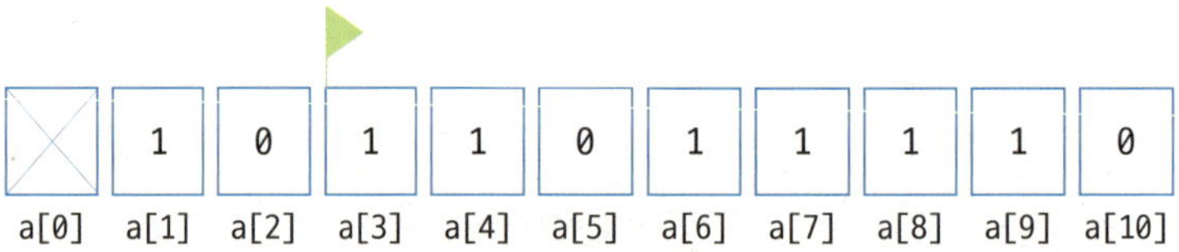

❸ i 값이 3일 때 : a[3] 값이 1이므로 cnt 값을 1 증가시킨다. cnt 값은 1이 되었다. 그리고 cnt 값이 maxv 값을 갱신할 수 있는지 확인한다. cnt 값이 maxv 값을 갱신할 수 없으므로 maxv 값은 그대로 유지된다. (maxv = 1, lef = 1, rig = 1)

❹ i 값이 4일 때 : a[4] 값이 1이므로 cnt 값을 1 증가시킨다. cnt 값은 2가 되었다. 그리고 cnt 값이 maxv 값을 갱신할 수 있는지 확인한다. cnt 값이 maxv보다 크므로 maxv 값은 2가 되고 구간의 시작 위치는 깃발의 위치가 되고 마지막 위치는 현재의 위치 i가 된

다. (maxv = 2, lef = 3, rig = 4)

❺ i 값이 5일 때 : a[5] 값이 0이므로 지금까지 계산되었던 좌측 구간은 의미가 없어지게 된다. 새롭게 출발하기 위해서 cnt 값을 0으로 초기화한 후, 다음을 위해서 깃발의 위치를 6으로 옮겨놓는다.

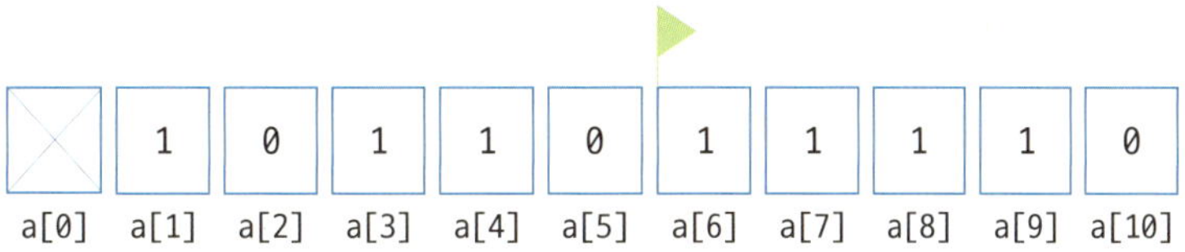

❻ i 값이 6일 때 : a[6] 값이 1이므로 cnt 값을 1 증가시킨다. cnt 값은 1이 되었다. 그리고 cnt 값이 maxv 값을 갱신할 수 있는지 확인한다. cnt 값이 maxv 값을 갱신할 수 없으므로 maxv 값은 그대로 유지된다. (maxv = 2, lef = 3, rig = 4)

❼ i 값이 7일 때 : a[7] 값이 1이므로 cnt 값을 1 증가시킨다. cnt 값은 2가 되었다. 그리고 cnt 값이 maxv 값을 갱신할 수 있는지 확인한다. cnt 값이 maxv 값을 갱신할 수 없으므로 maxv 값은 그대로 유지된다. (maxv = 2, lef = 3, rig = 4)

❽ i 값이 8일 때 : a[8] 값이 1이므로 cnt 값을 1 증가시킨다. cnt 값은 3이 되었다. 그리고 cnt 값이 maxv 값을 갱신할 수 있는지 확인한다. cnt 값이 maxv보다 크므로 maxv 값은 3이 되고 구간의 시작 위치는 깃발의 위치가 되고 마지막 위치는 현재의 위치 i가 된다. (maxv = 3, lef = 6, rig = 8)

❾ i 값이 9일 때 : a[9] 값이 1이므로 cnt 값을 1 증가시킨다. cnt 값은 4가 되었다. 그리고 cnt 값이 maxv 값을 갱신할 수 있는지 확인한다. cnt 값이 maxv보다 크므로 maxv 값은 4가 되고 구간의 시작 위치는 깃발의 위치가 되고 마지막 위치는 현재의 위치 i가 된다. (maxv = 4, lef = 6, rig = 9)

❿ i 값이 10일 때 : a[10] 값이 0이므로 지금까지 계산되었던 좌측 구간은 의미가 없어지게 된다. 새롭게 출발하기 위해서 cnt 값을 0으로 초기화한 후, 깃발의 위치를 다음 위치 11로 옮겨놓는다.

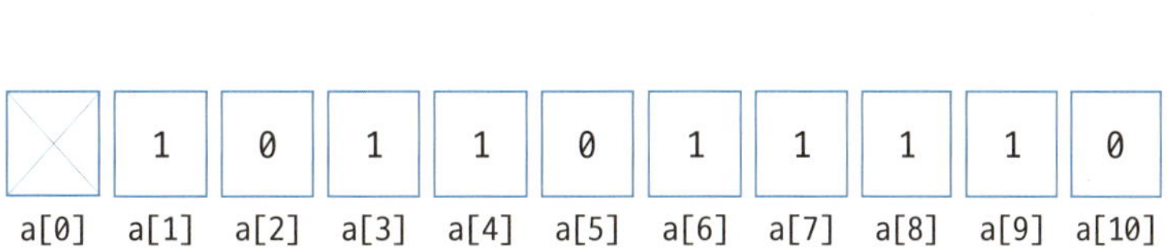

이와 같은 방법으로 i 값이 1부터 10까지 한 번의 순환만으로 연속된 1의 최대 구간의 길이와 구간의 위치를 구할 수 있다.

Coding

```
1   a = [-1, 1, 0, 1, 1, 0, 1, 1, 1, 1, 0]
2   maxv, cnt, flag = 0, 0, 1
3   for i in range(1, len(a)):
4       if a[i] == 1:
5           cnt += 1
6           if maxv < cnt:
7               maxv, lef, rig = cnt, flag, i
8       else:
9           cnt, flag = 0, i + 1
10
11  print(lef, rig)
12  print(maxv)
```

Interpret

- 2번째 줄에서 flag는 구간의 시작 위치를 나타내므로 1로 초기화하였다.
- 3번째 줄부터 9번째 줄은 스캐닝 메소드(Scanning Method)를 이용해서 연속된 최대 구간의 길이와 위치를 구하기 위한 순환문이다.
- 만일 a[i] 값이 1이면 5번째 줄에서 cnt 값을 증가시킨다.
- 6, 7번째 줄은 가장 긴 구간의 길이 maxv보다 카운팅된 cnt 값이 더 크면 7번째 줄에서 maxv 값을 갱신하고 구간의 시작 위치 lef에는 flag 값을, 마지막 위치 rig에는 i 값을 저장한다.
- 9번째 줄은 만일 a[i] 값이 0이면 새 출발을 하기 위해서 cnt 값은 0으로 flag 값은 다음을 위해서 i + 1번째로 초기화한다.

Output

```
6 9
4
```

물론 여기서 설명을 하기 위해서 cnt 변수를 두었지만 cnt 변수를 따로 두지 않고 i - flag + 1로써 구간의 길이를 한 번에 계산할 수도 있다.

Coding

```python
1   a = [-1, 1, 0, 1, 1, 0, 1, 1, 1, 1, 0]
2   maxv, flag = 0, 1
3   for i in range(1, len(a)):
4       if a[i] == 1:
5           if maxv < i - flag + 1:
6               maxv, lef, rig = i - flag + 1, flag, i
7       else:
8           flag = i + 1
9
10  print(lef, rig)
11  print(maxv)
```

Interpret

- 4번째 줄부터 6번째 줄은 a[i] 값이 1이면 5번째 줄에서 가장 긴 구간의 길이 maxv보다 구간의 길이 i - flag + 1이 더 크면 6번째 줄에서 maxv 값을 갱신하고 구간의 시작 위치 lef에는 flag 값을, 마지막 위치 rig에는 i 값을 저장한다.
- 여기서 조심해야 할 것이 있는데 만일 4번째 줄부터 8번째 줄의 문장을 아래와 같이 작성하게 되면 어떻게 될까?

Core

```python
for i in range(1, len(a)):
    if a[i] == 1 and maxv < i - flag + 1:
        maxv, lef, rig = i - flag + 1, flag, i
    else:
        flag = i + 1
```

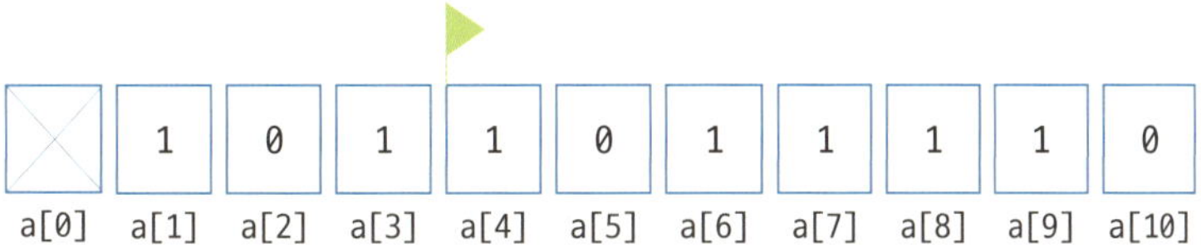

- i 값이 3일 경우 a[i] == 1의 조건을 만족시키나 maxv 값을 갱신하지 못하므로 else문으로 이동된다. 즉, flag의 이동은 a[i]의 값이 0일 경우에만 이동되어야 하는데 a[i]의 값이 1인 경우에도 flag의 이동이 발생하게 되어 원하는 결과를 얻을 수 없다. 따라서 중첩된 if문을 and 연산으로 묶기 전에는 항상 논리적으로 타당한지를 신중하게 한 번 더 생각해 볼 필요가 있다.

Output

```
6 9
4
```

40.4 연습문제 Exercise

10개의 정수가 주어지면 같은 숫자가 연속적으로 가장 길게 나온 정수는 어떤 수이고 그리고 그때의 최장 길이는 얼마인지 구하여라. 예를 들어서 아래와 같은 정수가 주어지면

1	3	3	1	1	1	7	7	7	7

구간 [1, 1]에서 1이 연속해서 1번 나왔고, 구간 [2, 3]에서 3이 연속해서 2번 나왔고, 구간 [4, 6]에서 1이 연속해서 3번 나왔고, 구간 [7, 10]에서 7이 연속해서 4번 나왔다.

Input Form 첫째 줄에는 10개의 정수가 각각 한 개의 공백으로 분리되어 주어진다. 주어지는 정수는 1 이상 100 이하의 정수이다.

Output Form 같은 숫자가 연속적으로 가장 길게 나온 정수를 첫째 줄에 출력하고 그때의 길이를 둘째 줄에 출력하여라. 만일 최장 길이가 같은 정수가 둘 이상 주어진다면 먼저 주어진 정수를 선택하도록 한다.

Example

입력	출력
1 3 3 1 1 1 7 7 7 7	7 4

Note a[i - 1] 값과 a[i] 값이 같으면 카운팅하고 a[i - 1] 값과 a[i] 값이 같지 않으면 이전까지의 구간은 의미가 없으므로 cnt를 0으로 초기화한다.

1078

서로 다른 구슬

실행 제한시간	**1초**
메모리 사용 제한	**32MB**

그동안 모은 파란색 구슬과 오렌지색 구슬(그들은 1과 0으로 표현된다.) N(1≤N≤80)개가 마루바닥 위에 일렬로 길게 놓여있다. 오일러는 길게 놓인 이 구슬들을 정돈해야 한다. 오일러는 길게 놓인 구슬의 앞부분부터 차례로 정돈해야 하는데 서로 다른 색의 구슬은 한 번에 같이 주울 수 없기 때문에 파란색 구슬만을 주웠으면 다음에는 오렌지색 구슬만을 줍고, 마찬가지고 오렌지색 구슬만을 주웠으면 다음에는 파란색 구슬만을 주워야 한다. 오일러는 다른 색의 구슬을 줍기 위해서 중간에 휴식을 갖는다. 우리는 오일러가 가질 수 있는 휴식의 수를 구하면 된다.

Input Form 첫째 줄에는 구슬의 개수 N이 주어진다. 둘째 줄에는 구슬의 색을 나타내는 0 또는 1이 앞부분부터 차례로 N개가 주어진다.

Output Form 마루 위에 놓인 모든 구슬을 줍기까지 오일러가 몇 번의 휴식을 가질 수 있는지를 첫째 줄에 출력하여라.

Example

입력	출력
6 1 0 0 1 1 1	2

1076

음표

실행 제한시간	1초
메모리 사용 제한	32MB

C장조는 8개의 음으로 구성되어 있다. : c d e f g a h C

이 문제를 위해서 우리는 8개의 음을 1부터 8까지 고유의 숫자로 사용하도록 하자. 음의 구성은 1부터 8까지 차례로 음이 올라가는 오름차순(ascending), 8부터 1까지 차례로 음이 내려가는 내림차순(descending) 또는 서로 혼합(mixed)되어 구성되어 있다. 8개의 음표가 주어지면 주어지는 음표들이 오름차순인지 또는 내림차순인지 아니면 혼합인지를 결정하여라.

Input Form 8개의 음을 나타내는 1부터 8까지의 범위를 갖는 8개의 정수가 각각 한 개의 공백으로 분리되어 첫째 줄에 주어진다. 각각의 정수는 오직 한 번만 입력으로 주어진다.

Output Form 주어진 음표들이 오름차순이면 'ascending'을, 내림차순이면 'descending'을, 오름차순도 아니고 내림차순도 아니면 'mixed'를 첫째 줄에 출력하여라.

Example

입력	출력
1 2 3 4 5 6 7 8	ascending

입력	출력
8 7 6 5 4 3 2 1	descending

입력	출력
8 1 7 2 6 3 5 4	mixed

1125

선물

실행 제한시간	1초
메모리 사용 제한	32MB

이번 휴일에 오일러는 그의 가족들을 위한 선물을 구입하려고 한다. 그래서 그는 시간을 내어 호그와트에 있는 유명한 선물 가게를 방문하였다. 오일러는 적당한 선물을 고른 뒤 계산을 하기 위해서 계산대로 갔고 그곳에 이미 N명의 사람들이 줄을 서 있는 것을 발견하였다. 운 좋게도 오일러는 줄을 서 있는 사람들은 여러 명이 단체로 온 그룹도 있고 또는 개별로 혼자 서 있는 사람도 있음을 알아차렸다. 그룹의 구성원들은 물건을 구입하기 원하는 사람의 친구들이며 그 친구가 물건을 구입할 때까지 같이 기다린다. 그리고 친구가 물건을 구입하자마자 그룹에 속한 그들은 그 줄에서 모두 나오게 된다. 같은 그룹의 구성원들 사이에 다른 그룹의 구성원이 서 있는 경우는 없고 같은 그룹은 모두 같은 색의 셔츠를 입고 있다. 그리고 인접한 두 개의 그룹이 또는 인접한 그룹과 개인이 또는 인접한 개인과 개인이 같은 색의 셔츠를 입고 있는 경우는 없다.

일렬로 서있는 구성원들의 데이터가 주어지면 오일러는 몇 번째에 계산하게 되는지를 구하는 프로그램을 작성하여라.

Input Form 첫째 줄에는 한 줄로 서 있는 구성원의 수를 나타내는 한 개의 정수 N(1≤N≤25)이 주어진다. 둘째 줄부터는 N개의 줄에 걸쳐서 i번째 사람이 입고 있는 셔츠의 색깔을 나타내는 한 개의 영문 알파벳 대문자가 각 줄에 주어진다.

Output Form 문제에서 요구하는 정답을 첫째 줄에 출력하여라.

Example

입력	출력
6 C C P C Z Z	5

Note

첫 번째 계산은 같은 색의 셔츠를 입고 있는 두 명으로 이루어진 그룹이다. 두 번째 계산은 개인 혼자이며, 세 번째 계산도 개인 혼자이고, 네 번째 계산은 같은 색의 셔츠를 입고 있는 두 명으로 이루어진 그룹이고 마지막으로 다섯 번째에 오일러가 계산하게 된다.

2069

아침운동

실행 제한시간	1초
메모리 사용 제한	64MB

매일 아침 오일러는 왕국 시민들의 건강을 위해서 시민들을 이끌고 운동장에 집합한다. 그리고 시민들에게 2줄로 줄을 서 줄 것을 요구하였다. 오일러는 이 운동을 지휘하기 위해서 이미 운동장을 2 × N(1≤N≤100)의 격자 모양으로 정리를 하였다. 즉, 운동을 하기 위한 장소는 2N의 격자 형태로 되어 있다고 생각하여라. 오일러가 운동을 하기 위한 모든 준비를 끝마쳤을 때, 몇몇 위치에는 나무가 자라고 있다는 것을 깨달았고 당연히 시민들은 나무의 꼭대기 위에서는 운동을 할 수 없다는 것을 알았다.

이 운동은 그룹으로 여러 사람이 함께 모여서 운동을 해야 하기 때문에 어쩔 수 없이 오일러는 운동장의 일부분만을 사용할 수 밖에 없을 것이다. 따라서 오일러는 한 번에 운동장에 2줄로 최대한 많은 시민들이 설 수 있는 장소를 찾기를 원하고 있다. 여러분은 운동장에서 한 번에 2줄로 설 수 있는 최대 인원은 몇 명인지 구하여라. 운동을 해야 하는 인원은 반드시 2 × K(K≤N)명이어야만 한다는 것을 명심하여라. (각각의 열에는 반드시 2명의 사람이 배치될 수 있어야 한다.)

Input Form 첫째 줄에는 운동장의 길이를 나타내는 정수 N이 주어진다. 둘째 줄부터는 운동장의 상태를 나타내는 두 개의 정수가 N줄에 걸쳐서 주어지는데 1은 격자의 위치에 나무가 있음을 나타내고 0은 평지를 나타낸다.

Output Form 한 번에 운동을 할 수 있는 최대 인원수를 첫째 줄에 출력하여라.

Example

입력	출력
7 0 0 1 0 1 1 0 0 0 0 0 0 0 1	6

코딩 마법서

1권 STONE VERSION

코딩테스트와
인공지능을 위한
파이썬

YouTube

유튜브 채널 '오일러TV'에서
본 교재의 동영상 강의를 볼 수 있습니다.

코딩 마법서

1권 STONE VERSION

코딩테스트와 인공지능을 위한 파이썬

저자 오일러, 김성은

φ 오일러BOOKS

목차

제8장 오일러 온라인 저지(오일러OJ)

제9장 여러 개의 데이터 입력

제10장 연산자 Operator

제11장 조건문 if

제12장 조건문 if else

제13장 논리 연산자 Logical Operator

제14장 복합 if문

제15장 순환문 for

제16장 가우스 계산법 Gauss

제17장 배수와 약수 Multiple and Divisor

제18장 완전수 Perfect Number

제19장 팩토리얼 Factorial

제20장 중첩 순환문 for

제21장 기초테스트 I

제22장 순환문 while

제23장 완전제곱수 Perfect Square Number

제24장 팔린드롬 Palindrome

제25장 소수 Prime Number

제26장 보조제어문 break & continue & pass

제27장 콜라츠 추측 Collatz Conjecture

제28장 리스트 list

제37장 형상수 Figulate Number

제38장 누적합 Prefix Sum, Cumulative Sum

제39장 집합 set

제40장 스캐닝 메소드 Scanning Method

코딩마법서

1권 STONE VERSION

코딩테스트와 인공지능을 위한 파이썬

Solution

φ 오일러BOOKS

연습문제 ❶번 문제풀이

Solution

```
print('#')
print('##')
print('###')
print('####')
print('#####')
```

Interpret - 각 줄에 print()문을 한 개씩 두어 5개의 줄에 걸쳐서 출력한다.

가끔가다가 아래와 같이 print()문 한 개를 사용하여 전체 내용을 출력하는 사람도 있다. 물론 아래와 같이 작성했다고 해서 프로그램이 틀렸다는 것은 아니다. 하지만 만일 소스 코드가 조금만 복잡해지면 아래와 같이 작성한 코드는 가독성이 떨어져 프로그램을 실행해보기 전까지 어떠한 내용인지 알아보기 어려울 수 있다. 필자는 소스 코드의 가독성을 위해서 아래와 같이 작성하기보다는 위와 같이 작성하는 것을 적극적으로 권장한다.

Solution

```
print('#\n##\n###\n####\n#####')
```


연습문제 ❷번 문제풀이

Core

```
print('    #    ')
```

같은 결과

```
print('    #')
```

'#' 문자 다음에 공백을 넣어서 줄 내림을 하거나, 공백을 넣지 않고 줄 내림을 하거나 출력되는 결과는 같다.

Solution

```python
print('    #')
print('   ###')
print('  #####')
print(' #######')
print('#########')
print(' #######')
print('  #####')
print('   ###')
print('    #')
```

Interpret

- 각 줄에 print()문을 한 개씩 두어 9개의 줄에 걸쳐서 출력한다.

제3장 print()문

연습문제 ❸번 문제풀이

Solution

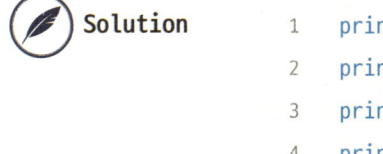

```python
print('EEEEEEE U     U L       EEEEEEE RRRRRR')
print('E       U     U L       E       R     R')
print('EEEEEEE U     U L       EEEEEEE RRRRRRR')
print('E       U     U L       E       R    R')
print('EEEEEEE UUUUUUU LLLLLLL EEEEEEE R     R')
```

Interpret

- 각 줄에 print()문을 한 개씩 두어 5개의 줄에 걸쳐서 출력한다.

제4장 사칙연산과 정수형 포맷팅

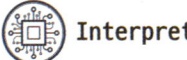

연습문제 ❶번 문제풀이

Solution

```python
print(10, '//', 8, '=', 10 // 8)
print(10, '%', 8, '=', 10 % 8)
```

Interpret

- 1번째 줄은 몫 연산자를 이용하여 10과 8에 대한 연산 과정과 결과를 출력한다.
- 2번째 줄은 나머지 연산자를 이용하여 10과 8에 대한 연산 과정과 결과를 출력한다.

제4장 사칙연산과 정수형 포맷팅

연습문제 ❷번 문제풀이

정수형 포맷팅 %10d를 사용하면 자릿수 10자리를 차지하며 오른쪽 정렬하여 출력할 수 있다.

Core

```
print('%10d' % 1)
```

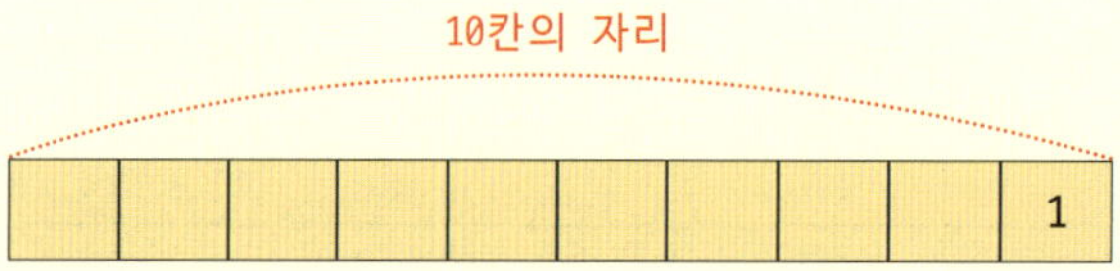

Solution

```
1  print('%10d' % 1)
2  print('%10d' % 11)
3  print('%10d' % 111)
4  print('%10d' % 1111)
5  print('%10d' % 11111)
6  print('----------')
7  print('%10d' % (1 + 11 + 111 + 1111 + 11111))
```

Interpret

- 1번째 줄은 10자리를 차지하며 1을 오른쪽 정렬하여 첫째 줄에 출력한다.
- 2번째 줄은 10자리를 차지하며 11을 오른쪽 정렬하여 둘째 줄에 출력한다.
- 3번째 줄은 10자리를 차지하며 111을 오른쪽 정렬하여 셋째 줄에 출력한다.
- 4번째 줄은 10자리를 차지하며 1111을 오른쪽 정렬하여 넷째 줄에 출력한다.
- 5번째 줄은 10자리를 차지하며 11111을 오른쪽 정렬하여 다섯째 줄에 출력한다.
- 6번째 줄은 '-' 모양 10개를 여섯째 줄에 출력한다.
- 7번째 줄은 10자리를 차지하며 1 + 11 + 111 + 1111 + 11111의 결괏값인 12345를 오른쪽 정렬하여 일곱째 줄에 출력한다.

제4장 사칙연산과 정수형 포맷팅

연습문제 ❸번 문제풀이

Solution

```
1  print('%5d' % 22222)
2  print('%5d' % 2222)
3  print('%5d' % 222)
4  print('%5d' % 22)
5  print('%5d' % 2)
6  print('-----')
7  print('%5d' % (22222 - 2222 - 222 - 22 - 2))
```

Interpret

- 1번째 줄은 5자리를 차지하며 22222를 오른쪽 정렬하여 첫째 줄에 출력한다.
- 2번째 줄은 5자리를 차지하며 2222를 오른쪽 정렬하여 둘째 줄에 출력한다.
- 3번째 줄은 5자리를 차지하며 222를 오른쪽 정렬하여 셋째 줄에 출력한다.
- 4번째 줄은 5자리를 차지하며 22를 오른쪽 정렬하여 넷째 줄에 출력한다.
- 5번째 줄은 5자리를 차지하며 2를 오른쪽 정렬하여 다섯째 줄에 출력한다.
- 6번째 줄은 '-' 모양 5개를 여섯째 줄에 출력한다.
- 7번째 줄은 5자리를 차지하며 22222 - 2222 - 222 - 22 - 2의 결괏값인 19754를 오른쪽 정렬하여 일곱째 줄에 출력한다.

제5장 실수형 포멧팅

연습문제 ❶번 문제풀이

실수형 포맷팅 %10.3f를 사용하면 자릿수 10자리를 차지하며 소수점 셋째 자리(소수점 넷째 자리에서 반올림)까지 오른쪽 정렬하여 출력할 수 있다.

Core

```
print('%10.3f' % 12.345)
```

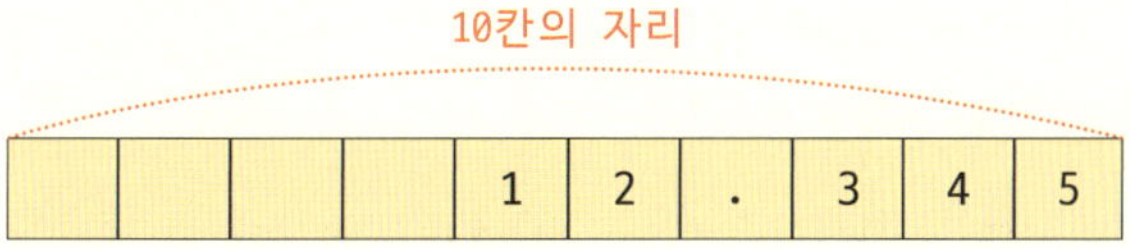

Solution

```python
1 print('%10.3f' % 12.345)
2 print('%10.3f' % 34.567)
3 print('%10.3f' % 56.789)
4 print('%10.3f' % 456.789)
5 print('----------')
6 print('%10.3f' % (12.345 + 34.567 + 56.789 + 456.780))
```

Interpret

- 1번째 줄은 10자리를 차지하며 12.345를 오른쪽 정렬하여 첫째 줄에 출력한다.
- 2번째 줄은 10자리를 차지하며 34.567을 오른쪽 정렬하여 둘째 줄에 출력한다.
- 3번째 줄은 10자리를 차지하며 56.789를 오른쪽 정렬하여 셋째 줄에 출력한다.
- 4번째 줄은 10자리를 차지하며 456.780을 오른쪽 정렬하여 넷째 줄에 출력한다.
- 5번째 줄은 '-' 모양 10개를 다섯째 줄에 출력한다.
- 6번째 줄은 10자리를 차지하며 12.345 + 34.567 + 56.789 + 456.780의 결괏값인 560.481을 오른쪽 정렬하여 여섯째 줄에 출력한다.

제5장 실수형 포멧팅

연습문제 ❷번 문제풀이

Solution

```python
1 print('%10.3f' % 12.5672)
2 print('%10.3f' % 456.7769)
3 print('%10.3f' % 123456.78)
4 print('%10.3f' % 4567.5678)
5 print('%10.3f' % 6712.34523)
```

Interpret

- 1번째 줄은 10자리를 차지하며 12.567(12.5672를 소수점 넷째 자리에서 반올림)을 오른쪽 정렬하여 첫째 줄에 출력한다.
- 2번째 줄은 10자리를 차지하며 456.777(456.7769를 소수점 넷째 자리에서 반올림)을 오른쪽 정렬하여 둘째 줄에 출력한다.
- 3번째 줄은 10자리를 차지하며 123456.780(123456.78을 소수점 넷째 자리에서 반올림)을 오른쪽 정렬하여 셋째 줄에 출력한다.
- 4번째 줄은 10자리를 차지하며 4567.568(4567.5678을 소수점 넷째 자리에서 반올림)을 오른쪽

정렬하여 넷째 줄에 출력한다.

- 5번째 줄은 10자리를 차지하며 6712.345(6712.34523을 소수점 넷째 자리에서 반올림)를 오른쪽 정렬하여 다섯째 줄에 출력한다.

연습문제 ❶번 문제풀이

Solution

```
1 a, b = 54, 32
2 print(a, '+', b, '=', a + b)
3 print(a, '-', b, '=', a - b)
4 print(a, '*', b, '=', a * b)
5 print(a, '/', b, '=', a / b)
```

Interpret

- 1번째 줄은 변수 a, b를 54와 32로 초기화하였다.
- 2번째 줄은 a와 b의 덧셈 과정과 a + b의 값 86을 출력한다.
- 3번째 줄은 a와 b의 뺄셈 과정과 a - b의 값 22를 출력한다.
- 4번째 줄은 a와 b의 곱셈 과정과 a * b의 값 1728을 출력한다.
- 5번째 줄은 a와 b의 나눗셈 과정과 a / b의 값 1.6875를 출력한다.

연습문제 ❷번 문제풀이

Solution

```
a, b = 12.34, 23.12
print(a, '+', b, '=', round(a + b, 2))
print(a, '-', b, '=', round(a - b, 2))
print(a, '*', b, '=', round(a * b, 2))
print(a, '/', b, '=', round(a / b, 2))
```

Interpret

- 1번째 줄은 변수 a와 b를 12.34와 23.12로 초기화하였다.
- 2번째 줄은 a와 b의 덧셈 과정과 a + b의 값 35.46을 소수점 둘째 자리까지(셋째 자리 반올림) 출력한다.
- 3번째 줄은 a와 b의 뺄셈 과정과 a - b의 값 -10.78을 소수점 둘째 자리까지(셋째 자리 반올림) 출력한다.
- 4번째 줄은 a와 b의 곱셈 과정과 a * b의 값 285.3을 소수점 둘째 자리까지(셋째 자리 반올림) 출력한다.
- 5번째 줄은 a와 b의 나눗셈 과정과 a / b의 값 0.53을 소수점 둘째 자리까지(셋째 자리 반올림) 출력한다.

제7장 데이터 입력 Data Input

연습문제 ❶번 문제풀이

Solution

```
1 a = int(input())
2 b = int(input())
3 print(a, '+', b, '=', a + b, sep = '')
4 print(a, '-', b, '=', a - b, sep = '')
5 print(a, '*', b, '=', a * b, sep = '')
6 print(a, '/', b, '=', a / b, sep = '')
7 print(a, '//', b, '=', a // b, sep = '')
8 print(a, '%', b, '=', a % b, sep = '')
```

Interpret

- 1번째 줄은 입력의 첫째 줄로 변수 a에 한 개의 정수를 입력받는다.
- 2번째 줄은 입력의 둘째 줄로 변수 b에 한 개의 정수를 입력받는다.
- 3번째 줄은 a와 b의 덧셈 과정과 a + b의 값을 출력한다.
- 4번째 줄은 a와 b의 뺄셈 과정과 a - b의 값을 출력한다.
- 5번째 줄은 a와 b의 곱셈 과정과 a * b의 값을 출력한다.
- 6번째 줄은 a와 b의 나눗셈 과정과 a / b의 값을 출력한다.
- 7번째 줄은 a와 b의 몫을 구하는 과정과 a // b의 값을 출력한다.
- 8번째 줄은 a와 b의 나머지를 구하는 과정과 a % b의 값을 출력한다.
- 각 줄의 마지막 sep에 빈 문자열을 지정하여 공백을 발생시키지 않았다.

연습문제 ❷번 문제풀이

Solution

```
1  a = float(input())
2  b = float(input())
3  print(a, '+', b, '=', round(a + b, 2), sep = '')
4  print(a, '-', b, '=', round(a - b, 2), sep = '')
5  print(a, '*', b, '=', round(a * b, 2), sep = '')
6  print(a, '/', b, '=', round(a / b, 2), sep = '')
```

Interpret

- 1번째 줄은 입력의 첫째 줄로 변수 a에 한 개의 실수를 입력받는다.
- 2번째 줄은 입력의 둘째 줄로 변수 b에 한 개의 실수를 입력받는다.
- 3번째 줄은 a와 b의 덧셈 과정과 a + b의 값을 소수점 둘째 자리까지(셋째 자리 반올림) 출력한다.
- 4번째 줄은 a와 b의 뺄셈 과정과 a - b의 값을 소수점 둘째 자리까지(셋째 자리 반올림) 출력한다.
- 5번째 줄은 a와 b의 곱셈 과정과 a * b의 값을 소수점 둘째 자리까지(셋째 자리 반올림) 출력한다.
- 6번째 줄은 a와 b의 나눗셈 과정과 a / b의 값을 소수점 둘째 자리까지(셋째 자리 반올림) 출력한다.
- 각 줄의 마지막 sep에 빈 문자열을 지정하여 공백을 발생시키지 않았다.

제8장 오일러 온라인 저지(오일러OJ)

1000 A+B Problem

실행 제한시간	**1초**
메모리 사용 제한	**8MB**

Solution

```
1  a = int(input())
2  a = int(input())
3  print(a + b)
```

Interpret

- 1번째 줄은 입력의 첫째 줄로 변수 a에 한 개의 정수를 입력받는다.
- 2번째 줄은 입력의 둘째 줄로 변수 b에 한 개의 정수를 입력받는다.
- 3번째 줄은 a + b의 값을 출력의 첫째 줄에 출력한다.

제8장 오일러 온라인 저지(오일러OJ)

1002 구구단

실행 제한시간	1초
메모리 사용 제한	32MB

Solution

```python
1  a = int(input())
2  print(a, '*', 1, '=', a * 1, sep = '')
3  print(a, '*', 2, '=', a * 2, sep = '')
4  print(a, '*', 3, '=', a * 3, sep = '')
5  print(a, '*', 4, '=', a * 4, sep = '')
6  print(a, '*', 5, '=', a * 5, sep = '')
7  print(a, '*', 6, '=', a * 6, sep = '')
8  print(a, '*', 7, '=', a * 7, sep = '')
9  print(a, '*', 8, '=', a * 8, sep = '')
10 print(a, '*', 9, '=', a * 9, sep = '')
```

Interpret

- 1번째 줄은 입력의 첫째 줄로 변수 a에 한 개의 정수를 입력받는다.
- 2번째 줄부터 10번째 줄은 구구단의 계산 결과를 9줄에 걸쳐서 각 줄에 출력한다.
- 각 줄의 마지막 sep에 빈 문자열을 지정하여 공백을 발생시키지 않았다.

Caution

오일러OJ의 "출력의 예"를 살펴보면 각 줄의 출력에는 어떠한 공백도 포함되어 있지 않다. 만일 '2*1=2'와 같이 공백을 포함하지 않고 출력하는 자리에 '2 * 1 = 2'와 같이 공백을 포함하여 출력한다면 채점 결과는 오답 처리가 될 것이다.

제9장 여러 개의 데이터 입력

연습문제 ❶번 문제풀이

Solution

```python
a, b, c = map(int, input().split())
print(a, '+', b, '+', c, '=', a + b + c, sep = '')
print(a, '-', b, '-', c, '=', a - b - c, sep = '')
print(a, '*', b, '*', c, '=', a * b * c, sep = '')
print(a, '/', b, '/', c, '=', a / b / c, sep = '')
```

Interpret

- 1번째 줄은 입력의 첫째 줄로 세 개의 정수를 변수 a, b, c에 차례로 입력받는다.
- 2번째 줄은 출력의 첫째 줄로 a, b, c의 덧셈 과정과 a + b + c의 값을 출력한다.
- 3번째 줄은 출력의 둘째 줄로 a, b, c의 뺄셈 과정과 a - b - c의 값을 출력한다.
- 4번째 줄은 출력의 셋째 줄로 a, b, c의 곱셈 과정과 a * b * c의 값을 출력한다.
- 5번째 줄은 출력의 넷째 줄로 a, b, c의 나눗셈 과정과 a / b / c의 값을 출력한다.
- 각 줄의 마지막 sep에 빈 문자열을 지정하여 공백을 발생시키지 않았다.

제9장 여러 개의 데이터 입력

연습문제 ❷번 문제풀이

Solution

```
1 a, b, = input().split()
2 print(a, ord(a), sep = ':')
3 print(a, ord(b), sep = ':')
```

Interpret

- 1번째 줄은 입력의 첫째 줄로 두 개의 문자를 변수 a, b에 입력받는다.
- 2번째 줄은 출력의 첫째 줄로 입력받은 문자열 a를 출력하고 ord() 함수에 a를 전달하여 a의 아스키 코드(ASCII Code)값을 출력한다.
- 3번째 줄은 출력의 둘째 줄로 입력받은 문자열 b를 출력하고 ord() 함수에 b를 전달하여 b의 아스키 코드(ASCII Code)값을 출력한다.
- 각 줄의 마지막 sep에 콜론(:)을 지정하여 공백을 발생시키지 않았다.

연습문제 ❶번 문제풀이

Solution

```
1  sum = 0
2  a = int(input())
3  sum += a
4  print(sum)
5
6  a = int(input())
7  sum += a
8  print(sum)
9
10 a = int(input())
11 sum += a
12 print(sum)
13
14 a = int(input())
15 sum += a
16 print(sum)
17
18 a = int(input())
19 sum += a
20 print(sum)
```

Interpret

- 1번째 줄은 sum을 0으로 초기화하였다.
- 2번째 줄은 입력의 첫째 줄로 한 개의 정수를 a에 입력받는다.
- 3번째 줄은 입력받은 정수 a를 sum에 누적한다.
- 4번째 줄은 출력의 첫째 줄에 sum의 값을 출력한다.
- 6번째 줄은 입력의 둘째 줄로 한 개의 정수를 a에 입력받는다.
- 7번째 줄은 입력받은 정수 a를 sum에 누적한다.
- 8번째 줄은 출력의 둘째 줄에 sum의 값을 출력한다.
- 10번째 줄은 입력의 셋째 줄로 한 개의 정수를 a에 입력받는다.
- 11번째 줄은 입력받은 정수 a를 sum에 누적한다.
- 12번째 줄은 출력의 셋째 줄에 sum의 값을 출력한다.

- 14번째 줄은 입력의 넷째 줄로 한 개의 정수를 a에 입력받는다.
- 15번째 줄은 입력받은 정수 a를 sum에 누적한다.
- 16번째 줄은 출력의 넷째 줄에 sum의 값을 출력한다.
- 18번째 줄은 입력의 다섯째 줄로 한 개의 정수를 a에 입력받는다.
- 19번째 줄은 입력받은 정수 a를 sum에 누적한다.
- 20번째 줄은 출력의 다섯째 줄에 sum의 값을 출력한다.

Output

```
5  ◄──── 입력의 첫째 줄
5  ◄──── 출력의 첫째 줄
8  ◄──── 입력의 둘째 줄
13 ◄──── 출력의 둘째 줄
7  ◄──── 입력의 셋째 줄
20 ◄──── 출력의 셋째 줄
8  ◄──── 입력의 넷째 줄
28 ◄──── 출력의 넷째 줄
11 ◄──── 입력의 다섯째 줄
39 ◄──── 출력의 다섯째 줄
```

제10장 연산자 Operator

연습문제 ❷번 문제풀이

Solution

```
1  a, b, c = map(int, input().split())
2  print(a + b + c)
3  print(round((a + b + c) / 3, 2))
```

Interpret

- 1번째 줄은 입력의 첫째 줄로 세 개의 정수를 변수 a, b, c에 입력받는다.
- 2번째 줄은 a + b + c의 값을 출력의 첫째 줄에 출력한다.
- 3번째 줄은 (a + b + c)의 평균값을 round() 함수에 전달하여 출력의 둘째 줄에 소수점 둘째 자리(셋째 자리에서 반올림)까지 출력한다.

제10장 연산자 Operator

1012 R2

실행 제한시간	1초
메모리 사용 제한	32MB

s = (r1 + r2) / 2이므로 r2를 r1, s에 관한 식으로 나타내면 r2 = 2 * s - r1이 된다.

Solution

```
1  r1, s = map(int, input().split())
2  print(2 * s - r1)
```

Interpret

- 1번째 줄은 두 개의 정수를 r1과 s에 입력받는다.
- 2번째 줄은 r2의 값을 r1과 s에 관한 식으로 나타내어 출력의 첫째 줄에 출력한다.

제10장 연산자 Operator

1131 디지털 시계

실행 제한시간	1초
메모리 사용 제한	32MB

현재 시간이 a시 b분이고 소요된 시간을 c분이라고 한다면 (b + c)를 60으로 나눈 몫은 올림 시간이 되기 때문에 전체 시간은 a + (b + c) // 60과 같이 계산할 수 있다. 예를 들어서 a = 15, b = 30, c = 90이라면 a + (b + c) // 60의 값은 17이 된다. 물론 여기까지 작성했다고 해서 정답이 완성되는 것은 아니다. 마지막으로 최종 시간과 분은 나머지 연산자 %를 이용하여 작성한다면 쉽게 나타낼 수 있다.

Solution

```
1  a, b = map(int, input().split())
2  c = int(input())
3  print((a + (b + c) // 60) % 24, (b + c) % 60)
```

Interpret

- 1번째 줄은 현재 시간과 분을 변수 a와 b에 입력받고
- 2번째 줄은 소요된 시간 분을 변수 c에 입력받는다.
- 3번째 줄은 최종 시간의 값은 24로 나눈 나머지를, 분은 60으로 나눈 나머지를, 나머지 연산자 %를 이용하여 출력의 첫째 줄에 출력한다.

1110 체스판 자르기

실행 제한시간 1초
메모리 사용 제한 32MB

체스판을 아래와 같이 절단한다면 최대한의 조각을 얻을 수 있을 것이다.

Core

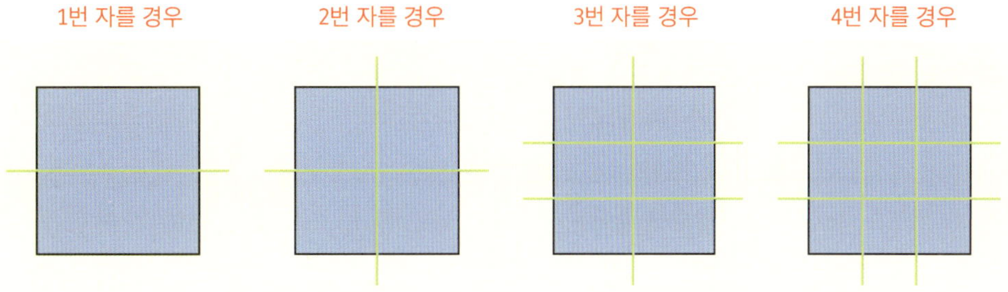

전체 절단 횟수를 n이라고 하고 세로 절단 횟수를 c이라고 하자. 그리고 세로 절단을 기준으로 살펴보자. n이 1일 경우 세로 절단은 0번, n이 2일 경우 세로 절단은 1번, n이 3일 경우 세로 절단은 1번, n이 4일 경우 세로 절단은 2번이다. 즉, n을 2로 나누어 몫을 구하면 세로 절단 횟수 c가 나온다. 가로 절단 횟수를 r이라고 한다면 가로 절단 횟수 r은 n - c가 될 것이다. 조각의 수는 절단 횟수보다 1개씩 더 많으므로 전체 조각의 개수는 (c + 1) * (r + 1)이 된다.

Solution

```python
1  n = int(input())
2  c = n // 2
3  r = n - c
4  print((c + 1) * (r + 1))
```

Interpret

- 1번째 줄은 전체 절단 횟수를 변수 n에 입력받는다.
- 2번째 줄은 세로 절단 횟수를 c에 구하였다.
- 3번째 줄은 가로 절단 횟수를 r에 구하였다.
- 4번째 줄은 전체 조각의 수 (c + 1) * (r + 1)을 출력의 첫째 줄에 출력한다.

연습문제 ❶번 문제풀이

짝수는 2로 나눴을 때 나머지가 0이고, 홀수는 1이므로 % 연산자를 이용하여 짝수와 홀수를 판별한다.

Solution

```
1  a = int(input())
2  if a % 2 == 0:
3      print('even')
4  if a % 2 == 1:
5      print('odd')
```

Interpret

- 1번째 줄은 변수 a에 한 개의 정수를 입력받는다.
- 2번째 줄은 짝수는 2로 나눴을 때 나머지가 0이므로 짝수를 판별하기 위한 조건문이다.
- 4번째 줄은 홀수는 2로 나눴을 때 나머지가 1이므로 홀수를 판별하기 위한 조건문이다.

Caution

프로그램을 처음 접하는 초보자들이 많이 하는 실수는 비교 연산을 할 때, if문 안에 등호(=)를 한 개만 사용하는 실수가 종종 있다. 두 값이 같은지 비교하는 비교 연산을 하기 위해서는 if문 안의 등호(=)는 반드시 두 개를 작성해야지만 비교 연산이 된다는 것에 주의해야 한다. 만일 등호(=)를 한 개만 사용하게 되면 우측에 있는 값을 좌측의 변수에 대입하는 대입 연산을 하기 때문이다.

제11장 조건문 if

연습문제 ❷번 문제풀이

Solution

```
1  a, b = map(int, input().split())
2  if (a + b) % 2 == 0:
3      print('even')
4  if (a + b) % 2 == 1:
5      print('odd')
```

Interpret

- 1번째 줄은 두 개의 정수를 변수 a와 b에 입력받는다.
- 2번째 줄은 (a + b)의 값이 짝수인지 판별하기 위한 조건문이다.

- 4번째 줄은 (a + b)의 값이 홀수인지 판별하기 위한 조건문이다.

Caution

a와 b를 더한 후 2로 나눈 나머지를 구하기 위해서 a + b % 2와 같이 작성하게 된다면 연산자 우선순위에 의해서 a + b의 연산보다 b % 2의 연산이 우선된다. 따라서 덧셈 연산을 먼저 처리하기 위해서는 a + b의 바깥에 반드시 괄호() 처리를 해야만 한다.

제11장 조건문 if

1001 작거나 크거나

실행 제한시간	1초
메모리 사용 제한	32MB

Solution

```
1  a, b = map(int, input().split())
2  if a < b:
3      print('<')
4  if a > b:
5      print('>')
6  if a == b:
7      print('=')
```

Interpret

- 1번째 줄은 두 개의 정수를 변수 a와 b에 입력받는다.
- 2번째 줄은 a의 값이 b의 값보다 작은지 비교하는 조건문이다.
- 4번째 줄은 a의 값이 b의 값보다 큰지 비교하는 조건문이다.
- 6번째 줄은 a의 값이 b의 값과 같은지 비교하는 조건문이다.

연습문제 ❶번 문제풀이

Solution

```
1  a, b = map(int, input().split())
2  if (a + b) % 2 == 0:
3      print('even')
4  else:
5      print('odd')
```

Interpret

- 1번째 줄은 두 개의 정수를 변수 a와 b에 입력받는다.
- 2번째 줄은 (a + b)의 값이 짝수인지 판별하기 위한 조건문이다. 만일 (a + b)의 값이 짝수이면 3번째 줄이 실행되어 출력의 첫째 줄에 'even'을 출력하고
- 그렇지 않으면 5번째 줄이 실행되어 출력의 첫째 줄에 'odd'를 출력한다.

제12장 조건문 if else

연습문제 ❷번 문제풀이

0보다 큰 양의 정수를 자연수(Natural Number)라고 한다. 두 개의 정수를 입력받아 두 정수의 합이 0보다 크면 자연수이다.

Solution

```
1  a, b = map(int, input().split())
2  if (a + b) > 0:
3      print('Natural Number')
4  else:
5      print('0 or Negative Number')
```

Interpret

- 1번째 줄은 두 개의 정수를 변수 a와 b에 입력받는다.
- 2번째 줄은 (a + b)의 값이 0보다 큰지를 판별하기 위한 조건문이다. 만일 (a + b)의 값이 0보다 크면 3번째 줄이 실행되어 출력의 첫째 줄에 'Natural Number'를 출력하고
- 그렇지 않으면 5번째 줄이 실행되어 출력의 첫째 줄에 '0 or Negative Number'를 출력한다.

1132 햄버거

실행 제한시간	1초
메모리 사용 제한	32MB

햄버거 한 개의 가격을 k, 사려고 하는 햄버거의 개수를 n, 현재 가진 돈의 액수를 m이라고 할 때, 햄버거 전체 가격은 k * n이 된다. 따라서 k * n이 현재 가진 돈의 액수 m보다 크면 은행에서 찾아야 할 금액은 k * n - m이 되고 그렇지 않으면 은행에서 찾아야 할 돈의 액수는 0이 된다.

Solution

```
1  k, n, m = map(int, input().split())
2  if k * n > m:
3      print(k * n - m)
4  else:
5      print(0)
```

Interpret

- 1번째 줄은 세 개의 정수를 변수 k, n, m에 입력받는다. k는 햄버거 한 개의 가격이고 n은 사려고 하는 햄버거의 개수이며 m은 오일러가 가진 돈의 액수이다.
- 2번째 줄에서 만일 햄버거 전체 가격 k * n이 m보다 크면 은행에서 찾아야 하는 돈은 k * n - m이므로 3번째 줄에서 출력의 첫째 줄에 출력한다.
- 만일 k * n이 m보다 크지 않으면 은행에서 찾아야 할 돈의 액수는 0이므로 5번째 줄에서 출력의 첫째 줄에 0을 출력한다.

제12장 조건문 if else

1037 점수

실행 제한시간	1초
메모리 사용 제한	32MB

오일러의 점수를 x1, x2, x3, x4에 입력받아 x1 + x2 + x3 + x4의 합을 s에 대입한다. 다시 유클리드의 점수를 x1, x2, x3, x4에 입력받아 x1 + x2 + x3 + x4의 합을 t에 대입한다. 여기서 오일러의 총점은 s가 되고 유클리드의 총점은 t가 된다.

Solution

```python
1  x1, x2, x3, x4 = map(int, input().split())
2  s = x1 + x2 + x3 + x4
3  x1, x2, x3, x4 = map(int, input().split())
4  t = x1 + x2 + x3 + x4
5
6  if s > t:
7      print(s)
8  else:
9      print(t)
```

Interpret

- 1번째 줄은 오일러의 점수를 변수 x1, x2, x3, x4에 입력받는다.
- 2번째 줄은 오일러 점수의 총합을 s에 대입한다.
- 3번째 줄은 유클리드의 점수를 변수 x1, x2, x3, x4에 입력받는다.
- 4번째 줄은 유클리드 점수의 총합을 t에 대입한다.
- 6번째 줄은 만일 오일러 점수의 총합이 유클리드 점수의 총합보다 크면 7번째 줄에서 오일러의 점수 s를 출력의 첫째 줄에 출력한다.
- 만일 그렇지 않으면 9번째 줄에서 유클리드의 점수 t를 출력의 첫째 줄에 출력한다.

제13장 논리 연산자 Logical Operator

연습문제 ❶번 문제풀이

Core

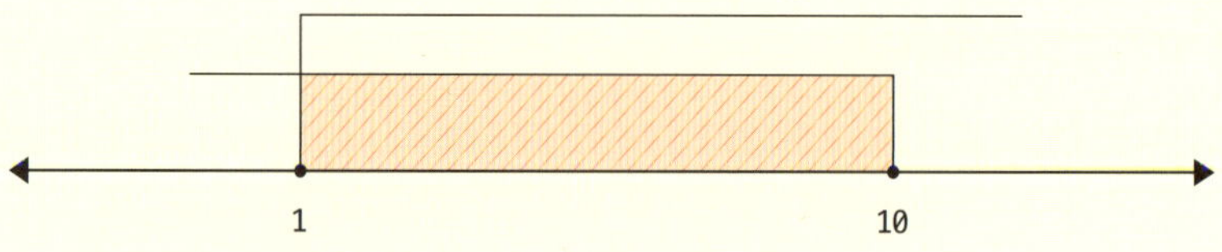

a의 값이 1 이상이고 10 이하가 되려면 두 범위를 모두 만족해야한다.

Solution

```
1 a = int(input())
2 if 1 <= a <= 10:
3     print('1 or more and 10 or less')
4 else:
5     print('less than 1 or greater than 10')
```

Interpret

- 1번째 줄은 한 개의 정수를 변수 a에 입력받는다.
- 2번째 줄은 a의 값이 1 이상이고 10 이하이면 조건문을 만족하여 출력의 첫째 줄에 '1 or more and 10 or less'를 출력한다.
- 그렇지 않으면 출력의 첫째 줄에 'less than 1 or greater than 10'을 출력한다.

제13장 논리 연산자 Logical Operator

연습문제 ❷번 문제풀이

입력한 두 정수 중에서 단 한 개라도 음수가 있으면 조건을 만족해야 하므로 OR 연산이 필요하다.

Solution

```
1 a, b = map(int, input().split())
2 if a < 0 or b < 0:
3     print('One of a or b is negative number')
4 else:
5     print('both a and b are zero or more')
```

Interpret

- 1번째 줄은 두 개의 정수를 변수 a와 b에 입력받는다.
- 2번째 줄은 a 또는 b 둘 중에 하나라도 음수의 값을 가지면 조건문을 만족하여 출력의 첫째 줄에 'One of a or b is negative number'를 출력한다.
- 그렇지 않으면 출력의 첫째 줄에 'both a and b are zero or more'를 출력한다.

1112 수박

실행 제한시간	1초
메모리 사용 제한	32MB

짝수는 2개의 짝수로 나눌 수 있고 홀수는 나눌 수 없다. 모두들 여기까지 생각하고 채점을 많이 시도했을 것이라 생각한다. 그런데 짝수 중에서도 예외의 수가 하나 있는데 그 수는 바로 2이다. 2는 두 개의 짝수로 나눌 수가 없다.

Solution

```python
n = int(input())
if n > 2 and n % 2 == 0:
    print('YES')
else:
    print('NO')
```

Interpret

- 1번째 줄은 한 개의 정수를 변수 n에 입력받는다.
- 2번째 줄은 입력한 n의 값이 2보다 크고 짝수이면 조건문을 만족하여 출력의 첫째 줄에 'YES'를 출력한다.
- 그렇지 않으면 출력의 첫째 줄에 'NO'를 출력한다.

Caution

채점 서버(Judge Server)에서 대문자와 소문자는 전혀 다른 문자로 판단하기 때문에 'YES'를 출력하는 자리에 'Yes' 또는 'yes'를 출력한다면 정답으로 인정받을 수 없다. 따라서 출력하는 문자가 대문자인지 소문자인지를 정확히 비교 확인 후 채점에 제출할 필요가 있다. 실수를 줄이기 위해서는 웹상의 문제에서 출력할 문자를 직접 복사해서 사용하는 것이 좀 더 안전할 수 있다.

제13장 논리 연산자 Logical Operator

1016 코딩마법서

실행 제한시간	1초
메모리 사용 제한	32MB

0001을 입력받아 int() 함수에 전달하면 1이 되고 0002를 입력받아 int() 함수에 전달하면 2가 된다. 볼드모트는 첫날에는 0000, 둘째 날에는 0001, 셋째 날에는 0002와 같이 홀숫날에는 짝수 번호를 짝숫날에는 홀수 번호를 시도하였다. 따라서 첫 번째 자물쇠 a는 홀숫날에 채워지는데 비밀번호가 짝수이면 볼드모트로부터 코딩 마법서를 지킬 수 없을 것이고 두 번째 자물쇠 b는 짝숫날에 채워지는데 비밀번호가 홀수이면 이 또한 볼드모트로부터 코딩 마법서를 지킬 수 없을 것이다.

Solution

```python
1  a = int(input())
2  b = int(input())
3  if a % 2 == 0 or b % 2 == 1:
4      print(1)
5  else:
6      print(0)
```

Interpret

- 1번째 줄은 한 개의 정수를 변수 a에 입력받는다.
- 2번째 줄은 한 개의 정수를 변수 b에 입력받는다.
- 3번째 줄은 a의 값이 짝수이거나 b의 값이 홀수이면 볼드모트로부터 코딩마법서를 지킬 수 없으므로 출력의 첫째 줄에 1을 출력한다.
- 그렇지 않으면 출력의 첫째 줄에 0을 출력한다.

제14장 복합 if문

연습문제 ❶번 문제풀이

점수에 대한 구간을 복합 if문을 사용하여 작성한다.

Solution

```python
1  s = int(input())
2  if 90 <= s <= 100:        # 90점 이상 100점 이하
3      print('A')
4  elif 80 <= s < 90:        # 80점 이상 90점 미만
5      print('B')
6  elif 70 <= s < 80:        # 70점 이상 80점 미만
7      print('C')
8  elif 60 <= s < 70:        # 60점 이상 70점 미만
9      print('D')
10 else:                     # 60점 미만
11     print('F')
```

Interpret

- 1번째 줄은 한 개의 정수를 변수 s에 입력받는다.
- 2번째 줄은 s의 값이 90 이상이고 100 이하이면 출력의 첫째 줄에 'A'를 출력한다.
- 4번째 줄은 s의 값이 80 이상이고 90 미만이면 출력의 첫째 줄에 'B'를 출력한다.

- 6번째 줄은 s의 값이 70 이상이고 80 미만이면 출력의 첫째 줄에 'C'를 출력한다.
- 8번째 줄은 s의 값이 60 이상이고 70 미만이면 출력의 첫째 줄에 'D'를 출력한다.
- 10번째 줄은 s의 값이 60 미만이면 출력의 첫째 줄에 'F'를 출력한다.

제14장 복합 if문

연습문제 ❷번 문제풀이

둘 다 또치족은 AND 연산을 사용하여 처리한다. 둘 중에 한 명이 또치족은 OR 연산을 사용하여 처리한다. 둘 다 또치족이 아닌 것은 else문으로 처리한다.

Solution

```
1  a, b = map(int, input().split())
2  if a == 1 and b == 1:      # 둘 다 또치족
3      print('both')
4  elif a == 1 or b == 1:     # 둘 중에 하나는 또치족
5      print('either')
6  else:                      # 둘 다 또치족이 아니다 (a != 1 and b != 1)
7      print('neither')
```

Interpret

- 1번째 줄은 두 개의 정수를 변수 a와 b에 차례로 입력받는다.
- 2번째 줄은 둘 다 또치족이면 출력의 첫째 줄에 both를 출력한다.
- 4번째 줄은 둘 중에 한 명이 또치족이면 출력의 첫째 줄에 either를 출력한다. (여기서 a와 b가 동시에 1일 경우에는 이미 2번째 줄의 조건문을 만족하여 첫 번째 조건문을 처리한 후 나머지 조건문을 건너뛴 후 프로그램을 종료하기 때문에 4번째 줄의 조건문까지 내려오지 않는다. 따라서 4번째 줄의 조건문을 만족한다는 것은 반드시 a와 b가 동시에 1이 아니라는 것은 확실하다.)
- 6번째 줄에서 이제 마지막으로 남은 것은 둘 다 또치족이 아닌 것만 남았기 때문에 출력의 첫째 줄에 neither를 출력한다. 물론 둘 다 또치족이 아니라면의 조건문은 elif문을 사용하여 elif a != 1 and b != 1:와 같이 나타낼 수도 있다.

1010 세 수

실행 제한시간 1초
메모리 사용 제한 32MB

A ? B ? C

첫 번째 ?의 자리에 등호(=)가 오면 두 번째 ? 자리에 +, -, *, /의 네 가지 경우가 올 수 있다. 두 번째 ?의 자리에 등호(=)가 오면 첫 번째 ? 자리에 +, -, *, /의 네 가지 경우가 올 수 있다.

Solution

```
1  a, b, c = map(int, input().split())
2  if a == b + c:
3      print(a, '=', b, '+', c, sep = '')
4  elif a == b - c:
5      print(a, '=', b, '-', c, sep = '')
6  elif a == b * c:
7      print(a, '=', b, '*', c, sep = '')
8  elif a == b / c:
9      print(a, '=', b, '/', c, sep = '')
10 elif a + b == c:
11     print(a, '+', b, '=', c, sep = '')
12 elif a - b == c:
13     print(a, '-', b, '=', c, sep = '')
14 elif a * b == c:
15     print(a, '*', b, '=', c, sep = '')
16 elif a / b == c:
17     print(a, '/', b, '=', c, sep = '')
```

Interpret

- 1번째 줄은 세 개의 정수를 변수 a, b, c에 입력받는다.
- 2번째 줄부터 17번째 줄은 8가지 경우를 복합 if문으로 처리하고 있다.

1133 마법 상자

실행 제한시간 1초
메모리 사용 제한 32MB

세 개의 정수를 변수 a, b, c에 입력받았다고 가정하면

❶ 세 개의 정수 a, b, c가 모두 같은 경우

❷ a와 b가 같은 경우 (a와 b가 같다면 c는 다른 경우이다. 만일 a, b, c가 모두 같다면 이미 ❶에서 처리되었기 때문이다.)

❸ b와 c가 같은 경우 (b와 c가 같다면 a는 다른 경우이다. 만일 a, b, c가 모두 같다면 이미 ❶에서 처리되었기 때문이다.)

❹ a와 c가 같은 경우 (a와 c가 같다면 b는 다른 경우이다. 만일 a, b, c가 모두 같다면 이미 ❶에서 처리되었기 때문이다.)

❺ 이제 남은 것은 a, b, c가 모두 다른 경우이다. 다시 조건문을 만들어 가장 큰 값을 찾는다.

(ⅰ) a가 가장 큰 경우 (a의 값이 b보다 크고 c보다 큰 경우)

(ⅱ) b가 가장 큰 경우 (b의 값이 a보다 크고 c보다 큰 경우)

(ⅲ) 이제 남은 것은 c가 가장 큰 경우만 남았다.

Solution

```
1   a, b, c = map(int, input().split())
2   if a == b == c:
3       print(10000 + a * 1000)
4   elif a == b or a == c:
5       print(1000 + a * 100)
6   elif b == c:
7       print(1000 + b * 100)
8   else:
9       if a > b and a > c:
10          print(a * 100)
11      elif b > a and b > c:
12          print(b * 100)
13      else:
14          print(c * 100)
```

Interpret

- 2번째 줄은 설명 ①에 해당하는 조건문이다.
- 4번째 줄은 설명 ②와 설명 ④에 해당하는 조건문이다.

- 6번째 줄은 설명 ③에 해당하는 조건문이다.
- 9번째 줄은 설명 ⑤의 (ⅰ)에 해당하는 조건문이다.
- 11번째 줄은 설명 ⑤의 (ⅱ)에 해당하는 조건문이다.
- 13번째 줄은 설명 ⑤의 (ⅲ)에 해당하는 조건문이다.

Caution

세 개의 값 a, b, c가 같은지 비교하기 위해서는 a == b and b == c와 같이 두 연산 사이에 and 연산자를 이용하여 세 개의 값을 비교할 수도 있지만 파이썬에서는 and 연산자를 생략하여 a == b == c와 같이 한 번에 작성할 수 있다.

제14장 복합 if문

2004 이지팬갈비

실행 제한시간	1초
메모리 사용 제한	8MB

일단 왜? 테스트 케이스의 정답이 3분인지 살펴보자. 학생수가 3명이므로 갈비 3개가 필요하다. 갈비에 번호를 붙여서 1번 갈비, 2번 갈비, 3번 갈비라고 하자.

Core

처음 1분 동안 (1번 갈비 앞, 2번 갈비 앞)을 굽는다. 다시 다음 1분 동안 (1번 갈비 뒤, 3번 갈비 앞)을 굽는다. 다시 다음 1분 동안 (2번 갈비 뒤, 3번 갈비 뒤)를 굽는다.

두 개의 정수를 n과 k에 입력받았다고 하자. 여기서 n은 마법 학교의 학생수이고 k는 프라이팬에 동시에 구울 수 있는 갈비의 개수를 의미한다.

❶ 만일 n보다 k가 크거나 같다면(학생수보다 프라이팬에 동시에 구울 수 있는 개수가 많거나 같다면) : 갈비를 동시에 n개를 구울 수 있으므로 프라이팬에 n개의 갈비를 모두 올려놓고 한쪽 면을 굽는데 1분, 그리고 뒤집어서 반대쪽 면을 굽는데 1분, 모두 2분이 소요된다.

❷ 만일 n보다 k가 작다면(학생수보다 프라이팬에 동시에 구울 수 있는 개수가 작다면) : 갈비 한 개당 구워야 하는 면은 앞, 뒤 모두 2면이 있으므로 학생수가 n명이라면 구워야 하는 면의 수는 n * 2개가 된

다. 그리고 1분에 프라이팬에 동시에 구울 수 있는 면의 수는 k개이므로

(ⅰ) 만일 n * 2가 k로 나누어떨어진다면 소요되는 시간은 (n * 2) // k분이 된다.

(ⅱ) 그런데 만일 n * 2가 k로 나누어떨어지지 않는다면 (n * 2) // k분을 굽고 나서 나누어떨어지지 않는 면을 추가로 굽기 위해서 1분이 더 필요하다.

※ 먼저 앞면을 모두 구운 후, 나중에 뒷면을 굽는 전략으로 가면 중간에 프라이팬이 비는 자리 없이 모두 사용이 가능하다. 즉 갈비 5장이 있고 프라이팬에 최대 3장을 올릴 수 있다면 먼저 5장의 앞면만을 모두 구운 후, 다시 5장의 뒷면만을 굽는 전략을 생각해 보기 바란다.

Solution

```
1 n, k = map(int, input().split())
2 if n <= k:
3     print(2)
4 elif (n * 2) % k == 0:
5     print((n * 2) // k)
6 else:
7     print((n * 2) // k + 1)
```

Interpret

- 2번째 줄은 설명 ①에 해당하는 조건문이다.
- 4번째 줄은 설명 ②의 (ⅰ)에 해당하는 조건문이다.
- 6번째 줄은 설명 ②의 (ⅱ)에 해당하는 조건문이다.

제15장 순환문 for

연습문제 ❶번 문제풀이

Solution

```
1 n = int(input())
2 for i in range(1, n + 1):
3     print(i, end = ' ')
```

Interpret

- 1번째 줄은 한 개의 정수를 변수 n에 입력받는다.
- 2, 3번째 줄은 1부터 n까지 출력하는 순환문이다.
- end에 한 칸의 공백 문자열을 지정하여 줄 내림을 대신하였다.

연습문제 ❷번 문제풀이

Solution

```
1  n = int(input())
2  for i in range(n, 0, -1):
3      print(i, end = ' ')
```

Interpret

- 1번째 줄은 한 개의 정수를 변수 n에 입력받는다.
- 2, 3번째 줄은 n부터 1까지 출력하는 순환문이다.
- end에 한 칸의 공백 문자열을 지정하여 줄 내림을 대신하였다.

제15장 순환문 for

연습문제 ❸번 문제풀이

for문을 이용해서 a부터 b까지 증가하며 출력하고자 한다면 어떻게 해야 하는가?

Core

a, a + 1, a + 2, … , b - 1, b

```
for i in range(a, b + 1):
    print(i, end = ' ')
```

프로그램이 진행 중에 for문을 만나면 in 연산자 뒤에 있는 range() 함수가 실행된다. range() 함수에 두 개의 정수 a와 b + 1을 전달한다. range() 함수는 a부터 b + 1 미만의 연속된 정수들을 1씩 증가하며 생성한다. 그리고 생성된 정수들을 꺼내 in 연산자 앞에 있는 변수 i에 한 개씩 차례로 대입하면서 그때마다 i의 값을 화면에 출력한다.

Solution

```
1  a, b = map(int, input().split())
2  for i in range(a, b + 1):
3      print(i, end = ' ')
```

Interpret

- 1번째 줄은 두 개의 정수를 변수 a와 b에 입력받는다.

- 2, 3번째 줄은 a부터 b까지 출력하는 순환문이다.
- end에 한 칸의 공백 문자열을 지정하여 줄 내림을 대신하였다.

제15장 순환문 for

연습문제 ❹번 문제풀이

for문을 이용해서 b부터 a까지 감소하며 출력하고자 한다면 어떻게 해야 하는가?

Core

b, b - 1, b - 2, … , a - 1, a

```
for i in range(b, a - 1, -1):
    print(i, end = ' ')
```

프로그램이 진행 중에 for문을 만나면 in 연산자 뒤에 있는 range() 함수가 실행된다. range() 함수에 세 개의 정수 b와 a - 1 그리고 증감폭 -1을 전달한다. range() 함수는 b부터 a - 1 초과까지 연속된 정수들을 1씩 감소하며 생성한다. 그리고 생성된 정수들을 꺼내 in 연산자 앞에 있는 변수 i에 한 개씩 차례로 대입하면서 그때마다 i의 값을 화면에 출력한다.

Solution

```
1  b, a = map(int, input().split())
2  for i in range(b, a - 1, -1):
3      print(i, end = ' ')
```

Interpret

- 1번째 줄은 두 개의 정수를 변수 b와 a에 입력받는다.
- 2, 3번째 줄은 b부터 a까지 출력하는 순환문이다.
- end에 한 칸의 공백 문자열을 지정하여 줄 내림을 대신하였다.

연습문제 ❺번 문제풀이

Solution

```
1  n = int(input())
2  s = 0
3  for i in range(1, n + 1):
4      s += i
5  print(s)
```

Interpret

- 1번째 줄은 한 개의 정수를 변수 n에 입력받는다.
- 2번째 줄은 s를 0으로 초기화하였다.
- 3, 4번째 줄은 1부터 n까지의 총합을 구하는 순환문이다.
- 5번째 줄은 1부터 n까지의 총합을 출력의 첫째 줄에 출력한다.

제15장 순환문 for

연습문제 ❻번 문제풀이

Solution

```
1  a, b = map(int, input().split())
2  s = 0
3  for i in range(a, b + 1):
4      s += i
5  print(s)
```

Interpret

- 1번째 줄은 두 개의 정수를 변수 a와 b에 입력받는다.
- 2번째 줄은 s를 0으로 초기화하였다.
- 3, 4번째 줄은 a부터 b까지의 총합을 구하는 순환문이다.
- 5번째 줄은 a부터 b까지의 총합을 출력의 첫째 줄에 출력한다.

1005 숫자 계산 I

실행 제한시간 1초
메모리 사용 제한 32MB

Core

(N × 1) + (N × 2) + (N × 3) + ⋯ + (N × 99) + (N × 100)

i = 1 i = 2 i = 3 i = 99 i = 100

i의 값이 1일 때 (n * 1)의 값을 s에 누적하고, i의 값이 2일 때 (n * 2)의 값을 s에 누적하고, ⋯ , 이와 같은 방법으로 i가 100일 때까지 진행한다.

Solution

```
1  n = int(input())
2  s = 0
3  for i in range(1, 101):
4      s += (n * i)
5  print(s)
```

Interpret

- 1번째 줄은 한 개의 정수를 변수 n에 입력받는다.
- 2번째 줄은 s를 0으로 초기화하였다.
- 3, 4번째 줄은 각각의 i에 대해서 s에 (n * i)의 값을 누적한다.
- 5번째 줄은 누적된 총합을 출력의 첫째 줄에 출력한다.

또한 분배법칙을 이용하여 n의 값을 바깥쪽으로 꺼낸 후 n * (1 + 2 + 3 + ⋯ + 99 + 100)을 계산해도 상관없다.

Solution

```
1  n = int(input())
2  s = 0
3  for i in range(1, 101):
4      s += i
5  print(n * s)
```

Interpret

- 1번째 줄은 한 개의 정수를 변수 n에 입력받는다.
- 2번째 줄은 s를 0으로 초기화하였다.
- 3, 4번째 줄은 1부터 n까지의 총합을 구하는 순환문이다.

- 5번째 줄은 n * s의 값을 출력의 첫째 줄에 출력한다.

1 + 2 + 3 + … + 100 = 100 * (100 + 1) / 2 = 5050, 즉 1부터 100까지의 총합은 5050이다. 따라서 아래와 같이 수열의 합 $\sum_{k=1}^{n} k = \frac{n(n+1)}{2}$ 을 이용하여 for문의 순환 없이도 총합을 구할 수 있다.

Solution

```
1  n = int(input())
2  print(n * 5050)      # n * (1 + 100) * 100 / 2
```

Interpret

- 1번째 줄은 한 개의 정수를 변수 n에 입력받는다.
- 2번째 줄은 n * (1 + 2 + … + 100)의 값을 출력의 첫째 줄에 출력한다.

제15장 순환문 for

1006 숫자 계산 II

실행 제한시간	1초
메모리 사용 제한	32MB

Core

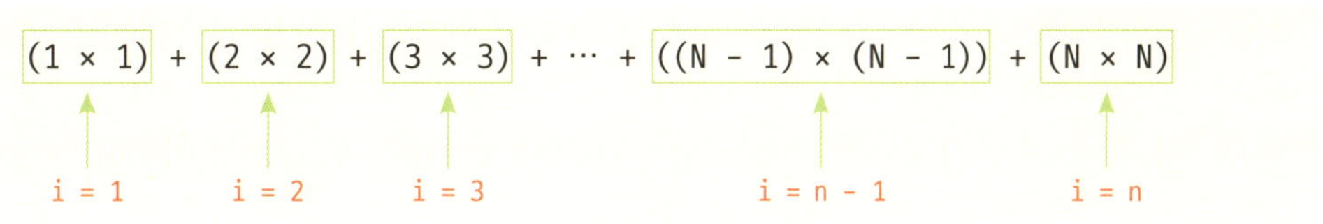

i의 값이 1일 때 (1 * 1)의 값을 s에 누적하고, i의 값이 2일 때 (2 * 2)의 값을 s에 누적하고, … , 이와 같은 방법으로 i가 n일 때까지 진행한다.

Solution

```
1  n = int(input())
2  s = 0
3  for i in range(1, n + 1):
4      s += (i * i)
5  print(s)
```

Interpret

- 1번째 줄은 한 개의 정수를 변수 n에 입력받는다.
- 2번째 줄은 s를 선언과 동시에 0으로 초기화하였다.
- 3, 4번째 줄은 $1^2 + 2^2 + \cdots + n^2$을 구하는 순환문이다.
- 5번째 줄은 s의 값을 출력의 첫째 줄에 출력한다.

아래와 같이 수열의 합 $\sum_{k=1}^{n} k^2 = \frac{n(n+1)(2n+1)}{6}$ 을 이용하여 for문의 순환 없이도 총합을 구할 수 있다.

Solution

```python
1  n = int(input())
2  print(n * (n + 1) * (2 * n + 1) // 6)
```

Interpret

- 1번째 줄은 한 개의 정수를 변수 n에 입력받는다.
- 2번째 줄은 $1^2 + 2^2 + \cdots + n^2$의 값을 출력의 첫째 줄에 출력한다.

제15장 순환문 for

1007 숫자 계산Ⅲ

실행 제한시간	1초
메모리 사용 제한	32MB

Core

(1 × n) + (2 × (n - 1)) + (3 × (n - 2)) + ⋯ + ((N - 1) × 2) + (N × 1)

i = 1   i = 2   i = 3   i = n - 1   i = n

i의 값이 1일 때 (1 * n)의 값을 s에 누적하고, i의 값이 2일 때 (2 * (n - 1))의 값을 s에 누적하고, ⋯ , 이와 같은 방법으로 i가 n일 때까지 진행한다.

Core

```python
for i in range(1, n + 1):
    s += (i * (n - i + 1))
```

i의 값이 1일 때는 n에서 0을 빼고, i의 값이 2일 때는 n에서 1을 빼고, i의 값이 3일 때는 n에서 2를 빼야 한다. 따라서 식은 n - (i - 1)이 되고 괄호를 열어 정리하면 n - i + 1이 된다. 이것을 다시 대입해보면 i의 값이 1일 때 (n - i + 1)의 값은 n이 되고, i의 값이 2일 때 (n - i + 1)은 n - 1이 되고, ⋯ , i의 값이 n일 때 (n - i + 1)의 값은 1이 됨을 알 수 있다.

Solution

```python
n = int(input())
s = 0
for i in range(1, n + 1):
    s += (i * (n - i + 1))
print(s)
```

Interpret

- 1번째 줄은 한 개의 정수를 변수 n에 입력받는다.
- 2번째 줄은 s를 0으로 초기화하였다.
- 3, 4번째 줄은 총합을 구하는 순환문이다.
- 5번째 줄은 s의 값을 출력의 첫째 줄에 출력한다.

제16장 가우스 계산법 Gauss

연습문제 ❶번 문제풀이

1부터 n까지의 총합을 range()와 sum() 함수를 이용하여 구하면 아래 다음과 같다.

Core

```
s = sum(range(1, n + 1))
```

Solution

```
1 n = int(input())
2 print(sum(range(1, n + 1)))
```

Interpret

- 1번째 줄은 한 개의 정수를 변수 n에 입력받는다.
- 2번째 줄은 1부터 n까지의 총합을 출력의 첫째 줄에 출력한다.

제16장 가우스 계산법 Gauss

연습문제 ❷번 문제풀이

처음 값 a부터 마지막 값 b까지의 합을 range()와 sum() 함수를 이용하여 구하면 아래 다음과 같다.

Core

```
s = sum(range(a, b + 1))
```

Solution

```
a, b = map(int, input().split())
print(sum(range(a, b + 1)))
```

Interpret

- 1번째 줄은 두 개의 정수를 변수 a와 b에 입력받는다.
- 2번째 줄은 a부터 b까지의 총합을 출력의 첫째 줄에 출력한다. (a ≤ b)

1145 철사

실행 제한시간 1초
메모리 사용 제한 32MB

Core

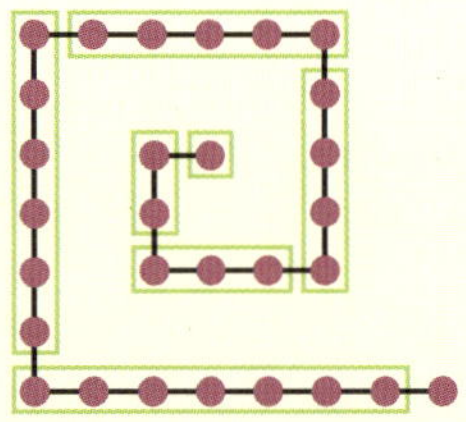

n이 6일 경우 사용된 점의 개수는 (1 + 2 + 3 + 4 + 5 + 6 + 7) + 1 = 29개이고 철사를 모두 n번 구부리면 사용된 점의 개수는 (1 + 2 + 3 + … + n + (n + 1)) + 1개가 된다.

1부터 n + 1까지의 합

Core

```
s = sum(range(1, n + 2))
```

Solution

```
n = int(input())
print(sum(range(1, n + 2)) + 1)    # 1부터 n + 1까지의 합에다 1을 더한다
```

Interpret

- 1번째 줄은 한 개의 정수를 변수 n에 입력받는다.
- 2번째 줄은 1부터 (n + 1)까지의 총합에 1을 더해서 출력의 첫째 줄에 출력한다.

제16장 가우스 계산법 Gauss

1146 정육각형

실행 제한시간 1초
메모리 사용 제한 32MB

Core

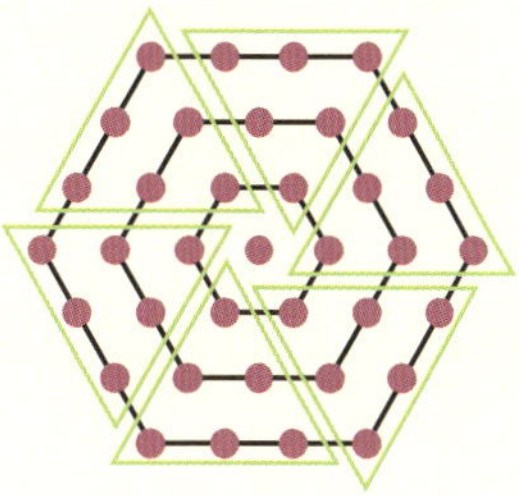

n이 4인 경우이다. (1 + 2 + 3)개의 점이 각 변에 한 개씩 모두 6개가 있고 가운데 한 개의 점이 놓이게 된다. 따라서 정육각형 한 변에 n개의 점이 놓이게 되면 1 + 2 + 3 + … + (n - 1)개의 점이 각 변에 한 개씩 모두 6개가 있고 가운데 한 개의 점이 놓이게 된다.

Solution

```python
n = int(input())
print(sum(range(1, n)) * 6 + 1)   # 1부터 n - 1까지의 합이 6개 + 1
```

Interpret

- 1번째 줄은 한 개의 정수를 변수 n에 입력받는다.
- 2번째 줄은 1부터 (n - 1)까지의 총합에 6을 곱한 후 마지막에 1을 더해서 출력의 첫째 줄에 출력한다.

제17장 배수와 약수 Multiple and Divisor

연습문제 ❶번 문제풀이

for문 안에 if문을 두어 주어진 조건이 홀수일 경우만 출력한다.

Solution

```python
n = int(input())
for i in range(1, n + 1):
    if i % 2 == 1:
        print(i, end = ' ')
```

Interpret

- 1번째 줄은 한 개의 정수를 변수 n에 입력받는다.
- 2번째 줄부터 4번째 줄은 1부터 n까지 홀수를 출력의 첫째 줄에 출력한다.
- 마지막 end에 한 칸의 공백 문자열을 지정하여 줄 내림을 대신하였다.

for문 안에 if문을 두지 않고 한 번에 i를 2씩 증가하며 홀수만을 출력할 수도 있다.

Solution

```
1  n = int(input())
2  for i in range(1, n + 1, 2):
3      print(i, end = ' ')
```

Interpret

- 1번째 줄은 정수형 변수 n을 선언하였다.
- 2, 3번째 줄은 1부터 n까지 홀수를 출력의 첫째 줄에 출력한다.
- 마지막 end에 한 칸의 공백 문자열을 지정하여 줄 내림을 대신하였다.

제17장 배수와 약수 Multiple and Divisor

연습문제 ❷번 문제풀이

Solution

```
1  a, b = map(int, input().split())
2  s = 0
3  for i in range(a, b + 1):
4      if i % 5 == 0:
5          s += i
6  print(s)
```

Interpret

- 1번째 줄은 두 개의 정수를 변수 a와 b에 입력받는다.
- 2번째 줄은 s를 0으로 초기화하였다.
- 3번째 줄부터 5번째 줄은 a부터 b까지 5의 배수의 합을 구하고 있다.
- 6번째 줄은 a부터 b까지의 5의 배수의 합을 출력의 첫째 줄에 출력한다.

연습문제 ❸번 문제풀이

Solution

```
1  n = int(input())
2  cnt = 0
3  for i in range(1, n + 1):
4      if n % i == 0:
5          cnt += 1
6  print(cnt)
```

Interpret

- 1번째 줄은 한 개의 정수를 변수 n에 입력받는다.
- 2번째 줄은 약수의 개수를 카운팅하기 위해서 cnt 변수를 0으로 초기화하였다.
- 3번째 줄부터 5번째 줄은 n에 대한 약수의 개수를 1씩 카운팅하기 위한 순환문이다.
- 6번째 줄은 n에 대한 약수의 개수를 출력의 첫째 줄에 출력한다.

제17장 배수와 약수 Multiple and Divisor

1003 홀수와 짝수의 합

실행 제한시간	1초
메모리 사용 제한	32MB

Solution

```
1  n = int(input())
2  even, odd = 0, 0
3  for i in range(1, n + 1):
4      if i % 2 == 0:
5          even += i
6      else:
7          odd += i
8  print(even)
9  print(odd)
```

Interpret

- 2번째 줄은 짝수의 합을 구하기 위해서 even을, 홀수의 합을 구하기 위해서 odd를 0으로 초기화하였다.
- 3번째 줄부터 7번째 줄은 짝수의 합과 홀수의 합을 구하는 순환문이다.

- 8번째 줄은 1부터 n까지 짝수의 합을 출력의 첫째 줄에 출력한다.
- 9번째 줄은 1부터 n까지 홀수의 합을 출력의 둘째 줄에 출력한다.

제17장 배수와 약수 Multiple and Divisor

1013 오일러 프로젝트

실행 제한시간	1초
메모리 사용 제한	32MB

Solution

```python
1  n = int(input())
2  s = 0
3  for i in range(1, n):
4      if i % 3 == 0 or i % 5 == 0:
5          s += i
6  print(s)
```

Interpret

- 2번째 줄은 총합을 구하기 위해서 s를 0으로 초기화하였다.
- 3번째 줄부터 5번째 줄은 3의 배수이거나 5의 배수의 총합을 구하는 순환문이다. 범위가 n 미만이기 때문에 n은 포함되지 않는 것에 주의해야 한다.
- 6번째 줄은 1 이상 n 미만의 3의 배수이거나 5의 배수의 총합을 출력의 첫째 줄에 출력한다.

제17장 배수와 약수 Multiple and Divisor

1011 잠자기 전에 독서 I

실행 제한시간	1초
메모리 사용 제한	32MB

Solution

```python
n = int(input())
s = 0
for i in range(1, n + 1):
    if n % i == 0:
        s += i
print(s)
```

Interpret

- 2번째 줄은 총합을 구하기 위해서 s를 0으로 초기화하였다.
- 3번째 줄부터 5번째 줄은 n에 대한 약수의 총합을 구하는 순환문이다.
- 6번째 줄은 n에 대한 약수의 총합을 출력의 첫째 줄에 출력한다.

제17장 배수와 약수 Multiple and Divisor

1134 두 개의 짝수

실행 제한시간	0.1초
메모리 사용 제한	32MB

한 개의 짝수는 2 * a로 표현할 수 있고, 다른 한 개의 짝수는 2 * b와 같이 표현할 수 있다. 두 개의 짝수의 곱은 (2 * a) * (2 * b) = 4 * a * b이고 이것은 4의 배수를 의미한다. 즉, n 미만의 4의 배수의 개수를 구하는 문제이다.

Solution

```
1  n = int(input())
2  cnt = 0
3  for i in range(1, n):
4      if i % 4 == 0:
5          cnt += 1
6  print(cnt)
```

Interpret

- 2번째 줄은 4의 배수의 개수를 카운팅하기 위해서 cnt를 0으로 초기화하였다.
- 3번째 줄부터 5번째 줄은 4의 배수의 개수를 구하기 위한 순환문이다. 범위가 n 미만이기 때문에 n은 포함되지 않는 것에 주의해야 한다.
- 6번째 줄은 1 이상 n 미만의 4의 배수의 개수를 출력의 첫째 줄에 출력한다.

위와 같은 코드로 채점을 하게 되면 시간 초과(Time Limit Exceed)를 만나게 될 것이다. 왜냐하면 이 문제의 허용 시간은 0.1초이기 때문이다. 여러분의 소스 코드에 이 문제의 최대 정수 2,000,000,000을 넣어서 실행해보면 정답이 나오기까지 상당한 시간이 걸릴 것이다. 순환문은 대략적으로 C/C++의 경우 1억(= 1,000,000,000) 바퀴를 회전하는데 1초 정도 소요된다. 파이썬은 10배 정도 느리다. 이것에 대한 해결 방법으로 PyPy3가 있는데 그것은 다음 2권에서 설명하도록 하겠다. 따라서 순환문의 회전을 줄일 수 있는 다른 방법을 생각해야 한다. 아래와 같이 for문의 순환이 한 바퀴 회전할 때마다 i의 값을 4씩 증가하면서 작성해보자.

Solution

```python
1 n = int(input())
2 cnt = 0
3 for i in range(4, n, 4):
4     cnt += 1
5 print(cnt)
```

Interpret

- 2번째 줄은 4의 배수의 개수를 카운팅하기 위해서 cnt를 0으로 초기화하였다.
- 3, 4번째 줄은 n 미만의 4의 배수의 개수를 구하기 위해서 i의 값이 4부터 4씩 증가하면서 cnt 변수를 1씩 카운팅하고 있다.
- 5번째 줄은 1 이상 n 미만의 4의 배수의 개수를 출력의 첫째 줄에 출력한다.

위와 같이 한 번의 순환이 발생할 때마다 i의 값이 4씩 증가한다면 첫 번째 작성한 소스 코드보다는 4배 이상의 속도를 기대할 수 있을 것이다. 이렇게 작성해서 제출한다면 C/C++ 은 통과가 되지만 파이썬은 역시나 아직도 시간 초과(Time Limit Exceed)를 만나게 된다. 그런데 여기서 한 번 더 생각해보자. 4의 배수의 개수만을 구하면 되기 때문에 n을 4로 나눈 몫이 4의 배수의 개수이므로 for문의 순환 없이 아래와 같이 단 한 번의 연산으로도 구할 수 있다.

Solution

```python
n = int(input())
print((n - 1) // 4)
```

Interpret

- n 미만의 4의 배수의 개수이므로 n은 포함되어서는 안 된다. 즉, n의 값이 1, 2, 3, 4인 경우에는 출력으로 0이 나와야 한다. 따라서 (n - 1)을 4로 나눈 몫을 계산한다면 모든 경우에 대해서 만족하게 된다.

연습문제 ❶번 문제풀이

1부터 n 미만까지의 약수의 합을 구한 후 완전수인지, 부족수인지, 과잉수인지를 판단한다.

Solution

```
1  n = int(input())
2  s = 0
3  for i in range(1, n):
4      if n % i == 0:
5          s += i
6
7  if s == n:
8      print('PERFECT')
9  elif s < n:
10     print('DEFICIENT')
11 else:
12     print('ABUNDANT')
```

Interpret

- 2번째 줄은 총합을 구하기 위해서 s를 0으로 초기화하였다.
- 3번째 줄부터 5번째 줄은 n 미만의 약수의 총합을 구하는 순환문이다. 범위가 n 미만이기 때문에 n은 포함되지 않는다.
- 7번째 줄은 완전수인지를 판별하는 조건문이다. 완전수이면 출력의 첫째 줄에 'PERFECT'를 출력한다.
- 9번째 줄은 부족수인지를 판별하는 조건문이다. 부족수이면 출력의 첫째 줄에 'DEFICIENT'를 출력한다.
- 만일 과잉수이면 11번째 줄에 의해서 출력의 첫째 줄에 'ABUNDANT'를 출력한다.

제18장 완전수 Perfect Number

1098 약수

실행 제한시간 1초
메모리 사용 제한 32MB

Solution

```
1  n = int(input())
2  s = 0
3  for i in range(1, n):
4      if n % i == 0:
5          s += i
6  print(s)
```

Interpret

- 2번째 줄은 총합을 구하기 위해서 s를 0으로 초기화하였다.
- 3번째 줄부터 5번째 줄은 n 미만의 약수의 총합을 구하는 순환문이다. 범위가 n 미만이기 때문에 n은 포함되지 않는다.
- 6번째 줄은 1부터 n 미만의 약수의 총합을 출력의 첫째 줄에 출력한다.

제19장 팩토리얼 Factorial

연습문제 ❶번 문제풀이

먼저 1을 출력한 다음, 2부터 n까지는 연산 기호 '*'와 함께 순환문을 이용하여 출력한다.

Core

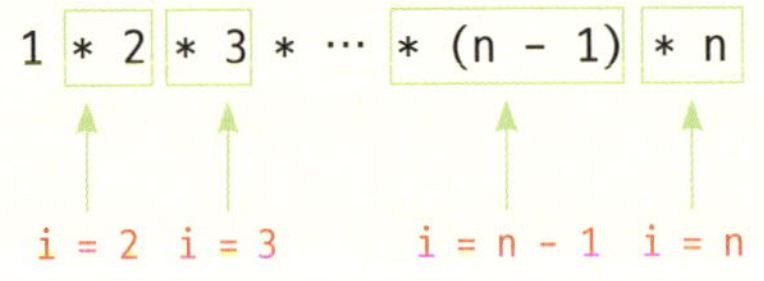

Solution

```
1  n = int(input())
2  print(1, end = '')          # 1을 먼저 출력한다.
3  for i in range(2, n + 1):
4      print('*', i, sep = '', end = '')
```

Interpret

- 2번째 줄은 출력의 첫째 줄에 1을 출력한다.
- 3, 4번째 줄은 순환문을 이용하여 연산 기호 '*'와 함께 i의 값을 출력의 첫째 줄에 출력한다.

- end에 한 칸의 빈 문자열을 지정하여 줄 내림을 대신하였다.
- sep에 빈 문자열을 지정하여 공백을 발생시키지 않았다.

1014 수학 숙제

실행 제한시간	1초
메모리 사용 제한	32MB

Solution

```
1 n = int(input())
2 s = 1
3 for i in range(2, n + 1):
4     s *= i
5 print(s)
```

Interpret

- 2번째 줄은 s를 1로 초기화하였다. 곱셈의 초깃값은 언제나 1이어야 한다. 초깃값이 0이면 s에 어떤 수를 곱해도 계산 결과는 항상 0이 되기 때문이다.
- 3, 4번째 줄은 변수 s에 i 값을 곱하여 n!의 값을 구하고 있다.
- 5번째 줄은 n!의 값을 출력의 첫째 줄에 출력한다.

1008 팩토리얼(Factorial)

실행 제한시간	1초
메모리 사용 제한	32MB

커다랗게 3개의 부분으로 나눠서 진행한다. 먼저 정수 n의 값과 '!=(1'을 출력한다. 그리고 2부터는 연산 기호 '*'와 함께 순환문을 이용하여 출력한다. 순환을 마친 후 ')='를 출력하고 n!의 값을 출력한다. 예를 들어서 n의 값이 5일 경우는 아래 다음과 같다.

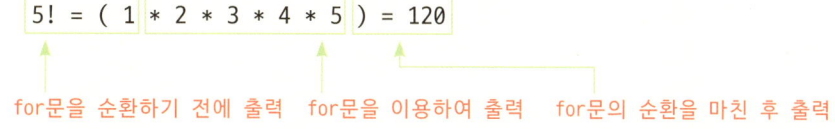

Core

```
5! = ( 1 * 2 * 3 * 4 * 5 ) = 120
```

- `5! = ( 1` : for문을 순환하기 전에 출력
- `* 2 * 3 * 4 * 5` : for문을 이용하여 출력
- `) = 120` : for문의 순환을 마친 후 출력

Solution

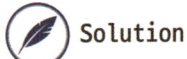

```python
1 n = int(input())
2 s = 1
3 print(n, '!=(', 1, sep = '', end = '')
4 for i in range(2, n + 1):
5     s *= i        # s = s * i
6     print('*', i, sep = '', end = '')
7 print(')=', s, sep = '')
```

Interpret

- 2번째 줄은 s를 1로 초기화하였다. 곱셈의 초깃값은 언제나 1이어야 한다. 초깃값이 0이면 s에 어떤 수를 곱해도 계산 결과는 항상 0이 되기 때문이다.
- 3번째 줄은 n의 값과 '!=(1'를 출력의 첫째 줄에 출력한다.
- 4번째 줄부터 6번째 줄은 순환문을 이용하여 연산 기호 '*'와 함께 i의 값을 출력의 첫째 줄에 출력한다.
- 5번째 줄은 i의 값을 변수 s에 곱해나간다.
- 7번째 줄은 ')='를 출력한 후 n!의 값 s를 출력의 첫째 줄에 출력한다.
- end에 한 칸의 빈 문자열을 지정하여 줄 내림을 대신하였다.
- sep에 빈 문자열을 지정하여 공백을 발생시키지 않았다.

제20장 중첩 순환문 for

연습문제 ❶번 문제풀이

Core

```
i = 1 ⟶ #          '#' 문자 1개
i = 2 ⟶ ##         '#' 문자 2개
i = 3 ⟶ ###        '#' 문자 3개
i = 4 ⟶ ####       '#' 문자 4개
i = 5 ⟶ #####      '#' 문자 5개
```

Core

```python
for i in range(1, 6):
    print('#' * [  ], end = '')
    print()
```

'#'의 개수

Solution

```python
1 for i in range(1, 6):
2     print('#' * i, end = '')
3     print()
```

Interpret

- 출력하는 줄이 5줄이므로 i는 1부터 5까지 5바퀴를 회전한다.
- 2, 3번째 줄은 i의 값에 따라서 '#' 문자를 i개 출력한 후 3번째 줄에 의해서 줄 내림이 발생된다.

연습문제 ❷번 문제풀이

Core

```
i = 1 ⟶ #####     '#' 문자 5개
i = 2 ⟶ ####      '#' 문자 4개
i = 3 ⟶ ###       '#' 문자 3개
i = 4 ⟶ ##        '#' 문자 2개
i = 5 ⟶ #         '#'문 자 1개
```

Solution

```python
1 for i in range(1, 6):
2     print('#' * (6 - i), end = '')
3     print()
```

Interpret

- 출력하는 줄이 5줄이므로 i는 1부터 5까지 5바퀴를 회전한다.
- 2, 3번째 줄은 i의 값에 따라서 '#' 문자를 6 - i개 출력한 후 3번째 줄에 의해서 줄 내림이 발생된다.

연습문제 ❸번 문제풀이

Core

```
i = 1 →     #        ' ' 문자 4개, '#' 문자 1개
i = 2 →    ##        ' ' 문자 3개, '#' 문자 2개
i = 3 →   ###        ' ' 문자 2개, '#' 문자 3개
i = 4 →  ####        ' ' 문자 1개, '#' 문자 4개
i = 5 → #####        ' ' 문자 0개, '#' 문자 5개
```

Core

```
for i in range(1, 6):
    print(' ' * □ , end = '') ——| 공백의 개수
    print('#' * □ ) ——| '#'의 개수
```

Solution

```
1  for i in range(1, 6):
2      print(' ' * (5 - i), end = '')
3      print('#' * i)
```

Interpret

- 출력하는 줄이 5줄이므로 i는 1부터 5까지 5바퀴를 회전한다.
- 2번째 줄은 i의 값에 따라서 공백 문자를 5 - i개 출력한다.
- 3번째 줄은 i의 값에 따라서 '#' 문자를 i개 출력한 후 줄 내림이 발생된다.

연습문제 ❹번 문제풀이

Core

```
i = 1 → #####        ' ' 문자 0개, '#' 문자 5개
i = 2 →  ####        ' ' 문자 1개, '#' 문자 4개
i = 3 →   ###        ' ' 문자 2개, '#' 문자 3개
i = 4 →    ##        ' ' 문자 3개, '#' 문자 2개
i = 5 →     #        ' ' 문자 4개, '#' 문자 1개
```

Solution

```
1  for i in range(1, 6):
2      print(' ' * (i - 1), end = '')
3      print('#' * (6 - 1))
```

Interpret

- 출력하는 줄이 5줄이므로 i는 1부터 5까지 5바퀴를 회전한다.
- 2번째 줄은 i의 값에 따라서 공백 문자를 i - 1개 출력한다.
- 3번째 줄은 i의 값에 따라서 '#' 문자를 6 - i개 출력한 후 줄 내림이 발생된다.

제20장 중첩 순환문 for

연습문제 ❺번 문제풀이

Core

```
i = 1 →      #         ' ' 문자 4개, '#' 문자 1개
i = 2 →     ###        ' ' 문자 3개, '#' 문자 3개
i = 3 →    #####       ' ' 문자 2개, '#' 문자 5개
i = 4 →   #######      ' ' 문자 1개, '#' 문자 7개
i = 5 →  #########     ' ' 문자 0개, '#' 문자 9개
```

i의 값에 따라서 1, 3, 5, 7, 9의 식을 만들려면 1, 3, 5, 7, 9는 2씩 증가함을 알 수 있다. 따라서 i의 값을 2배 한 후 1을 빼면 i의 값에 따른 1, 3, 5, 7, 9를 만들 수 있다.

Solution

```
1  for i in range(1, 6):
2      print(' ' * (5 - i), end = '')
3      print('#' * (i * 2 - 1))
```

Interpret

- 출력하는 줄이 5줄이므로 i는 1부터 5까지 5바퀴를 회전한다.
- 2번째 줄은 i의 값에 따라서 공백 문자를 5 - i개 출력한다.
- 3번째 줄은 i의 값에 따라서 '#' 문자를 i * 2 - 1개 출력한 후 줄 내림이 발생된다.

연습문제 ❻번 문제풀이

Core

```
i = 1 ⟶ #########      ' ' 문자 0개, '#' 문자 9개
i = 2 ⟶  #######       ' ' 문자 1개, '#' 문자 7개
i = 3 ⟶   #####        ' ' 문자 2개, '#' 문자 5개
i = 4 ⟶    ###         ' ' 문자 3개, '#' 문자 3개
i = 5 ⟶     #          ' ' 문자 4개, '#' 문자 1개
```

i의 값에 따라서 9, 7, 5, 3, 1의 식을 만들려면 어떤 수에서 1, 3, 5, 7, 9를 빼면 9, 7, 5, 3, 1이 된다. 여기서 어떤 수는 10이 된다. 즉, 10에서 1, 3, 5, 7, 9를 빼면 9, 7, 5, 3, 1을 만들 수 있다. 이것을 일반식으로 만들면 10 - (i * 2 - 1)이 되고 다시 정리하면 11 - i * 2가 된다.

Solution

```
1 for i in range(1, 6):
2     print(' ' * (i - 1), end = '')
3     print('#' * (11 - i * 2))
```

Interpret

- 출력하는 줄이 5줄이므로 i는 1부터 5까지 5바퀴를 회전한다.
- 2번째 줄은 i의 값에 따라서 공백 문자를 i - 1개 출력한다.
- 3번째 줄은 i의 값에 따라서 '#' 문자를 11 - i * 2개 출력한 후 줄 내림이 발생된다.

2013 도미노 게임

실행 제한시간	1초
메모리 사용 제한	32MB

Core

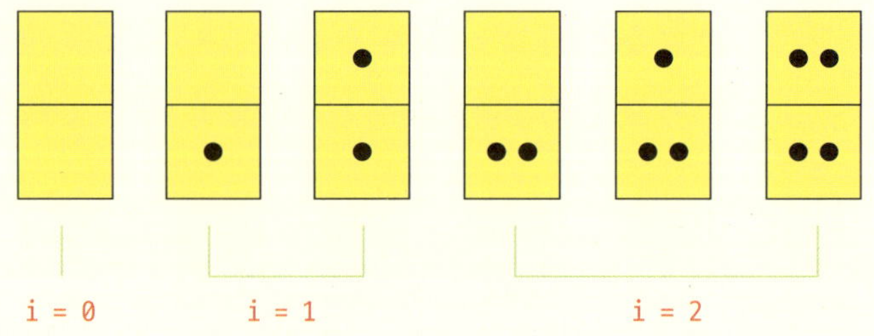

밑에 눈을 기준으로

밑에 눈이 0개 일 때, 위의 눈은 0

밑에 눈이 1개 일 때, 위의 눈은 0, 1

밑에 눈이 2개 일 때, 위의 눈은 0, 1, 2

밑에 눈이 3개 일 때, 위의 눈은 0, 1, 2, 3

⋮

밑에 눈이 n개 일 때, 위의 눈은 0, 1, 2, 3, … , n이 된다.

Solution

```
1  n = int(input())
2  s = 0
3  for i in range(n + 1):        # 밑에 눈
4      for j in range(i + 1):    # 위의 눈
5          s += (i + j)
6  print(s)
```

Interpret

- 3번째 줄은 밑에 눈의 수이고 4번째 줄은 위의 눈의 수이다.
- 5번째 줄에서 밑에 눈과 위의 눈의 합을 구한다.

제21장 기초 테스트 I Training

연습문제 ❶번 문제풀이

Core

```
i = 1 → 1        j는 1부터 1까지
i = 2 → 12       j는 1부터 2까지
i = 3 → 123      j는 1부터 3까지
i = 4 → 1234     j는 1부터 4까지
i = 5 → 12345    j는 1부터 5까지
```

Core

```
for i in range(1, 6):
    for j in range(□, □):
        print(j, end = '')
    print()
```

시작값 끝값

Solution

```
1  for i in range(1, 6):
2      for j in range(1, i + 1):
3          print(j, end = '')
4      print()
```

Interpret

- 출력하는 줄이 5줄이므로 i는 1부터 5까지 5바퀴를 회전한다.
- 2, 3번째 줄은 i의 값에 따라 j는 1부터 i까지 출력한 후 4번째 줄에 의해서 줄 내림이 발생된다.

제21장 기초 테스트 I Training

연습문제 ❷번 문제풀이

Core

```
i = 1 → 12345      j는 1부터 5까지
i = 2 → 1234       j는 1부터 4까지
i = 3 → 123        j는 1부터 3까지
i = 4 → 12         j는 1부터 2까지
i = 5 → 1          j는 1부터 1까지
```

Solution

```
1  for i in range(1, 6):
2      for j in range(1, 7 - i):
3          print(j, end = '')
4      print()
```

Interpret

- 출력하는 줄이 5줄이므로 i는 1부터 5까지 5바퀴를 회전한다.
- 2, 3번째 줄은 i의 값에 따라서 j는 1부터 6 - i까지 출력한 후 4번째 줄에 의해서 줄 내림이 발생된다.

연습문제 ❸번 문제풀이

Core

i = 1 →	5	' ' 문자 4개, j는 5부터 5까지
i = 2 →	45	' ' 문자 3개, j는 4부터 5까지
i = 3 →	345	' ' 문자 2개, j는 3부터 5까지
i = 4 →	2345	' ' 문자 1개, j는 2부터 5까지
i = 5 →	12345	' ' 문자 0개, j는 1부터 5까지

Core

```
for i in range(1, 6):
    print(' ' * □, end = '')      ── 공백의 개수
    for j in range(□, □):
        print(j, end = '')
    print()
```

시작값 끝값

Solution

```
1  for i in range(1, 6):
2      print(' ' * (5 - i), end = '')
3      for j in range(6 - i, 6):
4          print(j, end = '')
5      print()
```

Interpret

- 출력하는 줄이 5줄이므로 i는 1부터 5까지 5바퀴를 회전한다.
- 2번째 줄은 i의 값에 따라서 공백 문자를 5 - i개 출력한다.
- 3, 4번째 줄은 i의 값에 따라서 j는 6 - i부터 5까지 출력한 후 5번째 줄에 의해서 줄 내림이 발생된다.

연습문제 ❹번 문제풀이

Core

```
i = 1 → 12345        ' ' 문자 0개, j는 1부터 5까지
i = 2 →  2345        ' ' 문자 1개, j는 2부터 5까지
i = 3 →   345        ' ' 문자 2개, j는 3부터 5까지
i = 4 →    45        ' ' 문자 3개, j는 4부터 5까지
i = 5 →     5        ' ' 문자 4개, j는 5부터 5까지
```

Solution

```
1  for i in range(1, 6):
2      print(' ' * (i - 1), end = '')
3      for j in range(i, 6):
4          print(j, end = '')
5      print()
```

Interpret

- 출력하는 줄이 5줄이므로 i는 1부터 5까지 5바퀴를 회전한다.
- 2번째 줄은 i의 값에 따라서 공백 문자를 i - 1개 출력한다.
- 3, 4번째 줄은 i의 값에 따라서 j는 i부터 5까지 출력한 후 5번째 줄에 의해서 줄 내림이 발생된다.

연습문제 ❺번 문제풀이

Core

```
i = 1 →     1            ' ' 문자 4개, j는 1부터 1까지
i = 2 →    123           ' ' 문자 3개, j는 1부터 3까지
i = 3 →   12345          ' ' 문자 2개, j는 1부터 5까지
i = 4 →  1234567         ' ' 문자 1개, j는 1부터 7까지
i = 5 → 123456789        ' ' 문자 0개, j는 1부터 9까지
```

Solution

```
1 for i in range(1, 6):
2     print(' ' * (5 - i), end = '')
3     for j in range(1, i * 2):
4         print(j, end = '')
5     print()
```

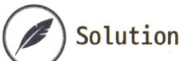

Interpret

- 출력하는 줄이 5줄이므로 i는 1부터 5까지 5바퀴를 회전한다.
- 2번째 줄은 i의 값에 따라서 공백 문자를 5 - i개 출력한다.
- 3, 4번째 줄은 i의 값에 따라서 j는 1부터 i * 2 - 1까지 출력한 후 5번째 줄에 의해서 줄 내림이 발생된다.

제21장 기초 테스트 I Training

연습문제 ❻번 문제풀이

Core

i = 1 →	123456789	' ' 문자 0개, j는 1부터 9까지
i = 2 →	1234567	' ' 문자 1개, j는 1부터 7까지
i = 3 →	12345	' ' 문자 2개, j는 1부터 5까지
i = 4 →	123	' ' 문자 3개, j는 1부터 3까지
i = 5 →	1	' ' 문자 4개, j는 1부터 1까지

Solution

```
1 for i in range(1, 6):
2     print(' ' * (i - 1), end = '')
3     for j in range(1, 12 - i * 2):
4         print(j, end = '')
5     print()
```

Interpret

- 출력하는 줄이 5줄이므로 i는 1부터 5까지 5바퀴를 회전한다.
- 2번째 줄은 i의 값에 따라서 공백 문자를 i - 1개 출력한다.
- 3, 4번째 줄은 i의 값에 따라서 j는 1부터 11 - i * 2까지 출력한 후 5번째 줄에 의해서 줄 내림이 발생된다.

연습문제 ❼번 문제풀이

Core

```
i = 1 →         9     ' ' 문자 4개, j는 9부터 9까지
i = 2 →       789     ' ' 문자 3개, j는 7부터 9까지
i = 3 →     56789     ' ' 문자 2개, j는 5부터 9까지
i = 4 →   3456789     ' ' 문자 1개, j는 3부터 9까지
i = 5 → 123456789     ' ' 문자 0개, j는 1부터 9까지
```

Solution

```python
1 for i in range(1, 6):
2     print(' ' * (5 - i), end = '')
3     for j in range(11 - i * 2, 10):
4         print(j, end = '')
5     print()
```

Interpret

- 출력하는 줄이 5줄이므로 i는 1부터 5까지 5바퀴를 회전한다.
- 2번째 줄은 i의 값에 따라서 공백 문자를 5 - i개 출력한다.
- 3, 4번째 줄은 i의 값에 따라서 j는 11 - i * 2부터 9까지 출력한 후 5번째 줄에 의해서 줄 내림이 발생된다.

연습문제 ❽번 문제풀이

Core

```
i = 1 → 123456789     ' ' 0개, j는 1부터 9까지
i = 2 →   3456789     ' ' 1개, j는 3부터 9까지
i = 3 →     56789     ' ' 2개, j는 5부터 9까지
i = 4 →       789     ' ' 3개, j는 7부터 9까지
i = 5 →         9     ' ' 4개, j는 9부터 9까지
```

Solution

```
1 for i in range(1, 6):
2     print(' ' * (i - 1), end = '')
3     for j in range(i * 2 - 1, 10):
4         print(j, end = '')
5     print()
```

Interpret

- 출력하는 줄이 5줄이므로 i는 1부터 5까지 5바퀴를 회전한다.
- 2번째 줄은 i의 값에 따라서 공백 문자를 i - 1개 출력한다.
- 3, 4번째 줄은 i의 값에 따라서 j는 i * 2 - 1부터 9까지 출력한 후 5번째 줄에 의해서 줄 내림이 발생된다.

제21장 기초 테스트 I Training

연습문제 ⑨번 문제풀이

앞장에서 공부했듯이 컴퓨터 세계는 문자가 존재하지 않는다. 컴퓨터 세계는 오직 숫자만 존재할 뿐이다. 그것도 이진수로 된 숫자만 존재한다. 자! 그럼 어떻게 문자를 표현할 수 있을까? 실질적으로 프로그램에서 65(이진수 65)를 chr() 함수에 전달해서 출력하면 'A'의 모양을 화면에 출력할 뿐이고, 66(이진수 66)을 chr() 함수에 전달하여 출력하면 'B'의 모양을 화면에 출력할 뿐이다. 이렇게 약속된 숫자와 모양을 9장에서 아스키코드(ASCII Code)라 한다고 공부하였다. 아스키코드를 공부했다고 해서 모든 아스키코드 값을 기억하고 다니는 것은 힘들 것이다. 물론 대문자 A의 아스키코드 값이 65라는 정도는 기억할 수 있다고 해도 128개에 해당하는 모든 아스키코드 값을 외워서 다니는 것은 어렵기도 하지만 외우는 자체도 상당히 어리석은 일이다. 그래서 파이썬에서는 아스키코드 값을 확인해보는 ord() 함수와 아스키코드 값에 해당하는 문자를 출력해주는 chr() 함수를 제공한다.

Core

```
print(ord('A'))
```

ord() 함수에 문자 'A'를 전달하면 아스키코드 값 65를 출력한다.

Core

```
print(chr(65))
```

chr() 함수에 65를 전달하면 아스키코드 값에 해당하는 문자 'A'를 출력한다.

지금 아래는 자주 사용하는 아스키코드 값만을 정리하였다. 소문자 'a'가 대문자 'A'보다 아스키코드 값 32가 더 크다는 것을 기억해두면 유용하게 쓰일 때가 있으니 잘 기억해 두도록 하자. 또한 문자 '0'의 아스키코드 값이 48이라는 것을 한 번 눈여겨봐도 나쁠 것은 없을 것 같다.

자주 사용하는 아스키코드(ASCII Code)

문자	ASCII	문자	ASCII	문자	ASCII	문자	ASCII
A	65	a	97	0	48	NULL	0
B	66	b	98	1	49	공백(space)	32
C	67	c	99	2	50		
⋮	⋮	⋮	⋮	⋮	⋮		
Z	90	z	122	9	57		

이제 그림 문제로 들어가보자.

Core

```
for i in range(1, 6):
    print(i)
```

for문이 1부터 5까지 회전하면서 출력의 첫째 줄에는 1을, 둘째 줄에는 2를, 셋째 줄에는 3을, 넷째 줄에는 4를, 다섯째 줄에는 5를 출력한다.

Core

```
for i in range(1, 6):
    print(i + 64)
```

for문이 1부터 5까지 회전하면서 출력의 첫째 줄에는 65를, 둘째 줄에는 66을, 셋째 줄에는 67을, 넷째 줄에는 68을, 다섯째 줄에는 69를 출력한다.

Core

```
for i in range(1, 6):
    print(chr(i + 64))
```

for문이 1부터 5까지 회전하면서 출력의 첫째 줄에는 'A'를, 둘째 줄에는 'B'를, 셋째 줄에는 'C'를, 넷째 줄에는 'D'를, 다섯째 줄에는 'E'를 출력한다.

Core

```
i = 1 → 1        1 + 64를 chr() 함수에 전달하여 출력
i = 2 → 2        2 + 64를 chr() 함수에 전달하여 출력
i = 3 → 3        3 + 64를 chr() 함수에 전달하여 출력
i = 4 → 4        4 + 64를 chr() 함수에 전달하여 출력
i = 5 → 5        5 + 64를 chr() 함수에 전달하여 출력
```

Solution

```python
for i in range(1, 6):
    print(chr(i + 64))
```

Interpret

- 출력하는 줄이 5줄이므로 i는 1부터 5까지 5바퀴를 회전한다.
- 2번째 줄은 i + 64의 값을 chr() 함수에 전달하여 아스키코드 값에 해당하는 문자를 각 줄에 출력한다.

제21장 기초 테스트 I Training

연습문제 ⑩번 문제풀이

Core

```
i = 1 →     1         ' ' 문자 4개, 1 + 64를 chr() 함수에 전달하여 1번 출력
i = 2 →    222        ' ' 문자 3개, 2 + 64를 chr() 함수에 전달하여 3번 출력
i = 3 →   33333       ' ' 문자 2개, 3 + 64를 chr() 함수에 전달하여 5번 출력
i = 4 →  4444444      ' ' 문자 1개, 4 + 64를 chr() 함수에 전달하여 7번 출력
i = 5 → 555555555     ' ' 문자 0개, 5 + 64를 chr() 함수에 전달하여 9번 출력
```

Solution

```python
1  for i in range(1, 6):
2      print(' ' * (5 - i), end = '')
3      print(chr(i + 64) * (i * 2 - 1))
```

Interpret

- 출력하는 줄이 5줄이므로 i는 1부터 5까지 5바퀴를 회전한다.
- 2번째 줄은 i의 값에 따라서 공백 문자를 5 - i개 출력한다.
- 3번째 줄은 i + 64의 값을 chr() 함수에 전달하여 아스키코드 값에 해당하는 문자를 i * 2 - 1개 출력한 후 줄 내림이 발생된다.

연습문제 ⑪번 문제풀이

Core

```
i = 1 ⟶ 1          j는 1부터 1까지 j + 64를 chr() 함수에 전달하여 출력
i = 2 ⟶ 12         j는 1부터 2까지 j + 64를 chr() 함수에 전달하여 출력
i = 3 ⟶ 123        j는 1부터 3까지 j + 64를 chr() 함수에 전달하여 출력
i = 4 ⟶ 1234       j는 1부터 4까지 j + 64를 chr() 함수에 전달하여 출력
i = 5 ⟶ 12345      j는 1부터 5까지 j + 64를 chr() 함수에 전달하여 출력
```

Solution

```
1 for i in range(1, 6):
2     for i in range(1, i + 1):
3         print(chr(j + 64), end = '')
4 print()
```

Interpret

- 출력하는 줄이 5줄이므로 i는 1부터 5까지 5바퀴를 회전한다.
- 2, 3번째 줄은 i의 값에 따라서 j는 1부터 i까지 회전하면서 j + 64의 값을 chr() 함수에 전달하여 아스키코드 값에 해당하는 문자를 출력한 후 4번째 줄에 의해서 줄 내림이 발생된다.

연습문제 ⑫번 문제풀이

Core

```
i = 1 ⟶        1          ' '문자 4개, j는 1부터 1까지 j + 64를 chr() 함수에 전달하여 출력
i = 2 ⟶       234         ' '문자 3개, j는 2부터 4까지 j + 64를 chr() 함수에 전달하여 출력
i = 3 ⟶      34567        ' '문자 2개, j는 3부터 7까지 j + 64를 chr() 함수에 전달하여 출력
i = 4 ⟶     45678910      ' '문자 1개, j는 4부터 10까지 j + 64를 chr() 함수에 전달하여 출력
i = 5 ⟶   5678910111213   ' '문자 0개, j는 5부터 13까지 j + 64를 chr() 함수에 전달하여 출력
```

i의 값에 따라서 j의 끝값 1, 4, 7, 10, 13의 식을 만들려면 1, 4, 7, 10, 13은 3씩 증가함을 알 수 있다. 따라서 i의 값을 3배 한 후 2를 빼면 i의 값에 따른 1, 4, 7, 10, 13을 만들 수 있다.

Solution

```python
1 for i in range(1, 6):
2     print(' ' * (5 - i), end = '')
3     for j in range(i, i * 3 - 1):
4         print(chr(j + 64), end = '')
5     print()
```

Interpret

- 출력하는 줄이 5줄이므로 i는 1부터 5까지 5바퀴를 회전한다.
- 2번째 줄은 i의 값에 따라서 공백 문자를 5 - i개 출력한다.
- 3, 4번째 줄은 i의 값에 따라서 j는 i부터 i * 3 - 2까지 회전하면서 j + 64의 값을 chr() 함수에 전달하여 아스키코드 값에 해당하는 문자를 출력한 후 5번째 줄에 의해서 줄 내림이 발생된다.

2000 세 수의 합

실행 제한시간	1초
메모리 사용 제한	64MB

첫 번째 수보다 두 번째 수는 반드시 커야 하고, 또한 두 번째 수보다 세 번째 수도 반드시 커야 한다. 이것을 아래와 같이 3중 for문을 이용하여 해결할 수 있다.

Core

```python
for i in range(1, 11):
    for j in range(1, 11):
        for k in range(1, 11):
            if i < j < k
```

같은 결과

```python
for i in range(1, 11):
    for j in range(i + 1, 11):
        for k in range(j + 1, 11):
```

j가 i + 1부터 회전하면 j의 값은 반드시 i의 값보다 클 수밖에 없으며, k가 j + 1부터 회전하면 k의 값은 반드시 j의 값보다 클 수밖에 없기 때문에 위의 코드와 아래의 코드는 같은 결과를 보여준다. 마지막으로 이 문제에서 주의해야 하는 부분은 1부터 n까지의 정수가 아니라 1부터 10까지의 정수를 이용하여 i + j + k의 값이 n이 되는 경우를 찾아야 하는 것이다.

Solution

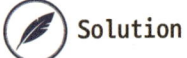

```
1  n = int(input())
2  cnt = 0
3  for i in range(1, 11):
4      for j in range(i + 1, 11):
5          for k in range(j + 1, 11):
6              if i + j + k == n:
7                  print(i, j, k)
8                  cnt += 1
9  print(cnt)
```

Interpret

- 3번째 줄부터 8번째 줄은 i의 값보다 j의 값이 크고 j의 값보다 k의 값이 큰 경우 중에서 i + j + k의 값이 n인 경우를 각 줄에 출력하고 경우의 수를 카운팅하고 있다.
- 9번째 줄은 경우의 수를 출력의 마지막 줄에 출력한다.

제21장 기초 테스트 I Training

2001 추의 합

실행 제한시간	1초
메모리 사용 제한	64MB

Solution

```
1  g = int(input())
2  cnt = 0
3  for i in range(1, 11):
4      for j in range(1, 11):
5          for k in range(1, 11):
6              if i * 2 + j * 3 + k * 5 == g:
7                  print(i, j, k)
8                  cnt += 1
9  print(cnt)
```

Interpret

- 3번째 줄부터 8번째 줄은 추의 무게의 합이 g인 경우를 찾고 있다. 여기서 i는 2g 추의 개수를 나타내고, j는 3g 추의 개수를 나타내며, k는 5g 추의 개수를 나타낸다. 또한 추의 개수가 각각 10개씩 있으므로 i, j, k는 모두 10까지 회전하였다.
- 9번째 줄은 경우의 수를 출력의 마지막 줄에 출력한다.

2007 나비

실행 제한시간 1초
메모리 사용 제한 64MB

커다랗게 상단 부분, 허리 부분, 하단 부분 이렇게 세 개의 부분으로 나누어서 각각 출력해야 한다. 먼저 상단 부분을 살펴보면,

Core

```
i = 1 → 1       1      j는 1부터 1까지, ' ' 문자 7개, j는 1부터 1까지
i = 2 → 12     21      j는 1부터 2까지, ' ' 문자 5개, j는 2부터 1까지
i = 3 → 123   321      j는 1부터 3까지, ' ' 문자 3개, j는 3부터 1까지
i = 4 → 1234 4321      j는 1부터 4까지, ' ' 문자 1개, j는 4부터 1까지
```

Core

```
for i in range(1, n):
    for j in range(1, i + 1):                                  좌측 날개
        print(j, end = '')
    print(' ' * ((n - 1) * 2 - (i * 2 - 1)), end = '')         공백
    for j in range(i, 0, -1):
        print(j, end = '')                                     우측 날개
    print()
```

Interpret

- i의 값이 1일 때, 좌측 날개 j는 1부터 1까지 출력, 공백 7개 출력, 우측 날개 j는 1부터 1까지 출력한다.
- i의 값이 2일 때, 좌측 날개 j는 1부터 2까지 출력, 공백 5개 출력, 우측 날개 j는 2부터 1까지 출력한다.
- i의 값이 3일 때, 좌측 날개 j는 1부터 3까지 출력, 공백 3개 출력, 우측 날개 j는 3부터 1까지 출력한다.
- i의 값이 4일 때, 좌측 날개 j는 1부터 4까지 출력, 공백 1개 출력, 우측 날개 j는 4부터 1까지 출력한다.

다음으로 허리 부분이다. 허리 부분은 i의 값이 1부터 n까지 증가하면서 출력하는 증가 부분과 n - 1부터 1까지 감소하면서 출력하는 감소 부분을 따로 나누어서 출력해야 한다. 여기서 주의할 것은 n의 값이 10일 경우는 10 대신에 0을 출력해야 하는데 % 연산자를 사용하면 쉽게 해결할 수 있다.

Core

```
허리부분 → 123454321      i는 1부터 5까지, i는 4부터 1까지
```

Core

```
for i in range(1, n + 1):
    if i == 10:
        print(0, end = '')
    else:
        print(i, end = '')
for i in range(n - 1, 0, -1):
    print(i, end = '')
```

같은 결과

```
for i in range(1, n + 1):          ── 증가 부분
    print(i % 10, end = '')
for i in range(n - 1, 0, -1):      ── 감소 부분
    print(i, end = '')
```

다음으로 하단 부분을 살펴보면,

Core

```
i = 4 ⟶ 1234 4321      j는 1부터 4까지, ' ' 문자 1개, j는 4부터 1까지
i = 3 ⟶ 123   321      j는 1부터 3까지, ' ' 문자 3개, j는 3부터 1까지
i = 2 ⟶ 12     21      j는 1부터 2까지, ' ' 문자 5개, j는 2부터 1까지
i = 1 ⟶ 1       1      j는 1부터 1까지, ' ' 문자 7개, j는 1부터 1까지
```

Core

```
for i in range(n - 1, 0, -1):
    for j in range(1, i + 1):                              ── 좌측 날개
        print(j, end = '')
    print(' ' * ((n - 1) * 2 - (i * 2 - 1)), end = '')     ── 공백
    for j in range(i, 0, -1):
        print(j, end = '')                                 ── 우측 날개
    print()
```

Interpret

- i의 값이 4일 때, 좌측 날개 j는 1부터 4까지 출력, 공백 1개 출력, 우측 날개 j는 4부터 1까지 출력한다.
- i의 값이 3일 때, 좌측 날개 j는 1부터 3까지 출력, 공백 3개 출력, 우측 날개 j는 3부터 1까지 출력한다.
- i의 값이 2일 때, 좌측 날개 j는 1부터 2까지 출력, 공백 5개 출력, 우측 날개 j는 2부터 1까지 출력

한다.

- i의 값이 1일 때, 좌측 날개 j는 1부터 1까지 출력, 공백 7개 출력, 우측 날개 j는 1부터 1까지 출력한다.

Solution

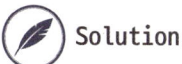

```
1   n = int(input())
2   for i in range(1, n):               # 상단 부분
3       for j in range(1, i + 1):       # 좌측 날개
4           print(j, end = '')
5       print(' ' * ((n - 1) * 2 - (i * 2 - 1)), end = '')      # 공백
6       for j in range(i, 0, -1):       # 우측 날개
7           print(j, end = '')
8       print()
9
10  for i in range(1, n + 1):           # 허리 부분
11      print(i % 10, end = '')
12  for i in range(n - 1, 0, -1):
13      print(i, end = '')
14  print()
15
16  for i in range(n - 1, 0, -1):       # 하단 부분
17      for j in range(1, i + 1):       # 좌측 날개
18          print(j, end = '')
19      print(' ' * ((n - 1) * 2 - (i * 2 - 1)), end = '')      # 공백
20      for j in range(i, 0, -1):       # 우측 날개
21          print(j, end = '')
22      print()
```

Interpret

- 2번째 줄부터 8번째 줄은 상단 부분을 출력한다.
- 10번째 줄부터 14번째 줄은 허리 부분을 출력한다.
- 16번째 줄부터 22번째 줄은 하단 부분을 출력한다.

Tip

바깥쪽 for문 i에 대해서 안쪽 for문 j는 2개가 있다. 첫 번째 for문 j는 1부터 i까지의 값을 출력하며 순환을 마친다. 다시 두 번째 for문 j가 i부터 1까지 출력하며 순환을 마친다. 첫 번째 for문 j가 순환을 마치고 다시 새롭게 두 번째 for문 j가 출발하며 순환을 마치기 때문에 바깥쪽 for문 i에 대해서 한 개의 변수 j를 이용해서 두 개의 안쪽 for문을 순환하여도 아무 이상 없이 처리된다.

연습문제 ❶번 문제풀이

Solution

```
1 a, cnt = 0, 0
2 while a < 99:
3     a += 3
4     print(a, end = ' ')
5     cnt += 1
6     if cnt % 10 == 0:
7         print()
```

Interpret

- 2번째 줄에서 a의 값이 99 미만인 이유는 만일 a의 값이 99가 되었을 때 while문이 실행된다면 3번째 줄에 의해서 a의 값이 102가 되기 때문에 a의 조건은 99 미만이 되었다.
- 3번째 줄은 while문이 1회전 할 때마다 a의 값을 3씩 증가시킨다.
- 5번째 줄은 while문이 1회전 할 때마다 cnt의 값을 1씩 카운팅한다.
- 6번째 줄은 cnt의 값이 10의 배수일 때마다 7번째 줄에서 한 개의 줄 내림이 발생된다.

제22장 순환문 while

연습문제 ❷번 문제풀이

Solution

```
1 a = int(input())
2 n, cnt = 10000, 0
3 while n >= a:
4     n -= a
5     print(n)
6     cnt += 1
7 print(cnt)
```

Interpret

- 3번째 줄부터 6번째 줄은 교통 카드의 잔액 n이 버스 요금 a보다 크거나 같다면 계속 순환한다.
- 4번째 줄은 버스에 요금이 차감되고 5번째 줄에서 차감되고 남은 금액을 출력한다.
- 6번째 줄은 버스에 탑승한 횟수를 카운팅한다.

- 모든 순환을 마친 후 교통 카드를 사용한 횟수를 7번째 줄에서 출력한다.

제22장 순환문 while

1018 골동품

실행 제한시간	1초
메모리 사용 제한	32MB

내가 제시한 가격을 a, 판매사가 제시한 가격이 c이다. 내가 제시한 가격이 판매사가 제시한 가격보다 크거나 같다면 더 이상의 입찰은 필요 없다. 그런데 내가 제시한 가격 a보다 판매사가 제시한 가격 c가 크다면 가격에 대한 조정이 필요하다. 가격에 대한 조정은 한 번이 아니라 판매에 대한 조건이 맞을 때까지 순환문을 이용해서 가격을 조정해야 한다. 그런데 for문 같은 경우는 명확한 회전수가 있을 때 사용하면 유리하지만, 지금과 같은 경우는 명확한 회전수를 계산하기 복잡하므로 while문을 사용하는 것이 조금 더 편리하다. 가격에 대한 조정은 한 번의 회전이 발생할 때마다 내가 제시한 가격은 b씩 증가하고, 판매사가 제시한 가격은 d씩 감소하면 된다.

Solution

```
1  a, b, c, d = map(int, input().split())
2  while a < c:
3      a += b        # 내가 제시한 가격 b씩 증가
4      c -= d        # 판매사가 제시한 가격 d씩 감소
5  print(a)
```

Interpret

- 2번째 줄은 내가 제시한 가격이 판매사가 제시한 가격보다 작다면 순환이 발생된다.
- 3번째 줄은 내가 제시한 가격은 b씩 증가한다.
- 4번째 줄은 판매사가 제시한 가격은 d씩 감소한다.
- 5번째 줄은 내가 제시한 가격이 입찰이 되었기 때문에 출력의 첫째 줄에 출력한다.

2016 콜라

실행 제한시간	0.2초
메모리 사용 제한	64MB

이 문제는 커다랗게 두 가지 문제점이 나타난다. 정답이 안 나오는 경우와 시간 초과(Time Limit Exceed)가 나는 경우이다. 첫째로 정답이 안 나오는 사람들은 5와 3을 입력해 보기를 바란다. 정답으로 얼마가 나와야 하는가? 정답은 7이다. 아마도 정답이 안 나오는 사람들 대부분은 6으로 정답이 나왔을 것이다. 정답이 6으로 나온 사람들은 5병을 마신 후 3병에 대한 새로운 1병을 받았기 때문에 정답이 6으로 나왔을 것이다. 하지만 좀 더 깊이 생각해보면 5병을 마신 후, 빈 병 3병을 새로운 1병과 교환하면 아직 나머지 빈 병이 2병 남아있고 그리고 새로운 1병을 마신 후, 빈 병 1병을 더 추가하면 빈 병이 다시 3병이 되므로 추가로 1병을 더 받을 수 있다는 것을 미처 계산하지 못했을 것이다.

다음으로 자주 발생하는 문제는 시간 초과(Time Limit Exceed)가 나는 문제이다. 일단 문제에서 실행 제한시간은 0.2초이다. 시간 초과가 나오는 경우는 아래와 같이 모든 과정을 일일이 처리하도록 소스 코드를 작성한 경우일 것이다.

Core

```
while n >= k:
    sum += k
    n -= (k - 1)
print(s + n)
```

가득 찬 콜라 n병이 k보다 크거나 같다면 k병을 마실 수 있는 콜라가 있다는 말이므로 일단 k병을 마신다. 왜냐하면 k병을 마시면 새로운 콜라 1병을 추가로 주기 때문이다. 따라서 기존에 가지고 있던 n병에서 k병을 마시고 새로운 콜라 1병을 더 추가하므로 결국은 k - 1병만 빼면 된다. 물론 이렇게 작성하여 프로그램을 실행하면 정답은 아주 잘 나온다. 하지만 입력으로 1,000,000,000과 2를 넣어서 실행해 본다면 순환문이 적어도 약 10억 바퀴의 회전을 필요로 할 것이다. 따라서 시간 초과(Time Limit Exceed)를 막기 위해서 뺄셈의 연산 과정을 나눗셈과 나머지의 연산 과정으로 바꾼다면 놀라운 속도 향상을 가져올 수 있다.

n이 11이고 k가 3인 경우를 살펴보자. 일단 n병의 콜라를 다 마시면(s = n) 빈 병이 n병 생긴다. 여기서 새롭게 추가로 마실 수 있는 콜라의 개수는 n // k병이 되고 새롭게 바뀌는 빈 병의 개수는 n // k병을 마시고 남은 빈 병 n // k병과 기존에 남아 있던 빈 병 n % k병이 된다.

Core

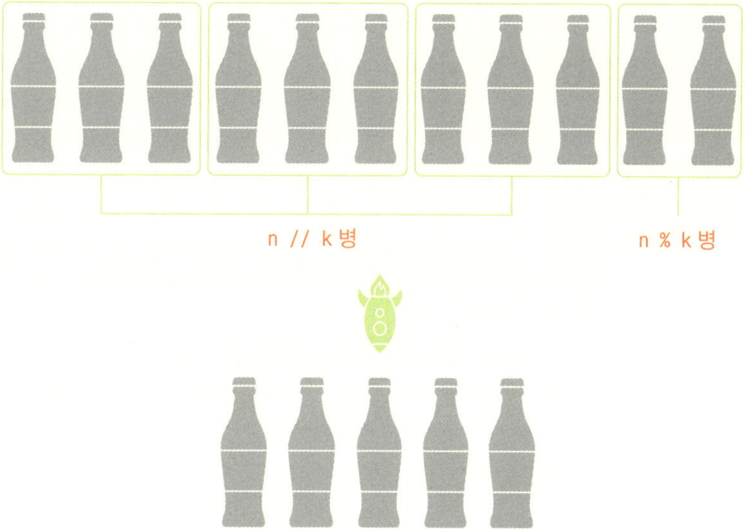

Solution

```python
1  n, k = map(int, input().split())
2  s = n        # 일단 n병을 마시고 빈 병의 개수는 n병이 된다.
3  while n >= k:
4      s += n // k          # 빈 병을 바꿔서 마실 수 있는 콜라
5      n = n // k + n % k   # 새로운 빈 병
6  print(s)
```

Interpret

- 2번째 줄은 콜라 n병을 모두 마신 후 빈 병이 n병 생긴다.
- 4번째 줄은 빈 병을 바꿔서 마실 수 있는 콜라의 수를 s에 누적한다.
- 5번째 줄은 빈 병을 바꿔서 마신 새로운 빈 병은 n // k이고 기존에 바꾸지 못한 빈 병은 n % k병이다. 따라서 빈 병의 개수를 n // k + n % k로 새롭게 변경한다.

2085 Gold Coins

실행 제한시간	1초
메모리 사용 제한	32MB

예를 들어서 n의 값이 7이라고 가정해보자.

Core

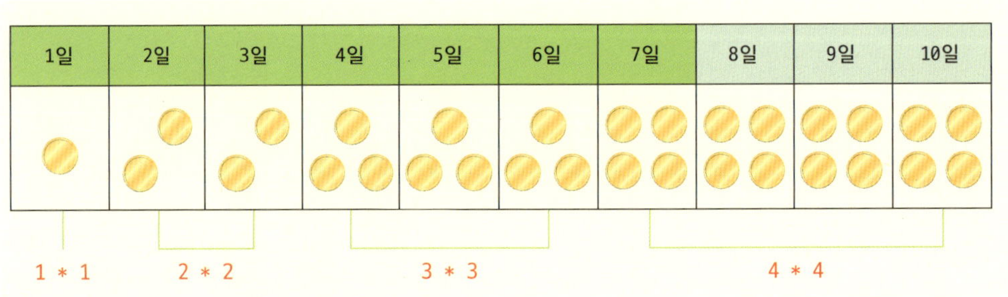

1일 : 금화 1 * 1 = 1개 (전체 금화 s = 1개)

2일 + 3일 : 금화 2 * 2 = 4개 (전체 금화 s = 1 + 4 = 5개)

4일 + 5일 + 6일 : 금화 3 * 3 = 9개 (전체 금화 s = 5 + 9 = 14개)

7일 + 8일 + 9일 + 10일 : 금화 4 * 4 = 16개 (전체 금화 s = 14 + 16 = 30개)

그런데 구하고자 하는 n = 7이므로 여기서 3일이 더 추가되었다. 마지막으로 8일, 9일, 10일에 추가된 금화를 제외한다.

8일 + 9일 + 10일 : 금화 3 * 4 = 12개 (전체 금화 s = 30 - 12 = 18개)

Solution

```
1  n = int(input())
2  s, day, gold = 0, 0, 0
3  while day < n:
4      gold += 1
5      day += gold        # 1 + 2 + 3 + 4
6      s += gold * gold
7  s -= (day - n) * gold
8  print(s)
```

Interpret

- 4번째 줄에서 제공되는 금화는 (1), (2, 3), (4, 5, 6) 단위로 1씩 올라간다.
- 5번째 줄에서 날짜는 while문이 한 바퀴 순환할 때마다 날짜가 1 + 2 + 3 + … 씩 증가한다.
- 6번째 줄에서 금화의 총액을 계산한다.
- 1일에는 1 * 1개, (2, 3)일 에는 2 * 2개, (4, 5, 6)일은 3 * 3개, … , 이와 같은 방법으로 내

가 구하고자 하는 날짜를 넘어갈 때까지 구한다. 내가 구하고자 하는 날짜를 넘어가면 while문이 종료되고 7번째 줄에서 넘어간 날짜만큼 추가된 금화를 다시 제외하면 n일 동안 지급된 금화의 총액이 계산된다.

연습문제 ❶번 문제풀이

n의 값이 4일 때, 한 변의 길이가 3인 크고 작은 정사각형은 아래 그림과 같이 4가지 경우가 있다.

Core

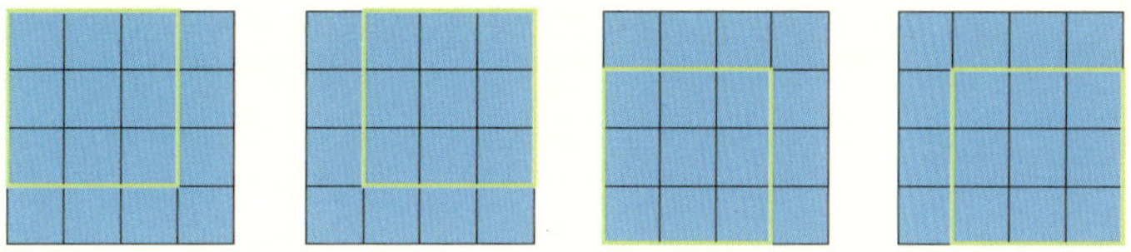

한 변의 길이가 1인 정사각형은 4^2개,

한 변의 길이가 2인 정사각형은 3^2개,

한 변의 길이가 3인 정사각형은 2^2개,

한 변의 길이가 4인 정사각형은 1^2개이므로 모두 $1^2 + 2^2 + 3^2 + 4^2 = 30$이 된다.

Solution

```
1  n = int(input())
2  s = 0
3  for i in range(1, n + 1):
4      s += i ** 2
5  print(s)
```

Interpret

- 3, 4번째 줄에서 i의 값이 1일 때는 한 변의 길이가 n인 정사각형의 개수이고, i의 값이 2일 때는 한 변의 길이가 n - 1인 정사각형의 개수이며, … , i의 값이 n일 때는 한 변의 길이가 1인 정사각형의 개수를 s에 누적한다.
- 5번째 줄은 크고 작은 정사각형의 개수를 출력의 첫째 줄에 출력한다.

1009 홀수의 합

실행 제한시간	1초
메모리 사용 제한	32MB

Solution

```python
1 a = int(input())
2 b = int(input())
3 s = 0
4 for i in range(a, b + 1):
5     if i % 2 == 1:
6         s += i
7 print(s)
```

Interpret

- 4번째 줄부터 6번째 줄은 a 이상 b 이하의 홀수의 합을 구하고 있다.
- 7번째 줄은 a 이상 b 이하의 홀수의 합을 출력의 첫째 줄에 출력한다.

1부터 연속된 홀수의 합은 제곱수이므로 for문의 회전 없이 수학적인 연산으로 한 번에 계산할 수도 있다.

Core

(1 이상 b 이하의 홀수의 합) - (1 이상 a 미만의 홀수의 합)

만일 b의 값이 9 또는 10이면 1부터 b까지의 홀수의 개수는 (b + 1) // 2개이므로 1 이상 b 이하의 홀수의 합은 ((b + 1) // 2) ** 2가 된다. 그리고 마찬가지 방법으로 1 이상 a 미만의 홀수의 개수는 (a // 2)개이므로 1 이상 a 미만의 홀수의 합은 (a // 2) ** 2가 된다. 따라서 ((b + 1) // 2) ** 2에서 (a // 2) ** 2를 빼면 for문의 회전 없이 a 이상 b 이하의 홀수의 합을 한 번의 연산으로도 구할 수 있다.

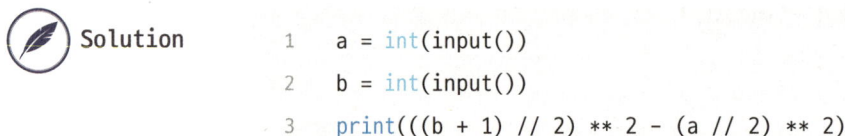

Solution

```python
1 a = int(input())
2 b = int(input())
3 print(((b + 1) // 2) ** 2 - (a // 2) ** 2)
```

Interpret

- 3번째 줄은 a 이상 b 이하의 홀수의 합을 출력의 첫째 줄에 출력한다.

제23장 완전제곱수 Perfect Square Number

1004 홀수 제곱과 짝수 제곱

실행 제한시간	1초
메모리 사용 제한	32MB

Solution

```
1  n = int(input())
2  s = 0
3  for i in range(1, n + 1):
4      if i % 2 == 1:
5          s += i ** 2
6      else:
7          s -= i ** 2
8  print(s)
```

Interpret

- 3번째 줄부터 7번째 줄은 i의 값이 홀수일 경우는 `i ** 2`의 값을 s에 더하고, i의 값이 짝수일 경우는 `i ** 2`의 값을 s에서 빼고 있다.
- 8번째 줄은 n에 대한 결괏값을 출력의 첫째 줄에 출력한다.

제23장 완전제곱수 Perfect Square Number

1135 홀수 모으기

실행 제한시간	0.1초
메모리 사용 제한	32MB

3가지 풀이법을 소개하고자 한다.

첫 번째 방법은 range() 함수와 sum() 함수를 이용해서 하나하나 직접 구하는 것이다.

Solution

```
1  n = int(input())
2  s = 0
3  for i in range(1, n + 1):
4      s += sum(range(1, i * 2, 2))
5  print(s)
```

Interpret

- 3, 4번째 줄은 i의 값이 1일 때, 1을 s에 누적한다.
- i의 값이 2일 때, 1 + 3의 합을 s에 누적한다.
- i의 값이 3일 때, 1 + 3 + 5의 합을 s에 누적한다.

- 이와 같은 방법으로 각각의 i에 대해서 1 + 3 + 5, … , + (i * 2 - 1)의 합을 s에 누적한다.

두 번째 방법은 각각의 i에 대해서 앞에서 구한 합에 i * 2 - 1을 추가한 후 최종적으로 s에 누적하면 중복된 연산을 하지 않고 구할 수 있다. 예를 들어서 i가 3일 때 (1 + 3 + 5)를 구해야 하는데 i가 2일 때 (1 + 3)은 이미 계산이 되었기 때문에, i가 3일 때 (1 + 3)을 다시 계산하는 것이 아니라 i가 2일 때 계산했던 결과에 5만 추가하여 i가 3일 때의 값 (1 + 3 + 5)를 구할 수 있다는 말이다.

Solution

```
1  n = int(input())
2  p, s = 0, 0
3  for i in range(1, n + 1):
4      p += (i * 2 - 1)
5      s += p
6  print(s)
```

Interpret

- 4번째 줄은 i의 값이 1일 때, p의 값은 1이 되고
- i의 값이 2일 때, p의 값은 (1 + 3)이 되고
- i의 값이 3일 때, p의 값은 (1 + 3 + 5)가 된다.
- 이와 같은 방법으로 5번째 줄은 각각의 i에 대한 p의 값을 s에 누적한다.

세 번째 방법은 제곱수의 성질을 이용한다. 이번 장에서 배운 1부터 연속된 홀수의 합은 제곱수인 수학적인 성질을 이용한다면 조금 더 편리하게 소스 코드를 완성할 수 있다.

Core

1 + (1 + 3) + (1 + 3 + 5) + … + (1 + 3 + 5 + … + 2×N-1)

1 * 1   2 * 2   3 * 3   N * N

Solution

```
1  n = int(input())
2  s = 0
3  for i in range(1, n + 1):
4      s += (i ** 2)
5  print(s)
```

Interpret

- 3, 4 번째 줄은 각각의 i에 대해서 i ** 2의 값을 s에 누적한다.

1144 타일의 개수

실행 제한시간	1초
메모리 사용 제한	32MB

n = 4인 경우를 살펴보자.

Core

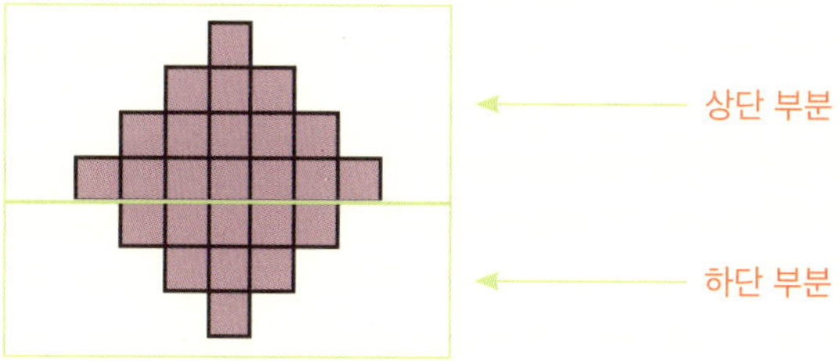

상단 부분의 타일의 개수는 1 + 3 + 5 + 7로 1부터 연속된 4개의 홀수의 합이고, 하단 부분의 타일의 개수는 1 + 3 + 5로 1부터 연속된 3개의 홀수의 합이다. 따라서 n일 경우 상단 부분의 타일의 개수는 1부터 연속된 n개의 홀수의 합이고, 하단 부분의 타일의 개수는 1부터 연속된 n - 1개의 홀수의 합이다.

Solution

```
1  n = int(input())
2  print(n ** 2 + (n - 1) ** 2)
```

Interpret

- 2번째 줄은 상단 부분의 타일의 개수 n ** 2개와 하단 부분의 타일의 개수 (n - 1) ** 2개의 합을 출력의 첫째 줄에 출력한다.

제23장 완전제곱수 Perfect Square Number

1138 정사각수

실행 제한시간	1초
메모리 사용 제한	32MB

완전제곱수는 약수의 개수가 홀수개이므로 약수의 개수를 이용하여 판별할 수 있다. 하지만 이 문제의 또 다른 문제는 완전제곱수 중에서 가장 최소인 완전제곱수를 찾는 문제이다. 물론 여러 가지 방법이 있겠지만 이것을 해결하기 위해서 또 다른 변수 pcnt를 0으로 초기화하였다. 그리고 완전제곱수가 확정될 때마다 pcnt의 값을 1씩 카운팅한다. 그리고 pcnt의 값이 1일 때, 그때의 완전제곱수를 또 다른 변수 minv에 저장한다면 minv에 저장된 완전제곱수는 첫 번째로 조건문을 만족한 완전제곱수이므로 값이 최소인 완전제곱수가 된다. 완전제곱수가 없는 경우에는 -1을 출력해야 하는데 순환을 완료한 후 pcnt 변수의 값이 계속 0

으로 남아있다면 카운팅된 완전제곱수가 없다는 의미이므로 출력의 첫째 줄에 -1을 출력하면 된다.

Core

```python
if cnt % 2 == 1:
    s += i
    pcnt += 1
    if pcnt == 1:
        minv = i
```

- `if cnt % 2 == 1:` — 약수의 개수가 홀수개이므로 완전제곱수 확정
- `pcnt += 1` — 완전제곱수가 확정될 때마다 pcnt의 값 1씩 카운팅
- `minv = i` — pcnt의 값이 1일 때 최소인 완전제곱수 확정

Solution

```python
1   a, b = map(int, input().split())
2   s, pcnt = 0, 0
3   for i in range(a, b + 1):
4       cnt = 0
5       for j in range(1, i + 1):
6           if i % j == 0:
7               cnt += 1
8       if cnt % 2 == 1:
9           s += i
10          pcnt += 1
11          if pcnt == 1:
12              minv = i
13
14  if pcnt == 0:
15      print(-1)
16  else:
17      print(s)
18      print(minv)
```

Interpret

- 9번째 줄은 완전제곱수가 확정될 때마다 s에 완전제곱수 i를 누적한다.
- 10번째 줄은 완전제곱수가 확정될 때마다 pcnt의 값을 1씩 카운팅한다.
- 11번째 줄은 pcnt의 값이 1일 때 첫 번째 완전제곱수이므로 변수 minv에 완전제곱수 i의 값을 저장한다.
- 14, 15번째 줄은 a에서 b까지 순환한 후 pcnt의 값이 0으로 남아있다면 완전제곱수가 존재하지 않는다는 말이므로 출력의 첫째 줄에 -1을 출력한다.
- 그렇지 않다면 17번째 줄에서 출력의 첫째 줄에 총합을 출력하고 18번째 줄에서 출력의 둘째 줄에 가장 작은 완전제곱수를 출력한다.

첫 번째 풀이는 각각의 i마다 약수의 개수를 구하기 위한 순환문이 필요하기 때문에 문제에서 원하는 시간에 정답을 구하기가 어렵다. 제곱근 함수 math.sqrt()를 이용한다면 약수의 개수를 구할 필요가 없으므로 2중 for문이 아닌 1중 for문으로 원하는 결과를 가져올 수 있다.

Solution

```python
1  import math
2
3  a, b = map(int, input().split())
4  s, pcnt = 0, 0
5  for i in range(a, b + 1):
6      k = int(math.sqrt(i))
7      if k * k == i:
8          s += i
9          pcnt += 1
10         if pcnt == 1:
11             minv = i
12
13 if pcnt == 0:
14     print(-1)
15 else:
16     print(s)
17     print(minv)
```

Interpret

- 8번째 줄은 완전제곱수가 확정될 때마다 s에 완전제곱수 i를 누적한다.
- 9번째 줄은 완전제곱수가 확정될 때마다 pcnt의 값을 1씩 카운팅한다.
- 10번째 줄은 pcnt의 값이 1일 때 첫 번째 완전제곱수이므로 변수 minv에 완전제곱수 i의 값을 저장한다.

제23장 완전제곱수 Perfect Square Number

2015 술 취한 교도관

실행 제한시간	1초
메모리 사용 제한	8MB

처음에 각 방의 문은 모두 잠겨있고, 10라운드까지 진행하면서 살펴보자. 먼저 첫 번째 라운드에서 1의 배수를 처리하게 되므로 모든 감옥의 문을 열게 된다. 이후 두 번째 라운드에서 2의 배수, 세 번째 라운드에서 3의 배수, … , 마지막으로 열 번째 라운드에서 10의 배수를 진행하면 다음과 같다.

라운드 \ 감옥문	1	2	3	4	5	6	7	8	9	10
1	○	○	○	○	○	○	○	○	○	○
2		×		×		×		×		×
3			×			○			×	
4				○				○		
5					×					○
6						×				
7							×			
8								×		
9									○	
10										×

가로줄은 감옥문의 번호를, 세로줄은 라운드의 번호를 써놓았다. 그리고 문을 열고 닫는 모습을 ○와 ×로 표시하였다. 교도관이 문을 열면 ○를, 문을 닫으면 ×로 표시하였다. 이렇게 10번의 라운드를 진행하게 되면 위와 같은 표를 얻게 된다. 감옥문 하나를 기준으로 살펴보자. 감옥문 번호를 자연수 N이라고 가정한다면 N번 감옥문을 열고 닫을 수 있는 라운드는 N의 약수인 라운드가 될 것이다. 예를 들어서 10번 감옥문을 열고 닫을 수 있는 라운드는 1, 2, 5, 10 라운드가 될 것이다. 따라서 최종적으로 감옥문이 열려 있으려면 약수의 개수가 홀수개이어야 한다. 즉, 약수의 개수가 홀수개인 수는 제곱수인 것이다.

Solution

```
1   n = int(input())
2   res = 0
3   for i in range(1, n + 1):
4       cnt = 0
5       for j in range(1, i + 1):
6           if i % j == 0:
7               cnt += 1
8       if cnt % 2 == 1:
9           res += 1
10  print(res)
```

Interpret

- 8번째 줄은 i에 대한 약수의 개수가 홀수개이면 i는 완전제곱수이므로 완전제곱수의 개수를 구하는 res를 1씩 카운팅한다.

Solution

```
1 import math
2
3 n = int(input())
4 res = 0
5 for i in range(1, n + 1):
6     k = int(math.sqrt(i))
7     if k * k == i:
8         res += 1
9 print(res)
```

Interpret

- 6번째 줄은 i의 제곱근을 변수 k에 정수만 취한 후 7번째 줄에서 k의 제곱이 i와 같다면 i는 완전제곱수이므로 res를 1씩 카운팅한다.

Tip

res의 뜻은 result의 약자로 '결괏값', '최종 결과'와 같은 뜻을 가진다. 많은 프로그래머들이 마지막 최종 결과에 대한 변수의 이름을 res로 명명하는 경우가 많이 있다.

제23장 완전제곱수 Perfect Square Number

1143 타일 붙이기

실행 제한시간	1초
메모리 사용 제한	32MB

제곱수 n이 주어지면, n에 대한 제곱근 k의 값을 구해야 한다. 물론 math.sqrt()를 이용해서 구할 수도 있지만 제곱근을 모르는 초등학생이나 또는 math.sqrt()가 기억이 안난다면 다음과 같이 구할 수도 있다.

Core

```
k = 1
while k * k < n:
    k += 1
```

어떤 수 n이 제곱수인지 판별하기 위해서 k의 값은 1부터 순환을 시작한다. while문의 순환은 k * k의 값이 n의 값보다 작다면 k의 값을 계속 1씩 증가하며 순환한다. while문의 순환이 종료되었을 때는 k * K의 값이 n의 값과 같거나 또는 n의 값보다 클 때다. 만일 k * k의 값이 n의 값과 같다면 n은 정수의 제곱으로 이루어진 완전제곱수이다.

n에 대한 제곱근 k를 구한다. 여기서 k는 정사각형 벽면의 가로, 세로의 길이가 된다. k의 값이 짝수일 때와 홀수일 때를 나눠서 살펴보자.

먼저 k(= 4)의 값이 짝수일 때를 살펴보면,

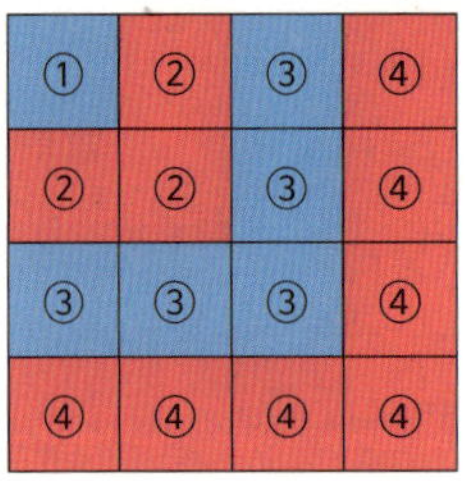

(①, ②), (③, ④), (⑤, ⑥), … 은 붉은색 타일이 2개씩 더 많다. 따라서 k의 값이 짝수일 때는 붉은색 타일이 k개가 더 많기 때문에 정답은 k가 된다. 그럼 다음 k(= 5)의 값이 홀수일 때를 살펴보자.

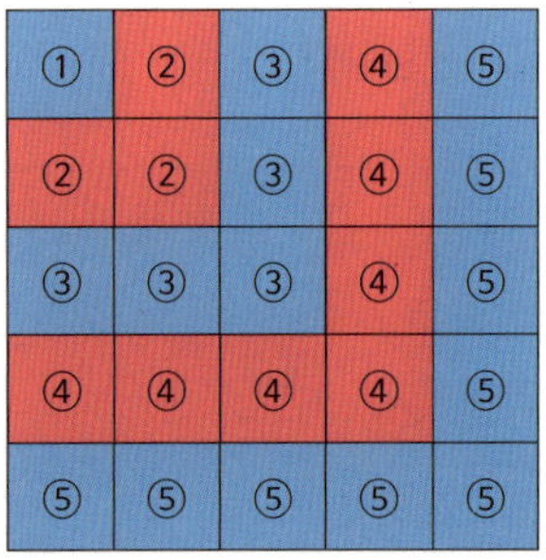

(①, ②), (③, ④) 까지는 붉은색 타일이 4개가 더 많으므로 마지막 ⑤에서 4개의 붉은색 타일의 개수만큼을 빼주면 파란색 타일의 개수는 5개, 즉 k개가 더 많게 된다. 따라서 k의 값이 짝수, 홀수에 상관없이 정답은 항상 n에 대한 제곱근 k가 된다.

Solution

```
1  n = int(input())
2  k = 1
3  while k * k < n:
4      k += 1
5  print(k)
```

Interpret - 2, 3번째 줄은 n의 제곱근 k를 구한 후 5번째 줄에서 출력의 첫째 줄에 출력한다.

Solution

```
1  import math
2
3  n = int(input())
4  print(int(math.sqrt(n)))
```

Interpret - 4번째 줄은 n의 제곱근을 구한 후 정수형으로 형 변환하여 출력의 첫째 줄에 출력한다.

2071 완전제곱수

실행 제한시간 1초
메모리 사용 제한 64MB

$A^2 = B^2 + N$을 만족하는 정수를 찾기 위해서 1부터 500까지의 정수를 차례로 모두 B에 대입해 본다. A^2은 완전제곱수이기 때문에 $B^2 + N$의 값은 반드시 완전제곱수이어야 한다.

Solution

```
1  n = int(input())
2  res = 0
3  for i in range(1, 501):
4      a2 = i * i + n
5      cnt = 0
6      for j in range(1, a2 + 1):
7          if a2 % j == 0:
8              cnt += 1
9      if cnt % 2 == 1:
10         res += 1
11 print(res)
```

Interpret

- 3번째 줄부터 10번째 줄은 i를 1부터 500까지 회전하면서 각각의 i의 값을 b에 대입해본다. 조건 $A^2 = B^2 + N$을 성립하기 위해서는 a2에 저장된 값은 반드시 완전제곱수이어야 한다.
- 9번째 줄은 a2의 값이 완전제곱수이면 $A^2 = B^2 + N$이 성립하기 때문에 res의 값을 1씩 카운팅한다.

첫 번째 풀이는 각각의 i마다 약수의 개수를 구하기 위한 순환문이 필요하기 때문에 문제에서 원하는 시간에 정답을 구하기가 어렵다.

Solution

```
import math

n = int(input())
res = 0
for i in range(1, 501):
    a2 = i * i + n
    k = int(math.sqrt(a2))
    if k * k == a2:
        res += 1
print(res)
```

Interpret

- 5번째 줄부터 9번째 줄은 i를 1부터 500까지 회전하면서 각각의 i의 값을 b에 대입해본다. 조건 $A^2 = B^2 + N$이 성립하기 위해서는 a2에 저장된 값은 반드시 완전제곱수이어야 한다.
- 8번째 줄은 a2의 값이 완전제곱수이면 $A^2 = B^2 + N$이 성립하기 때문에 res의 값을 1씩 카운팅한다.

제24장 팔린드롬 Palindrome

연습문제 ❶번 문제풀이

Solution

```
1   n = int(input())
2   k = n
3   r = 0
4   while k != 0:
5       r = r * 10 + k % 10
6       k //= 10
7
8   if n == r:
9       print('Palindrome Number')
10  else:
11      print('Normal Number')
```

Interpret

- 2번째 줄은 입력받은 n의 값을 k에 대입한다.
- 4번째 줄부터 6번째 줄은 k의 값이 0이 아니면 r에 10을 곱해서 자릿수를 한 자리 올린 후 k의 일의 자리를 r에 추가한다. while문을 종료하면 r의 값은 k의 값이 거꾸로 뒤집어진 값이 된다.
- 8번째 줄에서 n의 값과 r의 값의 동등 관계를 비교한다.

제24장 팰린드롬 Palindrome

연습문제 ❷번 문제풀이

Solution

```python
1 a, b = map(int, input().split())
2 s = 0
3 for i in range(a, b + 1):
4     if i % 10 == 7:
5         s += i
6 print(s)
```

Interpret

- 3번째 줄부터 5번째 줄은 i를 10으로 나눈 나머지를 구한다면 i에 대한 일의 자리의 숫자를 구할 수 있다.
- 6번째 줄은 일의 자리의 숫자가 7인 정수들의 총합을 첫째 줄에 출력한다.

제24장 팰린드롬 Palindrome

연습문제 ❸번 문제풀이

Solution

```python
1 a, b = map(int, input().split())
2 s = 0
3 for i in range(a, b + 1):
4     if (i % 100) // 10 == 7:
5         s += i
6 print(s)
```

Interpret

- 3번째 줄부터 5번째 줄은 i를 100으로 나눈 나머지에서 다시 10으로 나누었을 때 몫을 구한다면 i에 대한 십의 자리의 숫자를 구할 수 있다.
- 6번째 줄은 십의 자리의 숫자가 7인 정수들의 총합을 첫째 줄에 출력한다.

1043 숫자 뒤집기

실행 제한시간 1초
메모리 사용 제한 32MB

Solution

```
1  a, b = map(int, input().split())
2  a2, b2 = 0, 0
3  while a != 0:
4      a2 = a2 * 10 + a % 10
5      a //= 10
6  while b != 0:
7      b2 = b2 * 10 + b % 10
8      b //= 10
9
10 if a2 > b2:
11     print(a2)
12 else:
13     print(b2)
```

Interpret

- 3번째 줄부터 5번째 줄은 a의 값을 거꾸로 뒤집는다. while문을 종료하면 a2의 값은 a의 값이 거꾸로 뒤집어진 값이 된다.
- 6번째 줄부터 8번째 줄은 b의 값을 거꾸로 뒤집는다. while문을 종료하면 b2의 값은 b의 값이 거꾸로 뒤집어진 값이 된다.
- 10번째 줄은 a2의 값과 b2의 값의 대소 관계를 비교한다.

제24장 팰린드롬 Palindrome

1048 수의 덧셈

실행 제한시간 1초
메모리 사용 제한 32MB

Solution

```
1 n = int(input())
2 r, k = 0, n
3 while k != 0:
4     r = r * 10 + k % 10
5     k //= 10
6 print(n + r)
```

Interpret

- 2번째 줄은 입력받은 n의 값을 k에 대입한다.
- 3번째 줄부터 5번째 줄은 k의 값이 0이 아니면 r에 10을 곱해서 자릿수를 한 자리 올린 후 k의 일의 자리를 r에 추가한다. while문을 종료하면 r의 값은 k의 값이 거꾸로 뒤집어진 값이 된다.
- 6번째 줄은 입력받은 n의 값과 거꾸로 뒤집어진 r의 값을 더하여 출력의 첫째 줄에 출력한다.

제24장 팰린드롬 Palindrome

1136 팰린드롬 수(Palindrome Number)

실행 제한시간 1초
메모리 사용 제한 32MB

Solution

```
1  a, b = map(int, input().split())
2  cnt = 0
3  for i in range(a, b + 1):
4      k, r = i, 0
5      while k != 0:
6          r = r * 10 + k % 10
7          k //= 10
8      if i == r:
9          cnt += 1
10 print(cnt)
```

Interpret

- 4번째 줄은 i의 값을 거꾸로 뒤집기 위해서 i의 값을 k에 대입한다.

- 5번째 줄부터 7번째 줄은 k의 값이 0이 아니면 r에 10을 곱해서 자릿수를 한 자리 올린 후 k의 일의 자리를 r에 추가한다. while문을 종료하면 r의 값은 k의 값이 거꾸로 뒤집어진 값이 된다.
- 8번째 줄은 i의 값과 r의 값을 비교하여 팔린드롬 수(Palindrome Number)인지를 판별하여 cnt의 값을 1씩 증가한다.

제25장 소수 Prime Number

연습문제 ❶번 문제풀이

소수는 약수의 개수가 2개이므로 약수의 개수를 이용하여 소수를 판별한다. 한 줄에 5개씩 출력하기 위해서 소수의 개수를 카운팅하기 위한 pcnt라는 변수를 별도로 두었다. 아래의 소스 코드에서 cnt는 i에 대한 약수의 개수를 카운팅하기 위한 변수이고 pcnt는 소수의 개수를 카운팅하기 위한 변수이다.

Solution

```
1   pcnt = 0
2   for i in range(2, 101):
3       cnt = 0
4       for j in range(1, i + 1):
5           if i % j == 0:
6               cnt += 1
7       if cnt == 2:
8           print(i, end = ' ')
9           pcnt += 1
10          if pcnt % 5 == 0:
11              print()
```

Interpret

- 2번째 줄부터 11번째 줄은 2부터 100까지 소수를 판별하기 위한 순환문이다.
- 4번째 줄부터 6번째 줄은 j가 1부터 i까지 순환하면서 i의 약수를 찾아서 cnt의 값을 1씩 카운팅한다.
- 7번째 줄은 cnt의 값이 2이면 소수가 확정되는 조건문이다.
- 8번째 줄에서 소수인 i를 출력한 후 9번째 줄에서 소수의 개수를 1씩 카운팅한다. 그리고 10번째 줄에서 pcnt의 값이 5의 배수이면 11번째 줄에 의해서 한 줄의 줄 내림이 발생된다.

제곱근을 이용한다면 커다란 수가 주어졌을 때, 훨씬 더 빠른 속도로 소수를 판별할 수 있다.

Solution

```
1  import math
2
3  pcnt = 0
4  for i in range(2, 101):
5      cnt = 0
6      k = int(math.sqrt(i))
7      for j in range(2, k + 1):
8          if i % j == 0:
9              cnt += 1
10     if cnt == 0:
11         print(i, end = ' ')
12         pcnt += 1
13         if pcnt % 5 == 0:
14             print()
```

Interpret

- 1번째 줄은 제곱근 함수 math.sqrt()를 사용하기 위해서 math 모듈을 import 하였다.
- 4번째 줄부터 14번째 줄은 2부터 100까지 소수를 판별하기 위한 순환문이다.
- 7번째 줄부터 9번째 줄은 j가 2부터 i의 제곱근 k까지 순환하며 i의 약수를 찾아서 cnt의 값을 1씩 카운팅한다.
- 10번째 줄은 cnt의 값이 0이면 소수가 확정되는 조건문이다.
- 11번째 줄에서 소수인 i를 출력한 후 12번째 줄에서 소수의 개수를 1씩 카운팅한다. 그리고 13번째 줄에서 pcnt의 값이 5의 배수이면 14번째 줄에 의해서 한 줄의 줄 내림이 발생된다.

1140 소수 찾기

실행 제한시간	1초
메모리 사용 제한	32MB

소수는 약수의 개수가 2개이므로 약수의 개수를 이용하여 소수를 판별한다. 소수의 개수를 카운팅하기 위한 pcnt라는 변수를 별도로 두었다. 아래의 소스 코드에서 cnt는 i에 대한 약수의 개수를 카운팅하기 위한 변수이고 pcnt는 소수의 개수를 카운팅하기 위한 변수이다. 소수의 개수 pcnt가 k일 때, 변수 kth에 그때의 소수를 저장한다.

Solution

```
1  a, b, k = map(int, input().split())
2  pcnt, s, kth = 0, 0, -1
3  for i in range(a, b + 1):
4      cnt = 0
5      for j in range(1, i + 1):
6          if i % j == 0:
7              cnt += 1
8      if cnt == 2:
9          s += i
10         pcnt += 1
11         if pcnt == k:
12             kth = i
13 print(s)
14 print(kth)
```

Interpret

- 2번째 줄은 k번째 소수를 저장하기 위한 변수 kth를 -1로 초기화하였다. 만일 k번째 소수가 없다면 조건문의 추가 없이 초기화된 -1을 출력하기 위함이다.
- 9번째 줄은 확정된 소수의 값을 s에 누적한다.
- 10번째 줄은 소수의 개수 pcnt를 1씩 카운팅한다.
- 11번째 줄은 만일 카운팅된 pcnt의 값이 k라면 k번째 소수이기 때문에 12번째 줄에서 소수의 값 i를 kth에 저장한다.

제곱근을 이용해서 소수를 판별할 때 조심해야 하는 것은 주어지는 첫 번째 정수 a의 값이 1일 수도 있는 것에 주의해야 한다. 왜냐하면 제곱근을 이용해서 소수를 판별할 때 j의 값은 2부터 회전하기 때문에 i의 값이 1이면 cnt의 값은 0이 되기 때문이다. 따라서 i의 값이 1인 경우를 제외하기 위해서 또 다른 조건을 추가해 주어야 한다.

Solution

```python
1  import math
2  
3  a, b, k = map(int, input().split())
4  pcnt, s, kth = 0, 0, -1
5  for i in range(a, b + 1):
6      cnt = 0
7      r = int(math.sqrt(i))
8      for j in range(2, r + 1):
9          if i % j == 0:
10             cnt += 1
11     if i != 1 and cnt == 0:
12         s += i
13         pcnt += 1
14         if pcnt == k:
15             kth = i
16 print(s)
17 print(kth)
```

Interpret

- 4번째 줄은 k번째 소수를 저장하기 위한 변수 kth를 -1로 초기화하였다. 만일 k번째 소수가 없다면 조건문의 추가 없이 초기화된 -1을 출력하기 위함이다.
- 11번째 줄은 i의 값이 1인 경우를 제외하기 위해서 i != 1의 조건을 AND 연산으로 추가하였다.
- 12번째 줄은 확정된 소수의 값을 s에 누적한다.
- 13번째 줄은 소수의 개수 pcnt를 1씩 카운팅한다.
- 14번째 줄은 카운팅된 값이 k라면 k번째 소수이기 때문에 15번째 줄에서 소수의 값 i를 kth에 저장한다.

제25장 소수 Prime Number

1141 쌍둥이 소수(Twin Primes)

실행 제한시간	1초
메모리 사용 제한	32MB

i의 값을 2부터 n - 2까지 회전한다. i의 값을 n - 2까지 회전하는 이유는 i의 값이 n일 경우 i + 2의 값이 n을 넘어가기 때문이다. i의 값이 소수로 판명되면 i + 2의 값이 소수가 되는지 판별한다. 만일 i + 2의 값도 소수라면 i의 값과 i + 2의 값은 쌍둥이 소수(Twin Primes)의 관계가 된다. 약수의 개수를 이용하여 소수를 판별하였다.

Solution

```python
1  n = int(input())
2  twincnt = 0
3  for i in range(2, n - 1):
4      cnt = 0
5      for j in range(1, i + 1):
6          if i % j == 0:
7              cnt += 1
8      if cnt == 2:
9          cnt = 0
10         for j in range(1, i + 3):
11             if (i + 2) % j == 0:
12                 cnt += 1
13         if cnt == 2:
14             print(i, i + 2)
15             twincnt += 1
16 print(twincnt)
```

Interpret

- 8번째 줄에서 cnt의 값이 2이면 i는 소수이므로 i + 2의 값이 소수가 되는지 판별한다.
- 9번째 줄에서 i + 2의 값이 소수가 되는지 판별하기 위해서 cnt의 값을 다시 0으로 초기화하였다.
- 13번째 줄에서 cnt의 값이 2이면 i + 2도 소수이기 때문에 i와 i + 2의 관계는 쌍둥이 소수(Twin Primes)의 관계가 된다.
- 15번째 줄에서 쌍둥이 소수의 개수를 1씩 카운팅한다.

아래는 제곱근을 이용하여 쌍둥이 소수(Twin Primes)를 판별하였다.

Solution

```python
import math

n = int(input())
twincnt = 0
for i in range(2, n - 1):
    cnt = 0
    k = int(math.sqrt(i))
    for j in range(2, k + 1):
        if i % j == 0:
            cnt += 1
    if cnt == 0:
        k = int(math.sqrt(i + 2))
```

```
13          for j in range(2, k + 1):
14              if (i + 2) % j == 0:
15                  cnt += 1
16          if cnt == 0:
17              print(i, i + 2)
18              twincnt += 1
19  print(twincnt)
```

Interpret

- 11번째 줄에서 cnt의 값이 0이면 i는 소수이므로 i + 2의 값이 소수가 되는지 판별한다. cnt의 값은 0이기 때문에 i + 2가 소수인지 판별하기 전에 cnt의 값을 다시 0으로 초기화하지 않았다.
- 16번째 줄에서 cnt의 값이 0이면 i + 2도 소수이기 때문에 i와 i + 2의 관계는 쌍둥이 소수(Twin Primes)가 된다.
- 18번째 줄에서 쌍둥이 소수의 개수를 1씩 카운팅한다.

제25장 소수 Prime Number

1142 메르센 소수(Mersenne Prime)

실행 제한시간	1초
메모리 사용 제한	32MB

메르센 소수(Mersenne Prime)는 2의 거듭제곱의 형태로 되어 있으므로 while문의 순환이 발생할 때마다 2의 거듭제곱의 형태로 증가시킨다.

Core

```
i = 2
while (2 ** i - 1) <= n:
    # 실행부
```

i의 값은 처음에 2로 초기화되어 있다. 조건부에서 2^2 - 1이 n보다 작거나 같다면 실행부를 실행하여 먼저 지수 2가 소수가 되는지 판별한다. 지수 2가 소수이면 메르센 수이므로 다시 2^2 - 1이 소수가 되는지 판별한다. 2^2 - 1은 소수이기 때문에 메르센 소수가 된다. 다시 i의 값을 1 증가시켜 i의 값은 3이 되고 조건부에서 2^3 - 1이 n보다 작거나 같다면 마찬가지 방법으로 지수 3이 소수가 되는지 판별한다. 지수 3이 소수이면 2^3 - 1이 소수가 되는지 판별한다. 이와 같이 while문의 순환이 발생할 때마다 2의 거듭제곱의 형태로 증가한다면 2^2, 2^3, 2^4, … , 2^{23}(= 8,388,608)으로 단지 몇 번의 순환만으로 문제에서 주어진 범위를 확인할 수 있다.

Solution

```python
1  n = int(input())
2  i = 2
3  while (2 ** i - 1) <= n:
4      cnt = 0
5      for j in range(1, i + 1):     # 지수가 소수인지 확인
6          if i % j == 0:
7              cnt += 1
8      if cnt == 2:
9          cnt = 0
10         mersen = 2 ** i - 1       # 지수가 소수이면 메르센 수이다.
11         for j in range(1, mersen + 1):
12             if mersen % j == 0:
13                 cnt += 1
14         if cnt == 2:              # 메르센 수가 소수이면 메르센 소수가 된다.
15             print(mersen)
16     i += 1
```

Interpret

- 2번째 줄은 거듭제곱의 지수로 사용할 i의 값을 2로 초기화하였다. 그리고 while문의 순환이 한 바퀴 회전할 때마다 i의 값은 1씩 증가한다.
- 5번째 줄부터 7번째 줄은 지수 i가 소수가 되는지 판별한다.
- 8번째 줄에서 지수 i가 소수이면 10번째 줄에서 2 ** i - 1은 메르센 수이다.
- 11번째 줄부터 13번째 줄은 메르센 수가 소수가 되는지 약수의 개수를 이용하여 판별한다.

Core

```python
for j in range(1, 2 ** i):
    if (2 ** i - 1) % j == 0:
        cnt += 1
```

같은 결과

```python
mersen = 2 ** i - 1
for j in range(1, mersen + 1)
    if mersen % j == 0:
        cnt += 1
```

- 왼쪽의 코드와 오른쪽의 코드는 같은 결과를 보여준다. 하지만 속도를 생각한다면 왼쪽의 결과와 오른쪽의 결과는 다르다. 왼쪽의 코드는 if문 조건부에 2 ** i - 1이 있다. for문의 순환이 발생할 때마다 컴퓨터는 2 ** i - 1을 매번 계산해야 한다. 하지만 오른쪽 코드는 순환하기 전에 이미 변수 mersen에 2 ** i - 1을 계산해 놓고 for문의 순환에서 mersen 변수만 참조하고 있다. 좌측의 코드와 우측의 코드를 직접 작성해서 테스트해보면 왼쪽 코드의 실행 시간과 오른쪽 코드의 실행 시간이 다르다는 것을 확연하게 느낄 수 있을 것이다.
- 14번째 줄은 약수의 개수가 2개이면 소수이기 때문에 메르센 소수(Mersenne Prime)를 각 줄에 출력한다.

아래는 제곱근을 이용하여 메르센 소수(Mersenne Prime)를 판별하였다.

Solution

```
1  import math
2  
3  n = int(input())
4  i = 2
5  while (2 ** i - 1) <= n:
6      cnt = 0
7      k = int(math.sqrt(i))
8      for j in range(2, k + 1):   # 지수가 소수인지 확인
9          if i % j == 0:
10             cnt += 1
11     if cnt == 0:
12         mersen = 2 ** i - 1     # 지수가 소수이면 메르센 수이다.
13         k = int(math.sqrt(mersen))
14         for j in range(2, k + 1):
15             if mersen % j == 0:
16             cnt += 1
17         if cnt == 0:            # 메르센 수가 소수이면 메르센 소수가 된다.
18             print(mersen)
19     i += 1
```

Interpret

- 4번째 줄은 거듭제곱의 지수로 사용할 i의 값을 2로 초기화하였다. 그리고 while문의 순환이 한 바퀴 회전할 때마다 i의 값은 1씩 증가한다.
- 8번째 줄부터 10번째 줄은 지수 i가 소수가 되는지 판별한다.
- 11번째 줄에서 지수 i가 소수이면 12번째 줄에서 2 ** i - 1은 메르센 수이다.
- 17번째 줄은 약수의 개수가 0개이면 소수이기 때문에 1메르센 소수(Mersenne Prime)를 각 줄에 출력한다.

연습문제 ❶번 문제풀이

Core

```
for i in range(1, 101):
    if i % 2 == 0:
        print(i, end = ' ')
```

1부터 100까지 짝수만 출력하려면 위와 같다. 그런데 문제에서 1부터 100까지 짝수의 출력과 동시에 총합도 구해야 하기 때문에 짝수를 출력 후 바로 변수 s에 출력한 짝수를 누적한다. 누적된 결과가 50보다 크면 for문의 순환을 break문을 써서 강제 종료한다. 프로그램을 종료하기 전에 여태까지 누적된 총합을 출력 후 종료한다.

Solution

```
1 s = 0
2 for i in range(1, 101):
3     if i % 2 == 0:
4         print(i, end = ' ')
5         s += i
6     if s > 50:
7         break
8 print()
9 print(s)
```

Interpret

- 4번째 줄은 1부터 100까지 순환하면서 짝수를 출력의 첫째 줄에 출력하면서 5번째 줄에서 출력한 짝수를 s에 누적한다.
- 6번째 줄은 여태까지 누적된 총합이 50보다 크면 for문의 순환을 break문을 써서 강제 종료한다.
- 9번째 줄은 누적된 총합을 출력의 둘째 줄에 출력한다.

연습문제 ❷번 문제풀이

이 문제에서는 전체 입력 데이터의 개수가 주어지지 않았다. 그 말은 입력을 받자마자 바로 처리해서 문제에서 원하는 정답을 구하라는 말이다. 따라서 전체 데이터의 개수를 모르기 때문에 아래와 같이 무한루프로 처리한다.

Core

```
while true:
    a, b = map(int, input().split())
    if a == 0 and b == 0
        break
```

무한루프 안에서 두 개의 정수를 변수 a와 b에 입력한 후 무한루프를 빠져나가기 위한 조건을 만든다.

Solution

```
1  maxv = 0
2  while True:
3      a, b = map(int, input().split())
4      if a == 0 and b == 0:
5          break
6      if maxv < a + b:
7          maxv = a + b
8  print(maxv)
```

Interpret

- 입력으로 주어지는 값은 0 이상의 정수이기 때문에 어떠한 수가 주어져도 두 수의 합은 0보다 작을 수 없다. 따라서 1번째 줄에서 maxv의 값을 0으로 초기화하였다.
- 4번째 줄은 입력한 두 정수 a와 b의 값이 동시에 0이면 무한루프를 빠져나간다.
- 6번째 줄은 입력한 두 정수 a와 b의 합 a + b의 최댓값을 찾는다.
- 8번째 줄은 a + b의 최댓값을 출력의 첫째 줄에 출력한다.

연습문제 ❸번 문제풀이

Solution

```
1 cnt = 0
2 for i in range(1, 101):
3     if i % 2 == 0 or i % 3 == 0:
4         continue
5     print(i, end = ' ')
6     cnt += 1
7     if cnt % 10 == 0:
8         print()
```

Interpret

- 3번째 줄은 i의 값이 2의 배수이거나 또는 3의 배수이면 continue문에 의해서 더 이상 조건문 아래의 실행부를 진행하지 못하고 처음으로 돌아가 in 연산자 앞의 변수 i에 다음 값을 대입한다.
- 5번째 줄은 조건문에 걸리지 않은 i의 값을 출력한 후 6번째 줄에서 출력의 개수를 1씩 카운팅한다.
- 7번째 줄은 출력된 정수의 개수가 10의 배수이면 한 줄의 줄 내림을 발생한다.

제26장 보조제어문 break & continue & pass

1046 행복한 오일러

실행 제한시간	1초
메모리 사용 제한	32MB

Solution

```
res, day = 0, 0
while True:
    a, b = map(int, input().split())
    if a == 0 and b == 0:
        break
    day += 1
    if a + b > 8:
        res = day
        break
print(res)
```

Interpret

- 4번째 줄은 입력한 두 정수 a와 b의 값이 동시에 0이면 무한루프를 빠져나간다.
- 6번째 줄은 while문이 한 바퀴 회전할 때마다 날짜를 나타내는 변수 day가 1씩 카운팅된다.
- 7번째 줄은 입력한 두 정수의 합 a + b가 8보다 크면 현재의 날짜를 res에 저장한 후 break문을 이용해서 무한루프를 빠져나간다.

제27장 콜라츠 추측 Collatz Conjecture

연습문제 ❶번 문제풀이

Solution

```
1  n = int(input())
2  cnt = 0
3  while n != 1:
4      cnt += 1
5      if n % 2 == 0:
6          n //= 2
7      else:
8          n = (n + 1) // 2
9  print(cnt)
```

Interpret

- 3번째 줄부터 8번째 줄은 n의 값이 1이 아니면 순환하는 순환문이다.
- 4번째 줄은 순환문이 한 바퀴 회전할 때마다 cnt의 값을 1씩 카운팅한다.
- 5번째 줄부터 8번째 줄은 n의 값이 짝수이면 n의 값을 2로 나누고 홀수이면 n + 1의 값을 2로 나눈다.
- 9번째 줄은 while문의 회전수를 출력의 첫째 줄에 출력한다.

제27장 콜라츠 추측 Collatz Conjecture

1027 우박수

실행 제한시간	1초
메모리 사용 제한	32MB

Solution

```
1  n = int(input())
2  maxv = n
3  while n != 1:
4      if n % 2 == 0:
5          n //= 2
6      else:
7          n = 3 * n + 1
8      if maxv < n:
9          maxv = n
10 print(maxv)
```

Interpret

- 2번째 줄은 입력으로 주어진 n의 값이 while문이 진행되면 변경되기 때문에 순환문이 순환하기 전에 maxv의 값을 n으로 초기화한다.
- 4번째 줄부터 7번째 줄은 n의 값이 짝수이면 2로 나누고 홀수이면 3배 한 후 1을 더한다.
- 8번째 줄은 수열에 포함되었던 최댓값을 찾아 maxv에 저장한다.
- 10번째 줄은 수열에 포함되었던 가장 큰 양의 정수를 출력의 첫째 줄에 출력한다.

제28장 리스트 list

연습문제 ❶번 문제풀이

Solution

```
1  a = [4, 7, 6, 8, 11, -3, 8, 11, 5, 13]
2  s = 0
3  for i in range(10):
4      s += a[i]
5  print(s)
```

Interpret

- 1번째 줄은 리스트 a를 초기화하였다.
- 3, 4번째 줄은 리스트의 각 요소의 값을 s에 누적한다.

- 5번째 줄은 리스트의 합을 출력의 첫째 줄에 출력한다.

제28장 리스트 list

연습문제 ❷번 문제풀이

Core

```
for i in range(10):
    if □ % 2 == 0:
        s += a[i]
```

□안에 무엇이 들어가야 하는가? □안에 들어가야 할 내용은 i의 값이 0일 때는 리스트 a[0]의 값이 짝수인지 확인해야 하고, i의 값이 1일 때는 a[1]의 값이 짝수인지 확인해야 하고, … , i의 값이 9일 때는 a[9]의 값이 짝수인지 확인해야 한다. 따라서 지금과 같은 내용을 만족시키려면 □안에 들어가야 할 값은 바로 a[i]가 된다.

Solution

```
1  a = [5, 7, 13, 11, 6, 10, 45, 11, 4, 9]
2  s = 0
3  for i in range(10):
4      if a[i] % 2 == 0:
5          s += a[i]
6  print(s)
```

Interpret

- 1번째 줄은 리스트 요소를 주어진 데이터로 초기화한다.
- 3번째 줄부터 5번째 줄은 리스트의 각 요소의 값 중에서 짝수인 값들만 s에 누적한다.
- 6번째 줄은 리스트의 요소중에서 짝수인 값들의 합을 출력의 첫째 줄에 출력한다.

제28장 리스트 list

1019 홀수와 짝수의 개수

실행 제한시간	1초
메모리 사용 제한	32MB

Solution

```
1  n = int(input())
2  a = list(map(int, input().split()))
3  even, odd = 0, 0
4  for i in range(n):
5      if a[i] % 2 == 0:
6          even += 1
7      else:
8          odd += 1
9
10 print(even)
11 print(odd)
```

Interpret

- 1번째 줄은 데이터의 개수 n의 값을 입력의 첫째 줄에서 입력받는다.
- 2번째 줄은 입력으로 주어지는 정수들을 리스트 a의 0번 인덱스부터 n - 1번 인덱스에 차례로 입력받는다.
- 4번째 줄부터 8번째 줄은 리스트 a에서의 짝수의 개수와 홀수의 개수를 even과 odd에 카운팅한다.
- 10번째 줄은 짝수의 개수를 출력의 첫째 줄에 출력한다.
- 11번째 줄은 홀수의 개수를 출력의 둘째 줄에 출력한다.

제28장 리스트 list

1020 짝수와 홀수

실행 제한시간	1초
메모리 사용 제한	32MB

Solution

```
n = int(input())
a = []
for _ in range(n):
    a.append(int(input()))

even, odd = 0, 0
```

```
7  for i in range(n):
8      if a[i] % 2 == 0:
9          even += a[i]
10     else:
11         odd += a[i]
12
13 print(even, odd)
```

Interpret

- 1번째 줄은 데이터의 개수 n의 값을 입력의 첫째 줄에서 입력받는다.
- 3, 4번째 줄은 입력으로 주어지는 정수들을 리스트 a의 0번 인덱스부터 n - 1번 인덱스에 차례로 입력받는다.
- 7번째 줄부터 11번째 줄은 리스트 a에서 짝수의 총합과 홀수의 총합을 even과 odd에 누적한다.
- 13번째 줄은 짝수와 홀수의 총합을 출력의 첫째 줄에 출력한다.

입력으로 주어지는 데이터를 리스트에 받지 않고 아래와 같이 입력을 받자마자 바로 처리하여 우리가 원하는 결과를 구할 수도 있다.

Solution

```
1  n = int(input())
2  even, odd = 0, 0
3  for _ in range(n):
4      val = int(input())
5      if val % 2 == 0:
6          even += val
7      else:
8          odd += val
9
10 print(even, odd)
```

Interpret

- 4번째 줄은 입력으로 주어지는 값을 변수 val에 입력받아 5번째 줄에서 주어진 값이 짝수이면 even에 누적하고 홀수이면 odd에 누적한다.
- 10번째 줄은 짝수와 홀수의 총합을 출력의 첫째 줄에 출력한다.

1030 Graphing

실행 제한시간	1초
메모리 사용 제한	32MB

이 문제에서 주의할 것은 불의 생산량을 출력할 때, 자릿수가 두 자리인 정수로 표현해야 하는 것이다. 따라서 5와 같은 한 자리 정수를 출력할 때는 앞에 한 칸의 공백이 있는 것에 주의해야 한다. 서식 문자 '%2d'를 사용하여 두 자리를 차지하며 우측 정렬하여 출력하도록 하자.

Solution

```
1  n = int(input())
2  a = []
3  for _ in range(n):
4      a.append(int(input()))
5
6  for i in range(n):
7      print('%2d' % a[i], end = ' ')
8      for _ in range(a[i]):
9          print('*', end = '')
10     print()
```

Interpret

- 7번째 줄은 서식문자 '%2d'를 이용하여 a[i]의 값을 두 자리를 차지하고 우측으로 정렬하여 출력한 후 한 개의 공백을 출력한다.
- 8, 9번째 줄은 a[i] 바퀴를 회전하면서 '*' 문자를 출력한 후 10번째 줄에 의해서 줄 내림을 발생한다.

입력으로 주어지는 데이터를 리스트에 받지 않고 아래와 같이 입력을 받자마자 처리하여 우리가 원하는 결과를 구할 수도 있다.

Solution

```
1  n = int(input())
2  for _ in range(n):
3      val = int(input())
4      print('%2d' % val, end = ' ')
5      for _ in range(val):
6          print('*', end = '')
7      print()
```

Interpret

- 3번째 줄은 입력으로 주어지는 값을 변수 val에 입력받아 4번째 줄에서 주어진 값을 두 자리를 차

지하고 우측으로 정렬하여 출력한 후 한 개의 공백을 출력한다.

- 5, 6번째 줄은 val 바퀴를 회전하면서 '*' 문자를 출력하고 7번째 줄에 의해서 줄 내림을 발생한다.

Output

```
4
5
 5 *****
15
15 ***************
40
40 ****************************************
25
25 *************************
```

제28장 리스트 list

1026 Black

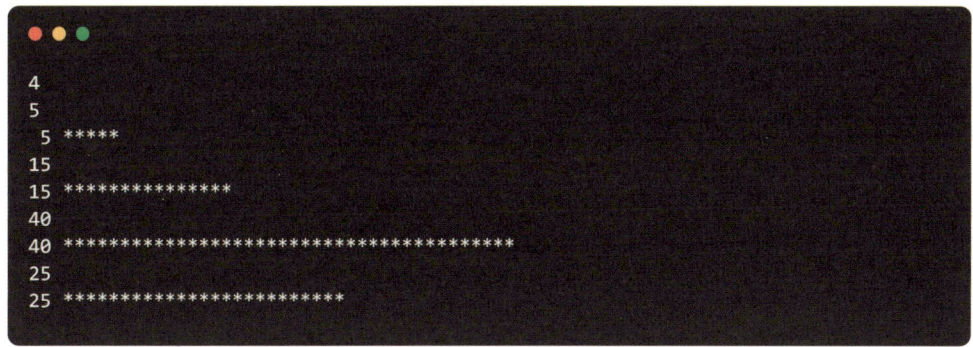

실행 제한시간 1초
메모리 사용 제한 32MB

한 개의 킹, 한 개의 퀸, 두 개의 룩, 두 개의 비숍, 두 개의 나이트, 여덟 개의 폰의 개수를 미리 리스트 b에 초기화한다.

Core

```
b = [1, 1, 2, 2, 2, 8]
```

리스트 a에 킹, 퀸, 룩, 비숍, 나이트, 폰의 개수를 입력받은 후 리스트 b와 비교하여 추가하거나 제거해야 하는 말의 개수를 출력한다.

Solution

```
1  a = list(map(int, input().split()))
2
3  b = [1, 1, 2, 2, 2, 8]
4  for i in range(6):
5      print(b[i] - a[i], end = ' ')
```

Interpret

- 3번째 줄은 리스트 b에 체스판에 있어야 하는 말의 개수를 초기화하였다.
- 4, 5번째 줄은 추가하거나 제거해야 하는 말의 개수 b[i] - a[i]를 출력의 첫째 줄에 출력한다.

1094 파티

실행 제한시간	1초
메모리 사용 제한	32MB

$1m^2$당 인원수를 m에 입력받고 파티 장소의 면적을 p에 입력받으면 파티에 있을 거라 추정되는 인원수는 m * p명이 된다. 5개의 신문에 실린 파티에 참석한 인원수를 리스트 a에 입력받는다. 5개의 신문에 실린 파티에 참석한 인원수의 차이는 a[i] - (m * p)로 계산할 수 있다.

Solution

```python
m, p = map(int, input().split())
a = list(map(int, input().split()))

for i in range(5):
    print(a[i] - (m * p), end = ' ')
```

Interpret

- 4, 5번째 줄은 5개의 신문에 대한 파티에 참석한 인원수의 차이 a[i] - (m * p)를 출력의 첫째 줄에 출력한다.

제28장 리스트 list

1139 숫자 슬라이스

실행 제한시간	1초
메모리 사용 제한	32MB

한 개의 정수 x가 주어졌을 때, 정수 x의 일의 자리 p를 구하기 위해서 나머지 연산자 %를 사용하여 10으로 나눈 나머지를 구한다. 그리고 p의 개수를 카운팅하기 위해서 count[p]를 1 증가시킨다. 그리고 x의 일의 자리를 절삭하기 위해서 x를 10으로 나눈 몫으로 x의 값을 변경한다.

Core

```python
p = x % 10
count[p] += 1
x = x // 10
```

같은 결과

```python
count[x % 10] += 1
x //= 10
```

만일 x의 값이 123이면 p의 값은 3이 되고 count[p]의 값이 1 증가되므로 count[3]은 1 증가된다. x의 값 123을 10으로 나눈 몫인 12로 변경한다. 이와 같은 과정을 x의 값이 0이 될 때까지 반복하여 x의 각 자리의 숫자들을 한 자리씩 슬라이스 한다.

Solution

```
1  a, b, c = map(int, input().split())
2  x = a * b * c
3
4  count = [0, 0, 0, 0, 0, 0, 0, 0, 0, 0]
5  while x:
6      count[x % 10] += 1
7      x //= 10
8
9  for i in range(10):
10     print(count[i])
```

Interpret

- 2번째 줄은 입력받은 세 개의 정수의 곱 a * b * c의 값을 x에 대입한다.
- 4번째 줄은 count 리스트를 10개의 0으로 초기화하였다.
- 5번째 줄부터 7번째 줄은 x의 값이 0이 아닐 때까지 오른쪽 일의 자리를 슬라이스 하면서 각 자리의 숫자의 개수를 count 리스트에 카운팅한다.

제29장 튜플 tuple

연습문제 ❶번 문제풀이

Solution

```
1  a = tuple(range(1, 100, 2))
2  s = 0
3  for i in range(50):
4      s += a[i]
5  print(s)
```

Interpret

- 1번째 줄은 튜플 a를 range() 함수를 이용하여 초기화하였다.
- 3, 4번째 줄은 튜플의 각 요소의 값을 s에 누적한다.
- 5번째 줄은 튜플의 합을 출력의 첫째 줄에 출력한다.

제29장 튜플 tuple

연습문제 ❷번 문제풀이

Solution

```
1   a = tuple(range(1, 100, 2))
2   s = 0
3   for i in range(50):
4       cnt = 0
5       for j in range(1, a[i] + 1):
6           if a[i] % j == 0:
7               cnt += 1
8       if cnt % 2 == 1:
9           s += a[i]
10  print(s)
```

Interpret

- 1번째 줄은 튜플 a를 range() 함수를 이용하여 초기화하였다.
- 3번째 줄부터 9번째 줄은 튜플 a에서 제곱수를 찾는다.
- 5번째 줄부터 7번째 줄은 요소 a[i]의 약수의 개수를 카운팅한다.
- 8번째 줄은 약수의 개수가 홀수이면 제곱수이므로 변수 s에 a[i]를 누적한다.
- 10번째 줄은 튜플에서 제곱수인 요소의 합을 첫째 줄에 출력한다.

제30장 시퀀스 자료형 Sequence Type

연습문제 ❶번 문제풀이

초기화 과정에서 리스트 a의 0번 인덱스에 초기화될 데이터를 지정해 놓아야지만 다음에 주어지는 수들이 리스트 a의 1번 인덱스부터 차례로 초기화되기 때문에 리스트 a의 0번 인덱스를 임의의 값 0으로 초기화하였다.

Core

```
a = [0, 1, 2, 3, 4, 5, 6, 7, 8, 9, 10]
```

Solution

```
1 a = [0, 1, 2, 3, 4, 5, 6, 7, 8, 9, 10]
2 a[1:] = a[2:] + a[1:2]
3 print(a[1:])
```

Interpret

- 1번째 줄은 리스트 a를 1번 인덱스부터 사용하기 위해서 0번 인덱스의 값을 의미 없는 0으로 초기화하였다.
- 2번째 줄은 리스트 a의 2번 인덱스의 요소부터 마지막 요소까지 그리고 1번 인덱스의 요소를 슬라이싱하여 두 리스트의 덧셈 연산을 한다.
- 3번째 줄은 리스트 a의 첫 번째 요소부터 마지막 요소까지 출력의 첫째 줄에 출력한다.

제30장 시퀀스 자료형 Sequence Type

연습문제 ❷번 문제풀이

Solution

```
1 a = [0, 1, 2, 3, 4, 5, 6, 7, 8, 9, 10]
2 a[1:] = a[10:] + a[1:10]
3 print(a[1:])
```

Interpret

- 1번째 줄은 리스트 a를 1번 인덱스부터 사용하기 위해서 0번 인덱스의 값을 의미 없는 0으로 초기화하였다.
- 2번째 줄은 리스트 a의 10번 인덱스의 요소와 1번 인덱스의 요소부터 9번 인덱스의 요소까지 슬라이싱하여 두 리스트의 덧셈 연산을 한다.
- 3번째 줄은 리스트 a의 첫 번째 요소부터 마지막 요소까지 출력의 첫째 줄에 출력한다.

연습문제 ❸번 문제풀이

Solution

```
1  a = [0]
2  for i in range(1, 51):
3      cnt = 0
4      for j in range(1, i + 1):
5          if i % j == 0:
6              cnt += 1
7      if cnt == 2:
8          a.append(i)
9
10 for x in a[1:]:
11     print(x)
```

Interpret

- 1번째 줄은 소수를 담기 위한 리스트 a를 1번 인덱스부터 사용하기 위해서 0번 인덱스의 값을 의미 없는 0으로 초기화하였다.
- 7, 8번째 줄은 i에 대한 약수의 개수가 2개이면 소수이기 때문에 리스트 a에 소수 i를 담는다.
- 10, 11번째 줄은 리스트 a에 담긴 소수를 한 줄에 한 개씩 출력한다.

Solution

```
import math

a = [0]
for i in range(1, 51):
    cnt = 0
    k = int(math.sqrt(i))
    for j in range(2, k + 1):
        if i % j == 0:
            cnt += 1
    if cnt == 0:
        a.append(i)

for x in a[1:]:
    print(x)
```

Interpret

- 3번째 줄은 소수를 담기 위한 리스트 a를 1번 인덱스부터 사용하기 위해서 0번 인덱스의 값을 의미 없는 0으로 초기화하였다.
- 10, 11번째 줄은 i에 대한 약수의 개수가 0개이면 소수이기 때문에 리스트 a에 소수 i를 담는다.
- 13, 14번째 줄은 리스트 a에 담긴 소수를 한 줄에 한 개씩 출력한다.

제30장 시퀀스 자료형 Sequence Typet

연습문제 ④번 문제풀이

Solution

```
1 str = input()
2 print(str[:4] + 'Y', str[4:6] + 'M', str[6:] + 'D')
```

Core

0(-11)	1(-10)	2(-9)	3(-8)	4(-7)	5(-6)	6(-5)	7(-4)
'2'	'0'	'2'	'1'	'1'	'2'	'0'	'9'

Interpret

- 1번째 줄은 한 개의 문자열을 입력받는다.
- 2번째 줄은 문자열 str의 0번 인덱스의 요소부터 3번 인덱스의 요소까지 슬라이싱을 한 후 문자열 'Y'와 덧셈 연산을 하고, 다시 4번 인덱스의 요소부터 5번 인덱스의 요소까지 슬라이싱을 한 후 문자열 'M'과 덧셈 연산을 하고, 다시 6번 인덱스의 요소부터 마지막 인덱스의 요소까지 슬라이싱을 한 후 문자열 'D'와 덧셈 연산을 하여 출력의 첫째 줄에 출력한다.

1115 다음 라운드

실행 제한시간 1초
메모리 사용 제한 32MB

주어진 점수를 리스트 a에 저장하여 0점이 아니면서 k번째 참가자의 점수 a[k]보다 크거나 같은 점수를 찾아서 카운팅한다.

Solution

```
1 n, k = map(int, input().split())
2 a = [0]
3 a[1:] = list(map(int, input().split()))
4 
5 cnt = 0
6 for x in a[1:]:
7     if x > 0 and a[k] <= x:
8         cnt += 1
9 print(cnt)
```

Interpret

- 2번째 줄은 리스트 a를 1번 인덱스부터 사용하기 위해서 0번 인덱스의 값을 의미 없는 0으로 초기화하였다.
- 7번째 줄은 0점이 아니면서 k번째 참가자의 점수 a[k]보다 크거나 같은 점수를 찾아서 카운팅한다.

제30장 시퀀스 자료형 Sequence Type

1117 데이터 박스

실행 제한시간 1초
메모리 사용 제한 64MB

매달 제공되는 x(MB)를 s에 더해주고 사용한 데이터를 s에서 빼준다. 마지막 출력하기 전에 n + 1번째 달에서 제공된 x(MB)를 s에 더해주면 원하는 결과를 얻을 수 있다.

Solution

```
x = int(input())
n = int(input())
a = [0]
for _ in range(n):
    a.append(int(input()))
```

```
6
7   s = 0
8   for val in a[1:]:
9       s += x
10      s -= val          # s += (x - val)
11  print(s + x)
```

Interpret

- 3번째 줄은 리스트 a를 1번 인덱스부터 사용하기 위해서 0번 인덱스의 값을 의미 없는 0으로 초기화하였다.
- 9번째 줄은 매달 제공되는 x(MB)를 s에 더해준다.
- 10번째 줄은 매달 사용한 데이터 val을 s에서 빼준다. 9, 10번째 줄을 합쳐서 s += (x - val)으로 한 번에 연산할 수도 있다.
- 11번째 줄은 n번째 달에서 이월된 데이터와 n + 1번째 달에 새롭게 제공된 데이터 x(MB)를 합쳐서 출력의 첫째 줄에 출력한다.

제30장 시퀀스 자료형 Sequence Type

2010 블록 쌓기

실행 제한시간 **1초**
메모리 사용 제한 **8MB**

블록의 총 개수는 반드시 블록 더미의 개수로 나누어지기 때문에 블록 높이의 평균을 구한다.

Core

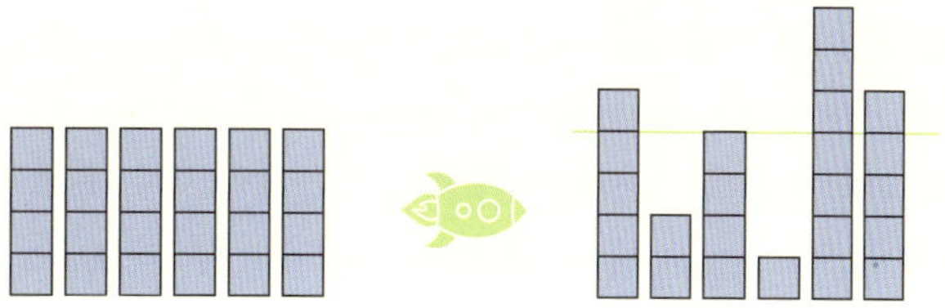

평균을 구한 후 입력으로 주어지는 블록의 높이를 살펴보면 평균 블록의 높이보다 높은 블록들은 평균을 맞추기 위해서 평균 블록의 높이보다 낮은 블록으로 옮겨야 한다. 지금 위의 그림에서 보면 평균 높이 4보다 높은 블록은 5개이고 마찬가지로 평균 높이 4보다 낮은 블록의 개수도 5개임을 알 수 있다. 따라서 평균 블록의 높이보다 높은 블록의 개수를 구하면 높이를 같게 만들기 위해서 움직여야 하는 최소 블록의 개수가 된다.

Solution

```
1  n = int(input())
2  a = [0]
3  a[1:] = list(map(int, input().split()))
4  s = 0
5  for x in a[1:]:  # 뒤에서 배우게 될 sum() 함수를 통해서 구할 수도 있다.
6      s += x
7
8  ave, res = s // n, 0
9  for x in a[1:]:
10     if ave < x:
11         res += (x - ave)
12 print(res)
```

Interpret

- 2번째 줄은 리스트 a를 1번 인덱스부터 사용하기 위해서 0번 인덱스의 값을 의미 없는 0으로 초기화하였다.
- 8번째 줄은 블록 높이의 평균을 ave에 구한다.
- 9번째 줄부터 11번째 줄은 평균 높이 ave보다 높은 블록 수의 총합을 구한다.
- 12번째 줄은 높이를 같게 만들기 위해서 움직여야 하는 최소 블록의 개수를 출력의 첫째 줄에 출력한다.

제30장 시퀀스 자료형 Sequence Type

2137 평균 수열

실행 제한시간	1초
메모리 사용 제한	32MB

n번째까지의 평균을 ave라고 하고 처음부터 n - 1번째까지의 수열의 총합을 s라고 하자. n번째 수열을 x라고 한다면 n번째의 평균은 ave = (s + x) // n이므로 x = ave * n - s으로 구할 수 있다.

Solution

```
n = int(input())
a = [0]
a[1:] = list(map(int, input().split()))

s = 0
for i in range(1, n + 1):
    x = a[i] * i - s
```

```
8        print(x, end = ' ')
9        s += x
```

Interpret

- 2번째 줄은 리스트 a를 1번 인덱스부터 사용하기 위해서 0번 인덱스의 값을 의미 없는 0으로 초기화하였다.
- 7번째 줄은 i번째까지의 평균이 a[i]이고 수열의 개수가 i이므로 a[i] * i의 값은 첫 번째부터 i 번째까지의 수열의 총합이 된다. 따라서 a[i] * i에서 이전까지의 총합 s를 빼면 i번째의 수열 x 가 된다.
- 9번째 줄은 i번째까지의 수열의 총합을 구하기 위해서 i - 1번째까지의 수열의 총합 s에다 x의 값을 누적한다.

제30장 시퀀스 자료형 Sequence Type

1121 참치

실행 제한시간	1초
메모리 사용 제한	64MB

n개의 p1, p2의 입력을 마친 후 문제를 해결하는 것보다 입력을 받으면서 바로 처리하는 것이 훨씬 더 수월하다.

❶ p1보다 p2가 크거나 같고 p2 - p1의 값이 x보다 작거나 같다. p2의 값을 s에 누적한다.

❷ p1이 p2보다 크고 p1 - p2의 값이 x보다 작거나 같다. p1의 값을 s에 누적한다.

❸ p1과 p2의 차가 x보다 크면 p3를 입력받아 p3의 값을 s에 누적한다.

Solution

```
n = int(input())
x = int(input())
s = 0
for _ in range(n):
    p1, p2 = map(int, input().split())
    if p1 <= p2 and x  = p2 - p1:
        s += p2
    elif p2 < p1 and x  = p1 - p2:
        s += p1
    else:
        p3 = int(input())
        s += p3
```

```
13 print(s)
```

Interpret

- 6, 7번째 줄은 설명 ①을 처리하기 위한 조건문이다.
- 8, 9번째 줄은 설명 ②를 처리하기 위한 조건문이다.
- 10번째 줄부터 12번째 줄은 설명 ③을 처리하기 위한 조건문이다.

제30장 시퀀스 자료형 Sequence Type

1084 Doubles

실행 제한시간	1초
메모리 사용 제한	8MB

데이터의 개수가 주어지지 않기 때문에 한 줄 전체를 문자열로 받아 마지막 0은 슬라이싱으로 제거하여 리스트 a에 담는다. 리스트 a에 담긴 각각의 값들을 확인하여 배수가 되는 개수를 파악한다. 예를 들어서 리스트 a의 요소의 값 x1에 대해서 다시 리스트 a의 요소의 값 x2를 확인하여 x1 * 2의 값과 같은 x2의 값을 찾는다.

Solution

```
1  a = [0]
2  a[1:] = list(map(int, input().split()))
3  a[1:] = a[1:-1]
4
5  cnt = 0
6  for x1 in a[1:]:
7      for x2 in a[1:]:
8          if x1 * 2 == x2:
9              cnt += 1
10 print(cnt)
```

Interpret

- 1번째 줄은 리스트 a를 1번 인덱스부터 사용하기 위해서 0번 인덱스의 값을 의미 없는 0으로 초기화하였다.
- 2번째 줄은 한 줄 전체를 입력받아 리스트 a에 담는다.
- 3번째 줄은 리스트 마지막 0을 슬라이싱하여 제거한다.
- 6번째 줄부터 9번째 줄은 x1의 두 배가 되는 값을 리스트 a에서 찾아서 cnt를 1씩 카운팅한다.

1104 토끼 사냥

실행 제한시간 1초
메모리 사용 제한 32MB

두 개의 정수를 p와 q에 입력받아서

❶ p의 약수를 리스트 a에 담는다.

❷ q의 약수를 리스트 b에 담는다.

리스트 a와 b에 담긴 모든 경우를 for문을 회전하여 각 줄에 출력한다.

Solution

```
1  p, q = map(int, input().split())
2  a = [0]
3  for i in range(1, p + 1):
4      if p % i == 0:
5          a.append(i)
6  b = [0]
7  for i in range(1, q + 1):
8      if q % i == 0:
9          b.append(i)
10
11 for x1 in a[1:]:
12     for x2 in b[1:]:
13         print(x1, x2)
```

Interpret

- 2번째 줄은 리스트 a를 1번 인덱스부터 사용하기 위해서 0번 인덱스의 값을 의미 없는 0으로 초기화하였다.
- 6번째 줄은 리스트 b를 1번 인덱스부터 사용하기 위해서 0번 인덱스의 값을 의미 없는 0으로 초기화하였다.
- 3번째 줄부터 5번째 줄은 p의 약수를 리스트 a에 담는다.
- 7번째 줄부터 9번째 줄은 q의 약수를 리스트 b에 담는다.
- 11번째 줄부터 13번째 줄은 리스트 a와 b에 담긴 모든 경우를 각 줄에 출력한다.

제30장 시퀀스 자료형 Sequence Type

2022 왕국 곱셈

실행 제한시간 1초
메모리 사용 제한 64MB

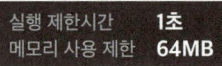

두 개의 정수를 문자열 a와 b에 입력받아서 문자열 a에 담긴 문자 x1과 문자열 b에 담긴 문자 x2를 정수형으로 형 변환하여 곱셈한 값을 s에 누적한다.

Solution

```
1  a, b = input().split()
2  s = 0
3  for x1 in a:
4      for x2 in b:
5          s += (int(x1) * int(x2))
6  print(s)
```

Interpret

- 3번째 줄부터 5번째 줄은 문자열 a에 담긴 x1과 문자열 b에 담긴 x2를 정수형으로 형 변환하여 곱셈한 값을 s에 누적한다.

제31장 최대, 최소, 총합 그리고 최빈

연습문제 ❶번 문제풀이

Solution

```
1  a = [0, 7, -5, 4, -99, 45, 11, 0, 8, 50, 77]
2  print(max(a[1:]))
3  print(min(a[1:]))
4  print(sum(a[1:]))
```

Interpret

- 1번째 줄은 리스트 a를 1번 인덱스부터 사용하기 위해서 0번 인덱스의 값을 의미 없는 0으로 초기화하였다.
- 2번째 줄은 1번 인덱스의 요소부터 마지막 요소까지의 최댓값을 출력의 첫째 줄에 출력한다.
- 3번째 줄은 1번 인덱스의 요소부터 마지막 요소까지의 최솟값을 출력의 둘째 줄에 출력한다.
- 4번째 줄은 1번 인덱스의 요소부터 마지막 요소까지의 총합을 출력의 셋째 줄에 출력한다.

1023 최댓값과 최솟값

실행 제한시간 **1초**
메모리 사용 제한 **32MB**

Solution

```
1  n = int(input())
2  a = [0]
3  a[1:] = list(map(int, input().split()))
4
5  print(max(a[1:]))
6  print(min(a[1:]))
```

Interpret

- 5번째 줄은 리스트 a의 1번 인덱스의 요소부터 마지막 요소까지의 최댓값을 출력의 첫째 줄에 출력한다.
- 6번째 줄은 리스트 a의 1번 인덱스의 요소부터 마지막 요소까지의 최솟값을 출력의 둘째 줄에 출력한다.

제31장 최대, 최소, 총합 그리고 최빈

1137 가장 큰 수

실행 제한시간 **1초**
메모리 사용 제한 **32MB**

Solution

```
1  a = [0]
2  for _ in range(9):
3      a.append(int(input()))
4
5  maxv, idx = a[1], 1
6  for i in range(1, 10):
7      if maxv < a[i]:
8          maxv, idx = a[i], i
9  print(maxv)
10 print(idx)
```

Interpret

- 5번째 줄은 최댓값을 저장하기 위한 변수 maxv를 a[1]로 그리고 위치를 저장하기 위한 변수 idx를 1로 초기화하였다. idx를 1로 초기화한 이유는 만일 maxv보다 큰 값을 찾지 못한다면 maxv의 변경이 일어나지 않는다. 따라서 가정으로 세운 a[1]의 값이 최댓값이 되기 때문에 idx를 1로 초기화하

였다.

- 6번째 줄부터 8번째 줄은 maxv의 값보다 큰 값 a[i]를 찾으면 maxv의 값을 변경한다. 여기서 maxv의 값이 바뀐다는 것은 위치도 바뀐다는 것이기 때문에 위치를 저장하는 변수 idx의 값도 반드시 같이 변경되어야 한다.

최댓값을 구하기 위한 maxv 변수를 따로 두지 않고 다음과 같은 방법으로도 구할 수 있다. 일단 가장 큰 값을 리스트의 첫 번째 값(idx = 1)이라고 가정한다. 그리고 a[idx]와 a[i]를 비교하여 만일 a[idx]보다 a[i]가 크면 idx의 값을 변경해준다. for문의 순환을 종료하면 가장 큰 값은 a[idx]가 되고 가장 큰 수가 몇 번째인지는 자동으로 idx번째가 된다.

Solution

```
1  a = [0]
2  for _ in range(9):
3      a.append(int(input()))
4
5  idx = 1
6  for i in range(1, 10):
7      if a[idx] < a[i]:
8          idx = i
9  print(a[idx])
10 print(idx)
```

Interpret

- 7번째 줄에서 a[idx]와 a[i]를 비교하여 만일 a[i]의 값이 더 크면 최댓값의 위치 idx를 i의 값으로 변경해준다.
- 9번째 줄은 가장 큰 값 a[idx]를 출력의 첫째 줄에 출력한다.
- 10번째 줄은 가장 큰 값의 위치 idx를 출력의 둘째 줄에 출력한다.

Solution

```
a = [0]
for _ in range(9):
    a.append(int(input()))

maxv = max(a[1:])
idx = a.index(maxv)

print(maxv)
print(idx)
```

Interpret

- 5번째 줄은 리스트 a의 1번 인덱스의 요소부터 마지막 요소까지의 최댓값을 반환한다.
- 6번째 줄은 리스트 a에서 요소의 값이 maxv와 같은 값을 찾아서 인덱스를 반환한다.
- 8번째 줄은 가장 큰 값 maxv를 출력의 첫째 줄에 출력한다.
- 9번째 줄은 가장 큰 값의 위치 idx를 출력의 둘째 줄에 출력한다.

제31장 최대, 최소, 총합 그리고 최빈

1068 최고의 저녁 식사

실행 제한시간	1초
메모리 사용 제한	32MB

심사위원으로부터 받은 네 개의 점수의 합을 리스트에 저장해 놓고 입력이 완료된 후 각각의 요리사에 대한 최댓값을 구해도 되지만 리스트의 선언 없이 주어지는 데이터를 입력받으면서 바로 처리하여 원하는 값을 구할 수도 있다. 각각의 요리사에 대해서 네 명의 심사위원으로부터 받은 점수를 s1, s2, s3, s4에 입력받아 네 점수의 총합 s1 + s2 + s3 + s4가 maxv보다 크면 maxv의 값과 그때의 위치 idx의 값을 변경해 준다.

Solution

```
1  maxv = 0
2  for i in range(1, 6):
3      s1, s2, s3, s4 = map(int, input().split())
4      if maxv < s1 + s2 + s3 + s4:
5          maxv, idx = s1 + s2 + s3 + s4, i
6  print(idx, maxv)
```

Interpret

- 1번째 줄은 maxv의 값을 0으로 초기화하였다.
- 3번째 줄은 심사위원으로부터 받은 네 개의 점수를 s1, s2, s3, s4에 입력받는다.
- 4, 5번째 줄은 입력받은 점수의 총합 s1 + s2 + s3 + s4가 maxv보다 크면 maxv의 값과 그때의 위치 idx의 값을 s1 + s2 + s3 + s4와 i로 변경해 준다.

제31장 최대, 최소, 총합 그리고 최빈

1086 iRobot

실행 제한시간	1초
메모리 사용 제한	32MB

모든 명령의 입력을 마친 후 각각의 연산 과정을 출력하는 것보다 한 개의 명령을 입력받으면 바로 그 자리에서 처리하여 출력하는 것이 편할 때가 있다. 지금의 문제는 한 개의 명령을 입력받으면 그 질문에 대한 정답을 바로 처리하여 출력하였다. 최댓값을 구하기 위해서는 max() 함수를, 최솟값을 구하기 위해서는 min() 함수를, 총합을 구하기 위해서는 sum() 함수를 이용하였다.

Solution

```
1  n = int(input())
2  a = [0]
3  a[1:] = list(map(int, input().split()))
4
5  m = int(input())
6  for _ in range(m):
7      order, x, y = map(int, input().split())
8      if order == 1:
9          print(min(a[x:y + 1]))
10     elif order == 2:
11         print(max(a[x:y + 1]))
12     else:
13         print(sum(a[x:y + 1]))
```

Interpret

- 8, 9번째 줄은 구간 x부터 y까지의 최솟값을 구하는 구문이다.
- 10, 11번째 줄은 구간 x부터 y까지의 최댓값을 구하는 구문이다.
- 12, 13번째 줄은 구간 x부터 y까지의 총합을 구하는 구문이다.

제31장 최대, 최소, 총합 그리고 최빈

1045 유행

실행 제한시간	1초
메모리 사용 제한	32MB

Solution

```
n = int(input())
b = [0] * 10001
```

```
3  for _ in range(n):
4      val = int(input())
5      b[val] += 1
6
7  maxv = max(b[1:])
8  idx = b.index(maxv)
9  print(idx)        # print(b.index(max(b[1:])))
```

Interpret

- 5번째 줄은 입력으로 주어지는 정수 val의 빈도수를 리스트 b에 카운팅한다.
- 7번째 줄은 리스트 b의 1번 인덱스의 요소부터 마지막 요소까지의 최댓값을 반환한다.
- 8번째 줄은 리스트 b에서 요소의 값이 maxv와 같은 값을 찾아서 인덱스를 반환한다.
- 9번째 줄은 idx의 값이 최빈값이므로 출력의 첫째 줄에 출력한다.
- 7번째 줄부터 9번째 줄까지를 합쳐서 print(b.index(max(b[1:])))와 같이 한 번에 작성할 수도 있다.

1061 슈퍼마리오

실행 제한시간	1초
메모리 사용 제한	32MB

Core

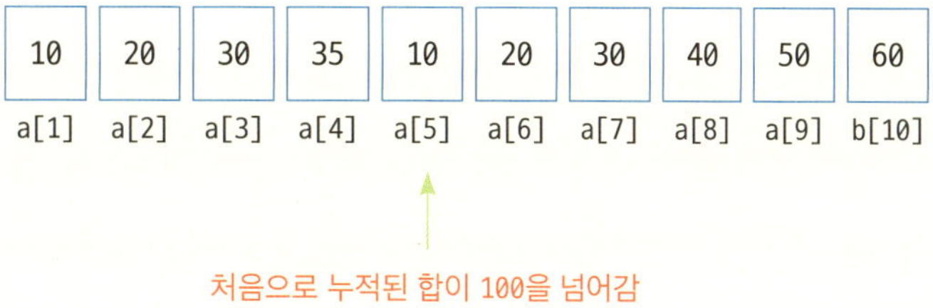

위와 같이 10개의 데이터가 리스트 a에 있고 누적합을 구하기 위한 변수 s는 0으로 초기화되어 있다.

❶ a[1]의 값 10을 s에 누적한다. 누적된 합 s(= 10)가 100을 넘어가는지 확인한다. 100을 넘어가지 않기 때문에 지금까지 누적된 값 10이 100에 가장 가까운 값이다. s(= 10)를 res에 저장한다.

❷ a[2]의 값 20을 s에 누적한다. 누적된 합 s(= 30)가 100을 넘어가는지 확인한다. 100을 넘어가지 않기 때문에 지금까지 누적된 값 30이 100에 가장 가까운 값이다. s(= 30)를 res에 저장한다.

❸ a[3]의 값 30을 s에 누적한다. 누적된 합 s(= 60)가 100을 넘어가는지 확인한다. 100을 넘어가지 않기 때문에 지금까지 누적된 값 60이 100에 가장 가까운 값이다. s(= 60)를 res에 저장한다.

❹ a[4]의 값 35를 s에 누적한다. 누적된 합 s(= 95)가 100을 넘어가는지 확인한다. 100을 넘어가지 않기 때문에 지금까지 누적된 값 95가 100에 가장 가까운 값이다. s(= 95)를 res에 저장한다.

❺ a[5]의 값 10을 s에 누적한다. 누적된 합 s(= 105)가 100을 넘어가는지 확인한다. 100을 넘어가기 때문에 지금까지 저장된 정답 res와 s의 값 중에서 어느 값을 택할지 선택한다. 만일 두 값 모두 100까지의 거리가 같다면 더 높은 쪽을 선택해야 하므로 res에 s(= 105)를 저장한다.

총합 s가 100을 넘어가면 그 뒤에 등장하는 수들은 100과 더욱더 멀어지기 때문에 더 이상 진행할 필요가 없다. 여기서 순환문을 종료한다.

Solution

```
1  a = [0]
2  for _ in range(10):
3      a.append(int(input()))
4  
5  s = 0
6  for x in a[1:]:
7      s += x
8      if s <= 100:
9          res = s
10     else:
11         if 100 - res >= s - 100:
12             res = s
13         break
14 print(res)
```

Interpret

- 8, 9번째 줄은 지금까지 누적된 결과가 100 이하이면 누적된 결과 s가 100에 가장 가까운 값이 된다.
- 10번째 줄부터 13번째 줄은 지금까지 누적된 결과가 100을 넘어가는 구간이다. 11번째 줄에서 지금까지 누적된 s의 값과 이전까지의 정답 res를 비교하여 누가 더 100에 가까운지 비교한다.
- 13번째 줄은 처음으로 100을 넘어가게 되면 이후의 과정은 100보다 더 멀어지게 되므로 더 이상의 순환문은 의미가 없다. 따라서 break문으로 순환문을 종료한다.

1082 The King

실행 제한시간	1초
메모리 사용 제한	8MB

입력에서 주어지는 지수를 m이라고 하고 아들들의 지능 지수를 val이라고 하자. 그리고 지능 지수의 합을 s에 누적하자.

❶ m이 1이고 val이 양수이면 val을 s에 누적한다. (val의 값이 양수이기 때문에)

❷ m이 2이면 val의 제곱 val ** 2를 s에 누적한다. (val ** 2의 값은 언제나 양수이기 때문에)

❸ m이 3이고 val이 양수이면 val ** 3을 s에 누적한다. (val이 양수이면 val ** 3의 값은 양수이기 때문에)

Solution

```python
1  n = int(input())
2  m = int(input())
3  a = [0]
4  a[1:] = list(map(int, input().split()))
5
6  s = 0
7  for val in a[1:]:
8      if val > 0 and m == 1:
9          s += val
10     elif m == 2:
11         s += (val ** 2)
12     elif val > 0 and m == 3:
13         s += (val ** 3)
14 print(s)
```

Interpret

- 8, 9번째 줄은 설명 ①에 해당하는 조건문이다.
- 10, 11번째 줄은 설명 ②에 해당하는 조건문이다.
- 12, 13번째 줄은 설명 ③에 해당하는 조건문이다.

1123 블랙잭

실행 제한시간 **1초**
메모리 사용 제한 **64MB**

Solution

```
1  b = [0] * 2 + [4] * 8 + [16] + [4]
2
3  n = int(input())
4  s = 0
5  for _ in range(n):
6      val = int(input())
7      s += val
8      b[val] -= 1
9
10 x, c1, c2 = 21 - s, 0, 0
11 for i in range(2, 12):
12     if x < i:
13         c1 += b[i]
14     else:
15         c2 += b[i]
16
17 if c1 > c2:
18     print('STOP')
19 else:
20     print('STOP')
```

Interpret

- 값어치 2, 3, 4, 5, 6, 7, 8, 9를 갖는 카드는 스페이드, 다이아몬드, 하트, 클로버 모양별로 1장씩 모두 4장이 있다. 그리고 값어치 10을 갖는 10, Jack, Queen, King은 모양별로 1장씩 모두 합쳐서 16장이 있고, 값어치 11을 갖는 Ace는 4장이 있다.
- 1번째 줄은 값어치에 해당하는 카드의 장수를 리스트 b에 초기화한다.
- 5번째 줄부터 8번째 줄은 n장의 카드를 입력받으면서 입력으로 주어진 카드의 값어치 총합을 구하고 값어치에 해당하는 카드의 개수를 1씩 감소한다.
- 10번째 줄은 21과 받은 카드의 총합의 차이 x를 구한다.
- 11번째 줄부터 15번째 줄은 x보다 큰 카드의 개수는 c1에 그렇지 않은 카드의 개수는 c2에 구한다.

2093 주차하기 가장 좋은 곳

실행 제한시간 1초
메모리 사용 제한 64MB

가장 왼쪽에 있는 쇼핑몰의 좌표를 x라고 하고 가장 오른쪽에 있는 쇼핑몰의 좌표를 y라고 하자. 그러면 x는 입력으로 주어지는 쇼핑몰 좌표의 최솟값이 되고 y는 입력으로 주어지는 쇼핑몰 좌표의 최댓값이 된다. 주차를 하는 위치를 p라고 하자. p가 x 이상 y 이하의 좌표에 놓이게 된다면

Core

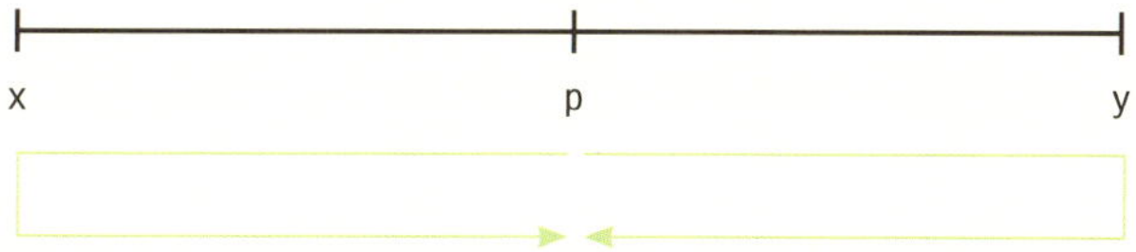

오일러가 걸어야 하는 거리는 (p - x) * 2 + (y - p) * 2 = (y - x) * 2가 된다.

Solution

```
1  n = int(input())
2  a = [0]
3  a[1:] = list(map(int, input().split()))
4
5  x = min(a[1:])
6  y = max(a[1:])
7  print((y - x) * 2)
```

Interpret

- 5, 6번째 줄은 입력으로 주어진 상점 좌표의 최댓값과 최솟값을 구하고 있다.

제31장 최대, 최소, 총합 그리고 최빈

2089 주사위 게임

실행 제한시간 1초
메모리 사용 제한 64MB

첫 번째 주사위의 눈은 1부터 s1까지, 두 번째 주사위의 눈은 1부터 s2까지, 세 번째 주사위의 눈은 1부터 s3까지 for문을 이용하여 세 주사위 눈의 합의 모든 경우의 수를 구한다.

Solution

```python
1  s1, s2, s3 = map(int, input().split())
2
3  b = [0] * (s1 + s2 + s3 + 1)
4  for i in range(1, s1 + 1):
5      for j in range(1, s2 + 1):
6          for k in range(1, s3 + 1):
7              b[i + j + k] += 1
8
9  maxv = max(b[1:])
10 idx = b.index(maxv)
11 print(idx)
```

Interpret

- 4번째 줄부터 7번째 줄은 세 개의 주사위 눈의 합의 모든 경우의 수를 리스트 b에 카운팅한다.
- 9, 10번째 줄은 가장 많은 빈도수를 갖는 3개의 주사위 눈의 합을 구한다.

제32장 선택 정렬 Selection Sort

연습문제 ❶번 문제풀이

내림차순 정렬은 오름차순 정렬과 반대로 정렬하면 된다. 리스트의 첫 번째 요소부터 마지막 요소까지 가장 큰 값을 찾아서 리스트의 첫 번째 요소에 놓고, 다시 리스트의 두 번째 요소부터 마지막까지 가장 큰 값을 찾아서 리스트의 두 번째 요소에 놓고, 다시 리스트의 세 번째 요소부터 마지막 요소까지 가장 큰 값을 찾아서 리스트의 세 번째 요소에 놓고, … 이와 같은 방법으로 리스트의 마지막 요소까지 정렬해나가면 내림차순으로 정렬된다.

Solution

```python
a = [0, 1, 2, 3, 4, 5, 6, 7, 8, 9, 10]

for i in range(1, 10):
    for j in range(i + 1, 11):
        if a[i] < a[j]:
            a[i], a[j] = a[j], a[i]

print(a[1:])
```

Interpret

- 5번째 줄에서 a[i]와 a[j]를 비교했을 때, a[i]보다 a[j]의 값이 크면 a[i]와 a[j]를 교환한다.

제32장 선택 정렬 Selection Sort

1022 정렬(Sorting)

실행 제한시간	1초
메모리 사용 제한	32MB

n개의 데이터를 입력받은 후, n개의 데이터를 출력한다. 그리고 n개의 데이터를 정렬한 후, 다시 n개의 데이터를 출력한다.

Solution

```
1   n = int(input())
2   a = [0]
3   a[1:] = list(map(int, input().split()))
4
5   for x in a[1:]:
6       print(x, end = ' ')
7   print()
8
9   a[1:] = sorted(a[1:])
10  for x in a[1:]:
11      print(x, end = ' ')
```

Interpret

- 5, 6번째 줄은 입력받은 리스트 a를 출력의 첫째 줄에 출력한다.
- 9번째 줄은 sorted() 함수를 이용해서 리스트 a를 오름차순으로 정렬한다.
- 10, 11번째 줄은 정렬된 리스트 a를 출력의 둘째 줄에 출력한다.

제32장 선택 정렬 Selection Sort

1025 세 번째로 가장 큰 값

실행 제한시간	1초
메모리 사용 제한	32MB

10개의 데이터를 입력받은 후 내림차순으로 정렬하여 세 번째로 가장 큰 값을 출력한다.

Solution

```python
a = [0]
a[1:] = list(map(int, input().split()))

a[1:] = sorted(a[1:], reverse = True)
print(a[3])
```

Interpret

- 4번째 줄은 리스트 a를 내림차순으로 정렬한다.
- 5번째 줄은 입력으로 주어진 값 중에서 3번째로 가장 큰 값을 출력의 첫째 줄에 출력한다.

제32장 선택 정렬 Selection Sort

1127 마법 지팡이

실행 제한시간	1초
메모리 사용 제한	64MB

지팡이의 길이를 리스트 a에 입력받아 오름차순으로 정렬한다. 그리고 상자의 크기는 리스트 b에 입력받아 오름차순으로 정렬한다. 오름차순으로 정렬되어 있는 n개의 지팡이의 길이와 상자의 크기에 대해서 a[1] ≤ b[1], a[2] ≤ b[2], … , a[n] ≤ b[n]을 만족한다면 모든 지팡이를 상자 안에 담을 수 있다.

Solution

```python
n = int(input())
a = [0]
a[1:] = list(map(int, input().split()))
b = [0]
b[1:] = list(map(int, input().split()))

a[1:] = sorted(a[1:])
b[1:] = sorted(b[1:])

isOk = True
for i in range(1, n + 1):
    if a[i] > b[i]:
        isOk = False
        break

if isOk:
    print('YES')
```

```
18 else:
19     print('NO')
```

Interpret

- 7번째 줄은 지팡이의 길이를 오름차순으로 정렬한다.
- 8번째 줄은 상자의 크기를 오름차순으로 정렬한다.
- 11번째 줄부터 13번째 줄은 오름차순으로 정렬되어 있는 n개의 지팡이의 길이 a[i]와 상자의 크기 b[i]를 비교하여 단 하나라도 a[i]가 b[i]보다 크면 i번째 지팡이를 i번째 상자에 담을 수 없으므로 isOk에 False를 대입한 후 for문의 순환을 종료한다. 만일 조건문을 만족하는 조건이 하나도 없다면 for문은 중간에 종료되지 않고 isOk는 True의 값을 유지할 수 있기 때문에
- 16번째 줄에서 isOk의 값이 True이면 모든 지팡이를 상자에 담을 수 있으므로 'YES'를 그렇지 않다면 출력의 첫째 줄에 'NO'를 출력한다.

제32장 선택 정렬 Selection Sort

2017 캥거루

실행 제한시간	1초
메모리 사용 제한	32MB

세 마리의 캥거루가 좌표 3, 8, 10에 놓여있다고 가정해보자.

Core

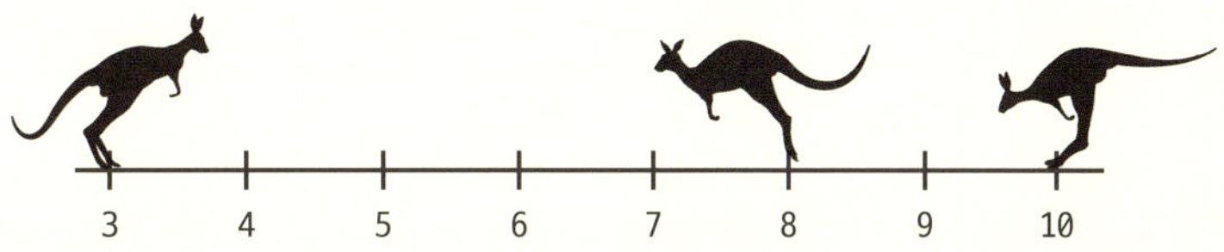

만일 첫 번째 캥거루가 두 번째 캥거루와 세 번째 캥거루 사이 9로 뛴다면 점프 횟수는 1회로 끝나게 된다. 그런데 마지막 캥거루가 3과 8 사이로 점프를 한다면 더욱더 많은 점프를 할 수 있다. 그러면 세 번째 캥거루가 4, 5, 6, 7의 좌표 중에서 어디로 점프를 하는 것이 최대의 점프를 할 수 있을까? 정답은 4 또는 7이다. 좌표 10에 있는 캥거루가 좌표 8에 있는 캥거루의 앞 좌표 7로 점프를 하고 다시 좌표 8에 있던 캥거루가 좌표 7에 있는 캥거루 앞 좌표 6으로 점프를 하고 좌표 7에 있는 캥거루가 마찬가지로 좌표 5로 점프를 하고 좌표 6에 있던 캥거루가 좌표 4로 점프를 하면 4, 5, 6, 7을 모두 점프하는데 이용할 수 있기 때문이다. 따라서 첫 번째 캥거루의 좌표와 두 번째 캥거루의 좌표 차이와 두 번째 캥거루의 좌표와 세 번째 캥거루의 좌표 차이를 비교해서 더 큰 쪽으로 점프를 하고 점프의 최대 횟수는 두 캥거루 좌표의 차이에서 1

을 빼면 된다. 또한 세 마리의 캥거루의 좌표가 순서대로 주어진다는 말은 없으므로 세 마리 캥거루의 좌표를 입력을 받은 후 정렬을 해야 하는 것도 주의해야 한다.

Solution

```
1 a = [0]
2 a[1:] = list(map(int, input().split()))
3
4 a[1:] = sorted(a[1:])
5 if a[2] - a[1] <= a[3] - a[2]:
6     print(a[3] - a[2] - 1)
7 else:
8     print(a[2] - a[1] - 1)
```

Interpret

- 4번째 줄은 입력으로 주어진 캥거루의 좌표를 오름차순으로 정렬한다.
- 5번째 줄부터 8번째 줄은 첫 번째 캥거루와 두 번째 캥거루의 차이와 두 번째 캥거루와 세 번째 캥거루의 차이를 비교해서 더 큰 쪽으로 점프를 한다.

제32장 선택 정렬 Selection Sort

2123 네 개의 정수

실행 제한시간	1초
메모리 사용 제한	32MB

세 개의 정수를 오름차순으로 정렬한 후 정렬된 세 개의 정수를 차례로 A, B, C라고 하자.

❶ B와 A의 차이와 C와 B의 차이가 같다면 잃어버린 정수는 가장 큰 값이거나 가장 작은 값일 것이다. 문제에서 가능한 정답이 여러 개가 존재한다면 가장 최댓값을 선택하라고 했기 때문에 가장 큰 값이 잃어버린 정수가 될 것이다. 잃어버린 정수는 C의 값에다 C와 B값의 차이 C - B를 더하면 된다.

Core

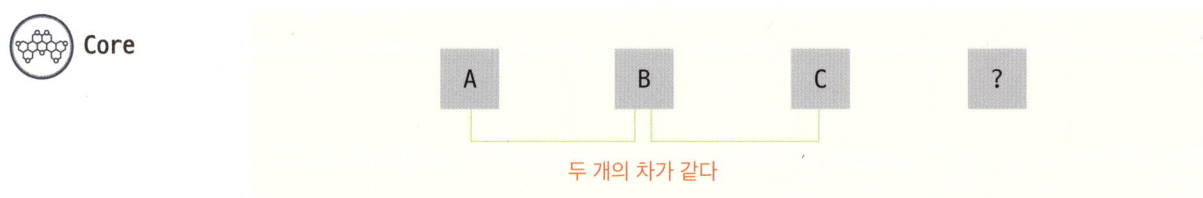

❷ 만일 잃어버린 정수가 세 번째 정수이면 C와 B의 차이는 B와 A의 차이의 두 배이다. 잃어버린 정수는 B와 C의 중앙값이 된다.

Core

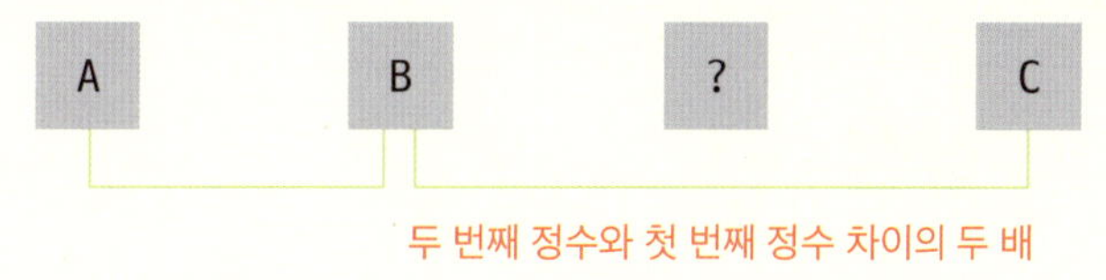

❸ 만일 잃어버린 정수가 두 번째 정수이면 B와 A의 차이는 C와 B 차이의 두 배이다. 잃어버린 정수는 B와 A의 중앙값이 된다.

Core

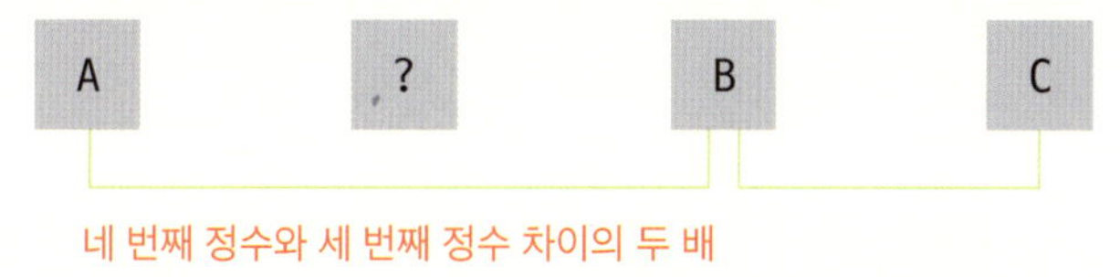

Solution

```
1  a = [0]
2  a[1:] = list(map(int, input().split()))
3
4  a[1:] = sorted(a[1:])
5  if a[3] - a[2] == a[2] - a[1]:
6      print(a[3] + a[2] - a[1])
7  elif a[3] - a[2] == (a[2] - a[1]) * 2:
8      print((a[3] + a[2]) // 2)
9  else:
10     print((a[2] + a[1]) // 2)
```

Interpret

- 5, 6번째 줄은 설명 ①에 해당하는 조건문이다.
- 7, 8번째 줄은 설명 ②에 해당하는 조건문이다.
- 9, 10번째 줄은 설명 ③에 해당하는 조건문이다.

2113 상점

실행 제한시간 1초
메모리 사용 제한 64MB

만일 5개 상점의 가격이 리스트 a에 주어지면,

❶ i의 값이 1일 때, a[1] + a[2], a[1] + a[3], a[1] + a[4], a[1] + a[5]의 가격을 확인한다.

❷ i의 값이 2일 때, a[2] + a[3], a[2] + a[4], a[2] + a[5]의 가격을 확인한다.

❸ i의 값이 3일 때, a[3] + a[4], a[3] + a[5]의 가격을 확인한다.

❹ i의 값이 4일 때, a[4] + a[5]의 가격을 확인한다.

위와 같은 방법으로 중첩 순환문을 순환하다가 두 개의 상점의 가격의 합이 c원인 상점을 찾게 되면 두 개의 상점의 인덱스를 출력의 첫째 줄에 출력한 후 중첩 순환문을 빠져나온다.

Solution

```
1  c = int(input())
2  n = int(input())
3  a = [0]
4  a[1:] = list(map(int, input().split()))
5
6  isOK = False
7  for i in range(1, n):
8      for j in range(i + 1, n + 1):
9          if a[i] + a[j] == c:
10             print(i, j)
11             isOK = True
12             break
13     if isOK == True:
14         break
```

Interpret

- 7번째 줄부터 14번째 줄은 두 개의 상점의 모든 조합을 확인하여 두 상점의 가격의 합이 c원인 상점을 찾아서 출력의 첫째 줄에 출력한다.

연습문제 ❶번 문제풀이

내림차순 정렬은 오름차순 정렬과 반대로 정렬하면 된다. 리스트의 첫 번째 요소부터 마지막 요소까지 가장 작은 값을 찾아서 리스트의 마지막 요소에 놓고, 다시 리스트의 첫 번째 요소부터 아홉 번째 요소까지 가장 작은 값을 찾아서 리스트의 아홉 번째 요소에 놓고, 다시 리스트의 첫 번째 요소부터 여덟 번째 요소까지 가장 작은 값을 찾아서 리스트의 여덟 번째 요소에 놓고, … 이와 같은 방법으로 리스트의 첫 번째 요소만 남을 때까지 진행하게 되면 리스트 전체는 내림차순으로 정렬이 된다.

Solution

```
1  a = [0, 1, 2, 3, 4, 5, 6, 7, 8, 9, 10]
2
3  for i in range(1, 10):
4      for j in range(1, 11 - i):
5          if a[j] < a[j + 1]:
6              a[j], a[j + 1] = a[j + 1], a[j]
7
8  print(a[1:])
```

Interpret

- 5번째 줄은 a[j]와 a[j + 1]를 비교했을 때, a[j]보다 a[j + 1]의 값이 크면 a[j]와 a[j + 1]를 교환한다.

제34장 삽입 정렬 Insertion Sort

연습문제 ❶번 문제풀이

내림차순 정렬은 오름차순 정렬과 반대로 정렬하면 된다.

Solution

```
1  a = [0, 1, 2, 3, 4, 5, 6, 7, 8, 9, 10]
2
3  for i in range(2, 11):
4      key = a[i]
5      for j in range(i - 1, 0, -1):
6          if a[j] >= key:
7              break
8          a[j + 1] = a[j]
9      else:
10         j -= 1
11     a[j + 1] = key
12
13 print(a[1:])
```

Interpret

- 4번째 줄은 리스트 a에서 특정 key 값을 정한 후 그 key 값 앞에 있는 리스트의 요소들이 내림차순으로 정렬되어 있을 때,
- 5번째 줄부터 8번째 줄은 리스트 a에서 key 값이 삽입될 위치를 찾아서 그 위치에 key 값을 삽입하면서 정렬한다.
- 10번째 줄은 for문의 순환이 정상적으로 종료되면 삽입할 위치를 위해서 j의 값을 1 감소시킨다.

제35장 피보나치 수열 Fibonacci Sequence

연습문제 ❶번 문제풀이

1월에 1쌍(두 마리)의 토끼가 있고, 2월에도 새로 태어나는 토끼가 없으므로 1쌍(두 마리)의 토끼가 있다. 3월에는 1월에 의해서 새로 태어나는 토끼 1쌍과 기존에 있던 토끼 1쌍을 더해서 모두 2쌍의 토끼가 있고, 4월에는 2월에 있던 토끼들이 새끼를 낳기 때문에 새로 태어나는 토끼 1쌍과 기존에 있던 토끼 2쌍을 더해서 모두 3쌍의 토끼가 된다. 5월은 3월에 있던 토끼가 2쌍을 낳고 기존에 있던 토끼 3쌍을 합쳐서 모두 5쌍

의 토끼가 된다. 이와 같은 방법으로 n번째 달일 때까지 구해나간다.

Solution

```python
n = int(input())
a = [0, 1]
for i in range(2, n + 1):
    a.append(a[i - 1] + a[i - 2])
print(a[n])
```

Interpret - 5번째 줄은 n번째의 피보나치 수를 출력의 첫째 줄에 출력한다.

제35장 피보나치 수열 Fibonacci Sequence

1017 금화

실행 제한시간	1초
메모리 사용 제한	32MB

❶ 첫째 날에는 금화 한 개가 있으므로 a[1] = 1이 된다.

❷ 둘째 날에도 금화 한 개가 있으므로 a[2] = 1이 된다.

❸ 셋째 날부터 n째 날까지 홀숫날일 때와 짝숫날일 때로 나누어서 금화를 구한다.

(i) i의 값이 홀숫날이면 a[2 * i + 1] = a[i] + a[i + 1]이다. 그런데 만일 n의 값이 최댓값인 99,999라면 2 * i + 1은 199,999이므로 a[199999]는 리스트의 크기를 넘어가게 된다. 물론 리스트의 크기를 두 배로 늘려서 주어진 문제를 해결할 수도 있지만 그렇게 바람직하게 보이지는 않는다. 이 문제를 해결하기 위해서 변형하여 a[i]에 관한 식을 만들면 a[i] = a[i // 2] + a[i // 2 + 1]와 같이 된다.

(ii) i의 값이 짝숫날이면 a[i] = a[i // 2]가 된다.

리스트 a에서 첫째 날부터 n째 날까지의 최댓값을 구한다.

Solution

```python
1 n = int(input())
2 a = [0, 1, 1]     # a[1] = 1, a[2] = 1
3 for i in range(3, n + 1):
4     if i % 2:
5         a.append(a[i // 2] + a[i // 2 + 1])
6     else:
7         a.append(a[i // 2])
8 print(max(a[1:]))
```

Interpret

- 4, 5번째 줄은 설명 ③의 (i)에 해당하는 조건문이다.
- 6, 7번째 줄은 설명 ③의 (ii)에 해당하는 조건문이다.

제35장 피보나치 수열 Fibonacci Sequence

1072 Speed Limit

실행 제한시간	1초
메모리 사용 제한	32MB

Solution

```python
1 n = int(input())
2 spd, tim = [0] * (n + 1), [0] * (n + 1)
3 s = 0
4 for i in range(1, n + 1):
5     spd[i], tim[i] = map(int, input().split())
6     s += spd[i] * (tim[i] - tim[i - 1])
7 print(s)
```

Interpret

- 2번째 줄은 입력으로 들어오는 값을 리스트에 받기 위해서 리스트 spd와 tim의 크기를 미리 확보하였다.
- 5번째 줄에서 속력에 대한 측정은 리스트 spd에 시간에 대한 측정은 리스트 tim에 입력받는다.
- 6번째 줄은 i - 1번째부터 i번째까지 spd[i]의 속력으로 이동한 시간은 tim[i] - tim[i - 1]이므로 이동한 거리는 속력 * 시간이다. 즉, spd[i] * (tim[i] - tim[i - 1])가 된다.

연습문제 ❶번 문제풀이

Solution

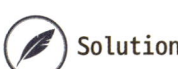

```
1  check = [0] * 101
2  cnt = 0
3  for i in range(2, 101):
4      if check[i] == 0:
5          print(i, end = ' ')
6          cnt += 1
7          if cnt % 5 == 0:
8              print()
9          for j in range(i * i, 101, i):
10             check[j] = 1
```

Interpret

- 6번째 줄부터 8번째 줄은 한 줄에 5개씩의 소수를 출력하기 위해서 소수가 출력될 때마다 cnt 변수를 1씩 카운팅하고 cnt 변수가 5의 배수이면 한 줄의 줄 내림을 발생시킨다.

제36장 에라토스테네스의 체 Sieve Of Erathosthenes

연습문제 ❷번 문제풀이

Solution

```
check = [0] * 101
cnt = 0
for i in range(2, 101):
    if check[i] == 0:
        for j in range(i * i, 101, i):
            check[j] = 1

for i in range(2, 99):
    if check[i] == 0 and check[i + 2] == 0:
        print(i, i + 2)
```

Interpret

- 3번째 줄부터 6번째 줄은 에라토스테네스의 체를 이용하여 2부터 100까지 소수가 아닌 수들을 check 리스트를 통해서 걸러내고 있다. 만일 check[i]의 값이 0이면 i는 어떤 수의 배수가 아니기 때문에 i는 소수가 되고, check[i]의 값이 1이면 i는 어떤 수의 배수이기 때문에 i는 소수가 아니다. (단, 1은 제외)
- 8번째 줄부터 10번째 줄은 i와 i + 2가 동시에 소수인 쌍둥이 소수를 찾아서 각 줄에 출력한다.

제36장 에라토스테네스의 체 Sieve Of Erathosthenes

1066 숙제를 안 해온 사람은 누구?

실행 제한시간	1초
메모리 사용 제한	32MB

Solution

```
1  check = [0] * 31
2  for _ in range(28):
3      num = int(input())
4      check[num] = 1
5
6  for i in range(1, 31):
7      if check[i] == 0:
8          print(i)
```

Interpret

- 3번째 줄은 숙제를 끝마친 학생의 번호를 변수 num에 입력받아 4번째 줄에서 check 리스트의 값을 1로 만들어 걸러낸다.
- 6번째 줄부터 8번째 줄은 check[i]의 값이 0이면 i는 숙제를 끝마치지 못한 학생의 번호이므로 숙제를 끝마치지 못한 학생의 번호를 각 줄에 출력한다.

제36장 에라토스테네스의 체 Sieve Of Erathosthenes

1038 나머지

실행 제한시간	1초
메모리 사용 제한	32MB

5개의 정수 0, 42, 84, 126, 168이 있다. 42로 나누었을 때 서로 다른 나머지를 갖는 수를 구한다고 해보자.

Core

```
check = [0] * 42
for _ in range(5):
    num = int(input())
    check[num % 42] = 1
```

어떤 정수를 42로 나누었을 때 나올 수 있는 나머지는 0, 1, 2, 3, … , 41로 42개이다. check 리스트의 길이는 42이고 모두 0으로 초기화한 후 주어진 정수를 변수 num에 입력받아서 num % 42의 값을 check 리스트를 통해서 중복을 걸러낸다. 입력이 완료된 후 check[0]의 값만 1이므로 서로 다른 나머지의 개수 1개를 중복되지 않게 걸러낼 수 있다. 여기서 주의해야 할 것은 어떤 수를 나누었을 때 나올 수 있는 나머지는 0도 될 수 있기 때문에 서로 다른 나머지의 개수를 카운팅할 때는 0도 포함되어야 한다.

Solution

```
1  check = [0] * 42
2  for _ in range(10):
3      num = int(input())
4      check[num % 42] = 1
5  print(sum(check))
```

Interpret

- 5번째 줄은 42로 나누었을 때 서로 다른 나머지를 갖는 수의 개수를 카운팅한다.

제36장 에라토스테네스의 체 Sieve Of Erathosthenes

1044 꽃 축제

실행 제한시간 **1초**
메모리 사용 제한 **32MB**

어떠한 꽃을 a번 슬롯부터 시작해서 b칸의 간격으로 심는다고 하면

Core

```
for j in range(a, s + 1, b):
    check[j] = 1
```

j의 값은 a부터 시작해서 for문의 순환이 한 바퀴 회전할 때마다 b씩 증가하면서 check 리스트에 1을 대입함으로써 한 번 이상 꽃을 심은 슬롯을 중복 없이 걸러낼 수 있다.

Solution

```python
1 s, n = map(int, input().split())
2 check = [0] * (s + 1)
3 for _ in range(n):
4     a, b = map(int, input().split())
5     for j in range(a, s + 1, b):
6         check[j] = 1
7 print(s - sum(check[1:]))
```

Interpret

- 4번째 줄은 꽃을 심기 시작하는 시작 슬롯은 a에 입력받고 꽃을 심어나가는 간격은 b에 입력받는다.
- 5, 6번째 줄은 a번 슬롯부터 시작해서 b칸의 간격으로 check 리스트를 이용해서 한 번 이상 꽃을 심은 슬롯을 중복 없이 걸러내고 있다.
- 7번째 줄은 check 리스트를 통해서 꽃을 심지 않은 빈 슬롯의 개수를 카운팅한다.

제36장 에라토스테네스의 체 Sieve Of Erathosthenes

2031 크리스마스 전등 축제 I

실행 제한시간	1초
메모리 사용 제한	64MB

전등의 on, off의 상태를 check 리스트에 나타내기로 하자. 만일 check[j]의 값이 0이면 j번째 전등은 꺼져 있고, check[j]의 값이 1이면 j번째 전등은 켜져 있다. 입력으로 op의 값으로 0이 주어지고 시작 버튼을 의미하는 s와 마지막 버튼을 의미하는 e가 주어지면, s부터 e까지 버튼을 모두 한 번씩 누르기 때문에 s부터 e까지의 구간에서 꺼져 있는 전등이 있으면 켜고, 켜져 있는 전등이 있으면 끄면 된다.

Core

```python
for j in range(s, e + 1):
    if check[j] == 0:
        check[j] = 1
    else:
        check[j] = 0
```

같은 결과

```python
for j in range(s, e + 1):
    check[j] = 1 - check[j]
```

check[j]의 값이 0이면 check[j]의 값을 1로 바꾸고, check[j]의 값이 1이면 check[j]의 값을 0으로 바꾸기 위해서 왼쪽에 있는 코드와 오른쪽에 있는 코드는 같은 결과를 보여준다.

Solution

```
1 n, m = map(int, input().split())
2 check = [0] * (n + 1)
3 for _ in range(m):
4     op, s, e = map(int, input().split())
5     if op == 0:
6         for j in range(s, e + 1):
7             check[j] = 1 - check[j]
8     else:
9         print(sum(check[s:e + 1]))
```

Interpret

- 5번째 줄부터 7번째 줄은 op의 값으로 0이 주어지면 시작 버튼 s부터 마지막 버튼 e까지 전등의 상태를 반대로 바꾼다.
- 8, 9번째 줄부은 op의 값으로 1이 주어지면 시작 전등 s부터 마지막 전등 e까지 켜져 있는 전등의 개수를 카운팅한다.

제36장 에라토스테네스의 체 Sieve Of Erathosthenes

1126 가로등

실행 제한시간	1초
메모리 사용 제한	64MB

지점 x에 한 개의 가로등이 놓여있고 왼쪽, 오른쪽으로 k미터까지 환하게 만들 수 있다면,

Core

```
for j in range(x - k, x + k + 1):
    if 1 <= j <= n:
        check[j] = 1
```

지점 x에 놓여진 가로등으로부터 지점 x - k부터 x + k까지 환하게 만들 수 있으므로 x - k부터 x + k까지 check 리스트의 상태를 1로 만든다. 여기서 주의해야 할 것은 j의 값이 주어진 범위(1 이상 n 이하)를 벗어날 수 있기 때문에 조건문을 추가하여 주어진 범위를 벗어나지 않도록 해야 한다.

Core

```
for i in range(1, n + 1):
    if check[i] == 0:
        cnt += 1
        for j in range(i, min(i + k * 2, n) + 1):
            check[j] = 1
```

모든 가로등을 놓은 후 추가해야 하는 최소의 가로등 개수를 구하기 위해서 check 리스트를 지점 1부터 n까지 확인을 한다. check 리스트를 확인하다가 check[i]의 값이 0이라는 것은 지점 i는 가로등이 비추는 지점이 아니기 때문에 새로운 가로등을 추가하여 지점 i를 환하게 만들어야 한다. 문제에서 최소의 가로등을 놓아야 하기 때문에 새로운 가로등을 놓게 되었을 때, 지점 i로부터 최대한 멀리 놓는다면 최대한 많은 구간을 환하게 만들 수 있다. 따라서 가로등을 놓는 지점을 i + k로 한다면 지점 i를 환하게 만들 수 있고 i + k로부터 오른쪽으로 k미터를 더 비출 수 있기 때문에 i + 2 * k까지 환하게 만들 수 있다. 마찬가지로 지점의 위치가 주어진 범위(1 이상 n 이하)를 넘어가지 않도록 주의해야 한다.

Solution

```
1  n = int(input())
2  m = int(input())
3  k = int(input())
4  check = [0] * (n + 1)
5  for _ in range(m):
6      x = int(input())
7      for j in range(x - k, x + k + 1):
8          if 1 <= j <= n:
9              check[j] = 1
10
11 cnt = 0
12 for i in range(1, n + 1):
13     if check[i] == 0:
14         cnt += 1
15         for j in range(i, min(i + k * 2, n) + 1):
16             check[j] = 1
17 print(cnt)
```

Interpret

- 14번째 줄은 새로운 가로등의 개수를 추가한다.
- 15번째 줄은 지점 i를 환하게 만들기 위해서 새로운 가로등을 i + k 지점에 위치시키면 지점 i부터 i + k * 2까지 환하게 만들 수 있기 때문에 check 리스트의 상태를 1로 만든다.

2079 Trees

실행 제한시간	1초
메모리 사용 제한	64MB

전체 도로의 길이를 L이라고 한다면 전체 나무의 개수는 L + 1개이다. 그리고 나무를 자르는 구간의 시점 지점을 s, 끝 지점을 e라고 한다면 해당 구간에서 잘려지는 나무의 개수는 e - s + 1개가 된다. 문제에서 구간이 겹쳐지는 경우는 없다고 했으므로 check 리스트를 사용하지 않고 전체 나무의 개수에서 구간에 해당하는 나무의 개수를 빼주면 자르고 남아있는 최종 나무의 개수를 쉽게 구할 수 있다.

Solution

```
1  L, m = map(int, input().split())
2  n = L + 1    # 전체 나무의 개수
3  for _ in range(m):
4      s, e = map(int, input().split())
5      n -= (e - s + 1)
6  print(n)
```

Interpret

- 2번째 줄은 전체 나무의 개수를 n에 대입한다.
- 3번째 줄부터 5번째 줄은 나무를 자르는 시작 지점 s와 끝 지점 e를 입력받아 자르는 나무의 개수 e - s + 1을 전체 나무의 개수에서 빼준다.

제36장 에라토스테네스의 체 Sieve Of Erathosthenes

2126 주차요금

실행 제한시간	1초
메모리 사용 제한	32MB

첫 번째 자동차가 정각 1시에 들어와서 정각 6시에 나가면 5시간을 주차하였으므로 check 리스트의 1번 인덱스부터 5번 인덱스까지 값을 1 증가시킨다.

1	1	1	1	1					
1	2	3	4	5	6	7	8	9	10

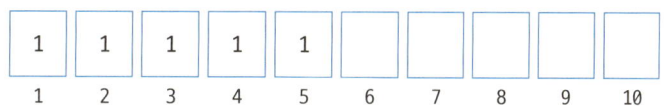

두 번째 자동차가 정각 3시에 들어와서 정각 5시에 나가면 2시간을 주차하였으므로 check 리스트의 3번 인덱스부터 4번 인덱스까지 값을 1 증가시킨다.

1	1	2	2	1					
1	2	3	4	5	6	7	8	9	10

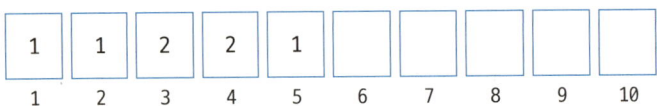

세 번째 자동차가 정각 2시에 들어와서 정각 8시에 나가면 6시간을 주차하였으므로 check 리스트의 2번 인덱스부터 7번 인덱스까지 값을 1씩 증가시킨다.

1	2	3	3	2	1	1			
1	2	3	4	5	6	7	8	9	10

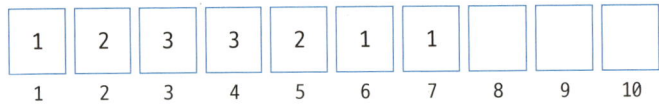

1대의 주차요금을 5원, 2대의 주차요금을 3원, 3대의 주차요금을 1원이라고 하면, 1시부터 2시까지는 1대를 주차하였으므로 주차요금은 5원 * 1 = 5원이며, 2시부터 3시까지는 2대를 주차하였으므로 3원 * 2 = 6원이며, 3시부터 4시까지는 3대를 주차하였으므로 1원 * 3 = 3원이며, 4시부터 5시까지는 3대를 주차하였으므로 1원 * 3 = 3원이며, 5시부터 6시까지는 2대를 주차하였으므로 3원 * 2 = 6원이며, 6시부터 7시까지는 1대를 주차하였으므로 5원 * 1 = 5원이며, 7시부터 8시까지는 1대를 주차하였으므로 5원 * 1 = 5원이다. 모든 주차요금을 합하면 5원 + 6원 + 3원 + 3원 + 6원 + 5원 + 5원 = 33원이 된다.

Solution

```
1  a, b, c = map(int, input().split())
2  chk = [0] * 100
3  for _ in range(3):
4      s, e = map(int, input().split())
5      for j in range(s, e):
6          chk[j] += 1
7
8  print(a * chk.count(1) + b * 2 * chk.count(2) + c * 3 * chk.count(3))
```

Interpret

- 5, 6번째 줄은 자동차가 정각 s시에 들어와서 정각 e시에 나가기 때문에 주차한 시간은 e - s 시간이므로 check 리스트의 s번 인덱스부터 e - 1번 인덱스까지 값을 1 증가시킨다.
- 리스트.count() 함수는 값을 전달하면 전달한 값이 리스트에서 몇 개가 있는지 반환해준다. 따라서 8번째 줄에서 자동차 1대가 주차한 시간은 chk.count(1)이고, 자동차 2대가 주차한 시간은 chk.count(2)이고 자동차 3대가 주차한 시간은 chk.count(3)이다.

4124 골드바흐의 추측

실행 제한시간	1초
메모리 사용 제한	64MB

에라토스테네스의 체를 이용하여 n 이하의 소수를 리스트에 담는다. 리스트에 담긴 두 개의 요소를 더해서 n이 되는 모든 경우를 구한다.

Solution

```
1  n = int(input())
2  check = [0] * (n + 1)
3
4  a = [0]
5  for i in range(2, n + 1):
6      if check[i] == 0:
7          a.append(i)
8          for j in range(i * i, n + 1, i):
9              check[j] = 1
10
11 cnt = 0
12 for i in range(1, len(a)):
13     for j in range(i, len(a)):
14         if a[i] + a[j] == n:
15             print(a[i], a[j])
16             cnt += 1
17 print(cnt)
```

Interpret

- 4번째 줄부터 9번째 줄은 n 이하의 소수를 에라토스테네스의 체를 이용하여 리스트 a에 담는다.
- 11번째 줄은 두 소수의 합이 n인 경우의 수 cnt를 0으로 초기화한다.
- 12번째 줄부터 16번째 줄은 두 소수의 합이 n인 모든 경우를 구해서 각 줄에 출력한다.
- 17번째 줄은 두 소수의 합이 n인 경우의 수 cnt를 마지막 줄에 출력한다.

연습문제 ❶번 문제풀이

첫 번째 삼각수는 : 1

두 번째 삼각수는 : 1 + 2 = 3

세 번째 삼각수는 : 1 + 2 + 3 = 6

⋮

n 번째 삼각수는 : 1 + 2 + 3 + … + n = sum(range(1, n + 1))

첫 번째 사각수는 : 1 * 1 = 1

두 번째 사각수는 : 2 * 2 = 4

세 번째 사각수는 : 3 * 3 = 9

⋮

n 번째 사각수는 : n ** 2

첫 번째 오각수는 : 1 * 1 = 1

두 번째 오각수는 : 2 * 2 + 1 = 5

세 번째 오각수는 : 3 * 3 + 1 + 2 = 12

⋮

n 번째 오각수는 : n * n + 1 + 2 + 3 + … + (n - 1) = n ** 2 + sum(range(1, n))

Solution

```
1  n = int(input())
2  s1 = sum(range(1, n + 1))
3  s2 = n ** 2
4  s3 = n ** 2 + sum(range(1, n))
5  print(s1 + s2 + s3)
```

Interpret

- 2번째 줄은 n번째 삼각수를 s1에 대입한다.
- 3번째 줄은 n번째 사각수를 s2에 대입한다.
- 4번째 줄은 n번째 오각수를 s3에 대입한다.

1147 육각수

실행 제한시간 1초
메모리 사용 제한 32MB

첫 번째 육각수는 : 1 * 1 + 0 * 1 = 1 + 0 = 1

두 번째 육각수는 : 2 * 2 + 1 * 2 = 4 + 2 = 6

세 번째 육각수는 : 3 * 3 + 2 * 3 = 9 + 6 = 15

⋮

n 번째 육각수는 : n * n + (n - 1) * n = n * (2 * n - 1)

Solution

```
n = int(input())
print(n * (2 * n - 1))
```

Interpret

- 2번째 줄은 n 번째 육각수를 출력의 첫째 줄에 출력한다.

1073 오각수

실행 제한시간 1초
메모리 사용 제한 32MB

10,000 이하의 오각수를 check 리스트에 미리 걸러낸 후, 주어지는 n개의 질문에 대해서 답변을 한다면 좀 더 쉽게 문제를 해결할 수 있다. 예를 들어서 1, 5, 12, 22는 오각수이므로 check[1], check[5], check[12], check[22]에 1을 넣어둔다면 오각수인지 판별해야 하는 숫자가 주어졌을 때, check 리스트의 상태만 살펴보아도 오각수인지 바로 판별할 수 있기 때문이다.

Solution

```
check = [0] * 10001
i = 1
while i ** 2 + sum(range(1, i)) <= 10000:
    check[i ** 2 + sum(range(1, i))] = 1
    i += 1

n = int(input())
for _ in range(n):
    num = int(input())
    if check[num] == 1:
```

```python
11         print(num, 'Y')
12     else:
13         print(num, 'N')
```

Interpret

- 3번째 줄부터 5번째 줄은 10,000 이하의 오각수를 check 리스트에 걸러내고 있다.
- 8번째 줄부터 13번째 줄은 오각수인지 판별해야 하는 숫자를 num에 입력받아 check 리스트를 확인하여 각 줄에 출력한다.

1077 곱셈 테이블

실행 제한시간	1초
메모리 사용 제한	32MB

우선 첫 번째 행을 출력한다. 첫 번째 열은 두 자리를 차지하기 때문에 곱셈 기호(*) 앞에 한 칸의 공백이 있음을 주의해야 한다. 그리고 출력하는 숫자의 자릿수는 네 자리를 차지하므로 서식 문자 '%4d'를 이용하여 작성하도록 한다.

Core

```python
print(' *', end = '')
for i in range(1, n + 1):
    print('%4d' % i, end = '')
```

다음으로 두 번째 행부터 마지막 행까지는 2중 for문을 이용하여 각각의 행을 자릿수에 맞춰서 출력한다. 첫 번째 열은 자릿수의 너비를 두 자리 차지하므로 서식 문자 '%2d'를 사용하여 작성하도록 한다.

Solution

```python
n = int(input())
print(' *', end = '')
for i in range(1, n + 1):
    print('%4d' % i, end = '')
print()
for i in range(1, n + 1):
    print('%2d' % i, end = '')
    for j in range(1, n + 1):
        print('%4d' % (i * j), end = '')
    print()
```

Interpret

- 2번째 줄부터 4번째 줄은 첫 번째 행을 출력의 첫째 줄에 출력한다.
- 6번째 줄부터 10번째 줄은 두 번째 행부터 마지막 행까지 각 줄에 출력한다.
- 7번째 줄은 첫 번째 열을 서식 문자 '%2d'를 이용하여 자릿수의 너비 2자리를 차지하며 출력한다.

제37장 형상수 Figulate Number

1111 조약돌

실행 제한시간	1초
메모리 사용 제한	32MB

조약돌을 놓는 직사각형 가로와 세로 크기의 합을 minv라고 하고 초깃값으로 n + n + 1을 갖는다. 2중 for문을 이용하여 직사각형 세로의 크기를 i라고 하고, 가로의 크기를 j라고 하자. 그러면 직사각형 전체 칸의 개수는 i * j이므로 i * j는 반드시 n보다 크거나 같아야 n개의 조약돌을 놓을 수 있다. i * j가 n보다 크거나 같다면 i + j가 minv보다 작은지 확인한다. 만일 i + j가 minv보다 작다면 minv의 값을 변경하고 세로의 크기를 r에 가로의 크기를 c에 저장한다. 또한 i + j가 minv의 값과 같다면 세로의 크기를 나타내는 i가 r보다 작은지 한 번 더 확인하는 작업을 해야 한다.

Solution

```
1  n = int(input())
2  minv = n + n + 1
3  for i in range(1, n + 1):
4      for j in range(1, n + 1):
5          if i * j >= n:
6              if minv > i + j or (minv == i + j and r > i):
7                  minv, r, c = i + j, i, j
8  print(r, c)
```

Interpret

- 2번째 줄은 가로와 세로 크기의 합을 나타내는 변수 minv의 값을 n + n + 1로 초기화한다. n + n + 1로 초기화한 이유는 적어도 한 번은 조건문에 걸려서 minv와 r과 c의 값을 변경하기 위함이다. n + n으로 초기화한다면 n의 값으로 1이 주어졌을 때 6번째 줄의 조건문을 만족하지 못하기 때문에 r과 c의 값의 변경이 발생되지 않아서 8번째 줄에서 런타임 에러(Runtime Error)가 날 수도 있기 때문이다.
- 5번째 줄은 i * j가 n보다 크거나 같아야 n개의 조약돌을 놓을 수 있다.
- 6번째 줄은 가로와 세로의 크기의 합이 minv보다 작거나 또는 minv와 같은데 세로의 크기가 작다면 minv, r, c의 값을 변경해 준다.

연습문제 ❶번 문제풀이

주어지는 10개의 데이터를 리스트 a에 초기화한다. 누적합(Prefix Sum, Cumulative Sum)을 이용하기 위해서 리스트 s에 1부터 i까지의 구간의 합을 구한다.

Core

```
print(s[end] - s[start - 1])
```

T개의 질문에서 시작 지점 start와 마지막 지점 end가 주어지면 시작 지점부터 마지막 지점까지의 합을 누적합(Prefix Sum, Cumulative Sum)을 이용해서 구한다.

Solution

```
1  a = [0, 10, 20, 30, 40, 50, 60, 70, 80, 90, 100]
2  s = [0]
3  for i in range(1, 11):
4      s.append(s[i - 1] + a[i])
5
6  t = int(input())
7  for _ in range(t):
8      start, end = map(int, input().split())
9      print(s[end] - s[start - 1])
```

Interpret

- 3, 4번째 줄은 리스트 s에 1부터 i까지의 구간의 합을 구한다.
- 9번째 줄은 시작 지점부터 마지막 지점까지의 합을 누적합(Prefix Sum, Cumulative Sum)을 이용해서 각 줄에 출력한다.

2025 식량 공급

실행 제한시간	0.5초
메모리 사용 제한	32MB

Solution

```
n, q = map(int, input().split())
s = [0]
for i in range(1, n + 1):
```

```
4      val = int(input())
5      s.append(s[i - 1] + val)
6
7  for _ in range(q):
8      start, end = map(int, input().split())
9      print(s[end] - s[start - 1])
```

Interpret

- 5번째 줄은 누적합(Prefix Sum, Cumulative Sum)을 이용하기 위해서 또 다른 리스트 s에 1부터 i까지의 구간의 합을 구한다.
- 9번째 줄은 시작 날짜부터 마지막 날짜까지의 합을 누적합(Prefix Sum, Cumulative Sum)을 이용해서 각 줄에 출력한다.

제38장 누적합 Prefix sum, Cumulative Sum

2109 The Largest Sum

실행 제한시간	1초
메모리 사용 제한	64MB

누적합(Prefix Sum, Cumulative Sum)을 이용해서 리스트 s에 1부터 i까지 구간의 합을 구한다. 연속된 k개의 누적합은 시작 지점이 1일 때 마지막 지점은 k가 된다. 시작 지점이 2일 때 마지막 지점은 k + 1이 된다. 시작 지점이 3일 때 마지막 지점은 k + 2가 된다. 마찬가지 방법으로 시작 지점이 n - k + 1일 때 마지막 지점은 n이 된다. 이것을 일반화시키면 시작 지점 i가 1부터 n - k + 1까지 진행할 때 마지막 지점은 i + k - 1이 된다.

Solution

```
n, k = map(int, input().split())
s = [0]
for i in range(1, n + 1):
    val = int(input())
    s.append(s[i - 1] + val)

maxv = s[k]
for i in range(1, n - k + 2):
    maxv = max(maxv, s[i + k - 1] - s[i - 1])
print(maxv)
```

Interpret

- 5번째 줄은 누적합(Prefix Sum, Cumulative Sum)을 이용하기 위해서 또 다른 리스트 s에 1부터 i까지의 구간의 합을 구한다.
- 7번째 줄은 maxv의 값을 구간 1부터 연속된 k개의 정수의 합으로 초기화한다.
- 8, 9번째 줄은 시작 지점 i가 1부터 n - k + 1까지 진행할 때 마지막 지점은 i + k - 1이 된다. 구간 i부터 연속된 k개의 정수의 합 중에서 최댓값을 찾는다.

제39장 집합 set

연습문제 ❶번 문제풀이

Solution

```
1  a = set(input())
2  b = set(input())
3
4  print(a | b)
5  print(a & b)
6  print(a - b)
7  print(a ^ b)
```

Interpret

- 4번째 줄은 집합 a와 b의 합집합을 출력의 첫째 줄에 출력한다.
- 5번째 줄은 집합 a와 b의 교집합을 출력의 둘째 줄에 출력한다.
- 6번째 줄은 집합 a와 b의 차집합을 출력의 셋째 줄에 출력한다.
- 7번째 줄은 집합 a와 b의 대칭 차집합을 출력의 넷째 줄에 출력한다.

제39장 집합 set

연습문제 ❷번 문제풀이

Solution

```
a, b = map(int, input().split())
x = set()
```

```
3   for i in range(1, a + 1):
4       if a % i == 0:
5           x.add(i)
6   y = set()
7   for i in range(1, b + 1):
8       if b % i == 0:
9           y.add(i)
10
11  print(sum(x & y))
```

Interpret

- 3번째 줄부터 5번째 줄은 집합 x에 a의 약수를 추가한다.
- 7번째 줄부터 9번째 줄은 집합 y에 b의 약수를 추가한다.
- 11번째 줄은 집합 x와 y의 교집합의 합을 출력의 첫째 줄에 출력한다.

1049 사칙연산

실행 제한시간	1초
메모리 사용 제한	32MB

Solution

```
a = int(input())
op1 = input()
b = int(input())
op2 = input()
c = int(input())

if op1 == '+': res = a + b
elif op1 == '-': res = a - b
elif op1 == '*': res = a * b
else: res = a // b

if op2 == '+': res += c
elif op2 == '-': res -= c
elif op2 == '*': res *= c
else: res //= c

```

```
17 print(res)
```

Interpret

- 7번째 줄부터 10번째 줄은 첫 번째 연산을 계산한다.
- 12번째 줄부터 14번째 줄은 두 번째 연산을 계산한다.

제39장 집합 set

2035 장거리 달리기

실행 제한시간	**1초**
메모리 사용 제한	**64MB**

언덕길에 u초, 평지길에 f초, 내리막길 d초가 소요되고 m초 이내에 출발 지점으로 돌아와야 한다.

❶ 언덕길일 경우에는 : 갈 때는 u초, 올 때는 d초가 소요되므로 u + d초가 소요된다.

❷ 평지길일 경우에는 : 갈 때는 f초, 올 때도 f초가 소요되므로 f * 2초가 소요된다.

❸ 내리막길일 경우에는 : 갈 때는 d초, 올 때는 u초가 소요되므로 u + d초가 소요된다.

i번째 지형에 대해서 소요되는 시간을 s에 누적하면서 m초를 처음으로 넘어가는 지형에서 순환을 멈춘다. i번째 지형에서 처음으로 m초를 넘어갔기 때문에 달리기를 해야 하는 코스는 i - 1번째의 지형까지이다.

Solution

```
1  m, t, u, f, d = map(int, input().split())
2  a = [0]
3  for _ in range(t):
4      a.append(input())
5
6  s = 0
7  for i in range(1, t + 1):
8      if a[i] == 'u' or a[i] == 'd':
9          s += (u + d)
10     else:
11         s += (f * 2)
12     if s > m:
13         break
14 print(i - 1)
```

Interpret

- 8, 9번 줄은 설명 ①, ③에 해당하는 조건문이다.

- 10, 11번째 줄은 설명 ②에 해당하는 조건문이다.

제40장 스캐닝 메소드 Scanning Method

연습문제 ❶번 문제풀이

스캐닝 메소드(Scanning Method)를 이용하도록 하자. 진행 중인 수가 a[i]라면 바로 앞에 수 a[i - 1]과 a[i]를 비교한다. 만일 두 수가 같다면 연속된 같은 수이기 때문에 cnt의 값을 1 증가시킨다. 만일 같지 않다면 새로운 수가 등장했다는 의미이므로 cnt의 값을 1로 초기화한다.

Solution

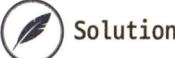

```
1  a = [0]
2  a[1:] = list(map(int, input().split()))
3
4  maxv = 0
5  for i in range(1, 11):
6      if a[i - 1] == a[i]:
7          cnt += 1
8      else:
9          cnt = 1
10     if maxv < cnt:
11         maxv, k = cnt, a[i]
12
13 print(k)
14 print(maxv)
```

Interpret

- 6, 7번째 줄은 이전 과정에서 진행한 수 a[i - 1]과 현재 진행 중인 수 a[i]가 같다면 같은 수가 연속해서 나왔다는 의미이므로 cnt의 값을 1 증가시킨다.
- 8, 9번째 줄은 새로운 수가 등장했다는 의미이므로 cnt를 1로 초기화한다.
- 10, 11번째 줄에서 cnt의 값이 최대 구간의 길이 maxv보다 크면 최대 구간의 길이와 연속된 수 k의 값을 변경해 준다.

제40장 스캐닝 메소드 Scanning Method

1078 서로 다른 구슬

실행 제한시간	1초
메모리 사용 제한	32MB

Solution

```
1  n = int(input())
2  a = [0]
3  a[1:] = list(map(int, input().split()))
4  
5  cnt = 0
6  for i in range(2, n + 1):
7      if a[i - 1] != a[i]:
8          cnt += 1
9  print(cnt)
```

Interpret

- 7, 8번째 줄은 이전 구슬 a[i - 1]와 a[i]를 비교하여 서로 다르면 이전 구슬의 색과 현재 구슬의 색이 다르다는 의미이므로 휴식 시간의 개수 cnt를 1 증가한다.

제40장 스캐닝 메소드 Scanning Method

1076 음표

실행 제한시간	1초
메모리 사용 제한	32MB

주어진 8개의 정수를 리스트 a에 입력받았다고 해보자. 주어진 리스트가 오름차순으로 정렬되어 있는지 다음과 같이 확인한다.

Core

```
asc = 0
for i in range(1, 8):
    if a[i] < a[i + 1]:
        asc += 1
```

asc의 초깃값은 0이고 a[i]와 a[i + 1]을 비교하여 a[i]보다 a[i + 1]이 크면 asc 값을 1 증가시킨다. 만일 리스트 a에 있는 모든 수들이 오름차순으로 정렬되어 있었다면 i의 값이 7일 때까지 모든 조건을 만족하기 때문에 순환문이 종료되면 asc 값은 7이 된다.

Core

```python
des = 0
for i in range(1, 8):
    if a[i] > a[i + 1]:
        des += 1
```

des의 초깃값은 0이고 a[i]와 a[i + 1]을 비교하여 a[i]보다 a[i + 1]이 작다면 des 값을 1 증가시킨다. 만일 리스트 a에 있는 모든 수들이 내림차순으로 정렬되어 있었다면 i의 값이 7일 때까지 모든 조건을 만족하기 때문에 순환문이 종료되면 des의 값은 7이 된다.

Solution

```python
1  a = [0]
2  a[1:] = list(map(int, input().split()))
3  
4  asc = 0
5  for i in range(1, 8):
6      if a[i] < a[i + 1]:
7          asc += 1
8  des = 0
9  for i in range(1, 8):
10     if a[i] > a[i + 1]:
11         des += 1
12 
13 if asc == 7:
14     print('ascending')
15 elif des == 7:
16     print('descending')
17 else:
18     print('mixed')
```

Interpret

- 4번째 줄부터 7번째 줄은 리스트 a가 오름차순으로 정렬되어 있는지 확인하는 구문이다.
- 8번째 줄부터 11번째 줄은 리스트 a가 내림차순으로 정렬되어 있는지 확인하는 구문이다.

제40장 스캐닝 메소드 Scanning Method

1125 선물

실행 제한시간	1초
메모리 사용 제한	32MB

Solution

```
1  n = int(input())
2  a = [0]
3  for _ in range(n):
4      a.append(input())
5
6  cnt = 0
7  for i in range(1, n + 1):
8      if a[i - 1] != a[i]:
9          cnt += 1
10 print(cnt + 1)
```

Interpret

- 8번째 줄은 이전 셔츠의 색 a[i - 1]와 현재 셔츠의 색 a[i]가 다르면 새로운 그룹의 시점 지점이므로 그룹의 수 cnt를 1 증가한다.
- 10번째 줄은 for문의 순환이 완료되면 전체 그룹의 개수는 cnt이고 오일러는 cnt + 1번째에 계산하게 된다.

제40장 스캐닝 메소드 Scanning Method

2069 아침 운동

실행 제한시간	1초
메모리 사용 제한	64MB

평지는 0이고 나무가 있는 위치는 1이므로, i번째 위치에 대한 두 개의 정보를 x와 y에 입력받아서 a[i]에 x + y의 값을 대입한다. 입출력 예에 해당하는 정보를 리스트 a에 나타내면 다음과 같다.

0	1	2	0	0	0	1
1	2	3	4	5	6	7

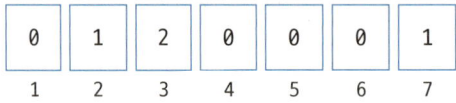

리스트 a에서 연속으로 0이 나오는 위치는 4, 5, 6이므로 두 명씩 연속으로 최대로 서 있을 수 있고 이때 최대 길이는 3이 된다. 따라서 한 번에 운동할 수 있는 최대 인원수는 (최대 길이 * 2)명이 된다.

Solution

```python
1  n = int(input())
2  a = [0]
3  for _ in range(n):
4      x, y = map(int, input().split())
5      a.append(x + y)
6
7  cnt, maxv = 0, 0
8  for x in a[1:]:
9      if x == 0:
10         cnt += 1
11     else:
12         cnt = 0
13     if maxv < cnt:
14         maxv = cnt
15 print(maxv * 2)
```

Interpret

- 9, 10번째 줄은 x의 값이 0이면 두 줄 모두 나무가 없으므로 cnt의 값을 1 증가시킨다.
- 11, 12번째 줄은 나무가 있는 지점이므로 cnt의 값을 0으로 초기화한다.

코딩 마법서

1권 STONE VERSION

코딩테스트와
인공지능을 위한
파이썬

국민건강보험공단

특별부록

국민건강보험법
노인장기요양보험법

박문각

국민건강보험공단 채용, 법률 학습 전략은?

최신 개정된 국민건강보험법[법률 제20505호]과 노인장기요양보험법[법률 제20587호]을 수록한 특별부록입니다. 전체 조문을 부록 하나로 살펴볼 수 있도록 구성하였습니다.

◎ 특별부록 활용법

1. 모의고사 1~3회를 풀기 전 특별부록으로 시험에 출제되는 법률을 학습한 뒤 문제를 푸시기 바랍니다. 문제풀이 후에는 틀린 부분을 위주로 해당 법조문을 확인하면 효율적인 학습이 가능합니다.
2. 법조문 내용을 살짝 바꾼 선택지가 제시되고, 사례형 문제도 출제됩니다. 내용을 정확하게 알아야 풀 수 있는 문제가 많으므로, 특별부록을 최대한 여러 번 반복하여 학습하는 것을 추천합니다.
3. 시험에 출제되었거나 출제 가능성이 높은 부분에 밑줄로 표시하였습니다. 해당 부분은 특히 집중적으로 학습하시기 바랍니다.
4. 시험 직전, 시험장에서 특별부록을 통해 법률 내용을 마지막으로 체크할 수 있습니다.

◎ 국민건강보험공단 법률 문제 풀이 팁

1. 헷갈릴 수 있는 다음 내용은 반드시 구분하여 외워둡니다. 시험에서 아래의 내용들을 헷갈리게 하여 출제할 수 있습니다.

   > 보건복지부령 / 대통령령
   > ~할 수 있다. / ~해야 한다.
   > ~한 날 ~한다. / ~다음 날 ~한다.

2. 예외의 경우가 있는 법조문의 경우, '모두 ~한다'는 단정적인 표현을 쓸 수 없음에 유의합니다.
3. 기간(30일, 1년 등)과 벌금(천만 원, 5천만 원) 등 수치가 나오는 부분은 꼼꼼하게 외워둡니다.
4. 옳은 것/틀린 것을 고르는 문제는 물론 옳은 것/틀린 것의 개수를 묻는 문제도 출제됩니다. 또한, 날짜 계산 문제도 출제되니, 헷갈리지 않도록 관련 내용을 미리 정리해 두어야 합니다.

국민건강보험법

[시행 2025. 4. 23.] [법률 제20505호, 2024. 10. 22., 일부개정]

제1장 총칙

제1조【목적】 이 법은 국민의 질병·부상에 대한 예방·진단·치료·재활과 출산·사망 및 건강증진에 대하여 보험급여를 실시함으로써 국민보건 향상과 사회보장 증진에 이바지함을 목적으로 한다.

제2조【관장】 이 법에 따른 건강보험사업은 보건복지부장관이 맡아 주관한다.

제3조【정의】 이 법에서 사용하는 용어의 뜻은 다음과 같다.

1. "근로자"란 직업의 종류와 관계없이 근로의 대가로 보수를 받아 생활하는 사람(법인의 이사와 그 밖의 임원을 포함한다)으로서 공무원 및 교직원을 제외한 사람을 말한다.
2. "사용자"란 다음 각 목의 어느 하나에 해당하는 자를 말한다.
   가. 근로자가 소속되어 있는 사업장의 사업주
   나. 공무원이 소속되어 있는 기관의 장으로서 대통령령으로 정하는 사람
   다. 교직원이 소속되어 있는 사립학교(「사립학교교직원 연금법」 제3조에 규정된 사립학교를 말한다. 이하 이 조에서 같다)를 설립·운영하는 자
3. "사업장"이란 사업소나 사무소를 말한다.
4. "공무원"이란 국가나 지방자치단체에서 상시 공무에 종사하는 사람을 말한다.
5. "교직원"이란 사립학교나 사립학교의 경영기관에서 근무하는 교원과 직원을 말한다.

제3조의2【국민건강보험종합계획의 수립 등】 ① 보건복지부장관은 이 법에 따른 건강보험(이하 "건강보험"이라 한다)의 건전한 운영을 위하여 제4조에 따른 건강보험정책심의위원회(이하 이 조에서 "건강보험정책심의위원회"라 한다)의 심의를 거쳐 5년마다 국민건강보험종합계획(이하 "종합계획"이라 한다)을 수립하여야 한다. 수립된 종합계획을 변경할 때도 또한 같다.

② 종합계획에는 다음 각 호의 사항이 포함되어야 한다.

1. 건강보험정책의 기본목표 및 추진방향
2. 건강보험 보장성 강화의 추진계획 및 추진방법
3. 건강보험의 중장기 재정 전망 및 운영
4. 보험료 부과체계에 관한 사항
5. 요양급여비용에 관한 사항
6. 건강증진 사업에 관한 사항
7. 취약계층 지원에 관한 사항
8. 건강보험에 관한 통계 및 정보의 관리에 관한 사항
9. 그 밖에 건강보험의 개선을 위하여 필요한 사항으로 대통령령으로 정하는 사항

③ 보건복지부장관은 종합계획에 따라 매년 연도별 시행계획(이하 "시행계획"이라 한다)을 건강보험정책심의위원회의 심의를 거쳐 수립·시행하여야 한다.

④ 보건복지부장관은 매년 시행계획에 따른 추진실적을 평가하여야 한다.

⑤ 보건복지부장관은 다음 각 호의 사유가 발생한 경우 관련 사항에 대한 보고서를 작성하여 지체 없이 국회 소관 상임위원회에 보고하여야 한다.

1. 제1항에 따른 종합계획의 수립 및 변경
2. 제3항에 따른 시행계획의 수립
3. 제4항에 따른 시행계획에 따른 추진실적의 평가

⑥ 보건복지부장관은 종합계획의 수립, 시행계획의 수립·시행 및 시행계획에 따른 추진실적의 평가를 위하여 필요하다고 인정하는 경우 관계 기관의 장에게 자료의 제출을 요구

할 수 있다. 이 경우 자료의 제출을 요구받은 자는 특별한 사유가 없으면 이에 따라야 한다.

⑦ 그 밖에 제1항에 따른 종합계획의 수립 및 변경, 제3항에 따른 시행계획의 수립·시행 및 제4항에 따른 시행계획에 따른 추진실적의 평가 등에 필요한 사항은 대통령령으로 정한다.

제4조【건강보험정책심의위원회】① 건강보험정책에 관한 다음 각 호의 사항을 심의·의결하기 위하여 보건복지부장관 소속으로 건강보험정책심의위원회(이하 "심의위원회"라 한다)를 둔다.

1. 제3조의2 제1항 및 제3항에 따른 종합계획 및 시행계획에 관한 사항(의결은 제외한다)
2. 제41조 제3항에 따른 요양급여의 기준
3. 제45조 제3항 및 제46조에 따른 요양급여 비용에 관한 사항
4. 제73조 제1항에 따른 직장가입자의 보험료율
5. 제73조 제3항에 따른 지역가입자의 보험료율과 재산보험료부과점수당 금액

5의2. 보험료 부과 관련 제도 개선에 관한 다음 각 목의 사항(의결은 제외한다)
   가. 건강보험 가입자(이하 "가입자"라 한다)의 소득 파악 실태에 관한 조사 및 연구에 관한 사항
   나. 가입자의 소득 파악 및 소득에 대한 보험료 부과 강화를 위한 개선 방안에 관한 사항
   다. 그 밖에 보험료 부과와 관련된 제도 개선 사항으로서 심의위원회 위원장이 회의에 부치는 사항

6. 그 밖에 건강보험에 관한 주요 사항으로서 대통령령으로 정하는 사항

② 심의위원회는 위원장 1명과 부위원장 1명을 포함하여 25명의 위원으로 구성한다.

③ 심의위원회의 위원장은 보건복지부차관이 되고, 부위원장은 제4항 제4호의 위원 중에서 위원장이 지명하는 사람이 된다.

④ 심의위원회의 위원은 다음 각 호에 해당하는 사람을 보건복지부장관이 임명 또는 위촉한다.

1. 근로자단체 및 사용자단체가 추천하는 각 2명
2. 시민단체(「비영리민간단체지원법」 제2조에 따른 비영리민간단체를 말한다. 이하 같다), 소비자단체, 농어업인단체 및 자영업자단체가 추천하는 각 1명
3. 의료계를 대표하는 단체 및 약업계를 대표하는 단체가 추천하는 8명
4. 다음 각 목에 해당하는 8명
   가. 대통령령으로 정하는 중앙행정기관 소속 공무원 2명
   나. 국민건강보험공단의 이사장 및 건강보험심사평가원의 원장이 추천하는 각 1명
   다. 건강보험에 관한 학식과 경험이 풍부한 4명

⑤ 심의위원회 위원(제4항 제4호 가목에 따른 위원은 제외한다)의 임기는 3년으로 한다. 다만, 위원의 사임 등으로 새로 위촉된 위원의 임기는 전임위원 임기의 남은 기간으로 한다.

⑥ 보건복지부장관은 심의위원회가 제1항 제5호의2에 따라 심의한 사항을 국회에 보고하여야 한다.

⑦ 심의위원회의 운영 등에 필요한 사항은 대통령령으로 정한다.

제2장 가입자

제5조【적용 대상 등】① 국내에 거주하는 국민은 건강보험의 가입자 또는 피부양자가 된다. 다만, 다음 각 호의 어느 하나에 해당하는 사람은 제외한다.

1. 「의료급여법」에 따라 의료급여를 받는 사람(이하 "수급권자"라 한다)
2. 「독립유공자예우에 관한 법률」 및 「국가유공자 등 예우 및 지원에 관한 법률」에 따라 의료보호를 받는 사람(이하 "유공자등 의료보호대상자"라 한다). 다만, 다음 각 목의 어느 하나에 해당하는 사람은 가입자 또는 피부양자가 된다.
   가. 유공자등 의료보호대상자 중 건강보험의 적용을 보험자에게 신청한 사람
   나. 건강보험을 적용받고 있던 사람이 유공자등 의료보호대상자로 되었으나 건강보험의 적용배제신청을 보험자에게 하지 아니한 사람

② 제1항의 피부양자는 다음 각 호의 어느 하

나에 해당하는 사람 중 직장가입자에게 주로 생계를 의존하는 사람으로서 소득 및 재산이 보건복지부령으로 정하는 기준 이하에 해당하는 사람을 말한다.

1. 직장가입자의 배우자
2. 직장가입자의 직계존속(배우자의 직계존속을 포함한다)
3. 직장가입자의 직계비속(배우자의 직계비속을 포함한다)과 그 배우자
4. 직장가입자의 형제·자매

③ 제2항에 따른 피부양자 자격의 인정 기준, 취득·상실시기 및 그 밖에 필요한 사항은 보건복지부령으로 정한다.

제6조【가입자의 종류】① 가입자는 직장가입자와 지역가입자로 구분한다.

② 모든 사업장의 근로자 및 사용자와 공무원 및 교직원은 직장가입자가 된다. 다만, 다음 각 호의 어느 하나에 해당하는 사람은 제외한다.

1. 고용 기간이 1개월 미만인 일용근로자
2. 「병역법」에 따른 현역병(지원에 의하지 아니하고 임용된 하사를 포함한다), 전환복무된 사람 및 군간부후보생
3. 선거에 당선되어 취임하는 공무원으로서 매월 보수 또는 보수에 준하는 급료를 받지 아니하는 사람
4. 그 밖에 사업장의 특성, 고용 형태 및 사업의 종류 등을 고려하여 대통령령으로 정하는 사업장의 근로자 및 사용자와 공무원 및 교직원

③ 지역가입자는 직장가입자와 그 피부양자를 제외한 가입자를 말한다.

④ 삭제

제7조【사업장의 신고】사업장의 사용자는 다음 각 호의 어느 하나에 해당하게 되면 그 때부터 14일 이내에 보건복지부령으로 정하는 바에 따라 보험자에게 신고하여야 한다. 제1호에 해당되어 보험자에게 신고한 내용이 변경된 경우에도 또한 같다.

1. 제6조 제2항에 따라 직장가입자가 되는 근로자·공무원 및 교직원을 사용하는 사업장(이하 "적용대상사업장"이라 한다)이 된 경우
2. 휴업·폐업 등 보건복지부령으로 정하는 사유가 발생한 경우

제8조【자격의 취득 시기 등】① 가입자는 국내에 거주하게 된 날에 직장가입자 또는 지역가입자의 자격을 얻는다. 다만, 다음 각 호의 어느 하나에 해당하는 사람은 그 해당되는 날에 각각 자격을 얻는다.

1. 수급권자이었던 사람은 그 대상자에서 제외된 날
2. 직장가입자의 피부양자이었던 사람은 그 자격을 잃은 날
3. 유공자등 의료보호대상자이었던 사람은 그 대상자에서 제외된 날
4. 제5조 제1항 제2호 가목에 따라 보험자에게 건강보험의 적용을 신청한 유공자등 의료보호대상자는 그 신청한 날

② 제1항에 따라 자격을 얻은 경우 그 직장가입자의 사용자 및 지역가입자의 세대주는 그 명세를 보건복지부령으로 정하는 바에 따라 자격을 취득한 날부터 14일 이내에 보험자에게 신고하여야 한다.

제9조【자격의 변동 시기 등】① 가입자는 다음 각 호의 어느 하나에 해당하게 된 날에 그 자격이 변동된다.

1. 지역가입자가 적용대상사업장의 사용자로 되거나, 근로자·공무원 또는 교직원(이하 "근로자등"이라 한다)으로 사용된 날
2. 직장가입자가 다른 적용대상사업장의 사용자로 되거나 근로자등으로 사용된 날
3. 직장가입자인 근로자등이 그 사용관계가 끝난 날의 다음 날
4. 적용대상사업장에 제7조 제2호에 따른 사유가 발생한 날의 다음 날
5. 지역가입자가 다른 세대로 전입한 날

② 제1항에 따라 자격이 변동된 경우 직장가입자의 사용자와 지역가입자의 세대주는 다음 각 호의 구분에 따라 그 명세를 보건복지부령으로 정하는 바에 따라 자격이 변동된 날부터 14일 이내에 보험자에게 신고하여야 한다.

1. 제1항 제1호 및 제2호에 따라 자격이 변동된 경우: 직장가입자의 사용자
2. 제1항 제3호부터 제5호까지의 규정에 따라 자격이 변동된 경우: 지역가입자의 세대주

③ 법무부장관 및 국방부장관은 직장가입자

나 지역가입자가 제54조 제3호 또는 제4호에 해당하면 보건복지부령으로 정하는 바에 따라 그 사유에 해당된 날부터 1개월 이내에 보험자에게 알려야 한다.

제9조의2【자격 취득·변동 사항의 고지】공단은 제96조 제1항에 따라 제공받은 자료를 통하여 가입자 자격의 취득 또는 변동 여부를 확인하는 경우에는 자격 취득 또는 변동 후 최초로 제79조에 따른 납부의무자에게 보험료 납입 고지를 할 때 보건복지부령으로 정하는 바에 따라 자격 취득 또는 변동에 관한 사항을 알려야 한다.

제10조【자격의 상실 시기 등】① 가입자는 다음 각 호의 어느 하나에 해당하게 된 날에 그 자격을 잃는다.

1. 사망한 날의 다음 날
2. 국적을 잃은 날의 다음 날
3. 국내에 거주하지 아니하게 된 날의 다음 날
4. 직장가입자의 피부양자가 된 날
5. 수급권자가 된 날
6. 건강보험을 적용받고 있던 사람이 유공자 등 의료보호대상자가 되어 건강보험의 적용배제신청을 한 날

② 제1항에 따라 자격을 잃은 경우 직장가입자의 사용자와 지역가입자의 세대주는 그 명세를 보건복지부령으로 정하는 바에 따라 자격을 잃은 날부터 14일 이내에 보험자에게 신고하여야 한다.

제11조【자격취득 등의 확인】① 가입자 자격의 취득·변동 및 상실은 제8조부터 제10조까지의 규정에 따른 자격의 취득·변동 및 상실의 시기로 소급하여 효력을 발생한다. 이 경우 보험자는 그 사실을 확인할 수 있다.

② 가입자나 가입자이었던 사람 또는 피부양자나 피부양자이었던 사람은 제1항에 따른 확인을 청구할 수 있다.

제12조【건강보험증】① 국민건강보험공단은 가입자 또는 피부양자가 신청하는 경우 건강보험증을 발급하여야 한다.

② 가입자 또는 피부양자가 요양급여를 받을 때에는 제1항의 건강보험증을 제42조 제1항에 따른 요양기관(이하 "요양기관"이라 한다)에 제출하여야 한다. 다만, 천재지변이나 그 밖의 부득이한 사유가 있으면 그러하지 아니하다.

③ 가입자 또는 피부양자는 제2항 본문에도 불구하고 주민등록증(모바일 주민등록증을 포함한다), 운전면허증, 여권, 그 밖에 보건복지부령으로 정하는 본인 여부를 확인할 수 있는 신분증명서(이하 "신분증명서"라 한다)로 요양기관이 그 자격을 확인할 수 있으면 건강보험증을 제출하지 아니할 수 있다.

④ 요양기관은 가입자 또는 피부양자에게 요양급여를 실시하는 경우 보건복지부령으로 정하는 바에 따라 건강보험증이나 신분증명서로 본인 여부 및 그 자격을 확인하여야 한다. 다만, 요양기관이 가입자 또는 피부양자의 본인 여부 및 그 자격을 확인하기 곤란한 경우로서 보건복지부령으로 정하는 정당한 사유가 있을 때에는 그러하지 아니하다.

⑤ 가입자·피부양자는 제10조 제1항에 따라 자격을 잃은 후 자격을 증명하던 서류를 사용하여 보험급여를 받아서는 아니 된다.

⑥ 누구든지 건강보험증이나 신분증명서를 다른 사람에게 양도(讓渡)하거나 대여하여 보험급여를 받게 하여서는 아니 된다.

⑦ 누구든지 건강보험증이나 신분증명서를 양도 또는 대여를 받거나 그 밖에 이를 부정하게 사용하여 보험급여를 받아서는 아니 된다.

⑧ 제1항에 따른 건강보험증의 신청 절차와 방법, 서식과 그 교부 및 사용 등에 필요한 사항은 보건복지부령으로 정한다.

제3장 국민건강보험공단

제13조【보험자】건강보험의 보험자는 국민건강보험공단(이하 "공단"이라 한다)으로 한다.

제14조【업무 등】① 공단은 다음 각 호의 업무를 관장한다.

1. 가입자 및 피부양자의 자격 관리
2. 보험료와 그 밖에 이 법에 따른 징수금의 부과·징수
3. 보험급여의 관리
4. 가입자 및 피부양자의 질병의 조기발견·예방 및 건강관리를 위하여 요양급여 실시 현황과 건강검진 결과 등을 활용하여 실시하는 예방사업으로서 대통령령으로 정하는

사업
5. 보험급여 비용의 지급
6. 자산의 관리·운영 및 증식사업
7. 의료시설의 운영
8. 건강보험에 관한 교육훈련 및 홍보
9. 건강보험에 관한 조사연구 및 국제협력
10. 이 법에서 공단의 업무로 정하고 있는 사항
11. 「국민연금법」, 「고용보험 및 산업재해보상보험의 보험료징수 등에 관한 법률」, 「임금채권보장법」 및 「석면피해구제법」(이하 "징수위탁근거법"이라 한다)에 따라 위탁받은 업무
12. 그 밖에 이 법 또는 다른 법령에 따라 위탁받은 업무
13. 그 밖에 건강보험과 관련하여 보건복지부장관이 필요하다고 인정한 업무

② 제1항 제6호에 따른 자산의 관리·운영 및 증식사업은 안정성과 수익성을 고려하여 다음 각 호의 방법에 따라야 한다.
1. 체신관서 또는 「은행법」에 따른 은행에의 예입 또는 신탁
2. 국가·지방자치단체 또는 「은행법」에 따른 은행이 직접 발행하거나 채무이행을 보증하는 유가증권의 매입
3. 특별법에 따라 설립된 법인이 발행하는 유가증권의 매입
4. 「자본시장과 금융투자업에 관한 법률」에 따른 신탁업자가 발행하거나 같은 법에 따른 집합투자업자가 발행하는 수익증권의 매입
5. 공단의 업무에 사용되는 부동산의 취득 및 일부 임대
6. 그 밖에 공단 자산의 증식을 위하여 대통령령으로 정하는 사업

③ 공단은 특정인을 위하여 업무를 제공하거나 공단 시설을 이용하게 할 경우 공단의 정관으로 정하는 바에 따라 그 업무의 제공 또는 시설의 이용에 대한 수수료와 사용료를 징수할 수 있다.

④ 공단은 「공공기관의 정보공개에 관한 법률」에 따라 건강보험과 관련하여 보유·관리하고 있는 정보를 공개한다.

제15조 【법인격 등】 ① 공단은 법인으로 한다.

② 공단은 주된 사무소의 소재지에서 설립등기를 함으로써 성립한다.

제16조 【사무소】 ① 공단의 주된 사무소의 소재지는 정관으로 정한다.

② 공단은 필요하면 정관으로 정하는 바에 따라 분사무소를 둘 수 있다.

제17조 【정관】 ① 공단의 정관에는 다음 각 호의 사항을 적어야 한다.
1. 목적
2. 명칭
3. 사무소의 소재지
4. 임직원에 관한 사항
5. 이사회의 운영
6. 재정운영위원회에 관한 사항
7. 보험료 및 보험급여에 관한 사항
8. 예산 및 결산에 관한 사항
9. 자산 및 회계에 관한 사항
10. 업무와 그 집행
11. 정관의 변경에 관한 사항
12. 공고에 관한 사항

② 공단은 정관을 변경하려면 보건복지부장관의 인가를 받아야 한다.

제18조 【등기】 공단의 설립등기에는 다음 각 호의 사항을 포함하여야 한다.
1. 목적
2. 명칭
3. 주된 사무소 및 분사무소의 소재지
4. 이사장의 성명·주소 및 주민등록번호

제19조 【해산】 공단의 해산에 관하여는 법률로 정한다.

제20조 【임원】 ① 공단은 임원으로서 이사장 1명, 이사 14명 및 감사 1명을 둔다. 이 경우 이사장, 이사 중 5명 및 감사는 상임으로 한다.

② 이사장은 「공공기관의 운영에 관한 법률」 제29조에 따른 임원추천위원회(이하 "임원추천위원회"라 한다)가 복수로 추천한 사람 중에서 보건복지부장관의 제청으로 대통령이 임명한다.

③ 상임이사는 보건복지부령으로 정하는 추천 절차를 거쳐 이사장이 임명한다.

④ 비상임이사는 다음 각 호의 사람을 보건복지부장관이 임명한다.
1. 노동조합·사용자단체·시민단체·소비자

단체·농어업인단체 및 노인단체가 추천하는 각 1명

2. 대통령령으로 정하는 바에 따라 추천하는 관계 공무원 3명

⑤ 감사는 임원추천위원회가 복수로 추천한 사람 중에서 기획재정부장관의 제청으로 대통령이 임명한다.

⑥ 제4항에 따른 비상임이사는 정관으로 정하는 바에 따라 실비변상(實費辨償)을 받을 수 있다.

⑦ 이사장의 임기는 3년, 이사(공무원인 이사는 제외한다)와 감사의 임기는 각각 2년으로 한다.

제21조【징수이사】① 상임이사 중 제14조 제1항 제2호 및 제11호의 업무를 담당하는 이사(이하 "징수이사"라 한다)는 경영, 경제 및 사회보험에 관한 학식과 경험이 풍부한 사람으로서 보건복지부령으로 정하는 자격을 갖춘 사람 중에서 선임한다.

② 징수이사 후보를 추천하기 위하여 공단에 이사를 위원으로 하는 징수이사추천위원회(이하 "추천위원회"라 한다)를 둔다. 이 경우 추천위원회의 위원장은 이사장이 지명하는 이사로 한다.

③ 추천위원회는 주요 일간신문에 징수이사 후보의 모집 공고를 하여야 하며, 이와 별도로 적임자로 판단되는 징수이사 후보를 조사하거나 전문단체에 조사를 의뢰할 수 있다.

④ 추천위원회는 제3항에 따라 모집한 사람을 보건복지부령으로 정하는 징수이사 후보 심사기준에 따라 심사하여야 하며, 징수이사 후보로 추천될 사람과 계약 조건에 관하여 협의하여야 한다.

⑤ 이사장은 제4항에 따른 심사와 협의 결과에 따라 징수이사 후보와 계약을 체결하여야 하며, 이 경우 제20조 제3항에 따른 상임이사의 임명으로 본다.

⑥ 제4항에 따른 계약 조건에 관한 협의, 제5항에 따른 계약 체결 등에 필요한 사항은 보건복지부령으로 정한다.

제22조【임원의 직무】① 이사장은 공단을 대표하고 업무를 총괄하며, 임기 중 공단의 경영성과에 대하여 책임을 진다.

② 상임이사는 이사장의 명을 받아 공단의 업무를 집행한다.

③ 이사장이 부득이한 사유로 그 직무를 수행할 수 없을 때에는 정관으로 정하는 바에 따라 상임이사 중 1명이 그 직무를 대행하고, 상임이사가 없거나 그 직무를 대행할 수 없을 때에는 정관으로 정하는 임원이 그 직무를 대행한다.

④ 감사는 공단의 업무, 회계 및 재산 상황을 감사한다.

제23조【임원 결격사유】다음 각 호의 어느 하나에 해당하는 사람은 공단의 임원이 될 수 없다.

1. 대한민국 국민이 아닌 사람
2. 「공공기관의 운영에 관한 법률」 제34조 제1항 각 호의 어느 하나에 해당하는 사람

제24조【임원의 당연퇴임 및 해임】① 임원이 제23조 각 호의 어느 하나에 해당하게 되거나 임명 당시 그에 해당하는 사람으로 확인되면 그 임원은 당연퇴임한다.

② 임명권자는 임원이 다음 각 호의 어느 하나에 해당하면 그 임원을 해임할 수 있다.

1. 신체장애나 정신장애로 직무를 수행할 수 없다고 인정되는 경우
2. 직무상 의무를 위반한 경우
3. 고의나 중대한 과실로 공단에 손실이 생기게 한 경우
4. 직무 여부와 관계없이 품위를 손상하는 행위를 한 경우
5. 이 법에 따른 보건복지부장관의 명령을 위반한 경우

제25조【임원의 겸직 금지 등】① 공단의 상임임원과 직원은 그 직무 외에 영리를 목적으로 하는 사업에 종사하지 못한다.

② 공단의 상임임원이 임명권자 또는 제청권자의 허가를 받거나 공단의 직원이 이사장의 허가를 받은 경우에는 비영리 목적의 업무를 겸할 수 있다.

제26조【이사회】① 공단의 주요 사항(「공공기관의 운영에 관한 법률」 제17조 제1항 각 호의 사항을 말한다)을 심의·의결하기 위하여 공단에 이사회를 둔다.

② 이사회는 이사장과 이사로 구성한다.

③ 감사는 이사회에 출석하여 발언할 수 있다.

④ 이사회의 의결 사항 및 운영 등에 필요한

사항은 대통령령으로 정한다.

제27조【직원의 임면】이사장은 정관으로 정하는 바에 따라 직원을 임면(任免)한다.

제28조【벌칙 적용 시 공무원 의제】공단의 임직원은 「형법」 제129조부터 제132조까지의 규정을 적용할 때 공무원으로 본다.

제29조【규정 등】공단의 조직ㆍ인사ㆍ보수 및 회계에 관한 규정은 이사회의 의결을 거쳐 보건복지부장관의 승인을 받아 정한다.

제30조【대리인의 선임】이사장은 공단 업무에 관한 모든 재판상의 행위 또는 재판 외의 행위를 대행하게 하기 위하여 공단의 이사 또는 직원 중에서 대리인을 선임할 수 있다.

제31조【대표권의 제한】① 이사장은 공단의 이익과 자기의 이익이 상반되는 사항에 대하여는 공단을 대표하지 못한다. 이 경우 감사가 공단을 대표한다.

② 공단과 이사장 사이의 소송은 제1항을 준용한다.

제32조【이사장 권한의 위임】이 법에 규정된 이사장의 권한 중 급여의 제한, 보험료의 납입고지 등 대통령령으로 정하는 사항은 정관으로 정하는 바에 따라 분사무소의 장에게 위임할 수 있다.

제33조【재정운영위원회】① 제45조 제1항에 따른 요양급여비용의 계약 및 제84조에 따른 결손처분 등 보험재정에 관련된 사항을 심의ㆍ의결하기 위하여 공단에 재정운영위원회를 둔다.

② 재정운영위원회의 위원장은 제34조 제1항 제3호에 따른 위원 중에서 호선(互選)한다.

제34조【재정운영위원회의 구성 등】① 재정운영위원회는 다음 각 호의 위원으로 구성한다.

1. 직장가입자를 대표하는 위원 10명
2. 지역가입자를 대표하는 위원 10명
3. 공익을 대표하는 위원 10명

② 제1항에 따른 위원은 다음 각 호의 사람을 보건복지부장관이 임명하거나 위촉한다.

1. 제1항 제1호의 위원은 노동조합과 사용자단체에서 추천하는 각 5명
2. 제1항 제2호의 위원은 대통령령으로 정하는 바에 따라 농어업인 단체ㆍ도시자영업자단체 및 시민단체에서 추천하는 사람
3. 제1항 제3호의 위원은 대통령령으로 정하는 관계 공무원 및 건강보험에 관한 학식과 경험이 풍부한 사람

③ 재정운영위원회 위원(공무원인 위원은 제외한다)의 임기는 2년으로 한다. 다만, 위원의 사임 등으로 새로 위촉된 위원의 임기는 전임위원 임기의 남은 기간으로 한다.

④ 재정운영위원회의 운영 등에 필요한 사항은 대통령령으로 정한다.

제35조【회계】① 공단의 회계연도는 정부의 회계연도에 따른다.

② 공단은 직장가입자와 지역가입자의 재정을 통합하여 운영한다.

③ 공단은 건강보험사업 및 징수위탁근거법의 위탁에 따른 국민연금사업ㆍ고용보험사업ㆍ산업재해보상보험사업ㆍ임금채권보장사업에 관한 회계를 공단의 다른 회계와 구분하여 각각 회계처리하여야 한다.

제36조【예산】공단은 회계연도마다 예산안을 편성하여 이사회의 의결을 거친 후 보건복지부장관의 승인을 받아야 한다. 예산을 변경할 때에도 또한 같다.

제37조【차입금】공단은 지출할 현금이 부족한 경우에는 차입할 수 있다. 다만, 1년 이상 장기로 차입하려면 보건복지부장관의 승인을 받아야 한다.

제38조【준비금】① 공단은 회계연도마다 결산상의 잉여금 중에서 그 연도의 보험급여에 든 비용의 100분의 5 이상에 상당하는 금액을 그 연도에 든 비용의 100분의 50에 이를 때까지 준비금으로 적립하여야 한다.

② 제1항에 따른 준비금은 부족한 보험급여 비용에 충당하거나 지출할 현금이 부족할 때 외에는 사용할 수 없으며, 현금 지출에 준비금을 사용한 경우에는 해당 회계연도 중에 이를 보전(補塡)하여야 한다.

③ 제1항에 따른 준비금의 관리 및 운영 방법 등에 필요한 사항은 보건복지부장관이 정한다.

제39조【결산】① 공단은 회계연도마다 결산보고서와 사업보고서를 작성하여 다음해 2월 말일까지 보건복지부장관에게 보고하여야 한다.

② 공단은 제1항에 따라 결산보고서와 사업보고서를 보건복지부장관에게 보고하였을 때에는 보건복지부령으로 정하는 바에 따라 그 내

용을 공고하여야 한다.

제39조의2【재난적의료비 지원사업에 대한 출연】 공단은 「재난적의료비 지원에 관한 법률」에 따른 재난적의료비 지원사업에 사용되는 비용에 충당하기 위하여 매년 예산의 범위에서 출연할 수 있다. 이 경우 출연 금액의 상한 등에 필요한 사항은 대통령령으로 정한다.

제40조【「민법」의 준용】 공단에 관하여 이 법과 「공공기관의 운영에 관한 법률」에서 정한 사항 외에는 「민법」 중 재단법인에 관한 규정을 준용한다.

제4장 보험급여

제41조【요양급여】 ① 가입자와 피부양자의 질병, 부상, 출산 등에 대하여 다음 각 호의 요양급여를 실시한다.

1. 진찰 · 검사
2. 약제(藥劑) · 치료재료의 지급
3. 처치 · 수술 및 그 밖의 치료
4. 예방 · 재활
5. 입원
6. 간호
7. 이송(移送)

② 제1항에 따른 요양급여(이하 "요양급여"라 한다)의 범위(이하 "요양급여대상"이라 한다)는 다음 각 호와 같다.

1. 제1항 각 호의 요양급여(제1항 제2호의 약제는 제외한다) : 제4항에 따라 보건복지부장관이 비급여대상으로 정한 것을 제외한 일체의 것
2. 제1항 제2호의 약제 : 제41조의3에 따라 요양급여대상으로 보건복지부장관이 결정하여 고시한 것

③ 요양급여의 방법 · 절차 · 범위 · 상한 등의 기준은 보건복지부령으로 정한다.

④ 보건복지부장관은 제3항에 따라 요양급여의 기준을 정할 때 업무나 일상생활에 지장이 없는 질환에 대한 치료 등 보건복지부령으로 정하는 사항은 요양급여대상에서 제외되는 사항(이하 "비급여대상"이라 한다)으로 정할 수 있다.

제41조의2【약제에 대한 요양급여비용 상한금액의 감액 등】 ① 보건복지부장관은 「약사법」 제47조 제2항의 위반과 관련된 제41조 제1항 제2호의 약제에 대하여는 요양급여비용 상한금액(제41조 제3항에 따라 약제별 요양급여비용의 상한으로 정한 금액을 말한다. 이하 같다)의 100분의 20을 넘지 아니하는 범위에서 그 금액의 일부를 감액할 수 있다.

② 보건복지부장관은 제1항에 따라 요양급여비용의 상한금액이 감액된 약제가 감액된 날부터 5년의 범위에서 대통령령으로 정하는 기간 내에 다시 제1항에 따른 감액의 대상이 된 경우에는 요양급여비용 상한금액의 100분의 40을 넘지 아니하는 범위에서 요양급여비용 상한금액의 일부를 감액할 수 있다.

③ 보건복지부장관은 제2항에 따라 요양급여비용의 상한금액이 감액된 약제가 감액된 날부터 5년의 범위에서 대통령령으로 정하는 기간 내에 다시 「약사법」 제47조 제2항의 위반과 관련된 경우에는 해당 약제에 대하여 1년의 범위에서 기간을 정하여 요양급여의 적용을 정지할 수 있다.

④ 제1항부터 제3항까지의 규정에 따른 요양급여비용 상한금액의 감액 및 요양급여 적용 정지의 기준, 절차, 그 밖에 필요한 사항은 대통령령으로 정한다.

제41조의3【행위 · 치료재료 및 약제에 대한 요양급여대상 여부의 결정 및 조정】 ① 제42조에 따른 요양기관, 치료재료의 제조업자 · 수입업자 등 보건복지부령으로 정하는 자는 요양급여대상 또는 비급여대상으로 결정되지 아니한 제41조 제1항 제1호 · 제3호 · 제4호의 요양급여에 관한 행위 및 제41조 제1항 제2호의 치료재료(이하 "행위 · 치료재료"라 한다)에 대하여 요양급여대상 여부의 결정을 보건복지부장관에게 신청하여야 한다.

② 「약사법」에 따른 약제의 제조업자 · 수입업자 등 보건복지부령으로 정하는 자(이하 "약제의 제조업자등"이라 한다)는 요양급여대상에 포함되지 아니한 제41조 제1항 제2호의 약제(이하 이 조에서 "약제"라 한다)에 대하여 보건복지부장관에게 요양급여대상 여부의 결정을 신청할 수 있다.

③ 제1항 및 제2항에 따른 신청을 받은 보건복지부장관은 정당한 사유가 없으면 보건복지

부령으로 정하는 기간 이내에 요양급여대상 또는 비급여대상의 여부를 결정하여 신청인에게 통보하여야 한다.

④ 보건복지부장관은 제1항 및 제2항에 따른 신청이 없는 경우에도 환자의 진료상 반드시 필요하다고 보건복지부령으로 정하는 경우에는 직권으로 행위·치료재료 및 약제의 요양급여대상의 여부를 결정할 수 있다.

⑤ 보건복지부장관은 제41조 제2항 제2호에 따라 요양급여대상으로 결정하여 고시한 약제에 대하여 보건복지부령으로 정하는 바에 따라 요양급여대상 여부, 범위, 요양급여비용 상한금액 등을 직권으로 조정할 수 있다.

⑥ 제1항 및 제2항에 따른 요양급여대상 여부의 결정 신청의 시기, 절차, 방법 및 업무의 위탁 등에 필요한 사항, 제3항과 제4항에 따른 요양급여대상 여부의 결정 절차 및 방법, 제5항에 따른 직권 조정 사유·절차 및 방법 등에 관한 사항은 보건복지부령으로 정한다.

제41조의4【선별급여】① 요양급여를 결정함에 있어 경제성 또는 치료효과성 등이 불확실하여 그 검증을 위하여 추가적인 근거가 필요하거나, 경제성이 낮아도 가입자와 피부양자의 건강회복에 잠재적 이득이 있는 등 대통령령으로 정하는 경우에는 예비적인 요양급여인 선별급여로 지정하여 실시할 수 있다.

② 보건복지부장관은 대통령령으로 정하는 절차와 방법에 따라 제1항에 따른 선별급여(이하 "선별급여"라 한다)에 대하여 주기적으로 요양급여의 적합성을 평가하여 요양급여 여부를 다시 결정하고, 제41조 제3항에 따른 요양급여의 기준을 조정하여야 한다.

제41조의5【방문요양급여】가입자 또는 피부양자가 질병이나 부상으로 거동이 불편한 경우 등 보건복지부령으로 정하는 사유에 해당하는 경우에는 가입자 또는 피부양자를 직접 방문하여 제41조에 따른 요양급여를 실시할 수 있다.

제42조【요양기관】① 요양급여(간호와 이송은 제외한다)는 다음 각 호의 요양기관에서 실시한다. 이 경우 보건복지부장관은 공익이나 국가정책에 비추어 요양기관으로 적합하지 아니한 대통령령으로 정하는 의료기관 등은 요양기관에서 제외할 수 있다.

1. 「의료법」에 따라 개설된 의료기관
2. 「약사법」에 따라 등록된 약국
3. 「약사법」 제91조에 따라 설립된 한국희귀·필수의약품센터
4. 「지역보건법」에 따른 보건소·보건의료원 및 보건지소
5. 「농어촌 등 보건의료를 위한 특별조치법」에 따라 설치된 보건진료소

② 보건복지부장관은 효율적인 요양급여를 위하여 필요하면 보건복지부령으로 정하는 바에 따라 시설·장비·인력 및 진료과목 등 보건복지부령으로 정하는 기준에 해당하는 요양기관을 전문요양기관으로 인정할 수 있다. 이 경우 해당 전문요양기관에 인정서를 발급하여야 한다.

③ 보건복지부장관은 제2항에 따라 인정받은 요양기관이 다음 각 호의 어느 하나에 해당하는 경우에는 그 인정을 취소한다.

1. 제2항 전단에 따른 인정기준에 미달하게 된 경우
2. 제2항 후단에 따라 발급받은 인정서를 반납한 경우

④ 제2항에 따라 전문요양기관으로 인정된 요양기관 또는 「의료법」 제3조의4에 따른 상급종합병원에 대하여는 제41조 제3항에 따른 요양급여의 절차 및 제45조에 따른 요양급여비용을 다른 요양기관과 달리 할 수 있다.

⑤ 제1항·제2항 및 제4항에 따른 요양기관은 정당한 이유 없이 요양급여를 거부하지 못한다.

제42조의2【요양기관의 선별급여 실시에 대한 관리】① 제42조 제1항에도 불구하고, 선별급여 중 자료의 축적 또는 의료 이용의 관리가 필요한 경우에는 보건복지부장관이 해당 선별급여의 실시 조건을 사전에 정하여 이를 충족하는 요양기관만이 해당 선별급여를 실시할 수 있다.

② 제1항에 따라 선별급여를 실시하는 요양기관은 제41조의4 제2항에 따른 해당 선별급여의 평가를 위하여 필요한 자료를 제출하여야 한다.

③ 보건복지부장관은 요양기관이 제1항에 따른 선별급여의 실시 조건을 충족하지 못하거나 제2항에 따른 자료를 제출하지 아니할 경우에는 해당 선별급여의 실시를 제한할 수 있다.

④ 제1항에 따른 선별급여의 실시 조건, 제2항에 따른 자료의 제출, 제3항에 따른 선별급여의 실시 제한 등에 필요한 사항은 보건복지부령으로 정한다.

제43조【요양기관 현황에 대한 신고】① 요양기관은 제47조에 따라 요양급여비용을 최초로 청구하는 때에 요양기관의 시설·장비 및 인력 등에 대한 현황을 제62조에 따른 건강보험심사평가원(이하 "심사평가원"이라 한다)에 신고하여야 한다.

② 요양기관은 제1항에 따라 신고한 내용(제45조에 따른 요양급여비용의 증감에 관련된 사항만 해당한다)이 변경된 경우에는 그 변경된 날부터 15일 이내에 보건복지부령으로 정하는 바에 따라 심사평가원에 신고하여야 한다.

③ 제1항 및 제2항에 따른 신고의 범위, 대상, 방법 및 절차 등에 필요한 사항은 보건복지부령으로 정한다.

제44조【비용의 일부부담】① 요양급여를 받는 자는 대통령령으로 정하는 바에 따라 비용의 일부(이하 "본인일부부담금"이라 한다)를 본인이 부담한다. 이 경우 선별급여에 대해서는 다른 요양급여에 비하여 본인일부부담금을 상향 조정할 수 있다.

② 본인이 연간 부담하는 다음 각 호의 금액의 합계액이 대통령령으로 정하는 금액(이하 이 조에서 "본인부담상한액"이라 한다)을 초과한 경우에는 공단이 그 초과 금액을 부담하여야 한다. 이 경우 공단은 당사자에게 그 초과 금액을 통보하고, 이를 지급하여야 한다.

1. 본인일부부담금의 총액
2. 제49조 제1항에 따른 요양이나 출산의 비용으로 부담한 금액(요양이나 출산의 비용으로 부담한 금액이 보건복지부장관이 정하여 고시한 금액보다 큰 경우에는 그 고시한 금액으로 한다)에서 같은 항에 따라 요양비로 지급받은 금액을 제외한 금액

③ 제2항에 따른 본인부담상한액은 가입자의 소득수준 등에 따라 정한다.

④ 제2항 각 호에 따른 금액 및 합계액의 산정 방법, 본인부담상한액을 넘는 금액의 지급 방법 및 제3항에 따른 가입자의 소득수준 등에 따른 본인부담상한액 설정 등에 필요한 사항은 대통령령으로 정한다.

제45조【요양급여비용의 산정 등】① 요양급여비용은 공단의 이사장과 대통령령으로 정하는 의약계를 대표하는 사람들의 계약으로 정한다. 이 경우 계약기간은 1년으로 한다.

② 제1항에 따라 계약이 체결되면 그 계약은 공단과 각 요양기관 사이에 체결된 것으로 본다.

③ 제1항에 따른 계약은 그 직전 계약기간 만료일이 속하는 연도의 5월 31일까지 체결하여야 하며, 그 기한까지 계약이 체결되지 아니하는 경우 보건복지부장관이 그 직전 계약기간 만료일이 속하는 연도의 6월 30일까지 심의위원회의 의결을 거쳐 요양급여비용을 정한다. 이 경우 보건복지부장관이 정하는 요양급여비용은 제1항 및 제2항에 따라 계약으로 정한 요양급여비용으로 본다.

④ 제1항 또는 제3항에 따라 요양급여비용이 정해지면 보건복지부장관은 그 요양급여비용의 명세를 지체 없이 고시하여야 한다.

⑤ 공단의 이사장은 제33조에 따른 재정운영위원회의 심의·의결을 거쳐 제1항에 따른 계약을 체결하여야 한다.

⑥ 심사평가원은 공단의 이사장이 제1항에 따른 계약을 체결하기 위하여 필요한 자료를 요청하면 그 요청에 성실히 따라야 한다.

⑦ 제1항에 따른 계약의 내용과 그 밖에 필요한 사항은 대통령령으로 정한다.

제46조【약제·치료재료에 대한 요양급여비용의 산정】제41조 제1항 제2호의 약제·치료재료(이하 "약제·치료재료"라 한다)에 대한 요양급여비용은 제45조에도 불구하고 요양기관의 약제·치료재료 구입금액 등을 고려하여 대통령령으로 정하는 바에 따라 달리 산정할 수 있다.

제47조【요양급여비용의 청구와 지급 등】① 요양기관은 공단에 요양급여비용의 지급을 청구할 수 있다. 이 경우 제2항에 따른 요양급여비용에 대한 심사청구는 공단에 대한 요양급여비용의 청구로 본다.

② 제1항에 따라 요양급여비용을 청구하려는 요양기관은 심사평가원에 요양급여비용의 심사청구를 하여야 하며, 심사청구를 받은 심사평가원은 이를 심사한 후 지체 없이 그 내용을 공단과 요양기관에 알려야 한다.

③ 제2항에 따라 심사 내용을 통보받은 공단은 지체 없이 그 내용에 따라 요양급여비용을 요양기관에 지급한다. 이 경우 이미 낸 본인일부부담금이 제2항에 따라 통보된 금액보다 더 많으면 요양기관에 지급할 금액에서 더 많이 낸 금액을 공제하여 해당 가입자에게 지급하여야 한다.

④ 공단은 제3항 전단에 따라 요양급여비용을 요양기관에 지급하는 경우 해당 요양기관이 제77조 제1항 제1호에 따라 공단에 납부하여야 하는 보험료 또는 그 밖에 이 법에 따른 징수금을 체납한 때에는 요양급여비용에서 이를 공제하고 지급할 수 있다.

⑤ 공단은 제3항 후단에 따라 가입자에게 지급하여야 하는 금액을 그 가입자가 내야 하는 보험료와 그 밖에 이 법에 따른 징수금(이하 "보험료등"이라 한다)과 상계(相計)할 수 있다.

⑥ 공단은 심사평가원이 제47조의4에 따라 요양급여의 적정성을 평가하여 공단에 통보하면 그 평가 결과에 따라 요양급여비용을 가산하거나 감액 조정하여 지급한다. 이 경우 평가 결과에 따라 요양급여비용을 가산하거나 감액하여 지급하는 기준은 보건복지부령으로 정한다.

⑦ 요양기관은 제2항에 따른 심사청구를 다음 각 호의 단체가 대행하게 할 수 있다.

1. 「의료법」 제28조 제1항에 따른 의사회·치과의사회·한의사회·조산사회 또는 같은 조 제6항에 따라 신고한 각각의 지부 및 분회
2. 「의료법」 제52조에 따른 의료기관 단체
3. 「약사법」 제11조에 따른 약사회 또는 같은 법 제14조에 따라 신고한 지부 및 분회

⑧ 제1항부터 제7항까지의 규정에 따른 요양급여비용의 청구·심사·지급 등의 방법과 절차에 필요한 사항은 보건복지부령으로 정한다.

제47조의2 【요양급여비용의 지급 보류】 ① 제47조 제3항에도 불구하고 공단은 요양급여비용의 지급을 청구한 요양기관이 「의료법」 제4조 제2항, 제33조 제2항·제8항 또는 「약사법」 제20조 제1항, 제21조 제1항을 위반하였거나, 「의료법」 제33조 제10항 또는 「약사법」 제6조 제3항·제4항을 위반하여 개설·운영되었다는 사실을 수사기관의 수사 결과로 확인한 경우에는 해당 요양기관이 청구한 요양급여비용의 지급을 보류할 수 있다. 이 경우 요양급여비용 지급 보류 처분의 효력은 해당 요양기관이 그 처분 이후 청구하는 요양급여비용에 대해서도 미친다.

② 공단은 제1항에 따라 요양급여비용의 지급을 보류하기 전에 해당 요양기관에 의견 제출의 기회를 주어야 한다.

③ 공단은 요양기관이 「의료법」 제4조 제2항, 제33조 제2항·제8항 또는 「약사법」 제20조 제1항, 제21조 제1항을 위반한 혐의나 「의료법」 제33조 제10항 또는 「약사법」 제6조제3항·제4항을 위반하여 개설·운영된 혐의에 대하여 법원에서 무죄 판결이 선고된 경우 그 선고 이후 실시한 요양급여에 한정하여 해당 요양기관이 청구하는 요양급여비용을 지급할 수 있다.

④ 법원의 무죄 판결이 확정되는 등 대통령령으로 정하는 사유로 제1항에 따른 요양기관이 「의료법」 제4조 제2항, 제33조 제2항·제8항 또는 「약사법」 제20조 제1항, 제21조 제1항을 위반한 혐의나 「의료법」 제33조 제10항 또는 「약사법」 제6조 제3항·제4항을 위반하여 개설·운영된 혐의가 입증되지 아니한 경우에는 공단은 지급보류 처분을 취소하고, 지급 보류된 요양급여비용에 지급 보류된 기간 동안의 이자를 가산하여 해당 요양기관에 지급하여야 한다. 이 경우 이자는 「민법」 제379조에 따른 법정이율을 적용하여 계산한다.

⑤ 제1항 및 제2항에 따른 지급 보류 절차 및 의견 제출의 절차 등에 필요한 사항, 제3항에 따른 지급 보류된 요양급여비용 및 이자의 지급 절차 등에 필요한 사항은 대통령령으로 정한다.

제47조의3 【요양급여비용의 차등 지급】 지역별 의료자원의 불균형 및 의료서비스 격차의 해소 등을 위하여 지역별로 요양급여비용을 달리 정하여 지급할 수 있다.

제47조의4 【요양급여의 적정성 평가】 ① 심사평가원은 요양급여에 대한 의료의 질을 향상시키기 위하여 요양급여의 적정성 평가(이하 이 조에서 "평가"라 한다)를 실시할 수 있다.

② 심사평가원은 요양기관의 인력・시설・장비, 환자안전 등 요양급여와 관련된 사항을 포함하여 평가할 수 있다.

③ 심사평가원은 평가 결과를 평가대상 요양기관에 통보하여야 하며, 평가 결과에 따라 요양급여비용을 가산 또는 감산할 경우에는 그 결정사항이 포함된 평가 결과를 가감대상 요양기관 및 공단에 통보하여야 한다.

④ 제1항부터 제3항까지에 따른 평가의 기준・범위・절차・방법 등에 필요한 사항은 보건복지부령으로 정한다.

제48조【요양급여 대상 여부의 확인 등】① 가입자나 피부양자는 본인일부부담금 외에 자신이 부담한 비용이 제41조 제4항에 따라 요양급여 대상에서 제외되는 비용인지 여부에 대하여 심사평가원에 확인을 요청할 수 있다.

② 제1항에 따른 확인 요청을 받은 심사평가원은 그 결과를 요청한 사람에게 알려야 한다. 이 경우 확인을 요청한 비용이 요양급여 대상에 해당되는 비용으로 확인되면 그 내용을 공단 및 관련 요양기관에 알려야 한다.

③ 제2항 후단에 따라 통보받은 요양기관은 받아야 할 금액보다 더 많이 징수한 금액(이하 "과다본인부담금"이라 한다)을 지체 없이 확인을 요청한 사람에게 지급하여야 한다. 다만, 공단은 해당 요양기관이 과다본인부담금을 지급하지 아니하면 해당 요양기관에 지급할 요양급여비용에서 과다본인부담금을 공제하여 확인을 요청한 사람에게 지급할 수 있다.

④ 제1항부터 제3항까지에 따른 확인 요청의 범위, 방법, 절차, 처리기간 등 필요한 사항은 보건복지부령으로 정한다.

제49조【요양비】① 공단은 가입자나 피부양자가 보건복지부령으로 정하는 긴급하거나 그 밖의 부득이한 사유로 요양기관과 비슷한 기능을 하는 기관으로서 보건복지부령으로 정하는 기관(제98조 제1항에 따라 업무정지기간 중인 요양기관을 포함한다. 이하 "준요양기관"이라 한다)에서 질병・부상・출산 등에 대하여 요양을 받거나 요양기관이 아닌 장소에서 출산한 경우에는 그 요양급여에 상당하는 금액을 보건복지부령으로 정하는 바에 따라 가입자나 피부양자에게 요양비로 지급한다.

② 준요양기관은 보건복지부장관이 정하는 요양비 명세서나 요양 명세를 적은 영수증을 요양을 받은 사람에게 내주어야 하며, 요양을 받은 사람은 그 명세서나 영수증을 공단에 제출하여야 한다.

③ 제1항 및 제2항에도 불구하고 준요양기관은 요양을 받은 가입자나 피부양자의 위임이 있는 경우 공단에 요양비의 지급을 직접 청구할 수 있다. 이 경우 공단은 지급이 청구된 내용의 적정성을 심사하여 준요양기관에 요양비를 지급할 수 있다.

④ 제3항에 따른 준요양기관의 요양비 지급 청구, 공단의 적정성 심사 등에 필요한 사항은 보건복지부령으로 정한다.

제50조【부가급여】공단은 이 법에서 정한 요양급여 외에 대통령령으로 정하는 바에 따라 임신・출산 진료비, 장제비, 상병수당, 그 밖의 급여를 실시할 수 있다.

제51조【장애인에 대한 특례】① 공단은 「장애인복지법」에 따라 등록한 장애인인 가입자 및 피부양자에게는 「장애인・노인 등을 위한 보조기기 지원 및 활용촉진에 관한 법률」 제3조 제2호에 따른 보조기기(이하 이 조에서 "보조기기"라 한다)에 대하여 보험급여를 할 수 있다.

② 장애인인 가입자 또는 피부양자에게 보조기기를 판매한 자는 가입자나 피부양자의 위임이 있는 경우 공단에 보험급여를 직접 청구할 수 있다. 이 경우 공단은 지급이 청구된 내용의 적정성을 심사하여 보조기기를 판매한 자에게 보조기기에 대한 보험급여를 지급할 수 있다.

③ 제1항에 따른 보조기기에 대한 보험급여의 범위・방법・절차, 제2항에 따른 보조기기 판매업자의 보험급여 청구, 공단의 적정성 심사 및 그 밖에 필요한 사항은 보건복지부령으로 정한다.

제52조【건강검진】① 공단은 가입자와 피부양자에 대하여 질병의 조기 발견과 그에 따른 요양급여를 하기 위하여 건강검진을 실시한다.

② 제1항에 따른 건강검진의 종류 및 대상은 다음 각 호와 같다.

1. 일반건강검진: 직장가입자, 세대주인 지역가입자, 20세 이상인 지역가입자 및 20세 이상인 피부양자
2. 암검진: 「암관리법」 제11조 제2항에 따른 암의 종류별 검진주기와 연령 기준 등에 해당하는 사람
3. 영유아건강검진: 6세 미만의 가입자 및 피부양자

③ 제1항에 따른 건강검진의 검진항목은 성별, 연령 등의 특성 및 생애 주기에 맞게 설계되어야 한다.

④ 제1항에 따른 건강검진의 횟수·절차와 그 밖에 필요한 사항은 대통령령으로 정한다.

제53조 【급여의 제한】 ① 공단은 보험급여를 받을 수 있는 사람이 다음 각 호의 어느 하나에 해당하면 보험급여를 하지 아니한다.

1. 고의 또는 중대한 과실로 인한 범죄행위에 그 원인이 있거나 고의로 사고를 일으킨 경우
2. 고의 또는 중대한 과실로 공단이나 요양기관의 요양에 관한 지시에 따르지 아니한 경우
3. 고의 또는 중대한 과실로 제55조에 따른 문서와 그 밖의 물건의 제출을 거부하거나 질문 또는 진단을 기피한 경우
4. 업무 또는 공무로 생긴 질병·부상·재해로 다른 법령에 따른 보험급여나 보상(報償) 또는 보상(補償)을 받게 되는 경우

② 공단은 보험급여를 받을 수 있는 사람이 다른 법령에 따라 국가나 지방자치단체로부터 보험급여에 상당하는 급여를 받거나 보험급여에 상당하는 비용을 지급받게 되는 경우에는 그 한도에서 보험급여를 하지 아니한다.

③ 공단은 가입자가 대통령령으로 정하는 기간 이상 다음 각 호의 보험료를 체납한 경우 그 체납한 보험료를 완납할 때까지 그 가입자 및 피부양자에 대하여 보험급여를 실시하지 아니할 수 있다. 다만, 월별 보험료의 총체납횟수(이미 납부된 체납보험료는 총체납횟수에서 제외하며, 보험료의 체납기간은 고려하지 아니한다)가 대통령령으로 정하는 횟수 미만이거나 가입자 및 피부양자의 소득·재산 등이 대통령령으로 정하는 기준 미만인 경우에는 그러하지 아니하다.

1. 제69조 제4항 제2호에 따른 보수 외 소득월액보험료
2. 제69조 제5항에 따른 세대단위의 보험료

④ 공단은 제77조 제1항 제1호에 따라 납부의무를 부담하는 사용자가 제69조 제4항 제1호에 따른 보수월액보험료를 체납한 경우에는 그 체납에 대하여 직장가입자 본인에게 귀책사유가 있는 경우에 한하여 제3항의 규정을 적용한다. 이 경우 해당 직장가입자의 피부양자에게도 제3항의 규정을 적용한다.

⑤ 제3항 및 제4항에도 불구하고 제82조에 따라 공단으로부터 분할납부 승인을 받고 그 승인된 보험료를 1회 이상 낸 경우에는 보험급여를 할 수 있다. 다만, 제82조에 따른 분할납부 승인을 받은 사람이 정당한 사유 없이 5회(같은 조 제1항에 따라 승인받은 분할납부 횟수가 5회 미만인 경우에는 해당 분할납부 횟수를 말한다. 이하 이 조에서 같다) 이상 그 승인된 보험료를 내지 아니한 경우에는 그러하지 아니하다.

⑥ 제3항 및 제4항에 따라 보험급여를 하지 아니하는 기간(이하 이 항에서 "급여제한기간"이라 한다)에 받은 보험급여는 다음 각 호의 어느 하나에 해당하는 경우에만 보험급여로 인정한다.

1. 공단이 급여제한기간에 보험급여를 받은 사실이 있음을 가입자에게 통지한 날부터 2개월이 지난 날이 속한 달의 납부기한 이내에 체납된 보험료를 완납한 경우
2. 공단이 급여제한기간에 보험급여를 받은 사실이 있음을 가입자에게 통지한 날부터 2개월이 지난 날이 속한 달의 납부기한 이내에 제82조에 따라 분할납부 승인을 받은 체납보험료를 1회 이상 낸 경우. 다만, 제82조에 따른 분할납부 승인을 받은 사람이 정당한 사유 없이 5회 이상 그 승인된 보험료를 내지 아니한 경우에는 그러하지 아니하다.

제54조 【급여의 정지】 보험급여를 받을 수 있는 사람이 다음 각 호의 어느 하나에 해당하면 그 기간에는 보험급여를 하지 아니한다. 다만, 제3호 및 제4호의 경우에는 제60조에 따른 요양급여를 실시한다.

1. 삭제
2. 국외에 체류하는 경우
3. 제6조 제2항 제2호에 해당하게 된 경우
4. 교도소, 그 밖에 이에 준하는 시설에 수용되어 있는 경우

제55조【급여의 확인】 공단은 보험급여를 할 때 필요하다고 인정되면 보험급여를 받는 사람에게 문서와 그 밖의 물건을 제출하도록 요구하거나 관계인을 시켜 질문 또는 진단하게 할 수 있다.

제56조【요양비 등의 지급】 공단은 이 법에 따라 지급의무가 있는 요양비 또는 부가급여의 청구를 받으면 지체 없이 이를 지급하여야 한다.

제56조의2【요양비등수급계좌】 ① 공단은 이 법에 따른 보험급여로 지급되는 현금(이하 "요양비등"이라 한다)을 받는 수급자의 신청이 있는 경우에는 요양비등을 수급자 명의의 지정된 계좌(이하 "요양비등수급계좌"라 한다)로 입금하여야 한다. 다만, 정보통신장애나 그 밖에 대통령령으로 정하는 불가피한 사유로 요양비등수급계좌로 이체할 수 없을 때에는 직접 현금으로 지급하는 등 대통령령으로 정하는 바에 따라 요양비등을 지급할 수 있다.

② 요양비등수급계좌가 개설된 금융기관은 요양비등수급계좌에 요양비등만이 입금되도록 하고, 이를 관리하여야 한다.

③ 제1항 및 제2항에 따른 요양비등수급계좌의 신청 방법·절차와 관리에 필요한 사항은 대통령령으로 정한다.

제57조【부당이득의 징수】 ① 공단은 속임수나 그 밖의 부당한 방법으로 보험급여를 받은 사람·준요양기관 및 보조기기 판매업자나 보험급여 비용을 받은 요양기관에 대하여 그 보험급여나 보험급여 비용에 상당하는 금액을 징수한다.

② 공단은 제1항에 따라 속임수나 그 밖의 부당한 방법으로 보험급여 비용을 받은 요양기관이 다음 각 호의 어느 하나에 해당하는 경우에는 해당 요양기관을 개설한 자에게 그 요양기관과 연대하여 같은 항에 따른 징수금을 납부하게 할 수 있다.

1. 「의료법」 제33조 제2항을 위반하여 의료기관을 개설할 수 없는 자가 의료인의 면허나 의료법인 등의 명의를 대여받아 개설·운영하는 의료기관
2. 「약사법」 제20조 제1항을 위반하여 약국을 개설할 수 없는 자가 약사 등의 면허를 대여받아 개설·운영하는 약국
3. 「의료법」 제4조 제2항 또는 제33조 제8항·제10항을 위반하여 개설·운영하는 의료기관
4. 「약사법」 제21조 제1항을 위반하여 개설·운영하는 약국
5. 「약사법」 제6조 제3항·제4항을 위반하여 면허를 대여받아 개설·운영하는 약국

③ 사용자나 가입자의 거짓 보고나 거짓 증명(제12조 제6항을 위반하여 건강보험증이나 신분증명서를 양도·대여하여 다른 사람이 보험급여를 받게 하는 것을 포함한다), 요양기관의 거짓 진단이나 거짓 확인(제12조 제4항을 위반하여 건강보험증이나 신분증명서로 가입자 또는 피부양자의 본인 여부 및 그 자격을 확인하지 아니한 것을 포함한다) 또는 준요양기관이나 보조기기를 판매한 자의 속임수 및 그 밖의 부당한 방법으로 보험급여가 실시된 경우 공단은 이들에게 보험급여를 받은 사람과 연대하여 제1항에 따른 징수금을 내게 할 수 있다.

④ 공단은 속임수나 그 밖의 부당한 방법으로 보험급여를 받은 사람과 같은 세대에 속한 가입자(속임수나 그 밖의 부당한 방법으로 보험급여를 받은 사람이 피부양자인 경우에는 그 직장가입자를 말한다)에게 속임수나 그 밖의 부당한 방법으로 보험급여를 받은 사람과 연대하여 제1항에 따른 징수금을 내게 할 수 있다.

⑤ 요양기관이 가입자나 피부양자로부터 속임수나 그 밖의 부당한 방법으로 요양급여비용을 받은 경우 공단은 해당 요양기관으로부터 이를 징수하여 가입자나 피부양자에게 지체 없이 지급하여야 한다. 이 경우 공단은 가입자나 피부양자에게 지급하여야 하는 금액을 그 가입자 및 피부양자가 내야 하는 보험료등과 상계할 수 있다.

제57조의2 【부당이득 징수금 체납자의 인적사항등 공개】 ① 공단은 제57조 제2항 각 호의 어느 하나에 해당하여 같은 조 제1항 및 제2항에 따라 징수금을 납부할 의무가 있는 요양기관 또는 요양기관을 개설한 자가 제79조 제1항에 따라 납입 고지 문서에 기재된 납부기한의 다음 날부터 1년이 경과한 징수금을 1억원 이상 체납한 경우 징수금 발생의 원인이 되는 위반행위, 체납자의 인적사항 및 체납액 등 대통령령으로 정하는 사항(이하 이 조에서 "인적사항등"이라 한다)을 공개할 수 있다. 다만, 체납된 징수금과 관련하여 제87조에 따른 이의신청, 제88조에 따른 심판청구가 제기되거나 행정소송이 계류 중인 경우 또는 그 밖에 체납된 금액의 일부 납부 등 대통령령으로 정하는 사유가 있는 경우에는 그러하지 아니하다.

② 제1항에 따른 인적사항등의 공개 여부를 심의하기 위하여 공단에 부당이득징수금체납정보공개심의위원회를 둔다.

③ 공단은 부당이득징수금체납정보공개심의위원회의 심의를 거친 인적사항등의 공개대상자에게 공개대상자임을 서면으로 통지하여 소명의 기회를 부여하여야 하며, 통지일부터 6개월이 경과한 후 체납자의 납부이행 등을 고려하여 공개대상자를 선정한다.

④ 제1항에 따른 인적사항등의 공개는 관보에 게재하거나 공단 인터넷 홈페이지에 게시하는 방법으로 한다.

⑤ 제1항부터 제4항까지에서 규정한 사항 외에 인적사항등의 공개 절차 및 부당이득징수금체납정보공개심의위원회의 구성·운영 등에 필요한 사항은 대통령령으로 정한다.

제58조 【구상권】 ① 공단은 제3자의 행위로 보험급여사유가 생겨 가입자 또는 피부양자에게 보험급여를 한 경우에는 그 급여에 들어간 비용 한도에서 그 제3자에게 손해배상을 청구할 권리를 얻는다.

② 제1항에 따라 보험급여를 받은 사람이 제3자로부터 이미 손해배상을 받은 경우에는 공단은 그 배상액 한도에서 보험급여를 하지 아니한다.

제59조 【수급권 보호】 ① 보험급여를 받을 권리는 양도하거나 압류할 수 없다.

② 제56조의2제1항에 따라 요양비등수급계좌에 입금된 요양비등은 압류할 수 없다.

제60조 【현역병 등에 대한 요양급여비용 등의 지급】 ① 공단은 제54조 제3호 및 제4호에 해당하는 사람이 요양기관에서 대통령령으로 정하는 치료 등(이하 이 조에서 "요양급여"라 한다)을 받은 경우 그에 따라 공단이 부담하는 비용(이하 이 조에서 "요양급여비용"이라 한다)과 제49조에 따른 요양비를 법무부장관·국방부장관·경찰청장·소방청장 또는 해양경찰청장으로부터 예탁 받아 지급할 수 있다. 이 경우 법무부장관·국방부장관·경찰청장·소방청장 또는 해양경찰청장은 예산상 불가피한 경우 외에는 연간(年間) 들어갈 것으로 예상되는 요양급여비용과 요양비를 대통령령으로 정하는 바에 따라 미리 공단에 예탁하여야 한다.

② 요양급여, 요양급여비용 및 요양비 등에 관한 사항은 제41조, 제41조의4, 제42조, 제42조의2, 제44조부터 제47조까지, 제47조의2, 제48조, 제49조, 제55조, 제56조, 제56조의2 및 제59조 제2항을 준용한다.

제61조 【요양급여비용의 정산】 공단은 「산업재해보상보험법」 제10조에 따른 근로복지공단이 이 법에 따라 요양급여를 받을 수 있는 사람에게 「산업재해보상보험법」 제40조에 따른 요양급여를 지급한 후 그 지급결정이 취소되어 해당 요양급여의 비용을 청구하는 경우에는 그 요양급여가 이 법에 따라 실시할 수 있는 요양급여에 상당한 것으로 인정되면 그 요양급여에 해당하는 금액을 지급할 수 있다.

제5장 건강보험심사평가원

제62조 【설립】 요양급여비용을 심사하고 요양급여의 적정성을 평가하기 위하여 건강보험심사평가원을 설립한다.

제63조 【업무 등】 ① 심사평가원은 다음 각 호의 업무를 관장한다.

1. 요양급여비용의 심사
2. 요양급여의 적정성 평가
3. 심사기준 및 평가기준의 개발
4. 제1호부터 제3호까지의 규정에 따른 업무와 관련된 조사연구 및 국제협력

5. 다른 법률에 따라 지급되는 급여비용의 심사 또는 의료의 적정성 평가에 관하여 위탁받은 업무
6. 그 밖에 이 법 또는 다른 법령에 따라 위탁받은 업무
7. 건강보험과 관련하여 보건복지부장관이 필요하다고 인정한 업무
8. 그 밖에 보험급여 비용의 심사와 보험급여의 적정성 평가와 관련하여 대통령령으로 정하는 업무

② 제1항 제8호에 따른 보험급여의 적정성 평가의 기준·절차·방법 등에 필요한 사항은 보건복지부장관이 정하여 고시한다.

제64조【법인격 등】① 심사평가원은 법인으로 한다.

② 심사평가원은 주된 사무소의 소재지에서 설립등기를 함으로써 성립한다.

제65조【임원】① 심사평가원에 임원으로서 원장, 이사 15명 및 감사 1명을 둔다. 이 경우 원장, 이사 중 4명 및 감사는 상임으로 한다.

② 원장은 임원추천위원회가 복수로 추천한 사람 중에서 보건복지부장관의 제청으로 대통령이 임명한다.

③ 상임이사는 보건복지부령으로 정하는 추천 절차를 거쳐 원장이 임명한다.

④ 비상임이사는 다음 각 호의 사람 중에서 10명과 대통령령으로 정하는 바에 따라 추천한 관계 공무원 1명을 보건복지부장관이 임명한다.

1. 공단이 추천하는 1명
2. 의약관계단체가 추천하는 5명
3. 노동조합·사용자단체·소비자단체 및 농어업인단체가 추천하는 각 1명

⑤ 감사는 임원추천위원회가 복수로 추천한 사람 중에서 기획재정부장관의 제청으로 대통령이 임명한다.

⑥ 제4항에 따른 비상임이사는 정관으로 정하는 바에 따라 실비변상을 받을 수 있다.

⑦ 원장의 임기는 3년, 이사(공무원인 이사는 제외한다)와 감사의 임기는 각각 2년으로 한다.

제66조【진료심사평가위원회】① 심사평가원의 업무를 효율적으로 수행하기 위하여 심사평가원에 진료심사평가위원회(이하 "심사위원회"라 한다)를 둔다.

② 심사위원회는 위원장을 포함하여 90명 이내의 상근 심사위원과 1천명 이내의 비상근 심사위원으로 구성하며, 진료과목별 분과위원회를 둘 수 있다.

③ 제2항에 따른 상근 심사위원은 심사평가원의 원장이 보건복지부령으로 정하는 사람 중에서 임명한다.

④ 제2항에 따른 비상근 심사위원은 심사평가원의 원장이 보건복지부령으로 정하는 사람 중에서 위촉한다.

⑤ 심사평가원의 원장은 심사위원이 다음 각 호의 어느 하나에 해당하면 그 심사위원을 해임 또는 해촉할 수 있다.

1. 신체장애나 정신장애로 직무를 수행할 수 없다고 인정되는 경우
2. 직무상 의무를 위반하거나 직무를 게을리한 경우
3. 고의나 중대한 과실로 심사평가원에 손실이 생기게 한 경우
4. 직무 여부와 관계없이 품위를 손상하는 행위를 한 경우

⑥ 제1항부터 제5항까지에서 규정한 사항 외에 심사위원회 위원의 자격·임기 및 심사위원회의 구성·운영 등에 필요한 사항은 보건복지부령으로 정한다.

제66조의2【진료심사평가위원회 위원의 겸직】①「고등교육법」제14조 제2항에 따른 교원 중 교수·부교수 및 조교수는「국가공무원법」제64조 및「사립학교법」제55조 제1항에도 불구하고 소속대학 총장의 허가를 받아 진료심사평가위원회 위원의 직무를 겸할 수 있다.

② 제1항에 따라 대학의 교원이 진료심사평가위원회 위원을 겸하는 경우 필요한 사항은 대통령령으로 정한다.

제67조【자금의 조달 등】① 심사평가원은 제63조 제1항에 따른 업무(같은 항 제5호에 따른 업무는 제외한다)를 하기 위하여 공단으로부터 부담금을 징수할 수 있다.

② 심사평가원은 제63조 제1항 제5호에 따라 급여비용의 심사 또는 의료의 적정성 평가에 관한 업무를 위탁받은 경우에는 위탁자로부터 수수료를 받을 수 있다.

③ 제1항과 제2항에 따른 부담금 및 수수료의 금액·징수 방법 등에 필요한 사항은 보건복지부령으로 정한다.

제68조【준용 규정】 심사평가원에 관하여 제14조 제3항·제4항, 제16조, 제17조(같은 조 제1항 제6호 및 제7호는 제외한다), 제18조, 제19조, 제22조부터 제32조까지, 제35조 제1항, 제36조, 제37조, 제39조 및 제40조를 준용한다. 이 경우 "공단"은 "심사평가원"으로, "이사장"은 "원장"으로 본다.

제6장 보험료

제69조【보험료】 ① 공단은 건강보험사업에 드는 비용에 충당하기 위하여 제77조에 따른 보험료의 납부의무자로부터 보험료를 징수한다.

② 제1항에 따른 보험료는 가입자의 자격을 취득한 날이 속하는 달의 다음 달부터 가입자의 자격을 잃은 날의 전날이 속하는 달까지 징수한다. 다만, 가입자의 자격을 매월 1일에 취득한 경우 또는 제5조 제1항 제2호 가목에 따른 건강보험 적용 신청으로 가입자의 자격을 취득하는 경우에는 그 달부터 징수한다.

③ 제1항 및 제2항에 따라 보험료를 징수할 때 가입자의 자격이 변동된 경우에는 변동된 날이 속하는 달의 보험료는 변동되기 전의 자격을 기준으로 징수한다. 다만, 가입자의 자격이 매월 1일에 변동된 경우에는 변동된 자격을 기준으로 징수한다.

④ 직장가입자의 월별 보험료액은 다음 각 호에 따라 산정한 금액으로 한다.

1. 보수월액보험료: 제70조에 따라 산정한 보수월액에 제73조제1항 또는 제2항에 따른 보험료율을 곱하여 얻은 금액
2. 보수 외 소득월액보험료: 제71조 제1항에 따라 산정한 보수 외 소득월액에 제73조 제1항 또는 제2항에 따른 보험료율을 곱하여 얻은 금액

⑤ 지역가입자의 월별 보험료액은 다음 각 호의 구분에 따라 산정한 금액을 합산한 금액으로 한다. 이 경우 보험료액은 세대 단위로 산정한다.

1. 소득: 제71조 제2항에 따라 산정한 지역가입자의 소득월액에 제73조 제3항에 따른 보험료율을 곱하여 얻은 금액
2. 재산: 제72조에 따라 산정한 재산보험료부과점수에 제73조 제3항에 따른 재산보험료부과점수당 금액을 곱하여 얻은 금액

⑥ 제4항 및 제5항에 따른 월별 보험료액은 가입자의 보험료 평균액의 일정비율에 해당하는 금액을 고려하여 대통령령으로 정하는 기준에 따라 상한 및 하한을 정한다.

제70조【보수월액】 ① 제69조 제4항 제1호에 따른 직장가입자의 보수월액은 직장가입자가 지급받는 보수를 기준으로 하여 산정한다.

② 휴직이나 그 밖의 사유로 보수의 전부 또는 일부가 지급되지 아니하는 가입자(이하 "휴직자등"이라 한다)의 보수월액보험료는 해당 사유가 생기기 전 달의 보수월액을 기준으로 산정한다.

③ 제1항에 따른 보수는 근로자등이 근로를 제공하고 사용자·국가 또는 지방자치단체로부터 지급받는 금품(실비변상적인 성격을 갖는 금품은 제외한다)으로서 대통령령으로 정하는 것을 말한다. 이 경우 보수 관련 자료가 없거나 불명확한 경우 등 대통령령으로 정하는 사유에 해당하면 보건복지부장관이 정하여 고시하는 금액을 보수로 본다.

④ 제1항에 따른 보수월액의 산정 및 보수가 지급되지 아니하는 사용자의 보수월액의 산정 등에 필요한 사항은 대통령령으로 정한다.

제71조【소득월액】 ① 직장가입자의 보수 외 소득월액은 제70조에 따른 보수월액의 산정에 포함된 보수를 제외한 직장가입자의 소득(이하 "보수 외 소득"이라 한다)이 대통령령으로 정하는 금액을 초과하는 경우 다음의 계산식에 따른 값을 보건복지부령으로 정하는 바에 따라 평가하여 산정한다.

(연간 보수 외 소득 − 대통령령으로 정하는 금액)× $\frac{1}{12}$

② 지역가입자의 소득월액은 지역가입자의 연간 소득을 12개월로 나눈 값을 보건복지부령으로 정하는 바에 따라 평가하여 산정한다.

③ 제1항 및 제2항에 따른 소득의 구체적인 범위, 소득월액을 산정하는 기준, 방법 등 소득월액의 산정에 필요한 사항은 대통령령으로 정한다.

제72조【재산보험료부과점수】① 제69조 제5항 제2호에 따른 재산보험료부과점수는 지역가입자의 재산을 기준으로 산정한다. 다만, 대통령령으로 정하는 지역가입자가 실제 거주를 목적으로 대통령령으로 정하는 기준 이하의 주택을 구입 또는 임차하기 위하여 다음 각 호의 어느 하나에 해당하는 대출을 받고 그 사실을 공단에 통보하는 경우에는 해당 대출금액을 대통령령으로 정하는 바에 따라 평가하여 재산보험료부과점수 산정 시 제외한다.

1. 「금융실명거래 및 비밀보장에 관한 법률」 제2조 제1호에 따른 금융회사등(이하 "금융회사등"이라 한다)으로부터 받은 대출
2. 「주택도시기금법」에 따른 주택도시기금을 재원으로 하는 대출 등 보건복지부장관이 정하여 고시하는 대출

② 제1항에 따라 재산보험료부과점수의 산정방법과 산정기준을 정할 때 법령에 따라 재산권의 행사가 제한되는 재산에 대하여는 다른 재산과 달리 정할 수 있다.

③ 지역가입자는 제1항 단서에 따라 공단에 통보할 때 「신용정보의 이용 및 보호에 관한 법률」 제2조 제1호에 따른 신용정보, 「금융실명거래 및 비밀보장에 관한 법률」 제2조 제2호에 따른 금융자산, 같은 조 제3호에 따른 금융거래의 내용에 대한 자료·정보 중 대출금액 등 대통령령으로 정하는 자료·정보(이하 "금융정보등"이라 한다)를 공단에 제출하여야 하며, 제1항 단서에 따른 재산보험료부과점수 산정을 위하여 필요한 금융정보등을 공단에 제공하는 것에 대하여 동의한다는 서면을 함께 제출하여야 한다.

④ 제1항 및 제2항에 따른 재산보험료부과점수의 산정방법·산정기준 등에 필요한 사항은 대통령령으로 정한다.

제72조의2 삭제

제72조의3【보험료 부과제도에 대한 적정성 평가】① 보건복지부장관은 제5조에 따른 피부양자 인정기준(이하 이 조에서 "인정기준"이라 한다)과 제69조부터 제72조까지의 규정에 따른 보험료, 보수월액, 소득월액 및 재산보험료부과점수의 산정 기준 및 방법 등(이하 이 조에서 "산정기준"이라 한다)에 대하여 적정성을 평가하고, 이 법 시행일로부터 4년이 경과한 때 이를 조정하여야 한다.

② 보건복지부장관은 제1항에 따른 적정성 평가를 하는 경우에는 다음 각 호를 종합적으로 고려하여야 한다.

1. 제4조 제1항 제5호의2 나목에 따라 심의위원회가 심의한 가입자의 소득 파악 현황 및 개선방안
2. 공단의 소득 관련 자료 보유 현황
3. 「소득세법」 제4조에 따른 종합소득(종합과세되는 종합소득과 분리과세되는 종합소득을 포함한다) 과세 현황
4. 직장가입자에게 부과되는 보험료와 지역가입자에게 부과되는 보험료 간 형평성
5. 제1항에 따른 인정기준 및 산정기준의 조정으로 인한 보험료 변동
6. 그 밖에 적정성 평가 대상이 될 수 있는 사항으로서 보건복지부장관이 정하는 사항

③ 제1항에 따른 적정성 평가의 절차, 방법 및 그 밖에 적정성 평가를 위하여 필요한 사항은 대통령령으로 정한다.

제73조【보험료율 등】① 직장가입자의 보험료율은 1천분의 80의 범위에서 심의위원회의 의결을 거쳐 대통령령으로 정한다.

② 국외에서 업무에 종사하고 있는 직장가입자에 대한 보험료율은 제1항에 따라 정해진 보험료율의 100분의 50으로 한다.

③ 지역가입자의 보험료율과 재산보험료부과점수당 금액은 심의위원회의 의결을 거쳐 대통령령으로 정한다.

제74조【보험료의 면제】① 공단은 직장가입자가 제54조 제2호부터 제4호까지의 어느 하나에 해당하는 경우(같은 조 제2호에 해당하는 경우에는 1개월 이상의 기간으로서 대통령령으로 정하는 기간 이상 국외에 체류하는 경우에 한정한다. 이하 이 조에서 같다) 그 가입자의 보험료를 면제한다. 다만, 제54조 제2호에 해당하는 직장가입자의 경우에는 국내에 거주하는 피부양자가 없을 때에만 보험료를 면제

한다.

② 지역가입자가 제54조 제2호부터 제4호까지의 어느 하나에 해당하면 그 가입자가 속한 세대의 보험료를 산정할 때 그 가입자의 제71조 제2항에 따른 소득월액 및 제72조에 따른 재산보험료부과점수를 제외한다.

③ 제1항에 따른 보험료의 면제나 제2항에 따라 보험료의 산정에서 제외되는 소득월액 및 재산보험료부과점수에 대하여는 제54조 제2호부터 제4호까지의 어느 하나에 해당하는 급여정지 사유가 생긴 날이 속하는 달의 다음 달부터 사유가 없어진 날이 속하는 달까지 적용한다. 다만, 다음 각 호의 어느 하나에 해당하는 경우에는 그 달의 보험료를 면제하지 아니하거나 보험료의 산정에서 소득월액 및 재산보험료부과점수를 제외하지 아니한다.

1. 급여정지 사유가 매월 1일에 없어진 경우
2. 제54조 제2호에 해당하는 가입자 또는 그 피부양자가 국내에 입국하여 입국일이 속하는 달에 보험급여를 받고 그 달에 출국하는 경우

제75조【보험료의 경감 등】① 다음 각 호의 어느 하나에 해당하는 가입자 중 보건복지부령으로 정하는 가입자에 대하여는 그 가입자 또는 그 가입자가 속한 세대의 보험료의 일부를 경감할 수 있다.

1. 섬·벽지(僻地)·농어촌 등 대통령령으로 정하는 지역에 거주하는 사람
2. 65세 이상인 사람
3. 「장애인복지법」에 따라 등록한 장애인
4. 「국가유공자 등 예우 및 지원에 관한 법률」 제4조 제1항 제4호, 제6호, 제12호, 제15호 및 제17호에 따른 국가유공자
5. 휴직자
6. 그 밖에 생활이 어렵거나 천재지변 등의 사유로 보험료를 경감할 필요가 있다고 보건복지부장관이 정하여 고시하는 사람

② 제77조에 따른 보험료 납부의무자가 다음 각 호의 어느 하나에 해당하는 경우에는 대통령령으로 정하는 바에 따라 보험료를 감액하는 등 재산상의 이익을 제공할 수 있다.

1. 제81조의6 제1항에 따라 보험료의 납입 고지 또는 독촉을 전자문서로 받는 경우
2. 보험료를 계좌 또는 신용카드 자동이체의 방법으로 내는 경우

③ 제1항에 따른 보험료 경감의 방법·절차 등에 필요한 사항은 보건복지부장관이 정하여 고시한다.

제76조【보험료의 부담】① 직장가입자의 보수월액보험료는 직장가입자와 다음 각 호의 구분에 따른 자가 각각 보험료액의 100분의 50씩 부담한다. 다만, 직장가입자가 교직원으로서 사립학교에 근무하는 교원이면 보험료액은 그 직장가입자가 100분의 50을, 제3조 제2호 다목에 해당하는 사용자가 100분의 30을, 국가가 100분의 20을 각각 부담한다.

1. 직장가입자가 근로자인 경우에는 제3조 제2호 가목에 해당하는 사업주
2. 직장가입자가 공무원인 경우에는 그 공무원이 소속되어 있는 국가 또는 지방자치단체
3. 직장가입자가 교직원(사립학교에 근무하는 교원은 제외한다)인 경우에는 제3조 제2호 다목에 해당하는 사용자

② 직장가입자의 보수 외 소득월액보험료는 직장가입자가 부담한다.

③ 지역가입자의 보험료는 그 가입자가 속한 세대의 지역가입자 전원이 연대하여 부담한다.

④ 직장가입자가 교직원인 경우 제3조 제2호 다목에 해당하는 사용자가 부담액 전부를 부담할 수 없으면 그 부족액을 학교에 속하는 회계에서 부담하게 할 수 있다.

제77조【보험료 납부의무】① 직장가입자의 보험료는 다음 각 호의 구분에 따라 그 각 호에서 정한 자가 납부한다.

1. 보수월액보험료: 사용자. 이 경우 사업장의 사용자가 2명 이상인 때에는 그 사업장의 사용자는 해당 직장가입자의 보험료를 연대하여 납부한다.
2. 보수 외 소득월액보험료: 직장가입자

② 지역가입자의 보험료는 그 가입자가 속한 세대의 지역가입자 전원이 연대하여 납부한다. 다만, 소득 및 재산이 없는 미성년자와 소득 및 재산 등을 고려하여 대통령령으로 정하는 기준에 해당하는 미성년자는 납부의무를 부담하지 아니한다.

③ 사용자는 보수월액보험료 중 직장가입자가 부담하여야 하는 그 달의 보험료액을 그 보수에서 공제하여 납부하여야 한다. 이 경우 직장가입자에게 공제액을 알려야 한다.

제77조의2 【제2차 납부의무】 ① 법인의 재산으로 그 법인이 납부하여야 하는 보험료, 연체금 및 체납처분비를 충당하여도 부족한 경우에는 해당 법인에게 보험료의 납부의무가 부과된 날 현재의 무한책임사원 또는 과점주주(「국세기본법」 제39조 각 호의 어느 하나에 해당하는 자를 말한다)가 그 부족한 금액에 대하여 제2차 납부의무를 진다. 다만, 과점주주의 경우에는 그 부족한 금액을 그 법인의 발행주식 총수(의결권이 없는 주식은 제외한다) 또는 출자총액으로 나눈 금액에 해당 과점주주가 실질적으로 권리를 행사하는 주식 수(의결권이 없는 주식은 제외한다) 또는 출자액을 곱하여 산출한 금액을 한도로 한다.

② 사업이 양도·양수된 경우에 양도일 이전에 양도인에게 납부의무가 부과된 보험료, 연체금 및 체납처분비를 양도인의 재산으로 충당하여도 부족한 경우에는 사업의 양수인이 그 부족한 금액에 대하여 양수한 재산의 가액을 한도로 제2차 납부의무를 진다. 이 경우 양수인의 범위 및 양수한 재산의 가액은 대통령령으로 정한다.

제78조 【보험료의 납부기한】 ① 제77조 제1항 및 제2항에 따라 보험료 납부의무가 있는 자는 가입자에 대한 그 달의 보험료를 그 다음 달 10일까지 납부하여야 한다. 다만, 직장가입자의 보수 외 소득월액보험료 및 지역가입자의 보험료는 보건복지부령으로 정하는 바에 따라 분기별로 납부할 수 있다.

② 공단은 제1항에도 불구하고 납입 고지의 송달 지연 등 보건복지부령으로 정하는 사유가 있는 경우 납부의무자의 신청에 따라 제1항에 따른 납부기한부터 1개월의 범위에서 납부기한을 연장할 수 있다. 이 경우 납부기한 연장을 신청하는 방법, 절차 등에 필요한 사항은 보건복지부령으로 정한다.

제78조의2 【가산금】 ① 사업장의 사용자가 대통령령으로 정하는 사유에 해당되어 직장가입자가 될 수 없는 자를 제8조 제2항 또는 제9조 제2항을 위반하여 거짓으로 보험자에게 직장가입자로 신고한 경우 공단은 제1호의 금액에서 제2호의 금액을 뺀 금액의 100분의 10에 상당하는 가산금을 그 사용자에게 부과하여 징수한다.

1. 사용자가 직장가입자로 신고한 사람이 직장가입자로 처리된 기간 동안 그 가입자가 제69조 제5항에 따라 부담하여야 하는 보험료의 총액
2. 제1호의 기간 동안 공단이 해당 가입자에 대하여 제69조 제4항에 따라 산정하여 부과한 보험료의 총액

② 제1항에도 불구하고, 공단은 가산금이 소액이거나 그 밖에 가산금을 징수하는 것이 적절하지 아니하다고 인정되는 등 대통령령으로 정하는 경우에는 징수하지 아니할 수 있다.

제79조 【보험료등의 납입 고지】 ① 공단은 보험료등을 징수하려면 그 금액을 결정하여 납부의무자에게 다음 각 호의 사항을 적은 문서로 납입 고지를 하여야 한다.

1. 징수하려는 보험료등의 종류
2. 납부해야 하는 금액
3. 납부기한 및 장소

② 삭제

③ 삭제

④ 직장가입자의 사용자가 2명 이상인 경우 또는 지역가입자의 세대가 2명 이상으로 구성된 경우 그중 1명에게 한 고지는 해당 사업장의 다른 사용자 또는 세대 구성원인 다른 지역가입자 모두에게 효력이 있는 것으로 본다.

⑤ 휴직자등의 보험료는 휴직 등의 사유가 끝날 때까지 보건복지부령으로 정하는 바에 따라 납입 고지를 유예할 수 있다.

⑥ 공단은 제77조의2에 따른 제2차 납부의무자에게 납입의 고지를 한 경우에는 해당 법인인 사용자 및 사업 양도인에게 그 사실을 통지하여야 한다.

제79조의2 【신용카드등으로 하는 보험료등의 납부】 ① 공단이 납입 고지한 보험료등을 납부하는 자는 보험료등의 납부를 대행할 수 있도록 대통령령으로 정하는 기관 등(이하 이 조에서 "보험료등납부대행기관"이라 한다)을 통하여 신용카드, 직불카드 등(이하 이 조에서

"신용카드등"이라 한다)으로 납부할 수 있다.

② 제1항에 따라 신용카드등으로 보험료등을 납부하는 경우에는 보험료등납부대행기관의 승인일을 납부일로 본다.

③ 보험료등납부대행기관은 보험료등의 납부자로부터 보험료등의 납부를 대행하는 대가로 수수료를 받을 수 있다.

④ 보험료등납부대행기관의 지정 및 운영, 수수료 등에 필요한 사항은 대통령령으로 정한다.

제80조【연체금】 ① 공단은 보험료등의 납부의무자가 납부기한까지 보험료등을 내지 아니하면 그 납부기한이 지난 날부터 매 1일이 경과할 때마다 다음 각 호에 해당하는 연체금을 징수한다.

1. 제69조에 따른 보험료 또는 제53조 제3항에 따른 보험급여 제한 기간 중 받은 보험급여에 대한 징수금을 체납한 경우: 해당 체납금액의 1천500분의 1에 해당하는 금액. 이 경우 연체금은 해당 체납금액의 1천분의 20을 넘지 못한다.
2. 제1호 외에 이 법에 따른 징수금을 체납한 경우: 해당 체납금액의 1천분의 1에 해당하는 금액. 이 경우 연체금은 해당 체납금액의 1천분의 30을 넘지 못한다.

② 공단은 보험료등의 납부의무자가 체납된 보험료등을 내지 아니하면 납부기한 후 30일이 지난 날부터 매 1일이 경과할 때마다 다음 각 호에 해당하는 연체금을 제1항에 따른 연체금에 더하여 징수한다.

1. 제69조에 따른 보험료 또는 제53조 제3항에 따른 보험급여 제한 기간 중 받은 보험급여에 대한 징수금을 체납한 경우: 해당 체납금액의 6천분의 1에 해당하는 금액. 이 경우 연체금(제1항 제1호의 연체금을 포함한 금액을 말한다)은 해당 체납금액의 1천분의 50을 넘지 못한다.
2. 제1호 외에 이 법에 따른 징수금을 체납한 경우: 해당 체납금액의 3천분의 1에 해당하는 금액. 이 경우 연체금(제1항 제2호의 연체금을 포함한 금액을 말한다)은 해당 체납금액의 1천분의 90을 넘지 못한다.

③ 공단은 제1항 및 제2항에도 불구하고 천재지변이나 그 밖에 보건복지부령으로 정하는 부득이한 사유가 있으면 제1항 및 제2항에 따른 연체금을 징수하지 아니할 수 있다.

제81조【보험료등의 독촉 및 체납처분】 ① 공단은 제57조, 제77조, 제77조의2, 제78조의2, 제101조 및 제101조의2에 따라 보험료등을 내야 하는 자가 보험료등을 내지 아니하면 기한을 정하여 독촉할 수 있다. 이 경우 직장가입자의 사용자가 2명 이상인 경우 또는 지역가입자의 세대가 2명 이상으로 구성된 경우에는 그 중 1명에게 한 독촉은 해당 사업장의 다른 사용자 또는 세대 구성원인 다른 지역가입자 모두에게 효력이 있는 것으로 본다.

② 제1항에 따라 독촉할 때에는 10일 이상 15일 이내의 납부기한을 정하여 독촉장을 발부하여야 한다.

③ 공단은 제1항에 따른 독촉을 받은 자가 그 납부기한까지 보험료등을 내지 아니하면 보건복지부장관의 승인을 받아 국세 체납처분의 예에 따라 이를 징수할 수 있다.

④ 공단은 제3항에 따라 체납처분을 하기 전에 보험료등의 체납 내역, 압류 가능한 재산의 종류, 압류 예정 사실 및 「국세징수법」 제41조 제18호에 따른 소액금융재산에 대한 압류금지 사실 등이 포함된 통보서를 발송하여야 한다. 다만, 법인 해산 등 긴급히 체납처분을 할 필요가 있는 경우로서 대통령령으로 정하는 경우에는 그러하지 아니하다.

⑤ 공단은 제3항에 따른 국세 체납처분의 예에 따라 압류하거나 제81조의2 제1항에 따라 압류한 재산의 공매에 대하여 전문지식이 필요하거나 그 밖에 특수한 사정으로 직접 공매하는 것이 적당하지 아니하다고 인정하는 경우에는 「한국자산관리공사 설립 등에 관한 법률」에 따라 설립된 한국자산관리공사(이하 "한국자산관리공사"라 한다)에 공매를 대행하게 할 수 있다. 이 경우 공매는 공단이 한 것으로 본다.

⑥ 공단은 제5항에 따라 한국자산관리공사가 공매를 대행하면 보건복지부령으로 정하는 바에 따라 수수료를 지급할 수 있다.

제81조의2【부당이득 징수금의 압류】 ① 제81조에도 불구하고 공단은 보험급여 비용을 받은 요양기관이 다음 각 호의 요건을 모두 갖춘 경

우에는 제57조 제1항에 따른 징수금의 한도에서 해당 요양기관 또는 그 요양기관을 개설한 자(같은 조 제2항에 따라 해당 요양기관과 연대하여 징수금을 납부하여야 하는 자를 말한다. 이하 이 조에서 같다)의 재산을 보건복지부장관의 승인을 받아 압류할 수 있다.

1. 「의료법」 제33조 제2항 또는 「약사법」 제20조 제1항을 위반하였다는 사실로 기소된 경우
2. 요양기관 또는 요양기관을 개설한 자에게 강제집행, 국세 강제징수 등 대통령령으로 정하는 사유가 있어 그 재산을 압류할 필요가 있는 경우

② 공단은 제1항에 따라 재산을 압류하였을 때에는 해당 요양기관 또는 그 요양기관을 개설한 자에게 문서로 그 압류 사실을 통지하여야 한다.

③ 공단은 다음 각 호의 어느 하나에 해당할 때에는 제1항에 따른 압류를 즉시 해제하여야 한다.

1. 제2항에 따른 통지를 받은 자가 제57조 제1항에 따른 징수금에 상당하는 다른 재산을 담보로 제공하고 압류 해제를 요구하는 경우
2. 법원의 무죄 판결이 확정되는 등 대통령령으로 정하는 사유로 해당 요양기관이 「의료법」 제33조 제2항 또는 「약사법」 제20조 제1항을 위반한 혐의가 입증되지 아니한 경우

④ 제1항에 따른 압류 및 제3항에 따른 압류 해제에 관하여 이 법에서 규정한 것 외에는 「국세징수법」을 준용한다.

제81조의3【체납 또는 결손처분 자료의 제공】① 공단은 보험료 징수 및 제57조에 따른 징수금(같은 조 제2항 각 호의 어느 하나에 해당하여 같은 조 제1항 및 제2항에 따라 징수하는 금액에 한정한다. 이하 이 조에서 "부당이득금"이라 한다)의 징수 또는 공익목적을 위하여 필요한 경우에 「신용정보의 이용 및 보호에 관한 법률」 제25조 제2항 제1호의 종합신용정보집중기관에 다음 각 호의 어느 하나에 해당하는 체납자 또는 결손처분자의 인적사항·체납액 또는 결손처분액에 관한 자료(이하 이 조에서 "체납등 자료"라 한다)를 제공할 수 있다. 다만, 체납된 보험료나 부당이득금과 관련하여 행정심판 또는 행정소송이 계류 중인 경우, 제82조 제1항에 따라 분할납부를 승인받은 경우 중 대통령령으로 정하는 경우, 그 밖에 대통령령으로 정하는 사유가 있을 때에는 그러하지 아니하다.

1. 이 법에 따른 납부기한의 다음 날부터 1년이 지난 보험료 및 그에 따른 연체금과 체납처분비의 총액이 500만 원 이상인 자
2. 이 법에 따른 납부기한의 다음 날부터 1년이 지난 부당이득금 및 그에 따른 연체금과 체납처분비의 총액이 1억 원 이상인 자
3. 제84조에 따라 결손처분한 금액의 총액이 500만 원 이상인 자

② 공단은 제1항에 따라 종합신용정보집중기관에 체납등 자료를 제공하기 전에 해당 체납자 또는 결손처분자에게 그 사실을 서면으로 통지하여야 한다. 이 경우 통지를 받은 체납자가 체납액을 납부하거나 체납액 납부계획서를 제출하는 경우 공단은 종합신용정보집중기관에 체납등 자료를 제공하지 아니하거나 체납등 자료의 제공을 유예할 수 있다.

③ 체납등 자료의 제공절차에 필요한 사항은 대통령령으로 정한다.

④ 제1항에 따라 체납등 자료를 제공받은 자는 이를 업무 외의 목적으로 누설하거나 이용하여서는 아니 된다.

제81조의4【보험료의 납부증명】① 제77조에 따른 보험료의 납부의무자(이하 이 조에서 "납부의무자"라 한다)는 국가, 지방자치단체 또는 「공공기관의 운영에 관한 법률」 제4조에 따른 공공기관(이하 이 조에서 "공공기관"이라 한다)으로부터 공사·제조·구매·용역 등 대통령령으로 정하는 계약의 대가를 지급받는 경우에는 보험료와 그에 따른 연체금 및 체납처분비의 납부사실을 증명하여야 한다. 다만, 납부의무자가 계약대금의 전부 또는 일부를 체납한 보험료로 납부하려는 경우 등 대통령령으로 정하는 경우에는 그러하지 아니하다.

② 납부의무자가 제1항에 따라 납부사실을 증명하여야 할 경우 제1항의 계약을 담당하는 주무관서 또는 공공기관은 납부의무자의 동의를 받아 공단에 조회하여 보험료와 그에 따른 연체금

및 체납처분비의 납부여부를 확인하는 것으로 제1항에 따른 납부증명을 갈음할 수 있다.

제81조의5 【서류의 송달】 제79조 및 제81조에 관한 서류의 송달에 관한 사항과 전자문서에 의한 납입 고지 등에 관하여 제81조의6에서 정하지 아니한 사항에 관하여는 「국세기본법」 제8조(같은 조 제2항 단서는 제외한다)부터 제12조까지의 규정을 준용한다. 다만, 우편송달에 의하는 경우 그 방법은 대통령령으로 정하는 바에 따른다.

제81조의6 【전자문서에 의한 납입 고지 등】 ① 납부의무자가 제79조 제1항에 따른 납입 고지 또는 제81조 제1항에 따른 독촉을 전자문서교환방식 등에 의한 전자문서로 해줄 것을 신청하는 경우에는 공단은 전자문서로 고지 또는 독촉할 수 있다. 이 경우 전자문서 고지 및 독촉에 대한 신청 방법·절차 등에 필요한 사항은 보건복지부령으로 정한다.

② 공단이 제1항에 따라 전자문서로 고지 또는 독촉하는 경우에는 전자문서가 보건복지부령으로 정하는 정보통신망에 저장되거나 납부의무자가 지정한 전자우편주소에 입력된 때에 납입 고지 또는 독촉이 그 납부의무자에게 도달된 것으로 본다.

제82조 【체납보험료의 분할납부】 ① 공단은 보험료를 3회 이상 체납한 자가 신청하는 경우 보건복지부령으로 정하는 바에 따라 분할납부를 승인할 수 있다.

② 공단은 보험료를 3회 이상 체납한 자에 대하여 제81조 제3항에 따른 체납처분을 하기 전에 제1항에 따른 분할납부를 신청할 수 있음을 알리고, 보건복지부령으로 정하는 바에 따라 분할납부 신청의 절차·방법 등에 관한 사항을 안내하여야 한다.

③ 공단은 제1항에 따라 분할납부 승인을 받은 자가 정당한 사유 없이 5회(제1항에 따라 승인받은 분할납부 횟수가 5회 미만인 경우에는 해당 분할납부 횟수를 말한다) 이상 그 승인된 보험료를 납부하지 아니하면 그 분할납부의 승인을 취소한다.

④ 분할납부의 승인과 취소에 관한 절차·방법·기준 등에 필요한 사항은 보건복지부령으로 정한다.

제83조 【고액·상습체납자의 인적사항 공개】 ① 공단은 이 법에 따른 납부기한의 다음 날부터 1년이 경과한 보험료, 연체금과 체납처분비(제84조에 따라 결손처분한 보험료, 연체금과 체납처분비로서 징수권 소멸시효가 완성되지 아니한 것을 포함한다)의 총액이 1천만 원 이상인 체납자가 납부능력이 있음에도 불구하고 체납한 경우 그 인적사항·체납액 등(이하 이 조에서 "인적사항등"이라 한다)을 공개할 수 있다. 다만, 체납된 보험료, 연체금과 체납처분비와 관련하여 제87조에 따른 이의신청, 제88조에 따른 심판청구가 제기되거나 행정소송이 계류 중인 경우 또는 그 밖에 체납된 금액의 일부 납부 등 대통령령으로 정하는 사유가 있는 경우에는 그러하지 아니하다.

② 제1항에 따른 체납자의 인적사항등에 대한 공개 여부를 심의하기 위하여 공단에 보험료정보공개심의위원회를 둔다.

③ 공단은 보험료정보공개심의위원회의 심의를 거친 인적사항등의 공개대상자에게 공개대상자임을 서면으로 통지하여 소명의 기회를 부여하여야 하며, 통지일부터 6개월이 경과한 후 체납액의 납부이행 등을 감안하여 공개대상자를 선정한다.

④ 제1항에 따른 체납자 인적사항등의 공개는 관보에 게재하거나 공단 인터넷 홈페이지에 게시하는 방법에 따른다.

⑤ 제1항부터 제4항까지의 규정에 따른 체납자 인적사항등의 공개와 관련한 납부능력의 기준, 공개절차 및 위원회의 구성·운영 등에 필요한 사항은 대통령령으로 정한다.

제84조 【결손처분】 ① 공단은 다음 각 호의 어느 하나에 해당하는 사유가 있으면 재정운영위원회의 의결을 받아 보험료등을 결손처분할 수 있다.

1. 체납처분이 끝나고 체납액에 충당될 배분금액이 그 체납액에 미치지 못하는 경우
2. 해당 권리에 대한 소멸시효가 완성된 경우
3. 그 밖에 징수할 가능성이 없다고 인정되는 경우로서 대통령령으로 정하는 경우

② 공단은 제1항 제3호에 따라 결손처분을 한 후 압류할 수 있는 다른 재산이 있는 것을 발견한 때에는 지체 없이 그 처분을 취소하고

체납처분을 하여야 한다.

제85조【보험료등의 징수 순위】 보험료등은 국세와 지방세를 제외한 다른 채권에 우선하여 징수한다. 다만, 보험료등의 납부기한 전에 전세권·질권·저당권 또는 「동산·채권 등의 담보에 관한 법률」에 따른 담보권의 설정을 등기 또는 등록한 사실이 증명되는 재산을 매각할 때에 그 매각대금 중에서 보험료등을 징수하는 경우 그 전세권·질권·저당권 또는 「동산·채권 등의 담보에 관한 법률」에 따른 담보권으로 담보된 채권에 대하여는 그러하지 아니하다.

제86조【보험료등의 충당과 환급】 ① 공단은 납부의무자가 보험료등·연체금 또는 체납처분비로 낸 금액 중 과오납부(過誤納付)한 금액이 있으면 대통령령으로 정하는 바에 따라 그 과오납금을 보험료등·연체금 또는 체납처분비에 우선 충당하여야 한다.

② 공단은 제1항에 따라 충당하고 남은 금액이 있는 경우 대통령령으로 정하는 바에 따라 납부의무자에게 환급하여야 한다.

③ 제1항 및 제2항의 경우 과오납금에 대통령령으로 정하는 이자를 가산하여야 한다.

제7장 이의신청 및 심판청구 등

제87조【이의신청】 ① 가입자 및 피부양자의 자격, 보험료등, 보험급여, 보험급여 비용에 관한 공단의 처분에 이의가 있는 자는 공단에 이의신청을 할 수 있다.

② 요양급여비용 및 요양급여의 적정성 평가 등에 관한 심사평가원의 처분에 이의가 있는 공단, 요양기관 또는 그 밖의 자는 심사평가원에 이의신청을 할 수 있다.

③ 제1항 및 제2항에 따른 이의신청(이하 "이의신청"이라 한다)은 처분이 있음을 안 날부터 90일 이내에 문서(전자문서를 포함한다)로 하여야 하며 처분이 있은 날부터 180일을 지나면 제기하지 못한다. 다만, 정당한 사유로 그 기간에 이의신청을 할 수 없었음을 소명한 경우에는 그러하지 아니하다.

④ 제3항 본문에도 불구하고 요양기관이 제48조에 따른 심사평가원의 확인에 대하여 이의신청을 하려면 같은 조 제2항에 따라 통보받은 날부터 30일 이내에 하여야 한다.

⑤ 제1항부터 제4항까지에서 규정한 사항 외에 이의신청의 방법·결정 및 그 결정의 통지 등에 필요한 사항은 대통령령으로 정한다.

제88조【심판청구】 ① 이의신청에 대한 결정에 불복하는 자는 제89조에 따른 건강보험분쟁조정위원회에 심판청구를 할 수 있다. 이 경우 심판청구의 제기기간 및 제기방법에 관하여는 제87조 제3항을 준용한다.

② 제1항에 따라 심판청구를 하려는 자는 대통령령으로 정하는 심판청구서를 제87조 제1항 또는 제2항에 따른 처분을 한 공단 또는 심사평가원에 제출하거나 제89조에 따른 건강보험분쟁조정위원회에 제출하여야 한다.

③ 제1항 및 제2항에서 규정한 사항 외에 심판청구의 절차·방법·결정 및 그 결정의 통지 등에 필요한 사항은 대통령령으로 정한다.

제89조【건강보험분쟁조정위원회】 ① 제88조에 따른 심판청구를 심리·의결하기 위하여 보건복지부에 건강보험분쟁조정위원회(이하 "분쟁조정위원회"라 한다)를 둔다.

② 분쟁조정위원회는 위원장을 포함하여 60명 이내의 위원으로 구성하고, 위원장을 제외한 위원 중 1명은 당연직위원으로 한다. 이 경우 공무원이 아닌 위원이 전체 위원의 과반수가 되도록 하여야 한다.

③ 분쟁조정위원회의 회의는 위원장, 당연직위원 및 위원장이 매 회의마다 지정하는 7명의 위원을 포함하여 총 9명으로 구성하되, 공무원이 아닌 위원이 과반수가 되도록 하여야 한다.

④ 분쟁조정위원회는 제3항에 따른 구성원 과반수의 출석과 출석위원 과반수의 찬성으로 의결한다.

⑤ 분쟁조정위원회를 실무적으로 지원하기 위하여 분쟁조정위원회에 사무국을 둔다.

⑥ 제1항부터 제5항까지에서 규정한 사항 외에 분쟁조정위원회 및 사무국의 구성 및 운영 등에 필요한 사항은 대통령령으로 정한다.

⑦ 분쟁조정위원회의 위원 중 공무원이 아닌 사람은 「형법」 제129조부터 제132조까지의 규정을 적용할 때 공무원으로 본다.

제90조【행정소송】공단 또는 심사평가원의 처분에 이의가 있는 자와 제87조에 따른 이의신청 또는 제88조에 따른 심판청구에 대한 결정에 불복하는 자는 「행정소송법」에서 정하는 바에 따라 행정소송을 제기할 수 있다.

제8장 보칙

제91조【시효】① 다음 각 호의 권리는 3년 동안 행사하지 아니하면 소멸시효가 완성된다.

1. 보험료, 연체금 및 가산금을 징수할 권리
2. 보험료, 연체금 및 가산금으로 과오납부한 금액을 환급받을 권리
3. 보험급여를 받을 권리
4. 보험급여 비용을 받을 권리
5. 제47조 제3항 후단에 따라 과다납부된 본인일부부담금을 돌려받을 권리
6. 제61조에 따른 근로복지공단의 권리

② 제1항에 따른 시효는 다음 각 호의 어느 하나의 사유로 중단된다.

1. 보험료의 고지 또는 독촉
2. 보험급여 또는 보험급여 비용의 청구

③ 휴직자등의 보수월액보험료를 징수할 권리의 소멸시효는 제79조 제5항에 따라 고지가 유예된 경우 휴직 등의 사유가 끝날 때까지 진행하지 아니한다.

④ 제1항에 따른 소멸시효기간, 제2항에 따른 시효 중단 및 제3항에 따른 시효 정지에 관하여 이 법에서 정한 사항 외에는 「민법」에 따른다.

제92조【기간 계산】이 법이나 이 법에 따른 명령에 규정된 기간의 계산에 관하여 이 법에서 정한 사항 외에는 「민법」의 기간에 관한 규정을 준용한다.

제93조【근로자의 권익 보호】제6조 제2항 각 호의 어느 하나에 해당하지 아니하는 모든 사업장의 근로자를 고용하는 사용자는 그가 고용한 근로자가 이 법에 따른 직장가입자가 되는 것을 방해하거나 자신이 부담하는 부담금이 증가되는 것을 피할 목적으로 정당한 사유 없이 근로자의 승급 또는 임금 인상을 하지 아니하거나 해고나 그 밖의 불리한 조치를 할 수 없다.

제94조【신고 등】① 공단은 사용자, 직장가입자 및 세대주에게 다음 각 호의 사항을 신고하게 하거나 관계 서류(전자적 방법으로 기록된 것을 포함한다. 이하 같다)를 제출하게 할 수 있다.

1. 가입자의 거주지 변경
2. 가입자의 보수·소득
3. 그 밖에 건강보험사업을 위하여 필요한 사항

② 공단은 제1항에 따라 신고한 사항이나 제출받은 자료에 대하여 사실 여부를 확인할 필요가 있으면 소속 직원이 해당 사항에 관하여 조사하게 할 수 있다.

③ 제2항에 따라 조사를 하는 소속 직원은 그 권한을 표시하는 증표를 지니고 관계인에게 보여주어야 한다.

제95조【소득 축소·탈루 자료의 송부 등】① 공단은 제94조 제1항에 따라 신고한 보수 또는 소득 등에 축소 또는 탈루(脫漏)가 있다고 인정하는 경우에는 보건복지부장관을 거쳐 소득의 축소 또는 탈루에 관한 사항을 문서로 국세청장에게 송부할 수 있다.

② 국세청장은 제1항에 따라 송부받은 사항에 대하여 「국세기본법」 등 관련 법률에 따른 세무조사를 하면 그 조사 결과 중 보수·소득에 관한 사항을 공단에 송부하여야 한다.

③ 제1항 및 제2항에 따른 송부 절차 등에 필요한 사항은 대통령령으로 정한다.

제96조【자료의 제공】① 공단은 국가, 지방자치단체, 요양기관, 「보험업법」에 따른 보험회사 및 보험료율 산출 기관, 「공공기관의 운영에 관한 법률」에 따른 공공기관, 그 밖의 공공단체 등에 대하여 다음 각 호의 업무를 수행하기 위하여 주민등록·가족관계등록·국세·지방세·토지·건물·출입국관리 등의 자료로서 대통령령으로 정하는 자료를 제공하도록 요청할 수 있다.

1. 가입자 및 피부양자의 자격 관리, 보험료의 부과·징수, 보험급여의 관리 등 건강보험사업의 수행
2. 제14조 제1항 제11호에 따른 업무의 수행

② 심사평가원은 국가, 지방자치단체, 요양기관, 「보험업법」에 따른 보험회사 및 보험료율 산출 기관, 「공공기관의 운영에 관한 법률」에 따른 공공기관, 그 밖의 공공단체 등에 대하여 요양급여비용을 심사하고 요양급여의 적정성을 평가하기 위하여 주민등록·출입국관리·

진료기록·의약품공급 등의 자료로서 대통령령으로 정하는 자료를 제공하도록 요청할 수 있다.
③ 보건복지부장관은 관계 행정기관의 장에게 제41조의2에 따른 약제에 대한 요양급여비용 상한금액의 감액 및 요양급여의 적용 정지를 위하여 필요한 자료를 제공하도록 요청할 수 있다.
④ 제1항부터 제3항까지의 규정에 따라 자료 제공을 요청받은 자는 성실히 이에 따라야 한다.
⑤ 공단 또는 심사평가원은 요양기관, 「보험업법」에 따른 보험회사 및 보험료율 산출 기관에 제1항 또는 제2항에 따른 자료의 제공을 요청하는 경우 자료 제공 요청 근거 및 사유, 자료 제공 대상자, 대상기간, 자료 제공 기한, 제출 자료 등이 기재된 자료제공요청서를 발송하여야 한다.
⑥ 제1항 및 제2항에 따른 국가, 지방자치단체, 요양기관, 「보험업법」에 따른 보험료율 산출 기관 그 밖의 공공기관 및 공공단체가 공단 또는 심사평가원에 제공하는 자료에 대하여는 사용료와 수수료 등을 면제한다.

제96조의2【금융정보등의 제공 등】① 공단은 제72조 제1항 단서에 따른 지역가입자의 재산보험료부과점수 산정을 위하여 필요한 경우 「신용정보의 이용 및 보호에 관한 법률」 제32조 및 「금융실명거래 및 비밀보장에 관한 법률」 제4조 제1항에도 불구하고 지역가입자가 제72조 제3항에 따라 제출한 동의 서면을 전자적 형태로 바꾼 문서에 의하여 「신용정보의 이용 및 보호에 관한 법률」 제2조 제6호에 따른 신용정보집중기관 또는 금융회사등(이하 이 조에서 "금융기관등"이라 한다)의 장에게 금융정보등을 제공하도록 요청할 수 있다.
② 제1항에 따라 금융정보등의 제공을 요청받은 금융기관등의 장은 「신용정보의 이용 및 보호에 관한 법률」 제32조 및 「금융실명거래 및 비밀보장에 관한 법률」 제4조에도 불구하고 명의인의 금융정보등을 제공하여야 한다.
③ 제2항에 따라 금융정보등을 제공한 금융기관등의 장은 금융정보등의 제공 사실을 명의인에게 통보하여야 한다. 다만, 명의인이 동의한 경우에는 「신용정보의 이용 및 보호에 관한 법률」 제32조 제7항, 제35조 제2항 및 「금융실명거래 및 비밀보장에 관한 법률」 제4조의 제1항에도 불구하고 통보하지 아니할 수 있다.
④ 제1항부터 제3항까지에서 규정한 사항 외에 금융정보등의 제공 요청 및 제공 절차 등에 필요한 사항은 대통령령으로 정한다.

제96조의3【가족관계등록 전산정보의 공동이용】① 공단은 제96조 제1항 각 호의 업무를 수행하기 위하여 「전자정부법」에 따라 「가족관계의 등록 등에 관한 법률」 제9조에 따른 전산정보자료를 공동이용(「개인정보 보호법」 제2조 제2호에 따른 처리를 포함한다)할 수 있다.
② 법원행정처장은 제1항에 따라 공단이 전산정보자료의 공동이용을 요청하는 경우 그 공동이용을 위하여 필요한 조치를 취하여야 한다.
③ 누구든지 제1항에 따라 공동이용하는 전산정보자료를 그 목적 외의 용도로 이용하거나 활용하여서는 아니 된다.

제96조의4【서류의 보존】① 요양기관은 요양급여가 끝난 날부터 5년간 보건복지부령으로 정하는 바에 따라 제47조에 따른 요양급여비용의 청구에 관한 서류를 보존하여야 한다. 다만, 약국 등 보건복지부령으로 정하는 요양기관은 처방전을 요양급여비용을 청구한 날부터 3년간 보존하여야 한다.
② 사용자는 3년간 보건복지부령으로 정하는 바에 따라 자격 관리 및 보험료 산정 등 건강보험에 관한 서류를 보존하여야 한다.
③ 제49조 제3항에 따라 요양비를 청구한 준요양기관은 요양비를 지급받은 날부터 3년간 보건복지부령으로 정하는 바에 따라 요양비 청구에 관한 서류를 보존하여야 한다.
④ 제51조 제2항에 따라 보조기기에 대한 보험급여를 청구한 자는 보험급여를 지급받은 날부터 3년간 보건복지부령으로 정하는 바에 따라 보험급여 청구에 관한 서류를 보존하여야 한다.

제97조【보고와 검사】① 보건복지부장관은 사용자, 직장가입자 또는 세대주에게 가입자의 이동·보수·소득이나 그 밖에 필요한 사항에 관한 보고 또는 서류 제출을 명하거나, 소속 공무원이 관계인에게 질문하게 하거나 관계

서류를 검사하게 할 수 있다.
② 보건복지부장관은 요양기관(제49조에 따라 요양을 실시한 기관을 포함한다)에 대하여 요양·약제의 지급 등 보험급여에 관한 보고 또는 서류 제출을 명하거나, 소속 공무원이 관계인에게 질문하게 하거나 관계 서류를 검사하게 할 수 있다.
③ 보건복지부장관은 보험급여를 받은 자에게 해당 보험급여의 내용에 관하여 보고하게 하거나, 소속 공무원이 질문하게 할 수 있다.
④ 보건복지부장관은 제47조 제7항에 따라 요양급여비용의 심사청구를 대행하는 단체(이하 "대행청구단체"라 한다)에 필요한 자료의 제출을 명하거나, 소속 공무원이 대행청구에 관한 자료 등을 조사·확인하게 할 수 있다.
⑤ 보건복지부장관은 제41조의2에 따른 약제에 대한 요양급여비용 상한금액의 감액 및 요양급여의 적용 정지를 위하여 필요한 경우에는 「약사법」 제47조 제2항에 따른 의약품공급자에 대하여 금전, 물품, 편익, 노무, 향응, 그 밖의 경제적 이익등 제공으로 인한 의약품 판매 질서 위반 행위에 관한 보고 또는 서류 제출을 명하거나, 소속 공무원이 관계인에게 질문하게 하거나 관계 서류를 검사하게 할 수 있다.
⑥ 제1항부터 제5항까지의 규정에 따라 질문·검사·조사 또는 확인을 하는 소속 공무원은 그 권한을 표시하는 증표를 지니고 관계인에게 보여주어야 한다.
⑦ 보건복지부장관은 제1항부터 제5항까지에 따른 질문·검사·조사 또는 확인 업무를 효율적으로 수행하기 위하여 대통령령으로 정하는 바에 따라 공단 또는 심사평가원으로 하여금 그 업무를 지원하게 할 수 있다.
⑧ 제1항부터 제6항까지에 따른 질문·검사·조사 또는 확인의 내용·절차·방법 등에 관하여 이 법에서 정하는 사항을 제외하고는 「행정조사기본법」에서 정하는 바에 따른다.

제98조 【업무정지】 ① 보건복지부장관은 요양기관이 다음 각 호의 어느 하나에 해당하면 그 요양기관에 대하여 1년의 범위에서 기간을 정하여 업무정지를 명할 수 있다. 이 경우 보건복지부장관은 그 사실을 공단 및 심사평가원에 알려야 한다.
1. 속임수나 그 밖의 부당한 방법으로 보험자·가입자 및 피부양자에게 요양급여비용을 부담하게 한 경우
2. 제97조 제2항에 따른 명령에 위반하거나 거짓 보고를 하거나 거짓 서류를 제출하거나, 소속 공무원의 검사 또는 질문을 거부·방해 또는 기피한 경우
3. 정당한 사유 없이 요양기관이 제41조의3 제1항에 따른 결정을 신청하지 아니하고 속임수나 그 밖의 부당한 방법으로 행위·치료재료를 가입자 또는 피부양자에게 실시 또는 사용하고 비용을 부담시킨 경우

② 제1항에 따라 업무정지 처분을 받은 자는 해당 업무정지기간 중에는 요양급여를 하지 못한다.
③ 제1항에 따른 업무정지 처분의 효과는 그 처분이 확정된 요양기관을 양수한 자 또는 합병 후 존속하는 법인이나 합병으로 설립되는 법인에 승계되고, 업무정지 처분의 절차가 진행 중인 때에는 양수인 또는 합병 후 존속하는 법인이나 합병으로 설립되는 법인에 대하여 그 절차를 계속 진행할 수 있다. 다만, 양수인 또는 합병 후 존속하는 법인이나 합병으로 설립되는 법인이 그 처분 또는 위반사실을 알지 못하였음을 증명하는 경우에는 그러하지 아니하다.
④ 제1항에 따른 업무정지 처분을 받았거나 업무정지 처분의 절차가 진행 중인 자는 행정처분을 받은 사실 또는 행정처분절차가 진행 중인 사실을 보건복지부령으로 정하는 바에 따라 양수인 또는 합병 후 존속하는 법인이나 합병으로 설립되는 법인에 지체 없이 알려야 한다.
⑤ 제1항에 따른 업무정지를 부과하는 위반행위의 종류, 위반 정도 등에 따른 행정처분기준이나 그 밖에 필요한 사항은 대통령령으로 정한다.

제99조 【과징금】 ① 보건복지부장관은 요양기관이 제98조 제1항 제1호 또는 제3호에 해당하여 업무정지 처분을 하여야 하는 경우로서 그 업무정지 처분이 해당 요양기관을 이용하는 사람에게 심한 불편을 주거나 보건복지부장관이 정하는 특별한 사유가 있다고 인정되면

업무정지 처분을 갈음하여 속임수나 그 밖의 부당한 방법으로 부담하게 한 금액의 5배 이하의 금액을 과징금으로 부과·징수할 수 있다. 이 경우 보건복지부장관은 12개월의 범위에서 분할납부를 하게 할 수 있다.

② 보건복지부장관은 제41조의2 제3항에 따라 약제를 요양급여에서 적용 정지하는 경우 다음 각 호의 어느 하나에 해당하는 때에는 요양급여의 적용 정지에 갈음하여 대통령령으로 정하는 바에 따라 다음 각 호의 구분에 따른 범위에서 과징금을 부과·징수할 수 있다. 이 경우 보건복지부장관은 12개월의 범위에서 분할납부를 하게 할 수 있다.

1. 환자 진료에 불편을 초래하는 등 공공복리에 지장을 줄 것으로 예상되는 때: 해당 약제에 대한 요양급여비용 총액의 100분의 200을 넘지 아니하는 범위
2. 국민 건강에 심각한 위험을 초래할 것이 예상되는 등 특별한 사유가 있다고 인정되는 때: 해당 약제에 대한 요양급여비용 총액의 100분의 60을 넘지 아니하는 범위

③ 보건복지부장관은 제2항 전단에 따라 과징금 부과 대상이 된 약제가 과징금이 부과된 날부터 5년의 범위에서 대통령령으로 정하는 기간 내에 다시 제2항 전단에 따른 과징금 부과대상이 되는 경우에는 대통령령으로 정하는 바에 따라 다음 각 호의 구분에 따른 범위에서 과징금을 부과·징수할 수 있다.

1. 제2항 제1호에서 정하는 사유로 과징금 부과대상이 되는 경우: 해당 약제에 대한 요양급여비용 총액의 100분의 350을 넘지 아니하는 범위
2. 제2항 제2호에서 정하는 사유로 과징금 부과대상이 되는 경우: 해당 약제에 대한 요양급여비용 총액의 100분의 100을 넘지 아니하는 범위

④ 제2항 및 제3항에 따라 대통령령으로 해당 약제에 대한 요양급여비용 총액을 정할 때에는 그 약제의 과거 요양급여 실적 등을 고려하여 1년간의 요양급여 총액을 넘지 않는 범위에서 정하여야 한다.

⑤ 보건복지부장관은 제1항에 따른 과징금을 납부하여야 할 자가 납부기한까지 이를 내지 아니하면 대통령령으로 정하는 절차에 따라 그 과징금 부과 처분을 취소하고 제98조 제1항에 따른 업무정지 처분을 하거나 국세 체납처분의 예에 따라 이를 징수한다. 다만, 요양기관의 폐업 등으로 제98조 제1항에 따른 업무정지 처분을 할 수 없으면 국세 체납처분의 예에 따라 징수한다.

⑥ 보건복지부장관은 제2항 또는 제3항에 따른 과징금을 납부하여야 할 자가 납부기한까지 이를 내지 아니하면 국세 체납처분의 예에 따라 징수한다.

⑦ 보건복지부장관은 과징금을 징수하기 위하여 필요하면 다음 각 호의 사항을 적은 문서로 관할 세무관서의 장 또는 지방자치단체의 장에게 과세정보의 제공을 요청할 수 있다.

1. 납세자의 인적사항
2. 사용 목적
3. 과징금 부과 사유 및 부과 기준

⑧ 제1항부터 제3항까지의 규정에 따라 징수한 과징금은 다음 각 호 외의 용도로는 사용할 수 없다. 이 경우 제2항 제1호 및 제3항 제1호에 따라 징수한 과징금은 제3호의 용도로 사용하여야 한다.

1. 제47조 제3항에 따라 공단이 요양급여비용으로 지급하는 자금
2. 「응급의료에 관한 법률」에 따른 응급의료기금의 지원
3. 「재난적의료비 지원에 관한 법률」에 따른 재난적의료비 지원사업에 대한 지원

⑨ 제1항부터 제3항까지의 규정에 따른 과징금의 금액과 그 납부에 필요한 사항 및 제8항에 따른 과징금의 용도별 지원 규모, 사용 절차 등에 필요한 사항은 대통령령으로 정한다.

제100조【위반사실의 공표】① 보건복지부장관은 관련 서류의 위조·변조로 요양급여비용을 거짓으로 청구하여 제98조 또는 제99조에 따른 행정처분을 받은 요양기관이 다음 각 호의 어느 하나에 해당하면 그 위반 행위, 처분 내용, 해당 요양기관의 명칭·주소 및 대표자 성명, 그 밖에 다른 요양기관과의 구별에 필요한 사항으로서 대통령령으로 정하는 사항을 공표할 수 있다. 이 경우 공표 여부를 결정할 때에는 그 위반행위의 동기, 정도, 횟수 및 결과 등을

고려하여야 한다.

1. 거짓으로 청구한 금액이 1천 500만 원 이상인 경우
2. 요양급여비용 총액 중 거짓으로 청구한 금액의 비율이 100분의 20 이상인 경우

② 보건복지부장관은 제1항에 따른 공표 여부 등을 심의하기 위하여 건강보험공표심의위원회(이하 이 조에서 "공표심의위원회"라 한다)를 설치·운영한다.

③ 보건복지부장관은 공표심의위원회의 심의를 거친 공표대상자에게 공표대상자인 사실을 알려 소명자료를 제출하거나 출석하여 의견을 진술할 기회를 주어야 한다.

④ 보건복지부장관은 공표심의위원회가 제3항에 따라 제출된 소명자료 또는 진술된 의견을 고려하여 공표대상자를 재심의한 후 공표대상자를 선정한다.

⑤ 제1항부터 제4항까지에서 규정한 사항 외에 공표의 절차·방법, 공표심의위원회의 구성·운영 등에 필요한 사항은 대통령령으로 정한다.

제101조【제조업자 등의 금지행위 등】① 「약사법」에 따른 의약품의 제조업자·위탁제조판매업자·수입자·판매업자 및 「의료기기법」에 따른 의료기기 제조업자·수입업자·수리업자·판매업자·임대업자(이하 "제조업자등"이라 한다)는 약제·치료재료와 관련하여 제41조의3에 따라 요양급여대상 여부를 결정하거나 제46조에 따라 요양급여비용을 산정할 때에 다음 각 호의 행위를 하여 보험자·가입자 및 피부양자에게 손실을 주어서는 아니 된다.

1. 제98조 제1항 제1호에 해당하는 요양기관의 행위에 개입
2. 보건복지부, 공단 또는 심사평가원에 거짓 자료의 제출
3. 그 밖에 속임수나 보건복지부령으로 정하는 부당한 방법으로 요양급여대상 여부의 결정과 요양급여비용의 산정에 영향을 미치는 행위

② 보건복지부장관은 제조업자등이 제1항에 위반한 사실이 있는지 여부를 확인하기 위하여 그 제조업자등에게 관련 서류의 제출을 명하거나, 소속 공무원이 관계인에게 질문을 하게 하거나 관계 서류를 검사하게 하는 등 필요한 조사를 할 수 있다. 이 경우 소속 공무원은 그 권한을 표시하는 증표를 지니고 이를 관계인에게 보여주어야 한다.

③ 공단은 제1항을 위반하여 보험자·가입자 및 피부양자에게 손실을 주는 행위를 한 제조업자등에 대하여 손실에 상당하는 금액(이하 이 조에서 "손실 상당액"이라 한다)을 징수한다.

④ 공단은 제3항에 따라 징수한 손실 상당액 중 가입자 및 피부양자의 손실에 해당되는 금액을 그 가입자나 피부양자에게 지급하여야 한다. 이 경우 공단은 가입자나 피부양자에게 지급하여야 하는 금액을 그 가입자 및 피부양자가 내야하는 보험료등과 상계할 수 있다.

⑤ 제3항에 따른 손실 상당액의 산정, 부과·징수절차 및 납부방법 등에 관하여 필요한 사항은 대통령령으로 정한다.

제101조의2【약제에 대한 쟁송 시 손실상당액의 징수 및 지급】① 공단은 제41조의2에 따른 요양급여비용 상한금액의 감액 및 요양급여의 적용 정지 또는 제41조의3에 따른 조정(이하 이 조에서 "조정등"이라 한다)에 대하여 약제의 제조업자등이 청구 또는 제기한 「행정심판법」에 따른 행정심판 또는 「행정소송법」에 따른 행정소송에 대하여 행정심판위원회 또는 법원의 결정이나 재결, 판결이 다음 각 호의 요건을 모두 충족하는 경우에는 조정등이 집행정지된 기간 동안 공단에 발생한 손실에 상당하는 금액을 약제의 제조업자등에게서 징수할 수 있다.

1. 행정심판위원회 또는 법원이 집행정지 결정을 한 경우
2. 행정심판이나 행정소송에 대한 각하 또는 기각(일부 기각을 포함한다) 재결 또는 판결이 확정되거나 청구취하 또는 소취하로 심판 또는 소송이 종결된 경우

② 공단은 제1항의 심판 또는 소송에 대한 결정이나 재결, 판결이 다음 각 호의 요건을 모두 충족하는 경우에는 조정등으로 인하여 약제의 제조업자등에게 발생한 손실에 상당하는 금액을 지급하여야 한다.

1. 행정심판위원회 또는 법원의 집행정지 결정이 없거나 집행정지 결정이 취소된 경우

2. 행정심판이나 행정소송에 대한 인용(일부 인용을 포함한다) 재결 또는 판결이 확정된 경우

③ 제1항에 따른 손실에 상당하는 금액은 집행정지 기간 동안 공단이 지급한 요양급여비용과 집행정지가 결정되지 않았다면 공단이 지급하여야 할 요양급여비용의 차액으로 산정한다. 다만, 요양급여대상에서 제외되거나 요양급여의 적용을 정지하는 내용의 조정등의 경우에는 요양급여비용 차액의 100분의 40을 초과할 수 없다.

④ 제2항에 따른 손실에 상당하는 금액은 해당 조정등이 없었다면 공단이 지급하여야 할 요양급여비용과 조정등에 따라 공단이 지급한 요양급여비용의 차액으로 산정한다. 다만, 요양급여대상에서 제외되거나 요양급여의 적용을 정지하는 내용의 조정등의 경우에는 요양급여비용 차액의 100분의 40을 초과할 수 없다.

⑤ 공단은 제1항 또는 제2항에 따라 손실에 상당하는 금액을 징수 또는 지급하는 경우 대통령령으로 정하는 이자를 가산하여야 한다.

⑥ 그 밖에 제1항에 따른 징수절차, 제2항에 따른 지급절차, 제3항 및 제4항에 따른 손실에 상당하는 금액의 산정기준 및 기간, 제5항에 따른 가산금 등 징수 및 지급에 필요한 세부사항은 보건복지부령으로 정한다.

제102조【정보의 유지 등】공단, 심사평가원 및 대행청구단체에 종사하였던 사람 또는 종사하는 사람은 다음 각 호의 행위를 하여서는 아니된다.

1. 가입자 및 피부양자의 개인정보(「개인정보 보호법」 제2조 제1호의 개인정보를 말한다. 이하 "개인정보"라 한다)를 누설하거나 직무상 목적 외의 용도로 이용 또는 정당한 사유 없이 제3자에게 제공하는 행위
2. 업무를 수행하면서 알게 된 정보(제1호의 개인정보는 제외한다)를 누설하거나 직무상 목적 외의 용도로 이용 또는 제3자에게 제공하는 행위

제103조【공단 등에 대한 감독 등】① 보건복지부장관은 공단과 심사평가원의 경영목표를 달성하기 위하여 다음 각 호의 사업이나 업무에 대하여 보고를 명하거나 그 사업이나 업무 또는 재산상황을 검사하는 등 감독을 할 수 있다.

1. 제14조 제1항 제1호부터 제13호까지의 규정에 따른 공단의 업무 및 제63조 제1항 제1호부터 제8호까지의 규정에 따른 심사평가원의 업무
2. 「공공기관의 운영에 관한 법률」 제50조에 따른 경영지침의 이행과 관련된 사업
3. 이 법 또는 다른 법령에서 공단과 심사평가원이 위탁받은 업무
4. 그 밖에 관계 법령에서 정하는 사항과 관련된 사업

② 보건복지부장관은 제1항에 따른 감독상 필요한 경우에는 정관이나 규정의 변경 또는 그 밖에 필요한 처분을 명할 수 있다.

제104조【포상금 등의 지급】① 공단은 다음 각 호의 어느 하나에 해당하는 자 또는 재산을 신고한 사람에 대하여 포상금을 지급할 수 있다. 다만, 공무원이 그 직무와 관련하여 제4호에 따른 은닉재산을 신고한 경우에는 그러하지 아니한다.

1. 속임수나 그 밖의 부당한 방법으로 보험급여를 받은 사람
2. 속임수나 그 밖의 부당한 방법으로 다른 사람이 보험급여를 받도록 한 자
3. 속임수나 그 밖의 부당한 방법으로 보험급여 비용을 받은 요양기관 또는 보험급여를 받은 준요양기관 및 보조기기 판매업자
4. 제57조에 따라 징수금을 납부하여야 하는 자의 은닉재산

② 공단은 건강보험 재정을 효율적으로 운영하는 데에 이바지한 요양기관에 대하여 장려금을 지급할 수 있다.

③ 제1항 제4호의 "은닉재산"이란 징수금을 납부하여야 하는 자가 은닉한 현금, 예금, 주식, 그 밖에 재산적 가치가 있는 유형·무형의 재산을 말한다. 다만, 다음 각 호의 어느 하나에 해당하는 재산은 제외한다.

1. 「민법」 제406조 등 관계 법령에 따라 사해행위(詐害行爲) 취소소송의 대상이 되어 있는 재산
2. 공단이 은닉사실을 알고 조사 또는 강제징수 절차에 착수한 재산

3. 그 밖에 은닉재산 신고를 받을 필요가 없다고 인정되어 대통령령으로 정하는 재산

④ 제1항 및 제2항에 따른 포상금 및 장려금의 지급 기준과 범위, 절차 및 방법 등에 필요한 사항은 대통령령으로 정한다.

제105조【유사명칭의 사용금지】① 공단이나 심사평가원이 아닌 자는 국민건강보험공단, 건강보험심사평가원 또는 이와 유사한 명칭을 사용하지 못한다.

② 이 법으로 정하는 건강보험사업을 수행하는 자가 아닌 자는 보험계약 또는 보험계약의 명칭에 국민건강보험이라는 용어를 사용하지 못한다.

제106조【소액 처리】공단은 징수하여야 할 금액이나 반환하여야 할 금액이 1건당 2천 원 미만인 경우(제47조 제5항, 제57조 제5항 후단 및 제101조 제4항 후단에 따라 각각 상계 처리할 수 있는 본인일부부담금 환급금 및 가입자나 피부양자에게 지급하여야 하는 금액은 제외한다)에는 징수 또는 반환하지 아니한다.

제107조【끝수 처리】보험료등과 보험급여에 관한 비용을 계산할 때 「국고금관리법」 제47조에 따른 끝수는 계산하지 아니한다.

제108조 삭제

제108조의2【보험재정에 대한 정부지원】① 국가는 매년 예산의 범위에서 해당 연도 보험료 예상 수입액의 100분의 14에 상당하는 금액을 국고에서 공단에 지원한다.

② 공단은 「국민건강증진법」에서 정하는 바에 따라 같은 법에 따른 국민건강증진기금에서 자금을 지원받을 수 있다.

③ 공단은 제1항에 따라 지원된 재원을 다음 각 호의 사업에 사용한다.

1. 가입자 및 피부양자에 대한 보험급여
2. 건강보험사업에 대한 운영비
3. 제75조 및 제110조 제4항에 따른 보험료 경감에 대한 지원

④ 공단은 제2항에 따라 지원된 재원을 다음 각 호의 사업에 사용한다.

1. 건강검진 등 건강증진에 관한 사업
2. 가입자와 피부양자의 흡연으로 인한 질병에 대한 보험급여
3. 가입자와 피부양자 중 65세 이상 노인에 대한 보험급여

[법률 제19445호(2023. 6. 13.) 제108조의2의 개정규정은 같은 법 부칙 제2조의 규정에 의하여 2027년 12월 31일까지 유효함]

제109조【외국인 등에 대한 특례】① 정부는 외국 정부가 사용자인 사업장의 근로자의 건강보험에 관하여는 외국 정부와 한 합의에 따라 이를 따로 정할 수 있다.

② 국내에 체류하는 재외국민 또는 외국인(이하 "국내체류 외국인등"이라 한다)이 적용대상사업장의 근로자, 공무원 또는 교직원이고 제6조 제2항 각 호의 어느 하나에 해당하지 아니하면서 다음 각 호의 어느 하나에 해당하는 경우에는 제5조에도 불구하고 직장가입자가 된다.

1. 「주민등록법」 제6조 제1항 제3호에 따라 등록한 사람
2. 「재외동포의 출입국과 법적 지위에 관한 법률」 제6조에 따라 국내거소신고를 한 사람
3. 「출입국관리법」 제31조에 따라 외국인등록을 한 사람

③ 제2항에 따른 직장가입자에 해당하지 아니하는 국내체류 외국인등이 다음 각 호의 요건을 모두 갖춘 경우에는 제5조에도 불구하고 지역가입자가 된다.

1. 보건복지부령으로 정하는 기간 동안 국내에 거주하였거나 해당 기간 동안 국내에 지속적으로 거주할 것으로 예상할 수 있는 사유로서 보건복지부령으로 정하는 사유에 해당될 것
2. 다음 각 목의 어느 하나에 해당할 것
   가. 제2항 제1호 또는 제2호에 해당하는 사람
   나. 「출입국관리법」 제31조에 따라 외국인등록을 한 사람으로서 보건복지부령으로 정하는 체류자격이 있는 사람

④ 제2항 각 호의 어느 하나에 해당하는 국내체류 외국인등이 다음 각 호의 요건을 모두 갖춘 경우에는 제5조에도 불구하고 공단에 신청하면 피부양자가 될 수 있다.

1. 직장가입자와의 관계가 제5조 제2항 각 호의 어느 하나에 해당할 것

2. 제5조 제3항에 따른 피부양자 자격의 인정 기준에 해당할 것
3. 국내 거주기간 또는 거주사유가 제3항 제1호에 따른 기준에 해당할 것. 다만, 직장가입자의 배우자 및 19세 미만 자녀(배우자의 자녀를 포함한다)에 대해서는 그러하지 아니하다.

⑤ 제2항부터 제4항까지의 규정에도 불구하고 다음 각 호에 해당되는 경우에는 가입자 및 피부양자가 될 수 없다.

1. 국내체류가 법률에 위반되는 경우로서 대통령령으로 정하는 사유가 있는 경우
2. 국내체류 외국인등이 외국의 법령, 외국의 보험 또는 사용자와의 계약 등에 따라 제41조에 따른 요양급여에 상당하는 의료보장을 받을 수 있어 사용자 또는 가입자가 보건복지부령으로 정하는 바에 따라 가입 제외를 신청한 경우

⑥ 제2항부터 제5항까지의 규정에서 정한 사항 외에 국내체류 외국인등의 가입자 또는 피부양자 자격의 취득 및 상실에 관한 시기·절차 등에 필요한 사항은 제5조부터 제11조까지의 규정을 준용한다. 다만, 국내체류 외국인등의 특성을 고려하여 특별히 규정해야 할 사항은 대통령령으로 다르게 정할 수 있다.

⑦ 가입자인 국내체류 외국인등이 매월 2일 이후 지역가입자의 자격을 취득하고 그 자격을 취득한 날이 속하는 달에 보건복지부장관이 고시하는 사유로 해당 자격을 상실한 경우에는 제69조 제2항 본문에도 불구하고 그 자격을 취득한 날이 속하는 달의 보험료를 부과하여 징수한다.

⑧ 국내체류 외국인등(제9항 단서의 적용을 받는 사람에 한정한다)에 해당하는 지역가입자의 보험료는 제78조 제1항 본문에도 불구하고 그 직전 월 25일까지 납부하여야 한다. 다만, 다음 각 호에 해당되는 경우에는 공단이 정하는 바에 따라 납부하여야 한다.

1. 자격을 취득한 날이 속하는 달의 보험료를 징수하는 경우
2. 매월 26일 이후부터 말일까지의 기간에 자격을 취득한 경우

⑨ 제7항과 제8항에서 정한 사항 외에 가입자인 국내체류 외국인등의 보험료 부과·징수에 관한 사항은 제69조부터 제86조까지의 규정을 준용한다. 다만, 대통령령으로 정하는 국내체류 외국인등의 보험료 부과·징수에 관한 사항은 그 특성을 고려하여 보건복지부장관이 다르게 정하여 고시할 수 있다.

⑩ 공단은 지역가입자인 국내체류 외국인등(제9항 단서의 적용을 받는 사람에 한정한다)이 보험료를 대통령령으로 정하는 기간 이상 체납한 경우에는 제53조 제3항에도 불구하고 체납일부터 체납한 보험료를 완납할 때까지 보험급여를 하지 아니한다. 이 경우 제53조 제3항 각 호 외의 부분 단서 및 같은 조 제5항·제6항은 적용하지 아니한다.

⑪ 제10항에도 불구하고 체류자격 및 체류기간 등 국내체류 외국인등의 특성을 고려하여 특별히 규정하여야 할 사항은 대통령령으로 다르게 정할 수 있다.

[2024. 10. 22. 법률 제20505호에 의하여 2023. 9. 26. 헌법재판소에서 헌법불합치 결정된 이 조 제10항을 개정함.]

제110조【실업자에 대한 특례】① 사용관계가 끝난 사람 중 직장가입자로서의 자격을 유지한 기간이 보건복지부령으로 정하는 기간 동안 통산 1년 이상인 사람은 지역가입자가 된 이후 최초로 제79조에 따라 지역가입자 보험료를 고지받은 날부터 그 납부기한에서 2개월이 지나기 이전까지 공단에 직장가입자로서의 자격을 유지할 것을 신청할 수 있다.

② 제1항에 따라 공단에 신청한 가입자(이하 "임의계속가입자"라 한다)는 제9조에도 불구하고 대통령령으로 정하는 기간 동안 직장가입자의 자격을 유지한다. 다만, 제1항에 따른 신청 후 최초로 내야 할 직장가입자 보험료를 그 납부기한부터 2개월이 지난 날까지 내지 아니한 경우에는 그 자격을 유지할 수 없다.

③ 임의계속가입자의 보수월액은 보수월액보험료가 산정된 최근 12개월간의 보수월액을 평균한 금액으로 한다.

④ 임의계속가입자의 보험료는 보건복지부장관이 정하여 고시하는 바에 따라 그 일부를 경감할 수 있다.

⑤ 임의계속가입자의 보수월액보험료는 제76조

제1항 및 제77조 제1항 제1호에도 불구하고 그 임의계속가입자가 전액을 부담하고 납부한다.

⑥ 임의계속가입자가 보험료를 납부기한까지 내지 아니하는 경우 그 급여제한에 관하여는 제53조 제3항 · 제5항 및 제6항을 준용한다. 이 경우 "제69조 제5항에 따른 세대단위의 보험료"는 "제110조 제5항에 따른 보험료"로 본다.

⑦ 임의계속가입자의 신청 방법 · 절차 등에 필요한 사항은 보건복지부령으로 정한다.

제111조【권한의 위임】이 법에 따른 보건복지부장관의 권한은 대통령령으로 정하는 바에 따라 그 일부를 특별시장 · 광역시장 · 특별자치시장 · 도지사 또는 특별자치도지사에게 위임할 수 있다.

제112조【업무의 위탁】① 공단은 대통령령으로 정하는 바에 따라 다음 각 호의 업무를 체신관서, 금융기관 또는 그 밖의 자에게 위탁할 수 있다.

1. 보험료의 수납 또는 보험료납부의 확인에 관한 업무
2. 보험급여비용의 지급에 관한 업무
3. 징수위탁근거법의 위탁에 따라 징수하는 연금보험료, 고용보험료, 산업재해보상보험료, 부담금 및 분담금 등(이하 "징수위탁보험료등"이라 한다)의 수납 또는 그 납부의 확인에 관한 업무

② 공단은 그 업무의 일부를 국가기관, 지방자치단체 또는 다른 법령에 따른 사회보험 업무를 수행하는 법인이나 그 밖의 자에게 위탁할 수 있다. 다만, 보험료와 징수위탁보험료등의 징수 업무는 그러하지 아니하다.

③ 제2항에 따라 공단이 위탁할 수 있는 업무 및 위탁받을 수 있는 자의 범위는 보건복지부령으로 정한다.

제113조【징수위탁보험료등의 배분 및 납입 등】

① 공단은 자신이 징수한 보험료와 그에 따른 징수금 또는 징수위탁보험료등의 금액이 징수하여야 할 총액에 부족한 경우에는 대통령령으로 정하는 기준, 방법에 따라 이를 배분하여 납부 처리하여야 한다. 다만, 납부의무자가 다른 의사를 표시한 때에는 그에 따른다.

② 공단은 징수위탁보험료등을 징수한 때에는 이를 지체 없이 해당 보험별 기금에 납입하여야 한다.

제114조【출연금의 용도 등】① 공단은 「국민연금법」, 「산업재해보상보험법」, 「고용보험법」 및 「임금채권보장법」에 따라 국민연금기금, 산업재해보상보험및예방기금, 고용보험기금 및 임금채권보장기금으로부터 각각 지급받은 출연금을 제14조 제1항 제11호에 따른 업무에 소요되는 비용에 사용하여야 한다.

② 제1항에 따라 지급받은 출연금의 관리 및 운용 등에 필요한 사항은 대통령령으로 정한다.

제114조의2【벌칙 적용에서 공무원 의제】제4조제1항에 따른 심의위원회 및 제100조제2항에 따른 건강보험공표심의위원회 위원 중 공무원이 아닌 사람은 「형법」 제127조 및 제129조부터 제132조까지의 규정을 적용할 때에는 공무원으로 본다.

제9장 벌칙

제115조【벌칙】① 제102조 제1호를 위반하여 가입자 및 피부양자의 개인정보를 누설하거나 직무상 목적 외의 용도로 이용 또는 정당한 사유 없이 제3자에게 제공한 자는 5년 이하의 징역 또는 5천만 원 이하의 벌금에 처한다.

② 다음 각 호의 어느 하나에 해당하는 자는 3년 이하의 징역 또는 3천만 원 이하의 벌금에 처한다.

1. 대행청구단체의 종사자로서 거짓이나 그 밖의 부정한 방법으로 요양급여비용을 청구한 자
2. 제102조 제2호를 위반하여 업무를 수행하면서 알게 된 정보를 누설하거나 직무상 목적 외의 용도로 이용 또는 제3자에게 제공한 자

③ 제96조의3 제3항을 위반하여 공동이용하는 전산정보자료를 같은 조 제1항에 따른 목적 외의 용도로 이용하거나 활용한 자는 3년 이하의 징역 또는 1천만 원 이하의 벌금에 처한다.

④ 거짓이나 그 밖의 부정한 방법으로 보험급여를 받거나 타인으로 하여금 보험급여를 받게 한 사람은 2년 이하의 징역 또는 2천만 원 이하의 벌금에 처한다.

⑤ 다음 각 호의 어느 하나에 해당하는 자는

1년 이하의 징역 또는 1천만 원 이하의 벌금에 처한다.
1. 제42조의2 제1항 및 제3항을 위반하여 선별급여를 제공한 요양기관의 개설자
2. 제47조 제7항을 위반하여 대행청구단체가 아닌 자로 하여금 대행하게 한 자
3. 제93조를 위반한 사용자
4. 제98조 제2항을 위반한 요양기관의 개설자
5. 삭제

제116조 【벌칙】 제97조 제2항을 위반하여 보고 또는 서류 제출을 하지 아니한 자, 거짓으로 보고하거나 거짓 서류를 제출한 자, 검사나 질문을 거부·방해 또는 기피한 자는 1천만 원 이하의 벌금에 처한다.

제117조 【벌칙】 제42조 제5항을 위반한 자 또는 제49조 제2항을 위반하여 요양비 명세서나 요양 명세를 적은 영수증을 내주지 아니한 자는 500만 원 이하의 벌금에 처한다.

제118조 【양벌 규정】 ① 법인의 대표자나 법인 또는 개인의 대리인, 사용인, 그 밖의 종사자가 그 법인 또는 개인의 업무에 관하여 제115조부터 제117조까지의 규정 중 어느 하나에 해당하는 위반행위를 하면 그 행위자를 벌하는 외에 그 법인 또는 개인에게도 해당 조문의 벌금형을 과(科)한다. 다만, 법인 또는 개인이 그 위반행위를 방지하기 위하여 해당 업무에 관하여 상당한 주의와 감독을 게을리하지 아니한 경우에는 그러하지 아니하다.

제119조 【과태료】 ① 삭제

② 삭제

③ 다음 각 호의 어느 하나에 해당하는 자에게는 500만 원 이하의 과태료를 부과한다.
1. 제7조를 위반하여 신고를 하지 아니하거나 거짓으로 신고한 사용자
2. 정당한 사유 없이 제94조 제1항을 위반하여 신고·서류제출을 하지 아니하거나 거짓으로 신고·서류제출을 한 자
3. 정당한 사유 없이 제97조 제1항, 제3항, 제4항, 제5항을 위반하여 보고·서류제출을 하지 아니하거나 거짓으로 보고·서류제출을 한 자
4. 제98조 제4항을 위반하여 행정처분을 받은 사실 또는 행정처분절차가 진행 중인 사실을 지체 없이 알리지 아니한 자
5. 정당한 사유 없이 제101조 제2항을 위반하여 서류를 제출하지 아니하거나 거짓으로 제출한 자

④ 다음 각 호의 어느 하나에 해당하는 자에게는 100만 원 이하의 과태료를 부과한다.
1. 삭제
2. 삭제
3. 제12조 제4항을 위반하여 정당한 사유 없이 건강보험증이나 신분증명서로 가입자 또는 피부양자의 본인 여부 및 그 자격을 확인하지 아니하고 요양급여를 실시한 자
4. 제96조의4를 위반하여 서류를 보존하지 아니한 자
5. 제103조에 따른 명령을 위반한 자
6. 제105조를 위반한 자

⑤ 제3항 및 제4항에 따른 과태료는 대통령령으로 정하는 바에 따라 보건복지부장관이 부과·징수한다.

노인장기요양보험법

[시행 2025. 6. 21.] [법률 제20587호, 2024. 12. 20., 일부개정]

제1장 총칙

제1조 【목적】 이 법은 고령이나 노인성 질병 등의 사유로 일상생활을 혼자서 수행하기 어려운 노인등에게 제공하는 신체활동 또는 가사활동 지원 등의 장기요양급여에 관한 사항을 규정하여 노후의 건강증진 및 생활안정을 도모하고 그 가족의 부담을 덜어줌으로써 국민의 삶의 질을 향상하도록 함을 목적으로 한다.

제2조 【정의】 이 법에서 사용하는 용어의 정의는 다음과 같다.

1. "노인등"이란 65세 이상의 노인 또는 65세 미만의 자로서 치매·뇌혈관성질환 등 대통령령으로 정하는 노인성 질병을 가진 자를 말한다.
2. "장기요양급여"란 제15조 제2항에 따라 6개월 이상 동안 혼자서 일상생활을 수행하기 어렵다고 인정되는 자에게 신체활동·가사활동의 지원 또는 간병 등의 서비스나 이에 갈음하여 지급하는 현금 등을 말한다.
3. "장기요양사업"이란 장기요양보험료, 국가 및 지방자치단체의 부담금 등을 재원으로 하여 노인등에게 장기요양급여를 제공하는 사업을 말한다.
4. "장기요양기관"이란 제31조에 따른 지정을 받은 기관으로서 장기요양급여를 제공하는 기관을 말한다.
5. "장기요양요원"이란 장기요양기관에 소속되어 노인등의 신체활동 또는 가사활동 지원 등의 업무를 수행하는 자를 말한다.

제3조 【장기요양급여 제공의 기본원칙】 ① 장기요양급여는 노인등이 자신의 의사와 능력에 따라 최대한 자립적으로 일상생활을 수행할 수 있도록 제공하여야 한다.

② 장기요양급여는 노인등의 심신상태·생활환경과 노인등 및 그 가족의 욕구·선택을 종합적으로 고려하여 필요한 범위 안에서 이를 적정하게 제공하여야 한다.

③ 장기요양급여는 노인등이 가족과 함께 생활하면서 가정에서 장기요양을 받는 재가급여를 우선적으로 제공하여야 한다.

④ 장기요양급여는 노인등의 심신상태나 건강 등이 악화되지 아니하도록 의료서비스와 연계하여 이를 제공하여야 한다.

제4조 【국가 및 지방자치단체의 책무 등】 ① 국가 및 지방자치단체는 노인이 일상생활을 혼자서 수행할 수 있는 온전한 심신상태를 유지하는데 필요한 사업(이하 "노인성질환예방사업"이라 한다)을 실시하여야 한다.

② 국가는 노인성질환예방사업을 수행하는 지방자치단체 또는 「국민건강보험법」에 따른 국민건강보험공단(이하 "공단"이라 한다)에 대하여 이에 소요되는 비용을 지원할 수 있다.

③ 국가 및 지방자치단체는 노인인구 및 지역특성 등을 고려하여 장기요양급여가 원활하게 제공될 수 있도록 적정한 수의 장기요양기관을 확충하고 장기요양기관의 설립을 지원하여야 한다.

④ 국가 및 지방자치단체는 국·공립 장기요양기관을 확충하기 위하여 노력하여야 한다.

⑤ 국가 및 지방자치단체는 장기요양급여가 원활히 제공될 수 있도록 공단에 필요한 행정적 또는 재정적 지원을 할 수 있다.

⑥ 국가 및 지방자치단체는 장기요양요원의 처우를 개선하고 복지를 증진하며 지위를 향상시키기 위하여 적극적으로 노력하여야 한다.

⑦ 국가 및 지방자치단체는 지역의 특성에 맞는 장기요양사업의 표준을 개발·보급할 수 있다.

제5조 【장기요양급여에 관한 국가정책방향】 국가는 제6조의 장기요양기본계획을 수립·시행

함에 있어서 노인뿐만 아니라 장애인 등 일상생활을 혼자서 수행하기 어려운 모든 국민이 장기요양급여, 신체활동지원서비스 등을 제공받을 수 있도록 노력하고 나아가 이들의 생활안정과 자립을 지원할 수 있는 시책을 강구하여야 한다.

제6조【장기요양기본계획】① 보건복지부장관은 노인등에 대한 장기요양급여를 원활하게 제공하기 위하여 5년 단위로 다음 각 호의 사항이 포함된 장기요양기본계획을 수립·시행하여야 한다.

1. 연도별 장기요양급여 대상인원 및 재원조달 계획
2. 연도별 장기요양기관 및 장기요양전문인력 관리 방안
3. 장기요양요원의 처우에 관한 사항
4. 그 밖에 노인등의 장기요양에 관한 사항으로서 대통령령으로 정하는 사항

② 지방자치단체의 장은 제1항에 따른 장기요양기본계획에 따라 세부시행계획을 수립·시행하여야 한다.

제6조의2【실태조사】① 보건복지부장관은 장기요양사업의 실태를 파악하기 위하여 3년마다 다음 각 호의 사항에 관한 조사를 정기적으로 실시하고 그 결과를 공표하여야 한다.

1. 장기요양인정에 관한 사항
2. 제52조에 따른 장기요양등급판정위원회(이하 "등급판정위원회"라 한다)의 판정에 따라 장기요양급여를 받을 사람(이하 "수급자"라 한다)의 규모, 그 급여의 수준 및 만족도에 관한 사항
3. 장기요양기관에 관한 사항
4. 장기요양요원의 근로조건, 처우 및 규모에 관한 사항
5. 그 밖에 장기요양사업에 관한 사항으로서 보건복지부령으로 정하는 사항

② 제1항에 따른 실태조사의 방법과 내용 등에 필요한 사항은 보건복지부령으로 정한다.

제2장 장기요양보험

제7조【장기요양보험】① 장기요양보험사업은 보건복지부장관이 관장한다.

② 장기요양보험사업의 보험자는 공단으로 한다.

③ 장기요양보험의 가입자(이하 "장기요양보험가입자"라 한다)는 「국민건강보험법」 제5조 및 제109조에 따른 가입자로 한다.

④ 공단은 제3항에도 불구하고 「외국인근로자의 고용 등에 관한 법률」에 따른 외국인근로자 등 대통령령으로 정하는 외국인이 신청하는 경우 보건복지부령으로 정하는 바에 따라 장기요양보험가입자에서 제외할 수 있다.

제8조【장기요양보험료의 징수】① 공단은 장기요양사업에 사용되는 비용에 충당하기 위하여 장기요양보험료를 징수한다.

② 제1항에 따른 장기요양보험료는 「국민건강보험법」 제69조에 따른 보험료(이하 이 조에서 "건강보험료"라 한다)와 통합하여 징수한다. 이 경우 공단은 장기요양보험료와 건강보험료를 구분하여 고지하여야 한다.

③ 공단은 제2항에 따라 통합 징수한 장기요양보험료와 건강보험료를 각각의 독립회계로 관리하여야 한다.

제9조【장기요양보험료의 산정】① 장기요양보험료는 「국민건강보험법」 제69조 제4항·제5항 및 제109조 제9항 단서에 따라 산정한 보험료액에서 같은 법 제74조 또는 제75조에 따라 경감 또는 면제되는 비용을 공제한 금액에 같은 법 제73조 제1항에 따른 건강보험료율 대비 장기요양보험료율의 비율을 곱하여 산정한 금액으로 한다.

② 제1항에 따른 장기요양보험료율은 제45조에 따른 장기요양위원회의 심의를 거쳐 대통령령으로 정한다.

③ 제1항에도 불구하고 장기요양보험의 특성을 고려하여 「국민건강보험법」 제74조 또는 제75조에 따라 경감 또는 면제되는 비용을 달리 적용할 필요가 있는 경우에는 대통령령으로 정하는 바에 따라 경감 또는 면제되는 비용의 공제 수준을 달리 정할 수 있다.

제10조【장애인 등에 대한 장기요양보험료의 감면】공단은 「장애인복지법」에 따른 장애인 또는 이와 유사한 자로서 대통령령으로 정하는 자가 장기요양보험가입자 또는 그 피부양자인 경우 제15조 제2항에 따른 수급자로 결정되지

못한 때 대통령령으로 정하는 바에 따라 장기요양보험료의 전부 또는 일부를 감면할 수 있다.

제11조【장기요양보험가입 자격 등에 관한 준용】「국민건강보험법」 제5조, 제6조, 제8조부터 제11조까지, 제69조 제1항부터 제3항까지, 제76조부터 제86조까지, 제109조 제1항부터 제9항까지 및 제110조는 장기요양보험가입자·피부양자의 자격취득·상실, 장기요양보험료 등의 납부·징수 및 결손처분 등에 관하여 이를 준용한다. 이 경우 "보험료"는 "장기요양보험료"로, "건강보험"은 "장기요양보험"으로, "가입자"는 "장기요양보험가입자"로 본다.

제3장 장기요양인정

제12조【장기요양인정의 신청자격】 장기요양인정을 신청할 수 있는 자는 노인등으로서 다음 각 호의 어느 하나에 해당하는 자격을 갖추어야 한다.

1. 장기요양보험가입자 또는 그 피부양자
2. 「의료급여법」 제3조 제1항에 따른 수급권자(이하 "의료급여수급권자"라 한다)

제13조【장기요양인정의 신청】 ① 장기요양인정을 신청하는 자(이하 "신청인"이라 한다)는 공단에 보건복지부령으로 정하는 바에 따라 장기요양인정신청서(이하 "신청서"라 한다)에 의사 또는 한의사가 발급하는 소견서(이하 "의사소견서"라 한다)를 첨부하여 제출하여야 한다. 다만, 의사소견서는 공단이 제15조 제1항에 따라 등급판정위원회에 자료를 제출하기 전까지 제출할 수 있다.

② 제1항에도 불구하고 거동이 현저하게 불편하거나 도서·벽지 지역에 거주하여 의료기관을 방문하기 어려운 자 등 대통령령으로 정하는 자는 의사소견서를 제출하지 아니할 수 있다.

③ 의사소견서의 발급비용·비용부담방법·발급자의 범위, 그 밖에 필요한 사항은 보건복지부령으로 정한다.

제14조【장기요양인정 신청의 조사】 ① 공단은 제13조 제1항에 따라 신청서를 접수한 때 보건복지부령으로 정하는 바에 따라 소속 직원으로 하여금 다음 각 호의 사항을 조사하게 하여야 한다. 다만, 지리적 사정 등으로 직접 조사하기 어려운 경우 또는 조사에 필요하다고 인정하는 경우 특별자치시·특별자치도·시·군·구(자치구를 말한다. 이하 같다)에 대하여 조사를 의뢰하거나 공동으로 조사할 것을 요청할 수 있다.

1. 신청인의 심신상태
2. 신청인에게 필요한 장기요양급여의 종류 및 내용
3. 그 밖에 장기요양에 관하여 필요한 사항으로서 보건복지부령으로 정하는 사항

② 공단은 제1항 각 호의 사항을 조사하는 경우 2명 이상의 소속 직원이 조사할 수 있도록 노력하여야 한다.

③ 제1항에 따라 조사를 하는 자는 조사일시, 장소 및 조사를 담당하는 자의 인적사항 등을 미리 신청인에게 통보하여야 한다.

④ 공단 또는 제1항 단서에 따른 조사를 의뢰받은 특별자치시·특별자치도·시·군·구는 조사를 완료한 때 조사결과서를 작성하여야 한다. 조사를 의뢰받은 특별자치시·특별자치도·시·군·구는 지체 없이 공단에 조사결과서를 송부하여야 한다.

제15조【등급판정 등】 ① 공단은 제14조에 따른 조사가 완료된 때 조사결과서, 신청서, 의사소견서, 그 밖에 심의에 필요한 자료를 등급판정위원회에 제출하여야 한다.

② 등급판정위원회는 신청인이 제12조의 신청자격요건을 충족하고 6개월 이상 동안 혼자서 일상생활을 수행하기 어렵다고 인정하는 경우 심신상태 및 장기요양이 필요한 정도 등 대통령령으로 정하는 등급판정기준에 따라 수급자로 판정한다.

③ 등급판정위원회는 제2항에 따라 심의·판정을 하는 때 신청인과 그 가족, 의사소견서를 발급한 의사 등 관계인의 의견을 들을 수 있다.

④ 공단은 장기요양급여를 받고 있거나 받을 수 있는 자가 다음 각 호의 어느 하나에 해당하는 것으로 의심되는 경우에는 제14조 제1항 각 호의 사항을 조사하여 그 결과를 등급판정위원회에 제출하여야 한다.

1. 거짓이나 그 밖의 부정한 방법으로 장기요양인정을 받은 경우
2. 고의로 사고를 발생하도록 하거나 본인의

위법행위에 기인하여 장기요양인정을 받은 경우

⑤ 등급판정위원회는 제4항에 따라 제출된 조사 결과를 토대로 제2항에 따라 다시 수급자 등급을 조정하고 수급자 여부를 판정할 수 있다.

제16조【장기요양등급판정기간】① 등급판정위원회는 신청인이 신청서를 제출한 날부터 30일 이내에 제15조에 따른 장기요양등급판정을 완료하여야 한다. 다만, 신청인에 대한 정밀조사가 필요한 경우 등 기간 이내에 등급판정을 완료할 수 없는 부득이한 사유가 있는 경우 30일 이내의 범위에서 이를 연장할 수 있다.

② 공단은 등급판정위원회가 제1항 단서에 따라 장기요양인정심의 및 등급판정기간을 연장하고자 하는 경우 신청인 및 대리인에게 그 내용·사유 및 기간을 통보하여야 한다.

제17조【장기요양인정서】① 공단은 등급판정위원회가 장기요양인정 및 등급판정의 심의를 완료한 경우 지체 없이 다음 각 호의 사항이 포함된 장기요양인정서를 작성하여 수급자에게 송부하여야 한다.

1. 장기요양등급
2. 장기요양급여의 종류 및 내용
3. 그 밖에 장기요양급여에 관한 사항으로서 보건복지부령으로 정하는 사항

② 공단은 등급판정위원회가 장기요양인정 및 등급판정의 심의를 완료한 경우 수급자로 판정받지 못한 신청인에게 그 내용 및 사유를 통보하여야 한다. 이 경우 특별자치시장·특별자치도지사·시장·군수·구청장(자치구의 구청장을 말한다. 이하 같다)은 공단에 대하여 이를 통보하도록 요청할 수 있고, 요청을 받은 공단은 이에 응하여야 한다.

③ 공단은 제1항에 따라 장기요양인정서를 송부하는 때 장기요양급여를 원활히 이용할 수 있도록 제28조에 따른 월 한도액 범위 안에서 개인별장기요양이용계획서를 작성하여 이를 함께 송부하여야 한다.

④ 제1항 및 제3항에 따른 장기요양인정서 및 개인별장기요양이용계획서의 작성방법에 관하여 필요한 사항은 보건복지부령으로 정한다.

제18조【장기요양인정서를 작성할 경우 고려사항】 공단은 장기요양인정서를 작성할 경우 제17조 제1항 제2호에 따른 장기요양급여의 종류 및 내용을 정하는 때 다음 각 호의 사항을 고려하여 정하여야 한다.

1. 수급자의 장기요양등급 및 생활환경
2. 수급자와 그 가족의 욕구 및 선택
3. 시설급여를 제공하는 경우 장기요양기관이 운영하는 시설 현황

제19조【장기요양인정의 유효기간】① 제15조에 따른 장기요양인정의 유효기간은 최소 1년 이상으로서 대통령령으로 정한다.

② 제1항의 유효기간의 산정방법과 그 밖에 필요한 사항은 보건복지부령으로 정한다.

제20조【장기요양인정의 갱신】① 수급자는 제19조에 따른 장기요양인정의 유효기간이 만료된 후 장기요양급여를 계속하여 받고자 하는 경우 공단에 장기요양인정의 갱신을 신청하여야 한다.

② 제1항에 따른 장기요양인정의 갱신 신청은 유효기간이 만료되기 전 30일까지 이를 완료하여야 한다.

③ 제12조부터 제19조까지의 규정은 장기요양인정의 갱신절차에 관하여 준용한다.

제21조【장기요양등급 등의 변경】① 장기요양급여를 받고 있는 수급자는 장기요양등급, 장기요양급여의 종류 또는 내용을 변경하여 장기요양급여를 받고자 하는 경우 공단에 변경신청을 하여야 한다.

② 제12조부터 제19조까지의 규정은 장기요양등급의 변경절차에 관하여 준용한다.

제22조【장기요양인정 신청 등에 대한 대리】① 장기요양급여를 받고자 하는 자 또는 수급자가 신체적·정신적인 사유로 이 법에 따른 장기요양인정의 신청, 장기요양인정의 갱신신청 또는 장기요양등급의 변경신청 등을 직접 수행할 수 없을 때 본인의 가족이나 친족, 그 밖의 이해관계인은 이를 대리할 수 있다.

② 다음 각 호의 어느 하나에 해당하는 사람은 관할 지역 안에 거주하는 사람 중 장기요양급여를 받고자 하는 사람 또는 수급자가 제1항에 따른 장기요양인정신청 등을 직접 수행할 수 없을 때 본인 또는 가족의 동의를 받아 그 신청을 대리할 수 있다.

1. 「사회보장급여의 이용·제공 및 수급권자

발굴에 관한 법률」 제43조에 따른 사회복지전담공무원
2. 「치매관리법」 제17조에 따른 치매안심센터의 장(장기요양급여를 받고자 하는 사람 또는 수급자가 같은 법 제2조 제2호에 따른 치매환자인 경우로 한정한다)

③ 제1항 및 제2항에도 불구하고 장기요양급여를 받고자 하는 자 또는 수급자가 제1항에 따른 장기요양인정신청 등을 할 수 없는 경우 특별자치시장·특별자치도지사·시장·군수·구청장이 지정하는 자는 이를 대리할 수 있다.

④ 제1항부터 제3항까지의 규정에 따른 장기요양인정신청 등의 방법 및 절차 등에 관하여 필요한 사항은 보건복지부령으로 정한다.

제4장 장기요양급여의 종류

제23조 【장기요양급여의 종류】 ① 이 법에 따른 장기요양급여의 종류는 다음 각 호와 같다.
1. 재가급여
   가. 방문요양: 장기요양요원이 수급자의 가정 등을 방문하여 신체활동 및 가사활동 등을 지원하는 장기요양급여
   나. 방문목욕: 장기요양요원이 목욕설비를 갖춘 장비를 이용하여 수급자의 가정 등을 방문하여 목욕을 제공하는 장기요양급여
   다. 방문간호: 장기요양요원인 간호사 등이 의사, 한의사 또는 치과의사의 지시서(이하 "방문간호지시서"라 한다)에 따라 수급자의 가정 등을 방문하여 간호, 진료의 보조, 요양에 관한 상담 또는 구강위생 등을 제공하는 장기요양급여
   라. 주·야간보호: 수급자를 하루 중 일정한 시간 동안 장기요양기관에 보호하여 신체활동 지원 및 심신기능의 유지·향상을 위한 교육·훈련 등을 제공하는 장기요양급여
   마. 단기보호: 수급자를 보건복지부령으로 정하는 범위 안에서 일정 기간 동안 장기요양기관에 보호하여 신체활동 지원 및 심신기능의 유지·향상을 위한 교육·훈련 등을 제공하는 장기요양급여
   바. 기타재가급여: 수급자의 일상생활·신체활동 지원 및 인지기능의 유지·향상에 필요한 용구(소프트웨어를 포함한다)를 제공하거나 가정을 방문하여 재활에 관한 지원 등을 제공하는 장기요양급여로서 대통령령으로 정하는 것
2. 시설급여: 장기요양기관에 장기간 입소한 수급자에게 신체활동 지원 및 심신기능의 유지·향상을 위한 교육·훈련 등을 제공하는 장기요양급여
3. 특별현금급여
   가. 가족요양비: 제24조에 따라 지급하는 가족장기요양급여
   나. 특례요양비: 제25조에 따라 지급하는 특례장기요양급여
   다. 요양병원간병비: 제26조에 따라 지급하는 요양병원장기요양급여

② 제1항 제1호 및 제2호에 따라 장기요양급여를 제공할 수 있는 장기요양기관의 종류 및 기준과 장기요양급여 종류별 장기요양요원의 범위·업무·보수교육 등에 관하여 필요한 사항은 대통령령으로 정한다.

③ 장기요양기관은 제1항 제1호 가목에서 마목까지의 재가급여 전부 또는 일부를 통합하여 제공하는 서비스(이하 이 조에서 "통합재가서비스"라 한다)를 제공할 수 있다.

④ 제3항에 따라 통합재가서비스를 제공하는 장기요양기관은 보건복지부령으로 정하는 인력, 시설, 운영 등의 기준을 준수하여야 한다.

⑤ 장기요양급여의 제공 기준·절차·방법·범위, 그 밖에 필요한 사항은 보건복지부령으로 정한다.

제24조 【가족요양비】 ① 공단은 다음 각 호의 어느 하나에 해당하는 수급자가 가족 등으로부터 제23조 제1항 제1호가목에 따른 방문요양에 상당한 장기요양급여를 받은 때 대통령령으로 정하는 기준에 따라 해당 수급자에게 가족요양비를 지급할 수 있다.
1. 도서·벽지 등 장기요양기관이 현저히 부족한 지역으로서 보건복지부장관이 정하여 고시하는 지역에 거주하는 자

2. 천재지변이나 그 밖에 이와 유사한 사유로 인하여 장기요양기관이 제공하는 장기요양급여를 이용하기가 어렵다고 보건복지부장관이 인정하는 자
3. 신체 · 정신 또는 성격 등 대통령령으로 정하는 사유로 인하여 가족 등으로부터 장기요양을 받아야 하는 자

② 제1항에 따른 가족요양비의 지급절차와 그 밖에 필요한 사항은 보건복지부령으로 정한다.

제25조【특례요양비】① 공단은 수급자가 장기요양기관이 아닌 노인요양시설 등의 기관 또는 시설에서 재가급여 또는 시설급여에 상당한 장기요양급여를 받은 경우 대통령령으로 정하는 기준에 따라 해당 장기요양급여비용의 일부를 해당 수급자에게 특례요양비로 지급할 수 있다.

② 제1항에 따라 장기요양급여가 인정되는 기관 또는 시설의 범위, 특례요양비의 지급절차, 그 밖에 필요한 사항은 보건복지부령으로 정한다.

제26조【요양병원간병비】① 공단은 수급자가 「의료법」 제3조 제2항 제3호 라목에 따른 요양병원에 입원한 때 대통령령으로 정하는 기준에 따라 장기요양에 사용되는 비용의 일부를 요양병원간병비로 지급할 수 있다.

② 제1항에 따른 요양병원간병비의 지급절차와 그 밖에 필요한 사항은 보건복지부령으로 정한다.

제5장 장기요양급여의 제공

제27조【장기요양급여의 제공】① 수급자는 제17조 제1항에 따른 장기요양인정서와 같은 조 제3항에 따른 개인별장기요양이용계획서가 도달한 날부터 장기요양급여를 받을 수 있다.

② 제1항에도 불구하고 수급자는 돌볼 가족이 없는 경우 등 대통령령으로 정하는 사유가 있는 경우 신청서를 제출한 날부터 장기요양인정서가 도달되는 날까지의 기간 중에도 장기요양급여를 받을 수 있다.

③ 수급자는 장기요양급여를 받으려면 장기요양기관에 장기요양인정서와 개인별장기요양이용계획서를 제시하여야 한다. 다만, 수급자가 장기요양인정서 및 개인별장기요양이용계획서를 제시하지 못하는 경우 장기요양기관은 공단에 전화나 인터넷 등을 통하여 그 자격 등을 확인할 수 있다.

④ 장기요양기관은 제3항에 따라 수급자가 제시한 장기요양인정서와 개인별장기요양이용계획서를 바탕으로 장기요양급여 제공 계획서를 작성하고 수급자의 동의를 받아 그 내용을 공단에 통보하여야 한다.

⑤ 제2항에 따른 장기요양급여 인정 범위와 절차, 제4항에 따른 장기요양급여 제공 계획서 작성 절차에 관한 구체적인 사항 등은 대통령령으로 정한다.

제27조의2【특별현금급여수급계좌】① 공단은 특별현금급여를 받는 수급자의 신청이 있는 경우에는 특별현금급여를 수급자 명의의 지정된 계좌(이하 "특별현금급여수급계좌"라 한다)로 입금하여야 한다. 다만, 정보통신장애나 그 밖에 대통령령으로 정하는 불가피한 사유로 특별현금급여수급계좌로 이체할 수 없을 때에는 현금 지급 등 대통령령으로 정하는 바에 따라 특별현금급여를 지급할 수 있다.

② 특별현금급여수급계좌가 개설된 금융기관은 특별현금급여만이 특별현금급여수급계좌에 입금되도록 관리하여야 한다.

③ 제1항에 따른 신청방법 · 절차와 제2항에 따른 특별현금급여수급계좌의 관리에 필요한 사항은 대통령령으로 정한다.

제28조【장기요양급여의 월 한도액】① 장기요양급여는 월 한도액 범위 안에서 제공한다. 이 경우 월 한도액은 장기요양등급 및 장기요양급여의 종류 등을 고려하여 산정한다.

② 제1항에 따른 월 한도액의 산정기준 및 방법, 그 밖에 필요한 사항은 보건복지부령으로 정한다.

제28조의2【급여외행위의 제공 금지】① 수급자 또는 장기요양기관은 장기요양급여를 제공받거나 제공할 경우 다음 각 호의 행위(이하 "급여외행위"라 한다)를 요구하거나 제공하여서는 아니 된다.

1. 수급자의 가족만을 위한 행위
2. 수급자 또는 그 가족의 생업을 지원하는 행위

3. 그 밖에 수급자의 일상생활에 지장이 없는 행위

② 그 밖에 급여외행위의 범위 등에 관한 구체적인 사항은 보건복지부령으로 정한다.

제29조【장기요양급여의 제한】① 공단은 장기요양급여를 받고 있는 자가 정당한 사유 없이 제15조 제4항에 따른 조사나 제60조 또는 제61조에 따른 요구에 응하지 아니하거나 답변을 거절한 경우 장기요양급여의 전부 또는 일부를 제공하지 아니하게 할 수 있다.

② 공단은 장기요양급여를 받고 있거나 받을 수 있는 자가 장기요양기관이 거짓이나 그 밖의 부정한 방법으로 장기요양급여비용을 받는 데에 가담한 경우 장기요양급여를 중단하거나 1년의 범위에서 장기요양급여의 횟수 또는 제공 기간을 제한할 수 있다.

③ 제2항에 따른 장기요양급여의 중단 및 제한 기준과 그 밖에 필요한 사항은 보건복지부령으로 정한다.

제30조【장기요양급여의 제한 등에 관한 준용】「국민건강보험법」 제53조 제1항 제4호, 같은 조 제2항부터 제6항까지, 제54조 및 제109조 제10항은 이 법에 따른 보험료 체납자 등에 대한 장기요양급여의 제한 및 장기요양급여의 정지에 관하여 준용한다. 이 경우 "가입자"는 "장기요양보험가입자"로, "보험급여"는 "장기요양급여"로 본다.

제6장 장기요양기관

제31조【장기요양기관의 지정】① 제23조 제1항 제1호에 따른 재가급여 또는 같은 항 제2호에 따른 시설급여를 제공하는 장기요양기관을 운영하려는 자는 보건복지부령으로 정하는 장기요양에 필요한 시설 및 인력을 갖추어 소재지를 관할 구역으로 하는 특별자치시장·특별자치도지사·시장·군수·구청장으로부터 지정을 받아야 한다.

② 제1항에 따라 장기요양기관으로 지정을 받을 수 있는 시설은 「노인복지법」 제31조에 따른 노인복지시설 중 대통령령으로 정하는 시설로 한다.

③ 특별자치시장·특별자치도지사·시장·군수·구청장이 제1항에 따른 지정을 하려는 경우에는 다음 각 호의 사항을 검토하여 장기요양기관을 지정하여야 한다. 이 경우 특별자치시장·특별자치도지사·시장·군수·구청장은 공단에 관련 자료의 제출을 요청하거나 그 의견을 들을 수 있다.

1. 장기요양기관을 운영하려는 자의 장기요양급여 제공 이력
2. 장기요양기관을 운영하려는 자 및 그 기관에 종사하려는 자가 이 법, 「사회복지사업법」 또는 「노인복지법」 등 장기요양기관의 운영과 관련된 법에 따라 받은 행정처분의 내용
3. 장기요양기관의 운영 계획
4. 해당 지역의 노인인구 수, 치매 등 노인성질환 환자 수 및 장기요양급여 수요 등 지역 특성
5. 그 밖에 특별자치시장·특별자치도지사·시장·군수·구청장이 장기요양기관으로 지정하는 데 필요하다고 인정하여 정하는 사항

④ 특별자치시장·특별자치도지사·시장·군수·구청장은 제1항에 따라 장기요양기관을 지정한 때 지체 없이 지정 명세를 공단에 통보하여야 한다.

⑤ 제23조 제1항 제1호에 따른 재가급여를 제공하는 장기요양기관 중 의료기관이 아닌 자가 설치·운영하는 장기요양기관이 방문간호를 제공하는 경우에는 방문간호의 관리책임자로서 간호사를 둔다.

⑥ 장기요양기관의 지정절차와 그 밖에 필요한 사항은 보건복지부령으로 정한다.

제32조 삭제

제32조의2【결격사유】다음 각 호의 어느 하나에 해당하는 자는 제31조에 따른 장기요양기관으로 지정받을 수 없다.

1. 미성년자, 피성년후견인 또는 피한정후견인
2. 「정신건강증진 및 정신질환자 복지서비스 지원에 관한 법률」 제3조 제1호의 정신질환자. 다만, 전문의가 장기요양기관 설립·운영 업무에 종사하는 것이 적합하다고 인정하는 사람은 그러하지 아니하다.
3. 「마약류 관리에 관한 법률」 제2조 제1호의

마약류에 중독된 사람
4. 파산선고를 받고 복권되지 아니한 사람
5. 금고 이상의 실형을 선고받고 그 집행이 종료(집행이 종료된 것으로 보는 경우를 포함한다)되거나 집행이 면제된 날부터 5년이 경과되지 아니한 사람
6. 금고 이상의 형의 집행유예를 선고받고 그 유예기간 중에 있는 사람
7. 대표자가 제1호부터 제6호까지의 규정 중 어느 하나에 해당하는 법인

제32조의3 【장기요양기관 지정의 유효기간】 제31조에 따른 장기요양기관 지정의 유효기간은 지정을 받은 날부터 6년으로 한다.

제32조의4 【장기요양기관 지정의 갱신】 ① 장기요양기관의 장은 제32조의3에 따른 지정의 유효기간이 끝난 후에도 계속하여 그 지정을 유지하려는 경우에는 소재지를 관할구역으로 하는 특별자치시장·특별자치도지사·시장·군수·구청장에게 지정 유효기간이 끝나기 90일 전까지 지정 갱신을 신청하여야 한다.
② 제1항에 따른 신청을 받은 특별자치시장·특별자치도지사·시장·군수·구청장은 갱신 심사에 필요하다고 판단되는 경우에는 장기요양기관에 추가자료의 제출을 요구하거나 소속 공무원으로 하여금 현장심사를 하게 할 수 있다.
③ 제1항에 따른 지정 갱신이 지정 유효기간 내에 완료되지 못한 경우에는 심사 결정이 이루어질 때까지 지정이 유효한 것으로 본다.
④ 특별자치시장·특별자치도지사·시장·군수·구청장은 갱신 심사를 완료한 경우 그 결과를 지체 없이 해당 장기요양기관의 장에게 통보하여야 한다.
⑤ 특별자치시장·특별자치도지사·시장·군수·구청장이 지정의 갱신을 거부하는 경우 그 내용의 통보 및 수급자의 권익을 보호하기 위한 조치에 관하여는 제37조 제2항 및 제5항을 준용한다.
⑥ 그 밖에 지역별 장기요양급여의 수요 등 지정 갱신의 기준, 절차 및 방법 등에 필요한 사항은 보건복지부령으로 정한다.

제33조 【장기요양기관의 시설·인력에 관한 변경】 ① 장기요양기관의 장은 시설 및 인력 등 보건복지부령으로 정하는 중요한 사항을 변경하려는 경우에는 보건복지부령으로 정하는 바에 따라 특별자치시장·특별자치도지사·시장·군수·구청장의 변경지정을 받아야 한다.
② 제1항에 따른 사항 외의 사항을 변경하려는 경우에는 보건복지부령으로 정하는 바에 따라 특별자치시장·특별자치도지사·시장·군수·구청장에게 변경신고를 하여야 한다.
③ 제1항 및 제2항에 따라 변경지정을 하거나 변경신고를 받은 특별자치시장·특별자치도지사·시장·군수·구청장은 지체 없이 해당 변경 사항을 공단에 통보하여야 한다.

제33조의2 【폐쇄회로 텔레비전의 설치 등】 ① 장기요양기관을 운영하는 자는 노인학대 방지 등 수급자의 안전과 장기요양기관의 보안을 위하여 「개인정보 보호법」 및 관련 법령에 따른 폐쇄회로 텔레비전(이하 "폐쇄회로 텔레비전"이라 한다)을 설치·관리하여야 한다. 다만, 다음 각 호의 어느 하나에 해당하는 경우에는 그러하지 아니하다.
1. 제23조 제1항 제1호에 따른 재가급여만을 제공하는 경우
2. 장기요양기관을 운영하는 자가 수급자 전원 또는 그 보호자 전원의 동의를 받아 특별자치시장·특별자치도지사·시장·군수·구청장에게 신고한 경우
3. 장기요양기관을 설치·운영하는 자가 수급자, 그 보호자 및 장기요양기관 종사자 전원의 동의를 받아 「개인정보 보호법」 및 관련 법령에 따른 네트워크 카메라를 설치한 경우

② 제1항에 따라 폐쇄회로 텔레비전을 설치·관리하는 자는 수급자 및 장기요양기관 종사자 등 정보주체의 권리가 침해되지 아니하도록 다음 각 호의 사항을 준수하여야 한다.
1. 노인학대 방지 등 수급자의 안전과 장기요양기관의 보안을 위하여 최소한의 영상정보만을 적법하고 정당하게 수집하고, 목적 외의 용도로 활용하지 아니하도록 할 것
2. 수급자 및 장기요양기관 종사자 등 정보주체의 권리가 침해받을 가능성과 그 위험 정도를 고려하여 영상정보를 안전하게 관리할 것

3. 수급자 및 장기요양기관 종사자 등 정보주체의 사생활 침해를 최소화하는 방법으로 영상정보를 처리할 것

③ 장기요양기관을 운영하는 자는 폐쇄회로 텔레비전에 기록된 영상정보를 60일 이상 보관하여야 한다.

④ 국가 또는 지방자치단체는 제1항에 따른 폐쇄회로 텔레비전 설치비의 전부 또는 일부를 지원할 수 있다.

⑤ 제1항에 따른 폐쇄회로 텔레비전의 설치·관리 기준 및 동의 또는 신고의 방법·절차·요건, 제3항에 따른 영상정보의 보관기준 및 보관기간 등에 필요한 사항은 보건복지부령으로 정한다.

제33조의3【영상정보의 열람금지 등】① 폐쇄회로 텔레비전을 설치·관리하는 자는 다음 각 호의 어느 하나에 해당하는 경우를 제외하고는 제33조의2 제3항의 영상정보를 열람하게 하여서는 아니 된다.

1. 수급자가 자신의 생명·신체·재산상의 이익을 위하여 본인과 관련된 사항을 확인할 목적으로 열람 시기·절차 및 방법 등 보건복지부령으로 정하는 바에 따라 요청하는 경우
2. 수급자의 보호자가 수급자의 안전을 확인할 목적으로 열람 시기·절차 및 방법 등 보건복지부령으로 정하는 바에 따라 요청하는 경우
3. 「개인정보 보호법」 제2조 제6호 가목에 따른 공공기관이 「노인복지법」 제39조의11 등 법령에서 정하는 노인의 안전업무 수행을 위하여 요청하는 경우
4. 범죄의 수사와 공소의 제기 및 유지, 법원의 재판업무 수행을 위하여 필요한 경우
5. 그 밖에 노인 관련 안전업무를 수행하는 기관으로서 보건복지부령으로 정하는 자가 업무의 수행을 위하여 열람시기·절차 및 방법 등 보건복지부령으로 정하는 바에 따라 요청하는 경우

② 장기요양기관을 운영하는 자는 다음 각 호의 어느 하나에 해당하는 행위를 하여서는 아니 된다.

1. 제33조의2 제1항의 설치 목적과 다른 목적으로 폐쇄회로 텔레비전을 임의로 조작하거나 다른 곳을 비추는 행위
2. 녹음기능을 사용하거나 보건복지부령으로 정하는 저장장치 이외의 장치 또는 기기에 영상정보를 저장하는 행위

③ 장기요양기관을 운영하는 자는 제33조의2 제3항의 영상정보가 분실·도난·유출·변조 또는 훼손되지 아니하도록 내부 관리계획의 수립, 접속기록 보관 등 대통령령으로 정하는 바에 따라 안전성 확보에 필요한 기술적·관리적·물리적 조치를 하여야 한다.

④ 국가 및 지방자치단체는 장기요양기관에 설치한 폐쇄회로 텔레비전의 설치·관리와 그 영상정보의 열람으로 수급자 및 장기요양기관 종사자 등 정보주체의 권리가 침해되지 아니하도록 설치·관리 및 열람 실태를 보건복지부령으로 정하는 바에 따라 매년 1회 이상 조사·점검하여야 한다.

⑤ 폐쇄회로 텔레비전의 설치·관리와 그 영상정보의 열람에 관하여 이 법에서 규정된 것을 제외하고는 「개인정보 보호법」(제25조는 제외한다)을 적용한다.

제34조【장기요양기관 정보의 안내 등】① 장기요양기관은 수급자가 장기요양급여를 쉽게 선택하도록 하고 장기요양기관이 제공하는 급여의 질을 보장하기 위하여 장기요양기관별 급여의 내용, 시설·인력 등 현황자료 등을 공단이 운영하는 인터넷 홈페이지에 게시하여야 한다.

② 제1항에 따른 게시 내용, 방법, 절차, 그 밖에 필요한 사항은 보건복지부령으로 정한다.

제35조【장기요양기관의 의무 등】① 장기요양기관은 수급자로부터 장기요양급여신청을 받은 때 장기요양급여의 제공을 거부하여서는 아니 된다. 다만, 입소정원에 여유가 없는 경우 등 정당한 사유가 있는 경우는 그러하지 아니하다.

② 장기요양기관은 제23조 제5항에 따른 장기요양급여의 제공 기준·절차 및 방법 등에 따라 장기요양급여를 제공하여야 한다.

③ 장기요양기관의 장은 장기요양급여를 제공한 수급자에게 장기요양급여비용에 대한 명세서를 교부하여야 한다.

④ 장기요양기관의 장은 장기요양급여 제공에 관한 자료를 기록·관리하여야 하며, 장기요양기관의 장 및 그 종사자는 장기요양급여 제공에 관한 자료를 거짓으로 작성하여서는 아니 된다.

⑤ 장기요양기관은 제40조 제2항에 따라 면제받거나 같은 조 제4항에 따라 감경받는 금액 외에 영리를 목적으로 수급자가 부담하는 재가 및 시설 급여비용(이하 "본인부담금"이라 한다)을 면제하거나 감경하는 행위를 하여서는 아니 된다.

⑥ 누구든지 영리를 목적으로 금전, 물품, 노무, 향응, 그 밖의 이익을 제공하거나 제공할 것을 약속하는 방법으로 수급자를 장기요양기관에 소개, 알선 또는 유인하는 행위 및 이를 조장하는 행위를 하여서는 아니 된다.

⑦ 제3항에 따른 장기요양급여비용의 명세서, 제4항에 따라 기록·관리하여야 할 장기요양급여 제공 자료의 내용 및 보존기한, 그 밖에 필요한 사항은 보건복지부령으로 정한다.

제35조의2【장기요양기관 재무·회계기준】① 장기요양기관의 장은 보건복지부령으로 정하는 재무·회계에 관한 기준(이하 "장기요양기관 재무·회계기준"이라 한다)에 따라 장기요양기관을 투명하게 운영하여야 한다. 다만, 장기요양기관 중 「사회복지사업법」 제34조에 따라 설치한 사회복지시설은 같은 조 제4항에 따른 재무·회계에 관한 기준에 따른다.

② 보건복지부장관은 장기요양기관 재무·회계기준을 정할 때에는 장기요양기관의 특성 및 그 시행시기 등을 고려하여야 한다.

제35조의3【인권교육】① 장기요양기관 중 대통령령으로 정하는 기관을 운영하는 자와 그 종사자는 인권에 관한 교육(이하 이 조에서 "인권교육"이라 한다)을 받아야 한다.

② 장기요양기관 중 대통령령으로 정하는 기관을 운영하는 자는 해당 기관을 이용하고 있는 장기요양급여 수급자에게 인권교육을 실시할 수 있다.

③ 보건복지부장관은 제1항 및 제2항에 따른 인권교육을 효율적으로 실시하기 위하여 인권교육기관을 지정할 수 있다. 이 경우 예산의 범위에서 인권교육에 소요되는 비용을 지원할 수 있으며, 지정을 받은 인권교육기관은 보건복지부장관의 승인을 받아 인권교육에 필요한 비용을 교육대상자로부터 징수할 수 있다.

④ 보건복지부장관은 제3항에 따라 지정을 받은 인권교육기관이 다음 각 호의 어느 하나에 해당하면 그 지정을 취소하거나 6개월 이내의 기간을 정하여 업무의 정지를 명할 수 있다. 다만, 제1호에 해당하면 그 지정을 취소하여야 한다.

1. 거짓이나 그 밖의 부정한 방법으로 지정을 받은 경우
2. 제5항에 따라 보건복지부령으로 정하는 지정요건을 갖추지 못하게 된 경우
3. 인권교육의 수행능력이 현저히 부족하다고 인정되는 경우

⑤ 제1항 및 제2항에 따른 인권교육의 대상·내용·방법, 제3항에 따른 인권교육기관의 지정 및 제4항에 따른 인권교육기관의 지정취소·업무정지 처분의 기준 등에 필요한 사항은 보건복지부령으로 정한다.

제35조의4【장기요양요원의 보호】① 장기요양기관의 장은 장기요양요원이 다음 각 호의 어느 하나에 해당하는 경우로 인한 고충의 해소를 요청하는 경우 업무의 전환 등 대통령령으로 정하는 바에 따라 적절한 조치를 하여야 한다.

1. 수급자 및 그 가족이 장기요양요원에게 폭언·폭행·상해 또는 성희롱·성폭력 행위를 하는 경우
2. 수급자 및 그 가족이 장기요양요원에게 제28조의2 제1항 각 호에 따른 급여외행위의 제공을 요구하는 경우

② 장기요양기관의 장은 장기요양요원에게 다음 각 호의 행위를 하여서는 아니 된다.

1. 장기요양요원에게 제28조의2 제1항 각 호에 따른 급여외행위의 제공을 요구하는 행위
2. 수급자가 부담하여야 할 본인부담금의 전부 또는 일부를 부담하도록 요구하는 행위

③ 장기요양기관의 장은 보건복지부령으로 정하는 바에 따라 장기요양 수급자와 그 가족에게 장기요양요원의 업무범위, 직무상 권리와 의무 등 권익보호를 위한 사항을 안내할 수 있다.

④ 장기요양요원은 장기요양기관의 장이 제1항에 따른 적절한 조치를 하지 아니한 경우에는 장기요양기관을 지정한 특별자치시장·특별자치도지사·시장·군수·구청장에게 그 시정을 신청할 수 있다.

⑤ 제4항에 따른 신청을 받은 특별자치시장·특별자치도지사·시장·군수·구청장은 제1항에 따른 장기요양요원의 고충에 대한 사실확인을 위한 조사를 실시한 후 필요하다고 인정되는 경우에는 장기요양기관의 장에게 적절한 조치를 하도록 통보하여야 한다. 이 경우 적절한 조치를 하도록 통보받은 장기요양기관의 장은 특별한 사유가 없으면 이에 따라야 한다.

⑥ 제4항 및 제5항에 따른 시정신청의 절차, 사실확인 조사 및 통보 등에 필요한 사항은 대통령령으로 정한다.

제35조의5 【보험 가입】 ① 장기요양기관은 종사자가 장기요양급여를 제공하는 과정에서 발생할 수 있는 수급자의 상해 등 법률상 손해를 배상하는 보험(이하 "전문인 배상책임보험"이라 한다)에 가입할 수 있다.

② 공단은 장기요양기관이 전문인 배상책임보험에 가입하지 않은 경우 그 기간 동안 제38조에 따라 해당 장기요양기관에 지급하는 장기요양급여비용의 일부를 감액할 수 있다.

③ 제2항에 따른 장기요양급여비용의 감액 기준 등에 관하여 필요한 사항은 보건복지부령으로 정한다.

제36조 【장기요양기관의 폐업 등의 신고 등】 ① 장기요양기관의 장은 폐업하거나 휴업하고자 하는 경우 폐업이나 휴업 예정일 전 30일까지 특별자치시장·특별자치도지사·시장·군수·구청장에게 신고하여야 한다. 신고를 받은 특별자치시장·특별자치도지사·시장·군수·구청장은 지체 없이 신고 명세를 공단에 통보하여야 한다.

② 특별자치시장·특별자치도지사·시장·군수·구청장은 장기요양기관의 장이 유효기간이 끝나기 30일 전까지 제32조의4에 따른 지정 갱신 신청을 하지 아니하는 경우 그 사실을 공단에 통보하여야 한다.

③ 장기요양기관의 장은 장기요양기관을 폐업하거나 휴업하려는 경우 또는 장기요양기관의 지정 갱신을 하지 아니하려는 경우 보건복지부령으로 정하는 바에 따라 수급자의 권익을 보호하기 위하여 다음 각 호의 조치를 취하여야 한다.

1. 해당 장기요양기관을 이용하는 수급자가 다른 장기요양기관을 선택하여 이용할 수 있도록 계획을 수립하고 이행하는 조치
2. 해당 장기요양기관에서 수급자가 제40조 제1항 및 제3항에 따라 부담한 비용 중 정산하여야 할 비용이 있는 경우 이를 정산하는 조치
3. 그 밖에 수급자의 권익 보호를 위하여 필요하다고 인정되는 조치로서 보건복지부령으로 정하는 조치

④ 특별자치시장·특별자치도지사·시장·군수·구청장은 제1항에 따라 폐업·휴업 신고를 접수한 경우 또는 장기요양기관의 장이 유효기간이 끝나기 30일 전까지 제32조의4에 따른 지정 갱신 신청을 하지 아니한 경우 장기요양기관의 장이 제3항 각 호에 따른 수급자의 권익을 보호하기 위한 조치를 취하였는지의 여부를 확인하고, 인근지역에 대체 장기요양기관이 없는 경우 등 장기요양급여에 중대한 차질이 우려되는 때에는 장기요양기관의 폐업·휴업 철회 또는 지정 갱신 신청을 권고하거나 그 밖의 다른 조치를 강구하여야 한다.

⑤ 특별자치시장·특별자치도지사·시장·군수·구청장은 「노인복지법」 제43조에 따라 노인의료복지시설 등(장기요양기관이 운영하는 시설인 경우에 한한다)에 대하여 사업정지 또는 폐지 명령을 하는 경우 지체 없이 공단에 그 내용을 통보하여야 한다.

⑥ 장기요양기관의 장은 제1항에 따라 폐업·휴업 신고를 할 때 또는 장기요양기관의 지정 갱신을 하지 아니하여 유효기간이 만료될 때 보건복지부령으로 정하는 바에 따라 장기요양급여 제공 자료를 공단으로 이관하여야 한다. 다만, 휴업 신고를 하는 장기요양기관의 장이 휴업 예정일 전까지 공단의 허가를 받은 경우에는 장기요양급여 제공 자료를 직접 보관할 수 있다.

제36조의2 【시정명령】 특별자치시장·특별자치도지사·시장·군수·구청장은 다음 각 호의

어느 하나에 해당하는 장기요양기관에 대하여 6개월 이내의 범위에서 일정한 기간을 정하여 시정을 명할 수 있다.

1. 제33조의2에 따른 폐쇄회로 텔레비전의 설치·관리 및 영상정보의 보관기준을 위반한 경우
2. 제35조의2에 따른 장기요양기관 재무·회계기준을 위반한 경우

제37조【장기요양기관 지정의 취소 등】① 특별자치시장·특별자치도지사·시장·군수·구청장은 장기요양기관이 다음 각 호의 어느 하나에 해당하는 경우 그 지정을 취소하거나 6개월의 범위에서 업무정지를 명할 수 있다. 다만, 제1호, 제2호의2, 제3호의5, 제7호, 또는 제8호에 해당하는 경우에는 지정을 취소하여야 한다.

1. 거짓이나 그 밖의 부정한 방법으로 지정을 받은 경우

1의2. 제28조의2를 위반하여 급여외행위를 제공한 경우. 다만, 장기요양기관의 장이 그 위반행위를 방지하기 위하여 해당 업무에 관하여 상당한 주의와 감독을 게을리하지 아니한 경우는 제외한다.

2. 제31조 제1항에 따른 지정기준에 적합하지 아니한 경우

2의2. 제32조의2 각 호의 어느 하나에 해당하게 된 경우. 다만, 제32조의2 제7호에 해당하게 된 법인의 경우 3개월 이내에 그 대표자를 변경하는 때에는 그러하지 아니하다.

3. 제35조 제1항을 위반하여 장기요양급여를 거부한 경우

3의2. 제35조 제5항을 위반하여 본인부담금을 면제하거나 감경하는 행위를 한 경우

3의3. 제35조 제6항을 위반하여 수급자를 소개, 알선 또는 유인하는 행위 및 이를 조장하는 행위를 한 경우

3의4. 제35조의4 제2항 각 호의 어느 하나를 위반한 경우

3의5. 제36조 제1항에 따른 폐업 또는 휴업 신고를 하지 아니하고 1년 이상 장기요양급여를 제공하지 아니한 경우

3의6. 제36조의2에 따른 시정명령을 이행하지 아니하거나 회계부정 행위가 있는 경우

3의7. 정당한 사유 없이 제54조에 따른 평가를 거부·방해 또는 기피하는 경우

4. 거짓이나 그 밖의 부정한 방법으로 재가 및 시설 급여비용을 청구한 경우
5. 제61조 제2항에 따른 자료제출 명령에 따르지 아니하거나 거짓으로 자료제출을 한 경우나 질문 또는 검사를 거부·방해 또는 기피하거나 거짓으로 답변한 경우
6. 장기요양기관의 종사자 등이 다음 각 목의 어느 하나에 해당하는 행위를 한 경우. 다만, 장기요양기관의 장이 그 행위를 방지하기 위하여 해당 업무에 관하여 상당한 주의와 감독을 게을리하지 아니한 경우는 제외한다.
   가. 수급자의 신체에 폭행을 가하거나 상해를 입히는 행위
   나. 수급자에게 성적 수치심을 주는 성폭행, 성희롱 등의 행위
   다. 자신의 보호·감독을 받는 수급자를 유기하거나 의식주를 포함한 기본적 보호 및 치료를 소홀히 하는 방임행위
   라. 수급자를 위하여 증여 또는 급여된 금품을 그 목적 외의 용도에 사용하는 행위
   마. 폭언, 협박, 위협 등으로 수급자의 정신건강에 해를 끼치는 정서적 학대행위
7. 업무정지기간 중에 장기요양급여를 제공한 경우
8. 「부가가치세법」 제8조에 따른 사업자등록 또는 「소득세법」 제168조에 따른 사업자등록이나 고유번호가 말소된 경우

② 특별자치시장·특별자치도지사·시장·군수·구청장은 제1항에 따라 지정을 취소하거나 업무정지명령을 한 경우에는 지체 없이 그 내용을 공단에 통보하고, 보건복지부령으로 정하는 바에 따라 보건복지부장관에게 통보한다. 이 경우 시장·군수·구청장은 관할 특별시장·광역시장 또는 도지사를 거쳐 보건복지부장관에게 통보하여야 한다.

③ 삭제

④ 삭제

⑤ 특별자치시장·특별자치도지사·시장·군수·구청장은 제1항에 따라 장기요양기관이 지정취소 또는 업무정지되는 경우에는 해

당 장기요양기관을 이용하는 수급자의 권익을 보호하기 위하여 적극적으로 노력하여야 한다.
⑥ 특별자치시장 · 특별자치도지사 · 시장 · 군수 · 구청장은 제5항에 따라 수급자의 권익을 보호하기 위하여 보건복지부령으로 정하는 바에 따라 다음 각 호의 조치를 하여야 한다.
1. 제1항에 따른 행정처분의 내용을 우편 또는 정보통신망 이용 등의 방법으로 수급자 또는 그 보호자에게 통보하는 조치
2. 해당 장기요양기관을 이용하는 수급자가 다른 장기요양기관을 선택하여 이용할 수 있도록 하는 조치

⑦ 제1항에 따라 지정취소 또는 업무정지되는 장기요양기관의 장은 해당 기관에서 수급자가 제40조 제1항 및 제3항에 따라 부담한 비용 중 정산하여야 할 비용이 있는 경우 이를 정산하여야 한다.
⑧ 다음 각 호의 어느 하나에 해당하는 자는 제31조에 따른 장기요양기관으로 지정받을 수 없다.
1. 제1항에 따라 지정취소를 받은 후 3년이 지나지 아니한 자(법인인 경우 그 대표자를 포함한다)
2. 제1항에 따라 업무정지명령을 받고 업무정지기간이 지나지 아니한 자(법인인 경우 그 대표자를 포함한다)

⑨ 제1항에 따른 행정처분의 기준은 보건복지부령으로 정한다.

제37조의2【과징금의 부과 등】① 특별자치시장 · 특별자치도지사 · 시장 · 군수 · 구청장은 제37조 제1항 각 호의 어느 하나(같은 항 제4호는 제외한다)에 해당하는 행위를 이유로 업무정지명령을 하여야 하는 경우로서 그 업무정지가 해당 장기요양기관을 이용하는 수급자에게 심한 불편을 줄 우려가 있는 등 보건복지부장관이 정하는 특별한 사유가 있다고 인정되는 경우에는 업무정지명령을 갈음하여 2억 원 이하의 과징금을 부과할 수 있다. 다만, 제37조 제1항 제6호를 위반한 행위로서 보건복지부령으로 정하는 경우에는 그러하지 아니하다.
② 특별자치시장 · 특별자치도지사 · 시장 · 군수 · 구청장은 제37조 제1항 제4호에 해당하는 행위를 이유로 업무정지명령을 하여야 하는 경우로서 그 업무정지가 해당 장기요양기관을 이용하는 수급자에게 심한 불편을 줄 우려가 있는 등 보건복지부장관이 정하는 특별한 사유가 있다고 인정되는 경우에는 업무정지명령을 갈음하여 거짓이나 그 밖의 부정한 방법으로 청구한 금액의 5배 이하의 금액을 과징금으로 부과할 수 있다.
③ 제1항 및 제2항에 따른 과징금을 부과하는 위반행위의 종류 및 위반의 정도 등에 따른 과징금의 금액과 과징금의 부과절차 등에 필요한 사항은 대통령령으로 정한다.
④ 특별자치시장 · 특별자치도지사 · 시장 · 군수 · 구청장은 제1항 및 제2항에 따라 과징금을 내야 할 자가 납부기한까지 내지 아니한 경우에는 지방세 체납처분의 예에 따라 징수한다.
⑤ 특별자치시장 · 특별자치도지사 · 시장 · 군수 · 구청장은 제1항 및 제2항에 따른 과징금의 부과와 징수에 관한 사항을 보건복지부령으로 정하는 바에 따라 기록 · 관리하여야 한다.

제37조의3【위반사실 등의 공표】① 보건복지부장관 또는 특별자치시장 · 특별자치도지사 · 시장 · 군수 · 구청장은 장기요양기관이 거짓으로 재가 · 시설 급여비용을 청구하였다는 이유로 제37조 또는 제37조의2에 따른 처분이 확정된 경우로서 다음 각 호의 어느 하나에 해당하는 경우에는 위반사실, 처분내용, 장기요양기관의 명칭 · 주소, 장기요양기관의 장의 성명, 그 밖에 다른 장기요양기관과의 구별에 필요한 사항으로서 대통령령으로 정하는 사항을 공표하여야 한다. 다만, 장기요양기관의 폐업 등으로 공표의 실효성이 없는 경우에는 그러하지 아니하다.
1. 거짓으로 청구한 금액이 1천만 원 이상인 경우
2. 거짓으로 청구한 금액이 장기요양급여비용 총액의 100분의 10 이상인 경우

② 보건복지부장관 또는 특별자치시장 · 특별자치도지사 · 시장 · 군수 · 구청장은 장기요양기관이 제61조 제2항에 따른 자료제출 명령에 따르지 아니하거나 거짓으로 자료제출을 한 경우나 질문 또는 검사를 거부 · 방해 또는 기

피하거나 거짓으로 답변하였다는 이유로 제37조 또는 제37조의2에 따른 처분이 확정된 경우 위반사실, 처분내용, 장기요양기관의 명칭 · 주소, 장기요양기관의 장의 성명, 그 밖에 다른 장기요양기관과의 구별에 필요한 사항으로서 대통령령으로 정하는 사항을 공표하여야 한다. 다만, 장기요양기관의 폐업 등으로 공표의 실효성이 없는 경우 또는 장기요양기관이 위반사실 등의 공표 전에 제61조 제2항에 따른 자료를 제출하거나 질문 또는 검사에 응하는 경우에는 그러하지 아니하다.

③ 보건복지부장관 또는 특별자치시장 · 특별자치도지사 · 시장 · 군수 · 구청장은 제1항 및 제2항에 따른 공표 여부 등을 심의하기 위하여 공표심의위원회를 설치 · 운영할 수 있다.

④ 제1항 및 제2항에 따른 공표 여부의 결정 방법, 공표 방법 · 절차 및 제3항에 따른 공표심의위원회의 구성 · 운영 등에 필요한 사항은 대통령령으로 정한다.

제37조의4【행정제재처분 효과의 승계】 ① 제37조 제1항 각 호의 어느 하나에 해당하는 행위를 이유로 한 행정제재처분(이하 "행정제재처분"이라 한다)의 효과는 그 처분을 한 날부터 3년간 다음 각 호의 어느 하나에 해당하는 자에게 승계된다.

1. 장기요양기관을 양도한 경우 양수인
2. 법인이 합병된 경우 합병으로 신설되거나 합병 후 존속하는 법인
3. 장기요양기관 폐업 후 같은 장소에서 장기요양기관을 운영하는 자 중 종전에 행정제재처분을 받은 자(법인인 경우 그 대표자를 포함한다)나 그 배우자 또는 직계혈족

② 행정제재처분의 절차가 진행 중일 때에는 다음 각 호의 어느 하나에 해당하는 자에 대하여 그 절차를 계속 이어서 할 수 있다.

1. 장기요양기관을 양도한 경우 양수인
2. 법인이 합병된 경우 합병으로 신설되거나 합병 후 존속하는 법인
3. 장기요양기관 폐업 후 3년 이내에 같은 장소에서 장기요양기관을 운영하는 자 중 종전에 위반행위를 한 자(법인인 경우 그 대표자를 포함한다)나 그 배우자 또는 직계혈족

③ 제1항 및 제2항에도 불구하고 제1항 각 호의 어느 하나 또는 제2항 각 호의 어느 하나에 해당하는 자(이하 "양수인등"이라 한다)가 양수, 합병 또는 운영 시에 행정제재처분 또는 위반사실을 알지 못하였음을 증명하는 경우에는 그러하지 아니하다.

④ 행정제재처분을 받았거나 그 절차가 진행 중인 자는 보건복지부령으로 정하는 바에 따라 지체 없이 그 사실을 양수인등에게 알려야 한다.

제37조의5【장기요양급여 제공의 제한】 ① 특별자치시장 · 특별자치도지사 · 시장 · 군수 · 구청장은 장기요양기관의 종사자가 거짓이나 그 밖의 부정한 방법으로 재가급여비용 또는 시설급여비용을 청구하는 행위에 가담한 경우 해당 종사자가 장기요양급여를 제공하는 것을 1년의 범위에서 제한하는 처분을 할 수 있다.

② 특별자치시장 · 특별자치도지사 · 시장 · 군수 · 구청장은 제1항에 따른 처분을 한 경우 지체 없이 그 내용을 공단에 통보하여야 한다.

③ 제1항 및 제2항에 따른 장기요양급여 제공 제한 처분의 기준 · 방법, 통보의 방법 · 절차, 그 밖에 필요한 사항은 보건복지부령으로 정한다.

제7장 재가 및 시설 급여비용 등

제38조【재가 및 시설 급여비용의 청구 및 지급 등】 ① 장기요양기관은 수급자에게 제23조에 따른 재가급여 또는 시설급여를 제공한 경우 공단에 장기요양급여비용을 청구하여야 한다.

② 공단은 제1항에 따라 장기요양기관으로부터 재가 또는 시설 급여비용의 청구를 받은 경우 이를 심사하여 그 내용을 장기요양기관에 통보하여야 하며, 장기요양에 사용된 비용 중 공단부담금(재가 및 시설 급여비용 중 본인부담금을 공제한 금액을 말한다)을 해당 장기요양기관에 지급하여야 한다.

③ 공단은 제54조 제2항에 따른 장기요양기관의 장기요양급여평가 결과에 따라 장기요양급여비용을 가산 또는 감액조정하여 지급할 수 있다.

④ 공단은 제2항에도 불구하고 장기요양급여

비용을 심사한 결과 수급자가 이미 낸 본인부담금이 제2항에 따라 통보한 본인부담금보다 더 많으면 두 금액 간의 차액을 장기요양기관에 지급할 금액에서 공제하여 수급자에게 지급하여야 한다.

⑤ 공단은 제4항에 따라 수급자에게 지급하여야 하는 금액을 그 수급자가 납부하여야 하는 장기요양보험료 및 그 밖에 이 법에 따른 징수금(이하 "장기요양보험료등"이라 한다)과 상계(相計)할 수 있다.

⑥ 장기요양기관은 지급받은 장기요양급여비용 중 보건복지부장관이 정하여 고시하는 비율에 따라 그 일부를 장기요양요원에 대한 인건비로 지출하여야 한다.

⑦ 공단은 장기요양기관이 정당한 사유 없이 제61조 제2항에 따른 자료제출 명령에 따르지 아니하거나 질문 또는 검사를 거부·방해 또는 기피하는 경우 이에 응할 때까지 해당 장기요양기관에 지급하여야 할 장기요양급여비용의 지급을 보류할 수 있다. 이 경우 공단은 장기요양급여비용의 지급을 보류하기 전에 해당 장기요양기관에 의견 제출의 기회를 주어야 한다.

⑧ 제1항부터 제3항까지 및 제7항의 규정에 따른 재가 및 시설 급여비용의 심사기준, 장기요양급여비용의 가감지급의 기준, 청구절차, 지급방법 및 지급 보류의 절차·방법 등에 관한 사항은 보건복지부령으로 정한다.

제39조【장기요양급여비용 등의 산정】① 보건복지부장관은 매년 급여종류 및 장기요양등급 등에 따라 제45조에 따른 장기요양위원회의 심의를 거쳐 다음 연도의 재가 및 시설 급여비용과 특별현금급여의 지급금액을 정하여 고시하여야 한다.

② 보건복지부장관은 제1항에 따라 재가 및 시설 급여비용을 정할 때 대통령령으로 정하는 바에 따라 국가 및 지방자치단체로부터 장기요양기관의 설립비용을 지원받았는지 여부 등을 고려할 수 있다.

③ 제1항에 따른 재가 및 시설 급여비용과 특별현금급여의 지급금액의 구체적인 산정방법 및 항목 등에 관하여 필요한 사항은 보건복지부령으로 정한다.

제40조【본인부담금】① 제23조에 따른 장기요양급여(특별현금급여는 제외한다. 이하 이 조에서 같다)를 받는 자는 대통령령으로 정하는 바에 따라 비용의 일부를 본인이 부담한다. 이 경우 장기요양급여를 받는 수급자의 장기요양등급, 이용하는 장기요양급여의 종류 및 수준 등에 따라 본인부담의 수준을 달리 정할 수 있다.

② 제1항에도 불구하고 수급자 중 「의료급여법」 제3조 제1항 제1호에 따른 수급자는 본인부담금을 부담하지 아니한다.

③ 다음 각 호의 장기요양급여에 대한 비용은 수급자 본인이 전부 부담한다.

1. 이 법의 규정에 따른 급여의 범위 및 대상에 포함되지 아니하는 장기요양급여
2. 수급자가 제17조 제1항 제2호에 따른 장기요양인정서에 기재된 장기요양급여의 종류 및 내용과 다르게 선택하여 장기요양급여를 받은 경우 그 차액
3. 제28조에 따른 장기요양급여의 월 한도액을 초과하는 장기요양급여

④ 다음 각 호의 어느 하나에 해당하는 자에 대해서는 본인부담금의 100분의 60의 범위에서 보건복지부장관이 정하는 바에 따라 차등하여 감경할 수 있다.

1. 「의료급여법」 제3조 제1항 제2호부터 제9호까지의 규정에 따른 수급권자
2. 소득·재산 등이 보건복지부장관이 정하여 고시하는 일정 금액 이하인 자. 다만, 도서·벽지·농어촌 등의 지역에 거주하는 자에 대하여 따로 금액을 정할 수 있다.
3. 천재지변 등 보건복지부령으로 정하는 사유로 인하여 생계가 곤란한 자

⑤ 제1항부터 제4항까지의 규정에 따른 본인부담금의 산정방법, 감경절차 및 감경방법 등에 관하여 필요한 사항은 보건복지부령으로 정한다.

제41조【가족 등의 장기요양에 대한 보상】① 공단은 장기요양급여를 받은 금액의 총액이 보건복지부장관이 정하여 고시하는 금액 이하에 해당하는 수급자가 가족 등으로부터 제23조 제1항 제1호 가목에 따른 방문요양에 상당한 장기요양을 받은 경우 보건복지부령으로 정하

는 바에 따라 본인부담금의 일부를 감면하거나 이에 갈음하는 조치를 할 수 있다.
② 제1항에 따른 본인부담금의 감면방법 등 필요한 사항은 보건복지부령으로 정한다.

제42조【방문간호지시서 발급비용의 산정 등】제23조 제1항 제1호 다목에 따라 방문간호지시서를 발급하는데 사용되는 비용, 비용부담방법 및 비용 청구·지급절차 등에 관하여 필요한 사항은 보건복지부령으로 정한다.

제43조【부당이득의 징수】① 공단은 장기요양급여를 받은 자, 장기요양급여비용을 받은 자 또는 의사소견서·방문간호지시서 발급비용(이하 "의사소견서등 발급비용"이라 한다)을 받은 자가 다음 각 호의 어느 하나에 해당하는 경우 그 장기요양급여, 장기요양급여비용 또는 의사소견서등 발급비용에 상당하는 금액을 징수한다. 이 경우 의사소견서등 발급비용에 관하여는 「국민건강보험법」 제57조 제2항을 준용하며, "보험급여 비용"은 "의사소견서등 발급비용"으로, "요양기관"은 "의료기관"으로 본다.
1. 제15조 제5항에 따른 등급판정 결과 같은 조 제4항 각 호의 어느 하나에 해당하는 것으로 확인된 경우
2. 제28조의 월 한도액 범위를 초과하여 장기요양급여를 받은 경우
3. 제29조 또는 제30조에 따라 장기요양급여의 제한 등을 받을 자가 장기요양급여를 받은 경우
4. 제37조 제1항 제4호에 따른 거짓이나 그 밖의 부정한 방법으로 재가 및 시설 급여비용을 청구하여 이를 지급받은 경우
4의2. 거짓이나 그 밖의 부정한 방법으로 의사소견서등 발급비용을 청구하여 이를 지급받은 경우
5. 그 밖에 이 법상의 원인 없이 공단으로부터 장기요양급여를 받거나 장기요양급여비용을 지급받은 경우

② 공단은 제1항의 경우 거짓 보고 또는 증명에 의하거나 거짓 진단에 따라 장기요양급여가 제공된 때 거짓의 행위에 관여한 자에 대하여 장기요양급여를 받은 자와 연대하여 제1항에 따른 징수금을 납부하게 할 수 있다.
③ 공단은 제1항의 경우 거짓이나 그 밖의 부정한 방법으로 장기요양급여를 받은 자와 같은 세대에 속한 자(장기요양급여를 받은 자를 부양하고 있거나 다른 법령에 따라 장기요양급여를 받은 자를 부양할 의무가 있는 자를 말한다)에 대하여 거짓이나 그 밖의 부정한 방법으로 장기요양급여를 받은 자와 연대하여 제1항에 따른 징수금을 납부하게 할 수 있다.
④ 공단은 제1항의 경우 장기요양기관이나 의료기관이 수급자 또는 신청인으로부터 거짓이나 그 밖의 부정한 방법으로 장기요양급여비용 또는 의사소견서등 발급비용을 받은 때 해당 장기요양기관 또는 의료기관으로부터 이를 징수하여 수급자 또는 신청인에게 지체 없이 지급하여야 한다. 이 경우 공단은 수급자 또는 신청인에게 지급하여야 하는 금액을 그 수급자 또는 신청인이 납부하여야 하는 장기요양보험료등과 상계할 수 있다.

제44조【구상권】① 공단은 제3자의 행위로 인한 장기요양급여의 제공사유가 발생하여 수급자에게 장기요양급여를 행한 때 그 급여에 사용된 비용의 한도 안에서 그 제3자에 대한 손해배상의 권리를 얻는다.
② 공단은 제1항의 경우 장기요양급여를 받은 자가 제3자로부터 이미 손해배상을 받은 때 그 손해배상액의 한도 안에서 장기요양급여를 행하지 아니한다.

제8장 장기요양위원회

제45조【장기요양위원회의 설치 및 기능】다음 각 호의 사항을 심의하기 위하여 보건복지부장관 소속으로 장기요양위원회를 둔다.
1. 제9조 제2항에 따른 장기요양보험료율
2. 제24조부터 제26조까지의 규정에 따른 가족요양비, 특례요양비 및 요양병원간병비의 지급기준
3. 제39조에 따른 재가 및 시설 급여비용
4. 그 밖에 대통령령으로 정하는 주요 사항

제46조【장기요양위원회의 구성】① 장기요양위원회는 위원장 1인, 부위원장 1인을 포함한 16인 이상 22인 이하의 위원으로 구성한다.
② 위원장이 아닌 위원은 다음 각 호의 자 중

에서 보건복지부장관이 임명 또는 위촉한 자로 하고, 각 호에 해당하는 자를 각각 동수로 구성하여야 한다.

1. 근로자단체, 사용자단체, 시민단체(「비영리민간단체 지원법」 제2조에 따른 비영리민간단체를 말한다), 노인단체, 농어업인단체 또는 자영자단체를 대표하는 자
2. 장기요양기관 또는 의료계를 대표하는 자
3. 대통령령으로 정하는 관계 중앙행정기관의 고위공무원단 소속 공무원, 장기요양에 관한 학계 또는 연구계를 대표하는 자, 공단 이사장이 추천하는 자

③ 위원장은 보건복지부차관이 되고, 부위원장은 위원 중에서 위원장이 지명한다.

④ 장기요양위원회 위원의 임기는 3년으로 한다. 다만, 공무원인 위원의 임기는 재임기간으로 한다.

제47조【장기요양위원회의 운영】① 장기요양위원회 회의는 구성원 과반수의 출석으로 개의하고 출석위원 과반수의 찬성으로 의결한다.

② 장기요양위원회의 효율적 운영을 위하여 분야별로 실무위원회를 둘 수 있다.

③ 이 법에서 정한 것 외에 장기요양위원회의 구성·운영, 그 밖에 필요한 사항은 대통령령으로 정한다.

제8장의2 장기요양요원지원센터

제47조의2【장기요양요원지원센터의 설치 등】① 국가와 지방자치단체는 장기요양요원의 권리를 보호하기 위하여 장기요양요원지원센터를 설치·운영할 수 있다.

② 장기요양요원지원센터는 다음 각 호의 업무를 수행한다.

1. 장기요양요원의 권리 침해에 관한 상담 및 지원
2. 장기요양요원의 역량강화를 위한 교육지원
3. 장기요양요원에 대한 건강검진 등 건강관리를 위한 사업
4. 그 밖에 장기요양요원의 업무 등에 필요하여 대통령령으로 정하는 사항

③ 장기요양요원지원센터의 설치·운영 등에 필요한 사항은 보건복지부령으로 정하는 바에 따라 해당 지방자치단체의 조례로 정한다.

제9장 관리운영기관

제48조【관리운영기관 등】① 장기요양사업의 관리운영기관은 공단으로 한다.

② 공단은 다음 각 호의 업무를 관장한다.

1. 장기요양보험가입자 및 그 피부양자와 의료급여수급권자의 자격관리
2. 장기요양보험료의 부과·징수
3. 신청인에 대한 조사
4. 등급판정위원회의 운영 및 장기요양등급 판정
5. 장기요양인정서의 작성 및 개인별장기요양 이용계획서의 제공
6. 장기요양급여의 관리 및 평가
7. 수급자 및 그 가족에 대한 정보제공·안내·상담 등 장기요양급여 관련 이용지원에 관한 사항
8. 재가 및 시설 급여비용의 심사 및 지급과 특별현금급여의 지급
9. 장기요양급여 제공내용 확인
10. 장기요양사업에 관한 조사·연구, 국제협력 및 홍보
11. 노인성질환예방사업
12. 이 법에 따른 부당이득금의 부과·징수 등
13. 장기요양급여의 제공기준을 개발하고 장기요양급여비용의 적정성을 검토하기 위한 장기요양기관의 설치 및 운영
14. 그 밖에 장기요양사업과 관련하여 보건복지부장관이 위탁한 업무

③ 공단은 제2항 제13호의 장기요양기관을 설치할 때 노인인구 및 지역특성 등을 고려한 지역 간 불균형 해소를 고려하여야 하고, 설치 목적에 필요한 최소한의 범위에서 이를 설치·운영하여야 한다.

④ 「국민건강보험법」 제17조에 따른 공단의 정관은 장기요양사업과 관련하여 다음 각 호의 사항을 포함·기재한다.

1. 장기요양보험료
2. 장기요양급여
3. 장기요양사업에 관한 예산 및 결산
4. 그 밖에 대통령령으로 정하는 사항

제49조【공단의 장기요양사업 조직 등】 공단은 「국민건강보험법」 제29조에 따라 공단의 조직 등에 관한 규정을 정할 때 장기요양사업을 수행하기 위하여 두는 조직 등을 건강보험사업을 수행하는 조직 등과 구분하여 따로 두어야 한다. 다만, 제48조 제2항 제1호 및 제2호의 자격관리와 보험료 부과 · 징수업무는 그러하지 아니하다.

제50조【장기요양사업의 회계】 ① 공단은 장기요양사업에 대하여 독립회계를 설치 · 운영하여야 한다.

② 공단은 장기요양사업 중 장기요양보험료를 재원으로 하는 사업과 국가 · 지방자치단체의 부담금을 재원으로 하는 사업의 재정을 구분하여 운영하여야 한다. 다만, 관리운영에 필요한 재정은 구분하여 운영하지 아니할 수 있다.

제51조【권한의 위임 등에 관한 준용】 「국민건강보험법」 제32조 및 제38조는 이 법에 따른 이사장의 권한의 위임 및 준비금에 관하여 준용한다. 이 경우 "보험급여"는 "장기요양급여"로 본다.

제52조【등급판정위원회의 설치】 ① 장기요양인정 및 장기요양등급 판정 등을 심의하기 위하여 공단에 장기요양등급판정위원회를 둔다.

② 등급판정위원회는 특별자치시 · 특별자치도 · 시 · 군 · 구 단위로 설치한다. 다만, 인구 수 등을 고려하여 하나의 특별자치시 · 특별자치도 · 시 · 군 · 구에 2 이상의 등급판정위원회를 설치하거나 2 이상의 특별자치시 · 특별자치도 · 시 · 군 · 구를 통합하여 하나의 등급판정위원회를 설치할 수 있다.

③ 등급판정위원회는 위원장 1인을 포함하여 15인의 위원으로 구성한다.

④ 등급판정위원회 위원은 다음 각 호의 자 중에서 공단 이사장이 위촉한다. 이 경우 특별자치시장 · 특별자치도지사 · 시장 · 군수 · 구청장이 추천한 위원은 7인, 의사 또는 한의사가 1인 이상 각각 포함되어야 한다.

1. 「의료법」에 따른 의료인
2. 「사회복지사업법」에 따른 사회복지사
3. 특별자치시 · 특별자치도 · 시 · 군 · 구 소속 공무원
4. 그 밖에 법학 또는 장기요양에 관한 학식과 경험이 풍부한 자

⑤ 등급판정위원회 위원의 임기는 3년으로 하되, 한 차례만 연임할 수 있다. 다만, 공무원인 위원의 임기는 재임기간으로 한다.

제53조【등급판정위원회의 운영】 ① 등급판정위원회 위원장은 위원 중에서 특별자치시장 · 특별자치도지사 · 시장 · 군수 · 구청장이 위촉한다. 이 경우 제52조 제2항 단서에 따라 2 이상의 특별자치시 · 특별자치도 · 시 · 군 · 구를 통합하여 하나의 등급판정위원회를 설치하는 때 해당 특별자치시장 · 특별자치도지사 · 시장 · 군수 · 구청장이 공동으로 위촉한다.

② 등급판정위원회 회의는 구성원 과반수의 출석으로 개의하고 출석위원 과반수의 찬성으로 의결한다.

③ 이 법에 정한 것 외에 등급판정위원회의 구성 · 운영, 그 밖에 필요한 사항은 대통령령으로 정한다.

제53조의2【장기요양급여심사위원회의 설치】 ① 다음 각 호의 사항을 심의하기 위하여 공단에 장기요양급여심사위원회(이하 "급여심사위원회"라 한다)를 둔다.

1. 장기요양급여 제공 기준의 세부사항 설정 및 보완에 관한 사항
2. 장기요양급여비용 및 산정방법의 세부사항 설정 및 보완에 관한 사항
3. 장기요양급여비용 심사기준 개발 및 심사조정에 관한 사항
4. 그 밖에 공단 이사장이 필요하다고 인정한 사항

② 급여심사위원회는 위원장 1명을 포함하여 10명 이하의 위원으로 구성한다.

③ 이 법에서 정한 것 외에 급여심사위원회의 구성 · 운영, 그 밖에 필요한 사항은 대통령령으로 정한다.

제54조【장기요양급여의 관리 · 평가】 ① 공단은 장기요양기관이 제공하는 장기요양급여 내용을 지속적으로 관리 · 평가하여 장기요양급여의 수준이 향상되도록 노력하여야 한다.

② 공단은 장기요양기관이 제23조 제5항에 따른 장기요양급여의 제공 기준 · 절차 · 방법 등에 따라 적정하게 장기요양급여를 제공하였는지 평가를 실시하고 그 결과를 공단의 홈페이지

등에 공표하는 등 필요한 조치를 할 수 있다.

③ 제2항에 따른 장기요양급여 제공내용의 평가 방법 및 평가 결과의 공표 방법, 그 밖에 필요한 사항은 보건복지부령으로 정한다.

제10장 심사청구 및 재심사청구

제55조【심사청구】① 장기요양인정·장기요양등급·장기요양급여·부당이득·장기요양급여비용 또는 장기요양보험료 등에 관한 공단의 처분에 이의가 있는 자는 공단에 심사청구를 할 수 있다.

② 제1항에 따른 심사청구는 그 처분이 있음을 안 날부터 90일 이내에 문서(「전자정부법」 제2조 제7호에 따른 전자문서를 포함한다)로 하여야 하며, 처분이 있은 날부터 180일을 경과하면 이를 제기하지 못한다. 다만, 정당한 사유로 그 기간에 심사청구를 할 수 없었음을 증명하면 그 기간이 지난 후에도 심사청구를 할 수 있다.

③ 제1항에 따른 심사청구 사항을 심사하기 위하여 공단에 장기요양심사위원회(이하 "심사위원회"라 한다)를 둔다.

④ 심사위원회는 위원장 1명을 포함한 50명 이내의 위원으로 구성한다.

⑤ 이 법에서 정한 것 외에 심사위원회의 구성·운영, 그 밖에 필요한 사항은 대통령령으로 정한다.

제56조【재심사청구】① 제55조에 따른 심사청구에 대한 결정에 불복하는 사람은 그 결정통지를 받은 날부터 90일 이내에 장기요양재심사위원회(이하 "재심사위원회"라 한다)에 재심사를 청구할 수 있다.

② 재심사위원회는 보건복지부장관 소속으로 두고, 위원장 1인을 포함한 20인 이내의 위원으로 구성한다.

③ 재심사위원회의 위원은 관계 공무원, 법학, 그 밖에 장기요양사업 분야의 학식과 경험이 풍부한 자 중에서 보건복지부장관이 임명 또는 위촉한다. 이 경우 공무원이 아닌 위원이 전체 위원의 과반수가 되도록 하여야 한다.

④ 이 법에서 정한 것 외에 재심사위원회의 구성·운영, 그 밖에 필요한 사항은 대통령령으로 정한다.

제56조의2【행정심판과의 관계】① 재심사위원회의 재심사에 관한 절차에 관하여는 「행정심판법」을 준용한다.

② 제56조에 따른 재심사청구 사항에 대한 재심사위원회의 재심사를 거친 경우에는 「행정심판법」에 따른 행정심판을 청구할 수 없다.

제57조【행정소송】공단의 처분에 이의가 있는 자와 제55조에 따른 심사청구 또는 제56조에 따른 재심사청구에 대한 결정에 불복하는 자는 「행정소송법」으로 정하는 바에 따라 행정소송을 제기할 수 있다.

제11장 보칙

제58조【국가의 부담】① 국가는 매년 예산의 범위 안에서 해당 연도 장기요양보험료 예상수입액의 100분의 20에 상당하는 금액을 공단에 지원한다.

② 국가와 지방자치단체는 대통령령으로 정하는 바에 따라 의료급여수급권자의 장기요양급여비용, 의사소견서 발급비용, 방문간호지시서 발급비용 중 공단이 부담하여야 할 비용(제40조 제2항 및 제4항 제1호에 따라 면제 및 감경됨으로 인하여 공단이 부담하게 되는 비용을 포함한다) 및 관리운영비의 전액을 부담한다.

③ 제2항에 따라 지방자치단체가 부담하는 금액은 보건복지부령으로 정하는 바에 따라 특별시·광역시·특별자치시·도·특별자치도와 시·군·구가 분담한다.

④ 제2항 및 제3항에 따른 지방자치단체의 부담액 부과, 징수 및 재원관리, 그 밖에 필요한 사항은 대통령령으로 정한다.

제59조【전자문서의 사용】① 장기요양사업에 관련된 각종 서류의 기록, 관리 및 보관은 보건복지부령으로 정하는 바에 따라 전자문서로 한다.

② 공단 및 장기요양기관은 장기요양기관의 지정신청, 재가·시설 급여비용의 청구 및 지급, 장기요양기관의 재무·회계정보 처리 등에 대하여 전산매체 또는 전자문서교환방식을 이용하여야 한다.

③ 제1항 및 제2항에도 불구하고 정보통신망 및 정보통신서비스 시설이 열악한 지역 등 보건복지부장관이 정하는 지역의 경우 전자문서·전산매체 또는 전자문서교환방식을 이용하지 아니할 수 있다.

제60조【자료의 제출 등】① 공단은 장기요양급여 제공내용 확인, 장기요양급여의 관리·평가 및 장기요양보험료 산정 등 장기요양사업 수행에 필요하다고 인정할 때 다음 각 호의 어느 하나에 해당하는 자에게 자료의 제출을 요구할 수 있다.

1. 장기요양보험가입자 또는 그 피부양자 및 의료급여수급권자
2. 수급자, 장기요양기관 및 의료기관

② 제1항에 따라 자료의 제출을 요구받은 자는 성실히 이에 응하여야 한다.

제61조【보고 및 검사】① 보건복지부장관, 특별시장·광역시장·도지사 또는 특별자치시장·특별자치도지사·시장·군수·구청장은 다음 각 호의 어느 하나에 해당하는 자에게 보수·소득이나 그 밖에 보건복지부령으로 정하는 사항의 보고 또는 자료의 제출을 명하거나 소속 공무원으로 하여금 관계인에게 질문을 하게 하거나 관계 서류를 검사하게 할 수 있다.

1. 장기요양보험가입자
2. 피부양자
3. 의료급여수급권자

② 보건복지부장관, 특별시장·광역시장·도지사 또는 특별자치시장·특별자치도지사·시장·군수·구청장은 다음 각 호의 어느 하나에 해당하는 자에게 장기요양급여의 제공 명세, 재무·회계에 관한 사항 등 장기요양급여에 관련된 자료의 제출을 명하거나 소속 공무원으로 하여금 관계인에게 질문을 하게 하거나 관계 서류를 검사하게 할 수 있다.

1. 장기요양기관 및 의료기관
2. 장기요양급여를 받은 자

③ 보건복지부장관, 특별시장·광역시장·도지사 또는 특별자치시장·특별자치도지사·시장·군수·구청장은 제1항 및 제2항에 따른 보고 또는 자료제출 명령이나 질문 또는 검사 업무를 효율적으로 수행하기 위하여 필요한 경우에는 공단에 행정응원(行政應援)을 요청할 수 있다. 이 경우 공단은 특별한 사유가 없으면 이에 따라야 한다.

④ 제1항 및 제2항의 경우에 소속 공무원은 그 권한을 표시하는 증표 및 조사기간, 조사범위, 조사담당자, 관계 법령 등 보건복지부령으로 정하는 사항이 기재된 서류를 지니고 이를 관계인에게 내보여야 한다.

⑤ 제1항 및 제2항에 따른 질문 또는 검사의 절차·방법 등에 관하여는 이 법에서 정하는 사항을 제외하고는 「행정조사기본법」에서 정하는 바에 따른다.

⑥ 제3항에 따른 행정응원의 절차·방법 등에 관하여 필요한 사항은 대통령령으로 정한다.

제62조【비밀누설금지】다음 각 호에 해당하는 자는 업무수행 중 알게 된 비밀을 누설하여서는 아니 된다.

1. 특별자치시·특별자치도·시·군·구, 공단, 등급판정위원회, 장기요양위원회, 제37조의3 제3항에 따른 공표심의위원회, 심사위원회, 재심사위원회 및 장기요양기관에 종사하고 있거나 종사한 자
2. 제24조부터 제26조까지의 규정에 따른 가족요양비·특례요양비 및 요양병원간병비와 관련된 급여를 제공한 자

제62조의2【유사명칭의 사용금지】이 법에 따른 장기요양보험 사업을 수행하는 자가 아닌 자는 보험계약 또는 보험계약의 명칭에 노인장기요양보험 또는 이와 유사한 용어를 사용하지 못한다.

제63조【청문】특별자치시장·특별자치도지사·시장·군수·구청장은 다음 각 호의 어느 하나에 해당하는 처분 또는 공표를 하려는 경우에는 청문을 하여야 한다.

1. 제37조 제1항에 따른 장기요양기관 지정취소 또는 업무정지명령
2. 삭제
3. 제37조의3에 따른 위반사실 등의 공표
4. 제37조의5 제1항에 따른 장기요양급여 제공의 제한 처분

제64조【시효 등에 관한 준용】「국민건강보험법」 제91조, 제92조, 제96조, 제103조, 제104조, 제107조, 제111조 및 제112조는 시효, 기간의 계

산, 자료의 제공, 공단 등에 대한 감독, 권한의 위임 및 위탁, 업무의 위탁, 단수처리 등에 관하여 준용한다. 이 경우 "보험료"를 "장기요양보험료"로, "보험급여"를 "장기요양급여"로, "요양기관"을 "장기요양기관"으로, "건강보험사업"을 "장기요양사업"으로 본다.

第65条【다른 법률에 따른 소득 등의 의제금지】 이 법에 따른 장기요양급여로 지급된 현금 등은 「국민기초생활 보장법」 제2조 제9호의 소득 또는 재산으로 보지 아니한다.

第66条【수급권의 보호】 ① 장기요양급여를 받을 권리는 양도 또는 압류하거나 담보로 제공할 수 없다.

② 제27조의2 제1항에 따른 특별현금급여수급계좌의 예금에 관한 채권은 압류할 수 없다.

第66条의2【벌칙 적용에서 공무원 의제】 등급판정위원회, 장기요양위원회, 제37조의3 제3항에 따른 공표심의위원회, 심사위원회 및 재심사위원회 위원 중 공무원이 아닌 사람은 「형법」 제129조부터 제132조까지의 규정을 적용할 때에는 공무원으로 본다.

第66条의3【소액 처리】 공단은 징수 또는 반환하여야 할 금액이 1건당 1,000원 미만인 경우(제38조 제5항 및 제43조 제4항 후단에 따라 각각 상계할 수 있는 지급금 및 장기요양보험료등은 제외한다)에는 징수 또는 반환하지 아니한다. 다만, 「국민건강보험법」 제106조에 따른 소액처리 대상에서 제외되는 건강보험료와 통합하여 징수 또는 반환되는 장기요양보험료의 경우에는 그러하지 아니하다.

제12장 벌칙

第67条【벌칙】 ① 다음 각 호의 어느 하나에 해당하는 자는 3년 이하의 징역 또는 3천만 원 이하의 벌금에 처한다.

1. 거짓이나 그 밖의 부정한 방법으로 장기요양급여비용을 청구한 자
2. 제33조의3 제2항 제1호를 위반하여 폐쇄회로 텔레비전의 설치 목적과 다른 목적으로 폐쇄회로 텔레비전을 임의로 조작하거나 다른 곳을 비추는 행위를 한 자
3. 제33조의3 제2항 제2호를 위반하여 녹음기능을 사용하거나 보건복지부령으로 정하는 저장장치 이외의 장치 또는 기기에 영상정보를 저장한 자

② 다음 각 호의 어느 하나에 해당하는 자는 2년 이하의 징역 또는 2천만 원 이하의 벌금에 처한다.

1. 제31조를 위반하여 지정받지 아니하고 장기요양기관을 운영하거나 거짓이나 그 밖의 부정한 방법으로 지정받은 자
2. 제33조의3 제3항에 따른 안전성 확보에 필요한 조치를 하지 아니하여 영상정보를 분실·도난·유출·변조 또는 훼손당한 자
3. 제35조 제5항을 위반하여 본인부담금을 면제 또는 감경하는 행위를 한 자
4. 제35조 제6항을 위반하여 수급자를 소개, 알선 또는 유인하는 행위를 하거나 이를 조장한 자
5. 제62조를 위반하여 업무수행 중 알게 된 비밀을 누설한 자

③ 다음 각 호의 어느 하나에 해당하는 자는 1년 이하의 징역 또는 1천만 원 이하의 벌금에 처한다.

1. 제35조 제1항을 위반하여 정당한 사유 없이 장기요양급여의 제공을 거부한 자
2. 거짓이나 그 밖의 부정한 방법으로 장기요양급여를 받거나 다른 사람으로 하여금 장기요양급여를 받게 한 자
3. 정당한 사유 없이 제36조 제3항 각 호에 따른 권익보호조치를 하지 아니한 사람
4. 제37조 제7항을 위반하여 수급자가 부담한 비용을 정산하지 아니한 자

④ 제61조 제2항에 따른 자료제출 명령에 따르지 아니하거나 거짓으로 자료제출을 한 장기요양기관 또는 의료기관이나 질문 또는 검사를 거부·방해 또는 기피하거나 거짓으로 답변한 장기요양기관 또는 의료기관은 1천만 원 이하의 벌금에 처한다.

第68条【양벌규정】 법인의 대표자, 법인이나 개인의 대리인·사용인 및 그 밖의 종사자가 그 법인 또는 개인의 업무에 관하여 제67조에 해당하는 위반행위를 한 때에는 그 행위자를 벌하는 외에 그 법인 또는 개인에 대하여도 해당 조의 벌금형을 과한다. 다만, 법인 또는 개인

이 그 위반행위를 방지하기 위하여 해당 업무에 관하여 상당한 주의와 감독을 게을리하지 아니한 경우에는 그러하지 아니하다.

제69조 【과태료】 ① 정당한 사유 없이 다음 각 호의 어느 하나에 해당하는 자에게는 500만 원 이하의 과태료를 부과한다.

1. 삭제
2. 제33조를 위반하여 변경지정을 받지 아니하거나 변경신고를 하지 아니한 자 또는 거짓이나 그 밖의 부정한 방법으로 변경지정을 받거나 변경신고를 한 자

2의2. 제34조를 위반하여 장기요양기관에 관한 정보를 게시하지 아니하거나 거짓으로 게시한 자

2의3. 제35조 제3항을 위반하여 수급자에게 장기요양급여비용에 대한 명세서를 교부하지 아니하거나 거짓으로 교부한 자

3. 제35조 제4항을 위반하여 장기요양급여 제공 자료를 기록·관리하지 아니하거나 거짓으로 작성한 사람

3의2. 제35조의4 제2항 각 호의 어느 하나를 위반한 자

3의3. 제35조의4 제5항에 따른 적절한 조치를 하지 아니한 자

4. 제36조 제1항 또는 제6항을 위반하여 폐업·휴업 신고 또는 자료이관을 하지 아니하거나 거짓이나 그 밖의 부정한 방법으로 신고한 자

4의2. 제37조의4 제4항을 위반하여 행정제재처분을 받았거나 그 절차가 진행 중인 사실을 양수인등에게 지체 없이 알리지 아니한 자

5. 삭제
6. 거짓이나 그 밖의 부정한 방법으로 수급자에게 장기요양급여비용을 부담하게 한 자
7. 제60조, 제61조 제1항 또는 제2항(같은 항 제1호에 해당하는 자는 제외한다)에 따른 보고 또는 자료제출 요구·명령에 따르지 아니하거나 거짓으로 보고 또는 자료제출을 한 자나 질문 또는 검사를 거부·방해 또는 기피하거나 거짓으로 답변한 자
8. 거짓이나 그 밖의 부정한 방법으로 장기요양급여비용 청구에 가담한 사람
9. 제62조의2를 위반하여 노인장기요양보험 또는 이와 유사한 용어를 사용한 자

② 다음 각 호의 어느 하나에 해당하는 자에게는 300만 원 이하의 과태료를 부과한다.

1. 제33조의2에 따른 폐쇄회로 텔레비전을 설치하지 아니하거나 설치·관리의무를 위반한 자
2. 제33조의3 제1항 각 호에 따른 열람 요청에 응하지 아니한 자

③ 제1항 및 제2항에 따른 과태료는 대통령령으로 정하는 바에 따라 관할 특별자치시장·특별자치도지사·시장·군수·구청장이 부과·징수한다.

제70조 삭제

국민건강보험공단

봉투모의고사

박문각